20 世纪儒学研究大系

主编：傅永聚　韩钟文

儒家教育思想研究

本卷主编　李兆祥

中 华 书 局

20世纪儒学研究大系

编辑委员会

中国文化的基本精神（代序）

在现今时代，做一个中国人，最重要的是具有爱国意识。爱国意识有一定的思想基础，必须感到祖国的可爱，才能具有爱国意识。而要感到祖国的可爱，又必须对于中国文化的优秀传统有正确的理解。中国文化，从传说中的羲、农、黄帝以来，延续发展了四五千年，在15世纪以前一直居于世界文化的前列。15世纪，中国的四大发明传入欧洲，促进了西方近代文明的发展，于是西方文化突飞猛进，中国落后了。19世纪40年代之后，中国受到资本主义列强的侵略凌辱，中国各阶层的志士仁人，奋起抗争，努力寻求救国的道路，经过100多年的艰苦斗争，终于取得了胜利，于1949年建立了新中国，"中国人民站起来了！"中国文化虽然一度落后，但又能奋发图强，大步前进。这不是偶然的，必有其内在的思想基础。中国文化长期延续发展，虽曾经走过曲折的道路，但仍能自我更新，继续前进。这种发展更新的思想基础，就是中国文化的基本精神。

何谓精神？精神即是思维运动发展的精微的内在动力。中国文化中的基本精神，在中国历史上确实起到了推动社会发展的作用，成为历史发展的内在思想源泉。当然，社会发展的基本原因在于生产力的发展，但是思想意识在一定条件下也有一定的积极作用。文化的基本精神必须具有两个特点：一是具有广泛的影响，为大多数人民所接受领会，对于广大人民起了熏陶作用。二是具有激励进步、促进发展的积极作用。必须具有这两方面的表现，才可以称为文化的基本精神。

我认为，中国几千年来文化传统的基本精神的主要内涵有四项基本观念，即(1)天人合一；(2)以人为本；(3)刚健有为；(4)以和为贵。

一　天人合一

天人合一即肯定人与自然的统一，亦即认为人与自然界不是敌对的，而具有不可割裂的关系。所谓合一指对立的统一，即两方面相互依存的关系。天人合一思想在春秋时即已有之。《左传》昭公二十五年记载郑大夫子大叔述子产之言说："夫礼，天之经也，地之义也，民之行也。天地之经，而民实则之。"又记子大叔之言说："礼，上下之纪，天地之经纬也，民之所以生也，是以先王尚之。"这是认为礼是天经地义，即自然界的必然准则，"天经"与"民行"是统一的。应注意，这里天是对地而言，天地相连并称，显然是指自然之天。子产将天经地义与民则统一起来，但也重视天与人的区别，他曾断言："天道远，人道迩，非所及也，何以知之？"(《左传》昭公十八年)当时占星术利用所谓天道传播迷信，讲天象与人事祸福的联系，子产是予以否定的。孟子将天道与人性联系起来，他说："尽其心者，知其性也。知其性，则知天矣。"(《孟子·尽心上》)孟子认为人性是天赋的，所以知性便能知天。但孟子没有做出明确的论证。《周易大传》提出"裁成辅相"之说，《象传》云："天地交，泰。后以裁成天地之道，辅相天地之宜，以左右民。"《系辞》云："范围天地之化而不过，曲成万物而不遗。"《文言》提出"与天地合德"的思想:"夫'大人'者,与天地合其德,与日月合其明,与四时合其序,与鬼神合其吉凶。先天而天弗违,后天而奉天时。"这里所谓先天指为天之前导,后天即从天而动。与天地合德即与自然界相互适应,相互调谐。

汉代董仲舒讲天人合一,宣扬"天副人数",陷于牵强附会。宋代张载明确提出"天人合一"的四字成语,在所著《西铭》中以形象语言宣示天人合一的原则。《西铭》云:"乾称父,坤称母,予兹藐焉,乃混然中处。故天地之塞,吾其体;天地之帅,吾其性。民吾同胞,物吾与也。"所谓天地之塞指气,所谓天地之帅指气之本性,就是说:天地犹如父母,人与万物都是天地所生,人与万物都是气构成的,气的本性也就是人与万物的本性,人民都是我的兄弟,万物都是我的朋友。这充分肯定了人与自然界的统一。但张载也承认天与人的区别,他在《易说》中讲:"鼓万物而不与圣人同忧者,此直谓天也,天则无心,……圣人所以有忧者,圣人之仁也。不可以忧言者天也。"天是没有思虑的,圣人则不能无忧,这是天人之别。所谓天人合一是指人与自然界既有区别,而又有统一的关系,人是自然界所产生的,是自然界的一部分,人可以认识自然并加以改变调整,但不应破坏自然。这"天人合一"的观念与西方所谓"克服自然"、"战胜自然"有很大区别。在历史上,中西不同的观点各有短长,西方近代的科学技术取得了改造自然的辉煌成绩,但也破坏了自然界的生态平衡。时至今日,重新认识人与自然的统一,确实是必要的了。

二　以人为本

以人为本是相对于宗教家以神为本而言的,可以称为人本思想。孔子虽然承认天命，却又怀疑鬼神。他说："务民之义，敬鬼神而远之，可谓知矣。"(《论语·雍也》)认为人生最重要的是提高道德觉悟，而不必求助于鬼神。孔子更认为应重视生的问题，而不必考虑死后的问题。《论语》记载："季路问事鬼神，子曰：'未能事人，焉能事鬼?'曰：'敢问死!'曰：'未知生，焉知死?'"(《先进》)孔子更不赞成祈祷，《论语》载："子疾病，子路请祷。子曰：'有诸?'子路对曰：有之，诔曰：'祷尔于上下神祇。'子曰：'丘之祷久矣。'"(《述而》)孔子对于鬼神采取存疑的态度，既不否定，亦不肯定，但认为应该努力解决现实生活中的问题，而不必向鬼神祈祷。孔子这种思想观点可以说是非常深刻的。

这种以人为本的思想，后汉思想家仲长统讲得最为鲜明。仲长统说："所贵乎用天之道者，则指星辰以授民事，顺四时而兴功业，其大略也，吉凶之祥，又何取焉? ……所取于天道者，谓四时之宜也；所壹于人事者，谓治乱之实也。……从此言之，人事为本，天道为末，不其然与?"(《全后汉文》卷八十九)这里提出"人事为本"，可以说是儒家"人本"思想最明确的表述。所谓以人为本，不是说人是宇宙之本，而是说人是社会生活之本。

佛教东来，宣传灵魂不灭、三世轮回的观念，一般群众颇受其影响，但是儒家学者起而予以反驳。南北朝时何承天著《达性论》，宣扬人本观念。何承天说："人非天地不生，天地非人不灵，……安得与夫飞沈蠉蠕，并为众生哉? ……至于生必有死，形毙神散，犹春荣秋落，四时代换，奚有于更受形哉!"这完全否定了灵魂不灭、三世轮回的迷信。范缜著《神灭论》，提出形为质而神为用的学说，更彻底批驳了神不灭论。

宋明理学中，不论是气本论，或理本论，或心本论，都不承认灵魂不灭，不承认鬼神存在，而都高度肯定精神生活的价值。气本论以天地之间"气"的统一性来论证道德的根据,理本论断言道德原于宇宙本原之"理",心本论则认为道德伦理出于"本心"的要求。这些道德起源论未必正确,但是都摆脱了宗教信仰。受儒家影响的中国知识分子,宗教意识都比较淡薄,在中国文化中,有一个以道德教育代替宗教的传统。虽然道德也是有时代性的,但是这一道德传统仍有其积极的意义。

三 刚健自强

先秦儒家曾提出"刚健"、"自强"的人生准则。孔子重视"刚"的品德:他说:"刚毅木讷近仁。"(《论语·子路》)刚毅即是具有坚定性。孔子弟子曾子说:"可以托六尺之孤,可以寄百里之命,临大节而不可夺也。君子人与? 君子人也。"(同上《泰伯》)临大节而不可夺,即是刚毅的表现。《周易大传》提出"刚健"、"自强不息"的生活准则。《大有·象传》云:"大有,柔得尊位,大中而上下应之,曰大有,其德刚健而文明,应乎天而时行。"《乾·文言传》云:"大哉乾乎! 刚健中正,纯粹精也。"《乾·象传》云:"天行健,君子以自强不息。"乾指天而言,天行即日月星辰的运行。日月星辰运行不已,从不间断,称之曰健,亦曰刚健。人应效法天之运行不已,而自强不息。自强即是努力向上、积极进取。《系辞下传》又论健云:"夫乾,天下之至健也,德行恒易以知险。"这是说,天下之至健在于能知险而克服之以达到恒易(险指艰险,易指平易)。所谓自强,含有克服艰险而不断前进之意。儒家重视"不息",《中庸》云:"故至诚无息。不息则久,久则征;征则悠远,悠远则博厚,博厚则高明。……《诗》云:'维天之命,於穆不已。'盖曰天之所以为天也。'於乎不显,文王之德之纯!'盖曰文王之所以为文也,纯亦不已。"儒家强调不懈的努力,这是有积极意义的。

在古代哲学中,与刚健自强有密切联系的是关于独立意志、独立人格和为坚持原则可以牺牲个人生命的思想。孔子肯定人人都有独立的意志,他说:"三军可夺帅也,匹夫不可夺志也。"(《论语·子罕》)又赞扬伯夷叔齐"不降其志,不辱其身"(同上《微子》),即赞扬坚持独立的人格。孔子更认为,为了实行仁德可以牺牲个人的生命,他说:"志士仁人,无求生以害仁,有杀身以成仁。"(同上《卫灵公》)孟子进而提出:"生亦我所欲也,义亦我所欲也,二者不可得兼,舍生而取义者也。生亦我所欲,所欲有甚于生者,故不为苟得也;死亦我所恶,所恶有甚于死者,故患有所不辟也。"(《孟子·告子上》)这里所谓"所欲有甚于生者"即义,其中包括人格的尊严。他举例说:"一箪食、一豆羹,得之则生,弗得则死。呼尔而与之,行道之人弗受;蹴尔而与之,乞人不屑也。"不受嗟来之食,即为了保持人格的尊严。坚持自己的人格尊严,这是刚健自强的最基本要求。

先秦时代,儒道两家曾有关于刚柔的论争。与儒家重刚相反,老子"贵柔"。老子提出"柔弱胜刚强"(《老子》三十六章),认为"天下之至柔,驰骋天下之至坚"(四十三章)。他以水为喻来证明柔能胜强:"天下柔弱莫过于水,而攻坚,强莫之能先,其无以易之。故弱胜强,柔胜刚,天下莫能知,莫能行。"(七十八章)老子贵柔,意在以柔克刚,柔只是一种手段,胜刚才是目的,贵柔乃是求胜之道。孔子重刚,老子贵柔,其实是相反相成的。

在中国古代哲学中,儒家宣扬"刚健自强",道家则崇尚"以柔克刚",这构成中国文化思想的两个方面。儒家学说的影响还是大于道家影响的,在文化思想中长期占有主导的地位。刚健自强的思想可以说是中国文化思想的主旋律。《周易大传》"天行健,君子以自强不息”的名言,在历史上,对于知识分子和广大人民,确实起了激励鼓舞的积极作用。

四　以和为贵

中国古代以“和”为最高的价值。孔子弟子有若说:“礼之用,和为贵。先王之道斯为美,小大由之。”(《论语·学而》)孔子亦说:“君子和而不同,小人同而不和。”(同上《子路》)区别了“和”与“同”。按:和同之辨始见于西周末年周太史史伯的言论中。《国语》记述史伯之言说:“夫和实生物,同则不继。以他平他谓之和,故能丰长而物归之。若以同裨同,尽乃弃矣。”(《郑语》)这里解释和的意义最为明确。不同的事物相互为“他”,“以他平他”即聚集不同的事物而达到平衡,这叫做“和”,这样才能产生新事物。如果以相同的事物相加,这是“同”,是不能产生新事物的。春秋时齐晏子也强调“和”与“同”的区别,他以君臣关系为例说:“君所谓可而有否焉,臣献其否,以成其可。君所谓否而有可焉,臣献其可,以去其否。”这称为“和”。如果“君所谓可”,臣亦曰可;“君所谓否”,臣亦曰否,那就是“同”,而不是“和”了。晏子说:“若以水济水,谁能食之? 若琴瑟之专一,谁能听之? 同之不可也如是。”(《左传》昭公二十年)这是说,必须能容纳不同的意见,兼容不同的观点,才能使原来的思想“成其可”、“去其否”,达到正确的结论。孔子所谓“和而不同”也就是能保留自己的意见而不人云亦云。“和”的观念,肯定多样性的统一,主张容纳不同的意见,对于文化的发展确有积极的促进作用。

老子亦讲“和”,《老子》四十二章:“万物负阴而抱阳,冲气以为和。”又五十五章:“知和曰常,知常曰明。”这都肯定了“和”的重要。

但是老子冲淡了"和"与"同"的区别,既重视"和",也肯定"同"。五十六章:"塞其兑,闭其门,挫其锐,解其忿,和其光,同其尘,是谓玄同。"这"和光同尘"之教把西周以来的和同之辨消除了。

墨子反对儒家,不承认和同之辨,而提出"尚同"之说。墨家有许多进步思想,但是尚同之说却是比和同之辨后退一步了。

儒家仍然宣扬和的观念,《周易大传》提出"太和"观念,《乾·象传》说:"乾道变化,各正性命,保合太和,乃利贞。"这里所谓大和指自然界万物并存共育的景况。儒家认为,包含人类在内的自然界基本上是和谐的。《中庸》云:"万物并育而不相害,道并行而不相悖。"这正是儒家所构想的"太和"景象。

孟子提出"人和",他说:"天时不如地利,地利不如人和。三里之城,七里之郭,环而攻之而不胜。夫环而攻之,必有得天时者矣;然而不胜者,是天时不如地利也。城非不高也,池非不深也,兵革非不坚利也,米粟非不多也,委而去之,是地利不如人和也。故曰:域民不以封疆之界,固国不以山溪之险,威天下不以兵革之利。得道者多助,失道者寡助。寡助之至,亲戚畔之;多助之至,天下顺之。"(《孟子·公孙丑下》)这里所谓人和是指人民的团结,人民的团结是胜利的决定性条件。"得道多助,失道寡助",这是今天仍然必须承认的真理。

儒家以和为贵的思想在历史上曾经起了促进民族团结、加强民族凝聚力、促进民族融合、加强民族文化同化力的积极作用。在历史上,得民心者得天下,失民心者失天下,已成为长期起作用的客观规律。在历史上,汉族本是由许多民族融合而成的;在近代,汉族又和五十几个少数民族融合而合成中华民族。中华民族内部密切团结而成为一个统一的整体。中华民族是多元的统一体,中国文化也是多元的统一体。多元的统一,正是中国古代哲学家所谓"和"的体现。所谓"和",不是不承认矛盾对立,而是认为应该解决矛盾而达到更高的统一。

以上所谓"天人合一"、"以人为本"、"刚健自强"、"以和为贵",都是用的旧有名词。如果采用新的术语,"天人合一"应云"人与自然的统一",或者如恩格斯所说"人与自然的一致"(《自然辩证法》1971年版第159页)、"自然界与精神的统一"(同书第200页)。"以人为本",应云人本主义无神论。"刚健自强",应云发扬主体能动性。"以和为贵",即肯定多样性的统一。这些都是中国古代哲学中的精湛思想,亦即中国文化基本精神之所在。

以上,我们肯定"天人合一"、"以人为本"、"刚健自强"、"以和为贵"等思想观念在历史上曾经起了促进文化发展的积极作用。但是,历史的实际情况是非常复杂的,许多思想观念的含义也不是单纯的。正确的观念与荒谬的观念、进步的现象与反动的落后的现象,往往纠缠在一起。所谓天人合一,在历史上不同的思想家用来表示不同的含义。例如董仲舒所谓天人合一主要是指"人副天数"、"天人感应",那完全是穿凿附会之谈。程颐强调"天道人道只是一道",认为仁义礼智即是天道的基本内容,也是主观的偏见。在董仲舒以前,有一种天象人事相应的神学思想。认为天上星辰与人间官职是相互应合的,所以《史记》的天文卷称为"天官书",但这不是后来哲学家所谓的"天人合一"。如果将上古时代天象与人事相应的神学思想称为天人合一,那就把问题搞乱了。这是应该分别清楚的。儒家肯定"人事为本",表现了无神论的倾向,但是这并不意味着宗教迷信在中国社会并无较大的影响。事实上,中国旧社会中,多数人民是信仰佛教、道教以及原始的多神教的。但是这种情况也不降低儒家人本思想的价值。"以和为贵"是儒家所宣扬的,但是阶级斗争、集团之间的斗争、个人与个人的斗争也往往是很激烈的。我们肯定"和"观念的价值,并不是宣扬调和论。

中国文化具有优秀传统,同时也具有陈陋传统,简单说来,中国文化的缺陷主要表现于四点:(1)等级观念;(2)浑沦思维;(3)近效取向;(4)家族本位。从殷周以来,区分上下贵贱的等级,是传统文化的一个最严重的痼疾,辛亥革命推翻了君主专制,但等级观念至今仍有待于彻底消除。中国哲学长于辩证思维,却不善于分析思维。事实上,科学的发展是离不开分析思维的。如何在发扬辩证思维的同时学会西方实验科学的分析方法,是一个严肃的课题。中国学术向来注重人伦日用,注重切近的效益,没有"为真理而求真理"的态度,表现为一种实用主义倾向,这也是中国没有产生自己的近代实验科学之原因之一。中国近代以前的社会可以说是以家族为本位。西方近代社会可以说是"自我中心、个人本位",而中国近代以前则不重视个人的权益,这是一个严重的缺陷。五四运动以来,传统的家族本位已经打破了。在社会主义时代,应该是社会本位、兼顾个人权益。

我们现在的历史任务是创建社会主义的新文化,正确认识中国传统文化的长短得失,是完全必要的。

傅永聚、韩钟文同志主编的《20世纪儒学研究大系》,循百年思想学术发展的脉络,以现代学术分类的原则,择选有学术价值、文献价值的代表文章,以"大系"的形式编纂而成,共有20多卷,每卷附有专题研究的"导言"一篇。这部《20世纪儒学研究大系》是由曲阜师范大学、孔子研究院、山东大学、复旦大学等单位的中青年学者合力编纂而成,说明了儒学研究事业后继有人。《大系》被列入国家社会科学基金规划项目,又由中华书局出版,都在弘扬和培育中华民族精神方面做出了一件非常有意义的事情,我感到十分欣慰。编者征求我的意见,于是略陈关于中国文化的基本精神和儒家文化传统的一些感想,以之为序。

張岱年

前　言

傅永聚　韩钟文

儒学犹如一条源远流长的大河,导源于洙泗,经过二千五百多年生生不息的奔腾,从曲阜邹城一带流向中原,形成波澜壮阔的江河,涉及整个中国,辐射东亚,流向全球,泽惠万方。儒学曾经是中华文化的主流、东亚文明的精神内核。但是进入 20 世纪后的儒学,遭遇到空前严峻的挑战,也面临着再生与复兴的历史机遇。一百多年来,儒学几经曲折,备受挫折,又有贞下起元、一阳来复之象,至 20、21 世纪之交成为参与"文明对话"的重要角色。

牟宗三先生说:"察业识莫若佛,观事变莫若道,而知性尽性,开价值之源,树价值之主体,莫若儒。"(《生命的学问》)儒、道、释及西方的哲学、耶教等都指示人的生命意义的方向,但就中国人特别是中国古代知识分子而言,儒学是安身立命之道。孔子、儒家追求的"内圣外王之道",一直是中国人的人格修养与经世事业的价值理想。"士不可以不弘毅,任重而道远。仁以为己任,不亦重乎? 死而后已,不亦远乎?"(《论语·泰伯》)从孔子、曾子、子思、孟子至康有为、梁启超、梁漱溟、熊十力、牟宗三,中国的儒学代表人物就是怀抱志仁弘道的精神去实践自己的生命价值,开拓教化天下的事业与创建文化中国的理想的。中华文化历尽艰难，几经跌宕，却如黄河、长江一样流淌不息，且代有高潮，蔚成奇观，与孔子及其所创建的儒家学派所做的贡献是分不开的。

儒学一直对中华文化各个层面产生着巨大而又深远的影响。儒学统摄哲学、伦理、政治、教育、宗教、艺术等人文社会科学的学术品格及关怀现世人生的精神，使它成为一套全面安排人间秩序的思想体系，从一个人的生存方式，到家、国、天下的构成，都在儒学关怀与实践的范围之内。经过二千多年的传播、积淀，儒学一直影响着中华民族的民族性格、心理结构的形成。然而，进入20世纪，又出现类似唐宋之际"儒门淡泊，收拾不住"的危机，陷入困境之中。唐君毅以"花果飘零"、余英时以"游魂"形容儒学危机之严峻，张灏则称这是现代中国之"意义危机"、"思想危机"。

从19世纪中后期开始，中国社会、文化进入从传统农业社会向现代工业社会、从传统文化向现代文化转型的时代。1905年废除科举制度，1911年辛亥革命推翻了帝制，"五四"新文化运动的兴起，西方各种思潮、主义潮水般地涌入，风起云涌的政治革命、文化革命、社会转型、文化转型，导致了传统士阶层的解体与分化，新型知识分子的诞生与在文化思想领域倡导"新思潮"、"新学说"，激进的反传统思潮的勃兴，现代化进程的启动和在动荡不安中急遽推进，使20世纪中国处于"三千年未有的大变局"的境遇之中，儒学的危机也由此而生。

一个世纪以来，儒学的命运与中国现代化的历史进程相消长，也与学术界、思想界及政治界对儒学与现代化的关系、儒学与西方文化的关系、儒学与全球的"文明对话"的关系所形成的认识有关。从19世纪末至21世纪初，一百多年来，中国的学术界、思想界与政治界围绕着孔子、儒家及儒学的命运、前景问题展开了广泛的持久的争鸣,而这类争鸣又直接或间接地同传统文化与现代化、中学与西学、新学与旧学、科学主义与人文主义、全球化与中国化、文明冲突与文明对话、西方智慧与东方智慧等等论题交织在一起,使有关儒学的思想争鸣远远超出中国儒学史的范围,而成为20世纪中国思想史、学术史的有机组成部分。

百年儒学的历史大致沿着两个方向演进:一、儒学精神的新开展,使儒学于危机中、困境中得以延续、再生或创造性转化;二、儒家学术思想的研究,包括批判性研究、诠释性研究、创造性研究在内。由于20世纪中国是以"革命"为主潮的世纪,学术研究与政治革命的关系特别密切,故批判性研究常常烙上激进的政治革命的烙印,超出学术研究的范围,并形成批判儒学、否定儒学的思潮,酿成批判论者、诠释论者与复兴论者的百年大论争,并一直延续到21世纪。

回顾百年儒学精神新开展与儒学研究的历程,有一奇特现象值得重视。活跃于20世纪中国思想界、学术界、政治界、教育界的精英或代表人物,都不同程度地介入或参与了有关孔子、儒家思想的争鸣。如:早期马克思主义者陈独秀、李大钊、瞿秋白、李达、郭沫若、范文澜、侯外庐等,三民主义者蔡元培、陶希圣、戴季陶等,自由主义的代表人物严复、胡适、殷海光、林毓生等,无政府主义者吴稚晖、朱谦之等,现代新儒学的代表人物梁漱溟、熊十力、唐君毅、牟宗三、徐复观等,学衡派的代表人物梅光迪、吴宓、陈寅恪、汤用彤等,东方文化派的杜亚泉、钱智修等,新士林学派的罗光等,以及张申府、张岱年等,都参与了有关儒学的争鸣,并在争鸣中形成思想的分野,蔚成中国近代思想文化史上最壮观的一幕。

20世纪中国思想史的复杂性、丰富性远远超出了唐宋之际和明清之际,其思想争鸣具有现代性或现代精神的特色。美国学者列文森在《儒教在中国及其现代命运》中以"博物馆化"象征儒学生命的终结,有些中国学者也说儒学已到"寿终正寝的时节"。但从百年儒学的精神开展与儒学研究的种种迹象看,儒学的生命仍然如古老的大树一样延续着,儒学曾经创造性地回应了印度佛教文化的挑战,儒学也正在忧患之中奋然挺立,回应西方文化的挑战,这是儒学传统现代创造性转换的契机。人们在展望"儒学第三期"或"儒学第四期"的来临。百年儒学的经历虽曲折艰难,时兴时衰,但仍是薪火相传,慧命接续,间有高潮,巨星璀璨,跨出本土,落根东亚,走向世界,成为一种国际性的思潮,在全球性的"文明对话"中扮演着重要角色,为人类重建文明秩序提供了可资汲取的智慧。儒学并没有"博物馆化",儒学的新生命正在开始。因此,对百年儒学作系统的全面的反思与总结,是一项具有历史意义与现实意义的学术课题。

纵观百年儒学的历程,大致经历了五个阶段,在这五个阶段中,儒学的命运、所遭遇的景况不尽相同,分述如下:

19 世纪末至 1911 年辛亥革命为第一阶段　洋务运动、戊戌变法导致儒家经世思想的重新崛起,晚清今文经学的复兴,特别是康有为《新学伪经考》、《孔子改制考》的出版,托古改制,以复古为解放,既开导儒学的新方向,又开启"西潮"的闸门,如思想"飓风",如"火山火喷"。章太炎标举古文经学的旗帜,与以康有为为代表的今文经学派展开经学论争,而这场思想学术争鸣又与政治上的革命或改良、反清或保皇、君主立宪与民主共和等论争交错在一起,显得格外严峻与深沉。诸子学的复兴,西学输入高潮的到来,政治革命的风暴席卷神州,社会解体与重建进程加速发展,传统士阶层的分化与新型知识分子的诞生,预示后经学时代的降临。思想界、学术界先觉之士以"诸子学"、"西学"为参照系,批判儒学或重新诠释儒学,传统儒学向现代儒学转型已初见端倪。

以辛亥革命至 1928 年南京政府成立为第二阶段　康有为、陈焕章等仿效董仲舒的"崇儒更化"运动创建孔教会,"五四"新文化运动兴起,吴虞、胡适等提倡"打孔家店",《新青年》派陈独秀、胡适与文化保守主义者梁启超、梁漱溟、杜亚泉等,学衡派梅光迪、吴宓等展开思想文化争鸣,以张君劢、梁启超等为代表的人文主义与以丁文江、胡适、王星拱等为代表的科学主义的论辩,马克思主义者李大钊、瞿秋白等也积极参与思想争鸣,各大思潮的冲突与互动,不论是批判儒学,或者是重释儒学及复兴儒学,有一个共同的特点,都是将儒学的研究纳入现代思想学术的领域之中,使思想争鸣具有现代性,从而导致儒学向现代思想学术转型。20 世纪中国人文社会科学的学科建制、研究方法深受"西学"的影响,有关孔子、儒学的论争已不同于经学时代,且与国际上各种思潮的论争息息相通。以现代西方哲学、科学、政治等学科的范畴、概念、方法去解读、分析、批判或重新诠释儒学,成为一时的学术风气,还出现"援西学入儒学"的现象。有些思想家、哲学家试图摄纳西学、诸子学及佛学中有价值的东西重建儒学,如梁启超的《儒学哲学及其政治思想》、《儒学哲学》等文及《欧游心影录》,梁漱溟的《东西文化及其哲学》,冯友兰的《人生哲学》,已透露出现代新儒学即将崛起的消息。

1928 年至 1949 年中华人民共和国建立为第三阶段　30 年代后,中国思想界、学术界出现"后五四建设心态"。吸取西学的思想、方法,以反哺儒学传统,创造性地重建传统儒学,如张君劢、冯友兰、贺麟等;或者回归儒学传统,谋求儒学的重建,如熊十力、钱穆、马一浮等;即使是"五四"时期及传统的学者,在胡适提倡"研究问题,输入学理,整理国故,再造文明"之后,也将儒学作为

20世纪儒学研究大系

"国故"的重要组成部分,作为学术史、思想史、文化史的思想资料加以系统的研究。胡适的《说儒》就是一篇以科学方法研究孔子、儒学的示范之作。"后五四建设心态"的形成,对中国现代学术的建构起了积极的作用。一大批专家、学者参照西方人文社会科学学科建制的原则与方法,分哲学、宗教学、政治学、经济学、伦理学、社会学、法学、史学、美学、文学艺术、教育学、心理学等等,对儒学进行系统的研究,还对不同学科的发展史作深入的探讨,如中国哲学史、中国教育思想史、中国政治思想史、中国学术史、中国伦理学史、中国文化史、中国通史等等,儒学研究也纳入分门别类的学科及学科发展史的研究之中。钱穆在《现代中国学术论衡》中说:"民国以来,中国学术界分门别类,务为专家,与中国传统通人通儒之学大相违异。"将数千年经学、儒学作为学术思想的资源或资料,分门别类地纳入学科专题研究之中,虽然使儒家"内圣外王之道"的"道"变为"学术",由"专门之学"代替"通儒之学",但恰恰是这种转变,才促使了儒学由传统形态向现代形态转型。这一阶段是中国社会动荡不安的年代,令人惊异的是,在动荡的岁月中出现了一个学术繁荣期,学术研究的深度与广度并不亚于乾嘉时代,儒学研究也是如此。"专门之学"代替"通儒之学"乃大势所趋,是现代学术的进步。

　　抗日战争的爆发、救亡运动的高涨,把民族文化复兴运动推向高潮,为儒学精神的新开展或创造性重建提供了历史机缘。儒学在民族文化复兴的大潮中获得再生并走向现代。1937年沈有鼎在《中国哲学今后的开展》,1941年贺麟在《儒家思想之开展》,1948年牟宗三在《鹅湖书院缘起》中,都强调中国进入一个"民族复兴的时代"。民族复兴应该由民族文化复兴为先导,儒家文化是中华文化的主流,儒家文化的命运与民族文化的命运血脉相连、息息相关。他们认为,如果中华民族不能以儒家思想或民族精神为主体去儒化或汉化西洋文化,则中国将失掉文化上的自主权,而陷于文化上的殖民地。他们期望"儒学第三期"的出现,上接宋明儒学的血脉,对儒学作创造性的诠释,或者会通儒学与西学,使古典儒学向现代思想学术形态转换。以熊十力、贺麟、牟宗三等为代表的新心学,以冯友兰、金岳霖等为代表的新理学,是儒学获得现代性并走向成熟的重要标志。此外,王新命、何炳松等十教授发表《中国本位的文化建设宣言》(1935年1月10日),新启蒙运动倡导者张申府、张岱年等提出"打倒孔家店,救出孔夫子"的口号及综合创造论,都体现了"后五四建设心态",都有利于儒学的学术研究之开展。

1949年至1976年"文革"结束为第四阶段　余英时在《现代儒学论》序言中指出:20世纪中国以1949年为分水岭,在前半个世纪与后半个世纪,中国的文化传统特别是儒家命运截然不同。1949年以前,无论是反对或同情儒家的知识分子大部分曾是儒家文化的参与者,他们的生活经验中渗透了儒家价值。即使是激进的反传统者,他们并没有权力可以禁止不同的或相反的观点,故批判儒学或复兴儒学之争可以并存甚至互相影响。1949年以后,儒家的中心价值在中国人的生活方式中已退居边缘,知识分子无论对儒学抱着肯定或否定的态度,已失去作为参与者的机会了,儒学和制度之间的联系中断,成为陷于困境的"游魂"。

就实际状况而言,这一阶段的儒学研究或者儒家思想之开展,比余英时分析的还要复杂,值得注意的是分化现象:大陆出现批判儒学的新趋向,50年代至60年代中期,以批判性研究为主,除梁漱溟、熊十力、陈寅恪等少数学人外,像冯友兰、贺麟、金岳霖等新理学与新心学的代表人物,都经过思想改造、脱胎换骨之后批判自己的学说,即使写研究孔子、儒学的文章,也离不开批判的框框。当时思想界、学术界的儒学研究,多以"苏联哲学"为范式,进行"唯心"或"唯物"二分式排列,批判与解构儒学成为当时的风潮。70年代中期出现群众性的批孔批儒运动,真正的学术研究根本无法进行。儒学已经边缘化了。在港台地区和海外华人社群中,儒学却得到不同程度的认同,移居港台、海外的学者,如张君劢、钱穆、陈荣捷、唐君毅、牟宗三、徐复观、方东美等,继续以弘扬儒家人文精神为己任,立足于学术界、教育界,开拓儒学精神的新方向,成就了不少持之有据、言之成理的"一家之言"。

70年代后期至21世纪初为第五阶段　中国大陆的改革开放,思想解放运动,传统文化与现代化的论争,"文化热"的出现,以及日本、韩国、新加坡等国与香港、台湾地区经济腾飞所产生的影响,东亚现代化模式的兴起,全球化进程中形成的文化多元格局,文明对话,全球伦理、生态平衡,以及"文化中国"等等课题的讨论,使人们对孔子、儒学研究逐渐复苏,重评孔子、儒学的论文、论著陆续出版,有关孔子、儒学、中国文化的学术会议频繁举行,中国孔子基金会、国际儒学联合会、中华孔子学会、中国文化书院、孔子研究院等学术团体和研究机构的建立,历代儒家著作及其注解、白话文翻译、解读本的大量出版,有关儒家的人物评传、思想研究、专题研究以及儒学与道、释、西方哲学及宗教的比较研究,成为学术界关注的课题。还有分门别类的人文社会科学及自然科学,也将儒学纳入其中作专门研究,如儒家哲学思想、儒家伦理思想、儒家美学思想、儒家史学思想、儒家政治思想、儒家教育思想、儒家宗教思想、儒家科学思想、儒家管理思想等等。专门史的研究也涉及儒学,如中国哲学史、中国经济思想史、中国教育思想史、中国伦理思想史等等,一旦抽掉孔子、儒家与儒学,就会显得十分单薄。此外,原来处于边缘化的港台、海外新儒家,乘改革开放的机遇,或者进入大陆进行学术交流,或者将其思想、学说传入大陆,至 90 年代,出现当代新儒家、自由主义与马克思主义重新论辩、对话与互动的格局,有关"儒学第三期"、"儒学第四期"的展望,儒学在国际思想界再度引起重视,说明儒学的确在展示着其"一阳来复"的态势。

纵观百年儒学的历程,不论在哪一个阶段,不论是儒家思想之新开展,或者是有关儒学的学术研究,都积有丰富的思想资源或文献资料,已经到了对百年儒学进行系统研究、全面总结的时候了。站在世纪之交的高度,我们组织编纂《20 世纪儒学研究大系》,就是为了完成这一学术使命。

《20 世纪中国儒学研究大系》是孔子研究院成立后确定的一项浩大的学术工程,现已列入 2002 年国家社会科学基金项目。《大系》的编纂与出版,实为孔子、儒学研究的一大盛事,必将对 21 世纪的儒学研究产生积极而又深远的影响。

编选原则及体例

　　《20世纪儒学研究大系》是一部大型的相对成套的专题分卷的儒学研究丛书,力求通过选编20世纪学术界研究儒学的代表性论文、论著,全面反映一百年来专家、学者研究儒学的学术成果及水平,为进一步研究儒学提供一部比较系统的学术文献。

　　一、将20世纪海内外专家、学者研究儒学的代表性论文、论著按研究专题汇集成册,共分21卷。所选以名家、名篇及具有代表性的观点为原则,不在多而在精,力求反映20世纪儒学研究的全貌。

　　二、所选以学术性讨论材料、思想流派性材料为主,兼收一些具有代表性并产生过重大影响的批判性文章。

　　三、每一卷包括导言、正文、论著目录索引三个主干部分。

　　四、每卷之始,撰写导言,综论20世纪该专题研究的大势及得失,阐发本专题研究的学术价值和意义,为阅读利用本卷提示门径。

　　五、一般作者原则上只入选一篇具有代表性的成果,重要代表人物可选2—3篇。

　　六、所收文章均加简要按语,介绍作者学术生平及本文内容。合作创作的论著,只介绍第一作者。

　　七、每卷所收文章,原则按公开发表或正式出版的时间先后为序。

八、所收文章,尽量使用最初发表的版本,并详细注释文章出处、发表或写作时间。

九、入选文章、论著篇幅过长者,适当予以删节,并予以注明。

十、为统一体例,入选文章一律改用标准简化字,一律使用新式标点。

十一、所选文章的注释一律改为文中注和页下注,以保持丛书的整体风格。材料出处为文中注(楷体),解释性文字为页下注。

十二、每卷后均列论著目录索引,将未能入选但又有学术价值与参考价值的论著列出。论文和著作分门别类,并按公开发表和正式出版的时间先后为序。

目　录

20世纪儒学研究大系

导　言

李　兆　祥

一　20 世纪儒家教育思想研究回顾

20 世纪初,科举制废除,儒家思想及儒家教育理念得以依托的最后一块阵地丧失。伴随着近代革命风起云涌,儒家教育所宣传的纲常伦教在历经"中学为体,西学为用"的变革后,再次成为打击目标。儒家教育思想在痛苦中一方面与新兴的近代各种教育思潮融合,实现了创造性转变;另一方面,儒家教育思想又被作为现代学术研究的对象而成为学者扬弃中国古代教育思想为新时期新时代提供借鉴的凭资。纵观 20 世纪的儒家教育思想研究,一般可分为四个时期。

(一)儒家教育思想争取正统的努力及对儒家教育思想研究的准备时期(1901—1927)

清末民初,儒家教育思想是与儒学的命运紧紧联系在一起的。在革命者宣布礼教"吃人",并且高呼着要冲决封建"网罗"的时候,儒家教育思想当然也未幸免于难。虽然如此,这个时候还是有人关注对中国古代教育思想的传播与研究。梁启超在 1902 年 2 月 22 日《新民丛报》第二号上发表《保教而非尊孔论》,在分析了孔教与其他宗教不同后,认为,孔子所教者,专在世界国家之事,伦

20世纪儒学研究大系

理道德之源,无迷信,无礼拜,不禁怀疑,不仇外道;孔子之所以为孔子,正以其思想自由;他所教者,人之何以为人,人群之何以为群,国家何以为国,特别是在人格教育方面,东西古今圣哲,最多莫如孔子,孔子实于将来德育世界之林,占一重要之位置。孔子不惟我独尊,鄙夫可以竭两端,三人可以得我师,孔教之精神非专制而自由也。1904年,"要把各项浅近的学问,用通行的俗话演出来"(开办《安徽俗话报》的缘故)的陈独秀,创办了《安徽俗话报》,在10月23日和11月21日的俗话报上发表了一篇《王阳明先生训蒙大意的解释》,对王阳明论童子教育的11段章句进行了解释:他充分肯定了王阳明反对死背古书作为教育的目的而提倡教育应该是教人做人,认为王阳明把"人伦"作为教育内容是正确的;他还肯定了王阳明的改良教育思想。与此同时,中国第一部《中国教育史》也在20世纪初成书,在书中,作者黄绍箕和柳诒徵重点研究了西周的官学制度和孔子的私学,并进而指出,"春秋"时期教育的特点是"匹夫穷居闾巷聚徒讲学","孔子之教学者,实三代后一大变局也",充分肯定孔子办教育的地位。

　　中华民国建立后,作为教育总长的蔡元培在肯定孔子在中国历史上的伟大贡献的同时,提出"孔子之学术,与后世所谓儒教、孔教当分别论之"(《对于教育之意见》1912年2月)的评价孔子及后世儒学的新方法,他反对学校还拜孔子,说:"孔子并非宗教家,尊之自有其道","教育与宗教各有目的,不宜强合为一,今以似是而非之宗教仪式行于学校,即悖尊孔之义,尤乖教育目的"。(《学校不应拜孔子案》1912年7、8月间全国临时教育会议)他还将清代大学的八科改为七科,取消经科并入文科;教育部还通令全国,中小学校读经科一律停止。但是,伴随着袁世凯上台和他的帝制思想膨胀,尊孔谈经之风骤然弥漫中国。1913年6月,袁世凯向全国发布《通令尊孔圣文》和《注重德育整饬学风令》,鼓吹"天生孔子,为万世师表",指责各校"托于自由平等之说,侮慢师长,蔑视学规",宣扬要以孔圣人的旧礼教来"遏横流","正人心"。教育总长汤化龙随即上书要求"以孔子为国教","中小学校课读全经",修身与国文,"一以孔子之言为旨归","俾圣贤之微言大义,浸渍渐深",而养成"守孔子之言行如守教诫"的天性。1913 年 9 月 17 日,袁世凯通电各省定孔子诞辰为"圣节",命令学校恢复祀孔典礼;9 月 28 日,又亲率百官到孔庙举行了声势赫赫的祀孔盛典;10 月更在《天坛宪章》中明文规定:"国民教育以孔子之道为修身大本。"1914 年 6 月,民国教育部又宣称:我国立国数千年,泱泱雄大之国民性卒能卓然不可磨灭者,关键在孔子为"我国教育上之模范",尊孔读经已成为中国国民的"特性",国民教育的任务就在于"保存光大此特性"。教育部严令:"嗣后各书坊各学校教员等编纂修身及国文教科书,采取经训务以孔子之言为旨归。"1915 年,袁世凯又通令"各学校均应崇奉古圣贤以为师法,宜尊孔以端其基,尚孟以致其用"。

　　上行下必效。在袁世凯大张尊孔读经之时,知识界中以康有为等为首,以《孔教会杂志》为阵地,开始了大张旗鼓的定孔教为国教行动。《孔教会序》、《孔教乃中国之基础》、《中国之新生命必系于孔教》等文章在《孔教会杂志》等刊物上发表,他们高呼孔教之于中国,犹如空气之于人类,要求学校恢复读经、祀孔。与此相对立,梁启超、章太炎以及陈独秀等又发表《孔子教义实际裨益于今日国民者何在? 欲昌明其道何由?》、《驳建立孔教议》、《复辟与尊孔》等对立孔教为国教大加张挞,陈独秀说:"君为臣纲"、"父为子纲"、"夫为妻纲"都是"以己属人之奴隶道德,与当今世界潮流绝然相反"。

以上论争，虽然是意识形态领域带有政治倾向的论争，但是，从另一个方面说，却是在新形势下对中国传统儒家、儒家教育思想的一种反思与超越，这无异是另一种研究。到 20 年代，伴随着东西文化之争，比较正式意义上的儒家教育思想研究成果，如 1921 年 2 月谭鸣谦发表在《新教育》上的《孔子教育学》，卢汉章、刘熔分别发表于 1923 年 18、19 期《国学月刊》上的《孔子为教育家非宗教家说》，以及 1924 年 1 月徐家瑾发表在《学灯》上的《孔子的个性教育》等出现。当然，这一时期，对儒家教育思想真正比较系统的学理研究和阐释实际上主要是辜鸿铭在 1915 年由"北京每日新闻社"出版的《春秋大义》（The Spirit of the Chinese People）、后被译为《中国人的精神》，胡适在 1919 年出版的《中国哲学史大纲》以及梁启超在 20 年代初的研究①。

辜鸿铭在《中国人的精神》中对中国文化及孔子和儒家教育思想的阐释，曾引起了陈独秀发表《质问东方杂志记者》、李大钊发表《东西文明根本之异点》等文章与之进行了辩论。辜鸿铭从说明什么是中国人的精神切入，在描述中国人的精神的同时，详细地对比了孔子所创的"儒教"②和西方宗教的不同。在对比过程中，辜鸿铭用了绝大部分篇幅来说明中西教育的不同，并肯定儒家教育思想的先进性。

胡适在《中国哲学史大纲》中除了讨论孔子等先秦思想家的哲学思想外，还谈到了孔子、荀子等的教育思想。谈到孔子教育思

----

①　虽然梁漱溟先后在 1921 年、1922 年出版的《东西文化及其哲学》，对孔子的人生哲学思想做了较为全面的论述，也有一些观点如对孔子关于生活的积极态度的肯定、孔子对礼乐的推崇等的总结，都很有新意，但是，他重点不是研究教育思想。

②　辜鸿铭并不认为儒教是真正意义上的宗教——编者。

想时,他说:孔子见时势不合,没有政治改良的机会,所以专心教育,要想从教育上收效。他深信教育功效最大,所以说"有教无类",又说"性相近也,习相远也"。(参见胡适著《中国哲学史大纲》东方出版社1996年3月版,第60页)他还说,孔子的知识论,因注重推论,故注意思虑,说学与思两者缺一不可,多闻多见,还可算得是"知之次也"。孔子的"学只是读书,他把'学'字看作读书的学问,后来中国几千年的教育,都受这种学说的影响,造成一国的'书生'废物,这便是他的流弊了"。(同上书,第95—96页)谈到孟子,他说,孟子的性善论,不但影响到他的人生观,并且大有影响于他的教育哲学。他的教育学说有三大要点,都于后世的教育学说大有关系。"(甲)自动的　孟子深信人性本善,所以不主张被动的和逼迫的教育,只主张个人自动的教育。""(乙)善性的　人性既本来是善的,教育的宗旨只是要使这本来的善性充分发达。""(丙)标准的　教育虽是自动的,却不可没有标准。孟子说:弈之教人射必至于彀,学者亦必以至于彀。大匠诲人必以规矩,学者亦必以规矩。""这标准的教育法,依孟子说来,是教育的最捷径。"(同上书,第263—265页)谈到荀子,胡适则说:"孟子说性善,故他的教育学说偏重'自得'一方面。荀子说性恶,故他的教育学说趋向'积善'一方面。"他还说:"荀子的教育学说以为学问须要变化气质,增益身心。不能如此,不是为学。"荀子是主张知行合一的。(同上书,第281—282页)

20年代初,梁启超从欧洲回国后,一直致力于讲学和著述活动。在系统阐释对中国古代政治历史的见解时,在很多地方他也说到了儒家教育思想。在《孔子》(《饮冰室专集》之三十六)中,他从学,一贯、忠恕,仁、君子,礼,乐等诸多方面谈了对孔子教育思想的看法。在《先秦政治思想史》(《饮冰室专集》之五十)《教育问题》中,他说,儒家认为教育万能,政治以教育为基础——不经教育之民无政治之可言;又以教育为究竟——政治所以可贵者全在其能为教育之工具。关于儒家教育思想,梁启超有很多独特的看法:孔子的所谓学,是要学来养成自己的人格;真正的学是忠恕的一贯;孔子讲学问,是实践方面看得重,知识方面看得轻。孔子让人学所要养成的人格是仁,具体地说是君子;仁是教人怎样子做人,能尽其性,能尽人之性,孔子所说,是平等人格主义。孔子所教的普通学就是礼乐,这是涵养人格的利器;礼是体育,习礼以庄敬为主,最能抖擞精神,是修养身心的好办法;音乐生于人心,音乐生人心,它是由心理的交感产生出来,它也能感召人心,所以音乐关系国家治乱,民族兴亡;但是,这种议论自秦汉以后竟没有人懂;孔门的礼教、乐教实有相反相成之妙,礼节民心,乐和民性,乐以治心,礼以治躬,礼的功用在谨严收敛,乐的功用在和悦发舒,两件合起来,然后陶养人格;这可以知道孔门把礼乐当成必修科的功用了。

另外,1919年10月,蔡元培在《杜威六十岁生日晚餐会演说词》中将孔子与杜威相比较。他说,杜威的哲学是西洋新文明的代表,孔子可看作中国旧文明的代表,二者不同是所处的地位、时期截然不同。以教育论,孔子是中国第一个平民教育家,他的弟子三千,各式的都有,这是他破除阶级的教育的主义;他的教育,用礼、乐、射、御、书、数的六艺作普通学,用德行、政治、言语、文学的四科作专门学;教学中,他能因材施教;他的教育是重在发展个性,适应社会,决不拘泥形式,专讲画一的;他主张经验与思想并重,主张多闻、多见、慎言、慎行,这是试验的意义。在这几方面,孔子与杜威,很有相同的点。建国后,这种比较研究范围更加广泛。1925年,张伯苓在《学行合一》中研究了孔子思想中的学和行的关系,他认为,先生之责任不在教,而在教学生学,更要教学生行;教学生行,是中国古代教育的特点之一,孔子对行就特别重视;孔子强调博学、审问、慎思、明辨之后就要笃行,在孔子心目中,好学就是学行并重;他说,我所说的行,是行为道德,教学生行,就是教学生行做人之道。这样才能算好的教育。(《南开周刊》第一卷第16号1925年12月)

这些研究,为儒家教育思想作为学术研究对象开启了大门。

（二）儒家教育思想研究的起步（1927—1949）

20世纪儒家教育思想研究的真正起步体现在1927年到1949年这22年中。这期间,在中国思想界、政治界,先后有4种思潮开始从各个方面对儒家教育思想进行了研究和利用。出现这种情况的原因有三:第一,从政治上讲蒋介石在某种程度上完成了对中国的统一,为了维护统一,教育成了他的一种手段。他曾宣称儒学是立国之本,儒家教育思想中的很多内容应该是现今教育的主要内容,这在客观上促进了对儒家教育思想的研究。第二,在经历了五四启蒙冲击后,信守传统文化阵地的一批学者开始在新形势下重新反思儒学,重新审视儒家教育思想在现代的价值,这使得在学术界研究儒家教育思想有了基础。第三,作为新民主主义先进文化代表的中国共产党人,对中国传统的儒家学说的合理成分也有深刻的认识,因此,在进行新文化建设中,除强调新文化是"民族的"外,还对儒学传统的修养理论等进行了扬弃,这也促成了中国共产党人对儒家教育思想的研究与利用。

1、蒋介石等对儒家教育思想的研究和利用

蒋介石等出于维护统治的需要,从20世纪20年代末期就开始有系统地在各种场合宣扬孔子及儒家思想。蒋介石以"三民主义"相号召,说孙中山先生的"三民主义"是"渊源于中国固有的政治与伦理哲学的正统思想",其思想基础是"尧、舜、禹、汤、文、武、周公、孔子"相继不绝道统,其基本精神就是"忠孝仁爱信义和平"八德,就是"仁义廉耻"四维。"今后无论是家庭、学校、社会、军队一切的教育,都要以'四维'、'八德'来做基础。使所有受教的人'入以事其父兄,出以事其长上'。"(参见李华兴主编《民国教育史》之"蒋介石的教育思想",上海教育出版社1997年8月版)

同时,蒋介石还在全国推动"新生活运动"。宣称"新生活运动"的中心准则"就是要使我们全部生活,都合乎礼义廉耻"。1934年,国民党中央147次会议通过了尊孔祀圣的决议,要求普遍举行纪念孔丘的活动。7月又宣布要纪念孔子诞辰日,开大会纪念,主要宣传孔氏的伦理学说。1934年,湖南、广东等省国民政府当局都强令中小学读经,将四书五经编选为教科书的内容。蒋介石的这些思想和做法,反映了他固守传统的偏执立场,也暴露了他利用传统教育内容维护国民党专制独裁统治,为"党国"培养"顺民"的用心。

2、新儒家对儒家教育思想的研究与应用

以梁漱溟、冯友兰、贺麟等为代表的新儒家,从20世纪20年代就开始复兴儒学的努力,这种努力到了30、40年代达到了一个新高度。他们大都从对比中西文化的角度出发,以儒家学说为基础,阐释中西文化的不同,在考察西方文明长处的基础上,找到中华文化的新的立足点。在这个过程中,他们对包括儒家教育思想在内的儒家学说进行了全面的诠释,将儒家教育思想的研究向前推进了一步。

1932年,梁漱溟发表了《中国民族自救运动之最后觉悟》,他否定了五四以来的中华民族的自救运动,认为,中华民族的自救应该是恢复中华民族的精神,这种精神要到孔孟那里讨回。他给予了孔子的教化以很高的评价,他说:中国没有宗教,"替代一个大宗教,而为中国社会文化中心的,是孔子之教化",他是用道德代替了宗教;"孔子的教训总是指点人回头看自己,在自家本身上用力;唤起人的自省(理性)与自求(意志)。"人类难对付,古代圣贤英雄莫不以愚蔽他为好的对付,"孔子乃独去其障蔽,使他心思开明,而后对付他";"孔子就因为把握了人类生命更深处作根据,而开出无穷无尽可发挥的前途,所以不必对付人,而人自对付了——人类自要归了他的辙",他是"极高明而道中庸"。中国有"伦理","孔子似极有力;此伦理又为数千年礼俗制度之中心骨干","于是孔子乃有其任何哲学家教育家政治家对人群所不能有之伟大而长久的势力。"

1931 年,冯友兰出版了他的重要著作《中国哲学史》,在用了大量篇幅论述儒家哲学思想的同时,对以孔子为代表的中国儒学诸先师的教育思想也进行了研究。他肯定了孔子是中国第一个使文化教育民众化,以教书为职业的"教授老儒"。孔子对自己"学而不厌",对别人"诲人不倦"。抱定"有教无类"的宗旨,大招学生;孔子讲"六艺",注重引申其中的道德教训。孔子为使学术普遍化之第一人,为士之阶级之创立者。

1940 年,贺麟在《战国策》第三期发表《五伦观念的新检讨》,他从纵的方面探讨了作为中国人的道德生活的最有力量的传统观念之一,"我们礼教的核心","维系中华民族的群体纲纪"的"五伦",寻出了"五伦"的本质、本身具有的意义、其优缺点,他提出了"从旧礼教的破瓦颓垣里"重新建立起新人生新社会的行为规范和准则的问题。在《儒家思想的新开展》(发表于 1941 年《思想与时代》第一期)中,他还提出了须吸收基督教的精华以充实儒家的礼教、须领略西洋的艺术以发扬儒家的诗教等改革中国教育的想法。

新儒家在对儒家教育思想进行学理研究的同时,还把研究的成果付诸实践。比较著名的就是梁漱溟的乡村建设理论。其中乡村教育理论从本质上说是儒家教育思想中的"有教无类"思想的一种发展,是把儒家传统中关于人的教育的形式、内容、方法推及社会,其目的还是要达到儒家的理想大同社会,只不过儒家传统教育是通过培养统治的人才"君子"和"士"来经过治理国家达到这一理想,而乡村教育则是通过对每一个人的教育达到这一理想。

3、学术界从学理上对儒家教育思想的研究

学术界对儒家学说的研究,这一时期相当活跃。学者们从不同的角度在全方位地考察儒学的同时,不能不论及儒家教育思想。比较有代表性的除了新儒家以外,还有郭沫若、吕振羽、马一浮、钱穆等人。

郭沫若写了著名的《十批判书》,在《孔墨批判》中,他从学和教两个方面对孔子的教育思想进行了阐释。孔子学的内容是"好古",求学的法门是"好问",主张实事求是,"知之为知之,不知为不知";主张学与思即主观与客观交互印证。他还强调教,主张开发民智;他提出有名的庶、富、教的三步骤;还认为,为政要教民,"以不教民战,是谓弃之","善人教民七年亦可以戎","举善而教不能,则劝",这和后起的道家法家的愚民政策根本不同。

1937年,吕振羽出版了《中国现代政治思想史》,这是我国最早运用马克思主义观点、方法研究古代政治思想史的学术著作之一。在这部著作中,谈到孔子、孟子时,吕振羽认为,孔子的伦理学说是以"孝"为中心,以"忠"为落脚点,"仁"是其伦理学的本源;而孟子的修养理论是以性善论为根据,认为人们通过修养功夫,可以达到孔子所说的仁的境界,修养的方法是"寡欲"、"尚智"、"立命"或"俟命"等,重点是养浩然正气,中心在于诚。

马一浮的研究重点在阐释诗教、礼教等六艺之学。1940 年和 1942 年,他分别发表了《泰和宜山会语合刻》、《复性书院讲录六卷》,其中心工作一是要说明国学者六艺之学,六艺赅摄一切学术,二是要阐释《论语》所包含的诗教、书教、礼教、春秋教。他的研究从小处入手,细腻入微,但是却从大处说明了儒家教育的伟大功用。

钱穆发表了著名的《国史大纲》,其中他也用了一定的文字来说明儒家教育的功用。谈到孔子时,他说:孔子抱改革天下之宏愿,更注重于教育事业,开中国史上民间自由讲学第一声,也就是把贵族学传到民间,把古代贵族宗庙的知识变换成人类社会共享的学术事业。同时,他还指出,从战国荀子到汉代董仲舒等儒生都认为政治的最大责任在兴礼乐、讲教化。

另外,像 1932 年 6 月林僧在《哲学与教育》上发表的《孔子教育思想》,1936 年 10 月陈松英在《学术世界》发表的《孔孟荀教育思想探讨》以及 1941 年 3 月李贞扬在《中日文化》上发表的《孔子教育哲学》等也都从不同侧面对以孔子为代表的儒家教育思想家的思想进行了研究。

4、代表先进文化前进方向的中国共产党人对孔子及儒家教育思想的研究与借鉴

毛泽东对中国传统文化遗产采取了"批判与继承"的态度。对于孔子,他既批评其在教育中轻视生产劳动,不关心人民的经济生活,当学生樊迟向他请教如何耕田、种菜时,他说自己不如农民和种菜的,又肯定孔子教学的成就,号召学习孔子的学习态度和师德,"学习的敌人是自己的满足,要学习一点东西,必须从不自满开始。对自己,'学而不厌',对人家'诲人不倦',我们应取这种态

度。"(《毛泽东选集》第二版,第535页)

　　刘少奇在《论共产党员的修养》中,将儒家教育思想中的德育内容,特别是关于自我修养的内容也进行了研究与借鉴,特别是对孔子自述成长的内容作为自我修养的过程加以提倡,对人修养的目标"人皆可以为尧舜"等也给予肯定。同时,刘少奇也对儒学道德学说中的脱离实践等提出了批评。

　　(三)儒家教育思想研究的初步展开与挫折(1950—1976)

　　对儒家教育思想的展开研究是在新中国成立以后。这一时期,马克思主义成为国家政治生活的指导思想。儒家教育思想作为中华民族文化遗产的一部分被纳入扬弃的轨道。

　　1951年,嵇文甫在《新史学通讯》第五期上发表《孔子的思想及其限度》,开始在新时代重新评价孔子的尝试;1953年,他又在《历史教学》第八期发表《关于孔子的历史评价》,进一步肯定了孔子在中国思想史特别是教育史上的贡献。1954年,冯友兰等在《新建设》第四号上发表《孔子思想研究》,对孔子教育思想等做了全面分析,同年6月14日,《光明日报》发表了许梦瀛的《孔子的教育思想》,由此揭开了全面研究以孔子为代表的儒家教育思想的序幕。

　　许梦瀛认为:孔子是我国历史上富有创造性的伟大的教育思想家和实践家。孔子的教育思想在世界教育史上也占着很重要的地位。首先他是中国历史上私人讲学制度的创始人,他使从来被少数贵族独占的知识学术,开始为更多的人所能接近,使最早的中国学术开始有了更广泛的发展的可能。其次,孔子曾经把西周以前的中国古代文化加以系统的整理,并加入崭新的人文主义思想(重视人的价值),使他的教学有了一套完整的课程。孔子提出的教学原则、教学方法以及对教师要求等,还有不少的现实意义。同时也需要指出的是,由于孔子的阶级局限性,因而在他的教育思想上也表现了不少的保守性与落后性。(《光明日报》1954年6月14日)上述意见发表后,在社会引起了不同的反响。沈沂认为"孔子是中国古代伟大的哲学家和政治家,也是伟大的教育家"这一点是首先应该肯定的。孔子的教育思想在世界教育史上确占很重要的地位。但是探讨孔子教育思想的同时,既要肯定孔子伟大的一面,也应批判保守落后的一面。虽然许梦瀛先生在文章的末尾提了一下"孔子的阶级局限性","教育思想上所表现的不少的保守性与落后性";但是文章的绝大部分是在肯定孔子伟大的一面,甚至在某些地方做了不实际的夸大。那么,这篇文章在客观上会给一些人们盲目崇拜孔子的影响。(《读〈孔子的教育思想〉以后》,《光明日报》1954年6月28日)朱活从"孔子是我国阶级社会的教育家"这一点出发,承认他的教育思想必然打上阶级的烙印,既有精华部分,也有糟粕部分。谈到精华,他说"孔子教育思想中最具有人民性、革命性的因素,就是他第一个提出'有教无类'的主张。并且在他的教育实践中贯彻了这一主张"。孔子教育思想中另一个值得注意的精华所在,就是贯彻在他的全部学说中的"重人事,轻鬼神"的思想,由此,他建立起以人为中心的文化传统。总之,孔子主张"有教无类"和"重人事,轻鬼神"的思想,的确是孔子教育思想的精华,也是我国古代教育思想史上的珍贵遗产。在当时来说,具有革命意义;以后世来说,也具有良好的影响。(《孔子是我国古代的伟大教育家》,《文史哲》1962年5期)(参见宋仲福等主编《儒学与现代中国》,中州古籍出版社1991年6月版)

　　"文革"前,仅以论文形式公开发表的专题研究孔子的教育思想的研究论文就超过50篇,另外,还有很多综合评价孔子的论文和一些教育史、哲学史等也涉及到了对孔子教育思想的评价。

与此同时，学术界还对中国古代其他的儒家教育思想家进行了研究。如李清悚发表《荀子教育论的思想基础》(《文汇报》1962年3月6日)，毛礼锐发表《论董仲舒的教育思想》(《北京师范大学学报》1963年第一期)，李清悚发表《论韩愈师说》(《文汇报》1961年3月24日)，邱椿发表《王阳明的教育思想》(《北京师范大学学报》1957年第一期)，罗炳之发表《王守仁的教育思想评价》(《江汉学刊》1962年第六期)，瞿菊农发表《王夫之的教学思想》(《文汇报》1963年1月13日)等，则分别对荀子、董仲舒、韩愈、王阳明、王夫之等的教育思想进行了研究。当然，这些研究成果从数量上看，比对于孔子的研究要逊色得多。

另外，邵鹤亭发表《先秦儒家论学习方法》(《北京师范大学学报》1963年第二期)，许梦瀛发表《中国古代思想家论家庭教育》(《河南日报》1962年7月25日)，吴培元发表《从〈大学〉探究儒家思孟学派的教育思想》(《湖南师范学院学报》1962年第四期)等还对儒家教育思想进行了综合研究。

1966—1976年，特别是在"批林批孔"运动全面展开后，儒家教育思想遭到了全面的批判。从1969年8月5日《文汇报》发表《"从学而优则仕"到"读书做官论"》开始，《人民日报》和各省的省报，一些大学的学报等都开始发表文章，全面否定孔子及儒家教育思想，说孔子是奴隶主贵族阶级的反动教育家，(参见1973年9月27日《山西日报》)是维护奴隶制的反动教育家，(参见1973年11月2日《贵州时报》)是用教育进行反革命复辟的祖师爷。(参见1974年1月15日《北京日报》)同时，在"文革"后期，还把对孔子以及儒家教育思想的批判上升为教育史上的儒法斗争，说教育史上历来存在儒法的斗争。这样对儒家教育思想的研究全面脱离学术研究的轨道。

在这十年中,有两本书不能不说。一本是赵纪彬的《论语新探》。这是出版于1948年的一部研究古代历史与哲学的著作,其中很多研究的是教育的内容。虽然,该书存在着偏激的缺点,比如说作者认为《论语》中的"人"是指奴隶主、"民"是奴隶,"教"和"诲"分别是对"民"的军事训练和对"人"的政治伦理教育,还断言"有教无类"是对奴隶的强迫军事训练而绝非超阶级的教育,但是,应该说这部书在研究手段、方法上是有一定的学术价值的。但是,1974年该书在增订出了第四版后,正赶上当时的批林批孔和后来的批邓,它起的作用是非常坏的。还有一本是1975年年末出版的冯天瑜的《孔丘教育思想批判》。这部书全面否定孔子,甚至把孔子办学说成是在"纠集一股反动势力","目的是为了同新兴的地主阶级的教育事业相抗衡,争夺青年一代"。该书代表了一种偏激的观点,其客观效果是成为政治斗争的工具,带给当时的中国教育、学术事业以极大的危害。之所以出现如此现象,当然与当时的形势有很大的关系。但是,像冯友兰也发表《论孔丘》否定孔子,这就不能不引起我们真正的反思。(参见杜成宪等著《中国教育史学九十年》,华东师范大学出版社1998年6月版"第七章")

但是,在这过程中,对孔子及儒家教育思想的评价也有不同的声音,比较有代表性的人物就是梁漱溟。他先后写了《儒佛异同论》(1966年)、《今天我们应当如何评价孔子》(1974年)、《东方学术概观》(1976年)。在这三部著作中,梁漱溟一方面肯定儒家的伦理教化、道德修养理论,认为,儒学"为在人类生命上自己向内用功进修提高的一种学问","在修养实践上,儒家则笃于人伦,以孝弟慈和为教,尽力于世间一切事务而不息,"它"彻达宇宙生命之一体性,犹如《孟子》所云'尽心、养性、修身'以至'事天、立命'者,《中庸》所云'尽其性'以至'赞天地之化育'、'与天地参'者,孔门学风显示出其在积极地以启导人们理性为事也","教你自己从容反省理会去。这是何等伟大可贵的人类理性精神!何等高超开明的风度!"(《东方学术概观》,巴蜀书社1986年版第14、17、24、25页)同时,对孔子及儒家的教育思想等也给予了积极的评价,他说,孔子通过教学将古代的诗、书、礼、乐、易、春秋以及射、御、习礼、作乐之类传下来,虽然"在农工生产方面,当时孔门未加学习,这是因劳心劳力社会上必要分工之故",但是,"这派的学风和其教导于人的,十分适合社会需要",儒家的人生实践之学即道德,"能使人头脑心思开明而少迷信固执,使人情风俗趋于敦厚礼让,好讲情理,"所以,"目前批孔运动中一般流行意见,我多半不能同意。"(《东方学术概观》,巴蜀书社1986年版第77、79、80、90页)

另外,这20多年,台湾和港澳地区对儒家思想的研究也呈现出繁荣的局面。比较有代表性的人物有熊十力、牟宗三、徐复观、唐君毅等。但是,对儒家教育思想投入关注比较多的是徐复观。1952年,他在《民主评论》第三卷10期副刊发表了《儒家精神的基本性格及其限定与新生》,在阐释了儒家的道德思想后,对儒家的教化给予很高的评价。他说:儒家对人类负责的精神,还有其为人所忽视而实系最伟大的一面,即其"教化精神","孔子之精神,实系伟大宗教家之教化精神"。"宋明性理之学,不仅是儒家精神的复兴,而且也是儒家教化精神的复活"。在《中国人性论史(先秦篇)》(1963年出版)中,他肯定,"由孔子而开始有学的方法的自觉","为学的总的精神,我想以'主忠信'作代表",求知的方法为"学思并重"和"正名";他注重个性教育,从"有教无类"上看,"他是把教育自身的价值,远放在政治的上位";他还肯定了孔子整理古代文献的意义,说在先秦时代,"由孔子所开创出来的一个伟大的教化集团,是以《诗》、《书》、《礼》、《乐》、《春秋》、《易》为中心而展开的"。1970年6月29日,在《华侨日报》人文双周刊发表《谈礼乐》中,他还重点强调了礼乐教化的现实意义,指出:礼乐的作用表现在三方面,政治方面是孔子所说的"礼治",社会方面是要建立一个既有秩序、又有自由的合理的社会风俗习惯,第三方面是个人的修养,孔子"兴于诗,立于礼,成于乐"说得最为完整。他说,谈礼乐之教,是看到了现代文化的危机。当然,谈儒家礼乐教化最集中的是他1966年出版的《中国艺术精神》,他用了一章的篇幅,详细地研究了孔子、孔门在对中国古代以音乐教育为中心的教育的传承、构建中的作用。

另外,胡适在这个阶段也发表了一些文章谈到了儒家的教育思想。其中比较著名的就是他在《中国古代政治史的一个看法》中提出了孔子、孟子等揭橥的教育是一种自由主义的教育,将人看作是平等的。这是胡适关于儒家教育的最值得看重的论述。

(四)儒家教育思想研究的全面展开(1978—2000)

粉碎"四人帮"后,由于"左"的思想的惯性存在,直到1978年才有真正意义上的儒家教育思想的研究。1978年6、7月间,张瑞璠在《上海师大学报》(1978年第一期)上发表了《再评孔丘的"有教无类"》,杨荣春在《学术研究》(1978年第三期)上发表了《孔丘教育方法的再评价》,1978年8月12日,庞朴在《光明日报》上发表了《孔子思想的再评价》等等,这些文章提出了重新评价孔子和孔子教育思想的问题。伴随着真理标准问题讨论的展开,对儒学、传统文化包括儒家教育思想的研究呈现了井喷现象,一大批较为客观公正的研究成果喷涌而出。各种研讨孔子包括孔子教育思想、儒家教育思想的学术会议也在全国各地召开。一时间,对儒家教育思想的再评价、对儒家教育思想中各种合理成分的研究成为儒家教育思想研究的主流。这一时期的研究表现为以下几个特点：

第一，孔子教育思想的研究占据对儒家教育思想研究的主流。在80年代，关于孔子教育思想研究的论文集就出版了中央教科所教育史研究室编辑的《孔子教育思想论文选》、全国教育史研究会编务组编辑的《孔子教育思想研究》及曲阜师范学院孔子研究所编辑的《孔子教育思想论文集》等，这些论文集有的是对建国以来孔子教育思想研究代表性观点的著作、论文的汇编，有的是最新的学术研讨会的研究成果。嗣后，专门研究孔子教育思想的专著如许梦瀛的《孔子教育思想初探》、罗佑才的《孔子教育思想体系研究》等也相继出版。同时，还有大量的关于孔子思想研究、生平研究的著作谈到了孔子教育思想研究问题，如钟肇鹏的《孔子研究》、匡亚明的《孔子评传》、蔡尚思的《孔子思想体系》等。另外，在这一时期，大量的研究成果还是发表在各种学术杂志上。这一时期的开始阶段，主要集中在对孔子教育思想的拨乱反正方面。80年代中期以后，则转向更为广泛、深入的学理研究。绝大多数人的观点是：孔子是一位伟大的教育家，他不但开创了私人讲学之风，而且一生奔走忙碌，传播儒学，教授弟子；他不但是中国最早的职业教师，而且是受人尊敬的"万世师表"；他不但是一个教育理论家，还是一个教育实践家，他关于教育的理论、教育教学的方法都是今天我们应该继承的一份珍贵遗产；这份遗产将来还会对中国新教育提供精神给养。

第二，对孟子、荀子、董仲舒、韩愈、朱熹、王守仁、王夫之等著名儒家思想家的教育思想也展开了较为系统的研究。如周桂钿的董仲舒研究系列著作，江西教育出版社出版的韩钟文的《朱熹教育思想研究》,中国社会科学出版社出版的张立文的《朱熹思想研究》,北京师范大学出版社出版的邱椿《古代教育思想论丛》三卷,山东大学出版社出版董洪利的《孟子研究》,江西教育出版社出版的郭齐家、顾春著的《陆九渊教育思想研究》,北京师范大学出版社出版的毛礼锐主编的《中国古代教育家传》等。

对孟子,一般地认为,他全面地继承了孔子的教育思想,特别是在道德教育思想方面,孟子的更系统,他发展了孔子的"性相近,习相远"思想,提出性善论,作为善的仁、义、礼、智是人固有的,主张"自省";他还发展了孔子的"义利之辨"的观点;还认为,孟子的教育思想中有"民本主义"色彩等等。孙培青、李国钧主编《中国教育思想史(第一卷)》(华东师范大学出版社 1995 年 11 月出版),陈谷嘉、朱汉民主编《中国德育思想研究》(浙江教育出版社 1998 年 10 月版),董洪利著《孟子研究》(江苏古籍出版社 1997年 10 月出版),焦传生的《试论孟子的教育思想》(《孟子思想研究》谢祥皓编,山东大学出版社 1986 年 12 月出版),陈增辉的《孟子教育思想试评》(《孟子研究论文集》,王兴业编,山东大学出版社 1984 年 11 月出版)等比较有代表性。

对于荀子,一般地认为他是中国古代杰出的唯物主义哲学家和教育家,是先秦学术的集大成者;其教育思想的政治基础是那个特定社会所产生的王霸结合的政治主张,在此基础上构成了以"性恶论"为基础的"化性起伪"论;培养大儒、雅儒的教育目的论;重视理性判断作用、提倡"重己而役物"的道德修养论;从"法后王,一制度"出发的教育内容论;"天官"与"天君"并重的智力发展论;尊师、积渐、学以致用的教学方法论等等。向仍旦著的《荀子通论》(福建教育出版社 1987 年 12 月版),《荀子的教育思想》(陈学恂主编《中国教育史研究》(先秦分卷)华东师范大学出版社

1995 年出版），胡玉衡、李玉安著的《荀况思想研究》（中州书画社
1983 年 10 月出版），《荀子的德育思想》（《中国德育思想研究》，
陈谷嘉、朱汉民主编，浙江教育出版社 1998 年出版）等比较有代表
性。

　　对于董仲舒，一般认为，董仲舒有一套完整的"教化"理论，一
是社会教化，向民众灌输他所提倡的封建道德；一是建立各级学
校，培养推行教化的统治人才；他的教育思想的理论基础是性三品
学说；他的三大文教政策有积极意义；他长期从事教学活动，积累
了丰富的教学经验，得出了很多正确而重要的德育方法、教学方
法。另外，还有学者对传统的关于董仲舒的"性三品"含义提出疑
义，如江铭在《董仲舒人性论初探》（《上海师范大学学报》1980 年
第三期）中指出，董仲舒所说的"圣人之性"指的是"过善"的封建
帝王之性；"中民之性"所包含的阶级属性异常复杂，绝非纯指某
一阶级或阶层，"一切在人身上取得独立的人，统统都可以囊括进
来"；"斗筲之性很可能指的就是当时的奴隶"；在教化中最重要的
也是最受重视的"中民之性"不是"孟荀的折衷"，这不过是董仲舒
"披着一件神学的外衣，学着荀子的口吻，攻击孟子的性善说，发
挥荀子的性恶说"。陈玉森在《董仲舒的"性三品"说置疑》（《哲
学研究》1980 年第二期）中还认为，董仲舒认为，"万民"都是可教
之人，"圣人"、"中民"、"斗筲"都是指统治者，"斗筲"是统治者中
没有德行的人。

　　对于韩愈，在很多这一时代出版的中国教育史中都有专门文
字论及，比较有代表性的是孙培青在《中国教育家评传》（沈灌群、
毛礼锐主编，上海教育出版社出版）第一卷中的《韩愈》一篇，这是
一篇凝结着作者多年研究心得的、内容全面、探讨深刻、文字简捷
的成果。

　　关于朱熹,学界研究涉及的领域十分广泛,教育教学思想、德育思想、儿童教育思想等等都是研究对象。一般认为,朱熹教育思想中有很多合理的因素,在某种程度上反映了朱熹对受教育者深信发展规律的认识和对人类认识过程的直观理解;他强调学前教育,是世界教育史上较先重视儿童教育的教育家;是世界教育史上最早制定缜密教育规章制度的教育家之一。韩钟文的《朱熹教育思想研究》以雄厚的学术研究根基、掌握大量原始的资料和利用广博的现代教育教学理论、融合本人对中国传统文化的见解、以新颖的视角,全方位研究朱熹的教育思想,构建了一种新的教育思想研究方法,特别是他关于朱熹的群育思想和审美教育思想的研究等,发前人之所未发,"这是近年关于朱子学研究的一项新贡献。"①

　　对于王阳明教育思想的研究一直是相当多的,学者大都就某一方面的教育教学思想进行研究,提出一些新观点。但是,一般的都在广度上有,而在深度上欠缺。不过,毕诚的《儒学的转折——阳明学派教育思想研究》确弥补了这方面的缺憾;该书十分系统地研究了以王阳明为核心的阳明学派教育思想的产生、思想的内容和发展以及影响,应该说是这一时期关于王阳明教育思想研究的代表性的研究著作。

　　第三,对儒家教育思想的整体研究和专题研究也有步骤地展开。整体研究的代表性著作是由中国孔子基金会、中国现代文化研究中心,青岛出版社推出的《中国儒学教育思想》。齐鲁书社出版的俞启定的《先秦两汉儒家教育》,重庆出版社出版的廖其发的《先秦两汉人性论教育思想研究》,云南教育出版社出版的程方平

① 　著名学者、北京大学教授张岱年先生语。

的《隋唐五代的儒学》,教育科学出版社出版的毕诚的《儒学的转折——阳明学派教育思想研究》等是专题研究的代表性著作。人民教育出版社出版的毛礼锐等编写的《中国古代教育史》、山东教育出版社出版的毛礼锐、沈灌群主编的《中国教育通史》,华东师范大学出版社出版的陈学恂主编的《中国教育史研究》,王炳照、阎国华主编的《中国教育思想通史》,山东教育出版社出版的陶愚川著的《中国教育史比较研究》,湖南出版社出版的由李国钧主编的《中国书院史》,陈谷嘉、朱汉民主编的《中国德育思想研究》,华中师范大学出版的熊贤君著的《中国教育管理史》,西南师范大学出版社出版的熊明安主编的《中国教学思想史》,人民教育出版社出版的熊承涤著的《中国古代学校教材研究》以及江苏教育出版社出版的顾树森的《中国历代教育制度》等也都从各个方面对中国儒家教育思想进行了研究。这方面的研究成果可谓汗牛充栋,不可胜数。

著名学者、《中国儒家教育思想》主编之一的刘蔚华在该书的序言中说:"孔子思想是个庞大的体系,有精华也有糟粕,但是孔子的教育思想一向被认为是他思想体系中的精华部分。甚至在反对孔学(学)者中,也大多是肯定的。……万里同志曾说过,对教育家不能批判。大约就是这个道理。"刘蔚华说:"孔子教育思想是相当完整的,他为中国古代教育学建构了一个体系,奠定了中国古典人文主义教育的基础。其突出的特点:为受教育者树立一种符合现实要求的人格标准,激发学生的使命感,通过严格的自律使学生成才。这样把教育建立在使学生形成理性自觉的基础上。在学生多方面发展中,孔子把德育放在首位,他根据学生的不同年龄和实际情况,向学生提出了不同层次的伦理道德要求,规范明确,充分体现了孔子德化社会与德化人生的目标。孔子提出'有教无类'的主张,突破了对受教育者的种种限制和束缚,促进了文化的传承。孔子非常重视学生的素质教育,坚持启发式教育,善于因材施教,强调学思结合、学用结合、闻一知十、举一反三,将获得知识和增长才干结合起来。提出学而优则仕、仕而优则学的终身教育主张,一方面借以冲破当时官吏制度中的世卿世禄制,有利于选贤任能,另一方面又使得已经任职的士人为胜任工作能够继续学习。孔子的学生,如颜渊、子路、子贡、冉求等许多弟子,一边任职,一边还不断回到孔子身边请教问学。儒家教育从孔子开始就形成一种尊师重教而又教学相长的好传统,鼓励学生'青出于蓝而胜于蓝',建立教育者和受教育者的正确关系。"谈到这部书,刘蔚华说:"这部《中国儒家教育思想》,对孔子教育思想和儒家教育传统做了详尽的论述。""划分为'有教无类篇'、'因材施教篇'、'学以成才篇'、'变化气质篇'、'明伦篇'、'学校篇'、'师道篇'、'教学相长篇'、'学以致用篇'、'学而优则仕篇'10个篇次,内容丰富,材料翔实,文字晓畅,结构严谨,是一部有价值的儒家教育思想史专著。"

俞启定著的《先秦两汉儒家教育》包括儒家教育的形成、独尊儒术的主要表现、儒家经籍的教育内容、学校教育和选士制度的建立、师法家法的经学传授系统以及中国古代儒家的教育特点等六个部分,作者以辨析先秦两汉的儒学教育为出发点,从考察儒家起源开始,对儒家教育思想在先秦两汉时期的演变、儒家教育的内容、教育方式,儒家教育思想的特点等做了翔实的研究。由于全面、系统探索儒学对中国古代教育影响的专著还不多见,因此,这本书的出版填补了这方面研究的空白。

毕诚的《儒学的转折》则从王阳明生平及其教育思想的形成与发展过程、阳明学说形成的背景及学术思想体系、阳明的教学思想、阳明的德育思想、阳明的社会教育和阳明学派教育思想的展开与影响等六个方面,不仅考察阳明个人的思想脉络,而且广泛探讨了阳明教育思想的发展演变,论述了阳明学派理论与当时社会的需要的关系,从而阐明了阳明学说的实际意义。作者说,他"试图突破教育史学长期以来以个别教育家为个案分析的传统,而是以学派为研究对象,通过对一学派的分析研究来认识和把握一定历史时期的教育思潮,探讨教育发展的特点及规律"。作者在这部著作中做到了这一点,因此,可以说,这也是一部关于中国儒家教育思想史的新著。

第四,对儒家教育思想其他方面的研究。杜成宪在孙培青、李国钧主编,华东师范大学出版社出版的《中国教育思想史(第一卷)》中对《礼记》中包含的教育思想进行了研究。作者指出:《礼记》是一部从战国到汉初儒家著作的总汇,显示了早期儒家教育思想的成熟,尤其出现了《大学》、《中庸》、《学记》、《乐记》等一批较成系统、概括水平很高的教育论著。

郭齐家著、教育科学出版社出版的《中国教育思想史》对宋明理学教育思想内容做了较为全面的概述,认为:从宇宙论到教育论,理学通过"人性论"把它打通了;理学教育思想突出了"知而必行"与"知行合一";理学重视崇高的精神境界,强调道德责任感与历史使命感的培养,这在形成民族优良传统上留下了重要的痕迹。张惠芬、金忠明编著,华东师范大学出版社 1995 年 6 月出版的《中国教育简史》对理学教育思想也有一个总体的描述,理学教育家都以恢复、振兴道统为己任;理学教育的全部归宿和最高目的无非是使"天理"化为每一个人自觉追求并最终与之合二为一的内心决定力量,将理、礼结合,化礼为理,是宋儒的一大创造;理学教育是修身之学,本质上是道德伦理教育。

　　陈学恂主编、华东师范大学出版社出版的《中国教育史研究（先秦分卷）》对儒道教育思想还进行了比较研究。认为：学习论的核心内容儒家是礼、道家是道；道家更重视自知、独见；道家贵师与"道"密切相关，儒家从尊师角度出发讲重师，后来，二者的主张趋于一致；道家主张"用反"，儒家则要求教师要善于诱导学生学习，二者在培养学生积极思维、独立与主动思考等方面是一致的；老子要求秉要执本，庄子主张"道通为一"，这与孔子的"一以贯之"的要求有共同之处；儒道二家都认识到人的认识能力是有限的，但道家却怀疑学习是否可能，儒家认为人获得知识是可能的。

　　另外，以湖北教育出版社出版、顾明远任总主编的《中国教育大系》，人民教育出版社出版的《中国古代教育论著丛书》等为代表的研究或资料丛刊等也从一个新的角度拓展了对中国儒家教育思想的研究。

　　总之，这一时期对儒家教育思想的研究呈现出全面开花、内容丰富、量大质高的新景象。

二　21世纪儒家教育思想研究展望

　　诺贝尔和平奖获得者在巴黎集会的宣言中写道："人类要在21世纪生存下去，必须要从2500年前的孔夫子那里去寻找智慧。"

　　面对21世纪，我们也应该仔细审视这句话！

　　要发展面向现代化、面向世界、面向未来的，民族的科学的大众的社会主义文化，我们是不是也应该从孔夫子那里去寻找智慧？

　　我们的回答当然是肯定的。我们的文化是"民族的"，它要求我们不要中断历史，要认真总结历史，从历史中找寻中华民族在漫长的历史中造就的、对今天我们民族发展仍然有用的智慧。

这些智慧的一个方面，当然来自孔夫子构筑、中华民族2500多年共同支撑起的、以儒家教育思想为核心的中华民族优秀的教育传统！20世纪对儒家教育思想的研究，正是我们从现代的角度，重新审视这一传统的结果。

20世纪的儒家教育思想研究，让我们认识到：儒家教育思想中的教育教学方法理论，教学内容，学习方法理论，德育、智育、美育等之间关系的理论，作教师方式、方法，师生关系理论等等，都闪烁着智慧的光芒。我们都应该继承。

但是，研究也让我们认识到，20世纪我们对儒家教育理论的研究还存在着不足，这主要表现在：

第一，系统探索儒家教育思想和儒学的关系的研究不够。在研究中，我们只是注重儒家教育思想的本身，而没有看到，儒家教育思想实际上是与儒学的命运紧紧相连的。儒家思想在统治中被重用，则儒家教育思想就兴，反之就萎靡。我们应该认识到，是汉武帝要加强封建专制需要儒学的大一统观念才有了董仲舒的独尊儒术的被采用，儒家教育思想才得以重新兴起并传播；是因为朝野很多人佞佛遭到反对、韩愈复兴儒学才有结果等等。因此，应该好好总结儒家教育思想和儒学关系问题。

第二，要系统研究儒家教育思想与其他不同时期出现的各种教育思想、政治思想等的相互影响、相互关系，如儒家教育思想与佛教、道教、基督教之间的关系；儒家教育思想在其发展过程中是怎样随着政治历史的发展变化而变化、它是怎样不断为自己充实新内容而为统治阶级服务；中国儒家教育思想史与中国古代教育思想史之间既浑然一体又不尽相同的关系是怎样的？儒家教育思想家是怎样为推行"有教无类"的教育目标而努力的等等。

第三,对儒家教育思想的研究应该在怎样对儒家教育思想家个案研究的基础上,进一步深化到对儒家教育思想整体的、系统的研究,给人们一个关于儒家教育思想的总体认识也就是搞明白我们通常说的儒家教育思想到底是什么? 例如,系统编著中国儒家教育通史、中国儒家教育思想体系等。

第四,儒家教育思想如何面向现代化、面向世界、面向未来,如何在社会主义新文化的建设中体现自身的价值?

第五,应该系统地做一项儒家教育思想的文献整理和编辑工作。这是一项功德无量的工作。虽然这方面的工作已经开始做了,但是,相对儒家教育思想的源远流长和广泛影响来说,还是很不够的。

20 世纪的儒家教育思想研究已经取得了丰硕的成果!

21 世纪,我们期待着对儒家教育思想更充分研究的全面到来! 这一天一定会到来!

王阳明先生训蒙大意的解释

陈 独 秀

　　古之教者,教以人伦,后世记诵词章之习起,而先王之教亡。

　　先生这几句话的意思,是说古时候教人的道理,是要教人去实行那忠、孝、节、义,才算是尽了人伦,才算是一个人。后来教人的法子,是专门教人抱著几本古书,闭了眼睛乱念,并不知道讲究书里所说的道理,教学生照样去做。照这个样子,就是书念的极多,又记的极熟,到底有什么用处呢!或者专门教学生做文章,就是文章做的呱呱叫,还是不能够实实在在做忠、孝、节、义的事,这也算得是一个人么!先生深恨后世教育的主义,专重在熟读古书、做好文章去应考,混那功名富贵,把古圣贤教人实行忠、孝、节、义的大道理,反丢在九霄云外。所以起首就提出这几句话,是说破后世教育的病根哩!

　　今教童子,惟当以孝、弟、忠、信、礼、义、廉、耻为专务。

　　这几句话,是先生教人的大主义,和后世专门教人念书做文章的,大不相同。孝是孝敬父母,弟是爱敬弟兄,忠是尽忠报国,信是心口如一不肯欺人,礼是遇事有礼不侵害他人,义是待人公道自守本分,廉是不取非义之财,耻是真心学好不做不如人的事。做童子的时候,便专门把这些道理教训他。根基若稳,长大成人,自然是有用的国民了。

其栽培涵养之方，则宜诱之歌诗，以发其志；导之习礼，以肃其威仪；讽之读书，以开其知觉。今人往往以歌诗、习礼为不切时务，此皆末俗庸鄙之见，乌足以知古人立教之意哉？

这几句话，是先生教育的方法。歌诗是最容易感动人的，礼仪也是很可以训练人的，读书听讲也可以开人的知识。所以先生用这三样法子，教育童子。俗人不以歌诗、习礼为重，便失了古人立教的本意。这也是先生痛恨当时的人，不知道培养童子的德性，开发童子的知觉，专门记书做文的弊病。现在各国小学堂的功课，都有音乐、体操两项，正合先生歌诗、习礼两项，用意相同。我中国学堂里的教习，都把音乐、体操，当作无关紧要的学问，这才正是先生所骂的末俗庸鄙之见哩。

大抵童子之情，乐嬉游而惮拘检，如草木之始萌芽，舒畅之则条达，摧挠之则衰痿。今教童子，必使其趣向鼓舞，中心喜悦，则其进自不能已。譬之时雨春风，沾被卉木，莫不萌动发越，自然日长月化。若冰霜剥落，则生意萧索，日就枯槁矣！

先生这几句话，是管理童子的法子。小孩子性情活泼，没受惯拘束，活像初生的草木一般。别要压制他，顺著他的性子，他自然会生长发达起来；若是压制拘束很了，他便不能够生长。所以教育小孩子，也要像栽培草木一样，不可压制拘苦了他，要叫他心中时常快乐，自己自然晓得学好。这便和草木得了春风时雨一般，自然生机日发，和那秋天迫害草木的霜雪，效验真是大不相同了。先生这样管理童子的方法，世上迂腐老先生，多半不以为然。不知天地间无论何事，都是能自由才能发达，勉强压制，才是有害无益。自由发达，才是他自己真发达。勉强压制，就是他能够照你的话去做，也合机器一般，不过是听人调动罢了。西洋大教育家，有一个名叫裴司塔尔基的，他尝说道："教育童子，总要顺著他的性情才好，设种种方法，惹起他的欢悦心，使他乐于受教。然后施以合宜之教育，才能够开发他固有的智能。"他这几句话，便合阳明先生的意见，正是一个鼻子孔出气。可见无论古今中外，道理总是一样。只是西洋、日本各国，都遵守裴司塔尔基的方法。幼稚园和小学堂里，都重在游戏教育法，设出种种的法子一面和他游戏，一面就是教他学问。叫小孩子个个欢天喜地，情愿受教，没有一个肯逃学的。所以他们国里教育大兴，人才日出。我中国几百年前，就有了阳明先生这等教育好法子，只是埋没了几百年，无人去理他的话。所以弄得教育童子的方法，就像冰霜剥落草木一般，一毫生意也没有。人才如何能发达呢?!

　　故凡诱之歌诗者，非但发其志意而已，亦所以泄其跳号呼啸于咏歌，宣其幽抑结滞于音节也。

　　这几句话，是说教学生唱歌的道理。不但歌里的辞话，可以鼓动学生的志气，而且儿童的活泼性子，可以借此善成。儿童忧闷呆滞的光景，也可以借此解脱。先生这样的意思，正合西人引诱儿童快乐主义，是一鼻孔出气了。你看中国现在教书的先生，待学生如同阎王待小鬼一般，百方压制，百方威吓，终日拘在学屋里咿咿唔唔，不许丝毫活动，弄得那柔弱的儿童，便合八十岁的老寡妇一般，刚强的一出学堂门，便合野马一般。哪里还有一点优美活泼的少年气象呢。

　　导之习礼者，非但肃其威仪而已，亦所以周旋揖让，而动荡其血脉，拜起屈伸，而因束其筋骸也。

　　这几句话，是说教儿童习礼的缘故。不但礼的仪节，可以令儿童整齐严肃，而且可以运动身体，调和血脉，坚强筋骨。照这样说起来，又合现在的体操正对了。你看那兵式体操的起坐进退，无论多少人，都是遵从一样的号令，节奏井然，丝毫不乱。那般整齐严肃，正合古人习礼的精神，一般一样。至于那柔软体操和器械体操，正是运动身体，调和血脉，坚强筋骨，更是不消说的了。现在西洋的教育，分德育、体育、智育三项。德国、日本的教育，格外着重在体操。我中国的教育，自古以来，专门讲德育，智育也还稍稍讲究，惟有体育一门，从来没人提倡（射御虽是体育，但也没人说明），以至全国人斯文委弱，奄奄无生气，这也是国促种弱的一个原因。阳明先生教育主义，却这样注重操练身体，真算是中国古代教育家的特色了。

> 讽之读书者，非但开其知觉而已，亦所以沈潜反复，而存其心，抑扬讽诵，以宣其志也。

这几句话，是说教儿童念书的道理。不但是要开他的智慧，并要培养他的心地，扶植他的志气。这也是先生生平重德行轻才智的宗旨。后世的人，往往有读书万卷，所行所为，还是天良丧尽。文词才华，可以取功名富贵，而气节品行，一毫也不讲究。甚至于天天读理学书，挂道学招牌，却是问起他的心地来，还是一个卑鄙龌龊的小人。这都是只知道读诗书开知觉，不知道存良心重志气的缘故哩。

> 凡此皆所以顺导其志意，调理其性情，潜消其鄙吝，默化其粗顽，日使之渐于礼义而不苦其难，入于中和而不知其故，是盖先王立教之微意也。

按志意性情，是教育儿童顶要紧的事。先生说顺导说调理，都是说要顺着儿童原来的性情志意，渐渐的培养他的长处，警戒他的短处。鄙吝粗顽，都是顶坏的性质。先生教育主义，都不是雷厉风行，责备儿童不许有这种性质，乃说潜消谈默化。可见先生的教法，全用顺性开导的主义，合后世压制拘禁的手段不同。原来儿童的性质,也合水性一般。大禹治水的法子,只是顺着水性疏通下去。丹朱治水,乃是逆着水性,专门用那防遏禁压手段,所以洪水越发放滥不止。训练儿童的性情志意,也是如此。

　　若近世之训蒙稚者,日惟习以句读课仿,责其检束,而不知导之以礼;求其聪明,而不知养之以善;鞭挞绳缚,若待拘囚。被视学舍如图狱,而不肯入,视师长如寇仇,而不欲见,窥避掩覆以遂其嬉游,设诈饰诡以肆其顽鄙,偷薄庸劣,日趋下流,是盖驱之于恶,而求其为善也,何可得乎!

　　这几句话,是说只知道教儿童念书做文章,不训练他的品行,还有捆打辱骂种种野蛮的法子,以至儿童看学堂合监牢一般,看先生合仇人一般。像这样不但学生万不能得益,而且廉耻丧尽,养成一种诡诈庸劣的下流性质哩!

　　凡吾所以教,其意实在于此。恐时俗不察,视以为迂。且吾亦将去,故特叮咛以告尔诸教读。其务体吾意,永以为训,毋辄因时俗之言,改废其绳墨,庶成蒙以养正之功矣。念之念之。

　　这几句话是先生劝人莫随俗见,要改良教育的意思。

　　　　　　　　　　　　　(选自 1904 年 10 月 23 日、11 月 21 日
　　　　　　　　　　　　《安徽俗话报》第 14、16 期署名:三爱)

　　陈独秀(1879—1942),安徽怀宁人。近代著名学者、政治家,新文化运动的著名领袖之一。曾任北京大学教授、文科学长。1920 年在上海创建上海共产党小组,是中共第一到第五届中央主要领导人。著作收入《独秀文存》等。

　　本文对王阳明论童子教育的 11 段章句进行了解释,充分

肯定了王阳明反对把死背古书作为教育的目的而提倡教育应该是教人做人,认为王阳明把"人伦"作为教育内容是正确的;他说,王阳明用"诱之歌诗"、"导之以礼"、"讽之读书"的"三样法子"教育童子,符合"小孩子性情活泼,没受惯约束"的性子,"叫他心中时常快乐,自己自然晓得学好","可见先生的教法,全用顺性开导主义,合后世压制拘禁的手段不同";他还肯定了王阳明的改良教育思想。

中国人的精神（节选）

辜 鸿 铭

首先，请允许我对今天下午所讨论的主题做一点解释。我所说的"中国人的精神"，并不仅仅是指中国人的性格或特征。关于中国人的特征，已经有许多人做过描述。但是，诸位一定会同意我这样一个看法：迄今为止，尚未有人能够勾画出中国人内在特质的整体面貌。此外，当我们谈及中国人的性格或特征时，也很难给予简单的概括和归纳。因为众所周知，中国北方人的性格是与南方人不同的，正如德国人不同于意大利人一样。

我所指的中国人的精神，是中国人赖以生存之物，是本民族固有的心态、性情和情操。这种民族精神使之有别于其他任何民族，特别是有别于现代的欧美人。将我们的论题定为中国式的人（Chinese type of humanity），或简明扼要地称之为"真正的中国人"。

常常有人问我：孔子对中华民族的贡献何在？我本可以告诉你们许多关于孔子的贡献，但今天由于时间的关系，我只能将孔子最重要也是最主要的一个贡献告诉诸位。孔子自己曾说："知我者其为《春秋》乎？"当我对此加以解释之后，诸位就会明白儒学何以能像宗教那样给人安全感和永恒感。为了将这个问题解释清楚，请允许我先对孔子及其生平做一简要说明。

正如在坐诸位中不少人所知道的那样,孔子生活在中国历史上的春秋时期——那时封建时代已进入末期。半宗法式的社会秩序和统治方式必须扩展和重建。这种巨大的变化不仅必然带来了世界的无序,而且造成了人们思想的混乱。我曾说在中国二千五百年的文明史中,没有心灵与头脑的冲突。但我现在必须告诉诸位,在孔子生活的时代里,中国也同现在的欧洲一样,人们的心灵与头脑曾发生过可怕的冲突。生活在孔子时代的中国人拥有一套庞大的制度体系。确立的事物、公认的教义风俗和法律——事实上,拥有一套他们从祖先那里继承下来的社会制度和文明。然而,他们的生活却不得不发生变化。他们开始感到这种制度不是他们的创造,它与他们的实际生活决不相应,只是惯例的沿袭而非理性的选择。中国人在二千五百年前的觉醒,探寻事件的因果,这无异于欧洲所谓的现代精神——自由主义精神,追寻事物因果的探索精神。有着这种现代精神的中国人,认识到传统的社会秩序和文明与现实生活已不甚相符,他们不仅要建立新的社会秩序和文明,而且还要为之寻找一个基础。但是在中国,为这个新秩序和文明寻找基础的尝试均告失败。有的满足了人的头脑——满足了中国人理性的需要,但未能使人的心灵得到抚慰。有的满足了心灵的渴望,却又忽略了头脑的需求。与今日的欧洲相同,在重建秩序和文明的过程中,二千五百年前的中国人也发生了心灵与头脑的冲突。这种冲突使中国人对一切文明感到了厌倦,在极度痛苦与绝望中产生了对文明的不满,他们试图灭绝一切文明。比如中国的老子就仿佛今天欧洲的托尔斯泰,他看到了心脑冲突给人类造成的不幸后果,认为所有的社会制度与文明均有根本性的错误。于是,老子和庄子(后者为老子的得意门生)就告诉中国人应该抛弃所有文明。老子对中国人说:"放弃你所有的一切,跟随我到山中去当隐士,过一种真正的生活———一种心灵的生活、不朽的生活。"

　　然而,同样是看到了社会与文明造成的苦难和牺牲,孔子却认为错误不在于社会与文明本身,而在于这个社会与文明的发展方向上,在于人们为这个社会与文明打下了错误的基础。孔子告诉中国人不要抛弃他们的文明——在一个有着真实基础的社会与文明中,人们同样能够过上真正的生活、过着心灵的生活。实际上孔子毕生都致力于为社会和文明规定一个正确的发展方向,给它一个真实的基础,并阻止文明的毁灭。但在他的晚年,当他已经意识到无法阻止文明毁灭的时候——他还能够干些什么呢?作为一个建筑师,看到他的房子起火了,屋子在燃烧、坍塌,他已明白无法保住房子了。那么他能够做的一件事就是抢救出房子的设计图。这样就有可能日后重建房屋。因此,当孔子看到中国文明这一建筑已不可避免地趋于毁灭时,他自认只能抢救出一些图纸。这些被抢救出来的东西现在被保存在中国古老的经书中——即著名的五经之中。因此我认为孔子对中华民族的一大贡献,在于他抢救出了中国文明的蓝图。

　　孔子抢救出中国文明的蓝图是对中华民族的一大贡献,但这还不是最大的贡献。孔子的最大贡献是按照文明的蓝图做了新的综合与阐发。经过他的阐发,中国人民拥有了一个真正的国家观念——为国家奠定了一个真实的、合理的、永久的、绝对的基础。

　　然而,古代的柏拉图、亚里士多德和近代的卢梭、斯宾塞同样对文明做过新的综合,并试图给予人们一个真正的国家观念。那么这些欧洲大哲学家们的理论体系与儒家的文化哲学、道德规范有何不同呢?我认为不同之处就在于,欧洲哲人们未能将其学说变为宗教或等同于宗教,其哲学并没有被普通民众所接受。相反,

儒学在中国则为整个民族所接受，它成了宗教或准宗教。我这里
是就广义而言，而非欧洲人所指的狭义宗教。歌德说过："Nur
Saemtliche Menschen erkennen die Natur；nur saemtliche Menschen
leben das Menschliche。"（唯有民众懂得什么是真正的生活时，唯
有民众过着真正人的生活。）就广义而言，我们所说的宗教是指带
有行为规范的教育系统，它是被许多人所接受并遵守的准则，或者
说至少是为一个民族中的大多数人所接受并遵守的准则。就此而
言，基督教、佛教是宗教，儒学也是宗教。因为正如你们所知，儒学
在中国已得到了全民的信仰，它的规范为全民族所遵从。相反，哲
学家柏拉图、亚里士多德、卢梭、斯宾塞的学说即使是在广义上说
也未能成为宗教。这就是欧洲哲学与儒学最大的不同———一个是
仅为学者所研究的哲学，另一个则不仅是学者所研究的哲学，而且
得到中华民族的信仰，成为宗教或相当于宗教的东西。

　　就广义而言，我认为儒学、基督教、佛教同为宗教。但诸位也
许还记得，我曾说儒学并非欧洲人所谓的宗教。那么二者之间有
何区别呢？显然，从起源上看，一个有超自然的因素，另一个则没
有。但除此之外，儒学与欧洲人心目中的宗教如基督教、佛教仍有
不同。这不同之处就在于，欧洲意义上的宗教是教导人们做一个
善良的（个）人，儒教，则更进一步，教导人们去做一个善良的公
民。基督教的教义这样发问：人的主要目的是什么？而儒教教义
却是这般提醒：公民的主要目的是什么？儒教认为没有个人的生
活，作为个人，他的生活与他人及国家密切相关。关于人生的目
的，基督教的答案是"给上帝增光"。儒教则认为人生的主要目
的，是做一个孝顺的儿子和善良的公民。在《论语》这样一部记述
孔子言行的著作中，孔子的弟子有若曾引述孔子的论述，说道：

"君子务本,本立而道生。孝悌也者,其为仁之本欤!"①总之,欧洲人心目中的宗教,企图使每一个人都变成一个完人,一个圣者、一个佛陀和一个天使。相反,儒教却仅仅限于使人成为一个好的百姓,一个孝子良民而已。换言之,欧洲人的宗教会这么说——"如果你要信教,你就一定要成为一个圣徒、一个佛陀和天使。"而儒教则言道——"如果你能够像孝顺的儿子和善良的臣民那样生活,你就入了教。"

实际上,儒教与欧洲人心目中的宗教如基督教、佛教之间真正的不同在于:一个是个人的宗教或称教堂宗教,另一个则是社会的宗教或称国教。我说孔子对中华民族最大的贡献,是给予了人们真正的国家观念。孔子正是为了赋予人们真正的国家观念而创立了儒教。在欧洲,政治成了一门科学,而在中国,自孔子以来,政治则成为一种宗教。简言之,孔子对中华民族最大的贡献,即在于他给了人们一个社会宗教或称为国教。孔子的宗教思想反映在他晚年的一部著作中,书名为《春秋》。之所以如此取名,是因为该书揭示了国家治乱的根源——道德。国家的兴衰就仿佛季节中春与秋的变化。和卡莱尔所撰的小册子一样,《春秋》也可以被视为中国的编年史。在这部书中,孔子描述了腐败的国家、衰落的文明所带来的苦难与不幸,指出问题的根源在于人们没有一个正确的国家观念,对自己的责任没有正确的认识——他们不懂得个人应该服从国家、忠于君主。在某种意义上说,孔子在书中宣传的是君权

---

①　关于这句话,辜鸿铭的译文与原文略有出入,他译成:"君子务本——把人生的基础打好了,智慧信仰也就会随之产生。像一个孝子良民那样生活,难道不正是人生的基础吗? 这难道不是一个君子最主要的人生目的吗?"辜氏将"悌"一贯译成"做一个良民"。

神授的主张。我知道在坐诸位绝大多数是不相信君权神授的。我并不想就这个问题与诸位展开讨论。我只希望诸位等我把话讲完后再下结论不迟。同时请允许我在此引述一句卡莱尔的名言："君权对于我们来说,若不是神圣的权利,就是魔鬼般的罪恶。"在我们讨论君权神授这个问题时,我请诸位牢记并深思这句名言。

在《春秋》这部书里,孔子教导人们,人类社会的所有关系之中,除了利害这种基本动机外,还有一种更为高尚的动机影响着人们的行为,这就是责任。在人类社会所有关系中,最重要的就是责任。一个国家或民族的民与君之间也存在这种高尚的责任动机,并使他们的行为受到了影响和激励。然而,这种责任的合理的基础又是什么呢? 在孔子以前的封建时代,是一种宗法的社会秩序和统治的形式,当时的国家就是或大或小的宗族。人民无需去弄清并确定他们国家的责任,因为他们的所有成员都属于一个氏族或宗族。血缘关系或天伦已足使他们服从国王,而国王也就是氏族或宗族中的长辈。但是到了孔子的时代,封建时代已经到了末期,国家已经超出了宗族的范围,臣民也不再仅仅限于氏族或宗族的成员。因此民对君的责任关系就需要有一个新的、明确的、合理的、坚实的基础。那么,孔子又为这种责任找到了一个怎样的新基础呢? 这个新基础便是名分。

去年我在日本时,日本前文部大臣菊池男爵①从《春秋》一书中找出四个字让我翻译,这四个字就是"名分大义"。我将其译为有关名誉与责任的重大原则。儒教与其他宗教的本质区别也正在于此。在中文里,"教"也常用来指代别的宗教,如佛教、伊斯兰教和基督教。但是儒学则称为名教——名誉的宗教。孔子教诲中的

---

① 译名参照了鱼返善雄的日译本。

另一个词是"君子之道",理雅各①将其译为"上等人的行为方式"。它最接近于欧洲人语言中的道德法则——照字面直译为君子法。实际上,孔子全部的哲学体系和道德教诲可以归纳为一句,即"君子之道"。孔子将这一思想编纂成典并使之成为宗教——国教。国教中最重要的思想就是"名分大义"——关于名誉与责任的原则——或许可以称之为"名誉大法典"。

　　孔子在国教中教导人们,君子之道、人的廉耻感不仅是一个国家,而且是所有社会和文明的合理的、永久的、绝对的基础,除此之外,别无其他。我想诸位,甚至那些认为政治毫无道德可言的人也会承认,廉耻感对于人类社会是多么的重要。但我不知诸位是否都知道,为了使社会的每一部分都得以运转,廉耻感不仅是重要的,而且是绝对必需的。正如谚语所说:"窃贼亦有廉耻之心。"人丧失了廉耻,所有的社会与文明就会在倾刻间崩溃。诸位能否允许我对此加以说明?让我们来举个例子,就拿社会生活中一件微不足道的小事赌博来说吧。当大家在一起赌钱时,如果没有廉耻感的约束,使输者付钱的话,那么赌博立刻就无法进行下去了。再以商人为例,如果没有廉耻感使他们去履行契约的话,那么所有的贸易将立刻被迫停止。或许你会说,商人拒绝践约,可以诉之法

---

　　① 理雅各(James Legge,1814—1897):19世纪英国最伟大的汉学家。1839年启程来华,1840年到马六甲,出任英华书院院长。奠定他汉学地位的,是他从19世纪60年代开始翻译出版的《中国经典》系列。他一共翻译了儒家十三经中的十部经书,外加老子《道德经》和《庄子》。在25年内陆续推出。这些翻译以严谨著称,不少至今仍受到推崇。1875年,牛津大学特别为他设汉文讲座,一直任教至死。除了翻译中国经典外,他的著作还有《孔子的生平及其学说》、《孟子的生平及其学说》、《中国的宗教:儒教和道教评述及其与基督教的比较》等。

院。此话极是。但如果当地没有法院又该如何？即使有法院，法院又当如何迫使商人践约？只有依靠暴力。实际上，人没有了廉耻感，社会就只能依靠暴力来维持一段短暂的时间。但我可以证明，暴力无法使一个社会长治久安。警察靠暴力迫使商人履行合同。但法官、政府官员或共和国总统又是如何使警察恪尽职守的呢？当然不再是暴力。那么又是什么呢？或是靠警察的廉耻感，或是利用欺骗。

我很遗憾，在当今世界、甚至在当今的中国——律师、政客、政府和国家总统都是在使用欺骗手段使警察尽职。他们告诉警察：为了社会和国家的利益，他必须忠于职守；对警察而言，那种社会的利益仅意味着他可以按时领到薪水，使家属不致死于饥饿。共和国的律师、政客或总统如此告诫警察，我认为用的诈术。我之所以认为它是一种欺诈，是因为对警察而言，这种国家的利益只意味着每星期15个先令的薪水，意味着他和他的亲属刚刚免于饿死。而对那些律师、政客、官员和总统来说则意味着每年2万英镑的高薪，意味着豪华住宅、电灯、汽车以及其他舒适、侈奢之物，意味着成千上万人的血汗供他们享用。我之所以认为它是一种欺诈，是因为全社会没有形成对廉耻感的公认——这种廉耻感能够使输牌的赌徒付出口袋里的最后一个便士。没有这种廉耻感，财富的转让和占有造成了社会的贫富不均，这就像赌桌上钱的转让一样，没有什么道理可言，也没有什么约束力量。然而，那些律师、政客、官员及总统，虽然侈谈着社会和国家的利益，但他们实际真正依靠的仍然是警察潜意识中的廉耻感。这种廉耻感不仅使警察忠于职守，而且使之尊重他人的财产权并安于每星期15先令的现状。而与此同时，律师、政客、总统们却坐享着每年2万英镑的收入。我说他们欺诈，是因为当他们要求警察应该有廉耻感的同时，自身却公开声称政治无道德可言,并充当了毫无廉耻感的榜样。

诸位一定还记得我曾引用过的卡莱尔的那句名言:"君权对于我们来说,若不是一种神圣的权利,就是一种魔鬼般的罪恶。"在现代社会中,律师、政客、官员和总统之欺诈,便是卡莱尔所说的魔鬼般的罪恶。现代社会公职人员的欺诈和伪善,使得他们一面声称政治无道德可言,一面又在动听地大谈什么社会之安,国家之善。如同卡莱尔所言,"正是这种伪善的耶稣会主义导致了普遍的苦难、兵变、谵妄,无套裤汉暴动的狂热和复活暴政的冷酷。数以千万计人的畜牲般的堕落,以及团体组织的轻薄。"这一切,乃是我们所见到的现代社会的真实写照。一言以蔽之,正是这种欺诈与暴力的结合——耶稣会主义与军国主义的携手,律师与警察的合作,造就了现代社会的无政府主义者与无政府主义。这种践踏道德的暴力和欺诈的结合,使人产生了疯狂,这种疯狂促使无政府主义者向共和国的律师、政客、官员和总统投掷炸弹。

事实上,如果一个社会、一个人丧失了廉耻,政治没有了道德,那么我敢说这个社会最终是无法维持下去的。因为在那样一个社会里,律师、政客、官员、总统靠欺诈的手段指挥警察来维持社会。警察被告知必须为社会而忠于职守。但是警察终将扪心自问:他自己、这个可怜的警察也是社会的一部分——毕竟,他和他的家庭还是社会最重要的一部分。现在如果有什么别的工作比当警察好,或许充当反抗警察的人能够使他挣得更多的钞票,以改善自身和家庭的状况,那么这同样也可以说是为了社会的利益。如此一来,警察早晚会得出这样一个结论:既然政治已全无廉耻与道德可言,既然社会之善就只意味着个人获取更高的薪水,那么还有什么理由可以阻止他为了赚钱而放弃警察的身份、成为一个革命党徒或无政府主义者?一旦警察得出这样的结论——为了更多的收入而应该成为革命党徒或无政府主义者,那么这个社会也就到了毁灭的时候了。孟子说:"孔子成《春秋》,而乱臣贼子惧"——在书中,孔子宣传了他的国教思想,并描述了当时的社会景象——就仿佛像今日世界一般,人们的廉耻丧尽,政治亦无道德可言。

我们现在还是言归正传。我认为如果一个社会没有廉耻感,那么它最终是无法维持下去的。因为正如我们所看到的那样,在社会生活中,即使是赌博、经商这一类的小事,廉耻感都是如此重要和必不可少,那么对于人类已经建立起来的两个最基本的制度:家庭与国家来说,廉耻感更是何等的重要和不可或缺。众所周知,所有民族的文明史总是始于婚姻制度的确立,在欧洲,教堂宗教使婚姻成了圣事,即成为宗教的、神圣的事物。对这种神圣婚姻的约束是来自教会、来自上帝的权威。但这只是一个表面现象,换句话说,这只是外在的法律约束。对这种神圣婚姻真正的、内在的约束——正如我们在那些没有教堂宗教的国家所见到的那样,是廉耻感和君子之道。孔子说过:"君子之道,造端乎夫妇。"换言之,在所有的文明国度里,有了廉耻感和君子之道才有了婚姻,有了婚姻制度方才有了家庭。

我曾说孔子所传的国教是一部名誉法典,而且指出它来源于君子之道。但现在我还必须告诉诸位,在距孔子很遥远的时代里,就已经有了尚不十分明确、未诉诸文字的君子法,也就是大家所知道的有关于礼节、礼貌得体的行为方式的礼教。后来,中国出现了一个伟大的政治家,中国法律的缔造者,即人们通常所说的周公。他制订并确立了形成文字的君子法,即关于得体的行为方式的法律。这部由周公制订的第一部形成文字的君子法为著名的周礼——周公之礼。它或许可以被视为中国的前儒教(Preconfucian religion），或者，像前基督教被称之为犹太民族的摩西法律①一样，可以将这种前儒教称之为中华民族的旧制宗教（Religion of the old Dispensation）。正是周礼这中国人的旧制宗教——这一部首次形成文字的君子法，第一次给予了中国人的婚姻以神圣的、不可动摇的约束。中国人从此将神圣的婚姻称之为周公之礼——周公制订的关于良好的行为方式的法律。这种神圣的婚姻制度，这个前儒教，使中国人建立了家庭制度，并令中国人的家庭得到了巩固和持久地维系。或许可以将这个前儒教、周公的君子法称为家庭宗教，以区别于孔子后来所传的国教。

相对于家庭宗教而言，孔子在其所传的国教中创立了一个新的制度。换言之，孔子在其国教中，对君子之道的内容有了更广泛、更丰富的阐发。他创立的新的神圣制度不再被称之为礼——关于良好行为方式的法律，而是称之为名分大义。我将其翻译为有关名誉与责任的重要法则或名誉法。孔子所创的以名分大义为主旨的国教，取代了从前的家庭宗教，成为了中国人的信仰。

在旧的制度下，家庭宗教使妻子和丈夫受到神圣婚誓的约束——遵守他们神圣的婚约。同样，在孔子所创的新的国教制度下，中国人民和他们的帝王都要受到新的圣物即名分大义的约束——这部有关名誉和责任的重大法则或称为名誉法典，是由君臣共同遵守、神圣而不可侵犯的契约。简言之，昔日周公是严婚姻之礼，孔子的名分或名誉法典所确立的则是忠诚之道。因此我认为孔子给予人们一个新的、内容更广泛、更丰富的君子法。相对于我说过的家庭宗教而言，孔子在中国建立了一个新的制度，并使之成为国家宗教。

———————————

① 它在《圣经·旧约全书》前五卷中。

　　换句话说,正像在从前的家庭宗教里订下了对婚姻的誓约一样,在孔子的国教中则订下了关于忠诚的神圣誓约。家庭宗教中婚姻誓约的确立,使得妻子绝对地忠诚于丈夫。同样,孔子传授的国教对忠诚的誓约即名分大义的确立,使得中国人民绝对地效忠于皇帝。国教的这种关于忠诚的誓约,或许可以称之为忠诚之道。你们也许还记得,我曾说过孔子在某种程度上是主张君权神授的。其实,与其说孔子主张君权神授,不如更确切地说孔子强调的是忠诚的神圣性。欧洲的君权神授理论,以超自然的上帝或深奥的哲学来解释君权的神圣。然而在中国,孔子教育人民绝对地效忠于皇帝,其约束力却是来源于君子之道——来源于人的廉耻感。在所有的国家里,正是这种廉耻感使得妻子忠实于自己的丈夫。事实上,孔子关于对君王绝对忠诚的理论,仅来源于简单的廉耻感,这种廉耻感使商人信守诺言、履行合同,使赌徒按规则行赌、并偿还他的债务。

　　我在谈到家庭宗教时曾经指出:中国这种旧的宗教制度和所有国家中的教堂宗教,规定了婚约的神圣和不可侵犯,从而使家庭制度得以确立。同样,我所说的孔子所传授的国教,则规定了忠诚的神圣性,进而确立了国家制度。在这个世界上,如果说首创家庭宗教、确立神圣的婚姻制度,可以被认为是对人类和文明事业的伟大贡献,那么,我认为你就会理解,孔子创立国家宗教、确立忠诚之道是一项多么伟大的工作。神圣的婚姻巩固了家庭,使之得到长久的维系,没有了它,人类便将会灭绝。忠诚之道则巩固了国家,使之长存不朽,没有了它,人类社会和文明都将遭到毁灭,人类自身也将退化成野蛮人或是动物。因此,我说孔子对中国人民最伟大的贡献是给予中国人一个真正的国家观念——一个有着真实的、合理的、不朽的、完善基础的国家观念,并且给中国人创立了一个宗教——国家宗教。

正如我曾经说过的那样,孔子是在他晚年所著的一部书中传授了这一宗教。他将这部书取名为《春秋》。在这部书中,孔子首次确立了忠诚之道,称之为春秋名分大义,或简称为春秋大义。孔子的这部传授忠诚之道的著作,就是中华民族的大宪章。它使全中国人民和整个国家绝对地效忠于皇帝。这种神圣的契约、这部名誉法典,不仅是中国和政府,而且中国文明的唯一一部真实的宪法。孔子说过,后人将通过这部书来了解他——了解他曾为这个世界做过些什么。(知我者其为《春秋》乎?)

我恐怕谈得太多,已经有些离题了。现在让我们言归正传。记得我曾说过,芸芸众生之所以总是感到需要宗教——我指的是欧洲意义上的宗教——是因为宗教可以为他们提供一个避难所。通过对一个全能之物即上帝的信仰,他们可以为自己找到一种安全感和永恒感。但是我也曾说过,孔子的哲学体系和道德学说,即著名的儒教,能够取代宗教,能够使人们、甚至使大众不再需要宗教。那么在儒教之中,必定有一种东西同宗教一样,能够给人们以安全感和永恒感。这就是孔子在其国教中给予中华民族的忠诚之道——对于皇帝的绝对忠诚。

由于这种忠诚之道的影响,在中华帝国的每个男人、妇女和儿童的心目中,皇帝被赋予了绝对的、超自然和全能的力量。而正是这种对绝对的、超自然的、全能的皇权信仰,给予了中国人民一种安全感,就像其他国家的大众从信奉上帝而得到的安全感一样。对绝对的、超自然的、全能的皇权的信仰,也使得中国人民形成了国家是绝对牢固和永恒的思想。这种国家是绝对牢固和永恒的认识,又使人们体会到社会发展无限的连续性和持久性。并由此最终使中国人民感受到了族类的不朽。族类不朽的意识起源于对全能皇权的信仰,对全能皇权的信仰产生了忠诚之道。因此,在其他国家中,是信仰来世的宗教给予了大众以永恒感,而在中国,这种永恒感则来自忠诚之道。

进一步说,正如孔子所传授的忠诚之道,使人们在国家方面感受到民族的永生,同样,儒教所宣传的祖先崇拜,又使人们在家庭中体认到族类的不朽。事实上,中国的祖先崇拜与其说是建立在对来世的信仰之上,不如说是建立在对族类不朽的信仰之上。当一个中国人临死的时候,他并不是靠相信还有来生而得到安慰,而是相信他的子子孙孙都将记住他、思念他、热爱他,直到永远。在中国人的想象中,死亡就仿佛是将要开始的一次极漫长的旅行,在幽冥之中或许还有与亲人重逢的可能。因此,儒教中的祖先崇拜和忠诚之道,使中国人民在活着的时候得到了生存的永恒感,而当他们面临死亡时,又由此得到了慰藉。在其他国家中,这种对大众的慰藉则是来自信仰来世的宗教。中国人民对祖先的崇拜与对皇帝的效忠具有同等重要的意义,原因正在于此。孟子说:"不孝有三,无后为大。"因此,反映在国教之中的孔子的教育体系,其实只包含了两项内容:对皇帝尽忠、对父母尽孝——即中国人的忠孝。事实上,在中国的儒教或国教之中,有三项最基本的信仰,在中国被称之为三纲。按照重要性其排列的顺序是:首先,绝对效忠于皇帝;其次,孝顺父母、崇拜祖先;第三,婚姻神圣、妻子绝对服从丈夫。三纲中的后两项,在我说过的家庭宗教、或称之为孔子之前的旧的宗教制度中,就已经具有相同的内容。但是三纲之首——绝对效忠于皇帝,则是由孔子首次阐发,并规定于他创立的国教即新的宗教制度之中的。这儒教中的第一信条——绝对效忠于皇帝——取代了并且等同于其他任何宗教中的第一信条——对上帝的信仰。正因为儒教之中有了这种相当于信仰上帝的内容,所以它能够取代宗教,使中国人民,甚至是普通群众也没有感到有宗教的需要。

但是现在你或许会问,通过对上帝的信仰,利用上帝的权威,可以使人们服从并遵守宗教的道德规范。而没有了对上帝的信仰,只是绝对效忠皇帝,又怎么能够使人们、使普通群众服从并遵守孔子所传授的道德规范? 在回答这个问题之前,请允许我首先指出你们有一个极大的误解,即认为使人们遵从道德规范的约束力是来自于上帝的权威。我告诉你们,在欧洲,神圣不可侵犯的婚姻要由教堂来认可,教堂声称,对婚姻的约束力来自于上帝。但我说这只是一个表面现象。正如我们在所有没有教堂宗教的国家所看到的那样,神圣婚姻的内在约束力是男人和女人自身的廉耻感和君子之道。因此,使人们遵从道德规范的真正权威,是人们的道德感、是君子之道。所以,信仰上帝并非人们遵守道德规范的必要条件。

正是基于这样一个事实,使得上个世纪的怀疑论者伏尔泰和汤姆·潘恩,以及当代的理性主义者海勒姆·马克希姆(Hiram Maxim)先生指责道:对上帝的信仰,是始于宗教创始人、并由神父们继续下去的一种欺诈行为。然而,这是一种下流的、荒谬的诽谤。所有伟人,所有富有智慧的人们,通常都信仰上帝。孔子也信奉上帝,虽然他很少提及它。甚至像拿破仑这样富于智慧的豪杰,也同样信奉上帝。正如赞美诗的作者所言:"只有傻瓜——思想卑劣、肤浅的人才会在心中说,'根本没有上帝'。"然而,富于智慧的人们,其心中的上帝有别于常人。他们对上帝的信仰,就是斯宾诺莎所说的对神圣的宇宙秩序的信仰。孔子曾说过:"五十而知天命"——懂得神圣的宇宙秩序。富于智慧的人们为这种宇宙秩序起了不同的名称。德国哲学家费希特称之神圣的宇宙观。在中国的哲学语言中,它被称之为"道"。但是无论被赋予了什么名字,它只是一种关于神圣的宇宙秩序的知识。这种知识使富于智慧的人们认识到,道德规范或"道"属于宇宙秩序的一部分,所以必须遵守。

因此,虽然信奉上帝不是人们服从道德规范的必要条件,但是信奉上帝对于使人们认识到服从道德规范的绝对必要性,却是必不可少的。正是这种对宇宙秩序的认识,使得那些富于智慧的人们服从并遵守了道德规范。孔子说:"一个没有天命知识的人,即不懂得神圣的宇宙秩序的人,是无法成为君子的。"(不知命无以为君子也)然而,那些不具备如此智慧的大众们无法领会神圣的宇宙秩序,因此也就不懂得必须遵守道德规范。正如马太·阿诺德所言:"只有在领会了道德规范之后,才能够严格地遵守它。而大众既无理解道德规范的智力,亦无遵守道德规范的能力。"正是由于这个原因,柏拉图、亚里士多德以及赫伯特·斯宾塞所宣传的哲学和道德学说,只对学者具有价值和意义。

但是,宗教的价值和意义则在于,它能够使普遍大众服从并严格地遵守道德规范。然而宗教又是如何做到这一点的呢?人们猜想是由于宗教教人信奉上帝使然。但是,正如我已经证明的那样,这是一个极大的误解。使人们从道或服从道德的权威只有一个,那就是人们自身的道德感、即君子之道。孔子曾说过:"道也者,不可须臾离也,可离非道也。"基督也说:"上帝就在你的心中。"因此,以为使人服从道德规范的力量来自信仰上帝,这是错误的。马丁·路德在评述一部希伯来预言著作时说过:"上帝不过是人们心中忠诚、信义、希望和慈爱之所在,心中有了忠诚、信义、希望和慈爱,上帝就是真实的,相反,上帝则成为虚幻。"因此,宗教所宣传的上帝,不过是人们心灵的一种依靠和慰藉。人们信奉上帝,信仰神圣的宇宙秩序，便拥有了一份忠诚和信义。这份忠诚和信义促使人们遵从规范。就像我曾说过的那样，对上帝的信仰，使大众获得了一种安全感和永恒感。

但是，如果说对上帝的信仰只是促使人们服从道德规范，那么它主要依据的又是什么？是神的启示。马太·阿诺德曾说过："无论何种宗教，无论是使徒保罗还是异教徒，都主张必须靠神的启示，靠激发人们生命的感情来完善道德。"那么，这种神的启示或人们生命的感情又是什么呢？

我曾告诉过诸位，孔子整个的教育思想体系或许可以被归纳为一句话：君子之道。孔子称君子之道是个秘密。孔子说："君子之道无处不在，但它仍然是一个秘密。"（君子之道费而隐）然而，孔子还说过："甚至愚夫愚妇亦能够对这个秘密有所了解，他们也能够奉行君子之道。"（愚夫愚妇可以与知焉）同样知道这一秘密的歌德，就把它——君子之道，称为"公开的秘密"。那么，人类是在何处、又是怎样发现了这一秘密的呢？诸位想必还记得，我曾说过，对君子之道的认识始于对夫妻关系的认识。歌德所谓的"公开的秘密"，孔子所说的君子之道，首先是被夫妇们所发现的。但是，他们又是如何发现了这一秘密——发现孔子的君子之道的呢？

我曾经告诉过你们，在欧洲语言中，与孔子的君子之道意义最相近的是道德法。但是孔子的君子之道与道德法还是有区别的——我指的是哲学家、伦理学家们的道德法与宗教家的道德法之间的差别。为了弄懂孔子的君子之道与哲学家、伦理学家的道德法有何不同，让我们首先找出后者与宗教家道德法之间的差异。

哲学家的道德法告诉我们，我们必须服从称之为"理性"的人之性。但是，理性通常被理解为一种思维推理的力量，它是人头脑中的一个缓慢的思维过程，可以使我们区分和认知事物外形可定义的特征。因此,在道德关系方面,理性即我们的思维能力,只能帮助我们认识是非或公正的那些可以名状的特征,诸如习俗惯例、德行,它们被正确地称之为外在的行为方式和僵死的形式,即躯壳;至于是非或公正的那些无法名状的、活生生的绝对的本质,或者说公正的生命与灵魂,单是理性,我们的思维能力是无能为力的。因此,老子说:"道可道,非常道;名可名,非常名。"伦理学家告诉我们:我们必须服从人之性,即服从我们的良心。然而正如希伯莱圣经中的圣人所言:"人心充满着各种欲念。"因此,当我们把良心视作人之性而加以服从时,我们易于服从的往往并非我称之为"公正"的灵魂、公正那无法名状的绝对本质,而恰恰是充满欲念的人心。

换言之,宗教教我们服从的人之性,是我们必须服从的人之真性。这种本性既不是圣·保罗所说的世俗或肉体之性,亦非奥古斯特·孔德的著名弟子利特(Littre)先生所说的人类自我保护和繁衍的本性。这种人之真性是圣·保罗所说的灵魂之性,也就是孔子所言的君子之道。简言之,宗教告诉我们必须服从自己的真正本性,这个本性就是基督所说的我们心中的上帝。于是我们就可以理解,正如孔子所言的,宗教是一种精神化的东西,是比哲学家和伦理家的道德法则远为深刻的法则。基督也曾说过:"除非你比法律学家和法利赛人(即哲学家和伦理学家)更为正直(或道德),否则你根本进不了天堂。"①

同宗教一样,孔子的君子之道也是一种比哲学家和伦理家的道德法则远为深刻的法则。哲学家和伦理学家的道德法则要求我

———————

① 法利赛人是古犹太教一个派别的成员,墨守传统礼仪,基督教《圣经》称其为泥于形式的、言行不一的伪善者。

们必须服从自己的理性和良心。然而，孔子的君子之道则同宗教一样，要求我们服从自己真正的本性。这种本性绝非庸众身上的粗俗、卑劣之性。它是爱默生所说的一种至诚之性。事实上，要懂得何为君子之道，我们就必须首先成为一个君子，具备爱默生所说的至诚之性，并且进一步发挥自身这一天性。因此孔子曰："人能弘道，非道弘人。"

然而孔子还说过：如果我们学习并试图拥有君子之道的优美情趣和得体的举止，那么我们就可以理解何为君子之道。中国人的"礼"在孔子的学说中有着各式各样的含义。它可以是礼仪、礼节和礼貌等，但这个字最好的译法还是"good taste"（文雅、得体、有礼）。当它被运用于道德行为的时候，礼指的就是欧洲语言里的廉耻感。事实上，孔子的君子之道不是别的，正是一种廉耻感。它不像哲学家和伦理学家的道德律令，是关于正确与谬误的形式或程式之枯燥的、没有生命力的死知识，而是像基督教圣经中的正直一样，是对是非或公正，对称作廉耻的公正之生命与灵魂，对那种无法名状的绝对本质之一种本能的、活生生的洞察与把握。

下面，我们能回答这样一个问题了，即人们是如何从夫妻关系中率先发现歌德所谓的秘密，及孔子的君子之道的？人们之所以能够发现君子之道，是因为他们具备了君子美好的情趣和得体的举止，即所谓的廉耻感。这使得他们能够明辨是非，能够把握公正的生命与灵魂那无法名状的绝对本质。但是，他们又是何以拥有了这份美好的情趣、得体的举止或廉耻感的呢？茹伯特的一句话可以对此做出解释。他说："一个人除非懂得自爱，否则不能公正地对待他的邻居。"因此，是爱使人们明白孔子的君子之道——可以这么说，是男女之爱产生了君子之道，由此，人类不仅建立了社会和文明，而且创建了宗教——确立了对上帝的信仰。你现在可以理解歌德借浮士德①之口所表达的忏悔了。它是以这样两句开头的：

> 我们的头顶之上难道不是茫茫的苍天？
>
> 我们的脚下岂非是坚实的大地？

我曾经告诉过诸位，并不是对上帝的信仰促使人去遵守道德规范。真正使人服从道德规范的是君子之道——从宗教的角度说，人们服从的是心中的上帝。因此，宗教真正的生命所在是君子之道。反之，对上帝的信仰，以及宗教所规定的各种道德法则都只是宗教的外在形式。宗教的生命与灵魂是君子之道，君子之道由爱而生。人类首先自男女之间学到了爱，但人类之爱并不仅限于男女之爱，它包括了人类所有纯真的感情，这里既有父母与孩子之间的那种亲情，也含有人类对于万事万物所抱有的慈爱、怜悯、同情和仁义之心。事实上，人类所有纯真的情感均可以容纳在一个中国字中，这就是"仁"。在欧洲语言中，古老的基督教术语中的神性（godliness）一词与"仁"的意义最接近。因为"仁"是人所具有的一种神圣的、超凡的品质。在现代术语中，"仁"相当于仁慈、人类之爱，或简称爱。简言之，宗教的灵魂、宗教的感化力的源泉便来自于这个中国字："仁"，来自爱——不管你如何称呼它，在这个世界上，这种爱最初是起自夫妇。宗教的感化力就在于此，这也是宗教中的至上之德。正如我曾说过的那样，宗教正是据此使人服从道德规范或者说是服从"道"（它构成神圣的宇宙秩序的一部分）。孔子说："君子之道始于夫妻关系，将其推到极致，君子之道就支配了天地万物——即整个宇宙。"（君子之道，造端夫妇，及其至也，察乎天地。）

---

① 浮士德：歌德著名诗剧《浮士德》中的主人公。

现在我们已经知道,宗教之中存在着一种激情和感染力。但是,这种激情和感染力并非仅存于宗教之中——我指的是教堂宗教。这种激情和感染力能够使人、甚至是下愚之人,也服从道德规范而不为名利所动。事实上,每一位稍知廉耻的、自爱的、不为名利所动之人,都可以在其行为中发现这种激情和感染力。我认为这种激情和感染力并非仅存在于宗教之中,但宗教的可贵之处又正在于它具有这种激情和感染力。世界上所有伟大宗教的创始者之所以能够使教义留传后世,原因就在于此。而这一点也正是哲学家和伦理学家的道德说教所无法企及的。正如马太·阿诺德所说:宗教使人领会了道德规范,从而使之易于为善。但是,这种感染力和激情并不是只存在于宗教之中,所有的文学巨匠、特别是诗人的作品,也都有着同样的激情或感染力。例如,在我曾引述过的歌德的作品中,也同样富于激情和感染力。然而,不幸的是,这些伟大的作品却无法对大众产生影响,因为这些文学巨匠所使用的文雅的语言,是大众所无法理解的。世界上所有伟大宗教的创始人,大多数没有受过教育,他们讲着平民百姓所喜闻乐见的、朴素明了的语言,从而赢得了大众的爱戴。因此,所有伟大的宗教,其真正价值在于能够把感染力或激情传达给大众。为了弄懂宗教是如何具有了这种感染力或激情的,我们首先要考察一下宗教是怎样产生的。

正如我们所知,世界上所有伟大宗教的创始者,都是性格特殊、感情强烈的人。这使得他们感受到一种强烈的爱、或称之为人类之爱,我曾说过,这种爱使宗教具有了感染力,它是宗教的灵魂。这种强烈的爱或人类之爱,使宗教的创始人们得以把握是非的本质,并将正义的法则与道德的规范相统一。因为他们是一些有着强烈情感的特殊人物,所以他们有着丰富的想象力。这使得他们在不知不觉中把道德规范塑造成了一个人格化的、全能的、超自然之物。这个存在于想象之中的人格化的、全能的、超自然的道德法则,被称之为上帝。他们还坚信,他们所感受到的那种强烈的爱或人类之爱,也是来自于上帝。宗教中的感染力和激情就是这样产生了。这种感染力打动了大众,唤醒了他们的宗教情感,使之对简明扼要的教义奉若神明。然而,宗教的价值不仅仅在它具有能使大众理解、服从规范的感染力和激情。宗教的价值还在于,它拥有一种能够唤醒、激发、鼓舞这种激情的机构,从而使人们感到有必要服从道德规范。在世界所有伟大的宗教中,这个机构被称为教堂。

许多人都以为教堂是用来教人信上帝的。这是一个极大的误解。在现代,这种误解已使得像弗劳德①这样诚实的先生对现代基督教的教堂感到了厌恶。他说:"我曾在英国的教堂听过上百次布道,但所听到的要么是教中的圣迹,要么是教士们的传教和使徒的传承等,但是,我从没听到过对基督教最古老的诫律的宣讲、即教人做一个诚实的人,如'不要说谎','不要偷窃'。"在他看来,基督教的教堂应该是劝善讲道的场所。但是,我认为他的看法也是错误的。毫无疑问,建立教堂的目的是为了使人为善、使人遵从道德规范,如"不要说谎"、"不要偷窃"。但是,在世界上所有的伟大的宗教之中,教堂真正的功能是传教而非传道。正如我曾说过的那样,"不要说谎"、"不要偷窃"之类的诫律只是一些僵死的、古板的教条,教堂则要以一种感染力和激情打动人们,使之遵从这些

---

① 弗劳德(James Anthony Froude,1818—1894):英国历史学家和作家。卡莱尔的友人和思想的信徒,也是卡莱尔遗嘱指定的处理其文学遗著者之一。曾发表卡莱尔的《回忆》,著有《信仰的因果》、《托马斯·卡莱尔——他的一生的前四十年》等。

教条。因此,教堂真正的功能不在于劝善,而在于激发人们的为善之念。事实上,教堂是用一种激情来感动人们、使之为善。换句话说,在世界上所有伟大的宗教中,教堂只是一种机构,以它的感染力和激情来唤醒人们,使之服从道德规范。但是,教堂又是如何唤醒并打动人的呢?

众所周知,世界上所有伟大的宗教不仅赋予道德规范以激情和感染力,而且还鼓励人们对教主及使徒进行狂热的个人崇拜。当教主死后,他的门徒为了将这种对教主狂热的、无限的个人崇拜保持下去,于是就建立了教堂。在世界上所有伟大的宗教中,其教堂的起源正在于此。教徒们对教主有一种狂热的、无限的个人崇拜,教堂则不断地激发人们的这种感情、并将其世代保持下去,从而使人们受到感动而服从道德行为规范。准确地说,人们不仅信仰上帝,而且信仰宗教本身,即献出一份忠诚。那么,他们忠诚的对象是谁呢? 这就是他们所信仰的宗教的创始者,在伊斯兰教中,他被称为先知;在基督教中,他名为耶稣。如果你问一个虔诚的伊斯兰教徒:为什么要相信上帝并服从道德规范? 那么他一定会回答:"因为我相信教中的先知。"如果你问一个虔诚的基督徒:为什么要相信上帝并服从道德规范? 他必定会答以因为爱戴耶稣。这样你就可以懂得,所谓信仰先知、爱戴耶稣,事实上都只是一种感情,是一种像我曾说过的教徒对教主无限的、狂热的个人崇拜。教堂则不断地激发这种感情,并将其世代保持下来。世界上所有伟大的宗教所以能够使大众服从道德行为规范,其真正的力量、其感染力的源泉正是这种狂热的感情。①

---

①　孟子讲到中国历史上两个最纯洁和最具基督德性的人时说到:"故闻伯夷之风者,顽夫廉、懦夫有立志。"(《孟子》卷十)——原注

　　讲完这一段长篇大论之后，现在我可以回答你们刚才的问题了。你们问我，如果没有了对上帝的信仰，那么又如何让人服从孔子国教中的道德规范——绝对效忠于皇帝呢？我已经向诸位阐明，使人服从道德规范的力量，并非来自宗教所宣传的对上帝的信仰。宗教能够使人服从道德规范，依靠的是一种名为教堂的组织，通过教堂激发人们的感情，使之感到应该遵守道德规范。在回答了诸位的问题之后，接下来我将向你们介绍一下被称为儒教的孔子的教育思想体系。儒教是中国的国教，相当于其他国家的教堂宗教。儒教也利用一种相当于教堂的组织来使人服从道德规范。在中国的儒教里，这个组织就是学校。在中国，学校就是孔子国家宗教里的教堂。正如你们所知，在中文里，宗教与教育所用的是同一个"教"字。事实上，正如教堂在中国就是学校一样，中国的宗教也就意味着教育。与现代欧美的学校不同，中国学校的教育目的和目标不是教人如何谋生、赚贱，而是像教堂宗教那样，传授一些诸如弗劳德先生所说的古老的诫律，如"不要说谎"、"不要偷窃"。实质上，中国的学校是以教人明辨是非为目标的。约翰逊博士说："我们为人处世最重要的是要有道、明是非，其次才是知识的学习和运用。"

　　然而，我们已经知道，教堂宗教能够使人们服从道德行为规范，靠的是激发人们的热情，即教徒对教主狂热的、无限的个人崇拜。这里，中国的学校——孔子国家宗教里的教堂，与其他国家宗教中的教堂相比，是有所不同的。学校——中国国教里的教堂，同其他宗教里的教堂一样，也是通过唤醒、激发人们的热情，使之服从道德行为规范。但是，中国的学校所唤醒的那份感情，与宗教的教堂所激发出那种激情相比，是有所不同的。在中国，学校——孔子国教的教堂，它不是靠鼓励、煽动对孔子狂热的、无限的个人崇拜来激发人们的热情。事实上，孔子在世之时，并没有鼓励弟子对他进行狂热的、无限的个人崇拜。直到他死后，才被人们尊奉为至圣先师，并为世人所熟知。然而，无论是生前还是死后，孔子都没有像教主那样，受到过狂热的、无限的个人崇拜。中国大众对孔子的尊奉，不同于伊斯兰国家的百姓对默罕默德的崇拜、不同于欧洲的群众对耶稣的崇拜。就此而言，孔子不属于宗教创始者那一类人。要成为欧洲意义上的宗教创始者，一个人就必须有着强烈的、变态的个性特征。孔子的确是中国商王朝贵族的后裔。商族人有着富于激情的特性，就像希伯莱民族一样。但是，孔子又生活在周王朝时期，周人如同古希腊人，富于完美的智力。这样孔子，如果可以打个比方，他是生在希伯莱，具有希伯莱民族激情充沛的特性，又在最完美的古希腊智识文化中受到训育，拥有了这一完美文化所能给予的东西。事实上，正如现代欧洲伟大的歌德终将被欧洲人民视为完美的人格楷模，视为欧洲文明所孕育出的"真正的欧洲人"一样，中国人已经公认孔子为一个有着最完美人格的典型，一个诞生于中国文明的"真正的中国人"。因为孔子具有太高的文化素养，所以他不属于宗教创始者那一类人。实际上，孔子生前除了最亲密的弟子之外，他是鲜为人知的。

　　我认为，学校——中国国教中的教堂，它并不是通过激发人们对孔子的崇拜，来使人服从道德行为规范。那么，中国的学校又是如何激发人们的热情、使之服从道德规范的呢？孔子说："在教育过程中，是以《诗》进行情感教育，以《礼》进行是非教育，以《乐》完善人的品性。"（兴于诗，立于礼，成于乐）学校——中国国教中的教堂，教人以诗文，培养人美好的感情，使之服从道德行为规范。事实上，正如我曾说过的那样，所有伟大的文学作品都能像宗教一样使人受到感动。马太·阿诺德在谈及荷马及其《史诗》时说：

"《史诗》那高尚的思想内容,可以令读者变换气质、受到陶冶。"实质上,在学校——中国国教的教堂里,一切文雅、有价值的美好东西都得到了传授。学校让学生不断想着这些美好的事物,自然激发出人之向善的情感,从而自觉地遵守道德规范。

　　然而,我曾告诉过诸位,像《荷马史诗》这样伟大的文学作品,其影响力并不能达及普通民众。因为这些文学作品所用的文雅的语言,是大众无法理解的。既然如此,儒教——中国的国教,又是如何激发起大众善良的情感而使之服从道德的呢?我曾说过,在中国国教中,学校相当于其他国家宗教里的教堂。但是更准确地说,在中国的国教里,相当于其他国家宗教的教堂是——家庭。在中国,孔子国家宗教的真正教堂是家庭,学校只是它的附属之物。有着祖先牌位的家庭,在每个村庄或城镇散布着的有祖先祠堂或庙宇的家庭,才是国教的真正教堂。我曾经指出:世界上所有伟大的宗教之所以能够使人服从道德规范,是因为它能够煽动起人们对教主狂热、无限的爱戴和崇拜。而教堂则又不断激发着这种崇拜,使之世代延续下来。然而在中国则有所不同。孔子的国家宗教能够使人服从道德规范,但这一宗教的真正力量,其感染力的源泉,则是来自于人们对父母的爱。基督教的教堂教导人们:"要热爱上帝。"中国国教的教堂——供着祖先牌位的家庭则教导人们:"要热爱你们的父母。"圣·保罗说:"让每个人以基督的名义起誓:永离罪恶。"而写成于汉代、几乎成为中国的《圣经》——即《孝经》的作者却说:"让每一位热爱自己父母的人远离罪恶。"一言以蔽之,基督教、教堂宗教真正的力量,其感染力的源泉,实质是对上帝的爱。然而儒教,中国的国家宗教,它的感染力来自对父母的爱——来自孝顺、来自对祖先的崇拜。

　　孔子说:"践其位,行其礼,奏其乐,敬其所尊,爱其所亲,事死如事生,事亡如事存,孝之至也。"又说:"慎终追远,民德归厚矣。"儒教、中国的国教,之所以能够打动人心,使人服从它的规范,原因就在于此。在儒教的各种规范之中,最重要的、最高的规范,就是对君王的绝对的效忠,就像世界上所有宗教均以敬畏上帝为最重要、最高的规范一样。换言之,教堂宗教、基督教说:"敬畏上帝并服从它。"孔子的国教,儒教却说:"尊崇君王并效忠他。"基督教说:"如果你想要敬畏上帝并服从它,你就必须先爱基督。"儒教则说:"如果你想要尊敬君王并忠于他,你就必须先爱父母。"

现在我已经说明了为什么自孔子以来的二千五百年的时间里,中国人没有发生心灵与头脑的冲突,这原因就在于中国的普通百姓感到不需要宗教——我指的是欧洲意义上的宗教。中国人不需要宗教,是因为儒教之中的某些内容可以取代宗教。这就是孔子在其国教中所传授的绝对的忠君原则,即名誉法典,又称之为名分大义。所以我曾这样说过:孔子对中国人民最伟大的贡献,就是在国教中宣传并给予了中国人这个绝对的忠君原则。

(选自辜鸿铭著《中国人的精神》,

海南出版社 1996 年 4 月版)

辜鸿铭(1857—1928),原籍福建同安,出生在马来亚槟榔屿的一个华侨世家。曾先后在英、德、法、意等国游学,民国初年任北京大学教授。他是一个"精通西学而极端保守"的学者。《中国人的精神》是其代表著作之一。

本文从说明什么是中国人的精神切入,在描述中国人的精神的同时,详细地对比了孔子所创的"儒教"(辜鸿铭并不认为儒教是真正意义上的宗教——编者)和西方宗教的不同。在对比过程中,辜鸿铭用了绝大部分篇幅来说明中西教育的不同、并肯定儒家教育思想的先进性。他说,孔子的"儒教"是教导人们去做一个善良的公民。孔子把他的原则概括为"名分大义"、"君子之道"两条。反映到孔子的教育体系,就是对皇帝尽忠、对父母尽孝,这就是"君子之道"。在中国,"儒教"的教堂就是学校,而真正的教堂是家庭;教育目标是教人明辨是非;"在教育过程中,是以《诗》进行情感教育,以《礼》进行是非教育,以《乐》完善人的品性",实际上,在学校里,"一切文雅、有价值的东西都得到了传授。学校让学生不断想着这些美好的事物,自然激发出人之向善的情感,从而自觉遵守道德规范。"

杜威六十岁生日晚餐会演说词

蔡 元 培

今日是北京教育界四团体公祝杜威博士六十岁生日的晚餐会。我以代表北京大学的资格，得与此会，深为庆幸。我所最先感想的，就是博士与孔子同一生日，这种时间的偶合，在科学上没有什么关系；但正值博士留滞我国的时候，我们发现这相同的一点，我们心理上不能不有特别感想。

博士不是在我们大学说：现今大学的责任，就该在东西文明作媒人么？又不是说：博士也很愿分负此媒人的责任么？博士的生日，刚是第六十次；孔子的生日，已经过二千四百七十次，就是四十一又十个六十次，新旧的距离很远了。博士的哲学，用十九世纪的科学作根据，用孔德的实证哲学、达尔文的进化论、詹美士的实用主义递演而成的，我们敢认为西洋新文明的代表。孔子的哲学，虽不能包括中国文明的全部，却可以代表一大部分；我们现在暂认为中国旧文明的代表。孔子说尊王，博士说平民主义；孔子说女子难养，博士说男女平权；孔子说述而不作，博士说创造。这都是根本不同的。因为孔子所处的地位、时期，与博士所处的地位、时期，截然不同；我们不能怪他。

但我们既然认旧的亦是文明，要在他里面寻出与现代科学精神不相冲突的，非不可能。即以教育而论，孔子是中国第一个平民教育家。他的三千个弟子,有狂的,有狷的,有愚的,有鲁的,有辟的,有喭的,有富的如子贡,有贫的如原宪;所以东郭、子思说他太杂。这是他破除阶级的教育的主义。他的教育,用礼、乐、射、御、书、数的六艺作普通学;用德行、政治、言语、文学的四科作专门学。照《论语》所记的,问仁的有若干,他的答语不一样;问政的有若干,他的答语也不是一样。这叫作是"因材施教"。可见他的教育,是重在发展个性,适应社会,决不是拘泥形式,专讲画一的。孔子说:"学而不思则罔,思而不学则殆。"这就是经验与思想并重的意义。他说:"多闻阙疑,慎言其余,多见阙殆,慎行其余。"这就是试验的意义。

我觉得孔子的理想与杜威博士的学说,很有相同的点。这就是东西文明要媒合的证据了。但媒合的方法,必先要领得西洋科学的精神,然后用他来整理中国的旧学说,才能发生一种新义。如墨子的名学,不是曾经研究西洋名学的胡适君,不能看得十分透澈,就是证据。孔子的人生哲学与教育学,不是曾研究西洋人生哲学与教育学的,也决不能十分透澈,可以适用于今日的中国。所以我们觉得返忆旧文明的兴会,不及欢迎新文明的浓至。因而对于杜威博士的生日,觉得比较那尚友古人,尤为亲切。自今以后,孔子生日的纪念,再加了几次或几十次,孔子已经没有自身活动的表示;一般治孔学的人,是否于社会上有点贡献是一个问题。博士的生日,加了几次以至几十次,博士不绝的创造,对于社会上必更有多大的贡献。这是我们用博士已往的历史可以推想而知的。兼且我们作孔子生日的纪念,与孔子没有直接的关系;我们作博士生日的庆祝,还可以直接请博士的赐教。所以对于博士的生日,我们觉得尤为亲切一点。我敬[谨]代表北京大学全体举一觞,祝杜威博士万岁!

（选自《北京大学日刊》第 446
号〔1919 年 10 月 22 日出版〕）

　　蔡元培（**1868—1940**），浙江绍兴人。中国近代著名教育
家、科学家、民主革命家。曾任南京民国政府教育总长、北京
大学校长、中央研究院院长等职务。著作有《蔡元培选集》
等。

　　在演说词中对比了杜威和孔子，蔡元培说，杜威的哲学是
西洋新文明的代表，孔子可看作中国旧文明的代表，二者不同
是所处的地位、时期截然不同。以教育论，孔子是中国第一个
平民教育家，他的弟子三千，各式的都有，这是他破除阶级的
教育的主义；他的教育，用礼、乐、射、御、书、数的六艺作普通
学，用德行、政治、言语、文学的四科作专门学；教学中，他能因
材施教；他的教育是重在发展个性，适应社会，决不拘泥形式，
专讲画一的；他主张经验与思想并重，主张多闻、多见、慎言、
慎行，这是试验的意义。在这几方面，孔子与杜威，很有相同
的点。

学 行 合 一

张 伯 苓

　　上期周刊登了陶知行先生为本校教职员演讲的一篇稿子，题目是《教学合一》，大家想都看过了。陶先生的意思，说教学应当合一。他的理由是：一、先生的责任在教学，在教学生学；二、教的法子必须根据于学的法子；三、先生不只是教学生学，并且同时自己也要学。我对于他第一个理由还有些意见，陈先生已约略地写了几句登在周刊上。现在，用这几十分钟，我再和大家讲讲。

　　我的意思，以为以前的"教书"、"教学生"，固然是不对；但是"教学生学"就能说是已经尽了教之能事了吗？这个，据我看还是不够，应该再进一步，教学生行。中国古代的教育的特点，教学生行也可算是一个。我现在可以举几个例，来证明孔子的"教学生行"。

　　《论语》"学而"章有几句话：

　　"子曰：弟子，入则孝，出则弟，谨而信，泛爱众，而亲仁。行有余力，则以学文。"

　　这里所谓的"孝"、"弟"、"谨"、"信"、"爱众"、"亲仁"，不都是关于"行"的方面的吗？你看他底下接一句说："行有余力，则以学文。"他对于"行"，是何等重视！反观现在的知识阶级里的人，多半是学有余力，则以求行；只顾求学求文，反把"行"一方面视为次要,甚且毫不注意。这是什么道理呢?难道说古人须讲"行",而今人可以不顾吗?

再看《中庸》的一段话:

"博学之;审问之;慎思之;明辨之;笃行之。"

这几句话将我们求学的步骤指点得清清楚楚。我们要博学,但是仅仅听受得很多,而不加以讨虑,他人怎样说,我们怎样听,没有丝毫怀疑、思索和辨明的功夫,那又有什么益处?所以那"审问"、"慎思"、"明辨"三步是必须的了。这几步功夫都有了之后,可以说声"知道了"就算完事吗?仅仅"知道了"有多大好处?所以"明辨之"之后,接着就是"笃行之"。着重还是在一个"行"字。

再举一个例来说吧,《论语》"雍也"篇说:

"哀公问:'弟子孰为好学'?孔子对曰:'有颜回者好学,不迁怒,不贰过⋯⋯'"

哀公问的是谁好学,孔子答了颜回好学,似乎就可接说"不幸短命死矣"。可是他却插入"不迁怒,不贰过"两句,这是论他的"行"的。由此可见孔子心目中的好学,乃学行并重,而不是死捧书本的。

有些人以为"教学生行"很困难,在现在这个时代,无从着手。譬如你教代数,教他行 X 呢?还是行 Y 呢?并且,现在学科这么繁多,顾功课还来不及呢!诚然,现在的社会,比从前的复杂得多。一个人的知识,也应当比前人的多,才能处在社会里头。所以"知"的方面的科学等等,应当多多教授。但是,仅仅得了许多的知识就能满足了吗?"学"的一方面即使十全十备,而"行"的一方面丝毫不注意,这样能算是个完人吗?这当然不对。所以,我以为最低限度,即使"行"不比"学"更重要,也应当"学""行"并重,不可偏废。

学行并重,我们知道是应该的了。但是,怎么"行"呢? 是否教工程学的除了课本上的知识而外,还教学生实地练习就叫做"行"? 这个,并不是我所谓的"行",也不是古人所谓的"行"。我所谓的"行",是行为道德。提起道德,我又有些意见。近来一般人以为人类是动物的一种,他能够生存,也当然不免有欲望。可是一人能力有限,要合多少人,才能使生活的欲望满足,在这共同的努力的关系上,发生出公共的道德信条。这种说法,是从利害上着眼的,而不是从是非上着眼的。现在的人,可以说他们是智者,因为"仁者安仁,智者利仁",他们都是从利害方法去观察的。这个,固然也是一时的潮流所趋,不易避免。但是我们既然觉出他的错误,就应该力自拯拔。像《论语》里曾子所说:"吾日三省吾身:为人谋而不忠乎? 与朋友交而不信乎? 传不习乎?"那么自己监督着自己;对于学的一方面,也同样的重视努力,使学行两方平均发展。世界上的人全能如此,那么,现在的那些奇形怪状的事情,早就不致发现,而我们的生活也早就安宁而美满了。

时间匆促,不能多说。现在,让我把我的意思总结起来说吧:现在社会上的变迁很大,而多流于偏废,只重物质,不重道德。尽管"学富五车",而行为可以丝毫不顾。这种错误,我们既已觉察出来,就应极力矫正,学行并重,才可免畸形发展的弊病。所以,现在的教育者,不但是不能以"教书"、"教学生"为满足,即使他能"教学生学",还没有尽他的教之能事。他应该更进一步,"教学生行"。"行"些什么? 简言之,就是行做人之道。这样,才能算是好的教育。

(选自《南开周刊》第 1 卷第 16 号,1925 年 12 月)

张伯苓(1876—1951),天津人。我国著名爱国教育家,一生致力于"教育救国"。早年入北洋水师学堂,后到日本、美国考察教育、留学。创办著名的南开学校、南开大学。其著作收入《张伯苓教育言论选集》。

张伯苓针对陶行知教学合一的思想补充为学行合一。他认为,先生之责任不在教,而在教学生学,更要教学生行;教学生行,是中国古代教育的特点之一,孔子对行就特别重视;孔子强调博学、审问、慎思、明辨之后就要笃行,在孔子心目中,好学就是学行并重;他说,我所说的行,是行为道德,教学生行,就是教学生行做人之道。这样才能算好的教育。

孔子在中国历史中之地位

冯友兰

　　向来所谓经学今文家以六艺为孔子所作,古文家以六艺为孔子所述。其说虽不同,要皆以为孔子与六艺有密切关系也。今谓所谓六艺乃春秋时固有之学问,先孔子而存在,孔子实未制作之。

　　关于孔子未尝制作六艺之证据,前人及时人已举许多。余于另文中亦已言之,(见《燕京学报》第二期)兹不具论。但孔子虽未曾制作六艺,而却曾以六艺教弟子。故后人以六艺为特别与孔子有密切关系,亦非毫无根据。以六艺教人,并不必始于孔子,据《国语》,士亹教楚太子之功课表中,已即有"诗"、"礼"、"乐"、"春秋"、"故志"等。《左传》、《国语》中所载当时人物应答之辞,皆常引"诗"、"书",他们交接用"礼",卜筮用"易"。可见当时至少一部分的贵族人物,皆受过此等教育。不过孔子却是以六艺教一般人之第一人。此点下文再详提。现在我们只说,孔子之讲学,与其后别家不同。别家皆注重其自家之一家言,如《庄子·天下篇》所说,墨家弟子诵《墨经》。但孔子则是教育家。他讲学的目的,在于养成"人",养成为国家服务之人,并不在于养成某一家的学者。所以他教学生读各种书,学各种功课。所以颜渊说:"博我以文,约我以礼。"(《子罕》,《论语》卷五,《四部丛刊》本,页五)《庄子·天下篇》讲及儒家,即说:"诗"以道志,"书"以道事,"礼"以道行,

"乐"以道和,"易"以道阴阳,"春秋"以道名分。此六者正是儒家教人之六种功课。

惟其如此,所以孔子弟子之成就,亦不一律。《论语》谓:"德行:颜渊、闵子骞、冉伯牛、仲弓;言语:宰我、子贡;政事:冉有、季路;文学:子游、子夏。"(《先进》,《论语》卷六页一)又如子路之"可使治赋";冉有之"可使为宰";公西华之"可使与宾客言";皆能"为千乘之国"办事。(《公冶长》,《论语》卷三页三)可见孔子教弟子,完全欲使之成"人",不是教他做一家的学者。

孔子以其时已有之成书教人,教之之时,略加选择,或亦有之。教之之时,更可随时引申,如下节所说。如以此等随时选择讲解,"为删正六经",则孔子实可有"删正"之事;不过此等"删正"实无非常的意义而已。后来儒家因仍旧贯,仍继续用六艺教人,恰又因别家只讲自家新学说,不讲旧书,因之六艺遂似专为儒家所有,为孔子所制作,而删正(如果有删正)亦即似有重大意义矣。

《汉书·艺文志》以为诸子皆六艺之"支流余裔"。《庄子·天下篇》,似亦同此见解。此言亦并非毫无理由,因所谓六艺本来是当时人之共同知识。自各家专讲其自己之新学说后,而六艺乃似为儒家之专有品,其实原本是大家共有之物也。但以为各家之学说,皆六艺中所已有,则不对耳。

就儒家之名言之,《说文》云:"儒,柔也。术士之称。"《论语》云:"子谓子夏曰:'女为君子儒,毋为小人儒。'"(《雍也》,卷三页十四)儒本为有知识材艺者之通称,故可有君子小人之别。儒家先起,众以此称之。其后虽为一家之专名,其始实亦一通名也。

总之,孔子是一教育家。"述而不作,信而好古",(《述而》,《论语》卷四页一)"学而不厌,诲人不倦",(同上)正孔子为其自己所下之考语。

由此观之,孔子只是一个"老教书匠",但在中国历史中,孔子仍占一极高地位。吾人以为:

(一)孔子是中国第一个使学术民众化的,以教育为职业的,"教授老儒";他开战国讲学游说之风;他创立,至少亦发扬光大,中国之非农非工非商非官僚之士之阶级。

(二)孔子的行为,与希腊之"智者"相仿佛。

(三)孔子的行为及其在中国历史之影响,与苏格拉底之行为及其在西洋历史上之影响,相仿佛。

上文已说,士亹教楚太子之功课表中,已有"诗"、"礼"、"乐"、"春秋"、"故志"等。但此等教育,并不是一般人所能受。不但当时之平民未必有机会受此等完全教育,即当时之贵族亦未必尽人皆有受此等完全教育之机会。韩宣子系晋世卿,然于到鲁办外交之时,"观太史氏书",始得"见'易象'与'鲁春秋'";(昭公二年,《左传》卷二十,《四部丛刊》本,页十二)季札亦到鲁方能见各国之诗与乐,(《襄公》二十九年,《左传》卷十九页三至五)可见"易"、"春秋"、"乐"、"诗"等,在当时乃是极名贵的典籍学问。

孔子则抱定"有教无类"(《卫灵公》,《论语》卷八页九)之宗旨,"自行束脩以上,吾未尝无诲焉"。(《述而》,《论语》卷四页二)如此大招学生,不问身家,凡缴学费者即收,一律教以各种功课,教读各种名贵典籍,此实一大解放也。故以六艺教人,或不始于孔子;但以六艺教一般人,使六艺民众化,实始于孔子。

说孔子是第一个以六艺教一般人者,因在孔子以前,在较可靠的书内,吾人未闻有人曾经大规模的,号召许多学生而教育之;更未闻有人有"有教无类"之说。在孔子同时,据说有少正卯,"其居处足以撮徒成党,其谈说足以饰褒荣众,其强御足以反是独立"。(《孔子家语》,《四部丛刊》本,卷一页五)据说少正卯也曾大招学生，"孔子门人三盈三虚，惟颜渊不去"。(《心隐篇》，刘勰《新论》卷四，涵芬楼影印《汉魏丛书》本，页八)庄子说："鲁有兀者王骀，从之游者与仲尼相若。"(《德充符》，《庄子》卷二，《四部丛刊》本，页二十九)不过孔子诛少正卯事，昔人已谓不可靠；少正卯之果有无其人，亦不可知。《庄子》寓言十九，王骀之"与孔子中分鲁"，更不足信。故大规模招学生而教育之者，孔子是第一人。以后则各家蜂起，竞聚生徒，然此风气实孔子开之。

孔子又继续不断游说干君，带领学生，周游列国。此等举动，前亦未闻，而以后则成为风气；此风气亦孔子开之。

再说孔子以前，未闻有不农不工不商不仕，而只以讲学为职业，因以谋生活之人。古时除贵族世代以做官为生者外，吾人亦尝闻有起于微贱之人物。此等人物，在未仕时，皆或为农或为工或为商，以维持其生活。孟子说：

> 舜发于畎亩之中；傅说举于版筑之间；胶鬲举于鱼盐之中；管夷吾举于士；孙叔敖举于海；百里奚举于市。(《告子下》，《孟子》卷十二，《四部丛刊》本，页十六)

孟子之言，虽未必尽可信，但孔子以前，不仕而又别不事生产者，实未闻有人。《左传》中说冀缺未仕时，亦是以农为业。(僖公三十三年，《左传》卷七页十五)孔子早年据孟子说，亦尝为贫而仕，"尝为委吏矣"，"尝为乘田矣"。(《万章下》，《孟子》卷十页十)但自"从大夫之后"，大收学生以来，即纯以讲学为职业，为谋生之道。不但他自己不治生产，他还不愿教弟子治生产。樊迟"请学稼"，"请学为圃"；孔子说："小人哉樊须也。"(《子路》，《论语》卷七页三)子贡经商，孔子说："赐不受命而货殖焉；亿则屡中。"(《先进》，《论语》卷六页六)他这种不治生产的办法，颇为其时人所诟病。据《论语》所说，荷蓧丈人谓孔子："四体不勤，五谷不分。"

(《微子》，《论语》卷九页十五)此外晏婴亦说：

> 夫儒者滑稽而不可轨法；倨傲自顺，不可以为下；崇丧遂哀，破产厚葬，不可以为俗；游说乞贷，不可以为国。(《孔子世家》，《史记》卷四十七页五)

《庄子》亦载盗跖谓孔子：

> 尔作言造语，妄称文武。……多辞缪说，不耕而食，不织而衣，摇唇鼓舌，擅生是非，以迷天下之主，使天下学士，不反其本，妄作孝弟，而徼幸于封侯富贵者也。(《盗跖》，《庄子》卷九页三十四)

此等批评，未必果是晏婴、盗跖所说，《庄子》中所说，尤不可认为实事。但此等批评，则是当时可能有者。

战国时之有学问而不仕者，亦尚有自食其力之人。如许行，"其徒数十人，皆衣褐，捆屦，织席，以为食"。(《滕文公上》，《孟子》卷五页九)陈仲子"身织屦，妻辟纑"(《滕文公下》，《孟子》卷六页十五)以自养。但孟子则不以为然。孟子自己是"后车数十乘，从者数百人，以传食于诸侯"；此其弟子彭更即以为"泰"，(《滕文公下》，《孟子》卷六页五)他人当更有批评矣。孟子又述子思受"养"的情形，说：

> 缪公之于子思也，亟问亟馈鼎肉。子思不悦于卒也，摽使者出诸大门之外，北面稽首再拜而不受，曰："今而后知君之犬马畜伋。"……曰："敢问国君欲养君子，如何斯可谓养矣？"曰："以君命将之，再拜稽首而受。其后廪人继粟，庖人继肉，不以君命将之。子思以为鼎肉使己仆仆尔亟拜也，非养君子之道也。"(《万章下》，《孟子》卷十页十一至十二)

观此可知儒家之一种风气。惟其风气如此，于是后来即有一种非农、非工、非商、非官僚之"士"，不治生产而专待人之养己。此士之阶级,孔子以前,似亦无有。以前所谓士,多系大夫士之士,或系男子军士之称,非后世所谓士农工商之士也。①

此种士之阶级只能作两种事情:即做官与讲学。直到现在,各学校毕业生,无论其学校为农业学校或工业学校,仍只有当教员做官两条谋生之路;此所谓

仕而优则学;学而优则仕。(《子张》,《论语》卷十页四)

孔子即是此阶级之创立者,至少亦是其发扬光大者。

此种阶级,为后来法家所痛恶。韩非子说:

博习辩智如孔墨;孔墨不耕耨,则国何得焉? 修孝寡欲如曾史;曾史不战攻,则国何利焉? (《八说》,《韩非子》卷十八,《四部丛刊》本,页五)

又曰:

儒以文乱法,侠以武犯禁。……今修文学习言谈,则无耕之劳而有富之实,无战之危而有贵之尊,则人孰不为也?(《五蠹》,《韩非子》卷十九页三至四)

孔子与希腊"智者",其行动颇相仿佛。他们都是打破以前习惯,开始正式招学生而教育之者。"智者"向学生收学费,以维持其生活;此层亦大为当时所诟病。孔子说:"自行束脩以上,吾未尝无诲焉。"(《述而》,《论语》卷四页二)他虽未必收定额学费,但如"贽"之类,必一定收,孔子虽可靠国君之养,未必专靠弟子之学费维持生活,但其弟子之多,未尝不是其有受养资格之一。在中国历史中,孔子始以讲学为职业,因以维持生活。此言并不损害孔子之价值;因为生活总是要维持的。

_____

① 按《国语·齐语》中所谓士农商之士,似指军士,详见《燕京学报》第二期拙作文中。

孔子还有一点与"智者"最相似。"智者"都是博学多能之人，能教学生以各种功课，而其主要目的，在使学生有作政治活动之能力。孔子亦博学多能，所以

达巷党人曰："大哉孔子，博学而无所成名。"(《子罕》，《论语》卷五页一)

太宰问于子贡曰："夫子圣者与，何其多能也?"子贡曰："固天纵之将圣，又多能也。"(同上)

孔子教人亦有各种功课，即所谓六艺是也。至于政治活动，亦为孔子所注意;其弟子可在"千乘之国""治赋"，"为宰"。季康子问仲由、赐、求，"可使从政也与?"孔子说："由也果"，"赐也达"，"求也艺"，"于从政乎何有"? (《雍也》，《论语》卷三页十二至十三)此即如现在政府各机关之向各学校校长要人，而校长即加考语荐其毕业生一样。

孔子颇似苏格拉底。苏格拉底本亦是"智者"。其不同在他不向学生收学费，不卖知识。他对于宇宙问题，无有兴趣;对于神之问题，接受传统的见解。孔子亦如此，如上文所说。苏格拉底自以为负有神圣的使命，以觉醒希腊人为己任。孔子亦然，所以有"天生德于予"(《述而》，《论语》卷四页六)，"天之未丧斯文也，匡人其如予何"(《子罕》，《论语》卷五页二)之言。苏格拉底以归纳法求定义(亚力士多德说)，以定义为吾人行为之标准。孔子亦讲正名，以名之定义，为吾人行为之标准。苏格拉底注重人之道德的性质。孔子亦视人之"仁"较其"从政"之能力，为尤重。故对于子路、冉有、公西华，虽许其能在"千乘之国""治赋"、"为宰"、"与宾客言"，而独不许其为"仁"。(《公冶长》，《论语》卷三页三)苏格拉底自己未著书，而后来著书者多假其名(如柏拉图之对话)。孔子亦不著书，而后来各书中"子曰"极多。苏格拉底死后，其宗派

经柏拉图、亚力士多德之发挥光大，遂为西洋哲学之正统。孔子之宗派，亦经孟子、荀子之发挥光大，遂为中国哲学之正统。此但略说，下文另详。

即孔子为中国苏格拉底之一端，即已占甚高之地位。况孔子又为使学术普遍化之第一人，为士之阶级之创立者，至少亦系其发扬光大者；其建树之大，盖又超过苏格拉底矣。

（选自冯友兰著《中国哲学史》（上册）1931年出版）

冯友兰（1895—1990），字芝生。河南唐河人，著名哲学家。1915年入北京大学哲学门，1919年赴美留学，1924年获哥伦比亚大学博士学位。先后任教于中山大学、清华大学、北京大学等校，代表著作有《中国哲学史》、《贞元六书》等。

本文认为孔子是中国第一个使文化教育民众化，以教书为职业的"教授老儒"。孔子对自己"学而不厌"，对别人"诲人不倦"。抱定"有教无类"的宗旨，大招学生，不问身家，凡交纳学费者即收，一律教以各种功课，教读"六艺"等典籍，实为一大解放。孔子还开了战国讲学游说之风。他带领学生周游列国，干说世主。此等行动，前所未闻，而后则成为风气。孔子讲"六艺"，注重引申其中的道德教训，提倡仁、直、忠、信、恕等一套道德范畴。孔子为使学术普遍化之第一人，为士之阶级之创立者。

孔　孟

冯友兰

　　《天下篇》说:"邹鲁之士,缙绅先生"所能明者,只是诗书礼乐等数部典籍。对于一般底儒说,这话是不错底。儒本来是一种职业。所谓儒者,就是以相礼教书为职业底人。他们的专长就是演礼乐,教诗书。他们也就只能演礼乐,教诗书。他们真是如向秀、郭象所说:只能明"古之人"之迹,而不能明其"所以迹"。

　　但对于孔孟,这话是不能说底。孔孟虽亦是儒者,但他们又创立了儒家。儒家与儒者不同。儒者是社会中的教书匠,礼乐专家。这是孔子孟子以前,原来有底。儒家是孔子所创立底一个学派。他们亦讲诗书礼乐,他们亦讲"古之人"。但他们讲"古之人",是"接着"古之人讲底,不是"照着"古之人讲底。孔子说,他"述而不作,信而好古"。(《论语·述而》)一般儒者本来都是如此。不过孔子虽如此说,他自己实在是"以述为作"。因其以述为作,所以他不只是儒者,他是儒家的创立人。

　　儒家是以"说仁义"见称于世底。在中国旧日言语中,仁义二字若分用,则各有其意义,若联用,则其意义,就是现在所谓道德。《老子》说"绝仁弃义",并不是说,只不要仁及义,而是说:不要一切道德。后世说,某人大仁大义,就是说:某人很有道德。说某人不仁不义,就是说:某人没有道德。儒家以说仁义见称,也就是以讲道德见称。

儒家讲道德,并不是只宣传些道德底规律,或道德格言,叫人只死守死记。他们是真正了解道德之所以为道德,道德行为之所以为道德行为。用我们《新原人》中所用底名词说,他们是真正了解人的道德境界与功利境界的不同,以及道德境界与自然境界的不同。

我们于以下先说明儒家所讲仁、义、礼、智。后人以仁、义、礼、智、信为五常。但孟子讲"四端"则只说到仁、义、礼、智。此四者亦是孔子所常讲底,但将其整齐地并列为四,则始于孟子。

先从义说起。孟子说:"仁,人心也。义,人路也。"(《孟子·告子上》)义是人所当行之路,是所谓"当然而然,无所为而然"者(陈淳语)。所谓当然的意义,就是应该。说到应该,我们又须分别:有功利方面底应该,有道德方面底应该。功利方面底应该是有条件底。因其是有条件底,所以亦是相对底。例如我们说,一个人应该讲究卫生,此应该是以人类愿求健康为条件。求健康是讲究卫生的目的。讲究卫生是求健康的手段。这种手段,只有要达到这种目的者,方"应该"用之。如一人愿求健康,他应该讲究卫生。如他不愿求健康,则讲究卫生,对于他即是不必是应该底了。这种应该,亦是"当然而然",但不是"无所为而然"。义不是这种应该。

义是道德方面底应该。这种应该是无条件底。无条件底应该,就是所谓"当然而然,无所为而然"。因其是无条件底,所以也是绝对底。无条件底应该,就是所谓义。义是道德行为之所以为道德行为之要素。一个人的行为,若是道德行为,他必须是无条件地做他所应该做底事。这就是说,他不能以做此事为一种手段,以求达到其个人的某种目的。如他以做此事为一种达到其个人的某种目的底手段,则做此事,对于他,即不是无条件底。他若愿求达到这种目的，做此事，对于他，是应该底。但他若不愿求达到这种目的，做此事，对于他，即是不应该底了。他必须是无条件地做他所应该做底事。若是有条件地，他虽作了他所应该做底事，但其行为亦只是合乎义底行为，不是义底行为。

这并不是说，在道德境界中底人，做他所应该做底事，是漫无目的，随便做之。他做他所应该做底事，有确定底目的。他亦尽心竭力，以求达到此目的，但不以达到此目的为达到其自己的另一目的的手段。例如一个有某种职务底人，忠于他的职守。凡是他的职守内所应该做底事，他都尽心竭力去做，以求其成功。从这一方面说，他做事是有目的底。但他的行为，如果真是忠底行为，则他之所以如此做，必须是他应该如此做，并不是他欲以如此做得到上司的奖赏，或同僚的赞许。所谓无条件做应该做底事，其意如此。一个人必须无条件地做他所应该做底事，然后他的行为，才是道德行为。他的境界，才是道德境界。

一个人无条件地做他所应该做底事，其行为是"无所为而然"。一个人以做某种事为手段，以求达到其自己的某种目的，其行为是"有所为而然"。用儒家的话说，有所为而然底行为是求利，无所为而然底行为是行义。这种分别，就是儒家所谓"义利之辨"。这一点，是儒家所特别注重底。孔子说："君子喻于义，小人喻于利。"（《论语·里仁》）孟子说："鸡鸣而起，孳孳为善者，舜之徒也；鸡鸣而起，孳孳为利者，跖之徒也。欲知舜与跖之分，无他，利与善之间也。"（《孟子·尽心上》）求利与行义的分别，就是我们于《新原人》中所谓功利境界与道德境界的分别。一个人的行为若是有所为而然底，他的行为，尽可以合乎道德，但不是道德行为。他的境界也只是功利境界，不是道德境界。

后来董仲舒说："正其谊（义）不谋其利，明其道不计其功。"他的此话，也就是上述底意思。但是有些人对此不了解。例如颜习斋批评这话说："世有耕种而不谋收获者乎？有荷网持钩，而不计得鱼者乎？""这不谋不计两个字，便是老无释空之根。"(《言行录教及门》)此批评完全是无的放矢。既耕种当然谋收获，既荷网持钩当然谋得鱼。问题在于一个人为什么耕种，为什么谋得鱼。若是为他自己的利益，他的行为不能是道德行为。不过不是道德行为底行为，也不一定就是不道德底行为。它可以是非道德底行为。

儒家所谓义，有时亦指在某种情形下办某种事的在道德方面最好底办法。《中庸》说："义者，宜也。"我们说：一件事宜如何办理，宜如何办理底办法，就是办这一件事的最好底办法。某一种事，在某种情形下，亦有其宜如何办理底办法。这一种办法，就是在某种情形下办这一种事的最好底办法。所谓最好又有两种意思。一种意思，是就道德方面说；一种意思，是就功利方面说。就功利方面说，在某种情形下，一种事的最好底办法，是一种办法，能使办此种事底人，得到最大底个人利益。就道德方面说，一种事的最好底办法，是一种办法，能使办此种事底人，得到最大底道德成就。我们说"在某种情形下"，因为所谓"义者，宜也"的宜，又有"因时制宜"的意义。所以孟子说："大人者，言不必信，行不必果，惟义所在。"(《孟子·离娄下》)

照此所说，儒家所谓义有似乎儒家所谓中，办一件事，将其办到恰到好处，就是中。所以说中，亦是说办一件事的最好底办法。不过义与中亦有不同。中亦可就非道德底事说，义只专就道德底事说。非道德底事，并不是不道德底事，是无所谓道德或不道德底事。例如，在平常情形下，吃饭是非道德底事。一个人吃饭，不太多，亦不太少，无过亦无不及。这可以说是合乎中，但不可以说是合乎义。这里没有义不义的问题。

我们可以说，以上所说二点，都是对于义底一种形式底说法。因为以上所说二点，并没有说出，哪些种底事，是人所无条件地应该做底事。也没有说出，对于某种事，怎样做是此种事底在道德方面底，最好底做法。如果有人提出这个问题，我们可以说，儒家说：与社会有利或与别人有利底事，就是人所无条件地应该做底事，做某种事，怎样做，能与社会有利，能与别人有利，这样做就是做此种事底在道德方面底最好底做法。

我们说："我们可以说，儒家说。"因为儒家并没有清楚地如此说。虽没有清楚地如此说，但他们的意思是如此。必了解这个意思，然后才可以了解儒家所谓义利之辨。

有人说：儒家主张义利之辨，但他们也常自陷于矛盾。如《论语》云："子适卫，冉有仆。子曰：'庶矣乎！'冉有曰：'既庶矣，又何加焉？'曰：'富之。'曰：'既富矣，又何加焉？'曰：'教之。'"（《论语·子路》）孔子亦注意于人民的富庶。人民的富庶，岂不是人民的利？又如《孟子》云："孟子见梁惠王，王曰：'叟，不远千里而来，亦将有以利吾国乎？'孟子曰：'王何必曰利，亦有仁义而已矣。'"孟子不以梁惠王言利为然。但他自己却向梁惠王提出一现代人所谓经济计划，欲使人可以"衣帛食肉"，"养生送死无憾"。孟子岂不亦是言利？

发此问者之所以提出此问题，盖由于不知儒家所谓义利之辨之利，是指个人的私利。求个人的私利的行为，是求利的行为。若所求不是个人的私利，而是社会的公利，则其行为即不是求利，而是行义。社会的利，别人的利，就是社会中每一个人所无条件地应该求底。无条件地求社会的公利，别人的利，是义的行为的目的，义是这种行为的道德价值。凡有道德价值底行为，都是义底行为；凡有道德价值底行为，都涵蕴义。因为凡有道德价值底行为，都必以无条件地利他为目的。如孝子必无条件地求利其亲。慈父必无条件地求利其子。无条件地求利其亲或子，是其行为的目的。孝或慈是这种行为的道德价值。所以所谓利，如是个人的私利，则此利与义是冲突底。所谓利，如是社会的公利，他人的利，则此利与义不但不冲突，而且就是义的内容。儒家严义利之辨，而有时又以为义利有密切底关系，如《易传·乾·文言》云："利者，义之和也。"其理由即在于此。后来程伊川云："义与利，只是个公与私也。"（《遗书》卷十七）求私利，求自己的利，是求利；求公利，求别人的利，是行义。

孟子说："仁，人心也。"（《孟子·告子上》）《中庸》说："仁者，人也。"程伊川说："公而以人体之谓之仁。"（《遗书》卷十七）无条件地做与社会有利，与别人有利底事是行义。若如此做只是因为无条件地应该如此做，则其行为是义底行为。若一个人于求社会的利，求别人的利时，不但是因为无条件地应该如此做，而且对于社会，对于别人，有一种忠爱恻怛之心，如现在所谓同情心，则其行为即不只是义底行为，而且是仁底行为。此所谓"公而以人体之谓之仁"。体是体贴之体，人就是人的心，就是人的恻隐之心、同情心。以恻隐之心行义谓之仁。所以说"仁，人心也"，"仁者，人也"。孟子亦说："恻隐之心，仁之端也。"（《孟子·公孙丑上》）义可以包仁，是仁底行为，必亦是义的行为。仁涵蕴义，是义的行为，不必是仁的行为。儒家说无条件地应该，有似乎西洋哲学史中底康德。但康德只说到义，没有说到仁。

仁人必善于体贴别人。因己之所欲体贴别人，知别人之所欲；因己之所不欲体贴别人，知别人之所不欲。因己之所欲，知别人之所欲，所以"己欲立而立人，己欲达而达人"，（《论语·雍也》）"老吾老以及人之老，幼吾幼以及人之幼"。（《孟子·梁惠王上》）此即所谓忠。因己之所不欲,知别人之所不欲,所以"己所不欲,勿施于人"。(《论语·卫灵公》)此即所谓恕。合忠与恕,谓之忠恕之道。朱子《论语注》说:"尽己之谓忠,推己之谓恕。"其实应该说:尽己为人之谓忠。忠恕皆是推己及人。忠是就推己及人的积极方面说,恕是就推己及人的消极方面说。忠恕皆是"能近取譬",(《论语·雍也》)"善推其所为"。(《孟子·梁惠王上》)朱子注云:"譬,喻也。近取诸身,譬之他人,知其所欲,亦犹是也。"此正是所谓忠。人亦可以己之所不欲,譬之他人,知其所不欲亦犹是。此是所谓恕。如是"推其所为",以及他人,就是为仁的下手处。所以孔子说:"能近取譬,可谓仁之方也已。"(《论语·雍也》)仁是孔子哲学的中心。而忠恕又是"为仁"的下手处。所以孔子说:"吾道一以贯之。"曾子解释之云:"夫子之道,忠恕而已矣。"(《论语·里仁》)

礼是人所规定行为的规范,拟以代表义者。于上文我们说,义的内容是利他。礼的内容亦是利他。所以《礼记·曲礼》说:"夫礼,自卑而尊人,先彼而后己。"于上文我们说:义有似乎中。我们可以说:义是道德方面底中。所以儒家常以中说礼。《礼记·仲尼燕居》说:"子曰:'礼乎礼!夫礼所以制中也。'"我们于上文说"义者,宜也"的宜,有"因时制宜"的意思。儒家亦以为礼是随时"变"底。《礼记·礼器》说:"礼,时为大。"《乐记》说:"五帝殊时,不相沿乐。三王异世,不相袭礼。"

智是人对于仁义礼底了解。人必对于仁有了解,然后才可以有仁底行为。必对于义有了解,然后才可以有义底行为。必对于礼有了解,然后他的行为,才不是普通底"循规蹈矩"。如无了解,他的行为,虽可以合乎仁义,但严格地说,不是仁底行为,或义的行为。他的行为,虽可以合乎礼,但亦不过是普通底"循规蹈矩"而已。无了解底人，只顺性而行，或顺习而行，他的行为虽可合乎道德，但只是合乎道德底行为，不是道德行为。他的境界，亦不是道德境界，而是自然境界。人欲求高底境界，必须靠智。孔子说："智及之，仁不能守之，虽得之，必失之。"(《论语·卫灵公》)用我们于《新原人》中底话说，人的了解，可使人到一种高底境界，但不能使人常住于此种境界。虽是如此，但若没有了解，他必不能到高底境界。

照以上所说，则仁义礼智，表面上虽是并列，但实则仁义与礼智，不是在一个层次底。这一点，似乎孟子也觉到。孟子说："仁之实，事亲是也。义之实，从兄是也。智之实，知斯二者，弗去是也。礼之实，节文斯二者。"(《孟子·离娄上》)这话就表示仁义与礼智的层次不同。

儒家注重"义利之辨"。可见功利境界与道德境界的分别，他们认识甚清。求利底人的境界是功利境界，行义底人的境界是道德境界。他们注重智。可见自然境界与其余境界的分别，他们亦认识甚清。孔子曰："民可使由之，不可使知之。"(《论语·泰伯》)孟子曰："行之而不著焉，习矣而不察焉，终身由之而不知其道者，众也。"(《孟子·尽心上》)"由之而不知"底人的境界，正是自然境界。

不过道德境界与天地境界的分别，儒家认识，不甚清楚。因此儒家常受道家的批评。其批评是有理由底。不过道家以为儒家所讲，只限于仁义；儒家所说到的境界，最高亦不过是道德境界。这"以为"是错底。儒家虽常说仁义，但并非只限于仁义。儒家所说到底最高底境界，亦不只是道德境界。此可于孔子、孟子自述其自己的境界之言中见之。我们于以下引《论语》"吾十有五而志于学"章，及《孟子》"养浩然之气"章，并随文释其义，以见孔子孟子的境界。

孔子曰:"吾十有五,而志于学。三十而立。四十而不惑。五十而知天命。六十而耳顺。七十而从心所欲不逾矩。"(《论语·为政》)这是孔子自叙其一生底境界的变化。所谓三十、四十等,不过就时间经过的大端说,不必是,也许必不是,他的境界,照例每十年必变一次。

"志于学"之学,并不是普通所谓学。孔子说:"朝闻道,夕死可矣。"(《论语·里仁》)又说:"士志于道,而耻恶衣恶食者,未足与议也。"(同上)又说:"志于道。"(《论语·述而》)此所谓志于学,就是有志于学道。普通所谓学,乃所以增加人的知识者。道乃所以提高人的境界者。老子说:"为学日益,为道日损。"其所谓学,是普通所谓学,是与道相对者。孔子及以后儒家所谓学,则即是学道之学。儒家所谓学道之学,虽不必是日损,但亦与普通所谓学不同。于《新原人》中,我们说:自然境界及功利境界,是自然的礼物。道德境界及天地境界是人的精神的创造。人欲得后二种境界,须先了解一种义理,即所谓道。人生于世,以闻道为最重要底事。所以说:"朝闻道,夕死可矣。"(《论语·里仁》)孔子又说:"后生可畏,焉知来者之不如今也。四十、五十而无闻焉,斯亦不足畏也已。"(《论语·子罕》)无闻即无闻于道,并非没有声名。

"三十而立"。孔子说:"立于礼。"(《论语·泰伯》)又说:"不知礼,无以立也。"(《论语·尧曰》)上文说:礼是一种行为的规范,拟以代表义,代表在道德方面底中者。能立即循礼而行。能循礼而行,则可以"克己复礼"。"复礼"即"非礼勿视,非礼勿听,非礼勿言,非礼勿动"。(《论语·颜渊》)克己即克去己私。在功利境界中底人,其行为皆为他自己的利益。这种人,就是有己私底人。行道德必先克去己私,所以"颜渊问仁",孔子答以"克己复礼为仁"。

"四十而不惑"。孔子说："智者不惑。"(《论语·宪问》)上文
说,智是对于仁、义、礼底了解。孔子三十而立,是其行为皆已能循
礼。礼是代表义者,能循礼即能合乎义。但合乎义底行为,不必是
义底行为。必至智者的地步,才对于仁义礼有完全底了解。有完
全底了解所以不惑。不惑底智者才可以有真正底仁底行为,及义
底行为,其境界才可以是道德境界。孔子学道至此,始得到道德境
界。

孔子说："可与共学,未可与适道。可与适道,未可与立。可
与立,未可与权。"(《论语·子罕》)有人有志于学,但其所志之学,
未必是学道之学。有人虽有志于学道,但未必能"克己复礼"。有
人虽能"克己复礼",但对于礼未必有完全底了解。对于礼无完全
底了解,则不知"礼,时为大"。如此,则如孟子所谓"执中无权,犹
执一也。"(《孟子·尽心上》)执一即执着一死底规范,一固定底办
法,以应不同底事变。孟子说："言不必信,行不必果,惟义所在。"
这就是所谓"可与权"。人到智者不惑的程度,始"可与权"。孔子
此所说,亦是学道进步的程序,与我们现所解释底一章,可以互相
发明。

"五十而知天命"。仁、义、礼都是社会方面底事。孔子至此
又知于社会之上,尚有天,于是孔子的境界,又将超过道德境界。
所谓天命,可解释为人所遭遇底宇宙间底事变,在人力极限之外,
为人力所无可奈何者。这是以后儒家所谓命的意义。所谓天命亦
可解释为上帝的命令。此似乎是孔子的意思。如果如此,则孔子
所谓知天命,有似于我们于《新原人》中所谓知天。

"六十而耳顺"。此句前人皆望文生义,不得其解。"耳"即
"而已",犹"诸"即"之乎"或"之于"。徐言之曰而已,急言之曰

耳。此句或原作"六十耳顺",即"六十而已顺"。后人不知"耳"即"而已"。见上下诸句中间皆有"而"字,于此亦加一"而"字,遂成为"而耳顺"。后人解释者,皆以耳为耳目之耳,于是此句遂费解(此沈有鼎先生说)。六十而已顺。此句蒙上文而言,顺是顺天命,顺天命有似于我们于《新原人》中所谓事天。

"七十而从心所欲不逾矩"。于《新原人》中,我们说:在道德境界中底人,做道德底事,是出于有意底选择,其做之需要努力。在天地境界中底人做道德底事,不必是出于有意底选择,亦不必需要努力。这不是说,因为他已有好底习惯,而是说,因为他已有高底了解。孔子从心所欲不逾矩,亦是因有高底了解而"不思而得,不勉而中"。此有似于我们于《新原人》中所谓乐天。

于《新原人》中,我们说:宇宙大全,理及理世界,以及道体等观念都是哲学底观念。人能完全了解这些观念,他即可以知天。知天然后能事天,然后能乐天,最后至于同天。此所谓天即宇宙或大全。我们于上文说:知天命有似于知天;顺天命有似于事天;从心所欲不逾矩,有似于乐天。我们说"有似于",因为孔子所谓天,似乎是"主宰之天",不是宇宙大全。若果如此,孔子最后所得底境界,亦是"有似于"天地境界。

孟子自述他自己的境界,见于《孟子》论浩然之气章中。此章前人多不得其解,兹随文释之。

《孟子》云:"〔公孙丑问曰:〕'敢问夫子恶乎长?'曰:'我知言,我善养吾浩然之气。''敢问何为浩然之气?'曰:'难言也。其为气也,至大至刚,以直养而无害,则塞于天地之间。其为气也。配义与道,无是,馁也。是集义所生者,非义袭而取之也。行有不慊于心,则馁矣。我故曰:告子未尝知义,以其外之也。必有事焉,而勿忘,勿助长也。'"(《孟子·公孙丑上》)

"浩然之气"是孟子所特用底一个名词。"何为浩然之气?"孟子亦说是"难言",后人更多"望文生义"底解释。本章上文从北宫黝、孟施舍二勇士的养勇说起。又说孟施舍的养勇的方法是"守气",由此我们可知本章中所谓气,是勇气之气,亦即所谓士气,如说"士气甚旺"之气。孟子说:"我善养吾浩然之气。"浩然之气之气,与孟施舍等守气之气,在性质上是一类底。其不同在于其是浩然。浩然者大也。其所以大者何? 孟施舍等所守之气,是关于人与人底关系者。而浩然之气,则是关于人与宇宙底关系者。有孟施舍等的气,则可以堂堂立于社会间而无惧。有浩然之气,则可以堂堂立于宇宙间而无惧。浩然之气,能使人如此,所以说:"其为气也,至大至刚,以直养而无害,则塞于天地之间。"

孟施舍等的气,尚须养以得之,其养勇就是养气;浩然之气,更须养以得之。孟子说:"其为气也,配义与道,无是,馁也。"配义与道,就是养浩然之气的方法。这个道,就是上文所说,孔子说"志于道"之道,也就是能使人有高底境界底义理。养浩然之气的方法有两方面。一方面是了解一种义理,此可称为明道。一方面是常做人在宇宙间所应该做底事,此可称为集义。合此两方面,就是配义与道。此两方面的工夫,缺一不可。若集义而不明道,则是所谓"不著不察"或"终身由之而不知其道"。若明道而不集义,则是所谓"智及之,仁不能守之,虽得之,必失之"。若无此二方面工夫,则其气即馁,所谓"无是,馁也"。

明道之后,集义既久,浩然之气,自然而然生出,一点勉强不得。所谓"是集义所生者,非义袭而取之也"。朱子说:"袭如用兵之袭,有袭夺之意。"(《朱子语类》卷五十二)下文说:"我故曰:告子未尝知义,以其外之也。"告子是从外面拿一个义来,强制其心,使之不动。孟子则以行义为心的自然底发展。行义既久,浩然之气,即自然由中而出。

"行有不慊于心,则馁矣。"《左传》说:"师直为壮,曲为老。"壮是其气壮,老是其气衰。我们常说:"理直气壮。"理直则气壮,理曲则气馁。平常所说勇气是如此,浩然之气亦是如此。所以养浩然之气底人,须时时明道集义,不使一事于心不安。此所谓"必有事焉,而勿正,心勿忘"。"正之义通于止。"(焦循:《孟子正义》说)"勿正"就是"勿止",也就是"心勿忘"。养浩然之气底人所须用底工夫,也只是如此。他必须时时明道集义,久之则浩然之气,自然生出。他不可求速效,另用工夫。求速效,另用工夫,即所谓助长。忘了,不用功夫,不可;助长,亦不可。养浩然之气,须要"明道集义,勿忘勿助"。这八个字可以说是养浩然之气的要诀。

有浩然之气底人的境界,是天地境界。孟子于另一章中云:"居天下之广居,立天下之正位,行天下之大道。得志与民由之。不得志独行其道。富贵不能淫,贫贱不能移,威武不能屈。此之谓大丈夫。"(《孟子·滕文公下》)我们如将此所谓大丈夫与有浩然之气者比,便可知此所谓大丈夫的境界,不如有浩然之气者高。此所谓大丈夫,"居天下之广居,立天下之正位,行天下之大道",不能说是不大。但尚不能说是至大。他"富贵不能淫,贫贱不能移,威武不能屈",不能说是不刚,但尚不能说是至刚。何以不能说是至大至刚?因为此所谓大丈夫的刚大,是就人与社会底关系说。有浩然之气者的刚大,则是就人与宇宙底关系说。此所谓大丈夫所居底,是"天下"的广居,所立底是"天下"的正位,所行底是"天下"底大道。有浩然之气者的浩然之气,则"以直养而无害,则塞于天地之间"。"天下"与"天地"这两个名词是有别底。我们可以说治国平天下,而不能说治国平天地。我们可以说天下太平,或天下大乱,不能说天地太平,或天地大乱。天下是说人类社会的大全,天地是说宇宙的大全。此所说大丈夫的境界是道德境界。有浩然之气者的境界是天地境界。此所说大丈夫的境界,尚属于有限。有浩然之气者,虽亦只是有限底七尺之躯,但他的境界已超过有限,而进于无限矣。

到此地位底人,自然"大行不加,穷居不损",自然"富贵不能淫,贫贱不能移,威武不能屈"。但其不淫、不移、不屈的意义,又与在道德境界底人的不淫、不移、不屈不同。朱子说:"浩然之气,清明不足以言之。才说浩然,便有个广大刚果意思,长江大河浩浩而来也。富贵、贫贱、威武,不能移屈之类皆低,不可以语此。"(《语类》卷五十二)朱子此言,正是我们以上所说底意思。到此地位者,可以说已到同天的境界。孟子所谓"塞于天地之间","上下与天地同流",(《孟子·尽心上》)可以说是表示同天的意思。

就以上所说,我们可以说:孟子所说到底境界,比孔子所说到底高。孔子所说的天是主宰底天,他似乎未能完全脱离宗教底色彩。他的意思,似乎还有点是图画式底。所以我们说:他所说到底最高境界,只是"有似于"事天乐天的境界。孟子所说到底境界,则可以说是同天的境界。我们说"可以说是",因为我们还没有法子可以断定,孟子所谓"天地"的抽象的程度。

孔子是早期儒家的代表。儒家于实行道德中,求高底境界。这个方向,是后来道学的方向。不过他们所以未能分清道德境界与天地境界,其故亦由于此。以"极高明而道中庸"的标准说,他们于高明方面,尚未达到最高底标准。用向秀、郭象的话说,他们尚未能"经虚涉旷"。

(选自冯友兰著《贞元六书·新原道》,
华东师范大学出版社 1996 年 12 月版)

　　本文认为,原来的儒者,是以相礼教书为职业底人,孔孟虽是儒者,但是他们又创立了儒家,儒家是以"说仁义"即道德见称于世底,他们是真正了解人的道德境界与功利境界的不同,以及道德境界与自然境界的不同。孔子常讲后来被孟子并列的仁义礼智,后人称仁义礼智信为五常。义是道德方面底应该,是道德行为之所以为道德行为之要素,义要求不能以做此事为一种手段,以求达到某个人的某种目的;有所为而然底行为是求利,无所为而然底行为是行义,这种分别,儒家以为是"义利之辨",这一点是儒家特别注重底;儒家所谓的义,有时亦指某种情形下办某事的在道德方面最好底办法,凡有道德价值底行为,都是义底行为,凡有道德价值底行为,都涵蕴义。人在行义时,有一种忠爱恻怛之心,则其行为不但义而且仁,仁人必善体贴别人,仁是孔子哲学的中心,而忠恕又是为仁的下手处。礼是人所规定行为的规范,拟以代表义者,礼的内容也是利他。智是人对于仁义礼底了解。虽如此,仁义与礼智并不在一个层次。孔子三十而立是立于礼;四十不惑是对于仁义礼有完全底了解;五十而知天命是知于社会之上,尚有天,其境界超过道德境界;六十而耳顺,这里的耳通"而已",不是耳目之"耳",顺是顺天命,即所谓事天;七十而从心所欲不逾矩,即做道德底事,不必出于有意底选择,亦不需要努力。孟子养浩然之气,有浩然之气的人的境界,是天地境界,这比孔子所说的高。

论 语 大 义

马 一 浮

一 诗 教

《汉书·艺文志》序曰:"仲尼没而微言绝,七十子丧而大义乖。"此本通六艺而言,后儒乃专以属之《春秋》,非也。微言者,微隐之言,亦云深密。学者闻之未能尽喻,故谓微隐。其实圣人之言岂分微显,契理为微,契机为显,无显非微,亦无微非显。故曰:知微之显,可与入德。且言即是显,何以名微? 但就学者未喻边说,故曰微言耳。大义者,圆融周遍之义,对小为言。圣人之言亦无有小大,但贤者识其大者,不贤者识其小者,此亦就机边说。机有小大,故其所得之义有小大。七十子并是大机,故其所传为大义,后学见小,故大义乖失也。今欲通治群经,须先明微言大义,求之《论语》,若不能得旨,并是微言。得其旨者,知为大义,一时并得,则虽谓仲尼未殁、七十子未丧可也,岂非庆快之事耶。

今当略举,《论语》大义无往而非六艺之要,若夫举一反三,是在善学。如闻《诗》而知《礼》,闻《礼》而知《乐》,是谓告往知来,闻一知二。若颜渊闻一知十,即是合下明得一贯之旨,此真圆顿上机。舜何人也? 予何人也? 有为者亦若是。切望猛著精采,勿自安于下机也。

《论语》有三大问目：一问仁，一问政，一问孝。凡答问仁者，皆《诗》教义也，答问政者，皆《书》教义也，答问孝者，皆《礼》、《乐》义也。故曰子所雅言，《诗》、《书》执《礼》皆雅言也。兴于《诗》，立于《礼》，成于《乐》。言执《礼》不及《乐》者，《礼》主于行，重在执守，行而乐之即《乐》，以《礼》统《乐》也；言兴《诗》不及《书》者，《书》以道事，即指政事，《诗》通于政，以《诗》统《书》也。《易》为《礼》、《乐》之原，言《礼》、《乐》则《易》在其中，故曰明则有《礼》、《乐》，幽则有鬼神也；《春秋》为《诗》、《书》之用，言《诗》、《书》则《春秋》在其中，故曰《诗》亡然后《春秋》作也。《春秋》以道名分，名阳而分阴，若言属辞比事，则辞阳而事阴，故名分亦阴阳也。不易是常，变易是变，易长于变，以变显常。不知常者，其失则贼。《春秋》拨乱反正，乱者是变，正者是常。正名定分是常，乱名改作是变，不知正者其失则乱。《乐》为阳，《礼》为阴，《诗》为阳，《书》为阴，《乐》以配圣，《诗》以配仁，《礼》以配义，《书》以配智，故《乡饮酒》义曰：天子之立，左圣乡仁，右义偝智。（《戴记》作偝藏，"知以藏往"，故以藏为智也）东方者春，春之为言蠢也，产万物者，圣也；南方者夏，夏之为言假也，假训大养之、长之、假之，仁也；西方者秋，秋之为言挈也，（《戴记》作"愁"，通假字，正当作"挈"）挈之以时察守，义者也；北方者冬，冬之为言终也，终者藏也。（《戴记》作中，以音近而误，字当作"终"）故四教配四德，四德配四方，四方配四时，莫非《易》也，莫非《春秋》也。以六德言之即为六艺，《易》配中，《春秋》配和，四德皆统于中和，故四教亦统于《易》、《春秋》。《易》以天道下济人事，《春秋》以人事反之天道，天人一也；道外无事，事外无道，一贯之旨也。又四时为天道，四方为地道，四德为人道，人生于天地之中，法天象地，兼天地之道者也。故曰：大人者，与天地合其德，与日月合其明，与四时合其序,与鬼神合其吉凶。天大、地大、人亦大,此之谓大义也。① 又《乡饮酒》义曰:"天地严凝之气始于西南而盛于西北,此天地之尊严气也,此天地之义气也;天地温厚之气始于东北而盛于东南,此天地之盛德气也,此天地之仁气也。"此以卦位言之即配四隅,卦左阳而右阴也。故曰:"易有太极,是生两仪。两仪生四象,四象生八卦,八卦定吉凶。"曰极者,至极之名,曰仪、曰象、曰卦者,皆表显之相,其实皆此性德之流行,一理之著见而已。明乎此则知六艺不是圣人安排出来,得之则为六德,失之则为六失。(愚、诬、烦、奢、贼、乱)所谓七十子丧而大义乖者,即是于此义乖违,辗转陷于偏小,而失之弥远也。以上先显大义,次当别释问目。

仁是心之全德,(《易》言之亦曰德之总相)即此实理之显现于发动处者。此理若隐,便同于木石,如人患痿痹,医家谓之不仁,人至不识痛痒,毫无感觉,直如死人。故圣人始教,以《诗》为先。诗以感为体,令人感发兴起,必假言说。故一切言语之足以感人者,皆诗也,此心之所以能感者,便是仁,故《诗》教主仁。说者闻者同时俱感于此,便可验仁。佛氏曰:"此方真教体,清净在音闻,欲取三摩提,要以闻中入。"此亦诗教义也。如佛说华严,声闻在座如聋如哑,五百退席。此便是无感觉,便可谓之不仁。人心若无私系,直是活泼泼地,拨着便转,触着便行,所谓感而遂通,才闻彼晓此,何等俊快,此便是兴。若一有私系,便如隔十重障,听人言语木木然不能晓了,只是心地昧略,决不会兴起,虽圣人亦无如之何。须是如迷忽觉,如梦忽醒,如仆者之起,如病者之苏,方是兴也。兴便有仁的意思,是天理发动处,其机不容已。《诗》教从此流出,即

---

① 程子曰:才有一毫私吝心,便与天地不相似。又曰:小人只不合小了。私吝即小,无私吝元来是大。

仁心从此显现。志于学,志于道,志于仁,一也。仁是性德,道是行仁,学是知仁;仁是尽性,道是率性,学是知性。学者第一事便要识仁,故孔门问仁者最多。孔子一一随机而答,咸具四种悉檀。① 此是《诗》教妙义。如樊迟问仁,子曰:爱人。问知,子曰:知人。世界悉檀也;答子贡曰:己欲立而立人,己欲达而达人。能近取譬,可谓仁之方也已。为人悉檀也;答司马牛曰:仁者其言也讱。答樊迟曰:仁者先难而后获。对治悉檀也;答颜渊曰:一日克己复礼,天下归仁焉。第一义悉檀也。其实前三不离后一,圣人元无二语,彻上彻下彻始彻终只是一贯,皆是第一义也。颜渊直下承当,便请问其目,孔子拈出视、听、言、动一于礼,说仁之亲切,无过于此。颜渊一力担荷,此是孔门问仁第一等公案,于此透脱,斯可以尽性矣。仲弓问仁,孔子告以敬、恕,仲弓亦一力担荷。此皆兴之榜样,不如此不足以为兴也。又如曾子闻一贯之言,直应曰:唯。及门人问,则告之曰:夫子之道,忠恕而已矣。此是自解作活计,如此方是兴于诗,以其感而遂通,全不滞在言语边,而真能得其旨也。子曰:苟志于仁矣,无恶也。又曰:唯仁者能好人,能恶人,吾未见好仁者,恶不仁者。好仁者,无以尚之,恶不仁者,其为仁矣。不使不仁者加诸其身,自非见得端的。好恶安能如是之切,此皆《诗》教之义也。又问仁而告以复礼,告以敬恕,告以能近取譬,此并是《诗》教。仁远乎哉? 我欲仁,斯仁至矣。引《诗》曰岂不尔思,室是远尔。而为之说曰:"未之思也,夫何远之有?"绵蛮黄鸟,止于丘隅。为之

---

① 四悉檀者出天台教义,悉言遍,檀言施,华梵兼举也。一、世界悉檀。世界为隔别分限之义,人之根器各有所限,随宜分别,次第为说,名世界悉檀。二、为人悉檀。即谓因材施教,专为此一类机说,令其得入,名为人悉檀。三、对治悉檀。谓应病与药,对治其人病痛而说。四、第一义悉檀。即称理而说也。

说曰:"于止,知其所止。可以人而不如鸟乎?"孺子之歌,沧浪之水清兮,可以濯我缨;沧浪之水浊兮,可以濯我足。子闻之曰:"小子识之,清斯濯缨,浊斯濯足矣。"诗人感物起兴,言在此而意在彼,故贵乎神解,其味无穷。圣人说诗,皆是引申触类,活泼泼地,其言之感人深者,固莫非诗也。天地感而万物化生,仁之功也;圣人感人心而天下和平,诗之效也。程子曰:"鸡雏可以观仁。满腔都是生意,满腔都是恻隐,斯可以与识仁,可与言诗矣。"凡《论语》问仁处,当作如此会。

二 书 教

何言乎答问政者,皆《书》教义也。《书》以道政事,尧、舜、禹、汤、文、武、周公所以治天下之道在是焉。孔子祖述尧舜,宪章文武,梦见周公,告颜渊以四代之礼乐,答子张以殷周损益百世可知,皆明从本垂迹,由迹显本之大端,政是其迹,心是其本,二帝三王应迹不同,其心是一。故孟子曰:"以不忍人之心,行不忍人之政。行一不义,杀一不辜,而得天下,不为也。"是则同此本迹之说也。蔡九峰《书传》序曰:"精一执中,尧舜禹相授之心法也;建中立极,汤武相传之心法也。曰德,曰仁,曰敬,曰诚,言虽殊而理则一,无非所以明此心之妙也。言天则严其心之所自出,言民则谨其心之所由施。礼乐教化,心之发也;典章文物,心之著也;家齐国治而天下平,心之推也,心之德其盛矣乎。二帝三王,存此心者也;夏桀商纣,亡此心者也;太甲成王,困而存此心者也。存则治,亡则乱,治乱之分,顾其心之存不存如何耳。后世有志于二帝三王之治者,不可不求其道,有志于二帝三王之道者,不可不求其心。"自来说《尚书》大义,未有精于此者。今观《论语》记孔子论政之言,以德为主,则于本迹之说,可以无疑也。尧舜禹汤文武周公孔子之心一也,有以得其用心,则施于有政,迹虽不同,不害其本一也。后世言政事者,每规规于制度文为之末,舍本而言迹,非孔子《书》教之旨矣。《论语》"为政以德"一章,是《书》教要义。德是政之本,政是德之迹,大哉尧之为君,惟天为大,惟尧则之。无为而治者,其舜也欤。此皆略迹而言本。《中庸》曰:君子不赏而民劝,不怒而民威于铁钺。《诗》曰:不显惟德,百辟其刑之。君子笃恭,而天下平。《诗》曰予怀明德,不大声以色。子曰:声色之于以化民,末也。此为政以德之极致也。道之以政,齐之以刑,民免而无耻;道之以德,齐之以礼,有耻且格。数语将一切政治得失判尽。朱子注政者为治之具,刑者辅治之法,德礼则所以出治之本,而德又礼之本也。数语亦判得分明。《尚书》多叹德之辞,如钦明文,思安安,允恭克让,浚哲文明,温恭允塞,克明峻德,玄德升闻,惇德允元。如此之类,不可胜举。南宫适问禹稷躬稼而有天下,子曰:尚德哉。若人以是推之,《书》教之旨以德为本明矣。而孔子之论政皆原本于德,何莫非《书》教之义乎。今举例以明之。如哀公问:何为则民服? 子曰:举直错诸枉,则民服。举枉错诸直,则民不服。季康子问:使民敬忠以劝,如之何? 子曰:临之以庄则敬,孝慈则忠,举善而教不能,则劝。张钦夫曰:此皆就我所当为者言之,然能如是,则其应有不期然而然者。哀公、季康子皆怀责效于民之心,而孔子告之,皆修之在己之事,故曰:苟正其身矣,于从政乎何有? 不能正其身,如正人何? 季康子问政,子曰:政者,正也。子帅以正,孰敢不正。季康子患盗,问于孔子,子曰:苟子之不欲,虽赏之不窃。季康子问政于孔子,曰:如杀无道以就有道,何如? 子曰:子为政,焉用杀? 子欲善,而民善矣。君子之德风,小人之德草,草上之风,必偃。《尧曰》一篇约尧舜禹汤武之言,皆修德责己之事,与此同旨。

如汤之言曰：朕躬有罪，无以万方。万方有罪，罪在朕躬。武王之言曰：虽有周亲，不如仁人。百姓有过，在予一人。二帝三王之用心如此，鲁之君臣虽卑陋不足以及此。而孔子之告之，皆就其用心处直下针锤，可使一变至道，故曰《书》教之旨也。

论政亦具四悉檀，如曰：既庶矣，富之，既富矣，教之。足食足兵，民信之矣。谨权量，审法度，修废官，兴灭国，继绝世，举逸民。所重民食丧祭，不患寡而患不均，不患贫而患不安。均无贫，和无寡，安无倾，世界悉檀也。答叶公问政，曰近者悦，远者来；答子夏为莒父宰问政，曰无欲速，无见小利；答仲弓为季氏宰问政，曰先有司，赦小过，举贤才；为人悉檀也。答哀公、季康子诸问及定公问，一言兴邦丧邦；答齐景公问政，曰君君、臣臣、父父、子子，对治悉檀也。答子张问政，曰居之无倦，行之以忠，答子路问政，曰先之劳之，请益曰无倦；答子贡问必不得已而去，曰去兵去食，自古皆有死，民无信不立；答子路问君子，曰修己以敬；皆第一义悉檀也。宽则得众，信则民任焉。敏则有功，公则说。答子张问从政以尊五美，屏四恶，其言尤为该备，世界悉檀也。《中庸》"哀公问政"一章，其要义曰为政在人，取人以身，修身以道，修道以仁，第一悉义檀也。二戴记中七十子后学之徒，记孔子论政之言，不可殚举，以《论语》准之，莫非《书》教义。又一一悉檀皆归第一义悉檀，学者当知。

帝王皆表德之称，《说文》：帝，谛也，（《春秋》《元命包》《运斗枢》皆有此文）王天下之号。谛，审也。《诗》毛传曰：审谛如帝。审谛是义理昭著之意，犹言克明峻德，谓此一理显现，谛实不虚，名之曰帝。王者往也，天下所归往也。《春秋繁露》曰：古之造文者，三画而连其中谓之王。三者，天、地、人也。而参通之者，王也。许书引孔子曰：一贯三为王。言其与天地合德，人所归往，故谓之王。

《易·乾凿度》曰:易有君人之号五:帝者天称,王者美称,天子者爵号,大君者与上行异,大人者圣明德备也。变文以著名,题德以别操。郑注云:虽有隐显,应迹不同,其致一也。此明五号,元无胜劣,只是变文,迹有隐显,本惟是一。又德隐而文显,显是有为,隐是无为。明道曰:自私则不能以有为为应迹,用智则不能以明觉为自然。故帝王以应迹而殊称,圣德则明觉之自证。庄子言内圣外王者,亦本迹之义也。孔子闲居,子夏问曰:三王之德,参于天地。敢问何如斯可谓参天地矣?孔子曰:天无私覆,地无私载,日月无私照,奉斯三者以劳天下,此之谓三无私。无私而后能应迹,所谓廓然而大公,物来而顺应。天叙有典,敕我五典五惇哉,天秩有礼,自我五礼有庸哉,天命有德,五服五章哉,天讨有罪,五刑五用哉,此皆物各付物,不杂一毫私智于其间,体信达顺之道,亦即自然之明觉也。明乎此,则知从本垂迹,由迹显本,为《书》教之大义,可以无疑也。①

又复当知《书》教之旨即是立于礼,孔子曰:"道之以德,齐之以礼。"凡一切政典皆礼之所摄。《易·系辞》曰:"观其会通,以行其典礼。"典礼即是常事。二帝之书名为典者,明其为常事也。圣人之用心,只是行其当然之则,尽其本分之事而已。惟恐其有未当理者,惟恐其有不尽分者,绝无一毫居德求功之意,然后功德乃可成就。君如尧、舜,臣如禹、稷、契、皋陶、伯益,方做到能尽其分,岂

---

①　今人每以帝王为封建时代之名号,不知其本义也。中土三代封建,以亲亲尊贤为义,与欧洲封建制绝不同。柳子厚作《封建论》,全以私意窥测圣人,已近于今之言社会学,正是失之诬也。如今人所指斥之帝国主义,乃是霸者以下之事,以霸者犹不利人之土地也。今以侵略兼并号为帝国,是夷狄之道。皇帝一名已被秦始皇用坏,今言帝国尤天壤悬殊,然古义须还他古义,不得乱以今名致疑,学者当知。

有加哉。观其严恭寅畏都俞吁咈丁宁诰诫之辞,兢兢业业,岂有一毫矜伐于其间。此最学者所当深味,伊尹之告太甲,傅说之告高宗,周公之告成王,其言又为如何。《礼运》曰:禹、汤、文、武、成王、周公,此六君子者,未有不谨于礼者也。学至圣人也,只是个谨于礼。才有不谨,即便放倒,如何能立。故曰立身,曰立事,曰立政,皆谓确乎不拔,不为外物之所摇动,必有刚大之气,乃可语于立。子有未见刚者之叹,如曾子在孔门可谓刚者,观其言可见,而曾子最谨于礼。仲弓宽弘简重,亦谨于礼者,许其可使南面。学者渐濡于《书》教之久,必能有见于此,而后知立于礼之言与《书》教相通也。

应迹之说学者一时未喻,可求之《孟子》。如曰禹、稷、颜子易地则皆然,地即谓迹也。大行不加,穷居不损,其本不异也。舜饭糗茹草,若将终身,自耕稼陶渔,以至为帝,若固有之,可谓能行其典礼矣。孔子无可无不可,布衣穷居,虽不得位,而尧舜禹汤文武之道在是焉。故程子曰:"尧舜事业如一点浮云过太虚。"学者必由迹以观本,而不徒滞其迹以求之,乃可以得圣人之用心,然后于应迹不同其致一也之旨无惑也。如是乃可与言《书》,可与论政矣。

三 礼乐教(上)

何言乎答问孝,皆礼乐义也。礼者天地之序,乐者天地之和。《易·序卦》曰:"有夫妇然后有父子,有父子然后有君臣,有君臣然后有上下,有上下然后礼义有所错。"此自然之序也。《虞书》舜命契曰:"百姓不亲,五品不逊,汝作司徒,敬敷五教在宽。"五教之目,皆因其秉彝之所固有而导之,使亲睦逊顺天性呈露不能自已,

则是和之至也。故曰人人亲其亲,长其长,而天下平。《礼运》曰:
圣人以天下为一家,以中国为一人。父慈子孝,兄良弟弟,夫义妇
听,长惠幼顺,君仁臣忠,十者谓之人义;讲信修睦,谓之人利;争夺
相杀,谓之人患。十义者亦因五教之目而广之,所谓人利、人患者,
亦即亲与不亲、逊与不逊之别耳。礼乐之义孰有大于此者乎? 而
行之必自孝弟始,故《孝经》一篇实六艺之总归,所以谓之至德要
道,以顺天下也。爱亲者无敢恶于人,敬亲者无敢慢于人,爱敬尽
于事亲,而德教加于百姓,刑于四海,举是心以推之而已。有子曰:
"君子务本,本立而道生。孝弟也者,其为仁之本欤?"孟子曰:"仁
之实,事亲是也;义之实,从兄是也;知之实,知斯二者弗去是也;礼
之实,节文斯二者是也;乐之实,乐斯二者。乐则生矣,生则恶可已
也。"有子、孟子之言皆至精,本实皆直指本心之体,一切大用皆从
此流出,故曰生。但有子单约行仁言,孟子则兼举四德而终之以
乐,其义尤为该备。伊川作《明道行状》云:"知尽性至命,必本于
孝弟;穷神知化,由通于礼乐。"此以孝弟与礼乐合言,性命与神化
并举,行孝弟则礼乐由此生,性命由此至,神化由此出,离孝弟则礼
乐无所施,性命无所丽,神化无所行。故知孝弟则通礼乐矣,尽孝
弟则尽性命矣,尽性命则穷神化矣。离此而言礼乐,则礼乐为作伪
也;离此而言性命,则性命为虚诞也;离此而言神化,则神化为幻妄
也。故曰本、曰实,皆克指此心发用之所由来,舍此则何由以见之
邪。故知性命不离当处,即在伦常日用中,现前一念孝弟之心,实
万化之根原,至道之归极,故曰:"孝弟之至,通于神明,光于四海,
无所不通。"自来料简儒家与二氏之异者,精确无过此语,学者当
知。今引伊川原文,略为附释如下:

　　伊川作《明道行状》,叙明道为学,自十五六时闻周茂叔论道,
遂慨然有求道之志。未知其要,泛滥诸家,出入释老者几十年,返

求诸六经而后得之。明于人伦，察于庶物，知尽性至命，必本于孝弟；穷神知化，由通于礼乐。辨异端似是之非，开百代未明之惑。秦汉而下，未有臻斯理也。初言"未知其要"，继言"返求而得，知尽性至命"二句，明此乃真为道要。前所求而未知者，未知此理也，后之返求而得者，实知此理，实臻此理而已。以下料简。异学之过，自谓穷神知化，而不足以开物成务；言为无不周遍，实则外于伦理。亦即与此二句相违，义至明显。学者切当于此着眼，自己体究，与此理相应即是，与此理相违即不是。言尽性至命者，就天所赋而言，则谓之命；就人所受而言，则谓之性，其实皆一理也。物与无妄谓之赋，各一其性谓之受。① 此理人所同具，初无欠缺。尽是尽此理而不遗，至是至此理而不过，尽以周匝无余为义，至以密合无间为义。孟子曰："人之所不虑而知者，其良知也；所不学而能者，其良能也。"孩提之童，莫不知爱其亲也，及其长也，莫不知敬其兄也。天地万物本是一体，即本此一理，本此一性，本此一命，不知性者迷己为物，徇物丧己，执有物与己为对，于是有取之心生，而以物为外。以其有外，则物我间隔，不能相通，遂成睽乖之象，此睽之所以继家人也。唯赤子之心，其爱敬发于天然，视其父母兄弟犹一体，无有能所之分，施报之责，此其情为未睽，以父母之性为性，以父母之命为命而已，无与焉。此谓全身奉父，无一毫私吝于其间，序之至，和之至也。人能保是心，极于《孝经》之五致，是之谓致良知，尽性至命之道在是矣。乐自顺此生，礼自体此作。妙用无方之谓神，流行合同之谓化，穷者穷极之称，知者实证之量，通者交

---

① 万物一太极，一切即一也；物物一太极，一既一切也。《大戴礼·本命篇》分于道谓之命，形于一谓之性，犹以气言。不及伊川天赋人受，纯以理言。

参互人。彻始彻终,无往而非礼乐,即无往而非神化矣。不言而信,不动而敬,无为而成,不疾而速,不行而至,立之斯立,道之斯行,绥之斯来,动之斯和,此皆极言礼乐自然之效,神化之至也。故曰:尧舜之道,孝弟而已矣;夫子之道,忠恕而已矣。圣人所过者化,所存者神,岂有他哉。充扩得去时,天地变化,草木蕃充,扩不去时,天地闭,贤人隐,人而不仁如礼何,人而不仁如乐何。亲亲而仁民,仁民而爱物,言举是心加诸彼而已矣。忠恕即礼乐之质也,礼乐即孝弟之施也,神化即性命之符也。《孝经》曰:"教民亲爱莫善于孝,教民礼顺莫善于弟,移风易俗莫善于乐。安上治民莫善于礼。礼者,敬而已矣。故敬其父则子悦,敬其兄则弟悦,敬其君则臣悦,敬一人而千万人悦。所敬者寡而所悦者众,此之谓要道也。"教以孝所以敬天下之为人父者也,教以弟所以敬天下之为人兄者也,教以臣所以敬天下之为人君者也。《诗》云:岂弟君子,民之父母。非至德孰能顺民如此其大者乎?此皆以孝弟与礼乐合言,明其为至德要道。虽单提一"敬"字,然言悦、言顺、及引《诗》言《岂弟》,皆乐义也。故言孝弟则礼乐在其中矣,言礼而乐亦在其中矣。《大学》曰:"君子不出家而成教于国。孝者所以事君也,弟者所以事长也,慈者所以使众也。""一家仁,一国兴仁;一家让,一国兴让;一人贪戾,一国作乱。""其为父子、兄弟足法,而后民法之。""上老老而民兴孝,上长长而民兴弟,上恤孤而民不倍。是以君子有絜矩之道也。"所谓治国在齐其家,平天下在治其国,皆以孝、弟、慈为本。其言兴仁兴让,兴孝兴弟不倍者,以其自然之效言之,亦乐义也。学者知此,则于伊川以孝弟与礼乐合言之旨,可以无疑,而于《论语》问孝之为礼乐义,亦可以思过半矣。

四 礼乐教（中）

以四悉檀配之答孟懿子曰"无违"，世界悉檀也；答孟武伯曰
"父母唯其疾之忧"，为人悉檀也；答子游曰"不敬，何以别乎"，答
子夏曰"色难"，对治悉檀也；答或问禘之说，曰"知其说者之于天
下也，其如示诸斯乎指其掌"，第一义悉檀也。又一一悉檀皆归第
一义，推之可知，生事之以礼，死葬之以礼，祭之以礼。特拈出一
"礼"字，养生送死之义尽矣。君子跬步不敢忘亲，谨于礼之至也。
一朝之忿，忘其身，以及其亲，为父母忧之大者。《中庸》曰"无忧
者，其唯文王乎。以王季为父，以武王为子，父作之，子述之。"无
忧之至，即乐之至也。能养而不能敬，则礼阙矣。《祭义》曰："孝
子之有深爱者，必有和气；有和气者，必有愉色；有愉色者，必有婉
容。"不知色难，则乐阙矣。曾子曰："大孝尊亲，其次弗辱，其下能
养。"公明仪问于曾子曰："夫子可以为孝乎？"曾子曰："君子之所
谓孝者，先意承志，谕父母于道。参直养者也，安能为孝乎？""身
也者，父母之遗体也。行父母之遗体，敢不敬乎？居处不庄，非孝
也；事君不忠，非孝也，莅官不敬，非孝也；朋友不信，非孝也；战阵
无勇，非孝也。五者不遂，灾及于亲，敢不敬乎？"夫五者不遂，皆
疾也；灾及于亲，为亲忧也。又曰："亨熟膻芗，尝而荐之，非孝也，
养也。君子之所谓孝也者，国人称愿然曰：幸哉！有子如此，所谓
孝也已。众之本，教曰孝，其行曰养。养可能也，敬为难；敬可能
也，安为难；安可能也，卒为难。父母既没，慎行其身，不遗父母恶
名，可谓能终矣。仁者仁此者也，礼者履此者也，义者宜此者也，信
者信此者也，强者强此者也（强即是勇）。乐自顺此生，刑自反此
作。"又曰："夫孝，置之而塞乎天地，溥之而横乎四海，施诸后世而

无朝夕,推而放诸东海而准,推而放诸西海而准,推而放诸南海而准,推而放诸北海而准。《诗》云:自西自东,自南自北,无思不服。此之谓也。"又曰:"小孝用力,中孝用劳,大孝不匮。思慈爱忘劳,可谓用力矣;尊仁安义,可谓用劳矣;博施备物,可谓不匮矣。"曾子亲传《孝经》,今二戴记凡言丧祭义者多出曾子,无异为《孝经》作传。观其推言礼乐之大而严孝养之别,出于孔子答问孝之旨,可知也。但孔子之言约,曾子之言广耳。子曰:"父在观其志,父没观其行,三年无改于父之道,可谓孝矣。"此与《中庸》"武王、周公其达孝矣乎? 夫孝者,善继人之志,善述人之事者也"同旨。曾子曰:"慎终追远,民德归厚矣。"礼莫重于丧祭,丧礼是慎终,祭礼是追远。故丧祭之礼废,则信死忘生者众。明乎郊社之礼,禘尝之义,治国其如示诸掌乎。皆善继善述之推也。《郊特牲》曰:万物本乎天,人本乎祖。社者祭地而主阴气,郊者大报天而主日。地载万物,天垂象,取财于地,取法于天,是以尊天而亲地也。社所以报本反始也,郊之祭也,大报本反始也。《祭统》曰:祭有四时。春祭曰礿,夏祭曰禘,秋祭曰尝,冬祭曰烝。礿禘阳义也,尝烝阴义也。禘者阳之盛也,尝者阴之盛也。古者于禘也,发爵赐服,顺阳义也;于尝也,出田邑,发秋政,顺阴义也。故曰禘尝之义大矣,治国之本也。荀子曰:"礼有三本。天地者,生之本也;先祖者,类之本也;君师者,治之本也。无天地,恶生? 无先祖,恶出? 无君师,恶治? 三者偏亡。焉无安人。故礼,上事天,下事地,尊先祖,而隆君师,是礼之三本也。"《孝经》曰:"昔者明王,事父孝,故事天明;事母孝,故事地察。长幼顺,故上下治,天地明察,神明彰矣。"(神明彰犹言神化著明也)《哀公问》引孔子曰:"古之为政,爱人为大。不能爱人,不能有其身;不能有其身,不能安土;不能安土,不能乐天;不能乐天,不能成其身。"公曰:"敢问何谓成身?"孔子对曰:"不过乎物。"公曰:"敢问君子何贵乎天道也?"孔子对曰:"贵其不已,如日月东西相从而不已也,是天道也;不闭其久,是天道也;无为而物成,是天道也;已成而明,是天道也。""仁人不过乎物,孝子不过乎物,是故仁人之事亲也,如事天,事天如事亲,是故孝子成身。"《孝经》曰:"父母生之,续莫大焉;君亲临之,厚莫重焉。"综上来诸义观之,则知所谓无改,所谓善继、善述,所谓报本追远,所谓事天、事亲,所谓爱人成身,所谓续莫大焉、厚莫重焉者,皆一理也。今略释哀公问"爱人成身"义,余可推知。夫言不能有其身是无身也。爱人为大者,无私之谓大,私则小矣。对天言则谓之仁人,对亲言则谓之孝子,爱人者本爱亲之心以推之,故不独亲其亲,不独子其子,老者安之,朋友信之,少者怀之,使天下无一物不得其所。然后乃尽此心之量,是以天地万物为一身也。"不过乎物"者,如理如量之谓,犹言不遗也。《易·大传》曰:"曲成万物而不遗。"身外无物,成物之事,即成身之事。成之为言全也,父母全而生之,子全而归之,无一毫亏欠,斯谓之全。物亦身也,物有亏欠,则身有亏欠,若以物为外,则外其身。遗身而恶物与徇物而丧己者,其病是同,以其所谓身都私己也。私其身者,亦以物为可私,于是人与我睽,身与物睽,执有身见,有物见,有人见,有我见,则天地万物皆外矣。孝子之身,则父母之身也,仁人之身,则天地之身也。乐正子春曰:"吾闻诸曾子,曾子问诸夫子,曰:不亏其体,不辱其身,可谓全矣。"此成身之义,即继述之义,即报本之义,亦即相续之义,不已之义也。横渠《西铭》实宗《孝经》而作,即以事天事亲为一义,故曰:"天地之塞吾其体,天地之帅吾其性,存吾顺事,没吾宁也。"斯可谓成身矣。乾称父,坤称母,斯能达孝矣;民吾同胞,物吾与也,斯能达弟矣。《祭义》曰:"先王之所以治天下者五:贵有德,贵贵,贵老,敬长,慈幼。此五者,先王之所以定天下也。贵有德,为其近于道也；贵贵，为其近于君也；贵老，为其近于亲也；敬长，为其近于兄也；慈幼，为其近于子也。"五者皆即孝弟之心以推之。又曰："虞、夏、殷、周，天下之盛王也。未有遗年者。""七十杖于朝，君问则席；八十不俟朝，君问则就之。而弟达乎朝廷矣；""见老者，则车徒辟；斑白者，不以其任行乎道路。而弟达乎道路矣；居乡以齿，而老穷不遗，强不犯弱，众不暴寡，而弟达乎州巷矣；""五十不为甸徒，颁禽隆诸长者，而弟达乎搜狩矣；军旅什伍，同爵则尚齿，而弟达乎军旅矣。"是故礼乐之兴，皆孝弟之达也，继天立极为事亲之终也，尽性至命即孝子之成身也，穷神知化即天道之不已也。礼乐之义，孰大于是。

五　礼乐教（下）

子夏问何如斯可谓民之父母？孔子答以必达于礼乐之原。孝弟者，即礼乐之原也。《礼运》曰：夫礼必本于天，殽于地，列于鬼神，达于丧祭、射乡、冠昏、朝聘。[①]　故圣人以礼示之，天下国家可得而正也。仲尼燕居曰："郊社之义，所以仁鬼神也；尝禘之礼，所以仁昭穆也；馈奠之礼，所以仁死丧也；射乡之礼，所以仁乡党也；食飨之礼，所以仁宾客也。"皆本此一念以推之，以天地万物为一体，即是合天地万物为一身也。《仪礼·丧服传》是子夏所作，其义至精，即明一体之义。尊尊亲亲，有从服，有报服，故曰父子一体也，夫妻一体也，昆弟一体也。与尊者一体则为之从，（如为世父叔父期）旁尊则为之报。（如为昆弟之子期）父，至尊也。父为长

---

①　乡，今本作"御"误。据《仲尼燕居》射乡之礼，所以仁乡党也。正当作乡。邵懿辰《礼经通论》谓以形近而误，良是。

子,亦三年,正体于上。又乃为所传重也,谓为先祖之继体也。为人后者,为其所后,三年受重者,必以尊服。服之大宗者,尊之统也。尊祖故敬宗,敬宗者,尊祖之义也。禽兽知有母,而不知父。《野人》曰:父母何算焉?都邑之士则知尊弥矣,大夫及学士则知尊祖矣。诸侯及其太祖天子及其始祖之所自出,此以庙制言之。天子七庙,诸侯五庙,大夫三庙,适士二庙,中下士一庙。故曰尊者尊统上,卑者尊统下,上下犹远近也。德厚者其文缛,所推者远也。由报本反始推之,极于天地,由仁民爱物推之。极于禽兽草木,使各得其理,各遂其生。故伐一木,杀一兽,不以其时,非孝也。斧斤以时入山林,网罟以时入川泽,仁政之行必推致其极,然后可以充此心之量,尽礼乐之用也。

"宰我问三年之丧期已久矣"一章,是圣人吃紧为人处,即丧礼之要义也。于汝安乎先,令反求诸心,汝安则为之绝之,严责之深矣。及宰我出,子曰:"予之不仁也。子生三年,然后免于父母之怀。夫三年之丧,天下之通丧也。予也,有三年之爱于其父母乎?"故非孝者无亲,为短丧之说者,皆不仁之甚,圣人之所绝也。《礼记》"三年问"一篇即明此章之义,故曰:"三年之丧,人类之至文者也,是百王之所同,古今之所一也,未有知其所由来者也。"此见文野之分,于此判之。言未有知其所由来者,谓其由来已久也。滕文公为世子,其父定公薨,使其傅然友问于孟子,而行三年之丧。其时滕之群臣皆不欲,曰:吾宗国鲁先君莫之行,吾先君亦莫之行也。当孟子之时,诸侯已不能行三年丧。故孟子引曾子之言,而谓诸侯之礼吾未之学,虽然吾尝闻之三年之丧,齐疏之服,饘粥之食,自天子达于庶人,三代共之。据《尧典》曰:二十有八载,放勋乃徂落。百姓如丧考妣三年,四海遏密八音,是唐虞已然。孟子复有"尧舜禹崩,三年之丧毕"之文,是必《书》说之佚者。可证唐虞之时，臣民之为君丧亦三年，犹父母也。朱子曰：《丧礼》《经界》两章，见孟子之学，识其大者。是以虽当礼法废坏之后，而能因略以致详，推旧而为新，不屑屑于既往之迹，而能合乎先王之意，可谓命世亚圣之才矣。今人与言井田之制，或犹以为古代经济制度，在所当知与言丧服，则罕有知其为礼之大本者。读《论》、《孟》可以思其故矣。

《三年问》曰："凡生天地之间，有血气之属，必有知；有知之属，莫不知爱其类。今是大鸟兽，失丧其群匹，越月逾时焉，则必反巡，过其故乡。翔回焉，鸣号焉，蹢躅焉，踟蹰焉，然后乃能去之。小者至于燕雀，犹有啁噍之顷焉，然后乃能去之。故有血气之属者，莫知于人，故人于其亲也，至死不穷。将由夫患邪淫之人欤，则彼朝死而夕忘之，然而从之，则是曾鸟兽之不若也。夫焉能相与群居而不乱乎？将由夫修饰之君子欤？则三年之丧，二十五月而毕，若驷之过隙，然而遂之，则是无穷也。故先王为之立中制节，使足以成文理，则释之矣。"故三年之丧，称情而立，文三年以为隆，缌小功以为杀，期九月以为间，人之所以群居和一之理尽矣。人道之至，文者也。在《易·涣》之象曰："风行水上，涣。先王以享于帝立庙。"夫人心不和，一则离散。所以系人心合离散之道，莫大于宗庙祭祀，故丧祭之礼重焉。《檀弓》曰：太公封于营丘，比及五世，皆反葬于其国。君子曰乐，乐其所自生，礼不忘其本。古之人有言曰：狐死正丘首，仁也。《曲礼》曰：国君去，其国止之，曰：奈何去社稷也；大夫曰：奈何去宗庙也；士曰：奈何去坟墓也。今责人以爱国，而轻去其礼，爱国之心何自而生乎？《礼运》曰：礼之于人也，犹酒之有蘖也。君子以厚，小人以薄。唯圣人知礼之不可以已也，故坏国丧家亡人，必先去其礼。《经解》曰："以旧坊为无所用而坏之者，必有水败；以旧礼为无所用而去之者，必有乱患。"《乐记》曰:"土敝则草木不长,水烦则鱼鳖不大,气衰则生物不遂,世乱则礼慝而乐淫。故厚于礼则治,薄于礼则乱。孝弟薄而丧祭之礼废,则信死忘生者众,教民不信则必自重。"丧祭始矣。

《檀弓》引孔子曰:"之死而致死之不仁,而不可为也;之死而致生之不知,而不可为也。"子游曰:"人死,斯恶之矣,无能焉,斯信之矣。是故制绞衾,设蒌翣,为使人勿恶也。始死,脯醢之奠,将行遣而行之。既葬而食之,未有见其飨之者也。自上世以来,未之有舍也,为使人勿信也。"是故事死如事生,事亡如事存,祭如在,祭神如神在。洋洋乎如在其上,如在其左右。散斋七日,致斋三日,乃见其所为斋者,偊乎如有见,忾乎如有闻,精诚之至,而后可以交于神明,曰:庶或飨之,庶或飨之。孝子之志也。谢上蔡曰:祖考的精神,即是自家的精神。是故孝弟之至,通于神明,光被四表,格于上下,皆此精神为之故。凡有血气,莫不尊亲,此神化自然之效也。

复次当知《论语》中凡言不争者皆礼教义,凡言无怨者皆乐教义。《诗》曰:"神罔时怨,神罔时恫。"《孝经》曰:"行满天下无怨恶。"孝之格也,礼让为国,在丑不争,弟之达也。故曰求仁而得仁,又何怨。不念旧恶,怨是用希。在邦无怨,在家无怨,不怨天,不尤人,皆本于孝也。揖让而升下而饮,其争也,君子绥之斯来,动之斯和,于乡党,恂恂如也,似不能言者。皆本于弟也。《乐记》曰:乐至则无怨,礼至则不争。暴民不作,诸侯宾服,兵革不试,五刑不用,百姓无患,天子不怒,如此则乐达矣。合父子之亲,明长幼之序,以敬四海之内,如此则礼行矣。又曰:万物之理,各以类相动也。是故君子反情以和其志,比类以成其行。奸声乱色,不留聪明,淫乐慝礼,不接心术(放郑声,远佞人,即是义)。惰慢邪僻之气不设于身体,使耳目鼻口心知百体皆由顺正以行其义,耳目聪

20世纪儒学研究大系

明,血气和平,移风易俗,天下皆宁。故曰乐者乐也。君子乐得其道,小人乐得其欲,以道制欲,则乐而不乱;以欲忘道,则惑而不乐。是故君子反情以和其志,广乐以成其教,乐行而民乡方可以观德矣。是故情深而文明,气盛而化神,和顺积中而英华发外,夫是之谓成于乐也。《论语》凡言礼乐义者,不可殚举。今特拈孝弟为仁之本,略明丧祭之要,学者能引而申之,触类而长之,庶可达乎礼乐之原,而尽性至命,穷神知化,亦在其中矣。

(选自滕复编《默然不说声如雷(复性书院讲录)》,中国广播电视出版社 1995 年 8 月版)

马一浮(1883—1967),浙江绍兴人。早年留学美国、日本,回国后一直致力于中国传统文化的研究与弘扬,被周恩来称为"中国现代唯一的理学家"。其代表性著作有《泰合会语》、《宜山会语》及《复性书院讲录》等。

本文认为,《论语》大义无往而非六艺之要也,《论语》有三大问目,凡答问仁者,皆《诗》教义也,答问政者,《书》教义也,答问孝者,皆《礼》、《乐》义也。仁是心之全德,即此实理之显现于发动处者,故圣人始教,以《诗》为先,诗以感为体,令人感发兴起,必假言说,故一切言语之足以感人者,皆诗也,此心所以能感者,便是仁,说者闻者同时俱感于此,便可验仁;志于学,志于道,志于仁,一也,仁是性德,道是行仁,学是知仁,仁是尽性,道是率性,学是知性,学者第一事便要识仁,故孔门问仁者最多;诗人感物起兴,言在此而意在彼,故贵乎神解,其味无穷;圣人说诗,皆是引申触类,活泼泼地,其言之感人深者,固莫非诗也。《书》以道政事,先王所以治天下之道在是焉。《论语》记孔子论政之言,以德为主,《论语》"为政以德"一章,是《书》教要义,德是政之本,政是德之迹;子曰:道之以德,齐之以礼,有耻且格,此为政以德之极致也,数语将一切政治得失判尽。礼者天地之序,乐者天地之和;行礼乐必自孝弟始,故《孝经》一篇实六艺之总归,所以谓之至德要道以顺天下也;安上治民莫善于礼;治国在齐其家,平天下在治其国,皆以孝、弟、慈为本,其言兴仁兴让,兴孝兴弟不倍者,以其自然之效言之,亦乐义也。上事天,下事地,尊祖先,而隆君师,是礼之三本也,是故礼乐之兴,皆孝弟之达也,继天立极为事亲之终也,尽性至命即孝子之成身也,穷神知化即天道之不已也,礼乐之义,孰大于是。孝弟者,礼乐之原也;《论语》中,凡言不争者皆礼教义,凡言无怨者皆乐教义;情深而文明,气盛而化神,和顺积中而英华发外,这就叫成于乐。

楷定国学名义

马 一 浮

一　国学者六艺之学也

大凡一切学术皆由思考而起,故曰学原于思,思考所得,必用名言始能诠表。① 名言即是文字。名是能诠,思是所诠。凡安立一种名言,必使本身所含摄之义理明白昭晰,使人能喻,②谓之教体。(佛说此方,以音声为教体)必先喻诸己,而后能喻诸人。因人所已喻,而告之以其所未喻,才明彼即晓此。因喻甲事而及乙事,辗转关通,可以助发增长人之思考力,方名为学。故学必读书穷理。书是名言,即是能诠,理是所诠,亦曰格物致知。物是一切事物之理,知即思考之功。《易·系辞》传曰:"唯深也,故能通天下之志。"换言之,即是于一切事物表里洞然,更无睽隔,说与他人,亦使各各互相晓了。如是乃可通天下之志,如是方名为学。

国学这个名词,如今国人已使用惯了,其实不甚适当。照旧时

---

①　诠是诠释,表是表显。
②　释氏立文身、句身、名身。如是三身,为一切言教必具之体。喻是领会晓了,随其根器差别而有分齐不同。例如颜子闻一以知十,子贡闻一以知二之类。

用国学为名者,即是国立大学之称,今人以我国固有的学术名为国学,意思是别于外国学术之谓。此名为依他起,严格说来本不可用,今为随顺时人语,故暂不改立名目。然即依固有学术为解,所含之义亦太觉广泛笼统,使人闻之不知所指为何种学术。照一般时贤所讲,或分为小学(文字学)、经学、诸子学、史学等类,大致依四部立名。然四部之名本是一种目录,犹今图书馆之图书分类法耳。能明学术流别者,惟《庄子·天下篇》、《汉书·艺文志》最有义类。今且不暇远引,即依时贤所举,各有专门,真是皓首不能究其义,毕世不能竟其业。今诸生在大学所习,学科甚繁,时间有限,一部十七史从何处说起。现在要讲国学,第一须楷定国学名义,……第二须先读基本书籍,第三须讲求简要方法。如是诸生虽在校听讲时间有限,但识得门径不差,知道用力方法不错,将来可以自己研究,各有成就。今先楷定国学名义,举此一名,该摄诸学,唯六艺足以当之。六艺者,即是《诗》、《书》、《礼》、《乐》、《易》、《春秋》也。此是孔子之教,吾国二千余年来普遍承认一切学术之原,皆出于此,其余都是六艺之支流。故六艺可以该摄诸学,诸学不能该摄六艺。今楷定国学者,即是六艺之学,用此代表一切固有学术,广大精微,无所不备。某向来欲撰《六艺论》,①未成而遭乱,所缀辑先儒旧说,群经大义俱已散失无存。今欲为诸生广说,恐嫌浩汗,只能举其要略,启示一种途径,使诸生他日可自己求之,且为时间短促,亦不能不约说也。今举《礼记经解》及《庄子·天下篇》说六艺大旨明其统类如下:

———————————————

① 郑康成亦有《六艺论》,今已不传,佚文散见群经义疏中,但为断片文字,不能推见其全体,殊为可惜。某今日所欲撰之书,名同实别,不妨各自为例。

《经解》引孔子曰:"入其国,其教可知也。其为人也,温柔敦厚,诗教也;疏通知远,书教也;广博易良,乐教也;系静精微,易教也;恭俭庄敬,礼教也;属此比事,春秋教也。"《庄子·天下篇》曰:"诗以道志,书以道事,礼以道行,乐以道和,易以道阴阳,春秋以道名分。"自来说六艺大旨莫简于此。有六艺之教,斯有六艺之人。故孔子之言,是以人说;庄子之言,是以道说。《论语》曰:"人能弘道,非道弘人。"道即六艺之道,人即六艺之人。有得六艺之全者,有得其一二者,所谓学焉,而得其性之所近。《论语》记子所雅言诗书执礼,兴于诗,立于礼,成于乐。王制乐正,崇四术,立四教。顺先王诗书礼乐以造士,春秋教以礼乐,冬夏教以诗书。是知四教本周之旧制,孔子特加删订。《易》藏于太卜,《春秋》本鲁史,孔子晚年始加赞述。于是合为六经,亦谓之六艺。①

二 六艺赅摄一切学术

何以言六艺赅摄一切学术?约为二门:一、六艺统诸子,二、六艺统四部。(诸子依《汉志》,四部依《隋志》)

甲、六艺统诸子

欲知诸子出于六艺,须先明六艺流失。《经解》曰:"诗之失

---

① 《史记·孔子世家》云:及门之徒三千,身通六艺者七十有二人。旧以礼、乐、射、御、书、数当之,实误。寻上文叙次孔子删《诗》、《书》,定《礼》、《乐》,赞《易》,修《春秋》,自必蒙上,而言六艺即是六经,无疑与《周礼》"乡三物"所言六艺有别。一是艺能,一是道术,乡三物所名礼,乃是指仪容器数,所名乐乃是指铿锵节奏,是习礼乐之事,而非明其本原也。唯六德——知、仁、圣、义、中、和——实足以配六经,此当别讲。今依《汉书·艺文志》以六艺当六经,经者常也,以道言谓之经。艺犹树艺,以教言谓之艺。

愚,书之失诬,乐之失奢,易之失贼,礼之失烦,春秋之失乱。"学者
须知六艺本无流失,学焉而得其性之所近,俱可适道。其有流失
者,习也。心习才有所偏重,便一向往习熟一边去,而于所不习者,
便有所遗。高者为贤知之过,下者为愚不肖之不及,遂成流失。佛
氏谓之边见,庄子谓之往而不反。此流失所从来便是学焉,而得其
习之所近,慎勿误为六艺本体之失,此须料简明白。《汉志》诸子
十家,其可观者九家。其实九家之中举其要旨不过五家,儒、墨、
名、法、道是已。出于王官之说不可依据,今所不用。① 不通六艺,

① 《学记》"师严然后道尊,道尊然后民知敬学,是故君之不臣于其臣
者二:当其为君则弗臣也,当其为师则弗臣也。大学之礼虽诏于天子,无北面
所以尊师也。"此明官师有别,师之所诏并非官之所守也。(《周礼》司徒之官
有师氏掌以媺诏王,保氏掌谏王恶。凡王举则从听,治亦如之。师氏使其属
率四夷之隶,各以其兵服守王之门外且跸。保氏使其属守王闱,此如后世侍
从之官。郑注:"家宰以九两系邦国之民,师以贤得民,儒以道得民。"乃以诸
侯之师氏、保氏当之,变保为儒,此实于义乖舛,不可从。)《论语》:"温故而知
新,可以为师矣。"又语子夏"汝为君子儒,毋为小人儒。"此言师儒岂可以官
目之邪?《七略》旧文某家流出于某官,亦以其言有关政治,换言之,犹曰某
家者可使为某官,如"雍也可使南面"云尔,岂谓如书更之抱档案邪? 如谓道
家出于史官,今老子五千是否周之国史,墨家出于清庙之守,今墨书所言并非
笾豆之事,此最易明。吾乡章实斋作《文史通义》创为"六经皆史"之说,以六
经皆先王政典,守在王官,古无私家著述之例,遂以孔子之业并属周公。不知
孔子祖述尧舜,宪章文武,乃以其道言之。若政典则三王不同礼,五帝不同
乐。且孔子称韶武则明有抑扬,论十世则知其损益,并不专主于从周也。信
如章氏之说,则孔子未尝为太卜,不得系《易》;未尝为鲁史,不得修《春秋》
矣。十翼之文广大悉备,太卜专掌卜筮,岂足以知之? 笔削之旨游夏莫赞,亦
断非鲁史所能与也。以吏为师秦之弊法,章氏必为回护,以为三代之遗,是诚
何心? 今人言思想自由,犹为合理,秦法以古非今者族,乃是极端遏制自由思
想,极为无道,亦是至愚。经济可以统制,思想云何由汝统制? 曾谓三王之治
世而有统制思想之事邪?惟《庄子·天下篇》则云古之道术有在于是者,某

不名为儒,此不待言。墨家统于礼,名法亦统于礼。道家统于易,判其得失,分为四句:一、得多失多;二、得多失少;三、得少失多;四、得少失少。例如道家体大观变最深,故老子得于易为多,而流为阴谋其失亦多,易之失贼也。《庄子·齐物》好为无端崖之辞、以天下不可与。庄语得于乐之意为多,而不免流荡,亦是得多失多,乐之失奢也。墨子虽非乐,而兼爱、尚同实出于乐。节用、尊天、明鬼出于礼,而短丧又与礼悖。《墨经》难读,又兼名家,亦出于礼。如墨子之于礼乐,是得少失多也。法家往往兼道家言,如管子《汉志》本在道家,韩非亦有《解老》《喻老》,自托于道。其于礼与易,亦是得少失多。余如惠施、公孙龙子之流,虽极其辩,无益于道,可谓得少失少。其得多失少者,独有荀卿。荀本儒家,身通六艺,而言性恶,法后王,是其失也。若诬与乱之失,纵横家兼而有之。然其谈王伯皆游辞,实无所得,故不足判。杂家亦是得少失少。农家与阴阳家虽出于礼与易,末流益卑陋无足判。观于五家之得失,可知其学皆统于六艺,而诸子学之名可不立也。

乙、六艺统四部

何以言六艺统四部? 今经部立十三经、四书,而以小学附之,本为未允。六经唯《易》、《诗》、《春秋》是完书,《尚书》今文不完,古文是依托。《仪礼》仅存《士礼》,《周礼》亦缺《冬官》。《乐经》

某闻其风而说之,乃是思想自由,自然之果。所言道德不一,天下多得一察焉以自好,各为其所欲,以自为方,道术将为天下裂。乃以不该不遍为病,故庄子立道术、方术二名(非如后世言方术当方伎也。)是以道术为该遍之称,而方术则为一家之学。谓方术出于道术,胜于九流出于王官之说多矣。与其信刘歆,不如信庄子。实斋之论甚卑而专固,亦与公羊家孔子改制之说同一谬误。且《汉志》出于王官之说但指九家,其叙六艺本无此言。实斋乃以六艺亦为王官所守,并非刘歆之意也。略为辨正于此,学者当知。

本无其书。《礼记》是传不当,遗大戴而独取小戴。左氏、公、穀三传亦不得名经。《尔雅》是释群经名物。唯《孝经》独专经名,其文与《礼记》诸篇相类。《论语》出孔门弟子所记。《孟子》本与《荀子》同列儒家,与二戴所采曾子、子思子、公孙尼子七十子后学之书同科,应在诸子之列。但以其言最醇,故以之配《论语》。然曾子、子思子、公孙尼子之言亦醇,何以不得与孟子并。① 今定经部之书为宗经论、释经论二部,皆统于经则秩然矣。② 六艺之旨散在《论语》而总在《孝经》,是为宗经论;《孟子》及二戴所采曾子、子思子、公孙尼子诸篇,同为宗经论;《仪礼丧服传》子夏所作,是为释经论;三传及尔雅亦同为释经论;《礼记》不尽是传,有宗有释;《说文》附于《尔雅》,本保氏教国子。以六书之遗如是,则经学、小学之名可不立也。

诸子统于六艺已见前文,其次言史。司马迁作《史记》,自附于《春秋》。班志因之纪传,虽由史公所创,实兼用编年之法。多录诏令、奏议,则亦《尚书》之遗意。诸志特详典制,则出于礼。如《地理志》祖《禹贡》,《职官志》祖《周官》。准此可推纪事本末,则左氏之遗则也。史学巨制莫如《通典》、《通志》、《通考》,世称三通。然当并《通鉴》计之为四通。编年记事出于《春秋》,多存论议

———————————

① 二戴所记曾子语独多,后人曾辑为《曾子》十篇。《中庸》出子思子,《乐记》出公孙尼子,并见《礼记正义》可信。然《礼记》所采七十子后学之书多醇。《大学》不必定为曾子之遗书,必七十子后学所记则无疑也。二戴兼采秦汉博士之说,则不尽醇,此须料简。

② 宗经、释经区分本义学家判佛书名目,然此土与彼土著述大体实相通,此亦门庭施设,自然成此二例,非是强为差排,诸生勿疑为创见。孔子晚而系易十翼之文,便开此二例。象象、文言、说卦是释经,系传、序卦、杂卦是宗经,寻绎可见。

出于《尚书》，记典制者出于《礼》。判其失亦有三：曰诬，曰烦，曰乱。知此则知诸史悉统于《书》、《礼》、《春秋》，而史学之名可不立也。

其次言集部。文章体制流别虽繁，皆统于《诗》《书》。《汉志》犹知此意，故单出《诗赋略》，便已摄尽六朝。以有韵为文，无韵为笔，后世复分骈、散，并弇陋之见。诗以道志，书以道事，文章虽极其变，不出此二门。志有浅深，故言有粗妙；事有得失，故言有纯驳。思知言不可不知人，知人又当论其世，故观文章之正变，而治乱之情可见矣。今言文学统于诗者为多，《诗大序》曰"治世之音安以乐，其政和；乱世之音怨以怒，其政乖；亡国之音哀以思，其民困"三句，便将一切文学判尽。《论语》曰："诵诗三百，授之以政不达，虽多亦奚以为。"可见诗教通于政事，书以道事，书教即政事也。故知诗教通于书教，诗教本仁，书教本知。古者教诗于南学，教书于北学，即表仁知也。《乡饮酒》义曰"向仁背藏，左圣右义"，藏即是知（知以藏往，故知是藏义）。教乐于东学表圣，教礼于西学表义，故知仁、圣、义即是诗、书、礼、乐四教也。前以六艺流失判诸子，独遗诗教。诗之失愚，唯屈原、杜甫足以当之。所谓古之愚也直，六失之中，唯失于愚者不害为仁，故诗教之失最少。后世修辞不立其诚，浮伪夸饰不本于中心之恻怛，是谓今之愚也诈。以此判古今文学，则取舍可知矣。两汉文章近质，辞赋虽沈博极丽，多以讽谕为主，其得于诗书者最多，故后世莫能及。唐以后集部之书充栋，其可存者，一代不过数人，至其流变，不可胜言。今不具讲，但直抉根原，欲使诸生知其体要咸统于诗书，如是则知一切文学皆诗教、书教之遗，而集部之名可不立也。上来所判言虽简略，欲使诸生于国学得一明白概念，知六艺总摄一切学术，然后可以讲求。譬如行路须先有定向，知所向后循而行之，乃有归趣。不然则博而寡要,劳而少功。泛泛寻求真是若涉大海,茫无津涯。吾见有人终身读书、博闻强记而不得要领,绝无受用,只成得一个书库,不能知类通达。如是又何益哉!

复次当知讲明六艺不是空言,须求实践。今人日常生活只是泪没在习气中,不知自己性分内本自具足一切义理。故六艺之教不是圣人安排出来,实是性分中本具之理。记曰:天尊地卑,万物散殊,而礼制行矣。流而不息,合同而化,而乐兴焉。礼者天地之序,乐者天地之和,故曰礼乐不可斯须去身。仁者见之谓之仁,知者见之谓之知。百姓日用而不知,自性本具仁智,由不见故日用不知,溺于所习,流为不仁不知。礼乐本自粲然,不可须臾离。由于不肯率由,遂至无序不和。今人亦知人类须求合理的生活,亦曰正常生活,须知六艺之教即是人类合理的正常生活,不是偏重考古徒资言说而于实际生活相远的事。今所举者真是大辂椎轮,简略而又简略,然祭海先河,言语之序,亦不得如此。

三 六艺统摄于一心

语曰:举网者必提其纲,振衣者必挈其领。先须识得纲领,然后可及其条目。前讲六艺之教可以该摄一切学术,这是一个总纲。真是范围天地之化而不过,曲成万物而不遗。学者须知六艺本是吾人性分内所具的事,不是圣人安排出来。吾人性量本来广大,性德本来具足,故六艺之道即是此性德中自然流出的,性外无道也。从来说性德者,举一全该则曰仁;开而为二为仁知,为仁义;开而为三则为知、仁、勇;开而为四则为仁、义、礼、知;开而为五则加信而为五常;开而为六则并知、仁、圣、义、中、和而为六德。就其真实无妄言之则曰至诚;就其理之至极言之曰至善。故一德可备万行,万行不离一德。知是仁中之有分别者,勇是仁中之有果决者,义是仁中之有断制者,礼是仁中之有节文者,信即实在之谓,圣则通达之称,中则不偏之体,和则顺应之用,皆是吾人自心本具的。心统性情。性是理之存,情是气之发,存谓无乎不在,发则见之流行。理行乎气中,有是气则有是理,因为气禀不能无所偏,故有刚柔善恶,……先儒谓之气质之性。圣人之教,使人自易其恶,自至其中,便是变化气质,复其本然之善。此本然之善名为天命之性,纯乎理者也。……此理自然流出诸德,故亦名为天德;见诸行事,则为王道。六艺者,即此天德王道之所表显。故一切道术皆统摄于六艺,而六艺实统摄于一心,即是一心之全体大用也。《易》本隐以之显,即是从体起用;《春秋》推见至隐,即是摄用归体。故《易》是全体,《春秋》是大用,伊川作《明道行状》曰:"穷神知化,由通于礼乐;尽性至命,必本于孝弟。"须知《易》言神化,即体乐之所从出;《春秋》明人事,即性道之所流行;《诗》、《书》并是文章,……。文章不离性道。故《易》统《礼》、《乐》,……。《春秋》该《诗》、《书》。……。以一德言之,皆归于仁;以二德言之,《诗》、《乐》为阳是仁,《书》、《礼》为阴是知,亦是义;以三德言之,则《易》是圣人之大仁,《诗》、《书》、《礼》、《乐》并是圣人之大智,而《春秋》则是圣人之大勇;以四德言之,《诗》、《书》、《礼》、《乐》即是仁、义、礼、智(此以《书》配义,以《乐》配智也);以五德言之,《易》明天道,《春秋》明人事,皆信也,皆实理也;以六德言之,《诗》主仁,《书》主知,《乐》主圣,《礼》主义,《易》明大本是中,《春秋》明达道是和。《中庸》曰:"惟天下至圣,为能聪明睿智,足以有临也(此为德之总和),宽裕温柔足以有容也(仁德之相),发强刚毅足以有执也(义德之相),齐庄中正足以有敬也(礼德之相),文理密察足以有别也(智德之相)。溥博渊泉而时出之。"(溥博言其大渊,泉言其深。)

此为圣人果上之德相。《经解》所言温柔敦厚、疏通知远、广博易良，恭俭庄敬，洁静精微，属辞比事，则为学者因地之德相。而洁静精微之因德与聪明睿智之果德，并属总相，其余则为别相。曰圣、曰仁，亦是因果相望，并为总相。总不离别，别不离总，六相摄归一德，故六艺摄归一心。圣人以何圣？圣于六艺而已。学者于何学？学于六艺而已。大哉六艺之为道，大哉一心之为德，学者于此可不尽心乎哉！

（选自滕复编《默然不说声如雷（泰和会语）》，中国广播电视出版社1995年8月版）

本文认为：六艺者，即是《诗》、《书》、《礼》、《乐》、《易》、《春秋》也。此孔子之教，吾国二千余年来普遍承认一切学术之原，皆出于此，其余都是六艺之支流。故六艺可以赅摄诸学，诸学不能赅摄六艺。六艺统诸子，不通六艺，不为名儒，墨家、名家统于礼，道家统于易，法家托于道，管子也在道，由此，诸子之学可不立也；诸子出六艺，史附《春秋》或《书》、《礼》；文章体制流别虽繁，皆统于《诗》、《书》；六艺之教不是圣人安排出来，实是性分中本具之理。六艺之道即是此性德中自然流出的，性外无道，性德举一言之皆归于仁，二德言之则为仁义，三德言之则为仁智勇，四德言之则为仁义礼智，以五德言之则为仁义礼智信，以六德言之则为仁、知、圣、义、中、和，六艺摄归一心。

孔墨批判（节选）

郭 沫 若

　　孔子曾说"吾道一以贯之"，但他自己不曾说出这所谓"一"究竟是什么。曾子给他解释为"忠恕"，是不是孔子的原意无从判定。但照比较可信的孔子的一些言论看来，这所谓"一"应该就是仁了。不过如把"忠恕"作为仁的内涵来看，也是可以说得过去的。这两个字和"恭宽信敏惠"也没有什么抵触。恭与信就是忠，是克己复礼的事。宽与惠就是恕，是推己及人的事。敏是有勇不让，行之无倦的事。

　　这种由内及外，由己及人的人道主义的过程，应该就是孔子所操持着的一贯之道。他在别的场合论到君子上来的时候，是说"修己以敬"，"修己以安人"，"修己以安百姓"，所说的就是这一贯的主张了。"修己以敬"是"克己复礼"；"以安人"是"己欲立而立人，己欲达而达人"；"以安百姓"是"博施于民而能济众"。故尔他说"修己以安百姓，尧、舜其犹病诸"，也和"博施于民而能济众，尧、舜其犹病诸"，是一样的意思了。

　　这种所谓仁道，很显然的是顺应着奴隶解放的潮流的。这也就是人的发现。每一个人要把自己当成人，也要把别人当成人，事实是先要把别人当成人，然后自己才能成为人。不管你是在上者也好，在下者也好，都是一样。但要做到这一步，做到这一步的极致,很要紧的还是要学。人是有能学的本质的,不仅在道义上应该去学仁,就是在技艺上也应该去学要怎样才可以达到仁的目的。立人立己,达人达己,不是专凭愿望便可以成功的事情。因而他又强调学。《论语》一开头的第一句便是:"学而时习之,不亦悦乎!"

究竟学些什么呢? 礼乐射御书数的六艺应该都在所学的范围之内,而他所尤其注重的似乎就是历史,看他自己说他"述而不作,信而好古",又说"好古敏以求之",可见他是特别注重接受古代的遗产。看他把一些古代的人物如尧、舜、禹、汤、文、武尤其周公,充分地理想化了,每每在他们的烟幕之下表现自己的主张,即所谓"托古改制"。他之注重历史似乎也有一片苦心。

除这"好古"之外,还有一种求学的法门便是"好问"。"就有道而正焉","不耻下问",便是这一法门的指示。故尔他说:"不曰如之何如之何者,吾未如之何也已矣。"而他自己是"入太庙每事问","三人行必有我师"的。大概在一定的范围内,什么事都可以学,什么人都可以问。这一定的范围赋有道德的属性和政治的属性,这差不多是先秦诸子的通有现象,严格地说来,先秦诸子可以说都是一些政治思想家。为什么有这样的通性呢? 那是因为为士的阶层所制约着的原故,士根本就是一些候补官吏。所谓"学而优则仕","学古入官",倒不限于儒者,就是墨法名道诸家都是一样。"士者所以为辅相承(丞)嗣(司)者也",(《尚贤》上)这是墨子的士观。"士生乎鄙野,推选则禄焉",(《齐策》)这是道家颜斶的士观。可知学为士就是学为官,不是学为农,学为工,学为商。工农商之能成其为学,又是资本主义社会成立以后的事了。但在这学为官的范围内,"夫子"倒的确是"焉不学,而亦何尝师之有"的。

在这个范围以外那就成问题了。樊迟请学稼,他说"吾不如老农";请学为圃,他说"吾不如老圃"。农为他所不曾学,也为士所不必学,故接着他还斥责樊迟为"小人"。他说:"上好礼则民莫敢不敬;上好义则民莫敢不服;上好信则民莫敢不用情。夫如是则四方之民襁负其子而至矣,焉用稼?"问农没有答出,却来这么一套不相干的政治理论,显然樊迟的问是逸出了士学的范围的了。墨子也和这是一样,他说过:"一农之耕分诸天下,不能人得一升粟;……一妇之织分诸天下,不能人得尺布;……不若诵先王之道而求其说,通圣人之言而察其辞。……虽不耕而食饥,不织而衣寒,功贤于耕而食之,织而衣之者。"(《鲁问篇》)这是当时为士者的通识。和这不同的就只有一些避世之士和后起的一部分道家而已。但那出发点是超现实的独善主义,我们是须得注意的。

工艺似乎学过。孔子自己说:"吾少也贱,故多能鄙事。君子多乎哉,不多也。"又说:"吾不试,故艺。"(试是浅尝之意)这些艺能,大约不是指射御之类吧,射御是君子所必学的,不能视为鄙事或贱艺。

商是不曾学过的,也是为士者所不应该学的。子贡会经商,他说他"不受命而货殖",而他自己是"罕言利",又说"喻于利"的是小人。

他是文士,关于军事也没有学过。卫灵公问阵,他说:"俎豆之事则尝闻之矣,军旅之事未之学也。"接着便赶起车子跑了。不过他也并不如旧式注家所拟议的那样看不起军旅之事。为政之道,他既主张先"足食足兵",又还说过,"以不教民战是谓弃之","善人教民七年亦可以即戎"那类的话。军事的学习虽也是士的分内事,只是他对于这方面没有充分地研究过而已。

他为人为学倒很能实事求是,主张"知之为知之,不知为不知",主张"多闻阙疑,……多见阙殆"——可疑的,靠不着的,不肯乱说。又说"多闻择其善者而从之,多见而识之,知之次(次第)也",可见他是很能够注重客观观察的。"吾尝终日不食,终夜不寝,以思,无益,不如学也。"这个经验之谈很有价值,可见他是反对冥想那种唯心的思维方法的。但他也并不泯却主观,一味的成为机械。"学而不思则罔,思而不学则殆",必须主观与客观交互印证,以织出一条为人为己的道理,然后他才满足。

　　然而时代限制了他,他肯定人类中有"生而知之"的天才,他说:"生而知之者上也,学而知之者次也,困而学之又其次也,困而不学,民(盲)斯为下矣。"又说:"上智与下愚不移。"不移的下愚,我们能够承认其存在,如早发性痴呆症,那的确是没有办法的。生而知之的上智,却完全是莫须有的幻想。不过,好在他自己还不曾自认是生而知之的人。他自己的述怀是:"我非生而知之者,好古敏以求之者也。"故他所强调的还是"学而知之,困而学之"的步骤。他自己的敏求是到了"发愤忘食,乐以忘忧,不知老之将至"的程度的;他教人好学也要"食无求饱,居无求安,敏于事而慎于言,就有道而正焉";又说,"士志于道而耻恶衣恶食者未足与议也"。他的十五志学,三十而立,四十不惑,五十知天命,六十耳顺,七十从心所欲不逾矩的那个简略自传,也表示着他一生都在困学敏求当中过活。

　　他注重历史,因而也注重根据。"怪力、乱神"之类的东西他是不谈的。要考证夏礼和殷礼,他嫌在夏后的杞国和殷后的宋国都无可征考,因为"文献不足"。儒家的典籍当中,《诗经》大约是由他开始搜集的吧。他已经屡次说到《诗》三百"的话上来,又曾提到《雅》和《颂》。这一部最早的古诗总集里面,夏诗自不用说,就连殷诗也一篇都没有,《商颂》是宋襄公时正考父所作的东西。《书经》的情形稍微不同。这部书虽然也在他所"雅言"之例,但他很少征引。大约在他当时并不曾搜集到好多篇章吧。他把《诗经》看得特别重要，看来似乎是他所使用的极重要的一部教材。"兴于诗，立于礼，成于乐"，"诗可以兴，可以观，可以群，可以怨"，"不学诗无以言，不学礼无以立"，可见他是特别注重诗教，也就是情操教育了。学诗不仅可以增广知识，"多识于鸟兽草木之名"，而且可以从政，可以做外交官，据说都能因此而做得恰到好处。这大约是由于诗里有民间疾苦，有各国风习，有史事殷鉴，也有政治哲理的原故吧。把好多优美的古诗替我们保留了下来，单只这一点，应该也可以说是孔子的功绩。

诗与乐是联带着的，孔子也特别注重音乐。他自己喜欢弹琴，喜欢鼓瑟，喜欢唱歌。"与人歌而善，必使反之而后和之"，可见他学唱歌是怎样的用心。"在齐闻《韶》三月不知肉味"，可见他对于音乐又是怎样的陶醉。他把音乐不仅视为自我修养和对于门人弟子的情操教育的工具，而且把它的功用扩大起来，成为了治国平天下的要政。这是"与民偕乐"的意思，便是把奴隶时代的贵族们所专擅的东西，要推广开来使人民也能共同享受。这一点不仅表示了这位先驱者充分地了解得艺术价值，而且也显黐地表示了他所代表着的时代精神。不过时代也依然限制了他。他所重视的乐是古代的传统，也就是古乐。他说：《韶》尽美矣又尽善也，《武》尽美矣未尽善也。"《韶》虽不必是舜乐，《武》也不必作于周武王，但总之都是古乐。当时和这古乐对峙的已经有新音乐起来，便是所谓"郑声"，这新音乐却为他所不喜欢，他斥之为"淫"。郑声和《韶》、《武》，我们都听不见了，无从来加以覆勘，但据我们的历史经验，大凡一种新音乐总比旧音乐的调子高，而且在乐理、乐器、乐技上也照例是进步的，故尔所谓"郑声淫"的"淫"应该是过高的意思，决不是如像《毛毛雨》之类的那种所谓靡靡之音，倒是可以断言的。

礼，不用说也是学的极重要的对象。礼，大言之，便是一朝一代的典章制度；小言之，是一族一姓的良风美俗。这是从时代的积累所递传下来的人文进化的轨迹。故有所谓夏礼、殷礼、周礼。但所谓夏礼、殷礼都已文献无征，"无征不信"，故他所重视的是"郁郁乎文哉"的周礼。他特别崇拜周公，以久"不复梦见周公"为他衰老了的征候而叹息。其实乱做梦倒是衰弱的征候，他的晚年之所以"不复梦见周公"，倒足以证明他已经超过了周公的水准了。周公在周初固然是一位杰出的人物，特别在政治上，但所有一切的周礼相传为周公所制作的，事实上多是出于孔子及其门徒们的纂集与假托。

禮是后来的字，在金文里面我们偶尔看见有用豊字的，从字的结构上来说，是在一个器皿里面盛两串玉具以奉事于神，《盘庚篇》里面所说的"具乃贝玉"，就是这个意思。大概礼之起，起于祀神，故其字后来从示，其后扩展而为对人，更其后扩展而为吉、凶、军、宾、嘉的各种仪制。这都是时代进展的成果。愈望后走，礼制便愈见浩繁，这是人文进化的必然趋势，不是一个人的力量可以把它呼唤得起来，也不是一个人的力量把它叱咤得回去的。周公在周初时曾经有过一段接受殷礼而加以斟酌损益的功劳，那是不抹杀的事实，但在孔子当时的所谓周礼又已经比周公时代更进步了。虽然或者说为更趋形式化了要妥当一些，但在形式上也总是更加进步了的。田制、器制、军制、官制，一切都在随着时代改变，没有理由能说总合这一切的礼制全是一成不变的东西。孔子在春秋末年强调礼制，可以从两点来批判他，一层在礼的形式中吹进了一番新的精神，二层是把"不下庶人"的东西下到庶人来了，至少在精神方面。"礼云礼云，玉帛云乎哉！乐云乐云，钟鼓云乎哉！"他并没有专重钟鼓玉帛等礼乐之外形。"人而不仁如礼何！人而不仁如乐何！"他是把仁道的新精神灌注在旧形式里面去了。

"礼与其奢也宁俭，丧与其易（治）也宁戚。"（《论语·八佾》）

"能以礼让为国乎，何有？不能以礼让为国，如礼何？"（《论语·里仁》）

"先进于礼乐，野人也；后进于礼乐，君子也。如用之，则吾从先进。"（《论语·先进》）

这些是表现着他的进步精神。野人就是农夫，他们所行的礼和乐虽然是非常素朴，然而是极端精诚。把精神灌注上去，把形式普及下来，重文兼重质，使得文质彬彬，不野不史（"质胜文则野，文胜质则史"），那倒是他所怀抱的理想。这应该也就是他的礼乐并重的根据吧。礼偏于文，乐近于质，他把这两者交织起来，以作为人类政治生产的韧带，这层是他的政治哲理的一个特色，我们是不能否认的。"礼乐不兴则刑罚不中，刑罚不中则民无所措手足"，他是把人文主义推重到了极端了。

不过就在礼这一方面，时代也依然限制了他。他在形式上特别注重古礼，就和他在乐的方面注重《韶》、《武》而要"放郑声"的一样，有好些当时的世俗新礼，他就看不惯。他主张："行夏之时，乘殷之辂，服周之冕。""行夏之时"，在农业生产上大抵有它的必要。"殷辂"是否特别舒服，"周冕"是否特别美观，我们就无从判定了。据我从卜辞里面的发现，知道殷王所乘的猎车是驾两匹马的，比起周人的驷马来怕不怎么舒服吧。关于冕制，似乎他也还能够从权，且看他说："麻冕，礼也，今也纯（丝），俭，吾从众。"但这"从众"的精神可惜他没有可能贯彻到底。他有时候却又不肯"从众"。"拜下，礼也，今拜乎上，泰也，虽违众，吾从下。"这就表示得很鲜明，他一只脚跨在时代的前头，一只脚又是吊在时代的后面的。"拜下"是拜于堂下，受拜者坐于堂上，拜者"入门立中延北向"而拜，这种仪式，我们在西周的金文里可以找到无数例，这是奴隶制下的礼节。等时代起了变革，阶层上下甚至生出了对流，于是拜者与受拜者便至分庭抗礼，这也正是时代使然。众人都上堂拜，而孔二先生偏要"违众从下"，很明显地是在开倒车。从此可以见得他对于礼，一方面在复古，一方面也在维新。所谓"斟酌损益"的事情无疑是有的，尽管他在说"述而不作"，但如三年之丧便是他所作出来的东西，是不是杰作是另外一个问题，他自己的门徒宰予就已经怀疑过不是杰作了。

　　在主观方面强调学，在客观方面便强调教。教与学本来是士的两翼，他是士的大师当然不能离开学与教。他有有名的庶、富、教的三步骤论，是他到卫国去的时候，冉有替他御车，他在车上看见卫国的老百姓很多，便赞叹了一声："庶矣哉！"——人真多呀。冉有就问："庶了又怎么办？"他答道："富之！"——要使他们丰衣足食。冉有又问："已经丰衣足食了，又怎么办？"他又回答道："教之！"——好生展开文化方面的工作去教育他们。究竟教些什么呢？可惜他没有说。不过他是承认老百姓该受教的，这和奴隶时代只有贵胄子弟才能有受教育的权利，已经完全不同。他是仁道的宣传者，所学的是那一套，所教的也当然就是那一套。文行忠信是他的四教，他的门徒是分为四科的：德行、言语、政事、文学。四教和四科大概是可以扣合的吧，总不外是诗书礼乐和所以行诗书礼乐的精神条件。他本人确实是一位很好的教育家，他的教育方法并不是机械式的，他能够"因材施教"。他也不分贫富，不择对象，他是"有教无类"。当然，也并不是毫无条件，只要有"十小条干牛肉"（束脩）送去，他就可以教你了——"自行束脩以上，吾未尝无诲焉。"这也是教书匠的买卖不得不然,假如连"十小条干牛肉"都没有,你叫教书匠靠吃什么过活呢?

为政总要教民,这是一个基本原则。"以不教民战,是谓弃之","善人教民七年亦可以即戎","举善而教不能,则劝"。这和后起的道家法家的愚民政策是根本不同的,这点我们应该要把握着。因而"民可使由之,不可使知之"的那两句话,近人多引为孔子主张愚民政策的证据的,却是值得商讨了。一个人的思想言论本来是有发展性的,不得其晚年定论,无从判断一个人的思想上的归宿。周、秦诸子的书中都有时常自相矛盾的地方,我们苦于无法知道那些言论之孰先孰后。孔子是号为"圣之时"的,是能因时而变的人。庄子也说过:"孔子行年六十而六十化,始时所是,卒而非之,未知今之所谓是之非五十九年非也。"(《寓言》)他的晚年定论我们实在也无从知道。《论语》这部书是孔门二三流弟子或再传弟子的纂辑,发言的先后次第尤其混淆了,不能不说是一件遗憾。但要说"民可使由之,不可使知之"为愚民政策,不仅和他"教民"的基本原则不符,而在文字本身的解释上也是有问题的。"可"和"不可"本有两重意义,一是应该不应该;二是能够不能够。假如原意是应该不应该,那便是愚民政策。假如仅是能够不能够,那只是一个事实问题。人民在奴隶制时代没有受教育的机会,故对于普通的事都只能照样做而不能明其所以然,高级的事理自不用说了。原语的涵义,无疑是指后者,也就是"百姓日用而不知"的意思。旧时的注家也多采取这种解释。这是比较妥当的。孟子有几句话也恰好是这两句话的解释:"行之而不著焉,习矣而不察焉,终身由之而不知其道者众也。"(《孟子·尽心上》)就因为有这样的事实,故对于人民便发生出两种政治态度:一种是以不能知为正好,便是闭塞民智,另一种是要使他们能够知才行,便是开发民智。孔子的态度无疑是属于后者。

（选自郭沫若著《十批判书·孔
墨批判》,1944 年 8 月 1 日作）

郭沫若（1892—1978）,四川乐山人。早年留学日本,
1928 年开始从事中国古代社会历史研究,是对古代思想、儒
学研究做出重要贡献的学者。曾任中国科学院院长、政务院
副总理兼文化教育委员会主任等职。代表著作有《十批判
书》、《中国史稿》等。

在孔墨批判中,郭沫若从学和教两个方面对孔子的教育
思想进行了阐释。他说,孔子学的内容是"好古",求学的法
门是"好问",主张实事求是,"知之为知之,不知为不知";主
张学与思即主观与客观交互印证。与此同时,他还强调教,
主张开发民智;他有名的庶、富、教的三步骤;他还认为,为
政要教民,"以不教民战,是谓弃之","善人教民七年亦可以
即戎","举善而教不能,则劝",这和后起的道家法家的愚民
政策根本不同。

有教无类解

赵 纪 彬

　　《卫灵公》篇《有教无类》章,只有四个字,为《论语》中最短的一章;全书"类"字亦只此一见。先秦诸子和西京博士对此章,既未称引,亦无训解;本义如何,殊无古证。

　　但自东汉至今,解者则有马融(79—166)、(《论语马氏训说》卷下,《玉山函房辑佚书》,琅嬛馆补校本卷四三,38 页)皇侃(488—545)、(《论语集解义疏》卷八,册 8,16—17 页)程颐(1033—1107)、(《论语集注》卷八,世界书局影印铜版《四书五经》本上册,69 页)朱熹(1130—1200)、(同上)王船山(1619—1692)、(《读四书大全说》卷六,《船山遗书》太平洋书店本册47,47 页)冯登府(1780—1840)、(《十三经诂答问》卷四,《皇清经解续编》卷七四四,16 页)刘宝楠(1791—1855)、(《论语正义》卷一八,《皇清经解续编》卷一〇一八,21 页)刘恭冕(1821—1880)、(同上)章太炎(1869—1936)、(《订孔上》,《检论》卷三,《章氏丛书》浙江书局本,1—3 页)刘师培(1884—1919)、(《读书随笔》、《有教无类》条,《刘申叔先生遗书》册 62,4—5 页)梁启超(1873—1929)等和今人冯友兰先生共十二人。就中除王船山而外,均以此章为孔丘自述教育宗旨,义即不分尊卑贵贱,不问出身,超阶级地教育一切人。

今按:此种训解,纯系望文生义,揆之《论语》全书,毫无根据;不仅歪曲历史真理,亦且为剥削阶级鼓吹超阶级的"全民教育"所利用,不得不辨。

一

五四运动时期,买办学者胡适叫嚷"整理国故"。与此相呼应,形成一股"尊孔读《经》"逆流;借《有教无类》章,以宣传超阶级的"全民教育"思想,采取了新的现代化形式,其间影响较大者,为梁启超和冯友兰先生的训解。

(一)梁启超于1922年在其所著《先秦政治思想史》一书中,关于"有教无类"问题曾说:

> 孔子以前之教育事业在家塾、党庠、乡序、国学,大率为家族、地方长老所兼领,或国家官吏所主持,私人而以教育为专业者,未之前闻,有之自孔子始。孔子以一布衣,养徒三千,本其"有教无类"之精神,自搢绅子弟以至驵侩大盗,皆"归斯受之",以智、仁、勇为教本,以《诗》《书》执《礼》、执射、执御等为教条,"大小精粗,其运无乎不在"。(《饮冰室专集》本第十九章,165页)

(二)冯友兰先生于1933年在其所著《中国哲学史》一书中,关于"有教无类"问题也曾说:

> ……六艺乃春秋固有之学问,先孔子而存在,孔子实未制作之。……但孔子虽未曾制作六艺,而却曾以六艺教弟子。……以六艺教人,并不始于孔子,……不过孔子却是以六艺教一般人之第一人。
>
> ……孔子之讲学,与其后别家不同。别家皆注重其自家

之一家言，……但孔子则是教育家。他讲学目的，在于养成
"人"，养成为国家服务之人，并不在于养成某一家的学者。
所以……《庄子·天下》篇讲及儒家，即说:《诗》以道志，
《书》以道事，《礼》以道行，《乐》以道和，《易》以道阴阳，《春
秋》以道名分。此六者正是儒家教人之六种功课。

　　……士亹教楚太子之功课表中，已有《诗》、《礼》、《乐》、
《春秋》、《故志》等。但此教育，并不是一般人所能受。……
孔子则抱定"有教无类"之宗旨，"自行束脩以上，吾未尝无诲
焉"。如此大招学生，不问身家，凡缴学费者即收，一律教以
各种功课，教读各种名贵典籍，此实一大解放也。故以六艺教
人，或不始于孔子，但以六艺教一般人，使六艺民众化，实始于
孔子。

　　说孔子是第一个以六艺教一般人者，因在孔子以前，在可
靠的书内，吾人未闻有人曾经大规模的号召许多学生而教育
之;更未闻有人有"有教无类"之说。在孔子同时，据说有少
正卯……也曾大招学生，"孔子门人三盈三虚，惟颜渊不去"。
庄子说"鲁有兀者王骀，从之游者与仲尼相若"。不过孔子诛
少正卯事，昔人已谓不可靠;少正卯之果有无其人，亦不可知。
《庄子》寓言十九，王骀之"与孔子中分鲁"更不足信。故大规
模招学生而教育之者，孔子是第一人。以后各家蜂起，竞聚生
徒，然此风气实孔子开之。(《中国哲学史》，中华书局1961
年重印本上册，68—72页)

　　总观关于"有教无类"的新解，就是将实在论的观点应用于中
国哲学史，完成一套超阶级的方法论。具体言之，可分如下三点:

　　第一，将孔丘描绘成为一个超阶级的"教育家";同时亦即以
孔丘所创立的古代前期儒家为一个超阶级的学派。因而，遂以孔

丘讲学的目的,也就在于养成超阶级的"人"。这种不属于任何阶级的抽象的"人",乃是"为国家服务之人";因此,"国家"的概念,也就是超阶级的。正是在"超阶级"这一点上,孔丘"与其后别家不同"。

第二,所谓"有教无类"的"教育宗旨",就是不分阶级地"教育一切人":只要缴纳学费者,就一律教以《诗》《书》《易》《礼》《乐》《春秋》等名贵典籍,"使六艺民众化"。这样,孔丘在中国历史上,完成了空前未有的"大解放"。

第三,孔丘所完成的"大解放",不仅在历史上是空前的,在春秋过渡时期也是唯一的。因为在孔丘以前,没有"有教无类"之说;与孔丘同时的少正卯,果有无其人殊不可知,王骀"与孔子中分鲁",更不足信。经过这样一番"考证",孔丘遂成为中国历史上第一个,而且是唯一的超阶级的"教育家";甚至其所教的《诗》《书》《易》《礼》《乐》《春秋》等"六种功课",也与其后各家所讲的"自家的新学说"不同,亦即因为是"旧书"而没有阶级性。

由以上三点构成的"有教无类"新解,一望而知其与史实不合,于义理不通。例如:(1)教育乃上层建筑,"教育家"何以能超阶级?(2)春秋侯国乃奴隶主世袭贵族的政权,为其"服务之人"又何能超阶级?(3)将《诗》《书》《礼》《乐》《易》《春秋》等所谓"六艺"的奴隶主贵族思想灌输于"一般人"或"民众化",明明为实行毒化或麻醉,何以能视为"此实一大解放"?(4)在奴隶制社会中,奴隶只是会说话的工具,既无财产权又无人身权,何以能有受教育的条件和权利?又何以奴隶主贵族的教育宗旨能为超阶级地"教育一切人"?(5)在何国何地的奴隶制社会史上,存在过奴隶主为奴隶开办学校、对之讲授"名贵典籍"的怪事?(6)最后,孔丘能以摆脱奴隶制社会存在,超然于阶级斗争规律之外的"理"更在何处？凡此六点，均足证其与历史真理背道而驰。应当指出，将"有教无类"解为"教育一切人"，与将"仁者爱人"解为"爱一切人"，同为抹煞阶级斗争的错误观点。

二

将"有教无类"解释为超阶级地"教育一切人"，不仅违背历史真理，而且揆之《论语》全书，亦绝无实据。例如：

（1）《泰伯》篇：子曰：兴于《诗》，立于《礼》，成于《乐》。

（2）同篇：子曰：民可使由之，不可使知之。

上引两章，清人凌鸣喈《论语解义》以为紧相承接；即《诗》《礼》及《乐》，孔丘只用以"诲人"（教弟子），而"民"则"不可使知之"。（刘宝楠《论语正义》卷九引，《皇清经解续编》卷一〇五九，9页）

今按：凌解极是。因此解与《释人民》篇所说《论语》只言"诲人"而不言"诲民"，且明言"困而不学，民斯为下矣"的事实，正相印合。但是，《不使民知》章在经学史上，与《有教无类》章相同，所受的曲解亦极严重。例如：从程、朱起，就曲解为"不使民知"，"非圣人之心"，而是因为"民可使之由于是理之当然，而不能使之知其所以然也"。似此，不仅凭空添出"理"字，解为"知理"、"由理"，而且悍然将"不可"篡改为"不能"，妄言"圣人设教，非不欲家喻而户晓也"。（《论语集注》卷八，世界书局影印铜版《四书五经》上册，33页）

程、朱此种曲解，虽经毛奇龄、（《四书改错》卷一六，《西河全集》本，17—18页）颜元（李塨《论语传注》引，四存学会《颜李丛书》本，43页）相继驳斥，而刘宝楠、刘恭冕父子则仍进一步提出新的曲解：

第一，硬说此章"民"字，"亦指弟子"。亦即"自七十人之外，凡未能通六艺者，夫子亦以《诗》《书》《礼》《乐》教之，则此所谓'可使由之，不可使知之'之民也。"

第二，硬说奴隶主为奴隶开办学校而使之知。并曲解《韩诗外传》所引"俾民不迷"的本义，从而妄言"先王教民，非概不使知者；故家立之塾，党立之庠，……教之而可使知之也。"（刘宝楠《论语正义》卷九引，《皇清经解续编》卷一〇五九，9页）

今按：刘解最荒唐，而却直接影响于钱穆。例如，钱穆的《孔子弟子通考》云：

> 孔子弟子多起微贱。……其后（孔子）亲为鲁司寇，弟子多为家臣、邑大夫；晚世如曾子、子夏，为诸侯师，声名显天下。故平民以学术进身而预贵族之位，自儒而始盛也。（《先秦诸子系年》卷一，商务印书馆 1935 年《大学丛书》本，77 页）

依刘、钱此解，则孔丘创立的古代前期儒家，即为"民"的阶级的学派，至少孔丘弟子中有一部分出身于"民"的阶级；而实则绝无此事。此因在奴隶制社会中，所谓"贫富""贵贱"，系专指"人"的阶级的升降、穷通，而与"民"无关。《周礼·天官·太宰》"以八柄诏王驭群臣，一曰爵以驭其贵，二曰禄以驭其富，……六曰夺以驭其贫，七曰废以驭其罪（废黜之不令在位，失位、无位谓之贱）"云云，正谓此事。

因此，孔丘弟子中所谓贫人、微贱者，例如：颜路、颜渊父子，曾皙、曾参父子以及闵损、原思等人，全是公族出身，在春秋过渡时期沦入贫贱者，即孔丘、孔鲤父子，亦是如此；（详见《原贫富》篇）绝非孔丘以"民"为教育对象之证。

但是，曲解尚不止此，在清末，资产阶级保皇派，为要从孔丘思想中捏造出君主立宪的根据,梁启超在《孔子讼冤》中,关于《民可使由之》章释为:根据此章断言孔丘反对民主,乃俗儒句读错误所致;其正读应为"民可,使由之;不可,使知之";义即关于君主立宪,民众已有此知识,就立刻实行之;民众尚无此知识,就开发民智,创造条件,准备尽速实行之。(原文载光绪二十八年〔1902〕《新民丛报》第八号、《杂俎》栏,《小慧解颐录》)

似此,将孔丘尊为君主立宪论的祖师爷,乃是今文公羊家神化孔丘的"非常可怪之论";而宦懋庸在其《论语稽》中,(程树德《论语集释》卷一五引,461页)陈汉章在其《论语征知录》中,(《缀学堂丛稿初集》本,8—9页)则竞相演述梁说,愈说离孔丘的本义愈远。至五四后期,尊孔复古的逆流甚嚣尘上,梁启超在其《先秦政治思想史》一书中,对此章又提一种更为荒唐的解说:

> 《论语》有"民可使由之,不可使知之"二语,或以为与《老子》"愚民"说同,为孔子反对人民参政之语,以吾观之,盖未必然。"不可"二字,当作"不能彀"解。《孟子》曰:"行之而不著焉,习矣而不察焉,终身由之而不知其道者众矣",此章正为彼文注脚。"可以有法子令他们依着这样做,却没有法子令他们知道为什么这样做",此即"民可使由,不可使知"之义也。例如"慎终追远,民德归厚";"故旧不遗,则民不偷"。使民厚,使民不偷,此所谓"可使由之"也;何以慎终追远便能厚?何以故旧不遗便不偷?此其理苦难说明,故曰"不可使知"也。儒家无论政治谈、教育谈,其第一义皆在养成良习惯。夫习惯之养成,全在"不著不察"中,所谓"徙善远罪而不自知";故曰"终身由而不知",乃固然也。然则欲以彼二语构成儒家反对民权之谶者,非直冤酷,亦自形其浅薄也。(《饮冰室专集》本第五〇章,180页)

从末尾"冤酷"二字,足证此其20年前《孔子讼冤》的旧案重提。但是,孔丘在1902年为君主立宪的"圣人",到1922年又变成民权主义的"先知";意在针对五四初期批判孔丘的贵族专制进行反攻倒算,甚为明白。

应当注意者,即梁启超如此曲解孔丘"不使民知",与前引其曲解"有教无类",正相发明,亦即因为政治上主张"民权",所以在教育上不分阶级地"教育一切人"。又应注意者,冯友兰先生对于"不使民知",虽然避而未谈,其训解"有教无类",亦无形中以"民可使知"为前提;故亦主张超阶级地"教育一切人",与梁启超殊途而同归。

但是,于此存在一个根本问题,即孔丘不仅绝无"民可使知"之言,反而力言"使民知之"的极大危害性。例如,《左传》昭公二十九年载,晋赵鞅、荀寅,赋晋国一鼓铁以铸刑鼎,著范宣子所为"刑书"焉。孔丘对此曾云:

> 晋其亡乎!失其度矣。夫晋国将守唐叔之所受法度,以经纬其民,卿大夫以序守之;民是以能尊其贵,贵是以能守其业;贵贱不愆,所谓度也。……今弃是度也,而为刑鼎;民在(察)鼎矣,何以尊贵?贵何业之守?贵贱无序,何以为国?

似此,孔丘断言"民"一旦明察起来,将导致"贵贱无序,何以为国"的危机;其不使民知,昭然若揭。并且前此23年,即昭公六年,郑人铸"刑书",晋叔向使诒子产书亦曾云:

> 昔先王议事以制,不为刑辟,惧民之有争心也。……民知有辟,则不忌于上;并有争心,以征于"书"。……民知争端矣,将弃礼而征于"书",锥刀之末,将尽争之。……终子之世,郑其败乎!

今按:叔向此书,与上引孔丘之言,如出一口,足证在春秋末叶，"不使民知"，乃奴隶主贵族所共守的戒律。依此戒律，孔丘自必不以"民"为教育对象，因而亦必不以《诗》《书》《礼》《乐》《易》《春秋》等六种所谓"名贵典籍"诲"民"。

关于"民"在春秋的奴隶身份及其被儒家视为"不可使知"的"下愚"，至汉唐时期，尚为学人所共知，例如，东汉的郑玄（127—200），对于《民可使由》章"民"字《注》云：

> 民，冥也；其见人道远。（《丧服传疏》，陈鳣《论语古训》卷四引）

又《注》云：

> 由，从也；言王者设教，务使人（民）从之。① 若皆知其本末，则愚者或轻而不行。（《后汉书·方术传·注》，中华书局标点本，2705 页）

今按：郑玄于此所谓"人道"，当即《礼记·丧服小记》所谓"亲亲、尊尊、长长，人道之大者也"；其所谓"见人道远"，亦当即同书《缁衣》篇所谓"夫民，闭于人而有鄙心。"关于《缁衣》此章，郑《注》亦云：

> 民不通于人道，而心鄙诈，卒难告谕。（宋卫湜《礼记集说》卷一四二引，《通志堂经解》册 411,6 页）

上引郑玄关于"民"的训解，初非一家之言，实乃汉唐学人的通诂。关于此事，清人潘维城曾云：

---

① 清人潘维城《论语古注集笺》卷八（《皇清经解续编》卷九一六,7 页）云：《经义杂记》曰："《书·尧典·正义》引《六艺论》云：……上下交让，务在服人；孔子曰'人可使由之，不可使知之'，此之谓也。与此《注》同义，皆言愚者不可使尽知本末也。疑郑注《鲁论》，本作'人可使由之'。《六艺论》引同，故《注》云务使'人'从之，不作'民'字。"维城案："民"之作"人"，当是仲达避唐讳，非必《鲁论》异文也）

《春秋繁露·深察名号》篇云："民者,瞑也;民之号,取之瞑也。"《书·多方·序》"迁顽民",郑《注》:"民,无知之称。"《荀子·礼论》:"外是(礼),民也",杨倞《注》:"民,泯无知者。"皆足证"民不可使知"之义。①

总之,孔丘既以"民"为"不可使知"的"下愚",且以"民"一旦明察起来,将会导致"贵贱无序,何以为国"的恶果,则必不以"民"为教育对象;因而所谓"有教无类"的本义,亦必非"不问出身"、超阶级地"教育一切人"。

三

《释人民》篇已经说过:《卫灵公》篇所谓"有教无类",根本非言"教育"问题。旧《注》用以阐明孔丘教育宗旨,根源固为统治阶级偏见所驱使,而其欺骗性则在于利用对字义的误解。为此,需要从疏证字义中探求章旨的真谛。

先释"有"字。

关于"有教无类"之有,旧《注》皆释为"有无"之有,且皆视为当然;从未产生任何别解,亦未产生任何怀疑。实则"有"字义谛最为繁多,在字学史上争论亦最大。(参看马叙伦《说文解字六书疏证》卷一三,51—52 页。丁福保《说文解字诂林》,3003—3006页)兹就《论语》来看,全书"有"字一百七十三个,约有百分之十不训"有无"之"有",而是别具义谛。例如:

(一)《学而》篇"有朋自远方来"之有,即训"朋友"之友;所以《白虎通·辟雍》篇引作"朋友自远方来",郑《注》亦云:"同门曰

① 同上页注。

朋,同志曰友。"清人武亿(1745—1799)《群经义证》、(《皇清经解续编》卷二二三,10 页)洪颐煊(1765—1833)《读书丛录》、(《皇清经解》卷一三九二,45 页)臧庸(1767—1811)《拜经日记》、(《皇清经解》卷一〇一六,6 页)阮元(1764—1849)《论语校勘记》(《论语注疏校勘记·学而第一》,《皇清经解》卷一〇一六,庚申补刊本,6 页)以及俞樾(1821—1906)《群经平议》(《皇清经解续编》卷一三九一,1 页)等书,均主"旧本皆作'友'"之说。

(二)《为政》篇"施于有政"之有,乃语助。清人王引之(1766—1834)《经传释词》卷三云:

> 一字不成词,则加"有"字以配之。若……政曰"有政"。《论语·为政》篇引《书》曰:"友于兄弟,施于'有政'"。(中华书局 1957 年精装本,74—75 页)

(三)同篇"吾十有五"。

(四)《公冶长》篇"惟恐有闻"。

(五)《乡党》篇"长一身有半"。

此三"有"字皆训"又"。

(六)《学而》篇"有子曰"。

(七)同篇"有子曰"。

(八)同篇"有子曰"。

(九)《颜渊》篇"哀公问于有若曰"。

(十)同篇"有若对曰"。

此五"有"字,皆人的姓氏。

(十一)《泰伯》篇"笾豆之事,则有司存"。

(十二)《子路》篇"先有司"。

(十三)《尧曰》篇"出内之齐,谓之有司"。

此三"有"字,与"司"字为合成名词,是一级"职官"的称谓。

（十四）《子路》篇"始有，曰苟合矣"。

（十五）同篇"少有，曰苟完矣"。

（十六）同篇"富有，曰苟美矣"。

此三"有"皆训"取"。《诗·大雅·瞻卬》篇：

> 人有土田，女反有之；人有民人，女覆夺之。

关于此《诗》此"有"字，清人马瑞辰（1782—1853）《毛诗传笺通释》云：

> "有"，"取"也；"有之"，"取之"也。"夺"者，"敚"之假借；《说文》："敚"，强取也。（《皇清经解续编》卷四四二，37页）

马叙伦《说文解字六书疏证》云：

> 高田忠周曰："金文有字皆从肉从又，又即声也。有盖肬之古文。"王国维曰："有即侑之初文，从又持肉。"（马叙伦《说文解字六书疏证》卷一三，51——52页引）

今按：从本义"从又（手）持肉"，引伸而为"夺取"之义，亦即今语所谓"剥削"。关于《论语》此章所说"始有""少有""富有"的剥削性质，另详《原贫富》篇。

总上十六个"有"字的四种涵义，足证绝非《论语》中"有"字皆为"有无"之有；从而亦即证明《卫灵公》篇"有教无类"之有，不一定必为"有无"之有。但是，如前所述，从东汉至今，从马融到冯友兰先生，约一千九百年中，旧解十二家，包括王船山在内，均以此章"有"字为"有无"之有；此种错误训解，实为孔丘超阶级地"教育一切人"的字义基础之一。因此，应重点地给以考辨。

（十七）《卫灵公》篇"有教无类"之有，似应训"域"。关于在字义上"有""域"古通，清人段玉裁（1735—1815）、（《诗经小学释》，《皇清经解》卷六三三，6页）王念孙（1744—1832）（《荀子·

礼论·注》,王先谦《荀子集解》卷一三引,《诸子集成》本,238页)以及汪远孙(1749—1836)(《国语发正》卷四,振绮堂版,7页)等人,各有考辨;而以陈乔枞(1809—1869)在其《韩诗遗说考》卷十八所说最为详备:

> 《商颂·玄鸟》篇"方命厥后,奄有九域",《韩诗》曰云云,薛君曰:"九域,九州也。"(《文选》三十五、潘勖《册魏公九锡》文注)
>
> 乔枞案:九域,《毛诗》作九有,《传》云:"九有,九州也",是"有"即"域"之通假。《史记·礼书》"人域是,君子也",《荀子》"域"作"有",此"有""域"古通之验。徐幹《中论·法象》篇"成汤不敢迫遵而奄有九域",与《韩诗》字同,知三家今文皆作"九域"。马瑞辰曰"'域'与'有'一声之转,故通用"。"有"之言"囿",亦分别区域之义。《洛书》曰:"人皇始出,分理九州为九囿";段玉裁曰:"九囿,即《毛诗》之九有,《韩诗》之九域,域本或之异体,或训有,故域亦训有。"
>
> 《说文》:"或,邦也,从囗(羽非切)、弋,以守其一;一,地也。或,从土作域。"段氏玉裁曰:"或既从囗从一矣,又从土,是为后起之俗字"。然"域"字已见《韩诗》,《说文》亦载之;或已从一为地,而复加土为域,犹或已从囗为围,又加囗而为国,不得遂以国为俗字也。(《皇清经解续编》卷一〇六六下,1—2页)

据上引陈乔枞的训解,似乎可以说:"有教无类"之有,亦当训"域";亦即《孟子·公孙丑下》"域民不以封疆之界"的域字。关于《孟子》此"域"字,赵岐(?—201)《注》云:

> 域民,居民也。

对于赵岐此《注》,清人焦循(1763—1802)的《孟子正义》卷四

《疏》云:

《荀子·礼论》篇云:"是君子之坛宇宫廷也。人有是,士君子也。"《史记·礼书》云:"是以君子之性宇宫廷也。人域是域,士君子也。"《毛诗》"正域彼四方",《传》云:"域,有也";"有是"即"域是"。《索隐》云:"域,居也;言君子之行,非人居亦弗居也。"上言宫廷,下言域,故知"域"是"居",与赵氏同也。

阎若璩《释地》云:《汉书·地理志》言齐初封地舄卤,寡人民,乃劝业通商,而人物始辐奏。先发端云:古者有分土无分民;颜师古《注》:"无分民者,谓通往来不常厥居也",最是。所以《硕鼠》之诗,"逝将去女";《论语》之书,"襁负而至"。至若七国便不然:"域民不以封疆之界",则当时封疆之界,固以域其民矣。

按《吕氏春秋·慎人》篇云:"胼胝不居",高诱《注》云:"居,止也。"以法禁之,使民止于此居也;以德怀之,未尝禁之,而民自止于此,亦居也。居民不以封疆之界,谓止民不以法禁之,以德怀之也。居此民则止此民,止此民即有此民矣。(《皇清经解》卷一一二四,3页)

今按:焦循此《疏》,乃发挥阎若璩(1636—1704)《四书释地》之说,而阎说实正误参半:其以"七国封疆之界,固以域其民",自是奴隶束缚于土地之证;而以此制始于战国,春秋以上之民皆"往来不常厥居",则与奴隶制发展的史实恰相背驰。至于《硕鼠》之"逝将去女",《论语》之"襁负而至",皆奴隶逃亡之事,竟视为民可自由往来,尤为荒诞。焦承阎解,虽然有此错误,但其将"域民"训为"以法禁之",使民止于此居",则确定无疑。

总观上述,足证"有教无类"之有,非"有无"之有,而乃"域民"之域。因而一般旧《注》将"有教"释为"尽人而有之以为教",固是离题万里,而王船山释为"君子之有其教",(《读四书大全说》卷六,《船山遗书》太平洋书店版,册47,47页)亦属非是,而只能释为对所"域"之民,依方舆或疆界施行教练或教令之义。

至于"教"字的本义,即应续予考辨。

四

次释"教"字。

关于《有教无类》章"教"字,旧《注》均释为"教育"之教,而实为错误。如《释人民》篇所说,今语所谓"教育",在《论语》中不名"教"而名"诲";《论语》只言"诲人"而不言"诲民",足证春秋时期奴隶主贵族的"教育"乃为"人"而设,"民"的阶级则非其教育对象。与此相对,《论语》只言"教民"而不言"教人",又足证此"教"字乃专用于"民"的特殊名词,本无今语"教育"之义。

关于《论语》中"教"字的本义,我在《释人民》篇中,曾释为奴隶主对奴隶施行的军事教练。今按:此解尚称有据,而却不够完全。此因在历史上,一切剥削阶级都不会放松对于被剥削阶级的思想统治;特别在春秋过渡时期,阶级斗争激化,奴隶主贵族对奴隶的思想统治亦必更为严厉,妄图用以保证"民"为驯服的耕战工具。此即是说,与《子路》篇"善人教民七年,亦可以即戎矣","以不教民战,是谓弃之"云云相发明,《左传》成公七年所载申公巫臣以晋卒适吴,对吴卒"与其射御,教吴乘车,教之战阵,教之叛楚";哀公元年伍员所谓"越十年生聚而十年教训"。此诸"教"字,同为教民以军事技能的明据。

但是,与军事技能的教练相联系,奴隶主贵族同时亦以政治经

济的教令或教化,强加于民。例如:

(1)《为政》篇:季康子问:使民敬、忠以(与)劝如之何? 子曰:临之以庄则民敬,孝慈则民忠,举善而教不能则民劝。(此章"民敬"、"民忠"、"民劝"三"民"字,为今本所无,兹据皇《疏》本校增)

今按:季康子所以问"使民敬忠以劝",乃由于当时的"民",相率趋于不敬、不忠、不劝,至为明白。孔丘提出的对策:

A　"临之以庄则敬",与《卫灵公》篇"知(智)及之,仁能守之,不庄以莅之,则民不敬";《子路》篇"上好礼,则民莫敢不敬";《尧曰》篇"君子正其衣冠,尊其瞻视,俨然人(民?)望而畏之,斯不亦威而不猛乎"云云,均可互训。

B　"孝慈则民忠",亦即《学而》篇"慎终追远,民德归厚矣";《泰伯》篇"君子笃于亲,则民兴于仁,故旧不遗,则民不偷"之义。

C　"举善而教不能则民劝","能"与"克"互训,而"克"即以肩负物而能胜任的体力劳动;(另详《仁礼解故》篇)"不能"即不肯勤力于劳动生产;"劝"即"勤",亦即"不怠""不偷",(《释一二》第三章)将此全句义译之,即"举用善人而对不肯勤力于劳动生产的惰民施以强制教令,则芸芸烝民即知所畏戒而不敢怠";《荀子·君道》篇所说"赏克罚偷,则民不怠",亦即此义。

(2)《述而》篇:(孔)子以四教:文、行、忠、信。

此章《释人民》篇解而未尽,而实则此四项"教民"的教化或教令,就中除"行"字仍待续探而外,皆为养成"即戎"斗志的"民德"。例如,《左传》僖公二十七年云:

晋侯始入而教其民。二年欲用之。(杜《注》:"用,用(民)征伐也")子犯曰:"民未知义,未安其居。"于是乎出定襄王,入务利民;民怀生矣。将用之,子犯曰:"民未知信,未宣其用。"于是乎伐原以示之信;民易资者,不求丰焉,明征其辞。公曰:"可矣。"子犯曰:"民未知礼,未生其共。"于是乎大蒐以示之礼,作执秩以正其官。民听不惑,而后用之:出毂戍,释宋围,一战而霸,文之教也。

关于此《传》,孔《疏》云:

> 《论语》云:"上好礼,则民莫敢不敬;上好义,则民莫敢不服;上好信,则民莫敢不用情。"今晋侯以义、信、礼教民,然后用之,是文德之教也。明年(战城濮)《传》:君子谓晋于是役也,能以德攻。《注》云:以文德教民而后用之,谓此役也。

上引《传》、《注》、《疏》三结合,明言"以文德教民"的"礼"、"义"、"信"等所谓"民德",目的均在于保证"一战而霸",亦即仍为"教民战"、"教民即戎"之义;其施教方法,如"出定襄王"、"伐原"、"大蒐"等等,亦均为行政、行军的教令或政令,务使民"莫敢不敬"、"莫敢不服"、"莫敢不用情"(诚);凡此,皆与《论语》强民必从的"教民"方法属于同类,而绝非与"诲"同义的"教育"本义。

有人说:此《传》言"教民",三言使民"知义"、"知信"、"知礼";则"教"之而使之"知",岂非与"不使民知"之义相抵触?

不知此《传》此三"知"字,并非认识论中的"认识"、"知识"或"理解"之义,而乃态度、情谊上的匹偶交接、相合、和顺之义,例如,《左传》昭公四年云:

> 公孙明知叔孙于齐。

杜《注》云:

> 与叔孙相亲知。

今按:《墨子·经上》与《庄子·庚桑楚》,均训"知"为"接",而"接"以交、会、对、合为义,故凡与人相交接,或与物相和合,均谓之"知";杜《注》所说的"亲知",亦即今语"相为知己"之义。又如,《诗·桧风·隰有苌楚》"乐子之无知",《鲁诗》和郑《笺》都说"知,匹也"。清末经学者王先谦(1842—1917)《疏》云:

> 凡相接、相合皆训匹。《广雅》"接,合也";"知"训接、训合,即得训匹。又,古者相交接为相知,《楚辞》"乐莫乐兮新相知",言新相交也;"交"与"合"义亦相近。《芄兰》诗"能不我知","知"正当训"合";不我知为不我合,犹不我甲为不我狎也。《曲礼》"男女非有行媒,不相知名",《释文》作"不相知",以"名"为衍字;今按:"不相知"即"不相匹"也。皆"知"可训"匹"之证。(《诗三家义集疏》卷一一,虚受堂刊本,5页)

总上可知,《左传》僖公二十七年所说教民"知义"、"知信"、"知礼",乃是说用各种强制性措施,务使民的态度合于义、信、礼等教令的要求,孔《疏》特用三个"莫敢不"以释此三个"知"字,恰巧表明与"教民"相连的"知"字,不是对"民"进行教育,而只是用行政措施,使民必从之义。

正因"教"字为强使必从的政令,所以与"论语"中一部分"道"(导)字和"使"字亦可互训。例如:

(1)《为政》篇:道(导)之以政,齐之以刑,民免而无耻;道(导)之以德,齐之以礼,有耻且格。

此二"道"(导)字,旧注训"治",是"导民"即"教民",亦即"治民"之义。

(2)《学而》篇:使民以时。

(3)《八佾》篇:使民战栗。

(4)《公冶长》篇:其使民也义。

(5)《泰伯》篇:民可使由之,不可使知之。

(6)《颜渊》篇:使民如承大祭。

此六"使"字,亦皆可与"教"字互训。

与"教"、"导"、"使"三字互训相联系,则"教民"亦即"治民"之义。例如,《国语·周语》记樊穆仲曰:"鲁侯孝。……王曰:然则,能训(顺)治其民矣。"此"孝"字清人黄以周(1828—1899)以为"季","季"即"敩"也。(马叙伦《说文解字六书疏证》卷六,155—156 页引)

《大戴礼记·王言》篇亦引孔丘云:

> 上敬老则下益孝,上顺齿则下益悌,上乐施则下益谅,上亲贤则下择友,上好德则下不隐,上恶贪则下耻争,上强果则下廉耻;民皆有别,则政亦不劳矣。此谓七教。七教者,治民之本也。

今按:《大戴礼记》虽是汉人编撰,而此所谓"治民之本"的"七教",则与《论语》中"教"字的本义正相印合。

《史记·商君列传》记商鞅与赵良对话有云:

> 商君曰:始秦,戎、翟之教,父子无别,同室而居;今我更制其教,而为其男女之别,大筑冀阙,营如鲁、卫矣。子观我治秦也、孰与五羖大夫贤?……赵良曰:五羖大夫……相秦六七年,……发教封内,而巴人致贡;……今君……教之化民也,深于命;民之效上也,捷于令;今君又左建外易,非所以为教也。

《史记》此五"教"字,显系"教化""教令"之义,所以《索隐》引刘氏云:"教谓商鞅之令也。"明人陈樊仁亦以"言出而民效"训"教"字,足证教字乃专用于民的特殊名词。

总而言之,《论语》"有教无类"的教字,乃是奴隶主贵族对于所域之民("域民"一词,除上引《孟子·公孙丑下》"域民不以封疆之界"外,《汉书·食货志上》亦云:"是以圣王域民,筑城郭以居之")施行的教化,发布的教令,以及军事技能的强制性教练。但是,不论政治经济上的教化、教令,或军事战阵上的技能教练,全为上施下效的强制性措施,("教"由"教令""教化"之义,引申而为上级告谕下级的一种文体名称,《汉书·赵尹韩张两王传》所说"王尊出《教》敕椽功曹",即用此义)目的在于将奴隶主所需要的精神绳索强加于民,迫之必从,而与在"人"的内部进行"诲知""学习"的教育,有严格的阶级界限,不容混同。所以本节开头曾说:以"有教无类"之教,为"教育"之教,实为错误。

五

再释"类"字。

上面已经说过"有教无类"的"类"字,旧《注》释为"善恶""尊卑"的差别;至梁启超,特别从冯友兰先生开始,释为"身家"(阶级),实为无稽的妄说。此因"类"字在春秋时期,尚无"阶级的界限"或"逻辑的类别"之义,而只是氏族范畴的"族类"之义。例如,《左传》成公四年载季文子对成公问"求成于楚而叛晋"云:

> 史佚之《志》有之曰:"非我族类,其心必异。"楚虽大,非吾族也;其肯字我乎?

史佚之《志》所说的"族类",当即孔丘所说"有教无类"之类;所以在《释人民》篇,我们曾对明人高拱(1512—1578)以此章之类"是族类,言教之所施,不分族类"之说,表示同意,即因此故。

"类"与"族"本是互训之词。例如:

(1)《国语·周语下》云:

> 《诗》曰:"其类维何? 室家之壸。"……类也者,不忝前哲之谓也。

韦《解》云:

类,族也。……古能以孝道施于族类,故不辱前哲之人也。

(2)《国语·晋语一》云:

生之族也。

韦《解》云:

族,类也。

似此,"族"既可以训"类","类"又可训"族";而"类"与"族"都又有"姓"义。所以《鲁语下》云:

彼无亦置其同类。

韦《解》云:

同类,民姓也。

《易·同人·象传》"君子以类族辨物"之"族"字,清人惠栋《周易述》释云:

族,姓。族姓者,《战国策》曰:"昔者,曾子处费,费人有与曾子同名族者",《注》云:"族,姓也。"襄三十一年《春秋传》曰:"辨于大夫之族姓、班位",故知"族"为姓也。(《皇清经解》卷三三九,13 页)

"族"与"类"皆有"姓"义,而又为"氏"之别名。例如,清人陈寿祺《五经异义疏证》引郑玄驳许慎云:

《春秋左传》:无骇卒,羽父请谥于族。(隐)公问族于众仲,众仲对曰:"天子建德,因生以赐姓;胙之土而命之氏。诸侯以字为谥,因以为族;官有世功,则有官族;邑亦如之。"公命以为展氏。

以此言之,天子命氏,诸侯命族,族者,氏之别名也,氏者,所以别子孙之所出;故《世本》之篇,言姓则在上,言氏则在下也。(同书卷一二五〇,8—9 页)

《左传》隐公元年：君子曰：颍考叔纯孝也，爱其母施及庄公。《诗》曰："孝子不匮，永锡尔类。"

清人刘文淇（1789—1854）《春秋左氏传旧注疏证》云：

《丧服传》"绝族无施"，服《注》"在旁而及曰施"……毛《传》"匮，竭也。"郑《笺》"永，长也。"孝子之行，非有竭极之时，长以与女之族类，谓广之以教道天下也。《正义》谓《诗·注》意"类"谓子孙族类。（《春秋左氏传旧注疏证》，科学出版社1959年版，11—12页）

总此足证，训"族类"之类，乃氏族范畴的用语，亦即同血缘的宗族集体之义。《史记·春申君列传》所说："人民不聊生，族类离散流亡为仆妾者，盈海内矣"云云，即用此义。

此一意义的族类，亦即所谓"氏族"或"畴类"，乃西周奴隶制的支柱。例如，《左传》定公四年载祝佗（子鱼）对苌宏云：

昔武王克商，成王定之，选建明德，以藩屏周；故周公相王室以尹天下，于周为睦。分鲁公以……殷民六族：条氏、徐氏、萧氏、索氏、长勺氏、尾勺氏，使率其宗氏，辑其分族，将其类丑，以法则周公，用即命于周：是使之职事于鲁，以昭周公之明德。分之土田倍敦，……因商奄之民，命以《伯禽》，而封于少皞之虚。分康叔以……殷民七族：陶氏、施氏、繁氏、锜氏、樊氏、饥氏、终葵氏；……取于有阎之土，以共王职，……聃季授土，陶叔授民，命以《康诰》，而封于殷虚；皆启以商政，疆以周索。分唐叔以……怀姓九宗，职官五正，命以《唐诰》，而封于夏虚。

今按：祝佗此段关于周人克商后的奴隶制建设史追述，颇为名贵。惟其所谓"殷民六族"、"殷民七族"与"怀姓九宗"云云，需要略加解释。对此问题，清人顾炎武（1613—1682）《日知录》卷二

《武王伐纣》条云:

> 顽民皆畔逆之徒也。其与乎畔而迁者,大抵皆商之世臣大族:其不与乎畔而留于殷者,如祝佗所谓"分康叔以殷民七族"。(遂初堂藏版,11页)

对于顾炎武以"殷民七族"为殷之庶民之说,阎若璩颇持异议,故在其《潜丘札记》中驳之云:

> 上文分鲁以殷民六族,使之帅其宗氏,辑其分族,将其丑类,以法则周公,用即命于周;是使之职事于鲁;一则曰"宗氏",再则曰"分族",尚得谓非商之世臣大族乎?岂同氏族而分康叔者独为民乎?此不可解。(《皇清经解》卷二六,7页)

对于顾、阎此一分歧,我们同意阎氏。此因此两"民"字,均当系"氏"字,形近而误。《史记·殷本纪·赞》的"殷氏""北殷氏",当即此《传》"殷民"的本字,亦即在克商以后,将"有土有民"的殷世族大臣,分赐于鲁公六族,康叔七族,用即命于周。

其次,关于"怀姓九宗",清人刘文淇《疏证》云:

> 杜《注》云:唐叔始封,受怀姓九宗,职官五正,遂世为晋强家。五正,五官之长;九宗,一姓为九族也。《正义》云:周成王灭唐,始封唐叔以怀氏一姓九族,及前先伐五官之长子孙赐之。言"五官之长"者,谓于殷时为五行官长,今襃宠唐叔,故以其家族赐之耳。(科学出版社1959年版,38页)

由此可见,不论"殷氏"、"怀姓",在西周奴隶制鼎盛时期,皆是奴隶主贵族世袭统治的社会支柱。

六

最后,总释"有教无类"。

如前所说:氏族制度范畴的"族类",乃西周奴隶主贵族所据以实行世袭统治的社会支柱;因而《论语》所说的"无类",亦即"不分族类"、或"泯除族类界限"之义。更以此义与前释"有教"相联系,则"无类"之不能释为"不问身家",或"不复论其尊卑、善恶",殊为显然。此因孔丘乃奴隶主贵族阶级的思想家,如《乡党》篇所明记,其等级观念极强;对于一切问题,均不可能以"平等""民主"方法观察、处理。前引冯友兰先生致误的根源,当在于此。

有人说:孔丘既是奴隶主贵族阶级思想家,对此"教民"问题,何以舍弃曾为西周奴隶制社会支柱的"族类"原则,而反言"无类"?

为要正确理解此中义蕴,需知春秋为过渡时期,氏族制度已随奴隶制衰微而瓦解,其性质与作用已向对立面转化。此所谓向对立面转化,是指这样两层意义:其一,同姓异姓杂处一域,各有自己的奴隶主与奴隶,亦即各族类内部都有阶级分化,已不能作为区别尊卑贵贱的标准;其二,一部分强宗、大族垄断政权和军权,不仅相互争田、夺室、发动内战,并且与公室对抗,僭礼致富,弑君作乱,为加速封建化过程开辟道路。兹分别阐释如下:

第一,春秋的各侯国,皆是多族类国家,亦即同姓和异姓的奴隶主贵族联合专政的政权。例如:(1)鲁为姬姓,其异姓贵族有曾氏、党氏、孔氏、鍼巫氏以及所谓"殷民六族";(2)晋为姬姓,其异姓贵族有赵氏、范氏、董氏、辛氏、荀氏、右行氏以及所谓"怀姓九宗";(3)卫亦为姬姓,其异姓贵族则有孔氏、褚师氏以及所谓"殷民七族";(4)齐为姜姓,其异姓贵族有管氏、陈(田)氏、王孙氏以及所谓"遂之四强宗";(5)宋为子姓,其异姓贵族有雍氏、仇氏和南宫氏;(6)楚为芈姓,其异姓贵族则有堂溪氏、辕氏、夏氏、孔氏、管氏、申氏、沈氏、彭仲氏、观氏、然氏等。

应当注意者是:春秋侯国的异姓贵族,与西周时由天子分赐者不同,多自他国逃亡而来;其所以逃来,或因政争失败,或因犯罪诛族,或因灭国夺室,或因礼聘留居,往往多与本国的公室为敌对关系;如楚伍员以楚公族为避父难而奔吴,吴子与之申地,因以为氏,并将吴卒而伐楚,固是周知的显例;此外,《左传》成公七年所载申公巫臣的事件,亦颇典型:

> (成公二年,共王即位,使屈巫聘于齐,巫臣尽室以行,遂奔晋而因郤至以臣于晋,晋以为邢大夫。)子重、子反杀巫臣之族子阎、子荡及清尹弗忌,及襄老之子黑要而分其室。子重取子阎之室,使沈尹与王子罢分子荡之室,子反取黑要与清尹之室。巫臣自晋遗二子书曰:"尔以谗慝贪婪事君,而多杀不辜,余必使尔疲于奔命以死。"巫臣请使于吴,晋侯许之。吴子寿梦说之。乃通吴于晋,以两之一卒适吴舍偏两之一焉,与其射御,教吴乘车,教之战陈,教之叛楚。置其子狐庸焉,使为行人于吴。吴始伐楚,……子重、子反于是乎一岁七奔命,蛮夷属于楚者,吴尽取之,是以始大,通吴于上国。

似此,为本族复仇,使邻国之兵,征伐本国的公室,而不以为非,自是氏族制度瓦解,失去血族纽带作用的证件。自孔丘以降的各侯国思想家,相率游说他族君主,务求见用,全无"族类"界限,亦因此故。

从他国逃来的异姓贵族,不论"赐族"与否,皆是有土有民的当权派,与同姓贵族无异。如管仲在齐,桓公尊之为"仲父",赐之"三归之田",又自"夺伯氏骈邑三百",(另详《原贫富》篇)可谓"富且贵"的典型异姓贵族,陈(田)氏则弑简公而有齐国;孔丘在鲁,自称"吾少也贱",而一旦为鲁司寇,弟子原思为之宰,则"与之粟九百";子华使于齐,冉求亦与其母"粟五秉",足证此所与之粟,皆从对奴隶剥削而来,是孔丘在鲁,亦为异姓的奴隶主贵族。

此等异姓贵族,与所在国公室的关系,亦大不相同。例如,晋之怀姓九宗,清人梁履绳云:

> (桓王)三年(鲁隐五年),晋之九宗五正,复逆鄂侯入晋,使与哀侯分国而治。其不忘故君如此。(《史记志疑》卷二一,《丛书集成》本,899页)

与怀姓九宗对晋公室持拥护态度相反,齐之妫姓四强宗,则曾举行暴动以反抗齐公室。所以《左传》庄公十七年云:

> 夏,遂因氏、领氏、工娄氏、须遂氏,飨齐戍,醉而杀之,齐人歼焉。

并且不仅各侯国都有异姓贵族,其同姓贵族亦往往有"非我族类"的异姓奴隶,例如,《左传》宣公十五年云:

> 晋侯赏桓子狄臣千室。

异姓贵族,亦有自己的兵卒。例如,《左传》定公十年云:

> 夏,公会齐侯于祝其实夹谷。……(齐侯)使莱人以兵劫鲁侯。……孔丘以公退曰:"士兵之!两君合好,而裔夷之俘以兵乱之,非齐君所以命诸侯也。裔不谋夏,夷不乱华,俘不干盟,兵不逼好,于神为不祥,于德为愆义,于人为失礼,君必不然。"齐侯闻之,遽辟之。

此《传》所说"裔夷之俘",《穀梁传》名为"夷狄之民",是"兵""民"一实,"耕""战"一体之证。

总此足证,当春秋氏族制度瓦解之际,同姓异姓已逐渐同化,不复能以族类为区分尊卑亲疏的标准;而为要替公室的尊王征伐扩大兵源,亦唯有不分族类(打破同姓异姓的族类界限),对邦域之内所有的"民",一律施以政治教令与军事教练。《论语》"有教无类"的意义之一,当即指此。

第二,"有教无类"的另一意义,乃为世卿专国而发。此等专国的世卿,如鲁之三桓、晋之六卿等,皆是破坏井田所有制,扩张个体私有制,替封建化开拓道路的强宗大族,而与代表奴隶主贵族的"公室"相敌对,终春秋之世,长期进行激烈斗争。例如,《左传》襄公十年云:

初,子驷与尉止有争,将御诸侯之师而黜其车;尉止获,又与之争,子驷抑尉止曰:"尔车(多),非礼也",遂弗使献。

初,子驷为田洫,司氏、堵氏、侯氏、子师氏皆丧田焉;故五族聚群不逞之人,因公子(嬰)之徒以作乱。

于是(时?),子驷当国,子国为司马,子耳为司空,子孔为司徒。

冬十月戊辰,尉止、司臣、侯晋、堵女父、子师仆帅贼以入;晨,攻执政于西宫之朝,杀子驷、子国、子耳,劫郑伯以入北宫;子孔知之,故不死。书曰"盗",言无大夫焉。

子西闻盗,不儆而出,尸而追盗;盗入于北宫,乃归授甲,臣妾多逃,器用多丧。子产闻盗,为门者,庀群司、闭府库、慎闭藏、完守备、成列而后出兵车十七乘,尸而攻盗于北宫;子蟜帅国人助之,杀尉止、子师仆,盗众尽死;侯晋奔晋,堵女父、司臣、尉翩、司齐奔宋。

关于此《传》,清人梁履绳释云:

子驷为田洫,当时何为人皆丧田? 以此观之,盖周之井田废坏,至此已见其端。四家侵占,遂更沟洫为田,子驷要正田洫,便取四家田再开,故四家作乱。且田洫自古有之,故仍田制,何缘丧田? 必其间尝有侵削,皆非旧制,有如子产欲复郑旧制,民谣以为"取我田畴而伍之",此又见井田渐坏。人皆谓商君开阡陌,大坏井田之制;曾不知其来之渐已久。若使原

不曾坏,商君亦未能一旦尽扫去。(《左通补释》卷一六,《皇清经解续编》卷二八五,6页)

由此可见,在孔丘生前十二年,郑之强宗大族,已有一部分转化成为土地个体私有者,为抵抗奴隶主贵族剥夺其私有土地(丧田),亦敢于"五族聚群不逞之人"(即"志意不快,好作怨祸者")、联合两年前被杀害的四公子的党徒或徒役以"作乱",以"车多非礼"之势,杀执政、劫郑伯,且使执政之族"臣妾逃亡,器用多丧"。

应当注意者是:被孔丘誉为"其养民也惠,其使民也义"的子产,正是此次土地个体私有者武装反抗斗争的血腥镇压者,所以梁履绳亦以子驷为田洫与子产作封洫相提并论,同归之为井田所有制的维护者。

由此可见,从春秋开始的王室衰微,政权下逮,是两种所有制斗争,私肥于公的集中表现,而政权下逮的主要测量器,则为军权由谁掌握。与上引的郑国强宗大族,为抵抗"丧田"而举行武装起义相连续,《左传》襄公十一年便有鲁国的世卿季武子将"作三军"的记载。关于此事在奴隶制发展中的军权史意义,《国语·鲁语下》有叔孙穆子的一段确切说明:

> 季武子为三军。叔孙穆子曰:"不可!天子作师,公帅之以征不德;元侯作师,卿帅之以承天子。诸侯有卿无军,帅教卫以赞元侯;自伯、子、男有大夫无卿,帅赋以从诸侯。是以上能征下,下无奸慝。今我、小侯也,处大国之间,缮贡赋以共从者,犹惧有讨;若为元侯之所,以怒大国,无乃不可乎?"弗从,遂作中军。

由此可见,鲁作三军,乃改变西周以来传统的军制,将公室的军权夺到大夫手中,以为"政逮于大夫"的武力保证;进而以为扩张个体私有制的武力,所以作三军后一年,即襄公十二年,《经》记载：

> 春王三月，莒人伐我东鄙，围台。季孙宿帅师救台，遂入
> 郓（运）。

今按："帅师入郓"，即是以武力扩张私邑。所以清人万斯大
（1633—1683）《学〈春秋〉随笔》云：

> 盖宿三分公室以来，取卞于前，而取郓于后，皆为自封植
> （殖）之计。（《皇清经解》卷五九，1页）

此所谓"为自封殖之计"，义即有计划地以武力扩大私有土
地，为自己聚敛致富。此种办法，成为季氏一族的传家本领，《先
进》篇说"季氏富于周公，而求也为之聚敛，而附益之"；《季氏》篇
说"季氏将伐颛臾"，（孔《注》云"季氏贪其土地，欲灭而取之"）都
是一脉相承的坏井田、自封殖的僭礼行为。

至昭公五年"舍中军"，季氏的专国权力有进一步发展。《左
传》昭公五年云：

> 舍中军，卑公室也。

《正义》云：

> 襄十一年初，作三军，十二分其国民，三家得七，公得五；
> 国民不尽属公，公室已是卑矣。今舍中军，四分公室，三家自
> 取其税，减己税以贡于公，国民不复属于公，公室弥益卑矣。
> 是……作中（三？）军，卑公室之渐；舍中军，卑公室之极。

清人万斯大云：

> 乡（向）也作三军，今何以舍中军？季宿弱二子，更弱公
> 室也。宿既将中军，专鲁政，复私计己与二子，归公虽异，分国
> 维均；且中军与上、下军，名位差次无多，未称殊绝，非快心之
> 举；因乘叔豹之死，欺仲孙貜之懦，遂舍中军，己专一军，而以一
> 军属二子。往者三军，则国三分；今二军，则国二分，择一自

予,而使二子分其一;《传》言"四分公室"者,对二子而为言也。如是,则已不居中军之名,而实则益前之半。《传》云"皆尽征之而贡于公",要知宿之所贡,不过就所益者稍分其一二;若二子已减四一,所贡岂能从厚乎? 二子有分民而无专将,公室有贡而无民;故曰舍中军者,季宿弱二子,更弱公室也。(《皇清经解》卷五九,2—3页)

方苞(1668—1749)亦云:

鲁三家所以不为齐田氏、晋六卿者,以中军既毁,尺地一民皆归三家,君特寄焉,以为无害而姑舍之。晋地大,分之犹为强国;鲁地小,若三家各为一国,则不足以御四邻;恐大国借以为讨而并兼之,故留其君以为赘族,而朝会、帅师、危苦困辱之地,皆使君往;盖鲁君转供大夫之职也。

哀公时,公数帅师。盖三家之兵,使公将之;事毕,则各反其所属。犹鲁盛时,公室之兵使大夫将,而事毕仍归于公耳。

(顾栋高《春秋大事表》一四引,《皇清经解续编》卷九一,1—2页)

据万、方两家解释看来,则从襄公到昭公(公元前572—前510)60年间,鲁之世卿专国,表现为"政逮于大夫"。但是,物极必反,接续而来的定、哀时期(公元前509—前477),便转化成为"陪臣执国命"的形式。例如,《左传》定公五年云:

乙亥,阳虎囚季桓子及公父文伯而逐仲梁怀。冬十月丁亥,杀公何藐。……庚寅,大诅,逐公父歜及秦遄,皆奔齐。

与阳虎事件相同,《左传》历记南蒯、公山弗狃以费叛,侯犯以郈叛等事,皆以陪臣而叛大夫的"贼乱"行为。

但是,正如大夫专政之必有兵权一样,陪臣之专国叛大夫,亦必有兵权以为保证,所以明人季本(1485—1563)关于"阳虎专政"

问题曾云：

> 鲁兵掌于诸卿，而陪臣以三桓专兵为口实，欲窃兵权。
> （顾栋高《春秋大事表》二一引，《皇清经解续编》卷一〇〇，20
> 页）

凡此政权由天子而诸侯、而大夫、而陪臣逐次下逮，一部分强宗大族，以兵力破坏井田所有制，扩张个体私有制，本为由奴隶制向封建制过渡的历史规律，而孔丘从奴隶主贵族立场出发，却以为"天下无道""世衰道微"的危机证件。例如，《论语·季氏》篇记孔丘云：

> 天下有道，则礼乐征伐自天子出。天下无道，则礼乐征伐自诸侯出。自诸侯出，盖十世希不失矣；自大夫出，五世希不失矣；陪臣执国命，三世希不失矣。天下有道，则政不在大夫；天下有道，则庶人不议。

> 禄之去公室，五世矣；政逮于大夫，四世矣；故夫三桓之子孙微矣。

孔丘的"复礼"立场，使之在"政逮于大夫"阶段，坚持恶三桓、强公室；而至"陪臣执国命"阶段则转而"行乎季孙，三月不违"，以司寇而摄相事，既滥用职权杀了鲁之闻人、法家先驱者少正卯，又复辅三桓而堕三都；并提出"家不藏甲，邑无百雉之城"的行动口号。此口号的阶级斗争意义，就是要打倒"邑有城池之固，家有兵甲之藏"的强宗大族，（参看陆立《公羊义疏》卷七一，《皇清经解续编》卷一二五九，9页）将一切权力，首先是兵权，复归于公室，使之成为公室"帅之以征不德"的尊王武力。

由此可见，"有教无类"的第二层意义，乃与"家不藏甲"之义相通：正因务使"家不藏甲"，所以必须"有教无类"；亦即必如此方能将邦域之内的"民"的政治教令权和军事教练权，统归公室掌握,而杜绝强宗大族僭礼篡夺。

就此一意义推度,"有教无类"不仅与"家不藏甲"在逻辑上互相呼应;而且亦极有可能在历史上同出一实,亦即同为"堕三都"的军事斗争而发。更具体地推度起来,即可能在定公十二年,因堕费而致公山不狃、叔孙辄帅费人袭鲁之役与堕成遭到孟孙抵抗、终致定公亲自围城而"弗克"之时,孔丘亲与其始末,深感"公室无民无兵"之害,遂与"家不藏甲"相并,提出"有教无类"的方案。

总观上述两义,"有教无类"本为奴隶主贵族弱私家、强公室的政令、军事思想,而与孔丘的"教育宗旨",风马牛不相及,至为明白;冯友兰先生释为"不问身家"超阶级地"教育一切人",殊为错误。

（选自赵纪彬著《古代儒家哲
学批判》中华书局1948年版）

赵纪彬（1905—1982）,河南人。现代著名教育家、哲学史专家。在学术研究上独创新意,不拘一格。1938年,在系统的研究和考证了大量的中国哲学文献资料基础上,撰写了《中国哲学史纲要》,这是我国第一部马克思主义哲学史专著。40年代,他又和侯外庐、杜国庠等人合著《中国思想通史》一书,对历史中的异端思想家进行了深入独到的研究。

本文认为,包括梁启超、冯友兰在内的学者对有教无类解释为"不分尊卑贵贱,不问出身,超阶级地教育一切人"是不对的。他指出,"有"应解为"域";"教"是奴隶主贵族对于所域之民实施的教化,发布的教令,以及军事技能的强制性教练;"类"应解为"族类",是氏族范畴用语。有教无类本为奴隶主贵族弱私家、强公室的政令、军事思想。

由音乐探索孔子的艺术精神

徐 复 观

一 我国古代以音乐为中心的教育

人类精神文化最早出现的形态,可能是原始宗教;更可能的是原始艺术。对于艺术起源的问题,最妥当的办法,是采取多元论的态度。在多元起源论中以游戏说与艺术的本性最为吻合;也以游戏在原始生命中呈现得最早。因为它是直接发于人的自身,而不一定要假助于特定的工具。所以,由游戏展开的歌谣、舞蹈,不仅是文学的起源,也可能是一切艺术所由派生,因之,也可能先于其他一切艺术而出现。歌谣舞蹈之与音乐,本是属于同一血缘系统的;所以,我们不妨推论,音乐在人类中是出现得最早的艺术。同时《周易·豫卦》"象曰,雷出地奋,先王以作乐崇德,殷荐之上帝,以配祖考。"上面的"象曰",普通称为"大象"。"大象"大约成立于战国初期;但其言必系来自古代传承之旧;是音乐与宗教又有不可分的关系。

中国古代的文化,常将"礼乐"并称。但甲骨文中,没有正式出现礼字。以"豐"为古"礼"字的说法,不一定能成立。[①] 但甲骨

① 参阅拙著《中国人性论史·生秦篇》第三章42—43页。

文中,已不止一处出现了乐字。这已充分说明乐比礼出现得更早。同时,《周礼·春官宗伯》有下面的一段话:

> "大司乐掌成均之法,以治建国之学政,而合国之子弟焉。凡有道者有德者使教焉;死则以为乐祖,祭于瞽宗。以乐德教国子中和祇庸孝友。以乐语教国子兴道讽谕言语。以乐舞教国子舞云门、大卷、大咸、大磬、大夏、大濩、大武……。"

我始终认为《周礼》是战国中期前后的儒家,或散而在野的周室之史,把周初传承下来的古代政治制度,加以整理、补缀、发展而成的东西。所以里面杂有战国中期前后的名词观念。但形成此书的骨干,却是由周初所传承、建立、积累起来的资料。上面的一段话,正其一例。全段语句构成的格式,及"有道者""有德者""乐德"之类的观念,可能是出之于整理者之手。但以乐为教育的中心;且全章音乐的活动,皆与祭祀密切关连在一起,这便不可能是春秋中期以后,尤其不可能是战国中期以后的人所能悬空构想出来的。按《国语》《周语》伶州鸠曰"律所以立均出度也"。韦注"均者均钟木,长七尺,有弦系之,以均钟者,度钟大小清浊也"。均钟即调钟,故均亦可训调。贾谊《惜誓》"二子拥瑟而调均兮",《王逸注》云:"均亦调也。"由此而孳生出魏晋间之韵字。是均字亦可指音乐之调和而言。成均即"成调",乃指音乐得以成立之基本条件而言;是"成均"一名之自身所指者即系音乐,此正古代以音乐为教育之铁证。后人辄以成均为我国大学之起源,虽稍嫌附会,要以由此可知其在我国教育史上之重要地位。又《今文尚书·尧典》,舜命夔典乐,"教胄子",以乐为教育的中心,与《周官·大司乐》所记者正相符合。日人江文也在其《上代支那正乐考》中谓中国古代以音乐代表国家;音乐的发达,远较西洋为早;(原书4—5页)这种说法是可以成立的。

祭神当然有一种仪式。但把这种仪式称之为"礼",是周初才正式形成的。即使是礼的观念正式形成以后,通过西周的文献乃至追述西周情形的资料来看,礼在人生教育中所占的分量,决不能与乐所占的分量相比拟。同时,古人既以音乐为教育的中心,而音乐本来有种感人的力量,于是在古代典籍中,便流传着许多带有夸饰性的音乐效果,及带有神话性的音乐感动神、人及其他动物的故事。在五十四年六月九日中央日报陈裕清的《纽约新闻》通信中记有音乐对动物发生了若干良好反应的纪录,则"百兽率舞"这类的话,恐并非全系夸大之词。但奇怪的是,进入到春秋时代,作为当时贵族的人文教养之资的,却是礼而不是乐。在当时,礼乐也可以说在事实上常常不可分;但乐的观念,却远不及礼的观念显著。对礼的基本规定是"敬文"或"节文"。① 文是文饰,以文饰表达内心的敬意,即谓之"敬文"。把节制与文饰二者调和在一起,即能得其中,便谓之"节文"。在多元的艺术起源说中,"文饰"也正是艺术起源之一。因此,礼的最基本意义,可以说是人类行为的艺术化、规范化的统一物。春秋时代人文主义的自觉,是行为规范意识的自觉。通过《尧典》和《周礼》看,音乐当然含有规范的意义。但礼的规范性是表现为敬与节制,这是一般人所容易意识得到,也是容易实行的。乐的规范性则表现为陶熔陶冶,这在人类纯朴未开的时代,容易收到效果;但在知性活动,已经大大地加强,社会生活,已经相当地复杂化了以后,便不易为一般人所把握;也使一般

---

① 《论语·学而》"不以礼节之,亦不可行也"。《宪问》"文之以礼乐"。《孟子·离娄》上"礼之实,节文斯二者是也"。《礼记·乐记》"礼之文也"。《丧记》"礼以节之"。《荀子·劝学篇》"礼之敬文也"。

人在现实行为上是无法遵行的。春秋时代，在人文教养上，礼取代
了乐的传统地位，不是没有道理。但当时在朝聘会同的各种礼仪
中，不仅礼与乐是合在一起；而且当时歌诗以道志的风气，实际便
是一种音乐的活动。而春秋时代，一般贵族把礼的文饰这一方面，
发挥得太过，致使徒有形式而没有内容，所以孔子常思加以矫
正。① 但他基本的意思还是在"文质彬彬"；(《论语·雍也》)他曾
说"君子义以为质"，(《论语·卫灵公》)所谓质即是义；文质彬彬
正说明孔子依然把规范性与艺术性的谐和统一，作为礼的基本性
格。子贡答棘成子"君子质而已矣，何以文为"之问是"文犹质也，
质犹文也"，(《论语·颜渊》)也是这种意思。何况礼乐本是常常
合在一起的。礼乐并重，并把乐安放在礼的上位，认定乐才是一个
人格完成的境界，这是孔子立教的宗旨。所以他说出了"兴于诗，
立于礼，成于乐"(《论语·泰伯》)的话。可以说，到了孔子，才有
对于音乐的最高艺术价值的自觉；而在最高艺术价值的自觉中，建
立了"为人生而艺术"的典型，这是我在下面所想加以讨论的。

二　孔子与音乐

　　从论语看，孔子对于音乐的重视，可以说远出于后世尊崇他的
人们的想象之上；这一方面是来自他对古代乐教的传承，一方面是
来自他对于乐的艺术精神的新发现。艺术，只有在人们精神的发
现中才存在。可以说，就现在所能看到的材料看，孔子可能是中国
历史中第一位最明显而又最伟大的艺术精神的发现者。

----

①　《论语·八佾》"林放问礼之本，子曰大哉问"一章，及《先进》"子曰，
先进于礼乐，野人也"一章，皆明显有矫礼文末流之意。

　　《史记·孔子世家》称"孔子学鼓琴而师襄";《韩诗外传》五，
《淮南子·主术训》，《家语·辨乐篇》，所载皆同。由此推之，《世
家》采《论语·述而篇》"子在齐闻韶"之文，加"学之"二字，也是
可信的。由此可以想见孔子对音乐是曾下过一番工夫。又《孔子
世家》在"孔子学鼓琴于师襄"下，更详细记载他学习进度的情形
说：

　　　"孔子学鼓琴于师襄，十日不进。师襄子曰，可以进矣。
　　孔子曰，丘已习其曲矣，未得其数也。有间曰，已习其数，可以
　　益矣。孔子曰，丘未得其志也。有间曰，已习其志，可以益矣。
　　孔子曰，丘未得其人也。有间曰，有所穆然深思焉；有所怡然
　　高望而远志焉。曰，丘得其为人，黯然而黑，几然而长，眼如望
　　羊，心如王四国，非文王其谁能为此也。"

按"曲"与"数"是技术上的问题；"志"是形成一个乐章的精神；
"人"是呈现某一精神的人格主体。孔子对音乐的学习，是要由技
术以深入于技术后面的精神，更进而要把握到此精神具有者的具
体人格；这正可以看出一个伟大艺术家的艺术活动的过程。对乐
章后面的人格的把握，即是孔子自己人格向音乐中的沉浸、融合。
《论语·宪问》篇"子击磬于卫，有荷蒉而过门者曰，有心哉，击磬
乎！"此一荷蒉的人，是从孔子的磬声中，领会到了孔子"吾非斯人
之徒与而谁与"（《论语·微子》）的悲愿。由此可知，当孔子击磬
时，他的人格是与磬声融为一体的。又《世家》载孔子被困于陈蔡
之野的故事，而谓"孔子讲诵弦歌不衰"；此故事分见于《庄子·山
木·让王》两篇，此两篇的作者并非一人，则此故事乃出自先秦传
承之旧，当为可信。在危难之际，以音乐为精神安息之地，则其平
时的音乐生活，可想而知。歌是音乐活动中最重要的一部分。
《论语·述而》"子于是日哭，则不歌"，由此可知其在"是日哭"以

外,都会唱歌的。《礼记·檀弓》记孔子于将死之前,犹有泰山、梁木之歌。并且他对于歌,也如对于一般的学问一样,是随地得师,终身学习不倦;这由"子与人歌而善,则必反之,而后和之"(《论语·述而》)的话,可以得到证明。歌的主要内容可能即是诗,诗在当时是与乐不分的。孔子的诗教,亦即孔子的乐教。《史记·孔子世家》引《论语·述而》"子所雅言,诗书执礼"之言,而稍加以变通的说"孔子以《诗》《书》《礼》《乐》教",于是一直到战国之末,"《诗》《书》《礼》《乐》",成为公认的儒家教典。

因为乐教对孔子个人及他的学生,都居于非常重要的地位,所以他曾和当时的乐人,不断有交往。这由《论语·八佾》"子语太师乐曰"一章,及《卫灵公》"师冕见,及阶,子曰,阶也"一章,可以得到证明。《微子》"大师挚适齐,亚饭干适楚"一章,必系孔子对于鲁国这七位乐人的风流云散,发出了深重的叹息,所以他的学生才这样把它叮咛郑重地记下来。

孔子对音乐的欣赏,《论语》上有下面的记载:

"子在齐闻韶,三月不知肉味,曰,不图为乐之至于斯也。"(《述而》)

"子曰,关雎乐而不淫,哀而不伤。"(《八佾》)

"子语鲁太师乐曰,乐其可知也。始作,翕如也。从之,纯如也,皦如也,绎如也,以成。"(《八佾》)

"子曰,师挚之始,关雎之乱,洋洋乎盈耳哉。"(《泰伯》)

孔子不仅欣赏音乐,而且对音乐曾做了一番重要的整理工作,所以他说,"吾自卫反鲁,然后乐正,雅颂各得其所";(《子罕》)这是使诗与乐,得到了它原有的配合、统一。《史记·孔子世家》说"三百五篇,孔子皆弦歌之,以求合韶、武、雅、颂之音,礼乐自此可得而述",这种陈述也是可信的。

孔子不但在个人教养上非常重视乐，并且在政治上也继承古代的传承，同样地加以重视；这只看《论语》下面的记载，便可了解：

> "子之武城，闻弦歌之声。夫子莞尔而笑曰：割鸡焉用牛刀？子游曰，昔者偃也闻诸夫子曰，君子学道则爱人，小人学道则易使也。子曰，二三子，偃之言是也。前言戏之尔。"（《阳货》）

"弦歌之声"，是以乐为中心的教育。此处的"君子"、"小人"，是就社会上的地位来分的。在这一段话里暗示了三种意思：一是弦歌之声即是"学道"。二是弦歌之声下逮于"小人"，即是下逮于一般百姓。三是弦歌之声，可以达到合理的政治要求。这是孔门把它所传承的古代政治理想，在武城这个小地方加以实验，所以孔子特别显得高兴。而孔子答"颜渊问为邦"，也特举出"乐则韶舞"；并将"放郑声"与"远佞人"并重；(《卫灵公》)这也可以反映出乐在孔门的政治理想中的重要性，亦即是艺术在政治理想中的重要性。

三　孔门乐教传承的典籍
——《乐论》与《乐记》的若干考证

正因为孔子这样地重视乐，乐成了孔门教化中的一大传统，所以荀子学问的性格，并不与乐相近；但他因为要继承孔门的大传统，所以写出了一篇完整的《乐论》。汉河间献王，"与毛生等共采《周官》及诸子言乐事者以作《乐记》……其内史丞王定传之，以授常山王禹"，(《汉书艺文志》)此即《艺文志》著录之《王禹记》。二十四篇。又《艺文志》著录有《乐记》二十三篇。孔颖达《礼记正义》：“按《郑目录》云，名曰《乐记》者，以其记乐之义。此于别录属《乐记》……刘向校书，得《乐记》二十三篇，与禹（按指《王禹记》）不同，其道浸以益微。故刘向所校二十三篇著于《别录》，今《乐记》所断取十一篇。馀有十二篇，其名犹在。《二十四卷记》，无所录也。”又谓“案《别录·礼记》四十九篇，《乐记》第十九。则《乐记》十一篇入《礼记》也，在刘向前矣。至刘向为《别录》晚，更载所入《乐记》十一篇，又载馀十二篇，总为二十三篇也。”按《汉书·河间献王传》言其所得先秦旧书有“《周官》、《尚书》、《礼》、《礼记》”。《颜师古注》谓“《礼》者礼经也。《礼记》者诸儒记礼之说也”。齐召南谓“礼经即《仪礼》十七篇。《礼记》，七十子后学所记，《艺文志》所谓百三十一篇是也。《戴记》在后。”今《礼记》四十九篇，本在百三十一篇之内，而《乐记》又在四十九篇之内。《乐记》之十一篇，不仅和献王与毛生等所采辑之《二十四卷记》（即《王禹记》）不同，且在刘向校录之前，早已别为一书，收入于《礼记》之中，而为其四十九篇中之第十九篇。刘向乃将《乐记》之十一篇，另加入十二篇，而为二十三篇；并非礼家由二十三篇中断取十一篇。《乐记》中前引《正义》“今《乐记》所断取十一篇”之语，若非通观全文，即易使人发生误解。其有与荀子的《乐论》相同的地方，盖因其出于同一传承。而从文字看，整理《乐记》之人，尚在荀子之后，所以其中吸收了《乐论》。

隋书《音乐志》引沈约答梁武帝之问中谓“《乐记》取《公孙尼子》”。皇侃亦有此说；张守节《史记正义》在《乐书》里注谓“《乐记》者，公孙尼子次撰也”；其说殆皆出自沈约。按《汉书·艺文志》儒家中录有《公孙尼子》二十八篇；杂家中录有《公孙尼》一篇；其与《六艺略》中之《乐记》二十三篇，及《王禹记》二十四篇，全无关涉，彰彰明甚。则沈约之言，在《汉志》中可谓毫无根据。写定

《隋书·经籍志》时，《公孙尼子》二十八篇已亡；但儒家中仍录有《公孙尼子》一卷。若此《公孙尼子》之内容与《乐记》相同，则《隋志》应将其录入经部之乐类。《隋志》不将其录入经部之乐类，而将其录入儒家类中，可知写完《隋志》之人，固知其非言音乐之书。顾姚振宗《隋书经籍志考证》子部儒家类《公孙尼子》一卷下引有马氏《玉函山房辑本序》；并谓辑本《公孙尼子》中，"有两引《尼》书，即《乐记》语，可证沈约之说有据。按马氏《玉函山房辑佚》中之《公孙尼子》共十五条；马氏因深信沈约"《乐记》取《公孙尼子》"，及刘瓛"《缁衣》公孙尼子作"之说，故十五条中，将两条标题为《乐记》；一取自徐坚《初学记》引《公孙尼子》"乐者审一以定和，比物以饰节"；今《乐记》中有此二语而多一"故"字。一取自马总《意林》卷二《公孙尼子》第四节"乐者先王所以饰喜也。军旅者先王所以饰怒也"；今《乐记》作"夫乐者先王之所以饰喜也；军旅铁钺者，先王之所以饰怒也"。馀十三条，马氏标题为《缁衣》，然未见于今礼记《缁衣》。且此十三条之文意，与《缁衣》全不相类；是"《缁衣》公孙尼子作"之语，乃刘瓛妄说，而为马氏所妄信。何况其中引董仲舒《春秋繁露》卷十六《循天之道》章第七十七中"公孙之养气曰，里藏泰实则气不通，泰虚则气不足……凡此十者，气之害也，而皆生于不中和。故君子怒则反中而自悦以和，喜则反中而收之以正……故君子道志气，则华而上。凡气从心。心，气之君也，何为而气不随也"一段，以为董仲舒系引自《公孙尼子》。然中华书局《四部备要》中据抱经堂本校勘之《春秋繁露》，却以"公孙之养气曰里藏"八字为衍文，是董仲舒系引《公孙尼子》之说，已不能成立。《太平御览》四百六十七有"公孙尼子曰，君子怒则自悦以和；喜则收之以正"之语，马氏以此二语即上引《春秋繁露》"故君子怒则反中而自悦以和，喜则反中而收之以正"之二语。然上引《春秋繁露》之一段，其中心意义在"中和"；而此段中之上引二语，正紧承"而皆生于不中和"一语而来，故陈述君子以中和养气之实。《太平御览》中所引二语，虽有一"和"字，并无中字，与《春秋繁露》之每句皆有"中"字者不同；与上引《春秋繁露》一段中之"中和"观念不能相应。若《春秋繁露》系引自《公孙尼子》，则《公孙尼子》之原文，在意义上不应残缺不全。因此，《太平御览》所引之《公孙尼子》，系转引自《春秋繁露》之可能性为大。

再推上去，若《乐记》系出自《公孙尼子》，而《意林》所引《公孙尼子》"军旅者先王所以饰怒也"一语，"军旅"下原无"铁钺"二字；《乐记》中引用此文，却无端多出"铁钺"二字，这在引书的例子里也是很少见的。因此，《意林》所引之《公孙尼子》二语，大概也系转引自《乐记》。同时，《马氏辑本》中标题为《缁衣》之十三条，不仅为今《缁衣》所无，与《缁衣》不相类；且其内容以养生为主，语意绝非出于先秦人士之口。由此，我可以揭穿一个秘密。《汉志》列入儒家的《公孙尼子》二十八篇的情形，我不敢断定；至于《隋志》著录的《公孙尼子》一卷，或者是《汉志》列入杂家的《公孙尼》一篇；或者是连这一篇也早亡了，全由后来的人所伪托。但不论是属于哪种情况，《隋志》中的《公孙尼子》一卷必是西汉之末，(《汉志》上的)或东汉之末，(假定《汉志》上的已亡)由不相干的人所托名杂凑的；而以出自西汉之末的可能性为最大。因为其中杂凑了《乐记》的若干话，所以沈约便以为《乐记》出于《公孙尼子》，把这一点弄清楚了，则今人"《公孙尼子》与其音乐理论"①的说法，全系粗率的臆说。把此一文献上的纠葛问题弄清楚了，便容易了解《乐记》中关于音乐的理论，正是总结了孔门有关音乐艺术的理

①　见郭沫若著《青铜时代》182—201页。

论。恐怕也是世界上出现得最早的音乐理论。因为下面的叙述，随处都与此种文献有关，所以在这里先作一交代。

四　音乐中的美与善

然则孔子对于乐何以如此的重视？《论语》上曾有这样的几句话："子曰，知之者，不如好之者；好之者，不如乐（读洛）之者。"（《雍也》）"知之""好之""乐之"的"之"字，指"道"而言。① 人仅知道之可贵，未必即肯去追求道；能"好之"，才会积极去追求。仅好道而加以追求，自己犹与道为二，有时会因懈怠而与道相离。到了以道为乐，则道才在人身上生稳了根，此时人与道成为一体，而无一丝一毫的间隔。因为乐（读洛）是通过感官而来的快感。通过感官以道为乐，则感官的生理作用，不仅不会与心志所追求的道，发生摩擦；并且感官的生理作用，它已完全与道相融，转而成为支持道的具体力量。此时的人格世界，是安和而充实发扬的世界。所以《论语》乃至以后的孔门系统，都重视一个"乐"（读洛）字②。《礼记·乐记》"故曰，乐者乐（读洛）也。君子乐得其道，小人乐得其欲。"由此可知乐是养成乐（音洛），或助成乐（音洛）的手段。前引的"成于乐"，实同于"不如乐之者"的"乐之"；道德理性的人格，至此始告完成。

但是，若不了解孔子对于乐，亦即是对于艺术的基本规定、要

---

① 就《论语》而言，道乃学的内容。如"朝闻道"，"士志于道"，"吾道一以贯之"，"夫子之道"等皆是。

② 如《论语·述而》"乐以忘忧"。《雍也》"回也不改其乐"，《孟子·尽心》"君子有三乐"，"乐而忘天下"。《离娄》上"乐则生矣"。

求,则由乐所得的快乐,不一定与孔子所要达到的人格世界,有什么必然的关系。甚至于这种快乐,对于孔子所要求的人格世界而言,完全是负号的,有如当时的"郑声"。《论语》上曾有"子谓韶,尽美矣,又尽善也。"(《八佾》)一段话,由此可以了解"美"与"善"的统一,才是孔子由他自己对音乐的体验而来的对音乐、对艺术的基本规定、要求。《许氏说文》四上"美与善同义",这是就两字俱从羊所得出的解释;而在古典中,两义也常是可以互通互涵的。但就孔子在此处将美与善相对举来看,是二者应分属于两个不同的范畴,而又可以统一于一个范畴之内。"美"实是属于艺术的范畴,善是属于道德的范畴。乐之所以能成其为乐,因为人感到它是某种意味的"美"。乐的美是通过它的音律及歌舞的形式而见。这种美,虽然还是需要通过欣赏者在特种关系的发现中而生起,①但它自身毕竟是由美的意识进而创造出一种美的形式;毕竟有其存在的客观的意味。郑卫之声,所以能风靡当时,一定是因为它含有"美"。但孔子却说"郑声淫",此处的"淫"字,仅指的是顺着快乐的情绪,发展得太过,以至于流连②忘反,便会鼓荡人走上淫乱之路。这样一来,若借用老子的话说,"天下皆知美之为美,斯恶矣。"(二章)合乎孔子所要求的美,是他所说的"关雎乐而不淫,哀而不伤"。(《八佾》)不淫不伤的乐,是合乎"中"的乐。荀子说"诗者中声之所止也";(《劝学篇》)又说"乐之中和也",(同上)"故乐者,中和之纪也";(《乐论》)中与和是孔门对乐所要求的美的标准。在中与和后面,便蕴有善的意味,便"足以感动人之善

_____

①　园赖三著《美的探求》第三篇第一章第一节"花,音乐,不是作为美而存在,实系作为美而生起的。"

②　《孟子·梁惠王下》"先王无流连之乐"。

心"。(荀子《乐论》)但孔子批评"武,尽美矣,未尽善也",将美与善分开,而又加上一个"尽"字,这便把问题更推进一层了。韶是舜乐,而武是周武王之乐。乐以武为名,其中当含有发扬征伐大业的意味在里面;把开国的强大生命力注入于乐舞之中,这在《乐记》"宾牟贾侍坐于孔子"的一段问答里面,说得相当详备,这当然有如《朱注》所谓"声容之盛",所以孔子可以称之为"尽美"。既是尽美,便不会有如郑声之淫;因而在这种尽美中,当然会蕴有某种善的意味在里面。若许我作推测,可能是蕴有天地之义气①的意味在里面。但这不是孔子的所谓"尽善"。孔子的所谓尽善,只能指仁的精神而言。因此,孔子所要求于乐的,是美与仁的统一;而孔子的所以特别重视乐,也正因为在仁中有乐,在乐中有仁的缘故。尧舜的禅让是仁。其所以会禅让,是出于天下为公之心,是仁。"有天下,而不与焉"②更是仁。"选于众,举皋陶,不仁者远矣"③也是仁。假定我们承认一个人的人格,乃至一个时代的精神,可以融透于艺术之中,则我们不妨推测,孔子说韶的"又尽善",正因为尧舜的仁的精神,融透到韶乐中间去,以形成了与乐的形式完全融和统一的内容。

---

① 《欧阳文忠公文集》卷十五《秋声赋》"是谓天地之义气,常以肃杀而为心"。此借用。

② 《论语·泰伯》"巍巍乎舜禹之有天下也而不与焉"。《孟子·滕文公》上"君哉舜也,巍巍乎! 有天下而不与焉。"

③ 见《论语·颜渊》"樊迟问仁"章"……子夏曰,富哉言乎! 舜有天下,选于众,举皋陶,不仁者远矣……"

五　仁与乐的统一

仁是道德,乐是艺术。孔子把艺术的尽美,和道德的尽善(仁),融合在一起,这又如何可能呢? 这是因为乐的正常的本质,与仁的本质,本有其自然相通之处。乐的正常的本质,可以用一个"和"字作总括。

乐以道和。(《庄子·天下篇》按此系后人混入之附注,但亦系先秦通说)

礼之敬文也,乐之中和也。(《荀子·劝学篇》)

乐言是其和也。(《荀子·儒效篇》)

故乐者天下之大齐也,中和之纪也。(《荀子·乐论》)

大乐与天地同和,大礼与天地同节。……礼者,殊事合敬者也。乐者异文合爱者也。礼乐之情同,故明王以相沿也。(《礼记·乐记》)

乐者天地之和也,礼者天地之序也。(同上)

乐以发和。(《史记·滑稽列传》)

克就音乐本身而言,则所谓和,正如《今文尚书尧典》的"八音克谐,无相夺伦",这是音乐得成为艺术的基本条件。《左传》昭公二十年晏子论和与同之异,因而论及音乐说"声亦如味。一气、二体、三类、四物、五声、六律、七音、八风、九歌,以相成也。清浊大小,长短疾徐,哀乐刚柔,迟速高下,出入周疏,以相济也"。相成相济,即是《尧典》之所谓"克谐",即是和。把和的意义说得更具体的,则有班固编纂的《白虎通德论》卷二《礼乐》篇所引的孔子的一段话:

"子曰,乐在宗庙之中,上下同听之,则莫不和敬。族长乡里之中,长幼同听之,则莫不和顺。在闺门之内,父子兄弟同听之,则莫不和亲。故乐者所以崇和顺,比物饰节。节文奏合以成文,所以和合父子君臣,附亲万民也。是先王立乐之意也。"

就和所含的意味,及其可能发生的影响言,在消极方面,是各种互相对立性质的东西的解消。在积极方面,是各种异质的东西的谐和统一。因为谐和统一,所以荀子便说"乐者天下之大齐",大齐,即是完全的统一。《荀子·乐论》中又说"乐合同",《礼记》中的《乐记》说"乐者为同"。"合同"即可以"合爱",所以《乐记》说"乐者异文合爱者也"。《礼记·儒行篇》便说"歌乐者人之和也"。仁者必和,和中可以涵有仁的意味。《论语》"樊迟问仁,子曰爱人";(《颜渊》)孟子也说"仁者爱人";(《孟子·离娄下》)仁者的精神状态,极其量是"天下归仁",[①]"浑然与物同体";(程明道《识仁篇》)这应当可以说"乐合同"的境界,与仁的境界,有其自然而然的会通统一之点。《白虎通德论》卷八五经篇把五经分配为五常,本是一种形式配合的傅会,没有什么道理。但它说"乐仁",即是认为乐是仁的表现、流露,所以把乐与五常之仁配在一起,却把握到了乐的最深刻的意义。乐与仁的会同统一,即是艺术与道德,在其最深的根底中,同时,也即是在其最高的境界中,会得到自然而然的融和统一;因而道德充实了艺术的内容,艺术助长、安定了道德的力量。说到这里,不妨对《论语》上,两千年来争论不决的一件公案,试作一新的解释。

"子路、曾皙、冉有、公西华侍坐。子曰,以吾一日长乎尔,毋吾以也。居则曰,不吾知也。如或知尔,则何以哉?子路率尔而对曰,千乘之国,摄乎大国之间,加之以师旅,因之以

---

① 《论语·颜渊》"一日克己复礼,天下归仁焉。"

饥馑；由也为之，比及三年，可使有勇，且知方也。夫子哂之。
求，尔何如（孔子问）？对曰，方六七十，如五六十，求也为之，
比及三年，可使足民。如其礼乐，以俟君子。赤，尔何如（孔
子问）？对曰，非曰能之，愿学焉。宗庙之事，如会同，端章
甫，愿为小相焉。点，尔何如（孔子问）？鼓瑟希，铿尔，舍瑟
而作。对曰，异乎三子者之撰。子曰，何伤乎？亦各言其志
也。曰，莫春者，春服既成，冠者五六人，童子六七人，浴乎沂，
风乎舞雩，咏而归。夫子喟然叹曰，吾与点也…"（《先进》）

"与"乃嘉许之意。孔子何以独"与点"，古今对此，异论纷纭；其中
解释得最精切的，依然当推朱元晦的《集注》。兹录于下：

> "曾点之学，盖有以见夫人欲尽处，天理流行，随处充满，
> 无稍欠缺。故其动静之际，从容如此。而其言志，则又不过即
> 其所居之位，乐其日用之常，初无舍己为人之意。而其胸次悠
> 然，直与天地万物，上下同流，各得其所之妙，隐然自见于言
> 外。视三子之规规于事为之末者，其气象不侔矣。故夫子叹
> 息而深许之。"

按朱子是以道德精神为最高境界，亦即是仁的精神状态，来解释曾
点在当时所呈现的人生境界。若果如此，则孔子何以只许颜渊的
"其心三月不违仁"，而未尝以此许曾点？实际，朱元晦对此作了一
番最深切的体会工夫；而由其体会所到的，乃是曾点由鼓瑟所呈
现出的"大乐与天地同和"的艺术境界；孔子之所以深致喟然之
叹，也正是感动于这种艺术境界。此种艺术境界，与道德境界，可
以相融和；所以朱元晦顺着此段文义去体认，便作最高道德境界的
陈述。一个人的精神，沉浸消解于最高艺术境界之中时，也是"物
我合一"、"物我两忘"，可以用"人欲尽处，天理流行，随处充满，无
稍欠缺"这类的话去加以描述。但朱元晦的态度是客观的，体认

是深切的；于是在他由体认所领会到的曾点的人生意境，是"初无舍己为人之意"，是不"规规于事为之末"；这又分明是"不关心的满足"的艺术精神，而不是与实践不可分的道德精神。由此也可以了解，艺术与道德，在最高境界上虽然相同，但在本质上则有其同中之异。朱元晦实际已体认到了，领会到了，但他只能作道德的陈述，而不能说出这是艺术的人生，是因为孔子及孔门所重视的艺术精神，早经淹没不彰，遂使朱元晦已体认到其同中之异，却为其语言表诠之所不及。后人纷纷以为朱元晦此处是受了佛老的影响，真是痴人说梦。

六　音乐在政治教化上的意义

不过孔门的重视乐，不仅是因为乐自身的艺术境界，与仁的精神状态，有其自然而然的融和。因为这种融和，只能是极少数人在某一瞬间的感受，并不能期望之于一般人；乃至也不能期望之于经常生活之中。并且乐与仁，虽可以发生互相涵孕的作用，但究仁是仁，乐是乐。因之，由"克己复礼"而"天下归仁"（即万物一体）的境界，可以与乐的境界相同；但其工夫过程，亦可以与乐全不相干。且由天下归仁而必定涵有"吾非斯人之徒与而谁与"（《论语·微子》）的责任感，这不为艺术所排斥，但亦决不能为艺术所承当。所以朱元晦对曾点意境的体认，说他是"初无舍己为人之意"。而当一个儿童受到韶乐的感动，"其视精，其心端"①的时候，可以说

---

① 　《太平御览》五百六十五引《说苑》"孔子至齐郭门之外，遇一婴儿击（疑当作系）一壶相与俱行，其视精，其心端。孔子谓御曰，趣驱之，韶乐方作。……"此故事之真伪不可知；但为音乐在儿童心理之感应上所应有。

这是乐对于一个儿童纯朴心灵所能发生的感动作用。但此种感动,可以引发人的仁心,有如诗之"可以兴";(《论语·阳货》)但其本身并非即是仁。《论语·八佾》"子曰,人而不仁,如礼何? 人而不仁,如乐何"这两句话,可以含有三种意味。第一是礼与乐可以与仁不相干,所以才会有不以仁为内容的礼乐。第二是礼乐到了孔子,在其精神上得到了新的转换点;这即是与仁的结合。第三是礼乐的自身,可以作仁的精神的提升、转换,所以孔子才对一般言礼乐的人,提出此种要求。但归结地说一句,我们可以推想,孔门的所以重视乐,并非是把乐与仁混同起来,而是出于古代的传承,认为乐的艺术,首先是有助于政治上的教化。更进一步,则认为可以作为人格的修养、向上,乃至也可以作为达到仁的人格完成的一种工夫。关于这,在《论语》上只可以看出若干的结论。但具体的教化教养作用,在其后学中,才有比较显明的陈述。《荀子·乐论》:

> "夫乐者乐(洛)也,人情之所必不免也。故人不能无乐(洛),乐(洛)则必发于声音,形于动静。而人之道,声音动静,性术之变尽是矣。故人不能不乐(洛),乐则不能无形,形而不为道,则不能无乱。先王恶其乱也,故制雅颂之声以道(按与导通)之,使其声足以乐(洛)而不流(按流即淫),使其曲直繁省,廉肉节奏,足以感动人之善心。"

> "夫声乐之入人也深,其化人也速。故先王谨为之文。"

> "乐者圣人之乐(洛)也,而可以善民心。其感人深,其移风易俗(按俗下当有"易"字)。故先王导之以礼乐而民和睦。"

> "故乐行而志清,礼修而行成。耳目聪明,血气和平……故曰乐者乐(洛)也,君子乐(洛)得其道,小人乐(洛)得其

欲。"

> "且乐也者,和之不可变者也。礼也者,理之不可易者
> 也。乐合同,礼别异。礼乐之统,管乎人心矣。穷本极变,乐
> 之情也。著诚去伪,礼之经也。"

按荀子对乐的功用,当然要说到个人人格修养上的意义;但他主要
的系就政治社会这一方面的意义而言。《礼记·礼运》"本仁以聚
之,播乐以安之",也主要是就这一方面说。荀子主张性恶,因此
特别重视礼。并且把礼原有的半艺术性的"礼之敬文也"的文,进
一步转变为严格的规范意义,而使其与法相接近。但荀子虽然认
定性是恶的,因而情也是恶的;但他了解,性与情,是人生命中的一
股强大力量,不能仅靠"制之于外"的礼的制约力,而需要由雅颂
之声的功用,对性、情加以疏导、转化,使其能自然而然地发生与礼
相互配合的作用,这便可以减轻礼的强迫性,而得与法家划定一条
鸿沟。他说"穷本极变,乐之情也";所谓"本",指的是人的生命根
源之地,即是性、情。穷本,即是穷究到这种生命根源之地。他说
"声音动静,性术之变尽是矣",是说生命根源之地的冲动(欲),总
不外于表现为声音动静。① 音乐的艺术,即是顺应着这种声音动
静,而赋予以艺术性的音律,这就是他所说的"极变"。能如此,则
在这种生命根源之地的冲动,好像一股泉水,能平静安舒而有情致
的流了出来,把挟带的泥沙,即是把冲动中的盲目性,亦即佛家所
说的"无明",自然而然地澄汰下去了;这即是荀子上面所说的"乐
行而志清"。"志"即是性之动,即所谓穷本之本。"清"即是由于
将其中之盲目性加以澄汰而得到感情不期然而然地节制与满足,
使其与由心所知之道(理性),得到融和的状态。这即是所谓"穷

---

① 按此动静二字,系指冲动的起伏而言。

本"。穷本则志清。因为志清,所以耳目聪明,血气和平,而"足以
感发人的善心"。

由此再进一步了解,荀子虽然说"乐者乐(洛)也",但这种快
乐的乐,不仅是一般给情绪以满足的快乐。若仅是为了给情绪以
满足,则顺着这种要求下去,情绪的自相鼓荡是无止境的,乐的本
身也自然会向"淫"向"流"的方向发展。淫、流是"太过"的意思;
这便更回头去助成情绪的鼓荡,使人间世成为希腊神话中酒神的
世界,和今日从美国开始的摇滚舞的世界。因此,孔子便指出"乐
(洛)而不淫"①的准绳;并因为郑声淫而主张加以废弃。② 快乐而
不太过,这才是儒家对音乐所要求的"中和"(见前引《荀子・乐
论》)之道。于是雅乐、古乐之与郑声、今乐,在儒家以音乐为中心
的艺术系统中,常将其加以严格的区划。这种区划,在今日我们当
然无法从乐章的形式上知道详细的情形。但若仅就音乐的内容方
面而言,或者可以用"思无邪"③三字作推论的根据。而在艺术的
形式方面,也或者可以用"中和"二字及"诗者中声之纪也"(《荀
子・劝学》)的话,作推论的根据;因为上面所引孔子荀子的话,虽
然皆就诗而言,但诗与乐在先秦本是不分的。而无邪的内容,与中
和的形式,两者可以得到自然地统一。

儒家在政治方面,都是主张先养而后教。这即是非常重视人
民现实生活上的要求,当然也重视人民感情上的要求。"礼禁于
未然之前",(《大戴礼・礼察》)依然是消极的。乐顺人民的感情
将萌未萌之际,加以合理的鼓舞,在鼓舞中使其弃恶而向善,这是

---

① 《论语・八佾》"子曰,关雎乐而不淫,哀而不伤。"
② 《论语・卫灵公》"放郑声,远佞人。郑声淫,佞人殆。"
③ 《论语・为政》"子曰诗三百,一言以蔽之曰,思无邪。"

没有形迹的积极的教化；所以荀子说"其感人深，其移风易俗易"。司马迁《史记·乐书》言先王音乐之功用是"万民咸荡涤邪秽，斟酌饱满，以饰厥性"。儒家的政治，首重教化；礼乐正是教化的具体内容。由礼乐所发生的教化作用，是要人民以自己的力量完成自己的人格，达到社会（风俗）的谐和。由此可以了解礼乐之治，何以成为儒家在政治上永恒的乡愁。更可以了解孔子何以在《论语》中说"非天子，不议礼，不作乐"，及汉儒何以多主张"治定功成，礼乐乃兴"。（《史记·乐书》）因为制礼作乐而不得其人，便发生反教化的作用，把人从根本上染坏了。

七　音乐与人格修养

不过，儒家以音乐为中心的"为人生而艺术"的性格，对知识分子个人的修养而言，其功用更为明显。并且由孔子个人所上透到的艺术根源的性格，也更为明显。兹将有关的资料，简单引一点在下面：

"凡音者，生于人心者也。乐者通伦理者也。"（《礼记》卷三十七《乐记》）

"德者情之端也。乐者德之华也。金石丝竹，乐之器也。诗言其志也。歌咏其声也。舞动其容也。三者本于心然后乐器从之。是故情深而文明，气盛而化神；和顺积中，而英华发外，唯乐不可以为伪。"（同上）

"乐由中出。礼自外作。乐由中出故静。礼自外作故文。大乐必易，必简。乐至则无怨，礼至则不争。揖让而治天下者礼乐是也。"（同上）

"乐也者施也（按施犹布也，向外宣发之意）。礼也者报

也。乐乐(洛)其所自生;而礼反其所自始。乐章德,礼报情,反始者也。"(同上)

"君子曰:礼乐不可斯须去身。致乐以治心,则易直子谅之心,油然生矣。易直子谅之心生,则乐(洛)。乐(洛)则安,安则久。久则天,天则神。天则不言而信,神则不怒而威。致乐以治心者也。"(同上卷)

"致礼以治躬则恭敬,恭敬则威严。心中斯须不和不乐(洛),而鄙诈之心入之矣。外貌斯须不庄不敬,而易慢之心入之矣。"(同上)

"故乐也者,动于内者也。礼也者动于外者也。乐极和,礼极顺……。"(同上)

"乐也者动于内者也。礼也者,动于外者也。"(同上)

"……子曰:师,尔以为必铺几筵、升降、致献、酬酢,然后谓之礼乎?尔以为必行缀兆,兴羽籥,作钟鼓,然后谓之乐乎?言而履之,礼也。行而乐(洛)之,乐也。"(《礼记》卷五十〈经解〉)

上面所引的材料,其中也有通于政治、社会的;由一人之修养而通于天下国家,这是儒家的传统。但最重要的是就一个知识分子的人格修养而言。其中"君子曰"的一段话,又见于《礼记》卷四十八《祭义》,可见这是孔门相传的通说。今就上引的材料,试略加解释。

古人常以礼乐对举,因对举而两者在修养上所发生不同的作用及由此而来的配合,才容易明了。上面所引的资料也多是如此。在上面的资料中,首先值得注意的是"乐由中出,礼自外作"两句话。"乐由中出",即所谓"凡音者生于人心者也",及"乐也者,动于内者也"。我们可以把一切的艺术追溯到艺术精神的冲动上去,因而也可以说一切的艺术都是"由中出",此即克罗齐在其《美学原理》中之所谓"表现"。但其他艺术,由冲动而创造出作品,总须假借外面的工具、形象、形式。现时的所谓抽象画,依然还要凭藉其"抽象之象";而这种抽象之象,本是要摆脱客观的形象束缚的。但既抽象而依然有象,则其呈现出来的,依然是客观的;画具也依然是借助于客观的;因此,毕竟不能完全算是"由中出"。从《乐记》看,构成音乐的三基本要素是"诗"、"歌"、"舞"。这三基本要素,是无假于自身以外的客观事物而即可成立,所以它便说"三者本于心"。有了这三基本要素,才假借金石丝竹的乐器以文之。乐器对音乐而言固然重要,但诗、歌、舞三者的自身,即具备了艺术的形式;不像其他艺术,不假手于其他工具,即根本不能出现艺术的形式。并且在中国古代,认为在演奏的时候,是"歌者在上,匏竹在下,贵人声也"的。(《礼记·郊特牲》)由此可以了解,乐器对音乐的本质而言,是第二义的,所以才说"三者本于心,然后乐器从之"。因此,乐的三基本要素,是直接从心发出来,而无须客观外物的介入,所以便说它是"情深而文明"。"情深",是指它乃直从人的生命根源处流出。文明,是指诗、歌、舞,从极深的生命根源,向生命逐渐与客观接触的层次流出时,皆各具有明确的节奏形式。乐器是配上这种人身自身上的明确的节奏形式而发生作用、意义的。经乐的发扬而使潜伏于生命深处的"情",得以发扬出来,使生命得到充实,这即是所谓"气盛"。潜伏于生命深处的情,虽常为人所不自觉,但实对一个人的生活,有决定性的力量。在儒家所提倡的雅乐中,由情深之情,向外发出,不是像现代有的艺术家受了弗洛特(S. Freud)精神分析学的影响,只许在以"性欲"为内容的"潜意识"上立艺术的根基,与意识及良心层,完全隔断,而使性欲垄断突出。儒家认定良心更是藏在生命的深处,成为对生命更有决定性的根源。随情之向内沉潜，情便与此更根源之处的良心，于不知不觉之中，融合在一起。此良心与"情"融合在一起，通过音乐的形式，随同由音乐而来的"气盛"而气盛。于是此时的人生，是由音乐而艺术化了，同时也由音乐而道德化了。这种道德化，是直接由生命深处所透出的"艺术之情"，凑泊上良心而来，化得无形无迹，所以便可称之为"化神"。孟子以心为纯善的，这是把心与耳目之欲（情）检别开的说法。孔门中传承礼的系统的人，则多不作检别。由前面的解释，便可进一步了解"致乐以治心"的意义。弗洛特把人的精神分为潜意识、意识、良心三个层次。潜意识，大抵相当于佛教之所谓"无明"，儒家自西汉以后若干儒者之所谓情，①宋儒之所谓私欲。后来张横渠说"心统性情"，这是极现实的说法，所以朱元晦常常称道这句话。《乐记》之所谓"心"，正指的是统性情之心而言，亦即是统摄了弗洛特所分的三个层次；但良心则占较为重要的地位。《乐记》前面有"夫民有血气心知之性"的话，此"性"字即通于此处"治心"的心字。耳目等官能的情欲，亦必在心的处所呈现，而成为生活一种有决定性的力量。情欲不是罪恶，且为现实人生所必有，所应有。宗教要断灭情欲，也等于是要断灭现实的人生。如实地说，道德之心，亦须由情欲的支持而始发生力量；所以道德本来就带有一种"情绪"的性格在里面。乐本由心发，就一般而言，本多偏于情欲一方面。但情欲一面因顺着乐的中和而外发，这在消极方面，便解消了情欲与道德良心的冲突性。同时，由心所发的乐，在其所自发的根源之地，已

① 先秦的人性论，虽大体上分为性与情的两个层次，但在本质上却多认为是相同的。自董仲舒以情为阴，性为阳，于是情即是宋人所说的私欲，偏于恶的意味重。

把道德与情欲,融合在一起;情欲因此而得到了安顿,道德也因此而得到了支持;此时情欲与道德,圆融不分,于是道德便以情绪的形态而流出。"致乐以治心,则易直子①谅之心,油然生矣";"致"是推扩乐的功用之意。《郑注》谓"犹深审也",失之。治是指对于心中所统的性情的矛盾性、抗拒性加以溶解疏导而言。易是和易,直谓顺畅,子是慈祥,谅是诚实。易直子谅,不应作道德的节目去解释,而应作道德的情绪去体认。因为道德成为一种情绪,即成为生命力的自身要求。道德与生理的抗拒性完全消失了,二者合而为一,所以便说"易直子谅之心生则乐(洛)",人是以能顺其情绪的要求而活动为乐(洛)的。人安于其所乐,久于其所安,所以说"乐则安,安则久"。如此,则人生中的"血气心知之性",由乐而得到了一个大圆融,而这种圆融,是向良心上升的"和顺积中,而英华发外"的圆融;不是今日向"意识流"的沉淀。这是儒家"为人生而艺术"的真正意义。因此,所以孔子便说"兴于诗,立于礼,成于乐"(《论语·泰伯》)。"成"即是圆融。在道德(仁)与生理欲望的圆融中,仁对于一个人而言,不是作为一个标准规范去追求它,而是情绪中的享受。这即是所谓快乐的乐(洛)。以仁德为乐(洛),则人的生活,自然不与仁德相离而成为孔子所要求的"仁人"。所以孔子说"知之者不如好之者,好之者不如乐之者"(《论语·雍也》)。

---

① 按《正义》"子谓子爱",《说文通训定声》子字条下"子假借为慈"是也。

八　音乐艺术价值的根源

由孔子所传承、发展的"为人生而艺术"的音乐，决不曾否定作为艺术本性的美，而是要求美与善的统一；并且在其最高境界中，得到自然地统一；而在此自然地统一中，仁与乐是相得益彰的。但这并不是仅由艺术的本身，即可以达到。如前所述，艺术是人生重要修养手段之一；而艺术最高境界的达到，却又有待于人格自身不断地完成。这对孔子而言，是由"下学而上达"(《论语·宪问》)的无限向上的人生修养，透入到无限的艺术修养中，才可以做得到。而此时之乐(洛)，是与一般所说的快乐，完全属于两种不同的层次，乃是精神"上下与天地同流"(《孟子·尽心上》)的大自由，大解放的乐(洛)。这落实到音乐上面，便不能不追问，由音乐最高境界所能得到这种超快乐的快乐的价值根源，到底是什么？前面虽已稍稍提到，但还有进一步去深索的必要。假定不把这种地方厘清，则由孔子所把握到的艺术精神不显；因而易使人只停顿在"世俗之乐"上面去了解。儒家说"乐由中出"的话，表面上好像是顺着深处之情向外发；但实际则是要把深处之情向上提。这种向上提，也可以说是层层提高，层层向上突破，突破到为超艺术的真艺术，超快乐的大快乐。所以我应再回头来解释下面的几段话。

"乐由中出，故静。礼由外作，故文。大乐必易，大礼必简。"

"静"的第一义是纯净。纯静便自然安静。有情故有乐，情是动的。但在人性根源之地所发之情，是顺性而萌，可以说是与性几乎是一而非二。《乐记》前面有两句话说"人生而静，天之性也。

感于物而动,性之欲也"。人性一片纯真、纯善,无外物渗扰于其间,此处有什么"欲动"①这类的东西可言? 故说它是静。乐由中出,此"中"并非是感于物而动的"性之欲",而是"湛寂之中,自然而感;如火始然,如泉涌出"。② 孔门即在此根源之地立定乐的根基,立定艺术的根基。所以"乐由中出",即是"乐由性出"。性"自本自根"的自然而感,与"感于物"而"动"不同;其感的性格依然是静的。乐系由性的自然而感的处所流出,才可以说是静;于是此时由乐所表现的,只是"性之德"。性德是静,故乐也是静。人在这种艺术中,只是把生命在陶熔中向性德上升,即是向纯净而无丝毫人欲烦扰夹杂的人生境界上升起。这一直到阮籍的《乐论》,尚知此意,所以他说"圣人之作乐,将以顺天地之体,成万物之性也"。顺着此种根源之地去言乐,所以"大乐必简必易"。简易是由静而来。简易之至,以至于"无声之乐"。无声之乐,即是乐得以成立的在根据之地的本性的"静"的完成。《礼记·孔子闲居》第五十一:

"孔子曰,夙夜基命宥密,无声之乐也。"

"孔子曰,无声之乐,气志不违……无声之乐,气志既得……无声之乐,气志既从……无声之乐,日闻四方……无声之乐,志气既起……"(同上)

按《孔子闲居》篇乃就诗教而总持言之。如前所说,诗教亦即乐教。孔子就诗教而言"三无""五起"义。"三无"是指"无体之礼","无声之乐","无服之丧"而言。《论语·阳货》"子曰,礼云

---

① 弗洛特以"性欲"为潜意识的内容。日人多译为"欲动",即性欲冲动之意。

② 马浮《复性书院讲录》卷四第10页。

礼云,玉帛云乎哉? 乐云乐云,钟鼓云乎哉?"《八佾》"子曰……丧
与其易(治也,办理周到之义)也宁戚";《子张》"子游曰,丧至乎
哀而止"。则就《论语》言之,本已含有三无之义。所以《礼记》的
《孔子闲居》篇,实为孔门相承的微言的阐发,此不详述。今谨就
无声之乐,略加解释。

　　《诗·周颂》"昊天有成命,二后(文王武王)受之。成王不敢
康,夙夜基命宥密。"《郑笺》"早夜始顺天命,不敢解(懈)倦,行宽
仁安静之政,以定天下。宽仁所以止苛刻也。安静所以息暴乱
也。"盖《郑笺》以宽仁安静之政释"宥密";而孔子此处引之,即作
"仁德"解释。仁德由天所命,"夙夜基命宥密",即是"无终食之间
违仁"。① 前面提到过,仁的境界,有同于乐的境界。人的精神,是
无限地存在。由乐器而来之声,虽由其性格上之"和"而可以通向
此无限的境界;但凡属于"有"的性质的东西,其自身毕竟是一种
限制;所以在究竟义上言,和由声而见,此声对此无限境界而言,依
然是一拘限。无声之乐,是在仁的最高境界中,突破了一般艺术性
的有限性,而将生命沉浸于美与仁得到统一的无限艺术境界之中。
这可以说是在对于被限定的艺术形式的否定中,肯定了最高而完
整的艺术精神。

　　接着孔子是以"气志不违"、"气志既得"、"气志既从"、"气志
既起",再加上"日闻四方",为无声之乐。马浮先生引蓝田吕氏曰
"无声之乐,是和之至。"②又引庆源辅氏曰"气志不违,则持其志,
无暴其气矣。气志既得,则志帅气,而气充乎体矣。气志既从,则
养而无害。日闻四方,则塞乎天地之间矣。气志既起,则配义与

----

　　① 《论语·里仁》"君子无终食之间违仁。"
　　② 马浮《复性书院讲录》卷四第14页。

道,合乎冲漠之气象矣。"①气是生理作用,志是道德作用。无志之气,只是一团幽暗的冲动。即今日之所谓"潜意识"或"意识流"。无气之志,乃是一种理想性的虚无,朱元晦常以"无搭挂处"加以形容。志与气二者皆具于人的现实生命之中,但二者经常发生矛盾、抗拒,这里便如前所说,须要有乐以养心,礼以制外的修养工夫。而孔子上面所说的话,总括一句,是生理的欲动,融入于道德理性之中,生理与道德,在人的现实生活中,已得到彻底地谐和统一与充实。此之谓"气志不违","气志既得","气志既从","气志既起",这种精神状态的本身,已完全音乐艺术化了。人生即是艺术,于是"为人生而艺术"的外在艺术,对人生而言,反成为可有可无之物。所以站在极究之地以立言,便归于"无声之乐"。马浮先生说"三无之中,以无声之乐为本。有无声之乐,发有无体之礼,无服之丧。"②并谓"此皆直探心术之微,以示德相之大。"③所谓心术之微,只是一个仁字。马氏更推广其义曰"三月不违仁,不改其乐,无声之乐也。……发愤忘食,乐以忘忧,不知老之将至,无声之乐也。……耳顺从心,无声之乐也。……默而成之,不言而信,无声之乐也。……其所存者无非至诚恻怛;其感于物也,莫非天理之流行。故曰,无终食之间违仁……人心无私欲障蔽时,心体炯然,此理自然显现,如是方识仁,乃诗教之所流出也。"④我愿补充一句,此亦即"乐教"之所从出,亦即孔门"为人生而艺术"的艺术之所从出。今日要领取儒家真正的艺术精神,必须在这种根源之地

---

① 马浮《复性书院讲录》第 20 页。
② 同上。释《礼记·孔子闲居》"孔子曰无声之乐,无体之礼,无服之丧,此之谓三无。"
③ 同上第 14 页。
④ 同上第 21—22 页。

领取。论中西艺术之异同得失，也必须追溯在这种根源之地来作论断。否则依附名义，装套格架，只是不相干的废话。

九　孔子对文学的启示

这里还得补充一点的是，孔子为人生而艺术的精神，不仅表现在音乐方面，对文学也有伟大的启示。孔门四科中的所谓"文学"，乃指古典文学而言。四科中的所谓"言语"，则发展而为后来的所谓文学。因为在孔子时代，表达人的思想和感情的，主要还是语言而不是后世所谓文学或文章。当时及其以前的文字纪录，多出于史官或学徒之手。孔子曾说"不学诗，无以言"，(《论语·季氏》)我想，这是注重语言的艺术性；推广了说，也即是注重文学的艺术。春秋时代，盛行以诗歌见志的风气，这也是语言的艺术形式之一。孔子又曾说"小子，何莫学夫诗？诗，可以兴。可以观。可以群。可以怨。迩之事父，远之事君。多识于草木鸟兽之名。"(《论语·阳货》)按这一段话，孔子是认定诗乃美与善的统一表现，并附带指出其在知识上的意义。"可以兴"，朱元晦释为"感发意志"，这是对的。不过此处之所谓意志，不仅是一般的所谓感情，而系由作者纯净真挚的感情，感染给读者，使读者一方面从精神的麻痹中苏醒；同时被苏醒的是感情；但此时的感情不仅是苏醒，而且也随苏醒而得到澄汰，自然把许多杂乱的东西，由作者的作品所发出的感染之力，把它澄汰下去了。这样一来，读者的感情自然鼓荡着道德，而与之合而为一。朱元晦释"兴于诗"(《论语·泰伯》)时说"……所以兴起其好善恶恶之心，而不能自已者，必于此而得之"；这便说得完全，这也是古今中外真正伟大的艺术所必会具备的效果。可以"观"的"观"，郑康成释为"观风俗之盛衰"，朱元晦释为"考见得失",我再补充一句,也即是卡西勒(E. Cassir-er)在其《论人(An Essay on Man)》一书的第九章《艺术》里所说的"照明"作用。是使读者"见透了作品所表现出的感情活动,因而进入于感情活动的真正的性质与本质之中"。(日译本209页)他又说:"演剧艺术,能透明生活的深度与广度。它传达人世的事象、人类的运命及伟大与悲惨。与此相较,则我们日常的生存,是贫弱而有点近于无聊。我们都感到漠然、朦胧与无限潜伏的生命力。此力一面是沉默,一面从睡眠中觉醒,等待着可以进入于透明而强烈地意识之光里面的瞬间。艺术优越性的尺度,不是传染的程度,而是强化及照明的程度。"(同上209—210页)按所谓强化,是指由艺术作品所觉醒的感情意识的集中而言,这正近于孔子所说的"兴";而"照明"则正是孔子所说的"观"了。观是由作品而照明了的人生的本质与究竟。

十九世纪英国的文学批评家亚诺尔特(M. Arnold 1828—1888)其在 Wordsworth 论中说"诗在根柢上是人生的批评"。"诗的观念必须充分地内面化,成为纯粹感情,与道德的性质同化"。(土居光知著《文学序说》235页)正如我前面所说,经澄汰以后的诗人纯粹感情,自然而然地与道德同化。所以受到这种感情的感发(兴)照明(观)的读者,自己的感情也纯化了,也道德化了,人与人的障壁,自然而然地解消了,这便会发生与"乐者为同"的"同"相等的作用;此时正是由人生的艺术性,而鼓动、并支持了人生的道德;这也是美与善的谐和统一。所以孔子接着便说"可以群,可以怨。迩之事父,远之事君"。至于"多识于草木鸟兽之名",乃附带的知识意义。孔子对于诗的作用,是把握到由诗的本质所显露出的作用。诗的道德性,是由诗得以成立的根源之地所显露出的道德性。孔子为人生而艺术的文学观,实即由于把文学彻底到根源之地而来的文学观。这里所引的几句简单的话，当然会给中国后来的文学以无穷的启示。

十 孔门艺术精神的转化与没落

这里尚不能不解答一个问题；即是孔门如此重视音乐，何以它毕竟没落得这样快，没落得这样彻底呢？这当然不是一个单纯的原因。首先就儒家自身说，孔门的为人生而艺术，极其究竟，亦可以融艺术于人生。"寻孔颜乐处"，①此乐处是孔颜之仁，亦即是孔颜纯全的艺术精神的呈现。而此乐处的到达，在孔颜，尤其是在孔子，乐固然是其工夫过程之一；但毕竟不是唯一的工夫所在，也不是一般人所轻易用得上的工夫。所以孔子便把乐安放在工夫的最后阶段，而说出"成于乐"的一句话。于是《论语》上的"孝弟为仁之本"、②"主忠信"、③"忠恕"、④"克己复礼"；⑤《中庸》的"慎独"、"诚明"；及《孟子》的"知言"、"养气"；⑥《大学》的"正心"、"诚意"，宋明儒的"主静"、"主敬"、"存天理"、"致良知"；这都是人格修养，人格完成的直接通路，而无须乎必取途于乐。这样一来，一个儒者的兴起，便不必意味着是孔门音乐艺术的复兴。

再就音乐的自身来说，担当"为人生而艺术"的雅乐，以先秦

---

① 《宋元学案》卷十二《濂溪学案》引"明道曰，昔受学于周茂叔，每令寻仲尼颜子乐处，所乐何事？"

② 见《论语·学而》篇"孝弟也者，其为仁之本与。"

③ 同上"子曰，主忠信。"

④ 《论语·里仁》"夫子之道，忠恕而已矣。"

⑤ 《论语·颜渊》"子曰，克己复礼为仁。"

⑥ 《孟子·公孙丑章》"孟子曰，我知言，我善养吾浩然之气。"

时魏文侯之好学好古，尚且说"吾端冕而听古乐，唯恐卧"；(《礼记·乐记》)何以如此？因为雅乐是直根于人之性，而把人的感情向上提、向内收，所以它的性格，只能用一个"静"字作征表；而其形式，必归于《乐记》上所说的"大乐必易必简"。"静"的艺术作用，是把人所浮扬起来的感情，使其沉静、安静下去，这才能感发人之善心。但静的艺术性，也只有在人生修养中，得出了人欲去而天理天机活泼的时候，才能加以领受。在一般人听来，它不是普通所要求的官能的快感，而只是单纯枯淡；听了怎么不想睡着呢？这种情形由日本宫廷所保存的中国古乐（大概是唐代的），及现时我国作为"告朔之饩羊"的七弦琴，尚可以仿佛其一二。这可以说，若是不能了解孔门所传承发挥的音乐艺术中的美中之善，即不能欣赏其艺术中的善中之美。再加以在当时似乎尚没有出现有如西方之五线乐谱，对成功的乐曲，要作完全地纪录，相当地困难。于是古乐式微，由民间以感官的快感为主的俗乐，取而代之，乃必然的趋势。孔门所传承发挥的礼乐，"子夏辞而辨之，终不见纳（不为魏文侯所纳），自此礼乐丧矣"。(《礼记·乐记》)"汉兴，乐家有制氏，以雅乐声律，世世在大乐官；但能纪其铿锵鼓舞，而不能言其义"。(《汉书·礼乐志》)不能言其义，则只代表着失掉了生命的僵化了的传统形式，除了勉强支撑一点门面外，如何能复兴起来呢？同时，雅乐之义，是要在人性根源之地生根；虽有河间献王的提倡，汉成帝时，王禹能说其义，（同上）其所说之义，恐已不过铺陈故实称道效能，说者听者，都等于是捕风捉影，与艺术的本质无涉。并且孔子所传承的古代的雅乐之教，我以为实际是由孔子赋与了以新的意义，而将其品质，大大地提高了。古代传记上所记载的先王乐教之效，亦可能由孔门多少作了一些夸饰。单就孔子所追溯达到的美善合一的音乐精神与其形式而言，可能也只合于少数知识分子的人生修养之用，而不一定合于大众的要求；所以孟子就政治的观点言乐，便只问是否"与民同乐"，而不论乐的今古，他干脆说"今之乐，犹古之乐"。① 这虽然带有一点游说时因势利导的意味，但对大众而言，这一开放，依然是有其意义，有其必要的。

不过在政治上过于重视俗乐，亦即所谓郑声，若不是面对人民，而仅是为了统治阶级，则必出于淫侈的动机，以助长淫纵的弊害。自《史记·乐书》《汉书·礼乐志》起，下逮各代的有关记载，有关这一点，是指陈得确切有据的。因而俗乐始终不能得到被儒家思想所影响的人们的正面的承认，这便也影响到俗乐所应当有的发展。俗乐的内容与形式，不是不能提高，不是不能发展的。但这种责任，不可能仅在少数伶工手上完成。

后来儒者，因先秦儒家的传说，也有人很重视乐，而想将雅乐加以复兴，几乎历代皆有其人；明末的黄梨洲，也是一个例子。但他们所努力的，只是用在律吕尺寸等方面，亦即是只用在古乐器原状的恢复方面；这或许有其考订名物上的意义，但并没有艺术上的意义，甚至可以说是与艺术的自身并不相干。我的想法，孔门"为人生而艺术"的最高意境，可以通过各种乐器，通过各种形式，而表达出来；最重要的一点，只存乎一个作曲者演奏者的德性，亦即他的艺术精神所能上透到的层次。甚至可以这样说，从"无声之乐"的意义推下来，也可以由俗乐、胡乐、今日西洋的和声音乐，提升到孔子所要求的音乐境界，即是仁美合一的境界。儒家真正的艺术精神，自战国末期，已日归湮没。但在历史中间有旷千载而一遇的有艺术天才的个人，在音乐上的成就，其见之于文人诗歌、词

---

① 《孟子·梁惠王》下孟子告齐宣王谓"今之乐，犹古之乐也"。又"今王与百姓同乐，则王矣。"

赋、咏叹之馀者,可由其所陈述的演奏技巧之美,亦未尝不可藉以窥见其意境层次之高。"杏花疏影里,吹笛到天明",①又何尝不可与曾点言志相比拟? 但这也率为正统儒者视为俗乐,而不加称道,即未易进入于儒家教化系统之中。其实,乐的雅俗,在由其所透出之人生意境、精神,而绝不关系于乐器的今古与中外;亦与歌词的体制无大关系。假使能使孔子与贝多芬(Beethoven)相遇,一定会相视而笑,莫逆于心的。至于历代宫廷所征集培养的音乐,自汉武帝的乐府起,本是很有意义的工作。其无意义乃在于成为统治者荒淫之具,而使此一工具的本身变质;所以在中国正史中,虽有记载,而很少作价值上的承认。这便在政治上也限制了音乐的发展。同时,诗、词、曲的一连贯的发展,对文人而言,当然也尽到了音乐所应尽的艺术上的任务;而词曲更与音乐不可分。不过,这只限于有闲阶级中少数人的欣赏。后来的诗,虽与音乐不发生直接关连,但由其自身的韵律,使作者读者,也可以得到与音乐同质的享受,而不一定另外去追求音乐。所以诗在中国,较任何其他民族为普遍流行。另一方面,也便使知识分子对于音乐的要求减退;因而形成了音乐衰退的另一原因。

此外,则不仅"和声"的音乐,是由西欧十六、七世纪寺院的许多僧侣努力所得出的成就;即世界其他各民族中集团的仪节与大规模的"多声"音乐,亦多由僧侣的组织保持于不坠;而中国自身,正缺少这种组织。于是由古代以音乐为教育的中心,及由孔子以音乐为政治教化及人格修养的重要工具,终于衰微不振,是可以找出其历史上的各种原因的。

但孔门为人生而艺术的精神,唐以前是通过《诗经》的系统而

---

① 宋《陈简斋诗集》附《无住词》《临江仙·夜登小阁忆洛中旧游》。

发展;自唐起,更通过韩愈们所奠基的古文运动的系谱而发展。这都有得于如前所述的,孔子对文学的启示。同时,为人生而艺术,及为艺术而艺术,只是相对地便宜性的分别。真正伟大的为艺术而艺术的作品,对人生社会,必能提供某一方面的贡献。而为人生而艺术的极究,亦必自然会归于纯艺术之上,将艺术从内容方面向前推进。所以古文文学运动,一开始便揭举"文以载道"的大旗;而其最后大师姚姬传,在其《古文辞类纂序目》中,把文之"所以为文者",会归到"神理气味,格律声色"八种艺术性的要求之上。最后更应当指出,由孔门通过音乐所呈现出的为人生而艺术的最高境界,即是善(仁)与美的彻底谐和统一的最高境界,对于目前的艺术风气而言,诚有"犹河汉而无极也"①之感。但就人类艺术正常发展的前途而言,它将像天体中的一颗恒星样的,永远会保持其光辉于不坠。

（选自《中国艺术精神》,春风文艺出版社 1987 年版）

徐复观（1903—1982）,湖北浠水人。年轻时留学日本。抗战初期,参加山西抗战,后被蒋介石重用。1943 年结识熊十力,"决心叩学问之门"。20 世纪后半叶,在港台地区致力于学术,是中国新儒学思潮的一位重要代表人物。《中国人性论史·先秦篇》、《中国艺术精神》是其重要代表著作。

本文认为,中国古代是以"乐为教育中心","礼乐并重,并把乐安放在礼的上位,认定乐才是一个人格完成的境界,这是孔子立教的宗旨"。孔子对音乐的重视一方面来自他对古

---

① 见《庄子·逍遥游》。此借用。

代乐教的传承,一方面是来自他对于乐的艺术精神的新发现;他可能是中国历史中第一位最明显而又最伟大的艺术精神的发现者。孔子善歌,歌的词可能即是诗,孔子的诗教,亦即孔子的乐教。孔子重视乐,乐成了孔门教化的一大传统;乐教传承德,典籍是《乐论》与《乐记》。美与善(即仁)的统一,是孔子由他自己对音乐的体验而来对音乐、对艺术的基本规定、要求。将二者融合在一起的是"和";道德充实了艺术的内容,艺术助长、安定了道德的力量。孔门所以重视乐,并非把乐与仁混同起来,而是出于古代的传承,认为乐的艺术,首先是有助于政治上的教化,更进一步,则认为可以作为人格的修养、向上,乃至也可以作为达到仁的人格完成的一种工夫;儒家的政治,首重教化,礼乐正是教化的具体内容;由礼乐所发生的教化作用,是要人民以自己的力量完成自己的人格,达到社会(风俗)的谐和。儒家以音乐为中心的"为人生而艺术"的性格,对知识分子个人的修养而言,其功用更为明显;并且由孔子个人所上透的艺术根源的性格,也更为明显;以仁德为乐(音洛),则人的生活,自然不予仁德相离而成为孔子所要求的"仁人"。由古代以音乐为教育的中心,及由孔子以音乐为政治教化及人格修养的重要工具的衰微,一是达到人格完成的直接途径无须乎必取途于乐,一是以音乐来修养人性不是一般人所能达到,一是统治者对俗乐的推崇,另外还有诗的存在对乐需要的减退以及不能把古代好的乐谱记下来等。

儒家精神的基本性格
及其限定与新生（节选）

徐 复 观

希腊求知的动机为闲暇中对自然界之惊异而追问究竟，这样便成为其哲学中之宇宙论。由宇宙法则之发现而落实下来便成为科学。中国之学术思想，起源于人生之忧患，此点言之已多，殆成定论。《易传》说"作《易》者其有忧患乎"，此非仅作《易》者是如此。忧患是追求学问的动机与推动力。至于学的内容，则西方主要是对于自然的知解，而儒家主要为自己行为的规范。《论语》："哀公问弟子孰为好学？孔子对曰，有颜回者好学。不迁怒，不贰过。""子曰，君子食无求饱，居无求安，敏于事而慎于言，就有道而正焉，可谓好学也已。""子曰，弟子入则孝，出则弟，谨而信，泛爱众，而亲仁。行有余力则以学文。""子夏曰，贤贤易色，事父母能竭其力，事君能致其身。与朋友交，言而有信。虽曰未学，吾必谓之学矣。"上面所引的简单几条，这是洙泗的学风，形成战国儒学的主要内容与性格，二千年来未有大变。朱子白鹿洞书院学规，及王阳明教条示龙场诸生，一守此种成规而不失。此与柏拉图之学园，以及近代之大学，其精神与对象之各不相同，最为明白。

盖儒家之基本用心，可概略之以二。一为由性善的道德内在说，以把人和一般动物分开，把人建立为圆满无缺的圣人或仁人，对世界负责。(《论语》："若圣与仁，则吾岂敢。")一为将内在的道德，客观化于人伦日用之间，由践伦而敦"锡类之爱"，使人与人的关系，人与物的关系，皆成为一个"仁"的关系。性善的道德内在，即人心之仁。而践伦乃仁之发用。所以二者是内外合一、(合内外之道)本末一致而不可分的。

性善说虽明出自孟子，但这是中国"人性论"的正统，并非孟子所始创。性善，性恶，性无善恶，有善有恶，在孟子时代为一大争论。孟子就"人皆有不忍人之心"的这一点上，就人皆有恻隐、羞恶、辞让、是非之心以见仁义礼智之"非由外铄我也，我固有之也"的这一点上，以断定人之性善，因而认为"人皆可以为尧舜"，人皆可不凭"他力"而都能堂堂正正地站得起来。我们只要稍稍了解世界各大宗教之欲以他力，欲以神与上帝之力，使人从外铄中站起来之艰辛，即可知儒家此一"自本自根"之教义的伟大。但在孟子并未尝否定人的动物性的一面。他说"人之所以异于禽兽者几希"，可见有许多地方人是与禽兽无异的。但欲稳定人之所以为人的地位，则非首先从几希的地方去肯定人性不可。推孟子之意，人有与动物相同之性，有与动物不同之性。与动物相同者，因其系与动物相同，故不能指此一部分为人之特质，为人之性。而须从与动物不同的地方，从为人所独有的地方，才表现其为人之特质。此特质是善的，并且是人心所同然的，因而肯定其为性善。故曰"乃若其情，则可以为善矣，乃所谓善也"。可是要人由几希之善，扩而充之，使不致为与动物相同的部分所障蔽吞没，以另一语句说，不使人心危及道心，则须作一番"克己复礼"的工夫。而"克己复礼"的工夫后面，究竟须有一"作主"者。此作主者儒家认为是心。每一人之心，便会为每一个人作主。于是儒家在这一方面的工夫便是要"正心""养心""求放心""操存此心",(操之则存)使此心"常在腔子里",使心常为一身之主,以"先立乎其大者",使与动物相同的五官百体之欲,都听命于心;于是不仅心为义理之心,而五官百体亦为具义理之五官百体,此之谓"践形"。(孟子:"惟圣人惟能践形。")但对于心之操存涵养,在不与物相接的时候容易。可是心必与物相接。与物相接,即不能不有喜怒哀乐好恶欲之情,人的行为是从情转出来的。情受气质的影响,(即生理的作用,如内分泌等作用)容易有过不及之偏,则心将随情转,而心之体亦不可见。所以求放心之功,要见之于变化气质上面。孔子说:"志于道,据于德,依于仁,游于艺。"又说:"兴于诗,立于礼,成于乐。"游于艺,成于乐,都是所以调和性情以变化气质的。孔子对门人言志,独赞叹曾点,只是由曾点所说,表现得一副好性情。儒家不主张断情禁欲,不使生理之人与义理之人分而为二,以免与现实生活起隔离之感;而是要以学问来变化气质,率情以顺性,使生理之人完全成为义理之人,现实之生活亦即理性的生活,成为名符其实的理性动物。所以程明道说:"学至气质变方是有功",正系此意。这种向内在的道德性之沉潜陶铸的工夫,下开宋明的理学心学,以形成中国"道德性的人文主义"的基点。至于西方的人文主义,则虽一方面由神的中心降落而以人为中心;一方面也是要把人从一般动物中区别出来,以站稳人之所以为人的地位;但他们主要是以智能为基点的人文主义。所以文艺复兴的人文大师的典型,多半要从他个人多方面的才能表现出来。而在中国方面,虽然并不轻视才能,但其基本精神,决非通过才能以表达的。故《论语》:"太宰问于子贡曰,夫子圣者与? 何其多能也? 子贡曰,固天纵之将圣,又多能也。子闻之曰,太宰知我乎,吾少也贱,故多能鄙事。君子多乎哉? 不多也。"这种地方,更可以看出一种显明的对照。

内在的道德性，若不客观化到外面来，即没有真正的实践。所以儒家从始即不采取"观照"的态度，而一切要归之于"笃行"的。《中庸》上说："博学之，审问之，慎思之，明辨之，笃行之。"五种治学方法，并不是平列的项目，而是一种前进的程序。笃行是前四项目的归结。要笃行，即须将内在的道德性客观化出来。于是儒家特注重"人伦"、"日用"。人伦是人与人的正常关系；日用是日常的生活行为。每一个人，在其自然或不得不然的所加入的人与人之关系中，及其日常生活中，都有其应尽的一番道理；而这些道理，都是人性所固有。只有尽伦、敬事，(《论语》："敬事而信"。又云："执事敬")才是内在的道德之实践，才可称之为"尽性"。而尽伦即可以摄敬事，故人伦尤为重要。父子兄弟的关系，是人伦的基点，是人性的自然的见端。于是孝弟又为人伦之本。《论语》："有子曰，君子务本，本立而道生。孝弟也者，其为仁之本与。""子曰，弟子入则孝，出则弟，谨而信，泛爱众，而亲仁。"孟子则正式标明"人伦"二字。如"学则三代共之，皆所以明人伦也"；"圣人，人伦之至也"；"舜明于庶物，察于人伦"等皆是。孟子所说的人伦，亦以孝弟为本。其曰："孩提之童，无不知爱其亲也。及其长也，无不知敬其兄也"，即系从孝弟上指点人性之善。又曰："仁之实，事亲是也。义之实，从兄是也。智之实，知斯二者弗去是也。礼之实，节文斯二者是也。乐之实，乐斯二者是也。"又曰："作为庠序学校以教之，申之孝弟之义。"由此可知孝弟乃儒家学说之总持。盖以仁为中核之人性，内蕴而不可见，可见者乃不期然而然的爱亲敬兄之情。在此等处看得紧，把得牢，于是人性之仁乃有其着落，有其根据，而可以向人类扩充得去。"于其所厚者薄，于其所薄者厚，鲜矣"，这是一种铁的事实。《诗经》说："孝子不匮，永锡尔类"，可知，"老吾老，以及人之老；幼吾幼，以及人之幼"，亦是人性中仁德自然之推。所以孝弟是人类爱的起点,也是人类爱的源泉。"人人亲其亲,长其长",此乃各就其现成而当下的人与人的关系,皆成为以仁相与的关系。这种社会都是由仁德和温情所构成的,这自然会"天下平"了。伊川为明道作《行状》有云:"尽性至命,必本于孝弟。"后来有人问他:"不识孝弟何以能尽性至命也?"曰:"后人便将性命别作一般事说了。性命孝弟,只是一统的事。就孝弟中便可尽性至命。如洒扫应对,与尽性至命,亦是一统的事,无有本末,无有精粗,却被后人言性命者别作一般高远说。故举孝弟,是于人切近者言之。然今时非无孝弟之人,而不能尽性至命者,由之而不知也。"按所谓"于人切近者言之"的另一意思,即是言孝弟而实不仅于孝弟。乃五四运动,两派人士,在"非孝"的这一点上,仅有程度之分,并无本质之别,这才是打到中国文化的最后长城,亦是攻到人之所以为人的最后防线。……

由上可知儒家内在的道德实践,总是归结于人伦。而落到现实上的成就,大体是从三个方面发展,一为家庭,二为政治(国家),三为"教化"(社会)。

儒家所提出的五伦,有三伦是家庭的范围,所以"尽伦"是要首先把家庭变为一个道德实践的自然团体。儒家思想,因其系以仁为中核,而仁的性格,多趋于凝重安笃而少变。孔子说,"仁者乐山","仁者静",大体是这种意思。因此,儒家精神,不重在"改作",却注重在已有的东西间去发掘其有意义的内涵,从而附与新的价值,使其渐变而不自觉。这种努力的方式,有其成功,也有其失败,在此暂置不论。在这里所应注意的,家庭本是人类自然的结合;儒家就在这种自然结合中,贯注以道德实践的新生命,即上文所说的"孝弟之义"。在家庭中的孝弟之义,以另一语句说,即《大学》所说的"一家仁,一国兴仁;一家让,一国兴让"之"仁"与

"让"。每人各在其家庭中尽其人生之义务，得其人生之价值，即是每人因其有家庭，而生命占一价值之时间与空间。由现实之家庭纵而推之，则"本支百世"，人的生命由此而得到时间上无限的安顿。同时，因现实之家庭横而广之，则"睦宗收族"，以至"四海之内皆兄弟也"，人的生命由此而得到空间上之无限的安顿。儒家精神所贯注的家庭，其本身即是一圆满无缺之宗教；故不须另有宗教。而落实下来，只是孝弟二字，出自人心之自然流露，行之皆人情之所安。故自西汉起，儒家精神通过家庭以浸透于社会，其功效最为广大，最为深厚。民间有一幅流行对联说："西京明训，孝弟力由。"这八个字，很符合西汉二百年的政治大方针，也正是儒家基本精神之所在。经过西汉的一番倡导，儒家精神生根于家庭之中，于是家庭成为中国社会的生产与文化合一的坚强据点。中华民族，至此乃有其深厚的凝集力与延续力，而完成其特有之厚重坚韧的民族性格。所以现在以汉之代名为华族永久之名，决非无故。自后两千年中，历史上遇着四次的外族大侵陵，遇着无数次内部的大屠杀，但一经短时期的修养生息，即可恢复旧观。而不像西方民族之一经大的灾祸，常即归于绝灭。盖因中国社会，遇有重大灾害威胁的时候，大家可以退保于家庭，再环绕着一宗族，以形成灾害的最后防御线。等到灾害减轻，即可由家庭宗族中伸出来，恢复其生产与文化的社会完整性。并且当世衰道微，士大夫成为文化罪人的时候，中国文化的真正的精神，反常常透出于愚夫愚妇之中，赖其"守死善道"的一念之诚，以维族命于不绝，此种情形迄晚近而未改。这也可见儒家精神通过家庭而向下浸透之深且厚。五四运动以来，只看到家庭的流弊，而不了解中国家庭之基本精神与其在民族保持延续中所尽的责任，觉得只要破坏家庭，则国家观念与夫社会精神即可以立致。今日的情形正值得重新加以彻底反省的。美国哈佛大学社会学系主任索罗肯（P. A. Sorekin）氏在其1948年出版之《人性之再造》一书中，主张西方文化缺少道德性的安定家庭为一大危机之所在。又有人认为英国之所以能在安定中进步，因为英国人系以家庭为生活之堡垒，故不至如其他国家之因缺少合理之家庭生活，以至社会浮动无根，动辄发生革命。这都可提供我们反省之资料。

儒家既对人伦负责，当然要对政治负责。但因历史条件的限制，儒家的政治思想，尽管有其精纯的理论；可是，这种理论，总是站在统治者的立场去求实施，而缺少站在被统治者的立场去争取实现，因之，政治的主体性始终没有建立起来，未能由民本而走向民主，所以只有减轻统治者毒素的作用，而没有根本解决统治者毒素的作用，反尝易为僭主所假借，此已见《儒家政治思想之构造及其转进》一文中，（《民主评论》三卷一期）此处不再详论。惟此处应补充者，则旧儒家一面须对政治负责，而一面未能把握政治的主动，于是儒家思想，尝在政治中受其委曲，受其摧残，因而常常影响到儒家思想的正常发展，不断地产生许多出卖灵魂的盗窃之徒，这真可以说是文化历史中的大不幸。最显著的如东汉末年、唐代末年、明代末年，少数宦竖，觉得一般对政治主持风节清议的书生，（即今日之所谓舆论）与他们"口含天宪"者脾胃不合，杀戮之酷，只有今日极权主义者才可比拟。因有党锢之祸，遂使聪明才智之士，逃于玄，逃于佛，而中原沦为夷狄。有浊流之祸，遂产生冯道这一类的典型，而五代生人之道绝，而造成满清入关，二百余年之统治，使中国文化精神，进入睡眠状态，……所以今日真正的儒家，一定要在政治民主化的这一点上致力。至于有人怀疑儒家思想是否与民主政治相容，这全系不了解儒家，且不了解民主之论。凡在思想上立足于价值内在论者的，即决不承认外在的权威。今日欧洲的民主主义,系奠基于十八世纪之启蒙运动。而启蒙运动之思想骨干系自然法。自然法思想导源于罗马,罗马之此一思想渊源则来自希腊末期之斯托噶派。继自然法思想而起之功利主义,乃资本主义与民主主义在英国结合之特殊产物;但并非非有此一结合不可。美国哲斐逊们的民主运动,即仅受自然法之影响而未受功利主义之影响。故美国之民主主义,更富于理想性。在十八世纪以前,由马丁·路德之宗教改革而来的良心之自由,其对近代民主之影响,无人可加以否认。而路德实受有德国神秘主义之启示。(亦称泛神论)德国之神秘主义,固系价值内在论者。儒家之为道德的价值内在论,已如前述。儒家"自本自根"之精神,即可不需要外在之上帝,则在政治上岂能承认由外在权威而来的强制作用。我特于此引《传习录》上王阳明的一段话,以相印证:

> "爱问,'在亲民',朱子谓当作'新民',后章作新民之文,似亦有据。先生以为宜从旧本作亲民,亦有所据否?先生曰,作新民之新,是自新之民,与在新民之新不同。此岂足为据。作字却与亲字相对,然非亲字义。下面治国平天下处,皆于亲字无发明。如云君子贤其贤而亲其亲,小人乐其乐而利其利,如保赤子,民之所好好之,民之所恶恶之,此之谓民之父母之类,皆是亲字意。……"

按阳明把"作新民"解为"是自新之民"。所谓自新,是老百姓每人都自己站起来。"在新民"之"在"字,则有由政治力量去代老百姓去新的意思;用现在的话说,即是训政与改造运动的意思。这都与儒家的内在论不合,亦即为儒家的政治思想所不许。儒家之所以贵王而贱霸,贵德而贱力,皆系由此而来。儒家的政治思想必归结于民主政治,而民主政治之应以儒家思想为其精神之根据。凡态度客观的好学深思之士,必不会以此为附会之谈。

　　其实,儒家对人类负责的精神,除了上述二端外,还有其为人所忽视,而实系最伟大的一面,即其"教化精神"的一面。许多人说孔子是中国最早的教育家。"教育家"三字,说得未尝不对。但亦说得未尝尽对。孔子之精神,实系伟大宗教家之教化精神。毫无凭藉,一本其悲悯之念,对人类承担一切责任,而思有以教之化之。此系立于社会之平面,以精诚理性相感召,这与政治之设施全异其趣。世界伟大宗教之得以建立,其教义必须通过此一教化精神以具象化之,乃能唤起人类之心灵而与其融铸在一起。否则任何教义,只作一番话说,与人究无多干涉。儒家之所以能代替宗教,不仅在其自本自根之道德内在论,可以使人不须要宗教;亦因孔子之教化精神,实与伟大宗教之创立者同样的将其学说具像化于中国民族之中,故非普通一家之言可比。孔子当然希望用世。"如有用我者,吾其为东周乎"。政治是实现理想的捷路。但政治须有所待而后行,而教化则系一心之发,当下即可尽力。故孔子对于现实政治,皆采取一种可进可退之随缘态度,如曰:"用之则行,舍之则藏";"邦有道则现,邦无道则隐"。但一谈到教人的这一方面,则"教不倦"常与"学不厌"并称,与"学不厌"同其分量。"有教无类"的对于人类的信心,对于人类的宏愿,真可含融一切有生而与其同登圣域。《论语》说:"自行束脩以上,未尝无诲焉。""互乡难与言。童子见,门人惑。子曰,与其进也,不与其退也,唯何甚。人洁己以进,与其洁也,不保其往也。"从这种站在社会上来对人类负责的精神,才真显出"人伦"观念之基本用心与其含弘光大。

　　宋明性理之学,不仅是儒家精神的复兴,而且也是儒家教化精神的复活。宋明儒之"讲学"即是一种教化精神,用现代的话说,即是一种社会的思想运动。因为此一精神而可以浮出一社会的对象,形成一社会的势力,在朝廷以外,另树立一人类的标准与归趋。而专制之夫,与夫宦竖嬖佞之臣,也无不以讲学为大禁。这都是古今在事实上所能按验的。伊川曾说:

> "贤者在下,岂可自进以求于君? 苟自求之,必无能用之理。古人之所以必待人君致敬尽礼而后往者,非欲自为尊大,盖其尊德乐道之心不如是,不足与有为也。"

又:

> "伊川先生在讲筵,不为妻求封。范纯甫问其故。先生曰,某当时起身草莱,三辞然后受命,岂有今日乃为妻求封之理。问今人陈乞恩例,又当然否? 人皆以为本分,不为害。先生曰,只为而今士大夫道得个'乞'字惯,却动不动是乞也。"

此乃讲理学者对政府的一共同态度。此一态度之另一面,即是以讲学向社会负责。邹守益《阳明先生文录序》有一段说:

> "当时有称先师者曰,古之名世,或以文章,或以政事,或以气节,或以勋烈,而公克兼之。独除讲学一节,即全人矣。先师笑曰,某愿从事讲学一节,尽除四者,亦无愧全人。"

阳明这种以讲学重于政治勋业之精神,亦宋明讲学者之共同精神。此一精神之影响,为在政治之外,在朝廷之外,使社会另有一理性的趋向,而形成一理性的力量,这便使专制之主与宦竖便佞之徒所视为芒刺在背,非假借各种名义以禁锢绝灭之不可。如元祐党禁,南宋伪学之禁,明末东林之禁,当时主持其事者,当然也有他的一套说法。但由历史观之,这群人的卑贱丑恶,实连猪狗之不如,此种事实,我希望其能成为历史上永久的大戒。同时,中国今后如要能在世界上求生活,必须除了政府以外,有站得起来的社会势力,以与政治立于对等之关连,因而亦与政治划有一定之限界。如此,则国家始有其内容,始能发生力量。而在产业落后的情况下,只有先有社会的自由讲学,以激发人心,树立风气,形成社会之文化力量,以推动社会的其他各方面,乃社会能够站起来的先决条件。今后中国文化之出路在此,中国知识分子之出路在此,中国政府之是否系"大桀小桀"的试金石亦在此。所以我不觉对这一点言之蔓衍了。

儒家人伦的思想,即从内在的道德性客观化出来,以对人类负责的,始于孝弟,而极于民胞物与,极于以"天地万物为一体"。从孝弟到民胞物与,到天地万物为一体,只是仁心之发用,一气贯通下来的。此中毫无间隔。吾于此,谨引王阳明《大学问》的一段话以作印证:

> "大人者,以天地万物为一体者也。其视天下犹一家,中国犹一人焉。若夫间形骸而分尔我者,小人矣。大人之能以天地万物为一体也,非意之也,其心之仁本若是,其与天地万物为一也。岂惟大人,虽小人之心亦莫不然。彼愿自小之耳。是故见孺子之入井,而必有怵惕恻隐之心焉,是其仁之与孺子而为一体也。孺子犹同类者也。见鸟兽哀鸣觳觫,而必有不忍之心焉,是其仁之与鸟兽而为一体也。鸟兽犹有知觉者也。见草木之摧折而必有悯恤之心焉,是其仁之与草木而为一体也。草木犹有生意者也。见瓦石之毁坏而必有顾惜之心焉,是其仁之与瓦石而为一体也。是其一体之仁也,虽小人之心亦必有之。是乃根于天命之性,而自然灵昭不昧者也。"

还有,五伦思想,为儒家精神落实下来的一种局格。凡精神一落入局格之中,一方面因可以由此而现实化,但一方面亦将因此而渐成僵化,不能适时顺变。五伦思想形成于二千年之前,其不能完全适应于今日,且发生若干流弊,而须加以批判,这是当然的。并且人伦思想,虽至汉而落实,而其精神亦至汉而渐离。忠孝之在孔孟,乃系人之一种德性。至于人与人的关系,则常相对以为言,如"君君,臣臣,父父,子子"之类。此其中,并无从外在的关系上分高低主从之意。汉儒为应大一统之政治要求,《白虎通》中创为"三纲之说",将人性中德性之事,无形中一变而为外在关系中权利义务之事。于是渐失人伦之本意而有时成为人性抑压之具,这是首先值得提出来研究的。但这也要原始于五伦思想之基本精神,了解其真正用心之所在,则在批判之中,即收新生扩充之效。这一点是应该有人用力的。

（选自《民主评论》1952 年第三卷 10 期副刊）

　　本文在阐释了儒家的道德思想后,对儒家的教化给予很高的评价。他说:儒家对人类负责的精神,还有其为人所忽视而实系最伟大的一面,即其"教化精神","孔子之精神,实系伟大宗教家之教化精神"。"宋明性理之学,不仅是儒家精神的复兴,而且也是儒家教化精神的复活"。

孔子与仁教

牟宗三

　　周道既坏,上世所存皆放失。诸子辩士,人各为家。孔子搜补遗文坠典,《诗》《书》礼乐《春秋》,有述无作,惟《易》、著《彖象》。

　　旧传删《诗》定《书》作《春秋》,予考详,始明其不然。然后唐虞三代之道,赖以有传。

　　案《论语》"子罕言利与命与仁",而考孔子言仁多于他语。岂有不获闻者,故以为罕耶?

案:此言孔子。其于孔子之仁教全无所知甚显。若如叶适所言,则孔子只是"搜补遗文坠典",使"唐虞三代之道,赖以有传",而其本身则对于道并无贡献。对于《诗》《书》礼乐《春秋》,无论是删、定、作,或只是搜补,有述无作,皆不关重要。要者是在仁。仁是其真生命之所在,亦是其生命之大宗。不在其搜补文献也。有了仁,则其所述而不作者一起皆活,一切皆有意义,皆是真实生命之所流注。然则唐虞三代之制度之道与政规之道惟赖孔子之仁教始能成为活法,而亦惟赖孔子之仁教,始能见其可以下传以及其下传之意义。自其可以下传言,是孔子之所以承继唐虞三代之道德总规与政规者,自其下传之有意义言,乃见其必有一开合以期新的综和构造之再现,所谓重开文运与史运者。是则仁教者乃对于道之本统之重建以开创造之源者也。《诗》《书》礼乐《春秋》可以述而不作，而仁教则断然是其创造生命之所在，此不可以通常著书立说之创造视之也。叶水心既不知仁教之意义，复只视孔子为搜补遗文者，然则孔子之业一史官之档案家足以优为之，何必赖孔子而后传耶？是则孔子一无所有，但何因而又被称为大圣耶？不应孔子以后，二千年来，皆妄语妄称也！于以见叶适对于孔子之仁教全无所解。是其外在之头脑，只看王者业绩之心灵，固只能成为皇极一元论，而不能知孔子仁教之意义以及其对于道之本统之再建之作用也。

命与仁明是孔子真精神之所在。"子罕言利，与命与仁"，明须利字点句，"与"字明非连结词，乃是"与于"之与。以往虽大皆作连结词讲，然对于命与仁则必曲为之说。是则反不如直解作"与于"之与为直接而明显也。叶水心对于孔子之仁教并无真解，故亦无多重视，只见出"孔子言仁多于他语"，而以"岂有不获闻者，故以为罕耶"之不相干之疑问语句轻轻略过。仁为孔子真正生命之所在，如此显明而重大之事，而犹心存"冥惑"，而不敢断定，则其平素之不解孔子无视孔子也明矣，而亦甚矣。对于孔子既如此，则其菲薄曾子、子思、孟子、《中庸》《易传》又何怪焉！

仁是全德，是真实生命，以感通为性，以润物为用；它超越乎礼乐（典章制度、全部人文世界）而又内在于礼乐；在仁之通润中，一一皆实。体现仁之最高境界是"钦思、文明、安安"，是天人不隔，是圆融无碍。孔子讲仁是敞开了每一人光明其自己之门，是使每一人精进其德性生命为可能，是决定了人之精神生命之基本方向，是开辟了理想、价值之源。是谓理想之"直、方、大"。

孔子自道曰："若圣与仁，则吾岂敢？抑为之不厌，诲人不倦，则可谓云尔已矣。"（《述而》第七）

又曰："默而识之，学而不厌，诲人不倦，何有于我哉？"（同上）（"何有于我哉"与上文"则可谓云尔已矣"相呼应，言这于我没有什么，意涵我能做到，亦意涵我亦只是如此而已。然若能不厌不倦，即示其德性生命之精进，此亦几近于仁圣，而仁圣亦不离乎此也。）

孟子引述曰："孔子曰：圣则吾不能，我学不厌而教不倦也。子贡曰：学不厌智也。教不倦仁也。仁且智，夫子既圣矣。"（《公孙丑》篇）子贡以"仁且智"赞不厌不倦，并以"仁且智"规定圣，甚为谛当。仁是真实生命之觉与健，智是真实生命所发之光照。智以觉照为性，以及物为用。（智及仁守。《中庸》亦言："成己仁也，成物智也。"）

自孔子开启真实生命之门，由其践仁知天示人以精进其德性生命之型范，则目击而道存，道之"直方大"于兹显矣。

首先，仪封人曰："二三子何患于丧乎？天下之无道也久矣。天将以夫子为木铎。"（《八佾》第三）木铎是"施政教时，所振以警众者也"。（朱注语）仪封人见人多矣，而独于孔子则说"天将以夫子为木铎"，此见其于真实人格确有其洞见。孔子即是当时一个真实生命，他自有其振动，乃所以警醒世人之昏沉而示人以方向者也。

其次，颜渊喟然叹曰："仰之弥高，钻之弥坚，瞻之在前，忽焉在后。夫子循循然善诱人。博我以文，约我以礼。欲罢不能，既竭吾才，如有所立、卓尔！虽欲从之，末由也已！"（《子罕》）此是颜渊直接面对孔子之真实生命而来之契会与赞叹。

《论语·子张》又记曰："叔孙武叔毁仲尼。子贡曰：无以为也。仲尼不可毁也。他人之贤者丘陵也，犹可逾也。仲尼日月也，无得而逾焉。人虽欲自绝，其何伤于日月乎？多见其不知量也。"

又记曰:"陈子禽谓子贡曰:子为恭也,仲尼岂贤于子乎? 子贡曰:君子一言以为知,一言以为不知,言不可不慎也。夫子之不可及也,犹天之不可阶而升也。夫子之得邦家者,所谓立之斯立,道之斯行,绥之斯来,动之斯和。其生也荣,其死也哀,如之何其可及也?"

以上是子贡对于孔子之真实生命之契会。一则喻之如日月之"无得而逾焉",再则喻之如"天之不可阶而升也"。此与颜渊同其赞叹。"立之斯立"四句,朱注引程子曰:"此言圣人之神化,上下与天地同流者也。"一个真实生命自然有其感通与润泽之用。

百有余岁后,孟子继起曰:"非其君不事,非其民不使,治则进,乱则退,伯夷也。何事非君? 何使非民? 治亦进,乱亦进,伊尹也。可以仕则仕,可以止则止,可以久则久,可以速则速,孔子也。皆古圣人也,吾未能有行焉。乃所愿,则学孔子也。"

伯夷、伊尹于孔子,若是班乎? 曰:否! 自有生民以来,未有孔子也。

曰:然则有同与? 曰:有! 得百里之地而君之,皆能以朝诸侯,有天下。行一不义,杀一无辜,而得天下,皆不为也。是则同。

曰:敢问其所以异? 曰:宰我、子贡、有若智足以知圣人,污不至阿其所好。宰我曰:以予观于夫子,贤于尧舜远矣。子贡曰:见其礼而知其政,闻其乐而知其德,由百世之后,等百世之王,莫之能违也。自生民以来,未有夫子也。有若曰:岂惟民哉? 麒麟之于走兽,凤凰之于飞鸟,泰山之于丘垤,河海之于行潦,类也。圣人之于民亦类也。出于其类,拔乎其萃,自生民以来,未有盛于孔子也。(《公孙丑》篇)

此孟子引述宰我、子贡、有若之言以明孔子之特异。

《滕文公》篇又引述曰："他日，子夏、子张、子游以有若似圣人，欲以所事孔子事之，强曾子。曾子曰：不可！江汉以濯之，秋阳以曝之，皓皓乎不可尚已。"

此引述曾子赞孔子之言也。

而孟子曰："伯夷，圣之清者也。伊尹，圣之任者也。柳下惠，圣之和者也。孔子，圣之时者也。孔子之谓集大成。集大成也者，金声而玉振之也。金声也者，始条理也。玉振之也者，终条理也。始条理者，智之事也。终条理者，圣之事也。智，譬则巧也。圣，譬则力也。由射于百步之外也。其至，尔力也。其中，非尔力也。"（《万章》篇）

至稍后之《中庸》（指后半部说），则直赞曰：

　　仲尼祖述尧舜，宪章文武，上律天时，下袭水土。辟如天地之无不持载，无不覆帱。辟如四时之错行，如日月之代明。万物并育而不相害，道并行而不相悖。小德川流，大德敦化。此天地之所以为大也。

　　唯天下至圣为能聪明睿智，足以有临也；宽裕温柔，足以有容也；发强刚毅，足以有执也；齐庄中正，足以有敬也；文理密察，足以有别也。

　　溥博渊泉，而时出之。溥博如天，渊泉如渊。见而民莫不敬，言而民莫不信，行而民莫不说。

　　……

　　唯天下至诚，为能经纶天下之大经，立天下之大本，知天地之化育、夫焉有所倚？肫肫其仁，渊渊其渊，浩浩其天。苟不固聪明圣知，达天德者，其孰能知之？

自颜渊之喟然叹其高深，子贡之喻之如天，如日月，曾子之以江汉之濯、秋阳之曝喻其"皓皓乎不可尚"，直至孟子之喻之以"金声而玉振”,谓之为“集大成”,皆是相应其真实之仁者生命之浑化而言之。故孟子曰:“充实之谓美,充实而有光辉之谓大,大而化之之谓圣,圣而不可知之之谓神。”(《尽心》篇)充实不可以已,自然能大能化,即《中庸》“至诚”之事也。故圣人之人格,总之即是“肫肫其仁,渊渊其渊,浩浩其天”三语之所示,再总之,亦即是“大德敦化”一语之所示。颜渊之叹,子贡之喻之如天如日月,孟子之谓之为集大成,皆是表示圣人生命已达至“敦化”之境,皆是相应仁智之圣而言也。人之精神生命之基本方向及其最高归宿,皆在孔子真实之仁者生命中呈现,此即人类之“木铎”也。仪封人之语可谓得之矣。夫仁智之圣固须有创造之真实生命以达之,即契悟圣境亦须有创造之解悟以会之。孔子之弟子及再传弟子皆有其创造之解悟者也,皆能相应圣人之真实生命而以创造的解悟相契接者也。创造的解悟者,真实生命之共鸣而暗与相会之谓也。故《中庸》曰:“苟不固聪明圣智,达天德者,其孰能知之?”自家若无此真实生命亦不能契接真实生命也。“由百世之后,等百世之王,莫之能违”,此亦真实生命之共鸣而暗与相会也,此亦创造的解悟(存在的证悟)之谓也。此之谓“相应”。

两汉经生博士之业,灾异谶纬之学,固亦推尊于孔氏,但其推尊,不流于秕糠,即流于巫魇,无一能有此“相应”之解悟也。汉人之孔子,盖已脱离其真实的仁者生命之光畅,而为浊气(迂)与巫气(怪)所撑架,愚蔽漂荡而为一不实之幻影。盖汉人只是外在地视孔子,故无真实生命之共鸣也。

至魏晋之玄学,虽一洗汉人之浊气与巫气,但王弼之“圣人体无”论,以及向、郭注庄之“迹冥论”,演变而为梁阮孝绪之“迹本论”,亦皆不能相应圣人践仁以知天之真实生命之化境而有共鸣之契悟。圣人践仁到“大而化之”之境固可说无,此无是以“化”来显。"无适无莫"是无，"毋意，毋必，毋固，毋我"是无，"天何言哉"是无，"荡荡乎民无能名焉"是无，"无为而治者其舜也与"是无。然此种无皆是由德性生命之沛然与浑化而显，与道家之只以有为与无为对遮而显之"无"，复直以"无"为道为本，固有间矣。魏晋人是以道家之无为道，而以为尧舜与圣人（孔子）能体之而不言，老庄言之而不能体，此固已推尊圣人矣，然而所言之道固以道家为准也。自圣人之化境言，"无"亦可用得上，魏晋人于此非无是处，而且其如此观圣人，已体悟到精神生命最高境界之何所是，比两汉经生只是外在地观圣人落实而真实得多矣。然而圣人之所以至此，其实体之道是仁，其践行之道是践仁以知天，"无"只是其化境，而不是直接以"无"为道，为本，为冥，而以周孔之德业为此本之迹也。德业纵可说为迹，亦是仁之实德、实理、实体之迹，唯践仁至化境始有此如天之盛德大业耳。老庄只知就此化境而言"无"以为道，而实体之道（仁、天）则蕴而不出，隐而不彰，其生命总不肯向此鞭辟入里而亲体承当，此其所以一间未达而流于偏支之故也。魏晋人正是顺道家之思路而会通孔老，虽推尊儒圣（因其能体无），而道在老庄，是则对于儒圣之仁教全无所知也。故其创辟的解悟只能契接老庄，而不能于真实生命上与孔孟相共鸣而暗与相会也。此亦是不相应。关此，欲所其详，请参看《才性与玄理》第四章第七节以及第六章第四节。

　　经过魏晋南北朝隋唐长期之歧出，至宋儒兴起始复返本而重归于相应之解悟，此谓孔孟传统之重振。以下试看二程对于圣贤人格之契悟与品鉴。

　　（一）程子："昔受学于周茂叔，每令寻颜子仲尼乐趣，所乐何事。"（《遗书》二先生语二上。未定谁语）

　　（二）伊川："用休问老者安之，少者怀之，朋友信之。曰：此数

句最好。先观子路颜渊之言,后观圣人之言,分明圣人是天地气象。"(《遗书》伊川先生语八上,《伊川杂录》)

(三)程子:"颜子所言不及孔子。无伐善,无施劳,他是颜子性分上事。孔子言安之,信之,怀之,是天理上事。"(《遗书》二先生语五。未定谁语)

(四)又:"仲尼,元气也。颜子,春生也。孟子,并秋杀。尽见仲尼无所不包;颜子示不违如愚之学于后世,有自然之和气,不言而化者也;孟子则露其才,盖亦时然而已。仲尼,天地也。颜子,和风庆云也。孟子,泰山岩岩之气象也。观其言,皆可以见之矣。仲尼无迹,颜子微有迹,孟子其迹著。"(同上)

(五)又:"孔子言语句句是自然,孟子言语句句是实事。"(同上)

(六)又:"孟子有功于道,为万世之师。其才雄。只见雄才,便是不及孔子处。人须当学颜子,便入圣人气象。"(同上)

(七)又:"孔子尽是明快人,颜子尽岂弟,孟子尽雄辩。"(同上)

(八)明道曰:"颜子合下完具,只是小,要渐渐恢廓。孟子合下大,只是未粹,索学以充之。"(《遗书》二先生语三,谢显道记忆平日语)

(九)又:"学者要学得不错,须是学颜子。"(同上)

(十)又:"孟子才高,学之无可依据。学者当学颜子,入圣人为近,有用力处。"(《遗书》二先生语二上)

由此八、九、十三条明道之语观之,则上三、四、五、六、七五条当亦明道语。

(十一)程子曰:"圣人之德行,固不可得而名状。若颜子底一个气象,吾曹亦心知之。欲学圣人,且须学颜子。"(同上。未定谁

语,亦当是明道语)

（十二）又："孔孟之分只是要别个圣人贤人。如孟子,若为孔子事业,则尽做得。只是难似圣人。譬如剪彩以为花,花则无不似处,只是无他造化功。绥斯来,动斯和,此是不可及处。"（同上。未定谁语)

（十三）又："孔子为宰则为宰,为陪臣则为陪臣,皆能发明大道。孟子必得宾师之位,然后能明其道。犹之有许大形象,然后为大山,许多水,然后为海。"（《遗书》二先生语五。未定谁语)

（十四）又："颜子作得禹稷汤武事功,若德则别论。"（同上。未定谁语)

（十五）明道："颜子默识,曾子笃信。得圣人之道者二人也。"（《遗书》第十一、明道先生语一。《师训》,刘质夫录)

（十六）又："颜子不动声气,孟子则动声气矣。"（同上)

（十七）又："学者须识圣贤之体。圣人化工也。贤人巧也。"（同上)

（十八）又："圣人之言,冲和之气也。贯澈上下。"（同上)

（十九）又："人须学颜子。有颜子之德,则孟子之事功自有。孟子者,禹稷之事功也。"（同上)

（二十）又："颜子短命之类,以一人言之,谓之不幸可也。以大目观之,天地之间无损益,无进退。譬如一家之事,有子五人焉,三人富贵,而二人贫贱。以二人言之,则不足。以父母一家言之,则有余矣。若孔子之至德,又处盛位,则是化工之全尔。以孔、颜言之,于一人有所不足,以尧舜禹汤文武周公群圣人言之,则天地之间亦富有余也。"（同上)

（二十一）明道曰："曾子易箦之意,心是理,理是心,声为律,身为度也。"（《遗书》第十三、明道先生语三。亥八月见〔伯淳〕先

生于洛所闻。刘质夫录）

（二十二）伊川曰："问横渠之书有迫切否？曰：子厚谨严。才谨严，便有迫切气象，无宽舒之气。孟子却宽舒，只是中间有些英气，才有英气，便有圭角。英气甚害事。如颜子，便浑厚不同。颜子去圣人只毫发之间。孟子大贤，亚圣之次也。或问：英气于甚处见？曰：但以孔子之言比之，便见。如冰与水精，非不光。比之玉，自是有温润含蓄气象，无许多光耀也。"（《遗书》伊川先生语四）

以上共二十二条，吾皆类聚于此。除明标其为明道语或伊川语者，其余则只云程子。其实此种品鉴，大体皆发之明道。盖宋明儒中，说到具体解悟，以明道为最强最高。此亦是其创辟心灵之所发，故其具体解悟所成之品鉴亦是创辟的品鉴，是划时代者。宋明儒六七百年之传统无有能出此品鉴之规范以外者。此种品鉴亦是创造，亦是承续。盖其所说皆是本颜渊之叹，子贡曾子之喻，孟子之谓集大成（金声而玉振），《中庸》之谓"肫肫其仁，渊渊其渊，浩浩其天"，而进一步作反省的品鉴。其品鉴之标准是圣人"大而化之"之化境。其辞语已不是魏晋人就之说"无"以明道家之道，而是就之以论化不化，粹不粹，大不大，是否有英气，是否动声气，是否有迹，是否是天地气象，是否有光耀。此种品鉴是以"践仁以知天"之仁教为根据，纯是对于个人德性生命之精进所达至之境界之品题。此种品题固是创辟心灵之具体解悟，亦是一种艺术之欣赏，乃是一种欣趣判断者。故以"周茂叔每令寻颜子仲尼乐趣"开端也。自其有本于先秦孔子传统之赞圣而言，是其承续；而若非有真实生命之共鸣而暗与相会，则亦发不出此种品鉴，由此而言，是其创辟。明道对于"曾子易箦之意"之品题而曰："心是理，理是心，声为律，身为度，"此确是千古之绝唱。若非对于内圣之学真有实感，焉能发此创辟之具体解悟？内圣之学之全部律度不过三

语尽之:

一、义理骨干:天道性命相贯通。

二、践履归宿:践仁以知天,即成圣。

三、践履之最高境界:"大而化之"之化境。

品鉴是就化境说,至于前两者则是内圣之学之内容。此皆由孔子之仁教所开启,由孔子传统所传承,而为宋明儒所继之以发展者。此一系列无一不是真实生命之共鸣。孔子之仁教确为中国文化生命中自本自根之"直方大"而光畅之精神生命之方向之决定。继之而发展者,不惟曾子、子思、孟子、《中庸》、《易传》是其自本自根之发皇,即隔千余年而兴起之宋明儒亦是其自本自根之发皇。其真实义理之内容与相共鸣之真实生命之基点无一不是自本自根者,无一是来自佛老者。只要对于孔子之仁教有实感,对于其所遗传以及其直接继承者之经典能逐句理会有实感,当知此自本自根之发皇决是真实,而非虚妄。谓之为阳儒阴释者,皆是浮光掠影无真实感者之肤谈,不负责任之妄语。此皆是耳食之辈于中国文化生命之长期歧出中,不知孔子之仁教为何物,不知内圣之学为何物,而忘其固有之"精神生命之方向"者之谰言。一个民族如长期不自知其精神生命之方向,不自知其文化创造之真实动力,则此民族即无真实精神生命之可言,只在停滞推移中与俗浮沉,此则大可哀怜者也。而浮沉既久,则畏见赫日之明,而自甘于卑下,凡稍涉于玄远,精神生命之理想之境者,概视之为佛老,如是,遂流于自贬自抑自贱而不自知,此则尤其大可哀怜者也。如叶水心者即此类之人也。彼不但无视于其并世之周张二程之业之价值,甚至并曾子、子思、孟子、《中庸》、《易传》而一起诟诋之,以为与佛老同其"茫昧"而"冥惑后世",视之为"自乱"之始作俑者。此其自贬自抑自贱而癫痫狂悖竟如此,则其视孔子只为尧舜禹汤文武之档案家,对其仁教全无所知,又何怪焉。

程颢卒,文彦博题其墓曰明道先生。伊川为之序曰:"周公没,圣人之道不行。孟轲之死,圣人学不传。道不行,百世无善治。学不传,千载无真儒。无善治,士犹得以明夫善治之道,以淑诸人,以传诸后。无真儒,则天下贸贸焉莫知所之,人欲肆而天理灭矣。先生生乎千四百年之后,得不传之学于遗经,以兴起斯文为己任。辨异端,辟邪说,使圣人之道焕然复明于世。盖自孟子之后,一人而已。然学者于道不知所向,则孰知斯人之为功,不知所至,则孰知斯名(案即"明道"之名)之称情也哉?"若于孔子之仁教有实感,于内圣之学有真契,则知伊川之语决非虚诞。"天下贸贸焉(然)莫知所之"即不知其"精神生命之方向"者是也。"学者于道不知所向,则孰知斯人之为功"? 此岂非叶水心之类乎? 叶水心不自知其"精神生命之方向"为何物,故亦不知周张二程之功之大也。尤可恶者是其诟诋曾子、子思、孟子、《中庸》、《易传》也。周张二程虽或不必能至先秦孔子传统之"直方大"与光畅之境,然谓其不于真实生命上与之相共鸣而重振此精神生命之方向,则决然不可也。

(选自牟宗三著《心体与性体》,上海古籍出版社版)

牟宗三(1909—1995),字离中,山东栖霞人。被《英文剑桥哲学字典》称为"当代新儒一派他那一代中最富原创性与影响力的哲学家"。北京大学哲学系毕业,先后任教中央大学、浙江大学、台湾师范大学、香港大学等学校。以"反省中国文化生命,以重开中国哲学之途径"为一生职志。《心体与性体》是其代表作之一。

　　本文认为仁是孔子真生命之所在,三代之制度与政规之道惟赖孔子之仁教始能成为活法,仁教是对道之本统之重建以开创造之源者。仁是全德,是真实生命,以感通为性,以润物为用,它超越乎礼乐而又内在于礼乐,在仁之通润中,一一皆实;体现仁之最高境界是"钦思、文明、安安",是天人不隔,是圆通无碍;孔子讲仁是敞开了每一人光明其自己之门,是使每一人精进其德性生命为可能,是决定了人之精神生命之基本方向,是开辟了理想、价值之源;是谓理想之"直、方、大"。自孔子开启真实生命之门,由其践仁知天示人以精进其德性生命之型范,则目击而道存,道之"直方大"于兹显矣。颜渊、子贡、曾子直至孟子,皆是相应其真实之仁者生命之浑化而言之;此后经过魏晋南北朝隋唐之歧出,至宋儒兴起始复返本而重归于相应之解悟,此谓孔孟传统之重振。宋明儒中,具体解悟以明道为最强最高,这也是其创辟心灵之所发,故其具体解悟所成之品鉴亦是创辟的品鉴,是划时代者,此品鉴亦是创造,亦是承续。孔子仁教确为中国文化生命中自本自根之"直大方"而光畅之精神生命之方向之决定。

中国古代政治思想史
的一个看法（节选）

胡 适

我很感觉到不安。在大陆上的时候，我也常常替找我演讲的机构、团体增加许多麻烦：不是打碎玻璃窗，便是挤破桌椅。所以后来差不多二三十年当中，我总避免演讲。像在北平，我从来没有公开演讲过；只有过一次，也损害了人家的椅窗。在上海有一次在八仙桥青年会大礼堂公开演讲，结果也增加他们不少的损害。所以以后我只要能够避免公开演讲，就尽量避免。今天在台湾大学因为预先约定是几个学会邀约的学术演讲，相信不会太拥挤。但今天的情形——主席沈先生已向各位道歉——我觉得很不安。我希望今天不会讲得太长，而使诸位感觉得太不舒服。

那天台湾大学三个学会问我讲什么题目，当时我就说讲"中国古代政治思想史的一个看法"，而报纸上把下面的"一个看法"丢掉了。如果要我讲"中国古代政治思想史"，这个范围似嫌太大，所以我今天还只能讲"中国古代政治思想史的一个看法"。

今年是我的母校哥伦比亚大学创立二百周年纪念。他们在去年准备时，就决定要举行二百周年纪念的典礼。典礼节目中的一部分，有十三个讲演。这十三个讲演广播到全美洲；同时将广播录音送到全世界,凡是有哥伦比亚大学毕业生的地方都要广播。所以这十三个广播演讲,在去年十一二月间就已录音;全部总题目叫做《人类求知的权利》。这里边又分作好几个部分:第一部分(第一至第四个演讲)是讲"人类对于人的见解";第二部分(第五至第八个演讲)是讲"人类对于政治社会的见解";第三部分(第九至第十三个演讲)是讲"近代自由制度的演变"。他们要我担任第六个演讲,也就是第五至第八个演讲"人类对于政治社会的见解"中的一部分。我担任的题目是"亚洲古代威权与自由的冲突"。所谓亚洲古代,当然要把巴比伦、波斯、印度古代同中国古代都包括在内。但限定每个演讲只有二十五分钟录音。这样大的题目,只限定二十五分钟的演讲,使我得到一个很大的经验教训。因为这个题目,要从亚洲西部到东部,讲好几百年甚至一二千年古代亚洲的政治思想史,讲起来是很费时的。因此我先把这些国家约略地研究了一下;但研究结果,认为限定二十五分钟时间,无论如何是不够的。我觉得限定二十五分钟时间的演讲,只能限于中国;同时对于这些亚洲西部古代国家关系政治、宗教、社会、哲学等方面的文献甚少;所以最后我自己只选择了中国古代,并且对于"中国古代政治思想史"这个题目又不能不加以限制。同时我因为这是一个很难得很重要的机会,所以把中国古代政治思想的几种观念——威权与自由冲突的观念——特别提出四点(也可说是四件大事)来讲。结果就成为二十五分钟的演讲。哪四件大事呢?

　　第一,是无政府的抗议,以老子为代表。这是对于太多的政府,太多的忌讳,太多的管理,太多的统治的一种抗议。这种中国古代的政治思想,能在世界上占有一个很独立的、比较有创见的地位。这一次强迫我花了四十多天时间,来预备一个二十五分钟的演讲;经我仔细地加以研究,感到中国政治思想在世界上有一个最大的、最有创见的贡献，恐怕就是我们的第一位政治思想家——老子——的主张无政府主义。他对政府抗议，认为政府应该学"天道"。"天道"是什么呢？"天道"就是无为而无不为。这可说是一个很重要的观念。他认为用不着政府；如其有政府，最好是无为、放任、不干涉，这是一种无政府主义的政治理想：有政府等于没有政府；如果非要有政府不可，就是无为而治。所以第一件大事，就是中国政治思想史上第一个放大炮的——老子——的无政府主义。他的哲学学说，可说是无政府的抗议。

第二件大事，是孔子、孟子一班人提倡的一种自由主义的教育哲学。孔子与孟子首先揭橥这种运动。后世所谓"道家"（其实中国古代并没有"道家"的名词；此是后话，不在此论例），也可以说是这个自由主义运动的一部分。后来的庄子、杨朱，都是承袭这种学说的。这种所谓个人主义、自由主义的教育哲学和个人主义的起来，是由于他们把人看得特别重，认为个人有个人的尊严。《论语》中的"不降其志，不辱其身"，就是这个道理。个人主义、自由主义的教育哲学，教育人参加政治，参加社会，这种人要有一种人格的尊严，要自己感觉到自己有一种使命，不能随便忽略他自己。这个个人主义、自由主义的教育哲学，是第二件值得我们纪念的大事。

第三件大事，可算是中国古代极权政治的起来，也就是集体主义（极权主义）的起来。……

第四件大事是，这个极权国家的打倒，无为政治的试行。……

孔子与老子不同。孔子是教育家，而老子反对文化，认为五音、五色、五味的文化是太复杂了，最好连车船等机器都不用，文字也不必要。这种反文化的观念，在欧洲十八世纪时的卢梭，十九世纪时的托尔斯泰也曾提出；而老子的反文化观念要比任何世界上有文化的民族为早。老子不但反文化，而且反教育，认为文明是代表人民的堕落。而孔子恰恰相反。他是一个教育家、历史家。虽然做老子的学生，受无为思想的影响，孔子在政治思想上的成就比较平凡，并没有什么创造的见解。但是孔子是一个了不得的教育家。他提出的教育哲学可以说是民主自由的教育哲学，将人看作是平等的。《论语》中有"性相近也，习相远也，唯上智与下愚不移"。就是说，除了绝顶聪明与绝顶笨的人没有法教育以外，其他都是平等的；可教育的能力一样。孔子提出四个字，可以说是中国的民主主义教育哲学，就是："有教无类。""类"是种类，是阶级。若是看了墨子讲的"类"和荀子讲的"类"然后再来解释孔子的"有教无类"，可以知道此处的"类"就是种类，就是阶级。有了教育就没有种类，就没有阶级。后世的考试制度，可以说是根据这种教育哲学为背景的。

孔子的教育哲学是"有教无类"，但他的教育"教"什么呢？孔子提出一个很重要的字，就是"仁"字。孔子的着重"仁"字，可以说前无古人后无来者。这是了不得的地方。这个"仁"就是人的人格，人的人性，人的尊严。孔子说："修己以敬。"孔子的学生问"这就够了吗？"孔子又说："修己以安人。"孔子的学生又问："这就够了吗？"孔子又说："修己以安百姓。"这句话就是说教育并不是要你去做和尚，去打坐念经那一套。"修己"是做教育自己的工作；但是还有一个社会目标，就是"安人"。"安人"是给人类以和平、快乐。这一个教育观念是新的。教育并不是为自己，不是为使自己成为菩萨、罗汉、神仙。修己是为了教育自己，为的社会目标。所以后来儒家的书《大学》里的"格物、致知、诚意、正心、修身"，是修身的工作；而后面的"齐家、治国、平天下"，都是社会的目标。所以孔子时代的这种"修己以安人""修己以安百姓"的观念就是将教育个人与社会贯连起来。教育的目标不是为自己自私自利，不是为升官发财，而是为"安人""安百姓"，为齐家、治国、平天下。因为有这个使命，就感觉到"仁"——受教育的"人"，尤其是士大夫阶级，格外有一种尊严。人本来有人的尊严，到了做到自己感觉有"修己以安人""修己以安百姓"的使命时，就格外感觉到有一种责任。所以《论语》中说：

> 志士仁人，无求生以害仁，有杀身以成仁。

就是说，遇必要时，宁可杀身以完成人格。这就是《论语》中的"不降其志，不辱其身"。孔子的大弟子曾子说：

> 士不可以不弘毅，任重而道远。仁以为己任，不亦重乎！死而后已，不亦远乎！

就是说受教育的人要有大气魄，要有毅力。为什么呢？因为"任重而道远"。"任"就是担子。把"仁"拿来做担子，担子自然很重；到死才算是完了，这个路程还不远吗？这一个观念，是我们所谓有孔孟学派的精神的：就是将个人人格看得很重，要自己挑起来担子来，"修己以安人""修己以安百姓"。孟子常说："自任以天下之重。"曾子说："仁以为己任。"以整个人类视为我们的担子，这是两千五百年以来的一个了不得的传统。后来宋朝范仲淹也说："先天下之忧而忧，后天下之乐而乐。"这就是因为"修己以安人"而感觉到"任重而道远"的缘故。明末顾亭林以为"天下兴亡，匹夫有责"，也是这个道理。

所以自由民主的教育哲学产生了健全的个人主义。个人主义就是将自己看作一个有担子的人，不要忘了自己有使命，有责任。不但孔子如此，孟子也讲得很清楚："富贵不能淫，贫贱不能移，威武不能屈：此之谓大丈夫。"就是说大丈夫的人格要自己感觉到自己有"修己以安人"的使命。再讲到杨、朱、庄子所提倡的个人主义,也不过是个人人格的尊严。庄子主要的是说:"举世誉之而不加劝;举世非之而不加沮。"这就是最健全的个人主义。老子、庄子都是如此。到了汉朝才有人勉强将他们跟孔、孟分了家,称为道家。秦以前的古书中都没有"道家"这个名字(哪一位先生能在先秦古书里找到"道家"这个名字的,我愿意罚钱)。所以韩非子在秦末年时说:"天下显学二,儒、墨而已。"他只讲到儒、墨,没有提及道家。杨朱的学说也是个人主义。这个个人主义的趋势是一个了不得的趋势;以健全的民主自由教育哲学作基础,要做到"不降其志,不辱其身";提倡人格,要挑得起人类的担子,挑得起天下的担子。宁可"杀身以成仁",不可"求生以害仁"。这个健全的个人主义,是第二个重要的运动。

（选自胡适著《宁鸣而死,不默而生》,胡明编,光明日报出版社1998年2月版）

胡适(1891—1962),安徽人。早年留学美国,回国后任北京大学教授,后曾任中国驻美大使。是现代中国最具声望同时又争议最大的文化宗师与思想巨人,在文学、历史、哲学、语言、文字、伦理、教育、社会、政治等诸多领域都有卓越建树。出版《中国哲学史大纲》、《胡适文存》等宏富著作。

胡适在这篇文章中,谈了四个问题,其中在第二个问题中,他提出了孔子、孟子提倡的是一种自由的教育哲学。认为,这种所谓的个人主义、自由主义的教育哲学和个人主义的起来,是由于他们把人看得特别重,认为个人有个人的尊严;这种哲学教育人参加政治,参加社会,这种人要有一种人格的尊严,要自己感觉到自己有一种使命,不能忽略自己。在比较了老子和孔子之后,他说,老子不但反对文化,而且反对教育,认为,文明是代表人民的堕落,而孔子恰恰相反,孔子提出了"有教无类"可以说是中国民主主义的教育哲学,有了教育就没有种类,就没有阶级,后世的考试制度,可以说是根据这种教育哲学为背景的。在教的问题上,孔子提出了一个"仁",就是人格、人性、人的尊严,要修己、安人,这是一个教育新观念,它将个人与社会联系起来;有了这种使命,就有了一种责任,遇到必要时,宁可杀身完成人格。这是一个健全的个人主义。

朱子论为学、论读书

钱　穆

　　以上略述朱子论禅学。自论敬论静以下，直至论象山论禅学各章，皆可谓是朱子论心学工夫者，惟已时时牵涉到论为学处。朱子既主内外本末一体，则为学之与养心，亦皆由此一体来，亦皆所以完成此一体。本章当续述朱子论为学。

　　朱子论心学工夫，每从一体之两面会通合说。其论为学工夫，亦复如是。

　　　　问：先生云：一个字包不尽，但大道茫茫，何处下手？先生乃举中庸大哉圣人之道一章，曰：尊德性道问学，致广大尽精微，极高明道中庸，温故知新，敦厚崇礼，只从此下工夫理会。居处恭，执事敬，言忠信，行笃敬之类，都是德性。至于问学，却煞阔，条项甚多。事事物物皆是问学，无穷无尽。又曰：自尊德性而下，虽是五句，却是一句总四句。虽是十件，却是两件统八件。尊德性道问学一句为主。

　　又曰：

　　　　尊德性所以存心，致广大，极高明，温故敦厚属之。

　　　　道问学所以致知，尽精微，道中庸，知新崇礼属之。

　　朱子内弟程允夫，以道问学名斋，嘱朱子为之铭，朱子告以当易斋名为尊德性。盖尊德性是道问学宗旨，道问学是尊德性方法。一切道问学,皆当为尊德性。朱子之告象山,亦曰:某之学,道问学方面说多了。此因尊德性无许多话说,道问学则其事无穷无尽,不容不多说。

又说下学上达云:

> 如做塔,且从那低处阔处做起,少间自到合尖处。要从头上做起,却无著工夫处。下学而上达,下学方是实。
>
> 先立个粗底根脚,方可说上至细处去。
>
> 下学者事,上达者理,理即在事中。
>
> 圣门之学,下学上达,自平易处讲究讨论。积虑潜心,优柔厌饫,久而渐有得焉,则日见其高深远大而不可穷。
>
> 而今人好玄妙,划地说得无影无形。
>
> 都好高,说空说悟。
>
> 圣人言语说得平正。必欲求奇,说令高远。说文字,眼前浅近底,他自要说深。在外底,他要说向里。本是说他事,又要引从身上来。本是说身上事,又要引从心里来。皆不可。

朱子教人,从低处阔处下学,不喜说空话,高话,玄妙话。不喜人常说向心里,说无影无形话。实则在当时理学家,这些话也已说得忒多了。

又说博文约礼。

> 问博文是求之于外,约礼是求之于内否? 曰:何者为外? 博文是从内里做出来。知须是致,物须是格,虽是说博,然求来求去,终归于一理,乃所以约礼也。
>
> 圣门教人,只此两事,须是互相发明。约礼底工夫深,则博文底工夫愈明。博文底工夫至,则约礼底工夫愈密。
>
> 内外交相助,博不至于泛滥无归,约不至于流遁失中。

此处说泛滥无归易知,说流遁失中不易知。约之又约,归纳到一点上,便易说得孤。说得孤,便易入禅。如悬空说心性,说理,说得高妙,说得无影无形,皆易流遁失中。朱子立说,皆从低处阔处多处近处说起,却自平实不失中。朱子又说:

> 博文是多闻多见多读。及收拾将来,全无一事,和敬字也没安顿处。

此条更不易知。伊川言,未有致知而不在敬者,若非此心收拾一处,何从下多闻多见多读工夫。待及知之至而一旦豁然贯通,则此心湛然虚明,众理具备,又须在何处再安顿此一敬字,而此心亦自无不敬。可见敬字工夫,乃是圣学之入门,非是圣学之归宿。

又曰:

> 为学须是先立大本,其初甚约。中间一节甚广大,到末梢又约。近日学者多喜从约,而不于博求之,何以考验其约?又有专于博上求,而不反其约,其病又甚于约而不博者。

此条,一面箴砭当时之陆学,一面指斥当时之浙学。朱子曾谓象山两头明,中间暗,即指此。

朱子又曰:

> 孔子之教人,亦博学于文,如何便约得。

是朱子论博约,其意实更重于中间一节,即博之一面。大本之约,乃始学事。由博反约,乃成学事。中间一节,正是学问真下工夫处。又曰:

> 博文工夫虽头项多,然于其中寻将去,自然有个约处。圣人教人有序,未有不先于博者。颜子固不须说,只曾子子贡得闻一贯之诲。余人不善学,夫子亦不叫来骂一顿,教便省悟。只得且待他事事理会得了,方可就上面欠阙处告语之。

此言于博文中自有约,圣人只从博处教,不从约处教。

又曰:

不求众理之明，而徒恃片言之守，则虽早夜忧虞，仅能不
为所夺。而吾之胸中，初未免于愦愦，是亦何足道。

仅求守约，则胸中终自愦愦。又曰：

释老之学，莫不自成一家，此最害义。如坐井观天，自以
为所见之尽。及到井上，又却寻头不着。宁可理会不得，却自
无病。

理会不得，尚知要理会。屈居在井里，所见不广，而遽已自成一家，
则不复要理会。此等处，发人深省，最当善体。即如禅宗祖师们，
幽居深山寺里，谈空说悟，岂不亦自成一家。待其出寺下山，见了
天地之大，民物之繁，自会讨头不着。

又曰：

为学须先立得个大腔当了，却旋去里面修治壁落教绵密。
今人多是未曾知得个大规模，先去修治得一间半房，所以不济
事。

当时理学家，竞务于心性守约。自朱子言之，亦只是一间半房而
已。

朱子又说一贯，云：

一便如一条索，那贯底物事，便如许多散钱。须是积得这
许多散钱了，却将那一条索来一串穿，这便是一贯。

一者，对万而言。今却不可去一上寻，须是去万上理会。

先就多上看，然后方可说一贯。学者宁事事先了得，未了
得一字却不妨。莫只悬空说个一字，作大罩了，逐事都未曾理
会，却不济事。

恰如人有一屋钱散放在地上，当下将一条索子都穿贯了。
而今人元无一文钱，却也要学他去穿。这下穿一穿，又穿不
着。那下穿一穿，又穿不着。以怎为学，成得个什么边事。

不是一本处难认，是万殊处难认。如何就万殊上见得皆有恰好处？

会合上引，自见朱子论为学之要旨。

以上略述朱子论学。主博文，主格物穷理，主多方以求，自然要教人读书。但在理学家中，正式明白主张教人读书，却只有朱子一人。后人汇集其语，名为朱子读书法者，不止一家。本章当再摘要撮述为朱子论读书。

当时理学家风气，务于创新说，各欲自成一家言。朱子教人读书，多属针对此项流弊而发。初视若大愚大拙，而实启大巧大智之键。若至钝至缓，而实蕴至捷至利之机。

问易如何读？曰：只要虚心以求其义，不要执己见。读他书亦然。

又曰：

看书不可将己见硬参入去。随他本文正意看，依本子识得文义分明。自此反复不厌，日久月深，自然心与理会，有得力处。

读书若有所见，未必便是，不可便执著。且放一边，且更读，以来新见。

如去了浊水，然后清者出。

牵率古人言语，入做自家意中来，终无进益。

须是胸次放开，磊落明快，怎地去。

或问读书未知统要。曰：统要如何便会知得？近来学者，有一种则舍去册子，却欲于一言半句上便见道理。又一种则一向泛滥，不知归著处。此皆非知学者。须要熟看熟思，久久间自然见个道理，四停八当，而所谓统要者自在其中。

看文字，少看熟读，一也。不要钻研立说，但要反复体玩，二也。埋头理会，不要求效，三也。

此可谓朱子教人读书三纲领。朱子又曰：

> 读书须看得一书彻了，方再看一书。

> 须从一路正路直去，四面虽有可观，不妨一看，然非紧要。

> 东坡教人读书，每一书当作数次读之。当如入海，百货皆有，不能兼收尽取，但得其所欲求者。如欲求古今兴亡治乱，圣贤作用，又别作一次求事迹文物之类，他皆如此。若学成，八面受敌，与慕涉猎者不可同日而语。

> 黄山谷与人帖有云：学者喜博而常不精。泛滥百书，不如精于一。有余力，然后及诸书，则涉猎亦得其精。盖以我观书，则处处得益。以书博我，则释卷而茫然。先生深喜之，以为有补于学者。

东坡山谷，皆文章之士，不为理学家重视，而朱子独有取其言。真能读书，则可不问理学经学史学文学，读书则总该如此读。朱子又曰：

> 读书不可兼看未读者，却当兼看已读者。

> 要将理会得处反复又看。

> 问看文字，为众说杂乱，如何？曰：且要虚心，逐一说看去。看得一说，却又看一说。且依文看，逐处各自见个道理，久之自然贯通。

> 众家说有异同处最可观。甲说如此，且挦扯住甲，穷尽其辞。乙说如此，且挦扯住乙，穷尽其辞。两家之说既尽，又参考而穷究之，必有一真是者出。

> 读书至于群疑并兴，寝食俱废，乃能骤进。如用兵，须大杀一番，方是善胜。

> 固不可凿空立论，然读书有疑，有所见，自不容不立论。

其不立论者,只是读书不到疑处。熟读书,自然有疑。若先去求个疑,便不得。

　　读书不广,索理未精,乃不能致疑,而先务立说,所以徒劳苦而少进益。

　　学者所患,在于轻浮,不沉着痛快。

　　读书宁详毋略,宁下毋高,宁拙毋巧,宁近毋远。

此又可谓是朱子教人读书之四大戒条。果能详能下能拙能近,自见沉着痛快。轻浮者则必好高好远好巧好略。又曰:

　　看文字,须大段精采看。耸起精神,树起筋骨,不要困,如有刀剑在后一般。

　　读书譬之煎药,须是以大火煮滚,然后以慢火养之,却不妨。

　　宽著期限,紧著课程。

　　小作课程,大施工力。

　　如今日看得一版,且看半版,将那精力求更看前半版。

　　如射弓,有五斗力,且用四斗弓,便可拽满,己力欺得他过。

如此读书,内而存心养性,外则穷理致知,其道一辙,实非异轨。当时理学家相率以谈心性为务,既不致知穷理,更益轻视读书,目之为第二义,又相戒勿恃简册,朱子独力矫其弊,谓:

　　凡吾心之所得,必以考之圣贤之书。脱有一字不同,则更精思明辨,以益求至当之归。毋惮一时究索之劳,使小惑苟解,而大碍愈张。

　　求之自浅以及深,至之自近以及远,循循有序,不可以欲速迫切之心求。非固欲画于浅近而忘深远,舍吾心以求圣人之心,弃吾说以徇先儒之说也。

> 鄙意且要学者息却许多狂妄身心,除却许多闲杂说话,著实读书。初时尽且寻行数墨,久之自有见处。

> 凡百放低,且将先儒所说正文本句,反复涵泳,久久自见意味。

> 只且做一不知不会底人,虚心看圣贤所说言语,未要便将自家许多道理见识与之争衡。退步久之,却须自有个融会处。自家道理见识,未必不是,只是觉得太多了,却似都不容他古人开口,不觉蹉过了他说底道理。至如前人议论得失,今亦何暇为渠分疏。且救取自家目今见处。若舍却自己,又救那一头,则转见多事,不能得了。

读古人书,非务外为人,争古人之是非。乃欲扩大自己心胸,多闻多知,也该容古人开口说他底道理。但也不是要舍己以徇,乃求有个融会,以益期于至当之归。若要得如此,却须把自家先放低,先退一步,虚心做一不知不会底人。莫把自家先与他争衡,待了解得他,自会有疑有辨,久之却来新见。朱子如此教人读书,实亦不是专对当时理学界作箴砭,千古读书,欲求得益,必当奉此为准绳。否则

> 一事必有两途,才见彼说昼,自家便寻夜底道理反之,各说一边,互相逃闪,更无了期。

凡务求创新见而轻视传统,其弊皆如此。后之视今,亦如今之视昔。苟无传统,亦将无学术可言。朱子又自说:

> 勤劳半世,汩没于章句训诂之间,黾勉于规矩绳约之中,卒无高奇深眇之见,可以惊世而骇俗。独幸于圣贤遗训,粗若见其坦易明白之不妄而必可行者。

此乃朱子之谨守传统处,亦是其能独创新说处。朱子又曰:

> 读书别无他法,只是除却自家私意,逐字逐句,只依圣贤

所说，白直晓会，不敢妄乱添一句闲杂言语，则久久自然有得。
如其不然，纵使说得宝花乱坠，亦只是自家杜撰见识。

新见亦都从传统中来。若抹杀传统，尽求新见，此等皆是杜撰。又曰：

> 方看得一句大学，便已说向中庸上去，如此支离蔓衍，彼此迷暗，互相连累。非惟不晓大学，亦无功力别可到中庸。枉费精力，闲立议论，翻得言语转多，却于自家分上转无交涉。

故曰：

> 读书惟虚心专意，循次渐进，为可得之。如百牢九鼎，非可一嚄而尽其味。

> 切不可容易躁急，厌常喜新，专拣一等难理会无形影底言语，暗中想像，杜撰穿凿，枉用心神，空费目力。

朱子教人读书，其语尚多。有些处真是说得如大愚大拙，至钝至缓。但从来读书人，却无一人能如朱子之博读而多通，特达而多见。或又疑朱子乃理学大儒，主要应在心性上用功，而朱子毕生精力却又似都花在读书上。不知朱子读，同时即是心地工夫。朱子教人要能具备虚心，专心，平心，恒心，无欲立己心，无求速效心，无好高心，无外务心，无存惊世骇俗心，无务杜撰穿凿心，能把自己放低，退后，息却狂妄躁急，警惕昏惰闲杂。能如此在自己心性上用功，能具备此诸心德，乃能效法朱子之读书。故朱子教人读书，同时即是一种涵养，同时亦即是一种践履。朱子教人读书，乃是理学家修养心性一种最高境界，同时亦即是普通读书人一条最平坦的读书大道。理学之可贵亦正在此。慎勿以为此等乃是理学家之教人读书而忽之。

朱子追和二陆鹅湖诗有曰：

> 旧学商量加邃密，新知涵养转深沉。

后人读朱子书,多见其旧学商量之邃密,而不见其新知涵养之深沉。同时当知,旧学商量之邃密,即足以证其新知涵养之深沉。欲求了解到朱子新知之深沉处,则亦终必要效法朱子之读书法来读朱子书,乃能渐渐窥及。

《论语·述而》篇,子曰:述而不作,信而好古,窃比于我老彭。朱子《集注》说之曰:

> 述,传旧而已。作则创始也。故作非圣人不能,而述则贤者可及。窃比,尊之之辞。我,亲之之辞。老彭,商贤大夫,盖信古而传述者也。孔子删诗书,定礼乐,赞周易,修春秋,皆传先王之旧,而未尝有所作也,故其自言如此。盖不惟不敢当作者之圣,而亦不敢显然自附于古之贤人。盖其德愈盛,而心愈下,不自知其辞之谦也。然当是时,作者略备,夫子盖集群圣之大成而折衷之,其事虽述,而功则倍于作矣。此尤不可不知。

此一段话,不啻是朱子之自道。孔子集古圣之大成,而朱子则集孔子以下诸贤之大成。其主要点只在求能述,而不敢自居于作。但真能述,则其功自倍于作。此中有深意,非真能明白到千古学术之大传统者不易知。若其必欲有作,而不愿自居于述者,此则先自把自己地位太提高了,太放前了,把轻视前人之书之心来读前人之书,固宜于朱子之教人读书法,感其无可欣赏,而亦不易于接受。

(选自钱穆著《朱子学提纲》,生活·读书·新知三联书店2002年8月版)

钱穆(1895—1990),江苏无锡人,著名历史学家。1912年开始做乡村小学教师,后在燕京大学、北京大学、清华大学以及西南联合大学等高校任教。1949年只身去香港,创办新亚学院,1967年起定居台湾。一生著作等身,出版《孔子传》、《中国思想史通俗讲话》、《现代中国学术论衡》以及著名的《朱子新学案》等。《朱子学提纲》是其为《朱子新学案》改写的简本。

　　《朱子论为学》和《朱子论读书》是钱穆专门研究朱子学习理论的两节。钱穆指出,在为学方面,朱子主张尊德性是道问学宗旨,道问学是尊德性方法,一切道问学,皆当为尊德性;朱子教人,从低处阔处学,不喜说空话、高话、玄妙话;敬子功夫,乃是圣学之入门,圣人只从博处教,不从约处教。在读书方面,朱子是正式明白主张教书的唯一一人,主张读书宁详毋略,宁下毋高,宁拙毋巧,宁近毋远;读书要谨守传统,若抹杀传统,尽求新见,此等皆是杜撰;故朱子教人读书,同时即是一种涵养,同时亦即是一种践履,朱子教人读书,乃是理学家修养心性一种最高境界,同时也是普通人读书的一条最平坦的读书大道。

荀况的教育思想

邵 鹤 亭

荀况关于教育作用和目的的思想

荀况特别重视教育的作用。这是和他的"制天命"和"善伪"的思想分不开的。他以为,人生而无贵贱、智愚与贫富之分,使人们发生这样区别的唯一力量是教育。(《荀子·儒效》)

荀况以为教育所以能发生这样巨大的作用,主要是依靠人主观的不断努力,这他称之为"积"。他说:"积土成山,风雨兴焉。积水成渊,蛟龙生焉。积善成德而神明(睿智)自得,圣心备焉。"(《荀子·劝学》)他以为,知与德都是积累而成的,圣人就是"人之所积","人积耨耕而为农夫,积斫削而为工匠……积礼义而为君子"。(《荀子·儒效》)他这种"积"的思想,是他的"善伪"思想的具体表现,也是他的唯物主义思想的反映。

荀况在重视主观上"积"的同时,也重视环境的教育影响,这他称之为"渐"。他说:"蓬生麻中,不扶而直;白沙在涅(黑色染物),与之俱黑。兰槐之根是为芷,其渐(渍)之滫(溺),君子不近,庶人不服。其质非不美也,所渐者然也。故君子居必择乡,游必就士,所以防邪僻而求中正也。"(《荀子·劝学》)

荀况在这儿指出了环境的重要性。但他认为,环境对人们发生什么作用,要取决于人们自己。他说:"肉腐出虫,鱼枯生蠹。怠慢忘身,祸灾乃作。强自取柱,柔自取束。"(《荀子·劝学》)环境对我们究竟发生积极或消极的作用,是由我们"自取"的,不是机械地被决定于客观环境本身的。

荀况以为,通过主观的"积"和环境的"渐",能够使人的本性发生根本的变化。他以为"习俗移志,安久移质"。(《荀子·儒效》)又以为"长迁而不反其初则化矣"。(《荀子·不苟》)教育的作用,照他的意思,就在于改变人性,使它经过长期的变化不再回复其本来面目。这种思想和孟轲的"性善"论及宋明儒家根据"性善"论所推演出来的"复性"说,是完全对立的。因为他们相信教育的作用在恢复人的本性,而荀况则恰恰相反,以为教育的作用在使人改变他的本性。

值得注意的是,荀况在"安久移质"和"长迁不反"等思想中,包含着教育与质变的关系。他还说:"学不可以已。青取之于蓝,而青于蓝;冰,水为之,而寒于水。"(《荀子·劝学》)又说:"君子之学如蜕,蟠然迁之。"(《荀子·大略》)"学如蜕",据傅山的解释是:"君子学问,不时变化,如蝉蜕壳。"(傅山:《霜红龛集》卷25)荀况所提的青和蓝、冰和水的关系以及"学如蜕"的观念,都意味着教育能使人经过"积"与"渐"的过程,发生质变,培养成为他所理想的统治者。

荀况的教育目的是"始乎为士,终乎为圣人"。(《荀子·劝学》)有时他又称为"君子"。这种教育目的就是为统治阶级培养接班人。

荀况关于教学的思想

关于教学内容　荀况继承了儒家的传统,以《诗》、《书》、《礼》、《乐》、《春秋》为教材,并论证了这些科目的作用。但他特别重视"礼",以为"礼"是"法之大分,类之纲纪"。(同上)学习了"礼",就能掌握法纪。

在荀况看来,"礼"是一切事物的"规矩"和"绳墨"。教育在使人能在"礼"的范围内进行思索,坚守"礼"的规范,并且从内心爱好"礼"。如果一个人能够达到这样境界就成了圣人。他说:"礼之中焉,能思索,谓之能虑;礼之中焉,能勿易,谓之能固。能虑,能固,加好之者焉,斯圣人矣。"(《荀子·礼论》)荀况重视学"礼",但他关于"礼"的概念远远超过了孔丘的"礼"的含义,决不是只要求"复礼",还要求学习法律纲纪,以适应新的时代要求。

荀况也蔑视生产知识的传授。他把"道"与"物"对立起来,以为认识了"道"或"礼",就能统治一切。他说:"农精于田而不可为田师,贾精于市而不可为市师,工精于器而不可为器师。有人也,不能此三技而可使治三官。曰精于道者也,(非)精于物者也。"(《荀子·解蔽》)这与孟轲的"劳心者治人,劳力者治于人"的思想是一脉相承的。

关于教学原则和方法　荀况和孔丘一样,对于学、行、思三者都是重视的。他首先重视"学"。他说:"吾尝终日而思矣,不如须臾之所学也。……假舆马者,非利足也,而致千里;假舟楫者,非能水也,而绝(渡)江河。君子生非异也,善假于物也。"(《荀子·劝学》)这"善假于物"的思想是值得注意的。荀况在这儿把学问看作工具;他以为人的成就在于他能够"假于物",亦即能够善于学习,利用已有的知识。

荀况在学习上,特别重视笃实的精神。他说:"知之曰知之,不知曰不知,内不以自诬,外不自以欺。"(《荀子·儒效》)他以为,不懂装懂,强不知以为知的行为,是自欺欺人。

荀况不仅重视学,更重视身体力行,认为学习一定要在行为中有所表现。他鄙视"耳口"之学,认为学习不能只是"入乎耳"、"出乎口",道听途说;而应当"箸(贮)乎心,布乎四体,形乎动静"。(《荀子·劝学》)他还说:"古之学者为己,今之学者为人。君子之学以美其身,小人之学以为禽犊。"(同上)这是说,学问应当使自己的身心受益,不应当拿来向人炫耀或做进身的敲门砖。

荀况也重视"思"。他认为在博学的同时,必须"思索",才能通达所学的道理。这首先表现在他反对杂乱的记忆上。他反对"术缪学杂","不知隆礼义而杀(减省)诗书",(《荀子·儒效》)反对"学杂志(记),顺(作训,解作说教)诗书",(《荀子·劝学》)他以为这样学习的人,是"俗儒"或"陋儒"。

值得我们注意的,是荀况所提出的思维方法。他提出了"解蔽"和"兼陈中衡"的思想。这是孔丘的"两端"和"中庸"思想的发展。孔丘以"两端"和"中庸"的思想方法发挥他的折衷调和思想;而荀况则运用他的"解蔽"和"兼陈中衡"思想来论证他的"礼论"。

荀况以为,当时的许多"邪说"和"奸言"虽然都"持之有故,言之成理",(《荀子·非十二子》)但都是"蔽于一曲(部分),而暗于大理"的,(《荀子·解蔽》)只看到了事物的片面,没有见到它们的全面,只见到了树,没见到林。人们为什么这样容易为片面事物所蔽塞呢?荀况以为,这是由于相异的事物或一事物的不同方面都互相为蔽。他以为使人"蔽"的原因甚多。他说:"故(数)为蔽:欲为蔽,恶为蔽;始为蔽,终为蔽,远为蔽,近为蔽;博为蔽,浅为蔽;古为蔽,今为蔽。凡物异则莫不相为蔽,此心术之公患也。"(同上)他所指出的,相互为蔽的欲与恶,始与终,远与近,博与浅,古与今等,都是对立的东西。这是孔丘"两端"思想的发展,含有辩证法的因素。

为了使人不流于偏蔽,荀况提出了"兼陈中衡"的思想方法。他说:"圣人知心术之患,见蔽塞之祸,故无欲无恶,无始无终,无近无远,无博无浅,无古无今,兼陈万物而中悬衡焉。"(同上)这是教人去掉十蔽,中正地来权衡事物。

荀况为了避免偏伤之患,还提出了"兼权"的思想,这可视为"兼陈中衡"的同义语,更明确地显露出他的"两端"的思想方法。他说:"欲恶取舍之权:见其可欲也,则必前后虑其可恶也者;见其可利也,则必前后虑其可害也者;而兼权之,熟计之,然后定其欲恶去舍。如是,常不失陷矣。"(《荀子·不苟》)"兼权"或"兼衡"是荀况的一个重要思想方法。他就是用这种方法去批评当时所盛行的各派学说的。如他所说:"慎子有见于后,无见于先;老子有见于诎,无见于信。"(《荀子·天论》)"墨子蔽于用而不知文。宋子蔽于欲而不知得"(《荀子·解蔽》)等等。这种思想方法就方法论方面,似乎比较全面,可以避免片面性。但是,他的目的不是去揭露矛盾和解决矛盾,而是以"道"为标准,即以他所说的礼义为标准,以礼义为"中"。(《荀子·儒效》)他所提倡的解蔽与兼权或兼衡的手段无非是用来论证礼义,以维护统治阶级的利益。

荀况还提出了"虚一而静"的学习态度。他以为,要认识"道",必须"虚一而静"。"虚"指虚心,就是荀况所说的"不以所已臧(藏),害所将受"。荀况以为,在人的意识里,藏着很多已知的东西,而这些已知事物都会使人偏蔽。因为,照他的意见,一般人都是"私其所积,唯恐闻其恶";"倚其所私以观异术,唯恐闻其善"(《荀子·解蔽》)的。这里所谓"积"和"私",是"藏"的同义语,是指人的已有的主观和成见。荀况以为,人的所积所藏常使他先入为主,妨碍他对新鲜事物的接受。他所提的"虚",就是教人运用兼陈或兼权的思想方法,使人不以先入之见或已有的知识去妨害他接受别人的意见或新知识。

荀况所谓"一",是指专心一致,特别是指目标的专一而言的。他以为,人生而有知,很早就能认识事物的差别,同时兼知两件以上的事。那么所谓"一"是什么意义呢? 他说:"不以夫一(那个一)害此一(这个一),谓之一。"这就是使相异的东西不互相纷扰,在同一时间内,一个人只集中注意一件事情。

荀况最重视用心的专一和有恒。他以为,学习的成败,决定于一个人能否专心有恒。前面我们说过荀况注重"积",而积学的工夫则他以为在于"并一而不二",(《荀子·儒效》)要"积微","真积力久则入,学至乎没而后止",(《荀子·劝学》)他又说:"功在不舍。锲而舍之,朽木不折;锲而不舍,金石可镂"。(同上)他以为,学习必须用心专一,不可浮躁,用他的话说,就是要"结于一"。他说:"目不两视而明,耳不两听而聪。"(同上)他还进一步认为,即使目明耳聪,也是靠专心得来的。

但荀况所谓"一"的具体意义,还是使人能"一之于礼义",(《荀子·礼论》)把自己的一切言行限制在礼义的框子里。他在学习中重视专一精神,是有其积极意义的;但以礼义为唯一的标准去衡量一切,这种"一"就成为"偏"了。

在荀况要求"静"的思想中,含有一定的积极意义。他说:"不以梦剧乱知,谓之静"。所谓梦,自杨倞以来一直解释为想像。但想像本身,照现在的认识,并不阻碍学习与思维。因此,荀况所谓梦,应了解为没有根据的、杂乱的想像或梦想。至于他所谓剧,是指剧烈的感情活动而言的。荀况以为,没有根据的想像和剧烈的感情都是不利于学习与思维的。

荀况以为一个人心里不能镇静就不能认识清楚事物,就会好像一个迷迷糊糊夜晚行路的人,可能把一块石头看成为一只伏着的老虎,看见长在地面的树,以为是立着的人,甚至于把自己的影子当做鬼,以致拼命奔跑,到家便气绝而死。(《荀子·解蔽》)这样一些事例可以视为"梦剧乱知"的解释。

"虚"、"静"等概念本来是包含着唯心主义的和神秘的因素的,荀况给以较明确的解释,教人在学习中尽力保持这种态度,这是值得注意的。

此外,荀况还有不少有关教学思想的意见,如他对问答法的主张。他以为,回答问题应察言观色,掌握好应有的分寸,不可专凭主观的热忱,盲目地进行说教。他说:"不问而告谓之傲(躁),问一而告二谓之囋(繁琐)。傲,非也,囋,非也。君子如响矣。"(《荀子·劝学》)这是重视学习的自动性,并且也注意到学习的量力性问题。

他特别注意学者应有的道德态度或思想状况。他说:"问楛(恶,非礼义)者勿告也;说楛者,勿听也;有争气者,勿与辩也。……故礼恭,而后可与言道之方;辞顺,而后可与言道之理;色从,而后可与言道之致。"(同上)他要求学生恭敬顺从,这是应当加以批判的;但在进行教育时,要求学生有一定的正确态度,还是必要的。

荀况关于道德修养的思想

荀况基本继承了儒家的道德思想,特别发展了儒家"礼"的思想。他把"礼"说成为社会的需要,说成是"万变不乱"、"莫可损益"的"人道之极"。这我们在上面已经讲过。现在还应当指出,他提出了"公"与"私"的问题。他把公义和个人的私欲对立起来。他以为一个人应当做到:"能以公义胜私欲"。(《荀子·修身》)他以为君子的好恶,只应当依照"法"和"王道",不能越出它们一步。这明显地表明,荀况和所有统治阶级的思想家一样,把统治阶级所需要的道德称为一般道德,把统治阶级的私利称为公义,以欺骗和麻醉被统治的人民。荀况以为,教育就应当培养这种公德,一个人能够"老忍私",亦即尽力矫正他的私欲,才能成为儒者,不过还仅仅是"小儒"。至于"大儒",则应当做到安于为公。他说:"老安公,行安修,知通类,如是则可谓大儒矣。"(《荀子·儒效》)这也可以说,大儒是荀况的培养目标。

荀况特别提倡顺民道德,把儒家伦理思想中人与人的不平等关系更推进了一步。他以为臣对君应当"忠顺不懈";子对父应当"敬爱而文";弟对兄应当"敬诎而不苟";妻对夫应当"柔从听侍"、"恐惧而自竦"。(《荀子·君道》)

他还在伦理之外,进一步定出一套士农工商应当遵守的道德。他指出:士大夫应当"敬节死制";百吏应当"畏法循绳";商贾应当"敦悫无诈";百工应当"忠信而不楛";农夫应当"朴力而寡能"。(《荀子·王霸》)他所称的敬节死制、敦悫无诈、忠信不楛和朴力寡能等等,其目的都在于为统治阶级培养忠顺的官吏和生产劳动者。

在道德修养手段方面,荀况的思想与孔丘孟轲的思想相似之处甚多。如他重视"笃志",主张"日三省乎己"等等。但有下列几点应特别提出加以阐述。

长虑顾后　荀况以为,人都是"好荣恶辱,好利恶害"的。一般人都知道,做了尧禹便常时感到"安荣"、"愉怢",做了桀跖或工匠农贾便常时受到"危辱"、"烦劳";(《荀子·荣辱》)可是他们偏偏多去做桀跖和工匠农贾,而很少去做尧禹,这是由于他们没有受到教育,唯利是视;也由于他们没有经过忧患锻炼。他又指出,有许多苟且偷生的人,不知积蓄节用,奢侈挥霍,以致穷困冻饿,这是由于他们不能"长虑顾后",不知为长远的利益打算。

荀况以为,人的行为的善恶,决定于他的认识。他说:"凡人莫不从其所可而去其所不可,知道之莫之若也,而不从道者无之有也。"(《荀子·正名》)这就是说,要"从道"就首先要"知道"。他进一步以为,国家治乱的关键在于人的"心之所可中理"与否,即在于人是否认识"道",能识"道"的便能从"道",甚至可以牺牲生命。提高人们的认识,使能分辨可与不可,使所可都能"中理",使能认识"道"之所在,是道德教育首要的工作。

补偏就中　荀况主张在提高认识,培养他所谓正确的道德观念的基础上,针对着各人品格上的缺点,补偏救弊,使他能立于"中道"。他说:"治气养心之术:血气刚强,则柔之以调和;知虑渐(潜)深,则一之以易(坦率)良(谅忠直);勇毅猛戾,则辅之以道顺(训);齐给便利(捷速),则节之以动止;狭隘褊小,则廓之以广大;卑湿、重迟、贪利,则抗之以高志;庸众驽散,则劫之以师友;怠慢僄(轻)弃,则炤之以祸灾;愚款端悫,则合之以礼乐,通之以思索。"(《荀子·修身》)他指出各种不同的个性特征,并就它们本身所包含的偏向,指出了补偏救弊的手段,使之无过与不及。这是他的兼权或兼衡的思想方法在道德教育上的应用。

荀况还以为人的情绪，不论它是吉利或者凶恶，忧愁或者愉快，都应当随时根据"礼"或"中道"加以损益或发扬，使它不偏不倚，适得其中。他说："两情者（指吉与凶，忧与愉）人生固有端焉。若夫断之继之，博之浅之，益之损之，类之尽之，盛之美之，使本末终始莫不顺比纯备，足以为万世法则，则是礼也。"（《荀子·礼论》）荀况继承了孔孟的"中庸"精神，更明确而多面地指出了如何以折衷调和的精神去锻炼和培育人的性格和感情，使它能合乎中庸之道，并且具体地要求以"礼"作为中庸的标准。

培养德操　荀况以为道德教育上最后的目标在于培养德操。这首先要求一个人能根据礼和中道，划清善恶的界限，培养好善恶不善的道德感情。他说："见善，修然（整饬貌），必以自存也；见不善，愀然（忧惧貌），必以自省也。善在身，介然（坚固貌），必以自好也；不善在身，菑然（菑同缁，谓使己污浊），必以自恶也。"（《荀子·修身》）他教人严格分清善恶，并且养成见善如不及和疾恶如仇的感情。

荀况还以为，道德修养的目的在彻底改变人的感情，并且培养不可动摇的意志和德操。他说："百发失一，不足为善射，……仁义不一，不足为善学……君子知夫不全不粹之不足为美也，故诵数以贯之，思索以通之，为其人以处之，除其害者以持养之。使目非是无欲见也，使耳非是无欲闻也，使口非是无欲言也，使心非是无欲虑也。及至其致好之也，目好之五色（谓如目之好五色，下同），耳好之五声，口好之五味，心利之有天下。是故权利不能倾也，群众不能移也，天下不能荡也。生乎由是，死乎由是，夫是之谓德操。"（《荀子·劝学》）他要人通过学习，使自己只喜欢看与听关于礼义的东西，说和想关于礼义的事，不为权利和群众所动摇，不论生或死都坚守着礼义。他企图为封建统治阶级培养最坚强的"战士"和"卫道"者,不为权利所引诱,不受群众,实即人民的影响,举天下没有能使他动摇的事物。

此外,荀况还提倡"重己役物",反对"以己为物役";提倡"劳苦之事则争先,饶乐之事则能让",以及"不苟"等等,他又主张"导欲"、"节欲",反对"去欲"、"寡欲",这些道德教育思想与孟轲的"克欲"和"去欲"思想是对立的。

荀况论乐教

儒家是非常重视乐教的。孔丘把乐与礼结合起来,把音乐看作是完成教育的手段。所以说:"成于乐。"

荀况在发展孔丘礼教思想的同时,也发展了孔丘的乐教理论,对音乐教育作了比较系统而全面的论述。

荀况以为音乐是人的快乐的感情的表现,是人的感情的正当出路。他说:"乐者,乐也,人情之所必不免也。"(《荀子·乐论》)他以为音乐的作用很大,"入人也深","化人也速",如果能利用好的音乐,就能把人的"好恶之情"引于好善,以收"移风易俗"的效果。

他认为应该区别声音中的"正声"和"奸声",如果让"奸声"流行,就会产生叛乱;让正声感人,就会实现平治。这是把统治阶级的音乐称为"正声",反之就称为"奸声"。他提倡"中平"和"肃庄"的音乐。他说:"乐中平则民和而不流,乐肃庄则民齐而不乱。"这所谓"中平"和"肃庄",无非是统治阶级道德精神的表现。这种音乐都是为统治阶级的政治服务的。

照荀况的意见,乐教的目的在于"以道制欲",他说:"乐者乐也,君子乐其道,小人乐其欲。以道制欲,则乐而不乱;以欲忘道,则惑而不乐。故乐者所以乐道也。"他以为,人各有其乐,不过"君子"的乐,以其本阶级的道德为对象,小人的乐则为他的欲望所驱使。音乐的任务是把人的快乐引向他所谓的道德。这首先要把音乐都化为"正声",然后使人们通过爱好音乐的审美形式逐渐爱好音乐的阶级内容,使他们的感情潜移默化于阶级道德之中。这就是乐教"以道制欲"的秘密,也是乐教所以能发生巨大作用的原因。

乐教与礼教是儒家同样重视的两种重要教育手段。但它们的作用有所区别。荀况以为,"乐合同","礼别异";乐的功效在使上下和谐,礼的功效在使上下有别。荀况以为礼乐并施,就能"移风易俗,天下皆宁,善美相乐。"荀况关于乐教的思想,有些与《礼记》中《乐记》的思想相雷同,对于中国古代封建教育曾发生相当大的影响。

论 教 师

荀况特别重视教师的地位,常常把君师并称。这是儒家的传统思想。孟轲引《尚书·泰誓》中"天佑下民,作之君,作之师"的说法,把君师并列起来。荀况更明确地把天、地、君、亲、师并称。他说:"天地者,生之本也;先祖者,类之本也;君师者,治之本也。无天地恶生?无先祖恶出?无君师恶治?"(《荀子·礼论》)他把教师的地位提得这样崇高,是合乎君主专制的需要的。实际上,统治者之所以尊师,是要求教师代表他们的意志去施教,培养他们需要的人才。所以,荀况又说:"国将兴,必贵师而重傅……国将衰,必贱师而轻傅。"(《荀子·大略》)

荀况以为,在教学上,教师的作用很大,学习最便捷而有效的途径是近师和好师。他说:"学莫便乎近其人,学之经(径)莫速乎好其人,隆礼次之。"(《荀子·劝学》)

荀况以为教师的主要任务是"正礼",而学生的任务则在无条件地服从教师的教导。他说:"礼者,所以正身也;师者,所以正礼也,……礼然而然,则是情安礼也。师云而云,则是智若师也。情安礼,智若师,则是圣人也。"(《荀子·修身》)荀况这样明确地规定了教师实施礼教的任务。他还提出了理想学生的标准是"师云亦云",只要顺从教师,不能有任何违反教师旨意的言行。

荀况以为教师有绝对的权威。他说:"言而不称师,谓之畔;教而不称师,谓之倍(背)。倍畔之人,明君不内(纳),朝士大夫遇诸涂不与言。"(《荀子·大略》)他甚至以为:"人无师无法而知,则必为盗,勇则必为贼,能则必为乱,察则必为怪,辩则必为诞"。(《荀子·儒效》)这与孔丘所说的"当仁不让于师"的精神,显然甚不相同了。荀况的"师道"则反映已经掌握政权的封建统治者企图通过礼法与师道去实行专制统治的要求了。

荀况在教师修养方面,发表了值得注意的意见。他说:"师术有四,而博习不与焉。尊严而惮(敬),可以为师;耆(六十岁)艾(五十岁)而信,可以为师;诵说而不陵不犯,可以为师;知微而论,可以为师"。(《荀子·致士》)这就是他特别注意教师的尊严、丰富经验与信仰、循序渐进的教法与精微的论辩能力。他不把博习作为教师应具的品德之一,这是和他反对杂乱学习的精神一贯的,也是和《礼记·学记》中的"记问之学不足为人师"的思想相通的,这并不是不赞成教师需要有广博的知识。

荀况是先秦的伟大的唯物主义思想家。他的"善伪"的性论,使他的教育思想具有不少的积极作用,我们可从中得到借鉴。但他的中心思想是"礼论",这是中国古代封建礼教的基础,我们应认识它的源流而予以彻底的批判。

(选自毛礼锐等主编《中国古代教育
史》,人民教育出版社 1983 年版)

邵鹤亭(1902—1966) 江苏宜兴人。教育家、教授。1928年留学法国,在巴黎大学攻读教育学和哲学,获博士学位。1932 年回国后任中央大学师范学院院长,中央大学、复旦大学教授,国民政府教育部专员兼科长,国立编译馆编纂兼中国教育全书编纂处主任。1950 年起,任教育部参事和北师大教授。"文革"中被迫害致死。著作有《社会思想与教育》、《中国古代教育史》等。

本文认为:荀况特别重视教育的作用,这和他的"制天命"和"善伪"的思想分不开。他以为,人生而无贵贱、智愚与贫富之分,使人们发生这样区别的唯一力量就是教育;教育之所以能发生这么大的作用,主要是依靠人主观的不断努力,即所谓"积";荀况也十分重视环境的教育影响,即所谓"渐";荀况认为,通过主观的"积"和环境的"渐",能够使人的本性发生根本的变化;荀况的教育目的是"始乎为士,终乎为圣人"。荀况继承了儒家传统,以《诗》、《书》、《礼》、《乐》、《春秋》为教材,他特别重视"礼",以为"礼"是"法之大分,类之纲纪",学习了"礼",就能掌握法纪;荀况重视"学",特别重视笃实精神,重视身体力行,认为学习一定要在行为中有所表现;他也重视"思",认为在博学的同时,必须"思索",才能通达所学的道理;他还提出了"解蔽"和"兼陈中衡"的思想,这是对孔丘

20世纪儒学研究大系

"两端"和"中庸"思想的发展,为了避免偏伤之患,荀况还提出了"兼权"思想;在学习态度上,荀况主张"虚一而静",特别注意学者应有的道德态度或思想状况。荀况基本继承了儒家道德思想,特别发展了儒家的"礼"的思想,把"礼"说成社会的需要,"万变不乱","莫可损益"的"人道之极",还提出公与私问题;在道德修养手段方面,他重视笃志、"日三省乎己"、长虑顾后、补偏就中、培养德操。荀况发展了孔丘的乐教理论,以为音乐是人的快乐感情的表现,是人的感情的正当出路;乐教的目的在于"以道制欲",音乐的任务是把人的快乐引向道德;乐教和礼教有区别,"乐合同","礼别异",乐的功效在于使上下和谐,礼的功效在使上下有别,礼乐并施,就能"移风易俗,天下皆宁,善美相乐"。荀况特别重视教师的地位,常常把君师并称。他以为,在教学上,教师的作用很大,学习最便捷而有效的途径是近师和好师;教师的主要任务是"正礼",而学生的主要任务则在无条件服从教师的教导;在教师修养方面,荀况以为"师术有四,而博习不与焉。尊严而惮,可以为师;耆艾而信,可以为师;诵说而不陵不犯,可以为师;知微而论,可以为师"。

中国历史上第一个伟大的教育家

匡 亚 明

孔子是中华民族历史上第一个伟大的教育家,在一定意义上说,他也是全人类历史上一个伟大的教育家。孔子首创平民教育,继承、发展和传播了古代文化。他的教育思想、教学方法、治学态度,以及所倡导的互敬互爱的师生关系,直到今天,仍然是值得我们学习和借鉴的。

一 成效卓著的教育实践

(一)创办私学聚徒讲学的业绩

在孔子之前直到孔子当时,封建贵族垄断了文化教育权。所谓"学在官府",就是说学校为贵族子弟而设,平民没有受教育的可能。由于社会生产力的发展和阶级的分化,有些有一定文化教养的没落贵族,特别是士一级的贵族,也利用自己的文化修养(《诗》、《书》、《礼》、《乐》等方面的知识),收徒设教,称为村塾,①

---

① 《礼记·学记》"古之教者家有塾"郑玄注:"古者仕焉而已者,归教于闾里。朝夕坐于门,门侧之堂谓之塾。"意即古代做官退休的贵族,回到家乡,就在家乡做教育工作。办法是:他朝夕坐在门口,门旁房间就是学生受教

这种私塾在春秋时期已经有了,但影响不大。孔子所创设的私学,则完全不同,它是中国教育史上跟"学在官府"相对立的"学移民间"的划时代的标志。

孔子创办私学的影响之广之深,是空前的,从他个人收徒讲学的成绩而言,在古今中外的历史上也是不多的。孔子在"三十而立"的时候,由于学业德行的广博深厚,已渐为社会所承认。他既无从政(仕)的机会,乃开始收徒讲学。[①]从此,聚集到他门下的弟子一天天多起来,先后达到传说的总数三千,身通"六艺"者七十二人(一说七十七人)。这些学生大多数出身贫贱,来自贵族的学生只有鲁国的孟懿子、南宫敬叔兄弟,和宋国的司马牛等几个人。学生中后来有的从政(仕),有的从教(师),很多成为有政绩、有名望的人。由平民通过学习而能参予贵族政治的新情况,是从孔子创立私学后才开始兴盛起来的。[②]西周以来的世卿制度,由于春秋时代阶级关系的变动,已经摇摇欲坠。孔子一生用了四五十年"学而不厌,诲人不倦"的持久努力,开创私学的结果,培养了一批人才,对于进一步打破贵族垄断文化教育和贵族世袭政治官职的局面,起了重要作用,在当时的历史条件下,是有不应低估的带有改革意义的功绩的。

育的地方(塾)。所谓私塾,即源于此。但那时能来受教的还是乡间(闾里)有身份人家的子弟,不能跟孔子所办平民教育的私学相比。

① 孔子何年始收弟子,历来有不同的说法,一说十七岁,(司马迁《史记·孔子世家》)一说二十二岁,(胡仔《孔子编年》)一说三十五岁。(司马贞《史记索隐》)现根据孔子自己所说"三十而立"及其他旁证,定孔子收徒讲学为三十岁左右。

② 钱穆:"平民以学术进身而预贵族之位,自儒而始盛也。"(《先秦诸子系年考辨》)

（二）从事教育活动的三个主要时期

孔子一生在教育实践活动方面取得的成就，主要有三个时期：

第一个时期，在孔子"三十而立"前后，大约是在他三十至三十五岁期间。这时他开始收徒讲学，第一批学生中有比他小六岁的颜由（颜回之父），有比他小九岁的子路。由于孔子办学的名声很好，吸引了许多民间子弟来归。他三十四岁那年，连贵族孟僖子的两个儿子孟懿子和南宫敬叔也拜他为师。就在这一年中，他曾带着南宫敬叔"适周问礼"，向东周王室的史官学习周礼。

孔子之所以三十岁左右就能够收徒讲学，一方面是由于他生长在保存了丰富的古代文物典籍的鲁国，客观上具有较好的学习条件。他从小对《诗》、《书》、《礼》、《乐》就饶有兴味，五六岁便学着陈俎豆、设礼容了。另一方面，孔子不仅聪颖过人，而且勤奋好学，十五岁而志于学，到三十岁就已经打下了学业和品德修养上的坚实基础。他通晓古今文献，立仁知礼，为从政、施教创造了足够的条件。他自己说"三十而立"，决非虚夸。（详见《生平概略》章）

第二个时期，孔子在鲁昭公二十七年自齐返鲁之后到仕鲁之前，也就是他三十七岁到五十岁这段时间。当时鲁国的政治形势是政不在君而在大夫，大夫之政在士（即陪臣，当时是阳货），"陪臣执国命"。孔子不愿意同这种权臣同流合污，所以不仕，"退而修《诗》、《书》、《礼》、《乐》，弟子弥众，至自远方，莫不受业焉。"（《史记·孔子世家》）这时，孔子的弟子除来自今山东境内的齐、鲁外，还有从楚（湖北）、晋（山西）、秦（陕西）、陈（河南）、吴（江苏）所属各地慕名而来的，几乎遍及当时主要的各诸侯国。这十几年中，是孔子教育思想、教育事业的大发展时期，并越来越引起全社会(包括上层贵族和下层庶民)的广泛注意。当时有许多青年师事孔子,从年龄上来推算,像颜回(少孔子三十岁),子贡(少孔子三十一岁),冉求(少孔子二十九岁),仲弓(少孔子二十九岁)等,大概都是在这一时期成为孔门的学生的。

第三个时期,孔子晚年。鲁哀公十一年(公元前484年),孔子结束了长达十四年之久的流浪生活,自卫国回到鲁国。这一年他已六十八岁,距他七十三岁去世还有整整五年时间。孔子经历了几十年的坎坷生活,即使访问列国诸侯,到处碰壁,终不得志,但始终没有停止教学工作,始终"诲人不倦"地把希望寄托在未来。至此,他更集中精力,把晚年的全部余热献给了教育事业,又培养出了一大批像子夏、子张、曾参等才华出众的弟子。与此同时,他还对以往教学中用的《诗》、《书》、《礼》、《乐》、《易》、《春秋》等文化典籍进行整理、删定,使之成为定型的教本,孔子的教学经验也在这一时期得到了进一步的系统化,从而最终形成了完整的孔子教育思想体系。

孔子弟子号称三千,盖指孔子一生中教授学生的总数,并非指同时在学的人数就有这么多。孔子办学既有走读者,也有寄宿者,学生的宿舍称为"内",教室称为"堂"。他招收学生的手续很简单,只要"自行束脩以上,吾未尝无诲焉",(《论语·述而》)只一束干肉(束脩),是象征性地表示对老师的敬意就可以了。

孔子从三十岁左右开始,一直到去世为止,即使在鲁国从政(任大司寇等职)和访问列国诸侯的时候,他都坚持不懈地克服各种困难和阻力,发展自己创设的私学,用自己的心血和生命谱写了成效卓著的教育事业的胜利凯歌,在中华民族以至全人类历史上作出了巨大贡献。

二　"有教无类"和"诲人不倦"

孔子的教育思想是和他的世界观、政治观密切相关的,并为他的世界观和政治观服务的。"仁"是孔子世界观和真理观的核心,孔子的教育方针是以仁的哲学作为思想基础的,他的教育思想也是为"仁政德治"服务的。

(一)人人应受教育

在孔子的教育思想中,最光辉的一点便是"有教无类"。(《论语·卫灵公》)这一人人应受教育的主张,充分表现了人民性和民主性的因素,开创了通向文化下移和普及教育的新道路,是中国教育史上划时代的革命创举。

"有教无类"是"泛爱众,而亲仁"的具体化,孔子从"仁"的观念出发,对一切可能施教的人只要"自行束脩以上",都不拒绝进行教育,使其享有均等的受教机会。关于"类",历来有不同的解释,梁代皇侃说得好:"人乃有贵贱,宜同资教,不可因其种类庶鄙而不教之也。教之则善,本无类也。"(《论语义疏》)至于"有教无类"是否包括奴隶,我们认为从孔子"仁者爱人"的一贯主张来看,把农奴以至奴隶排除在"有教无类"之外,既无文献资料可证,逻辑上也难说得通。因此,比较确切地说,有教无类应当是不分宗族贵贱,不分阶级,都是可以施教的。这在人类教育史上是一项很有革命意义的突破,至今值得称颂。但是遗憾的是,孔子竟然把人类二分之一的妇女排除在教育对象之外。孔子束缚在重男轻女、男尊女卑的传统观念中不能自拔,例如周武王自己说,他有十位能辅助他治理国家的臣子,这十人中相传包括武王自己的妻子邑姜在内。但孔子却说,辅助武王的十人中有一个是妇女,所以只能算作九人①。这无疑损害了孔子自己的"有教无类"的思想原则。这就可以理解为什么他没有一个女弟子了。所以,他的"有教无类"只包括了人群的一半,只有男人,女子不在内。这一重男轻女思想是必须严肃批判并彻底清除其残留影响的。清代乾隆年间的思想家、文学家袁枚(1716—1798),在对待妇女的问题上,就和孔子以来的传统观念不同。袁枚也是根据孔子的"泛爱众,而亲仁"和"有教无类"的思想,不顾当时封建舆论界的责难,竟收了一批女弟子②,这就比孔子高明多了。今天,我们指出孔子在这个问题上的错误,对全面评价孔子"有教无类"的思想是必要的。

孔子提出了"有教无类"的主张,并且实践了这个主张。他招收学生兼收并蓄,不受贵贱、贫富、老幼、国籍等条件限制,其中大多数是出身于贫贱之家,兹略举六例如下:

颜回:"一箪食,一瓢饮,在陋巷。人不堪其忧,回也不改其乐。"(《论语·雍也》)

仲弓:其父为"贱人",家"无置锥之地"。(《荀子·非十二子》)

---

① 《论语·泰伯》:"武王曰:予有乱臣十人。孔子曰:……有妇人焉,九人而已。"十人指周公旦、召公奭、太公望、毕公、荣公、大颠、闳夭、散宜生、南宫适和一位妇女。这位妇女或说是文王之妻太姒,或说是武王之妻邑姜(姜太公之女),看来指邑姜更近情理。不管是太姒还是邑姜,那是次要的问题,主要的问题是孔子认为女子不该和男子并立。他顽固地站在男尊女卑的立场上,只承认武王有九个治理国家的能臣。这是他思想中保守落后的地方。

② 二十年代我和张闻天、侯绍裘、李平心等同志先后在苏州乐益女子中学教书时,曾选编了一本《随园女弟子诗选》,(上海光华书局出版)以表彰袁枚不轻视妇女的卓识。

子路:"卞之野人",(《史记·仲尼弟子列传》)"子路事亲,尝食藜藿(粗劣的野菜),负米百里之外"。(《说苑·建平》)

原宪:"居鲁,环堵之室,茨以生草;蓬户不完,桑以为枢;而瓮牖二室,褐以为塞;上漏下湿,匡坐而弦歌。"(《庄子·让王》)意思是,原宪在鲁国住的是茅草盖顶的方丈小屋,门户是蓬蒿编成的,而且还不完整。户枢是桑树条做的,窗口是用破瓮做成的,并以粗布隔为二间。屋顶漏雨,地下潮湿,他却端坐而弦歌。

曾参:穷居卫国,絮衣破烂,面色虚肿。因为干粗活,手足生出老茧。往往是三天不煮饭,十年不添制新衣。(《庄子·让王》)

闵子骞:冬天没有御寒的衣服,"以芦花衣之",以芦苇花当棉絮用。(《说苑》)

针对这样的情况,南郭惠子曾经发出疑问:"夫子之门何其杂也?"子贡回答说:君子端正品行以等待四方之士,而且一定要做到来者不拒,正如良医之门多病人一样。所以夫子门下的人品十分复杂,各种各样的人物都有。(《荀子·法行》)这段记载正好确切地剖明了孔子"有教无类"、"来者不拒"的矢志于教育事业的崇高精神。

孔子关于人人都应受教育的思想和实践,对于普及教育,传播中原地区的先进文化,促进各民族之间的文化交流,都是起了积极的作用的。

(二)人人可以通过教育革新自我

承认人可以通过教育得到改造和提高,是教育思想上的一个重大突破。对于这个问题,孔子已有了明确的认识,他说:"性相近也,习相远也。"(《论语·阳货》)所谓性是指人的共同本性,习是指后天的环境影响,主要是教育、习染。正如王夫之所说:"性者天道,习者人道。"(《俟解》)这句话的意思是说,人的本性是相近的,差不多的,人在道德和知识上的重大差异,是后天教育、学习的结果。所以孔子说人的本性相近,是符合实际情况的。在实际生活中,孔子更重视后天的习染对人的意识起的作用,认为人的实际的思想状况是由习染决定的,而不是先天决定的,这里就有着可贵的唯物主义的因素。这个观点是孔子对先秦哲学和心理学的重大贡献,对于他的伦理、政治、教育理论具有重大意义,是他的教育学说的认识论基础。根据这个理论,孔子认为每一个人都可以通过教育接受良好影响,在道德、知识上得到改造和提高。即使是受有不良习染的人也有可能变好。他的学生中有素质较好的,也有素质较差的,经孔子循循善诱的教导,不少变成著名的贤才。

孔子在两千多年以前提出教育可以革新人的"性习说",强调和承认人的后天习染的作用,亦即教育的重要作用,这对运用教育手段来改变人、提高人的道德、知识水平,对于教育可以缩小以至基本消除人类社会人与人之间在道德、知识水平上的差距,是具有重大意义的。马克思主义的教育学也应把这一思想作为一个重要课题来研究。

(三)教育家的义务和职责

孔子在教育实践中曾提出一个著名的论点,叫做"诲人不倦",这是跟他的世界观和政治理想分不开的。孔子是把教育和政治的关系紧密地结合在一起来看待的,教育给政治提供思想基础和合格人材,政治给教育提供实践机会和发展条件。在孔子的心目中,教育是为了促进政治改革(孔子心目中的改革)创造条件,政治又反转来为了促进教育发展创造条件。所以孔子"诲人不倦"的教学态度,其出发点首先是来自他企图改革贵族政治、实施所谓"仁政"、"德治"的积极的政治要求；其次是来自他自己"学而不厌"的好学精神；再次是来自他对求知者的认真负责。他曾谦逊地说："说我圣，说我仁，我都不敢当！我只是永不自满地学习，永不疲倦地教诲弟子而已。"①孔子对待学习知识的态度也一贯是实事求是、老老实实的，这充分表现在他对子路的一段谈话中，他说："由！诲女，知之乎（我教导你的话你懂了吗）？知之为知之，不知为不知，是知也。"（《论语·为政》）知道的才能说知道，不知道的只能说不知道，这才是真正聪明的求知者。——孔子一生就是以这种认真严肃、踏实负责的教学态度，忠诚地百折不挠地去履行一个教师、一个教育家的义务和职责的。

三　培养实现仁政德治的优秀人才

（一）政治理想与教育目的

孔子开创私学的目的，是为实现其政治理想服务的。他的政治主张如前所说，就是"仁政"、"德治"；实现这个政治主张的力量，则是"国君"、"贤臣"和"良民"。他认为在一个国家里国君是既定的神圣不可侮的，即使君王无道，推翻他取而代之，也是不忠、无礼的表现。他认为良民人数虽多，但只是施政的对象。只有"贤臣"是孔子认为可以经过自己主观努力加以改善或培养的决定环节。有了上事君以忠，下使民以惠（庶之，富之，教之）的贤臣，就可以使国家达到"太平盛世"，实现"小康"社会了。

谁可以担当"贤臣"呢？一般而言是士（知识分子），特殊而言

①　《论语·述而》："若圣与仁，则吾岂敢！抑为之不厌，诲人不倦，则可谓云尔已矣。"

是君子(德才兼备的知识分子)。士是君子的初级阶段,君子是士发展提高的优秀者。有了合格的君子和士,就可以从中选出胜任的贤臣、贤宰和贤吏,上忠于国君,下惠于良民,仁政和德治就可以实现,封建宗法等级制的国家就可以太平富强,长治久安了。孔子办学的目的,就是培养这样的士和君子,就是希望通过这些士、君子的从政(仕)而影响和掌握国家的命运,实现仁政、德治,达到小康境界。在孔子的学生中,除了许多平民和"鄙人"、"鄙夫"、"贱人"外,确也有少数贵族和富人,如孟懿子、南宫敬叔是鲁国贵族,冉有、子贡是鲁、卫富人。从各类不同学生的情况看,孔子的"有教无类"的主张,确是说到做到的。问题是从平民中吸收学生固然是革命的进步措施,但教育的目的和要求,归根到底,是把他们培养成能够进入贵族统治阶级的合格人才,即维护和巩固等级森严的封建宗法制社会秩序的士和君子。孔子的想法是通过输送这些品德高尚的治世能人,而造成尊卑贵贱各阶级的人都能平安过日子的开明的贵族统治局面。但这当然只能是必然破灭、到处碰壁的幻想。所以,如《导论》中说过的那样,在孔子向下看的时候,能看到平民,想到"泛爱众,而亲仁",想到"博施于民而能济众",是有进步的革命精神的,是伟大的思想家。但在他的眼睛向上看的时候,就只看到贵族的统治力量,他把希望寄托在"圣君明王"身上,想的是"忠君尊王",维护贵族等级制的尊严,和黑格尔那样思想进步而政治上拥护德国皇权以至于变成了平庸保守的人物一样,在他所面临的强大的历史传统习惯势力下,他只能是历史条件下的人物,而我们也只能在吸取历史经验教训的意义上去估量他。

(二)培养政治改革的人才

孔子的教育,是实现其政治理想的方法和手段,其目的是"学而优则仕"，最终是想通过这样一种教育，造就齐家、治国、平天下的优秀人才，使他们能参与政治改革，从而改变春秋时期所谓"天下无道"的混乱局面，以期能够实现"老安"、"少怀"、"友信"的理想社会。为了达到这个目的，孔子认为一切书本知识（如《诗》、《书》、《礼》、《乐》等），都是为了培养和提高弟子们的品德修养。美国有一位汉学家克里尔说得对：孔子"不是仅仅培养学者，而是训练治世能人，他不是教书，而是教人"。[1]　教人就是训练治世能人，治世能人首先要具有士、君子的品格。孔子心目中的君子，是品德高尚而又精通"六艺"的德才兼备的人才。用他自己的话说，就是"君子不器"，（《论语·为政》）"不器"的含意就是不局限于一材一艺，而应具有德行超群、统筹兼顾、照应全局的本领，是杰出的通才。其次是应该胸怀坦白，（《论语·述而》："君子坦荡荡"）说到做到，先做后说，对人对事都很公正，不讲私情，（《论语·为政》："先行其言而后从之"；"君子周而不比"）尤其是像他回答子路问君子时所说的那样："敬诚地修养提高自己，使周围的人（亲属邻里）安居乐业，使全国的老百姓安居乐业。"说到这里，他又特别加重语气地说："要做到使全国老百姓都安居乐业，这恐怕连尧舜也很难做到的呢！"[2]尧舜是孔子心目中的仁者、圣人，孔子讲的君子应该做的事连圣人尧舜也难于完全做到，则说明孔子对君子的要求极高。大概圣人是君子的提高，君子则是圣人的基坯。他们之间是相互渗透而难以分割的。这里讲的君子，实际上已具备

---

　①　G·Creel：*Confucius and the Chinese Way*（《孔子和中国之道》），Harper & Row Publishers，New York and Evanston，1960 年版，第 79 页。

　②　《论语·宪问》："子路问君子。子曰：'修己以敬。'曰：'如斯而已乎？'曰：'修己以安人。'曰：'如斯而已乎？'曰：'修己以安百姓。修己以安百姓，尧舜其犹病诸！'"

了仁德即圣人的基本气质了。孔子常把君子和小人相对比,认为"君子不器",是通才。孔子寄予希望的是"可以托六尺之孤,可以寄百里之命,临大节而不可夺也"、(《论语·泰伯》)"邦有道则仕,邦无道则可卷而怀之"(《论语·卫灵公》)的多能善政的人。孔子认为这样的人不是天上掉下来的,而是教育培养出来的。孔子的办学目的正是如此。

孔子心目中的士、君子,不管他品德多么好,才能多么高,出仕时充其量只能做"卿"、"大夫",即君王的臣仆,而不能做君、王。做君王他是想也不敢想的,因为他认为这是"犯上"思想,是违背他的不可动摇的"忠君尊王"的原则的。而且,君王继承制的原则同样也不可动摇。他认为只有世卿制(即卿大夫的世袭制)要改变,也能改变。事实上,在他生活的时代已经开始发生变化,已经由世袭制开始向选任制过渡了。他认为这种改变正可以给君王提供选贤的机缘,使君王能找到称职的贤臣,而通过贤臣得到君王的充分信任来改革政治,就可以实现仁政德治。其实,问题的关键不在贤能辅佐,而是在于君王自身。但君王是中国长期封建社会之所以为封建社会(包括孔子也很向往的西周小康社会)的"权力象征",而孔子之所以成为封建社会的思想家,并且为历代封建统治阶级(君王)所欢迎、所赞赏,其重要原因之一,就是因为孔子坚持"忠君尊王"的原则和坚持君王世袭制,而君王是世袭的、独尊的,历代君王能合于孔子所希望的"圣君明王"的要求的是极少极少的,大多数却是专制暴虐或安富尊荣的昏王庸君,所以孔子企图培养士、君子出任君王的贤能辅臣而实现仁政德治,就是很不现实的了!事实证明,整个封建社会历朝历代的士、君子出仕者,虽也不同程度地出现过一些循吏清官,但绝大多数只能成为历代君王的帮闲和帮凶,这就是孔子的阶级局限性,这就是孔子思想二重性的悲剧。

四　文质彬彬与德才并重

　　孔子办学的教育内容当然是服从于他的教育目的的,即服从于培养什么样的人的问题。如前所述,孔子培养的主要对象是士和君子,即为实现仁政德治培养的人才,实际上是为封建贵族统治阶级培养合格的后备官吏。他很注重人品的内在素质和外在表现,曾提出"文质彬彬(外表形态和思想品质配合恰当),然后君子"(《论语·雍也》)的主张,认为表里一致才能算是大雅君子。因此,他的教育内容是德才并重,加强道德教育和知识教育。我这里在孔子教育内容的分类上不采用《论语·述而》所说"子以四教,文、行、忠、信"的提法,主要是因为孔子弟子的这个记录在概念上不够确切。① 所以这里不以"四教"分,而是按照实际情况分论如下。

（一）品德修养

　　孔子最基本的教育内容是德育,即加强弟子们的品德修养。关于孔子的道德观念,已在《仁的伦理思想》一章中作了评述,这里只阐述其运用到教育实践中去的情况。

　　孔子对道德的认识做过很大的努力,其道德总概念是"仁"。孔子对"仁"有许多解释,但不外是"爱人"这个总原则。为了使弟

---

　　① 程树德《论语集释》关于"子以四教,文、行、忠、信"条下引刘遵南的话说:"夫文与行,固为二物,至于忠、信,特行中之两端耳,又何别为二教乎!"指出忠信二教实为一教,所论极当。

子们准确地把握仁,理解仁,孔子曾多次详尽地回答过弟子们提出的问题,例如:"刚、毅、木、讷,近仁。"(《论语·子路》)意思是指刚强正直、果断朴实、言语谨慎,都可以说是接近于仁的。他还更具体地提出了孝、悌、忠、信、勤;义、勇、敬、诚、恕;温、良、恭、俭、让;谦、和、宽、敏、惠等一系列具体的概念,丰富并发展了品德修养的内容。这些内容作为封建道德来说,在一定程度上,是符合当时封建社会的需要的;现在则必须加以批判、分析和清理,严格区分糟粕与精华,然后决定取舍,决不能囫囵吞枣地含糊过去。

孔子很注重学生的道德情操。他说:"贫而无怨难,富而无骄易"。(《论语·宪问》)富而不骄,贫而无怨,这里面带有一个抑制感情的问题。他又说:"《关雎》乐而不淫,哀而不伤。"(《论语·八佾》)这说明一个人的喜怒哀乐应有一定的限度,不要过分。另外,"仁者爱人"也不是无原则的什么都爱,"君子亦有恶",(《论语·阳货》)"唯仁者能好人,能恶人"。(《论语·里仁》)这又说明仁德之中又包含了"好"与"恶"一对相反的情愫。他要求弟子们能分清善恶,"行己有耻",(《论语·子路》)"好仁"与"恶不仁",有所为,有所不为。这种好恶的感情表现就是"知耻"。孔子又认识到人的感情是容易冲动的,那就需要有所抑制,掌握分寸。为此,孔子便提出了"中庸"的主张,作为平衡道德感情的准绳,以防止"爱之欲其生,恶之欲其死"的片面性,防止感情用事或极端化,做到不偏颇,适可而止。

孔子认为,一个人在道德感情上必须克制那些不合于"仁"的邪念,那就需要确立合于"仁"的道德观念。他认为仁人必须立志,"三军可夺帅也,匹夫不可夺志也"。(《论语·子罕》)一个人如果具备了求仁的意志,就可以求仁而达仁:"我欲仁,斯仁至矣"。(《论语·述而》)"志士仁人,无求生以害仁,有杀生以成仁"。(《论语·卫灵公》)意思是,宁可牺牲生命来保卫仁的原则,不可贪生怕死而损害仁的原则。这就是孔子对树立道德观念的明确要求。

立志的同时便是力行,也就是个人的表现和实践。孔子认为,体现"仁"的外在形式是"礼"。他说:"克己复礼为仁",(《论语·颜渊》)"不学礼无以立"。(《论语·季氏》)"克己"是一种"自省"功夫,就是能约束自己,自我克制,使自己的日常行动都合于礼,做到彬彬有礼。克己的手段是"四勿":"非礼勿视,非礼勿听,非礼勿言,非礼勿动"。(《论语·颜渊》)那么,什么是"礼"呢?按孔子的时代,主要是指周礼,即传统的西周的典章制度和风俗习惯,包括人与人交往中的礼貌、礼节、礼仪,以及冠、婚、丧、祭等一切生活行动中的规则。有了这些明确的规则,道德行为就有了标准。《庄子·天下》篇关于儒家"以礼为行"(以礼来规范行动)的提法,就是指的这个方面。

道德行为是检验道德认识是否明确、道德情操是否高尚、道德观念是否坚定的试金石,是品德修养进入躬行实践的最重要的环节。所以孔子强调"听其言而观其行",(《论语·公冶长》)主张"文质彬彬",有了"质"还要看表现("文"),只有这样,才能养成有操行的君子。

孔子强调个人品德修养,不仅在当时是对的,今日也要强调,即使到了共产主义社会,只要地球上还有人类存在,都需要强调。当然,品德修养的具体内容和要求,必然随着时代的不同而有所变化,有所发展,这是根据"社会存在决定社会意识"的马克思主义的历史唯物主义观点所得出的必然结论。

20世纪儒学研究大系

（二）文献知识

孔子传授知识的范围主要限于人事方面，即专讲做人和从政的道理，而这些又都是通过教习典籍去完成的。从文献方面来说，就是传授"六经"：《诗》、《书》、《礼》、《乐》、《易》、《春秋》。"六经"或"六艺"的基本内容，在孔子以前时代早就有了，而且早就列为贵族教育的主要内容了，孔子不过再一次加以选用和肯定而已。为什么孔子选用这些典籍来作为教材呢？《礼记·经解》引孔子的话说："其为人也，温柔敦厚，《诗》教也；疏通致远，《书》教也；广博易良，《乐》教也；洁静精微，《易》教也；恭俭庄敬，《礼》教也；属辞比事，《春秋》教也。"这说明了"六经"的教育意义和教育价值，并表明了寓德育于智育之中的作用。因此，它们就成了孔子的六种文献教材。

《诗》　在当时主要是用于典礼、讽谏、言语和赋诗言志等方面。典礼和讽谏是《诗》固有的作用，言语和赋诗言志是后来发展出来的。春秋时期，典礼的种类很多。对神的祭祀和人们宴会时，往往以《诗》来帮助礼节的进行，增加哀伤或欢乐的程度和气氛。讽谏的诗是做了献给统治者，用以陈述自己的意见。而赋诗则是作为一种交流情谊的手段，尤其是在诸侯会盟或聘问时，往往以诗明志，借以表达各自的政治企图。孔子认为学《诗》可以锻炼语言表达能力，"不学《诗》，无以言"。（《论语·季氏》）宋人邢昺《论语注疏》说："以古者会同皆赋诗见意，若不学之，何以为言也？"《左传》上记载各国君臣赋诗引诗共达二百五十一次之多。当时的士大夫如果不能赋诗，就要被人瞧不起。例如《左传·昭公十二年》记载："宋华定来聘①,通嗣君也,享之,为赋《蓼萧》,(《诗·小雅》中的一章)弗知,又不答赋。昭子(鲁大夫叔孙婼)曰:'必亡! 宴语之不怀,宠光之不宣,令德之不知,同福之不受,将何以在?'"华定因为不能以《诗》答赋,当场出丑,并受到昭子的一番奚落。由此可见,孔子强调学《诗》的目的,实质上还是为了从政:"诵《诗》三百,授之以政,不达;使于四方,不能专对;虽多,亦奚以为!"(《论语·子路》)这指出学了《诗》要能随机应变地运用,如果单是死记硬背,而不能据以处理国政,又不能独立地运用去办外交,即使背得再多,那又有什么用呢? 孔门弟子中最善于外交活动的子贡,就是学《诗》能用的代表人物,因此曾受到孔子的称赞。(见《论语·学而》)

孔子很重视诗教,把它当成了修养道德、陶冶性情、齐家治国的重要手段。有一次,他对弟子们讲解诗教的重要意义时说:"小子何莫学夫《诗》?《诗》可以兴,可以观,可以群,可以怨,迩之事父,远之事君,多识于鸟兽草木之名。"(《论语·阳货》)这可以说是孔子对《诗》的最精辟的论述。照他看来,读《诗》不仅可以鼓舞情绪,可以观察风俗民情的盛衰,可以建立相互间的谅解,可以讽谕或批评时政的得失;甚至还可以运用其中的道理来事奉父母,以至从政事君,认识自然世界中的鸟兽草木。这种诗学观,使《诗》对后世产生了巨大的影响。

《乐》 也是教育中的一项重要教材。乐教不仅指学习音乐的基本功,同时也包括音乐理论和审美等内容。孔子是把《诗》、《礼》、《乐》融为一体的:"兴于诗,立于礼,成于乐",(《论语·泰伯》)"志之所至,诗亦至焉;诗之所至,礼亦至焉;礼之所至,乐亦

_____

① 华定,宋国大夫,宋元公新即位,派他出使鲁国以通聘问。

至焉"。(《礼记·孔子闲居》)在孔子的心目中,立志而后学诗,学诗而后知礼,知礼以后才能从音乐的启迪中去自觉地陶冶性情。同对待诗一样,孔子把习乐也作为修身的一种手段,并付诸实践。孔子善于欣赏和评论乐曲:"子在齐闻《韶》,三月不知肉味,曰:不图为乐之至于斯也。"(《论语·述而》)"子谓《韶》尽美矣,又尽善也;谓《武》尽美矣,未尽善也"。(《论语·八佾》)"子曰:吾自卫反鲁,然后乐正,《雅》、《颂》各得其所。"(《论语·子罕》)他整理《诗经》时,就是从乐曲的性质编为《风》、《雅》、《颂》三个部分的。他教弟子们唱歌时,自己也应和着唱,而且还指点他们演奏乐器。(见《论语·述而》和《先进》)他主张"以乐治国",理由是"致乐以治心","生则乐,乐则安,安则久,久则天,天则神,天则不言而言,神则不怒而成,治乐以治心者也"。(《礼记·乐记》)可见他是一个乐治主义者,乐教的最终目的仍是为从政服务的。

　　《书》　是孔子当作政治教材和历史教材来用的。《论语》中记录孔子三次引《书》,都是以古谕今,讲解如何从政、行道的。

　　《礼》　一是作为文献教材进行讲解,二是学习礼的仪式技能。孔子进行的礼教,重在实习。因为礼是立身处世的行动准则,所以他告诫自己的儿子孔鲤说:"不学礼,无以立。"(《论语·季氏》)关于《礼》的具体内容,在《仁的哲学思想》一章中已有评述,这里就不重复了。

　　《易》　分《经》、《传》两部分。《经》的内容在孔子以前就已经有了,《传》的内容则是后儒完成的。在孔子当时,《易》是一部讲阴阳八卦的占卜之书,内容神秘庞杂,在鲁国保存得比较完整。《史记·孔子世家》记载,"孔子晚而喜《易》","读《易》,韦编三绝",可见他曾进行深入的研究。孔子曾吸取书中朴素的辩证法思想来教育弟子。

《春秋》 成书于孔子去世前二年，是他亲自编著的，但作为教材用的《春秋》，大致有两种可能，其一，当时有"百国春秋"，即各诸侯国的"史记"，内容无非是国家政绩、兴废的记载，孔子教学生用的，可能就是这种"百国春秋"；其二，由于"百国春秋"卷帙浩繁，材料繁杂，孔子便以"鲁春秋"为蓝本，将各国"史记"中的主要大事统于一体，先作为教材用，后来才整理成现今的传本。《春秋》中包含了孔子的社会政治理论，定名分，寓褒贬，微言大义，是孔子对学生们进行政治和历史教育的教科书。（以上"六经"仅从教育角度谈一下，在《中国历史上第一个伟大的文献整理家》一章中还要细谈）

（三）体育锻炼和美育陶冶

除"六经"外，孔子还有没有其它教材呢？从礼、乐、射、御、书、数的初级"六艺"来看，是还有一些技艺方面的教育内容的。孔子那个时代还没有"体育"这个名称，但"射"和"御"是属于现代体育的范畴内的，孔子是注意到这方面的内容，并身体力行地贯彻到教学中去的。孔子本人并非一个衰弱的老夫子，他志趣广泛，身体健壮，长得很高大。① 春秋时期，人们的平均寿命比现在短，他活到七十三岁，是很少的高寿者之一。这与他注意身体的锻炼是很有关系的。郭沫若在《十批判书》中曾据《淮南子》说他"劲杓门之关"，解为孔子是"千斤大力士"，是有一定事实根据的。他经常带着弟子们到泗河岸边郊游，他喜欢爬山，"登泰山而小天下"，

①　据《史记·孔子世家》记载，孔子身高九尺有六寸，"人皆谓之长人而异之"。按周尺一尺折合现代公制为 19.91 厘米，则孔子身高约为 1.91 米。

至今泰山顶上还留有孔子登临处的遗迹。孔子对射箭和驾御马车是非常内行的,弟子们大都继承了他善射的传统。《史记·孔子世家》记载:"鲁世世相传,以岁时奉祠孔子冢,而诸儒亦讲礼乡饮大射于孔子冢。"司马迁曾亲临考察,观孔子乡射之遗风。清代学者颜元对孔子的体育教育思想曾作出客观的评价说:"孔门司行礼、乐、射、御之学,健人筋骨,和人血气,调人情性。"(《颜习斋先生言行录》)可见孔子体育教育的意义,除了强身健体以外,还有陶冶性情的作用,这是和礼、乐的美育教养结合在一起的。

孔子注重的美育,包括"文"与"质"两方面,具体的是指礼乐修养的外在美和内在美。他主张"君子成人之美",(《论语·颜渊》)好不好与美不美的标准则是"博学于文,约之以礼"。他称赞《韶》乐"尽美矣,又尽善也",是因为这种音乐表现了虞舜谦让平和的美德,可以薰陶人的性情。孔子既然是伦理道德的理论家和实践家,就必然把美育和道德观念密切结合在一起。于是,美也就成了孔子的一个德目了。所以孔子注重的美,实际上多少也包含了我们现在所讲的语言美、行为美、心灵美和环境美的某些内容。例如他的诗教是结合语言美的,他说的"文质彬彬"是结合行为美的,他提出的"智、仁、勇"是结合心灵美的,他主张"席不正不坐"是结合环境美的。我们认为,孔子把美的观点与道德观点联系起来的教育实践,无疑地是十分重要的。

以上讲的加强品德修养,掌握文献知识,注重体育的锻炼和美育的陶冶,其目的是为了培养治世能人(士、君子)。从孔子的这些教育内容中看来,其中不少合理的因素至今仍闪耀着光彩。但必须指出,孔子教学所使用的教材("六经"),即使在二千多年前的春秋时期,也是远远不能反映当时社会发展所已取得的成就的。当时工农业生产工具和战争用的武器,已由青铜器发展到铁器,农业上已使用牛耕,手工业制品从武器到精美的绢、帛、绨、缟,以及钟、鼎等宫廷用品和民间用品,无论在农艺、园艺、工艺和商业上,无论在天文、地理、历法、医学和烹调上,也无论在军事的战略战术上,都有了很大发展和进步。这些在孔子的教材("六经")中,几乎很少甚至没有反映。我们在承认孔子在二千多年前那样的社会条件下不愧为一位伟大的思想家、政治家和教育家的同时,还必须指出他的很大的保守性和局限性,尽管孔子以后在封建社会束缚下中国停滞不前的局面,其中包括哲学社会科学上关于物质和精神孰先、真理能否被认识和社会发展规律的探索和论证,以及自然科学方面理论和实验应用(特别是工农业生产方面)等停滞不前的情况,固然由多方面原因所造成,但毕竟也是和孔子思想及其在教学内容上的保守性、局限性的至深至远的影响分不开的。不了解这一点,就不能真正理解孔子,就不能正确评价孔子的教育成就,就可能陷于很大的片面性。

五 灵活多样的教学方法

作为一位伟大的教育家,孔子在一生的教学实践活动中,积累了一套极有价值的教学方法,在许多方面反映了朴素的辩证法和唯物主义观点。这是孔子教育思想中最精华的部分,是一份珍贵的遗产,至今仍有一定的借鉴作用。

(一)学、思结合的辩证原理

孔子认为一个人要增长知识,必须认真学习并进行思考。他研究了学与思的辩证法,提出了"学而不思则罔,思而不学则殆"(《论语·为政》)的精辟见解。"学"是占有知识材料,"思"是思考分析问题。一个人如果不好好学习,只是整天苦思空想,那就会陷入瞎猜的境地,无论如何也不会有什么好处的。他曾说:"吾尝终日不食,终夜不寝,以思,无益,不如学也。"(《论语·卫灵公》)他提倡"学而时习之","温故而知新",认为"三人行必有我师焉",关键是要放下架子,"不耻下问",甘当小学生。他提倡"好学","学而不厌",向人学,向事学,向书本学。

但是,只学习而不思考也会陷入茫然无所适从的地步。一个人在占有文献材料(知识材料)以后,还一定要进行分析思考,才能消化理解。所以学和思是缺一不可的。孔子特别提倡独立思考,切问近思,追根求源,遇到事情要多问几个为什么,他说:"遇事不斟酌思考,不讲'怎么办,怎么办'的人,我对这种人就无能为力了!"①他批评那种"饱食终日,无所用心"的思想懒汉,而教导学生要"多闻阙疑",敢于发现问题,以便培养思考能力。关于孔子学思结合的教学方法,清初王夫之曾有透辟的解析:"致知之道有二:曰学,曰思,……学非有碍于思,而学愈博则思愈远,思正有助于学"。(《四书训义》卷六)这说明了学思一致、相得益彰的道理。

(二)因材施教,循循善诱

孔子进行教学活动的特点,是能够从学生的实际情况出发,针对智力的高下不同"因材施教"。马克思主义者也承认人的智力是有差异性的,《资本论》卷一论述说:"天赋的特殊性,是分工依此长芽的基础。"孔子很早就注意到人的才智高下有别,他说:"中

---

① 《论语·卫灵公》:"子曰:不曰如之何,如之何者,吾未如之何也已矣。"

人以上,可以语上也;中人以下,不可以语上也。"(《论语·雍也》)
这就是说,对于中等以上水平的人,可以跟他讲高深的学问,对中
等以下水平的人,则不可以讲高深的内容。根据这一原则,他深入
了解弟子们不同的志趣、智慧和能力,掌握每个人的特点,施以不
同的教育。《论语·先进》中记载,冉求做事好退缩,胆子小,孔子
就教他凡事要抓紧,一听说就应马上去做。仲由胆大,敢作敢为,
孔子怕他冒失而惹祸,就教他凡事先退一步,等请示父兄后再去
做。("求也退,故进之;由也兼人,故退之")孔子就是用这种扬长
避短的方法来完善弟子们的德业修养的。

孔子善于了解学生们不同的习性和兴趣,循循善诱。他认为
一个人不仅应该知道学习的重要性,而且要乐于学习,"知之者不
如好之者,好之者不如乐之者"。(《论语·雍也》)只有培养起学
习兴趣,才能树立学习的自觉性,从而产生学习的热情,以至学而
不厌。

孔子培养弟子学习兴趣的办法,是通过日常生活中一些生动
的事例,用形象思维的方式去诱导。《论语》中就有记载孔子交互
采用哲理性的比喻来教导学生的事例。如用"岁寒然后知松柏之
后凋"喻指节操,教导学生要有忍苦耐劳不屈不挠的精神;用"逝
者如斯夫"比喻时间一去不复返,意在勉励弟子们要珍惜时间,发
奋图强。这样的教学方式,受到了弟子们的称赞,颜回就曾经总结
性地说:"夫子循循然善诱人。"(《论语·子罕》)孔子对学生能耐
心诱导,促使学生自觉主动地进行学习,确是收到了极佳的教学效
果。

(三)善于启发,触类旁通

孔子是古代首创启发式教学法的教育家。《论语·述而》记

载他的主张说："不愤不启，不悱不发，举一隅，不以三隅反，则不复也。"朱熹《论语集注》的解释是："愤者，心求通而未得之意。悱者，口欲言而未能之貌。启，为开其意。发，为达其辞。物之有四隅者，举一隅可知其三。反者，还以相证之义。复，再告也。"这意思是说，教育学生不应采取灌注式的方式，而是要结合教学同时诱导他主动思考，思考后仍不得要领时，再去开导他；其次是要在他想说出自己意见又说不出来时，再去启发他说出来。另外，一定要使学生能举一反三，触类旁通；如果给他指明东方，他不能由此推知其余的西、南、北三方，那就不必再勉强地教下去了。这总的精神是指教学时不能只强迫灌注，而是要培养学生在学习上的积极性和主动性。孔子的这一论点是非常高明的，他要求学生积极地思考问题，善于推论，闻一知二，举一反三。这种启发式的教学方法，直到今天仍有十分重要的现实意义。

（四）相互切磋，教学相长

孔子在教学法上提倡师生之间相互切磋，共同讨论，以收到教学相长的效果。《论语·学而》记载子贡听了孔子的教导后，领会了"如切如磋，如琢如磨"的道理，孔子非常高兴。一部《论语》，实际上就是记载他们师生之间互相讨论的问答情况。有一次，颜渊和子路各自说了自己的志趣，子路要孔子也说说，孔子也很和善诚恳地满足了学生的要求，谈了自己的志趣："使老年人得以安度晚年，使朋友们相互信任，使年轻人得到关注。"①他以此让颜渊和子

---

① 《论语·公冶长》："颜渊、季路侍。子曰：'盍各言尔志？'子路曰：'愿车马衣裘，与朋友共，敝之而无憾。'颜渊曰：'愿无伐善，无施劳。'子路曰：'愿闻子之志。'子曰：'老者安之，朋友信之，少者怀之。'"

路与各自的志趣作比较,可说是一种正面教育的最好方法,而且孔子还真心诚意地欢迎学生对他提意见。例如他的得意门生子路,就常常向他提出批评性的意见,其中有三次比较突出:一次是鲁国的季氏家臣公山弗扰派人请孔子,孔子准备去,子路很不客气地批评说:"难道走投无路了吗? 何必要到闹叛乱的公山弗扰那里去呢?"孔子虽作了些解释,但还是接受了子路的意见没有去①。另一次是孔子在卫国时接受卫灵公夫人南子的召见,又引起"子路不悦",孔子只得赌咒发誓地说清情况,但不恼火②。还有一次是晋国范氏家臣佛肸邀请孔子,孔子也想去,子路又提出批评说:"我曾听老师说过,君子是不到做坏事的人那里去的。现在佛肸在中牟地方叛乱,老师却要去,这怎么说呢?"孔子只得承认:"对,我是说过这话的。"接着作了一番解释,最后说:"我不是匏瓜,那能挂在那里不出仕食禄呢?"老实承认急于出仕食禄的心情。但结果还是接受了子路的批评,打消了去意。由此可见,孔子的教学是民主的。他乐于接受来自学生的批评,对于不肯提意见的学生反而要责怪。颜回是孔子最赞赏的弟子,但颜回对孔子的话句句顺从,从来不提意见。因此,孔子责怪说:"回也,非助我者也,于吾言无所不悦。"(《论语·先进》)意指颜回从来不向他提出不同的意见,这就不能使师生之间收到教学相长的好处,所以说"颜回不是能帮助我的人"。可见孔子是位开明、民主的教育家,决非后世腐儒"唯我独尊"地假借"师道尊严"而拒学生的善意批评于千

---

① 《论语·阳货》:"公山弗扰以费畔。召,子欲往。子路不说,曰:'末之也已,何必公山氏之之也?'子曰:'夫召我者,而岂徒哉! 如有用我者,吾其为东周乎!'"

② 《论语·雍也》:"子见南子,子路不说。夫子矢之曰:'予所否者,天厌之! 天厌之!'"

20世纪儒学研究大系

里之外的伪善者所可比拟的。

（五）联系实际的人评和时评

在孔子的教学方法中，还有一个很重要的创造，那就是通过人物评价和时政评论，向学生阐发自己的政治观点和哲学思想。孔子评价过的人物很多，上自尧、舜、禹、汤、文、武、周公、伯夷、叔齐，下至春秋时期的管仲、子产等各类名人，以及他自己的弟子。孔子特别注意评论那些对社会、对人民有大功的人，或是品德高尚的人。对管仲、子产，孔子以仁许之；伯夷、叔齐在继承君位上互相推让，孔子称其"求仁而得仁"。（《论语·述而》）对于那些不肖者，孔子是要抨击的。如鲁国的大夫臧文仲明知柳下惠是贤良之士，却不肯任用，孔子批评他白占官位，不干实事。季康子对人民残酷压迫剥削，人民迫于饥饿，为盗者甚多。季康子问孔子怎么办，孔子评论说："假使你自己不贪图财利，即使奖励偷窃，也没有人去偷窃！"①就这样，孔子通过对人的评价，教育学生辨别是非善恶，为弟子们修身养性树立了理想人格的典范。

孔子处在一个动荡不安的时代，社会新闻很多，作为一个政治家和教育家，他必然要密切注视和关心时事，随时表明自己的态度，宣传自己的主张。例如季氏准备攻打颛臾，冉有和子路把这件事告诉孔子，孔子坚决反对季氏的武力侵略行动，当即正面阐明了自己的见解："有国有家者，不患寡而患不均，不患贫而患不安。盖均无贫，和无寡，安无倾。"（《论语·季氏》）他认为季氏贪得无厌，必然会引起社会不安。唯一的出路就是要均财，才能使老百姓

---

① 《论语·颜渊》："季康子患盗，问于孔子。孔子对曰：'苟子之不欲，虽赏之不窃。'"

安分守己。只有这样,尽管老百姓穷也不会作乱了。他这番评论实际上是教育冉有和子路。有一次,孔子从泰山傍路过,见一妇人在墓边痛哭,他叫子路去探问。当他得知是苛政逼得他们离乡背井而反遭虎难时,他发出了"苛政猛于虎"的评论。(《礼记·檀弓》)

总之,孔子在自己的一生中评论过很多人和事。从这些评语中可以看出他审时度势的胸怀和抱负,并且也反映了他通过实例教育学生的理论联系实际的良好学风。

六 体现了民主平等精神的师生关系

孔子私学中的师生关系,是值得敬慕和学习的。如果说孔子在教学方法上是体现了民主精神,那在师生关系上则表现了平等精神。孔子对学生坦率真诚,学生对孔子敬爱尊重,在师生关系方面为后人树立了学习的榜样。

(一)一视同仁,平等相待

孔子出身于破落的贵族家庭,一生以"仁政德治"的主张致力于贵族政治的改良,脑子里有着森严的尊卑贵贱的等级观念。但由于孔子是提倡"仁者爱人"的,他既然认为受教育的人不应有阶级氏族的限制(有教无类),所以他对所有的学生包括那些出身贫苦的弟子都不歧视,确实做到了一视同仁,平等相待。例如他对小于他三十岁的贫寒弟子颜渊极其看重,他把颜渊列为德行之首,①

① 《论语·先进》:"德行:颜渊、闵子骞、冉伯牛、仲弓。言语:宰我、子贡。政事:冉有、季路。文学:子游、子夏。"

并赞扬说："回的品德多么好呵！住在陋巷卑室中,用竹筒吃饭,用瓜瓢饮水,别人将不胜其忧,回却仍是快乐如常,回的品德多么好呵。"(原文见《论语·雍也》)并且还亲自对颜回说："有用我的,则将行道于世,不用我则将藏道于身,这只有我和你能够做到呵！"①这已不像师生间的谈话,而完全是平等的朋友之间的谈心了。又如他三十岁左右第一批招收的学生中有一位叫冉伯牛的,仅小于他七岁,是孔子私学中年高望重的老一辈学生,因为生了恶疾(麻风病)不能起床,孔子亲自去问病,将要永诀时,说："此人丧亡,这是命呀！这样好的人,为什么偏会生这样的病呵！这样好的人,为什么偏会生这样的病呵！"②这是平等对待学生的真实记录,绝无历来封建统治阶级歪曲为"大成至圣先师"的尊严得可怕的架势。

    孔子对所有学生决无任何因个人好恶而有亲疏厚薄之分,他爱学生同爱自己的儿子一样,真正体现了"一视同仁"的崇高原则。有一次,孔子的学生陈亢碰到孔子的儿子伯鱼,曾带着怀疑的口吻问道："你在你父亲那里是否还听到一些我们所听不到的特别新异的教导呢？"伯鱼答道："没有。有一天我父亲一个人站立堂前,我轻轻走过庭院,父亲问道:'你学过《诗》了吗？'我说:'没有。'父亲便说:'不学好《诗》,就不会使言语典雅。'我回来便学《诗》了。又一天,我父亲一个人站在堂前,我又轻轻地走过庭院,父亲又问道:'你学过《礼》了吗？'我说:'没有。'父亲说:'不学好

---

① 《论语·述而》:"用之则行,舍之则藏,惟我与尔有是夫！"

② 《论语·雍也》:"伯牛有疾,子问之,自牖执其手,曰:亡之,命也夫！斯人也而有斯疾也！斯人也而有斯疾也！"按《淮南子·精神训》称"伯牛为厉","厉"、"癞"声近,大概伯牛生的即癞病,俗称麻风病。

《礼》，就不懂得立身处世的准则。'我回来便学《礼》了。我私下就听过这两次教导。"陈亢回来时非常高兴地说："我问的只是一个问题，而从回答中得到的教益却有三件，一是明白了学《诗》的重要性，二是明白了学《礼》的重要性，三是明白了正人君子对自己的儿子也不偏私。"①孔子本来是主张父子之间的关系是"亲亲"，理应和其他人之间的关系有差别，但在师生关系上，他却没有这样做，他把学生和儿子同样看待，这表现了他对学生们的亲近和爱护。

（二）平易近人，亲密团结

孔子和弟子们不仅在人格上是平等的，而且在学问上也是平等的，他提倡"当仁不让于师"，（《论语·卫灵公》）意思是说：在真理面前，对老师也不必让步。② 这句至理名言反映了孔子坦白的胸襟和宽大的怀抱。他平易近人，和学生们能打成一片，互敬互爱。孔子曾坦率地向弟子们宣布过："同学们以为我有什么事隐瞒着吗？我的一切所作所为都是向同学们公开的，这就是我孔丘的为人！"③这话是真实的，是孔子四十余年教学活动和师生关系

① 《论语·季氏》：陈亢问于伯鱼曰："子亦有异闻乎？"对曰："未也。尝独立，鲤趋而过庭。曰：'学《诗》乎？'对曰：'未也。''不学《诗》，无以言。'鲤退而学《诗》。他日，又独立，鲤趋而过庭。曰：'学礼乎？'对曰：'未也。''不学礼，无以立。'鲤退而学礼。闻斯二者。"陈亢退而喜曰："问一得三，闻《诗》，闻《礼》，又闻君子之远其子也。"

② "仁"在孔子心目中就是"真理"，就是包括所有真、善、美的真理。故这里将"当仁"译为"在真理面前"。

③ 《论语·述而》："子曰：二三子以我为隐乎？吾无隐乎尔。吾无行而不与二三子者，是丘也。"

实践的反映,没有任何虚情假意在内。所以弟子们对孔子都很尊敬,有的爱之如父兄,有的敬之过尧舜。① 历代封建统治阶级刻意捧抬孔子,把他神化、圣化,反而歪曲、糟蹋了孔子虚怀若谷、襟怀坦白的"布衣学者"的形象。其实,他在弟子中间的形象是"温而厉,威而不猛,恭而安"。(《论语·述而》)孔子平时和学生谈话比较随便,不拘形式,学生们在他面前讲话时,也不必忌讳什么。例如孔子在郑国时与弟子失散,子贡寻师,郑人告之,说东门外有一个人"累累若丧家之狗",子贡以实相告,孔子听后并不着恼,却欣然笑道:说我"似丧家之狗,然哉!然哉!"(《史记·孔子世家》)正因为孔子在师生关系上是如此亲密团结,充分体现了友爱精神,所以即使在最困难的情况下(如访问列国诸侯时厄于匡、困于陈、蔡等),总是有学生和他在一起,共患难,打不散。这说明孔子的私学里在教学上是师生关系,在年龄上是父子、兄弟、朋友关系,在政治上是同志关系,三者是统一的。孟子有句话讲得很对,他说:"以德服人者,中心悦而诚服也,如七十子之服孔子也。"(《孟子·公孙丑上》)孔子私学中师生关系如此融洽,如此相敬相爱,其奥妙大概就像孟子所总结的这样吧!

(三)尊师爱生的楷模

孔子是以自己高尚的品德和广博的学问赢得弟子们尊敬的。作为一个导师,品行好,可以团结弟子,博学也可以团结弟子,而孔子两者兼备,使得他的学生在和他相处中有所求、有所得。孔子与弟子之间的这种"予"、"求"关系,使他们紧密地联系在一起,对孔子来说,"予"就是诲人不倦,(《孟子·公孙丑上》)记载:"昔者子

---

① 《孟子·公孙丑上》:"宰我曰:'以予观于夫子,贤于尧舜远矣!'"

贡问于孔子曰:'夫子圣矣乎?'孔子曰:'圣则吾不能,我学不厌而教不倦也。'子贡曰:'学不厌,智也;教不倦,仁也。仁且智,夫子既圣矣!'"孔子这种对弟子教而不倦的精神,深深地影响着他的弟子,使弟子们求知的积极性很高。这种"求"不是强制的,完全是建立在自觉的基础之上的。颜回就曾经说过:"我抬头仰望老师的道德和学问,越望越觉得高大,我努力钻研,越钻研越觉得深广。老师善于一步一步地诱导我,用各种典籍来丰富我的知识,使我想停止前进也不可能。"(据《论语·子罕》的原文节译)可见孔子对弟子们确乎有一种巨大的吸引力。正因为如此,即使是在绝粮于陈的情况下,孔子仍然"讲诵弦歌不绝",(《史记·孔子世家》)弟子们也没有离去。

"敬人者,人恒敬之;爱人者,人恒爱之。"正是由于孔子对学生深沉真挚的爱,所以学生对孔子更是倍加尊敬。有人毁谤孔子,子贡就出来说:不能这样做,仲尼是毁谤不了的:"他人之贤者,丘陵也,犹可逾也;仲尼,日月也,无得而逾焉。人虽欲自绝,其何伤于日月乎?多见其不知量也。"(《论语·子张》)孔子死后,许多受教于孔子的弟子都来送葬,皆服丧三年,子贡结庐于墓旁守丧六年才离开。(《史记·孔子世家》)

孔子爱护学生,学生尊敬孔子,他们在师生关系方面足为后人的楷模。他们师生间相知之深、相爱之切的诚挚精神,直到今天仍然令人感到敬慕不止。

(选自匡亚明著《孔子评传》,齐鲁书社1985年版)

匡亚明(**1906—1996**)江苏省丹阳人。曾先后就读于苏州第一师范学校和上海大学。1926年加入中国共产党。曾任中共中央社会部政研室副主任、华东局宣传部副部长兼《大众日报》社长、总编辑等职。新中国成立后,历任华东政治研究院党委书记兼院长、中共华东局宣传部副部长等职。1955年至1963年任东北人民大学(后更名为吉林大学)党委书记兼校长,后又担任南京大学党委书记兼校长。1982年起为南京大学名誉校长。1991年被任命为国家古籍整理出版规划小组组长。晚年主持编写《中国思想家评传》。著有《孔子评传》、《求索集》和《匡亚明教育文选》等。

　　本文认为孔子是中华民族历史上第一个伟大的教育家,在一定意义上说,也是全人类历史上一个伟大的教育家。他首创平民教育,继承、发展和传播了古代文化。孔子所创私学,是中国教育史上跟"学在官府"相对立的"学移民间"的划时代的标志,其影响之深,是空前的,从个人收徒讲学的成绩而言,在古今中外的历史上也是不多的。孔子一生教育活动有三个时期,第一个时期大约在30到35岁期间,这个时间,他开始收徒讲学。第二个时期是37到50岁这段时间,其弟子遍布各主要诸侯国,这是孔子教育思想、教育事业大发展的时期。第三个时期是其68到73岁这段时间,除了继续教书外,他还整理六经,使之成为定型教本,孔子的教学经验也进一步系统化,从而最终形成了完整的孔子教育思想体系。孔子的教育思想是和他的世界观、政治观密切相关的,并为他的世界观和政治观服务。"仁"是孔子世界观和真理观的核心,孔子的教育方针是以仁的哲学作为思想基础的,他的教育思想也是为"仁政德治"服务的。有教无类是孔子教育思想中最光辉的一点,这一人人应受教育的主张,充分表现了人民性和民主性的因素,开创了通向文化下移和普及教育的新通道,是中国教育史上划时代的革命创举。承认人可以通过教育得到改造和提高，是教育思想上的一个重大突破。"诲人不倦"是孔子教育家的义务和职责。孔子的政治理想就是仁政、德治，其教育目的就是培养出士和君子，并通过他们从政而影响和掌握国家的命运，实现仁政、德治，达到小康境界。孔子教育的内容是德才并重，加强道德教育和知识教育，包括品德修养、文献知识、体育锻炼和美育陶冶等内容。孔子的教学方法灵活多样，学思结合、因材施教、循循善诱、善于启发、触类旁通、相互切磋、教学相长、联系实际的人评和时评等在教学中被广泛运用，这是孔子教育思想中最精华的部分。孔子在教学中对学生一视同仁、平等相待。孔子爱护学生，学生尊敬孔子，他们在师生关系方面足为后人楷模。

王船山教育思想述评

李 国 钧

一 教育与政治经济的关系

（一）"政立民安"而"学校兴"

王船山的教育思想，最善于结合实际。当他谈到教育同政治的关系时，总是以国家的兴亡、社会的治乱和怀念明朝故国、反对清贵族的民族压迫作为立论的出发点。在他的著作中，民族爱国思想特别突出。其名著《黄书》，就是一篇"民族宣言"。他提出用教育来"濯愚"，把教育作为强国的"财、兵、智"三纲领之一。

"述往以为来者师"。他回顾和总结了二千多年来的历史，认为治理国家不外乎政教两大端。但是，两者有先后本末之分：论先后，则"政立而后教可施"；谈本末，则"教本也"。（《礼记章句》卷五）这种关系处理得恰当，就会促使社会安定、经济发展；否则，将会关系到国家的兴衰存亡。如秦用商鞅，始皇死后而"秦无人"，这不是因为秦"乏才"，而是因为"无以养之也"，蜀之所以灭亡，也不是因为蜀国"乏才"，而是因为"长养人才，涵育熏陶之道，未之讲也"。到了宋代以后，唯心主义理学盛行，唯物主义却"信从者寡"，致使学校虽存，而培养出来的人，多"无益于世"。他特别回顾了明王朝灭亡的原因，其一即是"教化日衰"，官学教育"名存实亡"，因而未能"教行化美"、"造士成材"。学者在唯心主义理学的毒害下，"其穷也，以教而锢人之子弟；其达也，以势而误人之国家"。(《读通鉴论》卷十七)当国家危亡之时，却无半策"扶危济难"，只好临危"一死报君恩"，把人民的锦绣山河，拱手让于满洲贵族，使各族人民均遭受残酷的民族压迫。

王船山抱着缅怀往事，忧危大局的心情，进一步分析了当时教育方面的弊端：一是由于唯心主义的理学教育盛行，对士子思想统治了几百年，一代一代地"蚀其思"，"荒其日月"。到了明末，已经是积重难返了。二是"锢蔽于腐谀时文之中"的取士制度，已日暮途穷，其"坏人心，乱风俗"已达极点，学者多是为富贵利禄而学，终日只知揣摩时文，不务实际，鼠目寸光，对于国家民族的危亡则置之脑后。三是一部分士子不满意于谈心性的"虚学"，而闭门"专经保残"，记诵词章，把自己的眼界"陷于寻丈之间"，虽读书万卷，却"不能启其愚"，反而"益其愚"，根本谈不上"适时合用"。他深刻地批判这种教育使学者"无高明之量以持其大体，无斟酌之权以审于独知"，而只能"数《五经》、《语》、《孟》文字之多少而总记之，辨章句合离呼应之形声而比拟之，饱食终日，以役役于无益之校订，而发为文章，侈筋脉排偶以为工。"(同上)结果是无益于"身心"，无益于"伦物"，无关于"政教"。(同上)他大声疾呼学须"致用"，认为读书的目的，在于"辨其大义，以立修己治人之体也；察其微言，以善精义入神之用也"。(同上)主张教育要"适时合用"，能造就"今日之才"。可是，当时中国封建社会教育的发展，同封建制度一样，已走到尽头，呈现出一片暗淡无光的没落景象，预兆着终究要被新的教育所代替。这时，以农民革命战争和市民运动为背景的政治上的革新和文化教育上的改革思潮，已经出现，前有"东林"的清议，后有"复社"的斗争。王船山在这种改革思潮的影响下，同时更鉴于明王朝灭亡的沉痛教训，"哀其所败，原其所剧",(《读通鉴论》卷末《叙论》)遂隐迹深山,对历史与现实,进行了全面的检讨,提出了一些在改革政治的同时必须革新教育的主张。

王船山认为,当时的教育必须改革,其措施是:一、文化教育大权,要和政权、兵权一样不可"旁落"于坏人之手,应该在皇帝统属下"壹以文教"之权。王船山是反对阉党腐朽势力的,他在这里所说的,主要是避免文教大权落于阉党手中,使国家不能"以学校为取舍人才"之所,反而使"机变日增,而材能日减"。二、他希望帝王要"以公天下之心,扶进人才",从务实求治的思想出发,培养任用有真才实学、能为国家和社会作出实际贡献的人才。三、学用结合。王船山的思想,是愈到晚年,愈是"刻志兢兢,求安于心,求顺于理,求适于用"。(《黄书·后序》)力图将学与用、理论与实际结合起来,主张"尽废古今虚妙之说,而反之实"。(王敔:《姜斋公行述》)要士子学习"天人治乱、礼乐、兵刑、农桑、学校、律历、吏治之理","非此则浮辞靡调"不革,国家终不能有"可用之士"。"登士于实学",也是"科场救弊之道也"。四、文武结合。王船山认为,在"定治"之后,要"安天下",当以"文教为重",而不能"专于致武",应该是在创立政权打天下之时"不贱诗书",在"守成"治理国家时"不忘武备",把文武结合起来,"纳天下于揆文奋武之治",这是国家的总政策。在学校中学生学习的内容上,也应该文武兼学,"教之以文",也"教之以武"。

王船山既深刻地揭露了当时教育的"极弊",又提出了一些改革的主张。他清醒地看到,要改革教育,必先革新政治,只有首先变了"旧法",才可能推行教育改革的措施。但是,"继于其治,终以德化"。政治支配教育,教育又反作用于政治;政治为教育开拓发展的前程,教育为社会政治服务。这便是政治与教育关系的客观规律。一定的政治总是与一定的教育统一的,在统一的过程中为其一定的阶级服务。王船山这种对教育与政治关系的见解,实在难能可贵。

(二)文教的发展依赖于社会经济

王船山从社会进化论的观点出发,认为人类文化教育的发展,是由于社会物质生活条件的逐步改善,"衣食足"而"天下治",天下治,"乃可以文"。(《诗广传》卷五)若是人们还处在"日争一饱,夜争一宿"的情况下,怎能会有文化的繁荣和教育的发展? 所以,人类社会生产力的发展,与之相适应的人们物质生活的改善,是文化教育发展的先决条件。同时,人们的思想和道德观念的进步,也是在解决"生计丰饱"的基础上进行的,故船山说:"善恶赖藉于生计"。人们有了饭吃,能安居乐业,社会风气就会好起来;社会风气好了,又会影响学校教育,使之更加兴盛发达,船山说:"民安土无求,守先畴而生其忠爱,然后农惫士秀风俗美,而学校可兴也。"(《礼记章句》卷五)在这里,船山论述了教育与经济的关系、生产的发展与文化教育发展的关系;肯定了经济制约着文化教育的发展,人们的道德面貌,"赖藉于生计";社会的风俗好坏,影响着学校教育的兴衰。这种理论,是近乎历史的和唯物的看法。

王船山从唯物主义的观点出发,认为人们的思想和行动,是受现实生活的环境所影响的,生活于愁苦贫困环境的人,是"贫乏者"的思想意识,生活在市井优闲环境的人,便会形成一种"骄纵邪侈"的思想。他又从而得出结论,只要有良好的生活环境和经济条件,没有圣人那种天资的人,经过教育也会具有同圣人一样的思想和智慧。因此,他认为要改变人们的思想,启迪人们的智慧,首先要改变其生活环境,满足人们的物质欲望。王船山承认人欲的普遍性,"饮食男女之欲,人之大共也"。(《诗广传》卷二)要求把人欲置于应有的客观地位。倘若抑制人们的物质欲望,那是违反人的自然发展规律的。理学家把人欲说成是万恶的根源,王船山则认为,人欲在人的生活实践中,具有积极的作用,它可以促进社会的变化和财富的不断增殖,推动教育事业的发展。所以他说:"若无私欲,即无圣学",有私欲,"斯有圣学"。他不但把"圣学"和"私欲"相提并论,而且肯定"圣学"是出于"私欲",因而这种"圣学"已不是封建传统者的"圣学",而是具有某种近代色彩了。

二　人性论与教育的作用

在中国古代教育史上,对于人的形成,人才的培养,众说纷纭,争论不已。但大致不外唯物与唯心两家:以荀况为代表的唯物主义者,主张"无于内而取于外",其继承者,有王充、柳宗元、王安石等;以孟轲为代表的唯心主义者,主张"有于内而资于外",其后继者,有二程、朱熹等。两派的最大区别,是人的知识才能、道德观念是先天就有的,还是后天形成的?其共同点是都重视教育和学习。但是,由于哲学上的立足点不同,对教育作用的认识是分道扬镳的。教育是帮助人从外在世界获得知识才能和道德观念呢?还是借助教育以唤醒沉睡于人们心灵中本有的知识才能和道德观念呢?这种争辩的焦点,是"习"与"性",人的自然素质与教育的关系问题。

王船山对于这个问题,持有唯物主义的精辟见解。他认为,教育在人的形成和发展过程中有三方面的作用:

（一）教育可以发展和增强"天性"

王船山所谈的"先天之性"，是指"天实有"的"自然之质"，即是我们常说的天然素质。他说："夫性者何也？生之理也，知觉运动之理也，食色之理也，此理禽兽之心所无，而人所独有也。"（《四书训义》卷三五）在这里，他所说的"人所独有"，就是人的耳、目、口、鼻、心等认识器官的潜在机能，特别是具有思维能力的"心之官"，是人所独有的。

王船山把人的"性"分为二种，即"先天之性"和"后天之性"。在他看来，先天之性，"天成之"；后天之性，"习成之"。无论是"先天之性"，或"后天之性"，从运动发展的观点来看，他统称之为"生"。"生"，就是生长的意思。"先天之性"在不断生长，"后天之性"也不断在生成。他说："性者，生理也，日生则日成"，"命日受，则性日生"。（《尚书引义》卷三）在这里，船山把人性解释为"生"，其含意，不但是指人的机体和感官量的增加，而且更重要的是人的天生的机能在生长，人们对客观事物的认识能力在不断发展。总之，人性的形成，离不开生长，"目日生视，耳日生听，心日生思。"这种"性"，特别是感官机能和认识能力之所以能够发展，船山认为，其根据全在于"习"之一字，即环境的影响（广义的教育）和实施教育的结果。故曰："习成而性与成"。这里是指通过教育，对天生感官的使用，"日用而日生"。

王船山的"性日生"的观点，是与形而上学、命定论者"生而不移"说针锋相对的。由于教育的原因，"性屡移而异"。这就从人性论引伸出了知识论和教育论。人性论成了他教育学说的理论基础。同时，从王船山的人性论中，可以明显地看出，他不是重在阶级品类的"生而差等"上，而是从人类天赋平等观念出发，来论证人人有受教育的可能性与必要性。

　　人皆有受教育的生理基础。每个人生下来,就都具有"知觉运动之理"。但是,这种天生的"知觉运动之理",或者说是"可知可能之质",必须有充分合理的教育,才能使"形开神发",开发其"可以知"和"可以能"的智力。因此,教育不仅是可能的,而且在人的形成过程中,是不可缺少的重要因素。

　　从"先天之性"的另一个角度来观察,每个人的天生资质——"生之理",往往又是"不齐"的。因此,必须用教育的方法,"审其才质刚柔之所自别",然后因材善诱,只有使教育"顺其性之所近,以深造之,各如其量而可,"(《四书训义》卷十)才能适应儿童和青少年的发展特征,使"各竭其材",以深造自得。对每个儿童不仅要"知其气质之偏",而且还要知道他们在以后的发展中,因为志向、学习努力的程度等等的差别,教者必须"知其人德性之长,而利导之。"(《四书训义》卷一五)什么是"德性"? 他说:"德者得也","德者得其理"。就是有生之后,在教育过程中,人本身智力发展的不同特点,教育者必须因其"德性"的不同而教育之,教育者又必须有这种"造就人才之深心",而不可"一概之施"。这才能使人各得其所,"各成其才"。

　　"初生而受性之量,日生而受性之真"。(《思问录·内篇》)总之,人生下来,就具有各种器官及其潜在的机能,但是,先天感官的发展,认识机能的体现和增强,以及智力和理论思维能力的发展,都取决于后天的学习与教育。学习和教育,能使天之所无而有之,天之所有而"富有"。要达到这些要求,教育者必须遵循"生之理",即人本身发展的规律,而施之以教。王船山否定了理学家统治几百年的先验的"天命之性",强调人性是后天学习而成。这在当时来说,在教育思想上,是一种解放。尽管他所说的人性,仍然是抽象的人性;然而,他认为人性"日生"、"日新"和"富有",依赖于后天的环境和教育;认为教育的实施,必须依据生理的和心理的客观发展规律,才能开发智力,以"尽人之才"。这些见解,在中国古代教育史上,是独放异彩的。

(二)教育可以形成后天的"习性"

"学为成人之道"。王船山反对关于知识才能和道德观念的先验论观点,认为它们是后天形成的,是学习和教育的结果。所以,他说:"性为最初之生理,而善与不善皆后起之分涂也。"(《四书训义》卷三五)就是说,道德观念和行为,是由于环境和教育的力量,是"立教者增于有生之后"的,并"非性之本然"。知识才能亦然,亦"非生知",而是"学知","学焉而始能"。反之,若教衰学废,还会染于恶习而坠落。所以,他肯切的说:"今天下犹是人也,有人之生,则具人之质,非尽无廉耻朴诚之心也。而教衰于上,学废于下,人丧其质,以趋于私利变诈之习。"(《四书训义》卷一八)可见,王船山重视教育的功能,认识到决定学者知识才能和思想品德等的发展的是教育。教育与学习,在人的"成性"过程中,是起主导作用的。"学为主,而性不能持权",(《张子正蒙注》卷三)"才能得自学后",绝非在学之先。若教育能"尽人之材",则"人人皆可以为尧舜"。足见教育在人的形成和发展过程中的重大意义。

王船山从"习尚渐渍,而为之移"(《礼记章句》卷一九)的观点出发,进一步肯定环境与教育可以形成人们的"习性"。他说:"因乎性之所近,实之以学,……习之已熟,而成乎其性。"(《四书训义》卷三八)他在这里,一方面肯定每个人的个性的差异,教育要"因乎性之所近",而给以合理的培养,发展其自然素质的潜在学习能力;另一方面,又肯定了"先天之性"是得于天,不可学得,"不可学者生也";而可以学得者,只能是利用"自然之质"的"生之理",通过教育的手段,按照受教育者认识运动规律("顺乎其性")来培养人们的知识技能和形成思想品德。所以,"成性"与"成身"是一致的,"成性"的过程不能离开"成身","成身"有助于"成性",人的自然属性,是人的社会本质的物质承担者。故人的知、德、体教育,即"养身"与"养心"的教育,是在"相受"的交互中统一。这种形成的结果,就称之为"习性"。如学射者,"习为巧",要数古代的羿了,但"羿之巧",并非"自性生",而是以"内正外直审几发虑之功"的持久苦练出来的,后人也可以"学为羿"的,关键在于学者"必习"。

王船山所说的"习性",除道德范畴外,还指后天形成的知识才能。"知者性之真"。这是王船山教育思想科学性的精华之一。因而,他把以往关于人性的形成问题,从形而上学和先验论上,转移到了唯物论的知识论上来了,把人性论与认识论、知识论以及教学论相互联系了起来,结合成了一个统一体。人的知识,是学习和教育的产物,在它的历史形成过程中,就丰富和充实了人性,或人类性。所以,他说,"勿问其性,且问其知","不知何者之为性,盖不知何如之为知"。(《姜斋文集》卷一)他把人性的形成,同知识才能的发展,有机的结合了起来。在人性的形成中,不仅注入了知识的内容,并揭示了它是一个历史的发展过程。于是,王船山就把程朱、陆王人性天生伦理化说,转变为后天"成性"的知识化,提出"学博则聚古今之理于心"。(《周易内传》卷一)这便在一定程度上突破了人性伦理化的传统观念,包含有近代自然人性论的思想萌芽。

王船山提出的"习性"说,从理论和实践上,反对了"生而知之"和"上智下愚不移"的观点。如果是"天之所哲而哲,天之所愚而愚,则是可无师也"。(《续春秋左氏传博议》卷下)实际上,这种不学而知的人在天地之间是不存在的。只有人与天"相受"而知,"日受日生",而且是主动的"自取而自用",由取用而生知。取用而生知,则只有"知之难易迟速",而无"生而知之"。因此,所谓"生而知之"者,是一种"相命之说",是"无心无目"之"俗儒"和别有用心的理学家捏造出来的谎言。而实际上,"上智"是学习和教育的结果,"下愚"则是"失教"的恶果。"性重养其习,失教失导即为下愚"。王船山的理论重在教育,这是再明显不过了。

为什么社会上会产生"生而知之"和"上智下愚"的思想呢?他认为有两种原因:其一是由于古代贵族"世官"的世袭制,重亲亲,不重贤贤,形成了后世"龙生龙、凤生凤"世家大族的血统论思想,错误的认为"士之子恒为士,农之子恒为农"。其实,"天之生才也无择","世官"和士大夫中,"有顽"也"有愚",而在野者及农工子弟,"有贤"又"有秀"。这种社会性的矛盾,随着历史进化的必然趋势,使"古者诸侯世国,而后大夫缘之以世官,势所必滥也"。而贤者和秀者,则"不能终屈于顽,而相乘以兴",这也是"势所必激"。(《读通鉴论》卷一)历史发展的必然结果,是无法阻挡的。其二是后世所谓学者,有意"推高圣人"。他们把"圣人"加以神化,其实,"圣人"并非"生知"的"上智",而是善学习,能"广才",积古人、众人的学问于一身,是"多学而得之"。若说"圣人生知,固不待学而识",则是"所谓荒唐迂诞之邪说"。(《读四书大全说》卷六)"圣人同于人",而不是神,学者不可拔高圣人,所以船山说:"学者之大忌,在推高圣人,以为神化不测,而反失其精义。"(《读四书大全说》卷九)当然,王船山不会知道,造成这种愚昧的,不止是历史的和认识的原因,而更为重要的是阶级的原因。

王船山对"先天之性"和"后天之性"的区分和解说,不仅从唯物主义的观点阐明了两者的含意及其相互的关系,同时也充分肯定了教育对培养人才的作用。因此,他非常反对道家"绝圣弃智"、"绝仁弃义",回到"结绳而用之"的原始社会的主张。他认为,否定文化教育,是一种倒退的、没落的思想。而随着历史的发展,文化教育只能加强,不能减弱。他说:"朴之为说,始于老氏","朴者,木之已伐而未裁者也。已伐则生理已绝,未裁则不成于用,终于朴则终乎无用矣。"(《俟解》)"罂盎"、"栖桷"等,无工匠则不成器,人无教育,则终不能成为有用之才。所以,教师必须像工匠和园丁一样,要尽"琢磨之功","费辛勤灌溉之力",使其"条达叶茂",长大成材,为国家培养建设的栋梁。

(三)教育可以变革"恶习"

人性"随习易",而"习且与性成"。但不是说所有"习性"都是正确的,都是"善"的。所以,环境和教育的作用,一方面可以形成好"习性",另一方面,还可能会形成另外一种"习性",这就是王船山说的"恶习"。

王船山肯定人的"习性",是"未成可成,已成可革"。(《尚书引义》卷三)人的"恶习"在形成过程中,必须利用环境和教育以革除之。他说:"教育是个大炉,冶与其洁,而不保其往者,无不可施。"(《读四书大全说》卷九)教育像冶炼的熔炉,本是"冶与其洁",培养塑造"贤才"的。倘若因"失教",如"自少至长,不承德教,只索性流入污下去",与坏人同流合污;或者,因教之不当,未使学者立志,"止于至善",因而"偶行一善",便"自恃为善人",则不但"其余皆恶",而且仅此一善,"已挟之而成骄陵",不知"为善须是日迁","更进""重新"。(《读四书大全说》卷一)所以,前人有言,"学非志不成","志定而学乃益"。这时,教育者必须因人而善诱,对"流入污下"的,则"不保其往",而对于未立志者,需教之"日新之功",克服其"骄陵",使善者益善,"恶"则转化为"善"。从正反两方面来看,教育在人的形成和发展中,均起着主导的作用。所以,"教无不可施"。

但是,一旦学者形成"恶习",非有"复施斤削之功","尽其壅培修剔之力",则难以革除。船山说:"人不幸而失教,陷入于恶习,耳所闻者非人之言,目所见者非人之事,日渐月渍于里巷村落之中,而有志者欲挽回于成人之后,非洗髓伐毛,必不能胜"。(《俟解》)船山所说的"洗髓伐毛"、"斤削之功"等,不同一般所说的"时雨春风",或孟子的"时雨化之"的方法,而是改造性的教育,强制性的教育。

人的"后天之性",亦"何得有不善"?除了教育上的原因之外,就是后天环境的影响,或称为广义的教育。王船山在上面一段话中所指的,就是因为有不良的"习俗"或"习气"对人影响的结果。他说:"世教衰,风俗坏,才不逮者染于习尤易,遂日远于性而后不可变。"(《张子正蒙注》卷三)"惟习气移人",不良的风俗习惯,耳濡目染,潜移默化,甚至会驱使一个人自觉不自觉地走向"大恶"的地步。他说:"习俗之所流,必成大恶。"就是大志已立的成年人,也不免会受其影响,何况初学的人呢?且往往是"习成于幼弱之时",因此,必须注意使学校教育同社会教育、家庭教育统一起来,这才能"尽人之材",而人才辈出。

王船山把广泛性的社会环境,称之为客观的"外物"。它在正反两方面的作用都是很大的,他说:"习气之溺人也,不特性之醇者无以养其真,而质之疵者亦且以失其故。"(《四书训义》卷二一)学者所宜加勉,教育工作者也万万不可忽略!它是怎样对人们实现其影响的？是通过人们的社会实践活动起作用的，是通过人和"外物"的相互作用实现的，是日渐月渍的结果，是一个由外而化于内的心理转化过程。船山说："习者亦以外物为习也，习于外而生于内，故曰习与性成"。(《读四书大全说》卷八)所谓"习气日胜，若根天真"，就是这个意思。"习之所以能成乎不善者，物也"。但也不是所有的"外物"都有不善的影响。只有在"取物而后受其蔽"的时候，才会形成"恶习"。这种"外物"，往往是因为不当受而受之，于是"恶习"即成。他说："气禀能往，往非不善也；物能来，来非不善也。而一往一来之间，有其地焉，有其时焉。化之相与往来者，不能恒当其时与地，于是而有不当之物。物不当，而往来者发不及收，则不善生矣。"(《读四书大全说》卷八)人们"不善之所从来必有所自起"，就是起之于"与物相授受之交"，化之于"相与往来"之时。那么，人们"与外物相交"，为什么会受蔽？这是因为"物交相引不相值"，"不相值"，就是与"所值之位不能合符"，而在己者又不能"审位"，于是"来者成蔽，往者成逆，而不善之习成矣。"若"得位则物不害习，而习不害性"；若"不得位，则物以移习于恶，而习以成性于不善矣"。(《读四书大全说》卷八)在这里，又明显地暴露了王船山"习性"学说的阶级性，有为封建统治阶级的剥削辩护的一面。

王船山所谈的"恶习"，主要是指人们的思想品德问题。他说："人皆可以为善者性也，其有必不可使为善者习也，习之于人大矣。"(《读通鉴论》卷十)思想教育，一般是以正面教育为主，"蒙以养正"，而辅之以批评惩罚；以塑造性的"壅培"为主，而辅之改造性的"斤削"；以自觉教育为主，而辅之以"强制"。其结果必须是广大三主，而转化三辅，只有"辅"转化为主，才能收其成效，"固其根本"。因为"惩罚"、"斤削"、"强制"都是外因，是条件；学者的主动性自觉性是内因,是根据。外因必须通过内因才能起作用。所以,对学者的教育,一切的措施、条件,都是为了使学生由被动转化为主动,由不自觉转化为自觉。所以,王船山说:"教之功",在使学者"自悟",这才是教育过程的本质属性。

三　教学思想

教学思想,是王船山教育思想体系的重要组成部分。现就他教学思想的几个主要方面,作一探讨。

(一)教学是启发学生"自悟"的"受业"过程

王船山认为,教者的任务,主要是使学者"致其知"、"进之善"。要完成这个任务,从教者与学者双方来讲,教师要善教乐教,学生要善学乐学,即是说:"施者不吝施,受者乐得其受。"教与学双方要像磁石引铁一样,相互求应,才能受益,增进才德。他说:"善教者必有善学者,而后其教之益大。教者但能示以所进之善,而进之功,在人之自悟。"(《四书训义》卷五)在这段话中,王船山区分了教与学的不同任务和特点,指出了教与学这对矛盾及矛盾双方的差异性。认为教是给学生指出一条"进善"、"致知"之路,而走这条路的只能是学生自己。他进一步引伸自己的思想说,学者走教者所指引的路,又不能是盲目的,而应该是自觉的。他不同意"学,效也"的解释,如果认为学习只是仿效,则必不能"举手异用",而"成其变化"。他说:"学,觉也。"(《姜斋文集》卷三)指出学习是一个自觉的认识过程。教者只有充分发挥学者的自觉的能动性,才能掌握知识、消化知识,形成自己的才能、性格和道德品质。这就说出了学的本质,即"学之理"。

从教者方面来讲,"学之理"即"教之道"。如何启发学生的自觉,使其"致其知"、"进之善",则是教师的任务了,也是"善教者"的标准。

在教学过程中,启发学生学习的自觉性,是非常重要的,"进之之功,在人之自悟"。但怎样启发学生学习的自觉性,不单纯是一个教学技巧问题。

王船山从"格物为始教"出发,反对佛老、程朱与陆王的"离物求觉",主张"依物求觉"。他说:"内心合外物以启觉,心乃生焉。"(《张子正蒙注》卷九)而"绝物"以求觉,其结果只会"坠其志,息其意"。真正的自觉,只能在学习材料的基础上求得,而不能凭空产生,这是一种唯物主义的教学观点。

要使学生自觉的乐学,必须给学生立一个目标,让他们自勉。因此,教师启发学生"自悟"的另一个办法,就是教育学生"立志"和"正志"。王船山认为"志立,则学思从之",就会才能日增,聪明日盛,对"德业"就能始终一贯,孜孜不倦,日新月异。

学生一旦立下了为学之志,不仅可以启发学生学习的积极性,而且还可以自觉的、有批判的、有选择的学习,不会"玩物丧志",被古人的巧言华语所牵引,而"神飞魂荡",不能自反。若志已立定,在学习时,就会"自恃其志",以"求合于所志之大者,则博学而弗畔(叛)"。(《俟解》)

王船山把教学看成是一个"自悟"的"受业"过程,要求教师在教学过程中从学习动机和学习内容等方面启发学生学习的自觉性积极性,这是符合教学规律的,是完成教学任务的重要条件。因此,对我们今天的教学工作,亦有所借鉴。

（二）"学思相资"，以思为主

王船山反对"生而知之"的命题，主张"学而知之"，并认为天下的人都可以学得知识，他说："凡天下之民，谁不有可知可能之理。"（《四书训义》卷二）为什么人皆可以知，这是因为"智之端，则为好学"，若人人能学，则人人能知。这对孔丘的"唯上智与下愚不移"的观点，无疑是一种反动。王船山这一理论，在封建社会等级森严的条件下，在统治阶级独占学校教育的情况下，是具有一定的民主性的。

王船山从"学知"的观点出发，自然又提出了学什么的问题。他认为"有物始有知"，主张"学之始事，必于格物"，"庶物之理，非学不知"，故知识的实体即是事物，事物中的"理"，就是关于事物的知识，"理因物而有，无物则无理，故穷理必即物而穷之"。（《礼记章句·大学篇》）而不是唯心主义者所谈的空虚玄妙的东西。王船山在知识观上，坚持了唯物主义的路线，对汉代的神学、魏晋的玄学、隋唐的佛学和宋明的理学等唯心主义的知识论，进行了尖锐的批判，闪耀着绚丽的思想火花。

既然知识的实体是事物，知识是客观存在的反映，当然只存在已知和未知的问题，而不存在不可知的问题，船山认为"虽知有其不知，而必因此以致之，不迫于其所不知而索之"，这是"圣学"与"异端"的大分辨处。（《思问录·内篇》）在这里，王船山对于人类能够认识外界，是抱有充分信心的。

那么，如何去"致知"呢？王船山认为"致知"的途径有两个，即是学与思。他说："致知之途有二：曰学，曰思。学则不恃己之聪明，而一唯先觉之是效，思则不徇古人之陈迹，而任吾警悟之灵。乃二者不可偏废，而必相资以为功。"（《四书训义》卷六）王船山主张学习必须虚心,通过学习来扩大自己的知识面;思则不墨守古人的陈迹,不让自己的头脑叫古人的思想跑马,要发挥自己的智慧,进行独立的思考,得出自己的裁判来,否则即会"守其故物而不能日新,虽其未消,亦槁而死"。(《思问录·外篇》)在学与思的关系上,船山认为学与思、虚心的学习与独立的思考,二者不可偏废,必须把它结合起来。学与思不仅不是矛盾的,而且是相辅前进的。不扩大自己的知识面,则有碍于独立思考的发展;不进行独立思考,则不能够深入理解,所以他说:"学愈博则思愈远,思困则学必勤。"

但是,真正获得知识,必须是在学习的基础上,并通过自己的独立思考活动,否则是不能够又快又好的掌握知识的。而思的广度和深度,又必须相结合,不然虽有学习相辅助,也不能达到"致知"的目的。所以船山说:"极思之深,而不能致思之大;或致思之大,而不能极思之深,则亦有所不思而不得尔。"(《读四书大全说》卷三)这两种倾向都是不好的,他主张"深者大而广之,大者深而致之"。使我们的思维活动,既不钻牛角尖,也不停留在现象的表面;既要全面,又要深入。这样才能够训练自己的思考能力,增进自己的才干。"才以用而日生,思以引而不竭"。(《周易外传》卷四)他认为一个人的潜在能力是很大的,简直是取之不尽,用之不竭。不仅是用之不竭,而且是"日用而日生",越用越聪明,越用越发达,如"目必竭而后明","耳必竭而后聪","心思必竭而后睿"。(《续春秋左氏传博议》)

王船山虽然肯定并论证了学与思是"相资以为功"的原理,但他并不抹杀两者的区别性,二者是有着不同的功能的。有其统一性,又有其区别性,在不同的情况下,又有主有次的区分。他说:"大抵格物之功,心官与耳目均用,学问为主,而思辨辅之;所思所辨者,皆其所学问之事。致知之功,则唯在心官,思辨为主,而学问辅之;所学问者乃以决其思辨之疑。致知在格物,以耳目资心之用,而使有所循也,非耳目全操心之权,而心可废也。"(《读四书大全说》卷一)

(三)教学当"深知其心""因材而授"

王船山主张教者对学者必须因材施教。这是因为每个人的素质不同("质有不齐"),有钝有敏("敏钝之差");每个人的"志量不齐",有大有小;每个人的德行不同,有长有短;每个人的知识不等,有多有少,有深有浅,等等。教师必须了解和承认学生这些差别,从学生的各种客观实际出发,根据不同的情况,"各如其量"的进行教学,做到人无不可教,教无不可施。

教者如何才能"各如其量"的教呢? 船山主张教师应在学生的所知所行的基础上"以才量言",因其可知可行而教之。这是教学的客观依据之一,但又不能以此为限,还应该发挥学生的潜力,在已知已能的基础上,把学生推向未知未能,以求上进。学者虽然现在还未能知未能行,也必须"引之以知","勉之以行",故"因材而授",决不是迁就学生的水平,而是在学生原有的基础上,使他们努力前进,以突破原有的水平,从不知到知,从知少到知多。船山认为,如果按照这个"因材而授"的原则,就没有不可教育的学生,也没有不可实施的教育。他总结自己的教学经验时说:"吾之与学者相接也,教无不可施。吾则因其所可知,而示之知焉;因其所可行,而示之行焉。其未能知,而引之以知焉;其未能行,而勉之以行焉。未尝无有以诲之也。"(《四书训义》卷十一)

要正确地做到"因材而授",关键的问题是了解学生,"深知其心"。只有深知学生的内心世界以后,才能做到"洞知其所自蔽,因其蔽而通之"。教师知道了学生学业和德行上受蒙蔽不清的地方,就可以对症下药,"因人而施之教",使每个学生皆"未尝不竭尽上达之旨"。(《张子正蒙注》卷六)

教师不仅要善知学生之"蔽",而且又要善于"解蔽"。王船山在这里所说的"蔽"有两层意思:一是指学生为事物的现象所蒙蔽,而对"庶物之理",若明若暗,教师要引导学生"察物之理";二是为"恶师友所锢蔽",而产生的偏见,或是因"失教",而"惑乎异端",教师必须进行再教育。总之,"解蔽"是教师对学生的教育与再教育的问题。

教师对学生的教育,除了"深知其得失之由"和"审知学者所至之深浅"之外,还有许多"因量善诱"的工作。这些工作做得好,才能"尽人之材"。所以,王船山认为,做教师的必须"多术"(即指教学技巧)。"多术"的客观依据,是因为学生的"材质不齐"。他说:"教者因人才之不齐,而教之多术"。(《四书训义》卷三十二)"多术"的目的,是"尽人之材",使每个学生的德、业均能日新月异,上达成才。

王船山谈了许多"教之术",现在我们只能举例讲两点。他认为"教之术"最重要的是:"因机设教"和"因材启发"。

第一,王船山讲的"因机设教",包含有两个内容:一为"教之时",二为"教之序"。他解释张载的"当其可,乘其间而施之"的话时说:"可者,当其时也;间者,可受之机也。"可知王船山谈的"教之时",即授教的时机。从教师来说,是"教之机";从学生方面讲,是"受之时",这是一件事情的两面。"教之机"依据"受之时",二者相应而不离,相因而共存。教与学是矛盾的统一体,而矛盾的主要方面,一般的来说,是在教者方面。因为"受之机",不能听其自然而生,必须由教师善于期待学生的"自悟",同时又要求教师善于启发学生的自觉。王船山又称此为"教之智"。

王船山所讲的"教之序",是有丰富的内容的。他说:"时者,有序而不息之谓。"(《礼记章句》卷十八)这当然是循序渐进的意思,此其一意。其次是指教学的组织和安排,即"分教合教之序"和教学法上的先后难易的次序。第三,是指教学内容的内在逻辑顺序。

王船山认为,教师要"施之有序",首先得"知序"。这里他说的"知序",即知"物皆有之天序",即是指事物的规律。("物之理")如果教师掌握了"欲逾越而不能"的事物规律,并以此来教授学生,则难者可以使易。他说:"有初学难而后易者,有初学易而后难者,因其序则皆使之易。"(《张子正蒙注》卷四)在这里,王船山显然又区分了"教之序"的教学顺序与"天之序"的科学顺序,取其易接受者以教育学生。所以他说:"因其序则皆使之易。"从此,王船山把历来所谈的教学上的技巧问题,发展成了实质性的理论问题。

王船山认为,"施之有序"的作用是很大的,有多方面的效果:其一,教学"因序",可使学生易懂,容易接受;其二,"因序"或"循序"的教学,可使学生能由博反约,"知其要归"之所在,知其精义之所存;其三,"施之有序",可给学生一些最基本的知识,知道知识的根源,使学生"于其本而图之,则相因以渐达"。所以,他说:"施之有序者,行之自远,"高峰可攀。

第二,关于"因材启发"。王船山认为,学生掌握知识、形成道德观念,应该是一个主动探索领会的学习过程。若无学生的"真心内动",光靠教师讲授,是无益的、没有意义的。他说:"若教则不愤而启,不悱而发,喋喋然徒劳而无益也。"(《周易内传》卷四)船山在这里所说的,就是孔丘的"不愤不启,不悱不发"的意思。

即是说,教师教导学生的时候,必须当他对某个问题在积极地进行思考,而还未想通的时候,才给予启发;当学生思考已有所得,但还不十分明确,不能用恰当的语言表达出来的时候,才予以开导,否则即是无益的"不愤而启,不悱而发"。所以,启发也是有时机的,必须等待学生有"自怀愤恨以不宁"的思考状态,教师才予以启发;必待学生有"若知若不知之机",教师才予以开导。若学生"不愤",虽予以启发,即不疑以为不必,也会视为固然,抱无所为的态度;若学生"不悱",虽予以开导,即能信之以为实,然而终不知其所以然。所以,他说:"启发亦有时机。"

就教与学本身来讲,教的基础,是学生的自觉要求。启发即启发学生学习的自觉性,然后发之于教。所以教学要在学生自觉思考的基础上进行,不然是言多益少,或多言无益的。但学生的自觉性,不能脱离教师的因材善诱。教与学就是这样的一个辩证的统一过程。

王船山把在教学过程中注意启发学生学习的自觉性,论述得这么完整、清楚,在中国古代教育史上还是少见的。启发学生学习的积极性和自觉性,这已突破了封建社会传统的约束学生思想的做法,特别是在奴役和束缚士子思想的八股取士盛行的时代,这种教学思想,则更加显现出它的进步性。

(四)"学有当务","教必著行"

在王船山的教育思想中,自始至终贯串着反民族压迫的民主思想。他的教学思想,亦有这一因素。他主张教与学都应有其"当世之务"。其意思是说,无论教与学,都要为当前的政治服务。他说:"学者之所以学,教者之所以教,皆有其当务焉。"(《四书训义》卷五)教师的教,学生的学,都要心怀"当世之急务",不能以当时"流俗之心"去教书、读书,把读书仅当成是一种嗜好,来"销日靡月,废事丧德"。同时船山也反对汉儒的"专经保残之学,陷之于寻丈之间",鼠目寸光,胸无大志。他们的共同之处,是不管国家的安危,教"无补之学",读无用的书,皆是些"无目无心"和"无今日之才"的人。王船山提倡教与学都要从"有为于当世"出发,教者要"因时立义",学者要"读古人之书,以揣当世之务"。(《读通鉴论》卷十一)察其书中的精义,结合当世的"时会"而用之。这就是"述往以为来者师",读古人书为当世用。

王船山认为,教学为当世服务,要在教之日,学之时,就定为"生平之志"。以此心来学"必修之事,尽可为之力,而教者以此教,学者以此学"。(《四书训义》卷五)船山的"平生之志"是什么呢? 那就是反对清贵族的民族压迫,恢复明朝故国。他前半生曾参加过抗清斗争,失败以后,在四十年的后半生中,他杜门著书和从事教学活动,以寻求明朝亡国的原因和培养复明"贞士"。他认为宋朝之所以亡,就"亡于屈而已",因此必须用教育来培养"贞士"以救亡,而"以哀鸣望瓦全,弗救于亡",并为"万世羞"。(《宋论》卷十五)

王船山非常重视教育事业和教学工作,他总结了历史上的经验教训,认为秦朝和蜀国的灭亡,皆是因为"失教养之道"。(《读通鉴论》卷五)所以,王船山为了恢复明王朝,从历史的教训中寻找出路,以为来者师。他把教育事业和教学工作,作"平生之志"的寄托,要尽可为之力,做必修之事。

王船山认为,过去教育的最大弊端,表现在教学上,就是只讲说讨论,不重履行实践。因此,他提出"教必著行"的主张,作为救弊纠偏的一项重要措施。他认为,要使教与学皆能结合世用,就必须从力行实践的观点出发,去求知和安排教学工作。在他看来,

"力行而后知之真",力行而后才能"讲习之非虚"。所以,力行是获得"真知"的可靠途径,力行比之读书讲习,甚至比见闻都更加真切。百闻不如一见,百见不如一干,干就是力行,就是实践。他说:"学以求知之,求知之者,因将以力行之也。能力行焉,而后见闻讲习之非虚,乃学之实也。"(《四书训义》卷五)他的结论是:"学者非躬行而心得之,则固不知其指归之所在。"(唐鉴:《王夫之传》)不仅行可以得知,而且还因为求得知识不是为了高谈阔论,而是为了"行事"用的。

王船山从学得知识是为了"行事"的观点出发,主张"教必著行"作为他教育、教学思想的归宿。他说:"行不足以尽教之理,而教必著于行。"(《礼记章句》卷二十四)教的东西,虽不能尽付之于实行,但教师必须要求学生实行。"教者期于行",学的知识,不是为了今天之用,就是为以后所用。学与用结合,知识到了用,才达到了教学的目的。"知之尽,则实践之而已"。(《张子正蒙注》卷五)

王船山所以主张"教必著行"、"教期于行",不仅是因为"行可得知",而且还由于"知必以行为功",知识的效能,只有在实行中才能得到验证。因而,他认为学者如果光自恃其知,而不能"行",如此则不可教了。他说:"不足以明行者,自恃其能,不可教诲也。"(《周易内传》卷一)

在王船山的教育、教学经验和活动中,极少谈到有不可教的人,唯认为那种自以为有知识,而不能也不愿意"用知于行"的人,才是不可教育的。由此可知他对"行"的重视了。他说:"躬行为起化之原。"道德观念的形成,道德习惯的培养,"行"亦起决定性作用。这是一种唯物主义的教学观。

（五）教学当有"恒教事"、"知自明"和"不泥古"的教师

　　教师在教学过程中，担负着重大的责任，起着主导的作用。因此，教师如何对待教学工作，就会直接影响到学生学习的质量。从这个意义上来理解王船山对教师的要求和对"教事"的态度，对我们仍有启发。

　　王船山认为讲习的教师，对待自己的工作，要像园丁培育花卉和农夫耕耘自己的土地一样，不等待"云雷丽泽"之天，而总是孜孜不倦于"教事"。用他的话来说，就是"经纶草昧太虚，不贷于云雷丽泽，讲习君子，必恒其教事"（《姜斋文集》卷一）。教事是什么呢？船山认为，即是"教人明"。教人明有三方面的要求：即"悉知之"、"决信之"和"率行之"。教学达到了这种要求，既知且行，才算是教学生明白了。而教人明者，首先应该自明，以己昏昏是不能使人昭昭的。自明然后才能明人。他说："欲明人者先自明。"他批判当时的教师，是"大义不知其纲，微言不知其隐"，只是一种昏昏茫茫的诵说者和传声筒。这种教师不但不能使人明，反而会使学生"学而愈惑"。他认为教师要自明，"必先穷理格物以致其知"，"博学详说"以自勉，然后再"力行"以"验其实"，使所教所作，皆"晓然具著于心目"。教师对教材领会到知其当然，亦知其所以然，达到"由来不昧，而条理不迷"，融会贯通的地步，才算"自明"了。掌握了教材后，"垂之为教"，还得考虑教的对象，根据学生掌握知识的多少深浅，使之"率喻于道"，做到因材施教。

　　但是，教师也不是对万事皆知皆明，因此必须对"教事"有个实事求是的态度，知之为知之，不知为不知。教学生要"持之有故"，以"所知者开学者以聪明"，不可华而不实，也不可守旧不放，不然即"不可为师"。船山对那既无真才实学，又不努力学习的教

师,偏要立一门庭,让学生受骗,斥之为"艺苑教师",似游客之佟谈阔论。他也反对教师用没有经过实际证明的书本知识,来"局格"学生的思想,限制学生的独立思考。他认为这都是自欺欺人、自缚缚人的做法。这都是"自昏昏教人昏昏",而不求自明的做法。

　　王船山要求教师,既要"诲不倦",又要"学不厌"。学习除了"解析万物,求物之理"以外,还要学习书本知识,接受过去的文化遗产。他说:"君子之学,诲以之则不厌不倦","习教事者,温故而知新"。(《周易内传》卷二)教师的任务,是传播文化知识,当然也包括古代的文献典章制度,问题是怎样"温故知新",矛盾的主要方面是如何在"温故"的基础上"知新"。船山提出了一个原则,即以"今知"去顺通"古知",做到"新故相资而新其故","推故而别致其新",即从过去的文化遗产中择取还有生命的东西,并加以发展,给予新生;而过时的、无用的东西,予以排除。船山主张,在教学过程中,对古人及古代文化的态度,应该从"学善"与"善学"出发,而分别对待。他说:"古人可以学,而归于善者一,……有吾所必学者焉,有吾所善学者焉,有吾所折衷损益,而以不学为学者焉。"(《四书训义》卷三十四)船山反对"通身倒入古人怀中"的俗儒,以"干禄之鄙夫为师","教以利,学以利,利乃沁入于人心",因而"坏人心,乱风俗",害了一代新人,致使国家"危亡"。

　　王船山的教育思想,是批判继承的发展了中国古代关于教育的理论。其见解深刻而丰富,有许多光辉的议论,发前人所未发,包含着若干正确的因素和倾向。他的思想是时代的产物,反映了资本主义生产关系萌芽时期新兴市民阶层的一些要求。

　　　　　　　　　　　　(选自《王船山学术思想讨论集》

湖南人民出版社,1985年版)

李国钧(1930—2001),河南临颍人,著名教育史研究专家,教授,博士生导师。组织编撰了代表20世纪80年代中国教育史研究最高水平的《中国教育通史》、《中国教育家评传》两部大型著作,出版《中国书院史》、《中国教育制度通史》等,还主持《清代前期教育论著选》、《中国教育大系·历代教育制度考》、《清代前期教育制度史料选》等大型文献编纂。

本文认为:王船山的教育思想最善于结合实际,他提出用教育来"濯愚",把教育作为强国的"财、兵、智"三纲领之一;他说,治理国家不外政教二端,"政立而后教可施","教本也";他分析了当时教育的弊端,提出文化教育大权要皇帝独揽,皇帝"以公天下之心,扶进人才"、"学用结合",文武结合等改革主张;他认为,人类文化教育的发展依赖于社会经济,"衣食足"而"天下治",天下治,"乃可以文"。王船山认为,教育可以发展和增强"天性",他提出"性日生"的命题;教育可以形成后天的"习性",以此来反对"生而知之"和"上智下愚不移"的观点;教育可以变革"恶习";"教之功"在使学者"自悟"。王船山认为,教者的任务主要是使学者"致其知"、"进之善",是启发学生"自悟"的"受业"过程;致知之途有二:学与思,以思为主;教学当"深知其心""因材而授";"学有当务","教必著行";教学当有"恒教事"、"知自明"和"不泥古"的教师。王船山的教育思想是批判继承的发展了中国古代关于教育的理论,是时代的产物,反映了资本主义生产关系萌芽时期新兴市民阶层的一些要求。

中国古代儒家教育的特点

俞 启 定

儒家学派形成于中国封建制因素开始出现的春秋末年,在适应封建经济和政治需要的条件下不断发展,自汉代取得了御用学说的统治地位,成为指导国家政治和人们思想行为的理论权威,特别是垄断了教育事业。儒家的政治主张是国家教育政策的基本出发点,儒家经籍是教育内容的主体成分,儒家思想观点是教育原则和方法的理论基础,这一局面延续了两千多年,是形成中国古代教育固有特色的核心因素。自近代以来,儒学独尊的局面已不复存在,但古代教育的某些特点作为传统的余绪一直延续至今。因此,要对中华民族传统文化的重要组成部分的古代教育进行历史的、科学的分析,抓住儒家的作用和影响是关键的一环。总的说,中国古代教育的主要特点均可以从儒家学说中找到思想渊源,而在独尊儒术之后的汉代教育中得以显现,并随着历代教育的发展而不断强化。根据这一宗旨,本章从六个方面对中国古代教育的特点进行总结,从中亦不难看出这些传统特点对当代教育的强烈影响。

(一)教育从属于封建政治

从本质上说,政治是经济的集中表现,对社会生活各个方面都具有指导性的影响。教育既然是人类传授生产经验和社会生活经验的工具，必然要为政治服务，并受政治的强烈影响。而以儒学为核心的中国古代教育在这方面更为突出。具体表现为：

第一，统治阶级将教育作为国家政治生活的中心任务之一。"化民成俗，其必由学"，"建国君民，教学为先"（《礼记·学记》）。集中代表了这一原则。自孔子开始，儒家历来将"德"、"礼"的作用置于"政"、"刑"之上，奠定了统治者以教化为治国之本的思想基础。例如汉章帝诏书说："三代导人，教学为本。"（《后汉书》卷三《章帝纪》）魏明帝诏书说："尊儒贵学，王教之本也。"（《三国志》卷三《明帝纪》）唐高宗诏书说："殷周创基，教学成本。"（《册府元龟》卷五十）历代封建王朝正是在这样的思想指导下大力发展教育，为巩固其政权服务。

封建统治者根据儒家理论，将兴学设教作为基本国策，使教育在中国古代享有崇高的地位。学校的兴盛是表现一代君主"德政隆洽"的象征，所以历代统治者无论贤愚，也无论是否真心从内心重视教育，只要客观条件允许，在兴学倡教方面总要有所建树，甚至一些历史上有名的昏暴乱政之主也是如此。例如王莽建太学校舍、创地方学制，汉灵帝开办鸿都门学，晋惠帝确立国子学，隋炀帝首建科举制度，宋徽宗广设各类学校并一度专从学校取士。这是一个很有意思的现象，它也反映了中国古代教育事业的高度发达，与教育作为治国之本的显要地位有着直接的因果关系。

第二，是国家对教育事业的牢固控制，这是以立教为基本国策的必然结果。儒家是主张由政府来办学的，而且应由最高统治者亲自掌管："天子命之教，然后为学。"（《礼记·王制》）董仲舒认为民受性于天，而成教于王，"王承天意以成民之性为任者也"（《春秋繁露·深察名号》）。他把"立太学以教于国，设庠序以化于邑"(《汉书》卷五十六《董仲舒传》)看作应当效法的古圣王业绩。

随着独尊儒术的确立,政府将兴学作为一项重要事务来抓,中央官学和地方官学相继出现。历代中央官学均由皇帝下诏兴建,郡县学则根据朝廷的指令,由地方主管官员负责兴建。汉时政府中由太常兼管教育,隋以后则设国子监作专门的教育行政部门。宋代以后,地方官学的事务由朝廷委派的提学使、督学之类学官来管理,学官向朝廷负责,而不受地方行政当局的领导。这些既反映了教育地位的重要,也说明官学是被置于国家政权的牢固控制之下的。官学的教职员都是由朝廷委任的国家正式官员,如太学博士在汉代秩比六百石,在唐代为正六品官,等等。官学的学生根据政府规定的名额和标准招收,入学后即免除徭役赋税,当局通常还给予免交学费、提供食宿、赐以钱帛等生活上的种种优待。明清时官学生员非经学官除名不受逮捕审讯,实际上已被视为统治阶级成员。学生在完成学业后,通过一定的考试和选拔程序入朝为官。官学实际上已"衙门化",成为国家机构的一个组成部分。

私学虽然通常不由政府直接管理,但国家以儒家的德教方针和纲常伦理来统一思想,并通过选士制度广泛吸收经术和道德之士入仕从政,从而对私学的办学宗旨、教育内容保持着有效的控制。宋代以后,地方学官兼管私学和书院的事务,政府也经常通过表彰和资助的手段对其施加影响,甚至直接委派官员领导私学和书院。私学与官学在从属于封建政治这一点上并没有什么本质的区别。

国家掌管教育事业归根结底是中央集权政治的产物。出于统一思想、移风易俗和培养、选拔人才的需要,中央集权制的政府必须高度重视教育,并牢牢控制教育。而儒家则为其提供了理论依据以及切实可行的兴学措施、教育内容和师资。儒家教育与封建政治的密切结合有效地抑制了宗教势力的扩张，使各类宗教教育被局限于寺院之中。虽然宗教的社会影响亦不容忽视，但始终无法取代由政府所倡导的并植根于世俗社会生活中的儒学教育，所以，中国古代没有像西方国家那样由教会掌管教育的历史，教育始终是在国家的控制之下的。

　　由于封建国家掌握着最高的权力和最大的财力，如苏轼所说，可以"发民力以治宫室，敛民财以养游士"（《宋史》卷一百五十五《选举志》），所以由国家掌管教育，有利于学校的兴办。汉顺帝时重修太学，据《太学碑》文记载："用作工徒十一万二千人。"（《隶释》卷二十）如果不是由政府主持的话，恐怕任何个人和团体在当时也难以承担如此浩大的工程。国家向一切学有所成者提供仕进机会，以功名利禄来激励士人的学习积极性，也促进了各类学校教育的昌盛。此外，政府通过刊刻石经、正定经义、颁发官版教科书等措施，使教育内容规范化并得以在全国范围推广，这些都有利于官方教育事业的发展。

　　但是，国家对教育的牢固控制也使教育完全纳入封建政治的轨道。尤其是官学，其教学活动完全依照政府的规定进行，受政治局势的左右。凡政治动乱时期官学不可避免地要荒废，即使在平时，官学也要受国家财政拨款以及统治者个人意志的巨大影响。例如古代有遇到重大丧纪之事时"学人舍业"（《左传·昭公九年》）之例，南齐时即因"国丧"（即皇帝去世）而三次废学。宋文帝因"军兴"而废学。隋文帝晚年因好佛，遣散绝大部分国学生员。唐初学校虽一度极盛，但至高宗、武后之时即学堂荒芜。官学的兴废无常是其教育活动难有很大成效的一个原因，再加上教材与教育方法的僵化，学生多为谋求功名富贵入学，而教师的官员身份,学校中严格的礼制和学规都不利于教学活动的深入开展。私学的情况要好一些,但既然都处于封建政治的严密控制下,也不可能完全摆脱这些弊病。

第三,是学校的培养目标和教育内容主要为封建政治服务。《孟子》所说的"大人之事"(见《滕文公上》)就是古代学校养士教育的内容,即培养封建国家所需要的治术人才和贤人君子,以《礼记·大学》中所概括的"修身、齐家、治国、平天下"的个人道德和事业的发展方向为典型代表。郑玄说:"《大学》者,以其记博学可以为政也。"(《礼记正义》卷六十)强调大学培养为政之才。朱熹在《大学章句序》中认为"大学"即大人之学,并将大学之道概括为"穷理正心修己治人之道"(《朱文公文集》卷七十六)。"修己"和"治人"即为儒家教育的基本目标,"修己"为"治人"打下基础,而"治人"则必须身居官位。孔子在长久不得官方任用时,尚且发出"吾岂匏瓜也哉,焉能系而不食"(《论语·阳货》)的感慨,所以无论是对于想在政治上有一番作为的人来说,还是对于只欲追求功名富贵的人来说,"学而优则仕"都是必由之径。历代虽不乏淡泊仕途而潜心治学的隐逸之士,但在士人中毕竟只占少数,且往往有特殊原因。由于儒家学说本身即渗透着社会政治和伦理道德内容,即便是隐逸之士,他们的学术活动和教育活动也不可能与政治无缘。

不仅各类习儒学的学校完全是进行政治和道德教育的场所,而且其他传授专门技艺的学校也都是培养政府官员、而不是单纯的技术人才。汉灵帝建鸿都门学,以习书画辞赋为业,其诸生"或出为刺史、太守,入为尚书、侍中"(《后汉书》卷六十下《蔡邕传》)。这些被视为习雕虫小技的人竟然以此身居高官,自然是使士大夫为之愤慨的事,所以蔡邕、杨赐、阳球等人纷纷上疏抗议。

魏晋隋唐时期陆续创立的书学、律学、算学、医学等等,实际上也都是培养政府有关部门的专职官员,如太医署的医官、校书郎、司天台和太卜署的官员等。但儒学出身则为科举和入官升迁的正途,位可至公卿,为其他学校出身者所不能比。古代任何学科的地位都取决于它在政治上的地位,儒学独尊的体现正在于儒学是入仕正途,也是为封建政治服务的最高学术。

由于儒家教育的内容是圣贤之言和治国之道,学习目的是作官从政,因而学生在校学习时即多关心时政,试图学有所用。汉代太学生上书言事、抒发政见之举十分普遍,如梅福、终军、孔僖、刘陶等人的上书在当时均有一定影响。太学生和朝中士大夫本有着学术上的承袭关系,政治上也经常持相同的立场并互相倚助,因此,学校历来是开展政治活动的重要场所。据《后汉书·党锢列传》记载:

> "太学诸生三万余人,郭林宗、贾伟节为其冠,并与李膺、陈蕃、王畅更相褒重。学中语曰:'天下模楷李元礼,不畏强御陈仲举,天下俊秀王叔茂。'又渤海公族进阶、扶风魏齐卿,并危言深论,不隐豪强。自公卿以下,莫不畏其贬议,屣履到门。"

汉末以太学为基地,形成一股足以影响朝政的强大的"清议"力量。宋代太学亦有"无官御史台"(《鹤林玉露》卷二)之称。学生干政成为古代学校的一个传统,尤其是在儒学教育兴盛而朝政又发生危机的情况下更为突出。西汉末年司隶鲍宣因得罪丞相孔光下狱,"博士弟子济南王咸举幡太学下,曰:'欲救鲍司隶者会此下。'诸生会者千余人。朝日,遮丞相孔光自言,丞相车不得行。又守阙上书。上遂抵宣罪减死一等"(《汉书》卷七十二《鲍宣传》)。此后在东汉末年、北宋末年和明代末年均爆发过学生大规模卷入政治斗争的学潮。至清代严禁学生干政。规定生员不准上书陈言,不准轻入官衙,不许包揽他人词讼,等等。统治者一方面提倡修己治人、为学从政的儒家观念,另一方面又害怕学生干政,强迫他们闭门读书,实为自相矛盾。儒家既以治国平天下为己任,学生干政之事终究难以杜绝。

(二)道德培养居于首位

儒家教育的根本目的是"化民成俗"和"建国君民"。"化民成俗"的关键在于树立良好的道德风尚,"建国君民"则需要造就和使用大批贤才。从二者关系看,贤才本身首先应该是道德行为的典范,重要的是,能够进入统治集团承担治国之任的人总是少数,而维持封建统治秩序的道德规范却需要社会全体成员共同遵行。范晔在谈到汉代儒学教育的成效时指出:

> "且观成名高第,终能远至者,盖亦寡焉,而迁滞若是矣。然所谈者仁义,所传者圣法也。故人识君臣父子之纲,家知违邪归正之路。"(《后汉书》卷七十九下《儒林传论》)

可见对于维护封建王朝的统治来说,封建纲常伦理教育的作用要远远超过培养治国人才。儒家教育既然是为封建政治服务的,那么必然将道德培养置于首位。自孟子开始,儒家教育的根本宗旨确定为"明人伦"的道德培养,至汉代以后,更具体化为"三纲"(君为臣纲、父为子纲、夫为妻纲)和"五常"(仁、义、礼、智、信)的封建礼教。"三纲五常"与"阴阳五行"说相结合,成为象征"天意"和"王道"的永恒不变的法则。例如董仲舒说:"君臣、父子、夫妇之义皆取诸阴阳之道:君为阳,臣为阴;父为阳,子为阴;夫为阳,妻为阴。阴道无所独行,其始也不得专起,其终也不得分功,有所兼之义。是故臣兼功于君，子兼功于父，妻兼功于夫，阴兼功于阳。"(《春秋繁露·基义》)他的结论是："王道之三纲，可求于天。"(同上)《礼记·王制》孔疏引《孝经说》言："性者，生之质。若木性则仁，金性则义，火性则礼，水性则信，土性则知也。"①这样一来，本来属于社会政治和社会生活行为规范的"三纲五常"，就与被认为是自然界根本法则的"阴阳五行"结合起来，实现了天人合一，从而也披上了神圣不变的色彩。这种神圣化的封建伦理纲常，成为两千多年来支配人们思想行为的基本准则，也支配着整个封建教育。

道德教育居于首位的重要体现，是人才标准以德行为重的主导思想以及为论证这一思想的"义""利"之辨。

儒家将追求"利"的行为看作是道德风尚的对立物，孔子的"君子喻于义，小人喻于利"(《论语·里仁》)就是这一思想的典型表述。由于秦的灭亡被视为急功好利、不讲仁义的结果，所以汉儒更是对重义轻利的观点作了大量阐发。陆贾说："君子笃于义而薄于利。"(《新语·本行》)刘向说："不能为善德者，利败之也。故君子羞言利名；言利名尚羞之，况居而求利者也！"(《说苑·贵德》)萧望之说："尧、桀之分，在于义利而已，道民不可不慎矣。"(见《汉书》卷七十八《萧望之传》)扬雄说："大人之学也为道，小人之学也为利。"(《法言·学行》)王充说："故治不谋功，要所用者是；行不责效，期所为者正。"(《论衡·定贤》)王符说："上以天子，下至庶人，蔑有好利而不亡者，好义而不彰者也。"(《潜夫论·遏利》)尽管他们各有自己的学术思想，在许多问题上争论亦很激烈，但在"义利"之辨上看法却几乎一致。其中以董仲舒的"正其

---

① 清乔松年辑《纬攈》，将此语辑入《孝经纬》类中。

谊（义）不谋其利，明其道不计其功"（见《汉书》卷五十六《董仲舒传》）最有代表性，朱熹将此话列入白鹿洞书院学规，誉之为"处事之要"，这样，重义轻利的观点作为正统儒家思想，在整个中国封建时代居于统治地位。列宁指出：

> "资本主义前生产方式的规律，是生产过程在原有规模上、原有基础上的重复：地主的劳役制经济、农民的自然经济和工业者的手艺生产就是如此。……在旧的生产方式下，各个经济单位能存在好几世纪，无论在性质上或者在数量上都没有变化。"[1]

在封建时代生产长期处于停滞或发展缓慢的状况下，追求"利"的行为不大可能着力于社会物质产品的增殖。无论是劳动人民试图争取稍好一些的物质生活条件，还是统治阶级内部的争权夺利，都只能导致对封建等级制度和统治秩序的动摇，因此，必须用封建伦理道德来约束人们对"利"的欲望和追求，这是儒家重义轻利观点产生的社会根源。它既是针对被统治阶级成员的，也是针对统治阶级成员的，归根结底，是为了维护封建王朝根本的、长远的利益，而并非绝对不要"利"，只是反对不符合"义"的"利"罢了。一些有识之士亦反对将"义""利"对立起来的偏见。王安石说："利者义之和，义固所为利也。"（《续资治通鉴长编》卷二百十九）即为依据《易·乾·文言》中"利者，义之和也"和"利物足以和义"的观点而发。王充指出："夫利有二：有货财之利，有安吉之利。……行仁义得安吉之利。"（《论衡·刺孟》）亦认为"义"与"利"并非水火不容。

儒家的义利之辨并没有离开道德动机和道德效果的一致，导

致了相应的德才之辨。从重义轻利的思想出发,儒家在论述个人的"才"与"德"的关系上,首先注重了"德"的要求。孟子与公孙丑的一段对话很说明问题:

> "鲁欲使乐正子为政。孟子曰:'吾闻之,喜而不寐。'公孙丑曰:'乐正子强乎?'曰:'否。''有知虑乎?'曰:'否。''多闻识乎?'曰:'否。''然则奚为喜而不寐?'曰:'其为人也好善。''好善足乎?'曰:'好善优于天下,而况鲁国乎?'"(《孟子·告子下》)

孟子认为,"好善"的道德修养的作用要超过知虑、闻识等才干。当然,儒家并不否认智慧和才干的作用,即使是道德行为,也必须建立在正确的道德认识和道德判断的基础上,愚昧的人不可能有较高层次的道德观念,也难以在复杂的社会环境中保持应有的道德情操。所以孔子言"未知,焉得仁"(《论语·里仁》),董仲舒主张"必仁且智",王安石欣赏"以材称于世而能以义克者"(《临川先生文集》卷九十四),都是主张德才兼备。但是,"才"与"德"毕竟不是完全统一的。王充说:"智与仁,不相干也。"(《论衡·问孔》)有"才"不见得就有"德",有"德"也不见得就有适应于政治和社会生活的"才",这样在育人和用人方面就牵扯到"才""德"之间孰轻孰重、孰先孰后的取舍问题。专制帝王的权力登峰造极,又有世袭罔替的继承权,在没有外敌入侵的情况下,王朝的最大危险来自人民的反抗及臣下的篡权谋乱,国家治理的成败仅在其次。在用人方面,如果德才不能兼备的话,他们宁可不用才士,也要保证起码的德行标准。刘向说:"巧伪不如拙诚。"(《说苑·谈丛》)翼奉说:"人诚乡正,虽愚为用;若乃怀邪,知益为害。"(《汉书》卷七十五《翼奉传》)翟方进说:"不仁而多材,国之患也。"(卷八十四《翟方进传》)都将有才无德的人视为危险分子,绝对不能任用。司马光更明确地指出：

> "厚于才者或薄于德，丰于德者或杀于才，钧之不能两全，宁舍才而取德。"（《温国文正司马公文集》卷七十《才德论》）

诚然，国家政权作为上层建筑各方面的集中代表，职责是广泛的，也就是说，不能仅靠道德修养来治理国家，还需要官员具有各个方面的经验和才干，但是这种要求通常并不很高。如扬雄所说："世乱则圣哲驰骛而不足，世治则庸夫高枕而有余。"（《汉书》卷八十七《扬雄传》下）一般来说，在谋求"进取"的时期需要果敢有谋的才智之士，而在安于"守成"的时期则看重忠厚稳重的贤德之人。司马光指出：

> "进取莫若才，守成莫若德；进取不以才则无功，守成不以德则不久。"（《温国文正司马公文集》卷七十《才德论》）

司马光的论点反映了在不同历史时期对于"德"与"才"的不同的偏好。对于最高统治者来说，只有"创业"或"中兴"之主有较迫切的求贤愿望，而在"守成"时期，才士通常难以有用武之地，官员凭资历递升成为最稳妥可行的方式，整个统治集团不希望有"急功好利"者来破坏常规和秩序，王朝的主要任务是用封建伦理道德来约束臣民的思想行为，使之各守其业、各安其本分。在这种情况下，对官员才干的要求总是居于德行之后。

重视道德标准的思想还具有维护儒学在政治上统治地位的作用。由于儒生习圣贤之言，践仁义之道，所以他们的道德水准从总体上说要高于政府中那些不由学术进身而负责各种行政事务的吏员。早在汉初，贾谊就指出："夫移风易俗，使天下回心而乡道，类非俗吏之所能为也。"（《汉书》卷二十二《礼乐志》）盐铁会议上文学指责政府官吏"先利而后义，取夺不厌；……利己并财以聚，百姓寒苦"(《盐铁论·地广》)。东汉时鲁丕对策指出:"吏多不良,在于贱德而贵功欲速,莫能修长久之道。"(《后汉纪》卷十六)尚敏指责俗吏:"不务经学,竞于人事,争于货贿。"(《后汉纪》卷十五)他们猛烈抨击"俗吏"缺乏仁义道德,目的是要统治者更加重用儒生。王充进而论述说:

> "儒生之性,非能皆善也。被服圣教,日夜讽咏,得圣人之操矣。文吏幼则笔墨,手习而行,无篇章之诵,不闻仁义之语。长大成吏,舞文巧法,徇私为己,勉赴权利。考事则受赂,临民则采渔,处右则弄权,幸上则卖将。一旦在位,鲜冠利剑;一岁典职,田宅并兼。性非皆恶,所习为者,违圣教也。"(《论衡·程材》)

他的结论是"文吏少道德,而儒生多仁义也"(《论衡·量知》)。从整体的比较而言确是如此,从强调道德环境的影响角度说更有积极意义。

人才标准以德行为重的主导思想起到了高度强调道德意识和行为的作用,而且也是符合封建社会的时代特点和政治需要的。从教育的角度看,道德培养居于首位造成了中国古代道德理论和道德实践的高度发达。儒家不仅归纳和总结出大量的道德规范,而且提出了许多道德修养的原则主张,如尚志、乐道、自强、知耻、力行、慎独、内省、反求诸己、迁善改过,等等,这些主张在相当大的程度上是符合道德培养的一般规律的,因而也是行之有效的。儒家道德教育长期熏陶的结果,使中国历史上曾涌现出很多高风亮节之士,出现过许多可歌可泣的事迹,这是中华民族传统的道德风尚的精英。

但是,我们也不可过高地估价儒家道德教育的作用。且不论其为封建政治服务的反动性和束缚人们头脑的腐朽性,即使从儒家本身的立场看,它的道德教育的成效也是有限的。封建地主阶级作为剥削阶级来说本质上是自私的,从皇帝到臣下百僚,不仅对劳动人民进行剥削和奴役,甚至也不愿意为服从本阶级的长远利益和整体利益而牺牲一点个人的和眼前的利益,这样就必然和儒家道德准则发生矛盾。尤其是专制帝王,对任何干涉自己恣意行动的作法都会感到不快。儒家的"当仁不让于师"、"威武不能屈"的性格,甚至"天下兴亡,匹夫有责"的主张,统治者未见得真正喜欢,他们更为欣赏的多是"淳厚"、"质朴"、"逊让"这类所谓美德,西汉后期的选士诏令中即充斥着这类要求。对此王夫之批评说:

> "元帝诏四科取士,即以此第郎官之殿最:一曰质朴,二曰敦厚,三曰逊让,四曰有行。盖屏主佞臣,惩肖、周、张、刘之骨鲠,而以柔惰销天下之气节也。"(《读通鉴论》卷四)

这就是说,儒家的道德信条不但不能阻止封建政治的腐败,还因后者的腐败而被削弱。这些信条作为封建社会上层建筑中意识形态的重要部分,原是与当时的政治法律制度相适应并为其服务的,而当它们的规定与腐败的政治和松弛的制度发生矛盾时,便不再得到遵循或重视。历史上经常有些看来修养有素的士人,一旦进入官场便不能保持他们的节操,正如来华的罗马天主教士史若瑟(Toseps Shih S·F)所观察到的:

> "一个儒生在正常情况下是注定要为政府服务的,并在他的职务上达到最高度的完美("止于至善")。然而,在某些时代,一个儒生不可能实现自己终生的规划,处于不得不牺牲或则自己道德的完整或则自己的政治事业。"(《利玛窦中国札记》中华书局1983年版第700页)

亦如西汉时贾山所说:"夫士修之于家,而坏于天子之廷。"(《汉书》卷五十一《贾山传》)以汉代一些著名儒者为例:叔孙通

"所事者且十主,皆面谀以得亲贵"(《史记》卷九十九《叔孙通传》)。公孙弘"徒怀诈饰智,以阿人主取容"(《史记》卷一百二十《汲郑列传》引汲黯语)。戴圣为九江太守,"行治多不法"(《汉书》卷八十六《何武传》)。匡衡为丞相,"专地盗土以自益"(《汉书》卷八十一《匡衡传》)。张禹"及富贵,多买田至四百顷,皆泾、渭溉灌,极膏腴上贾,它财物称是"(卷八十一《张禹传》)。欧阳歙任汝南太守,"贪赃千余万"(《后汉书》卷七十九《儒林传》上)。贾逵"不修小节,当世以此颇讥焉"(《后汉书》卷三十六《贾逵传》)。马融"达生任性,不拘儒者之节"。"为梁冀草奏李固,又作《大将军西第颂》,由是颇为正直所羞"(《后汉书》卷六十上《马融传》)。名儒尚且如此,一般士人就更不足论了。

除政治环境阻碍儒家道德规范的履行外,士人以经籍为主要学习内容,而经籍中虽有道德教训,但毕竟是观念性的东西,要转化为个人的道德行为还取决于多种条件的制约。特别是大多数儒生学习目的是获取官禄,而个人道德修养只要不是与选士直接有关的,就难以使人们自觉地努力上进,特别是在儒家的某些道德准则与个人的宦途发生矛盾的时候,更难使人们切实笃守这些道德准则。

尽管古代道德教育的目的无法彻底实现,为此正统儒者屡屡发出"世风不古"的感叹,但是这并不妨碍道德培养作为教育首要宗旨的地位。徐干在回答"苟有才智而行不善,则可取乎"的问题时说:

> "谓夫多少之间耳。且管仲背君事仇,奢而失礼,使桓公有九合诸侯一匡天下之功,仲尼称之曰:'微管仲,吾其被发现左衽矣!'……如愆过多,才智少,作乱有余而立功不足,仲尼所以避阳货而诛少正卯也,何谓可取乎?"(《中论·智行》)

徐干不仅指出在用人方面应考虑德才两方面的比例关系,即一方面水平提高,则对另一方面的要求可以相对降低,而且实际上还将道德规范划分为两个层次:低层次是必须要求达到而不能有半点含糊的,即不得有邪行乱举,像阳货、少正卯那样的人必须摒弃;高层次是应该努力提倡、然而不必强求人人作到的,如管仲虽有不义、非礼之举,但不妨碍他作为贤才而受到重用。如果作一大致划分的话,那么儒家道德规范中的"三纲"属于前者,而"五常"则属于后者。

"三纲"是封建礼教的核心,是维系封建等级制度和社会秩序的命脉之所在。齐景公听到孔子"君君、臣臣、父父、子子"的主张后赞许道:"善哉! 信如君不君、臣不臣、父不父、子不子,虽有粟,吾得而食诸?"(《论语·颜渊》)在封建时代,凡涉及"三纲"的行为准则都有国家刑律及乡里宗族的条规作强制性保障。犯"谋反"、"大不敬"或欺君忤旨之罪者均要遭杀身甚至灭门之祸。子孙不孝如被定为"大逆"之罪也会被处以极刑。西汉时王尊为美阳令,"取不孝子县磔其树,使骑吏五人张弓射杀之"(《汉书》卷七十六《王尊传》)。对于妇女"不贞"的惩罚也是相当惨酷的。实际上对违背"三纲"行为的惩罚要超过对谋杀、偷盗等一般刑事犯罪的惩罚,即使逢"大赦天下"之时,前者往往也不在赦免之列。直到清末,在西方资本主义列强入侵、中国封建制度发生根本危机的形势下,张之洞提出"中学为体、西学为用"的主张,力图调和新旧矛盾。他明确地将"三纲"看作是"中学"的核心,是"五伦之要,百行之源,相传数千年更无异义。圣人之所以为圣人,中国之所以为中国,实在于此"(《劝学篇·明纲》)。张之洞强调"三纲"绝不可无,正因为他十分了解"三纲"对于维护封建专制制度的至关重要性。

"五常"在很大程度上是属于理想阶段的道德规范。"五常"中的"仁"和"义"是儒家道德修养的最高目标,也是儒家道德的最高规范。然而"仁"和"义"过于笼统而不确定,难以作为行为的准绳,故多用于评判历史上的人物事件。"礼"的范围则包罗万象。除去与"三纲"直接相关的内容是所有的人必须遵守的外,不仅"礼"的宗旨和原则要求极高,而且行为方面的繁文缛节亦很少有人能够完全掌握并履行不误。"智"的水准本来就没有一个确定的界限,且"上智与下愚不移"的观点亦决定了不可能要求所有的人都能达到"智"。至于"信"的要求儒家本有认识上的分歧。孔子说:"人而无信,不知其可矣。"(《论语·为政》)但他又说:"言必信,行必果,硁硁然小人哉!"(《论语·子路》)孟子认为:"大人者,言不必信,行不必果,惟义所在。"(《孟子·离娄下》)由此可见,"五常"中任何一项均不是一般人必须达到的。王充说:"人有信者未必智,智者未必仁,仁者未必礼,礼者未必义。"(《论衡·问孔》)指出"五常"有深浅的不同,一个人性格和品德修养各有偏执,要全面具备"五常"就更困难了。弄清楚这一点,将有助于我们对古代道德教育的地位及其成效作出正确的估价。

(三)书本知识为教学主要内容

人类早期的教育都是进行生产和生活中的行为技能的传授,从所谓"燧人氏教民钻燧取火,有巢氏教民构木为巢"(《韩非子·五蠹》),"后稷教民稼穑"(《荀子·解蔽》)这些有关远古的传说中也反映了早期教育的情况。西周"六艺"——礼、乐、射、御、书、数,虽已脱离生产劳动,但仍属行为技能的训练。在当时没有专门的学术著作,只有一些官方的典籍文献的情况下,读书在教育活动中所占的比重是很小的。日人北村泽吉说：

> "《周礼》师儒之职，德行道艺，皆于实事上学习之，与后
> 世所谓学不同。即其所教六艺、六仪，亦皆在实地，效之觉之
> 而已。……三代所见之学，大学小学等类，亦非专事诵读讲说
> 之学也。"（《儒学概论》，商务印书馆民国十七年版，第十五
> 页）

　　春秋战国时期学术下移，有机会接触到文献典籍的人增多，私
家著述也开始出现，特别是自孔子开始整理校定"六经"之后，儒
家经籍的书本教学逐渐兴盛，但是传统的以实行为学的观念仍然
很有市场。例如子路就公开向孔子质疑："有社稷焉，有民人焉，
何必读书，然后为学？"（《论语·先进》）《墨子·贵义》记载："子
墨子南游使卫，关中载书甚多。弦唐子见而怪之曰：'吾夫子教公
尚过曰：揣曲直而已。今夫子载书甚多，何有也？'"《庄子·天道》
记载：轮扁讥笑桓公读书，以技艺的要领全靠"得之于手而应于
心，口不能言"为由，认为著之于书者皆"古人之糟魄"。即使是孔
子所言"学"也不专指读书，而包括道德行为在内。至荀子方将学
习的过程概括为"始乎诵经，终乎读《礼》"（《荀子·劝学》），开视
读书为学习的主要方式之端。

　　自汉代独尊儒术之后，儒家经籍上升为官方推崇的圣人之书，
成为士人学习研究的主要对象。教育内容由旧"六艺"到新"六
艺"（"六经"）的演变，也就是由行为技能训练到书本知识学习的
演变。王符说："工欲善其事，必先利其器；士欲宣其义，必先读其
书。"（《潜夫论·赞学》）朱熹说："为学之道，莫先于穷理，穷理之
要，必在于读书。"（《朱文公文集》卷十四）不仅经籍的学习完全以
读书为基础，与经学有关的史学、诸子学和文学也都离不开书本知
识，即使是文学创作，其基本功仍是大量阅读。"或问扬雄为赋，

雄曰：'读千首赋，乃能为之。'"（《西京杂记》卷一）此语为后人引申为"读书千遍，其义自见"。于是，教师教书、学生读书成为教学活动的基本形式。书读得多、读得精熟，既是才华和学问的象征，又是猎取功名富贵的必由之径，所以"万般皆下品，唯有读书高"，书本知识的学习取得了压倒其他一切知识技能学习的绝对优势。

正如毛泽东所指出的："一切真知都是从直接经验发源的。但人不能事事直接经验，事实上多数的知识都是间接经验的东西。"①特别是人们无法亲身接触到的经验，例如历史的和外域的知识，只能通过间接的方式获得，即使是人们可以直接体验到的东西，在多数情况下也不一定必须去亲身体验。刘向说："贵因人知而加知之，不贵独自用其知而知之。"（《说苑·谈丛》）掌握和利用他人的发现，要比亲自再重复这一发现过程省力而更有增益。间接经验的主要保存和传播工具就是书本。教育的职能既然在于传授人类社会生活所需要的一切知识和经验，那么教育内容由行为技能的训练转向书本知识的传授，应该说是一个历史的进步，它既符合社会文明发展的需要，也符合教育发展的一般规律。

书本知识的传授具有不大受客观条件制约的优点，只要有书读，有师教即可，甚至无师还可以自学，无书还可以由教师口授，因此，它的灵活性大、适应性强。倪宽"带经而锄，休息辄读诵"（《汉书》卷五十八《倪宽传》）。光武帝"当兵马之务，手不释卷"（《三国志》卷五十四《吕蒙传》注引《江表传》）。夏侯胜、黄霸身陷囹圄，"系再更冬，讲诵不息"（《汉书》卷七十五《夏侯胜传》）。皇甫谧"得风痹疾，犹手不辍卷"（《晋书》卷五十一《皇甫谧传》）。这都是需要一定场所、器具和身体条件的实地操作训练所无法作到

---

① 《毛泽东选集》第264页。

的。书本知识的教学面广，它无需教师进行个别的、手把手式的训练，教师可以采取"大都授"的方式同时传授众多的学生，还可以有为数更多的"私淑弟子"，这都是书本知识教学为古代教育的昌盛创造的有利条件。对书本知识学习成果的检查也可通过书面的命题考试形式，而且评定标准容易统一，便于复查，具有简便易行而范围又广的优点，对于国家选士制度来说，有其独到的长处，故越来越受到统治者的重视。汉代的孝廉科选士即有加试章句、笺奏的发展趋势，隋唐以后的科举考试则主要考查士人的书本知识（又以考试儒家经学的内容为主），逐步促成了"以读书为学道"（《癸巳存稿》卷二）的学风，这固然是由于儒家经籍适合封建社会经济政治的需要，因而为统治阶级所推崇决定的，但书本知识教学的优点也是其中重要原因。

以书本知识为主要教育内容还促进了相应的教学理论的发展。孔子说："温故而知新，可以为师也。"（《论语·为政》）"温故"即包括巩固地掌握旧有的书本知识在内。自汉代以后，人们都信守孔子提出的这一为师标准。例如汉成帝诏书说："儒林之官，四海渊原，宜皆明于古今，温故知新，通达国体，故谓之博士。"（见《汉书》卷十《成帝纪》）王充也指出："温故知新，可以为师；古今不知，称师如何？"（《论衡·谢短》）博通古今不仅为教师所必备，也是一切学者的努力目标。刘向说："博学多闻。"（《说苑·建本》）扬雄说："寡闻则无约也。"（《法言·吾子》）王充说："能博学问，谓之上儒。"（《论衡·别通》）不是以书本知识的学习为主，是不可能在理论上强调"博学"的。

不过，汉代经学尚处于发生阶段，重心放在发掘、整理、训释经文方面，当时经学教育虽然极盛，但注意研究学习和传授方法的人不多，也就是说，经师研究的重点在于经学本身，而不在于如何传授。汉代教育思想多表现在对教育的作用、意义、任务和内容的研究和辩论上,关于教学论的思想则不发达,很少就书本知识的学习和儒家经籍的内容特点,对如何更有成效地学习进行具体深入的阐述。当然,这不等于在实践中没有改善教学的努力。汉代已出现了"传"、"说"、"谱"、"略"、"解"、"释"、"训"、"诂"、"笺"、"问"、"条例"、"目录"、"章句"、"要旨"等各种类型的经学著作,它们分别具有类似于教科书、教学参考书、补充教材、工具书和教学大纲的功效,既是经学研究成果,又是为经籍传授服务的;既是教学内容,又代表着各种类型的教学方式,具有促进对书本知识更好地理解和掌握的重要价值。至宋代以后,理学家不仅重视读书和读什么书,而且重视如何读书,于是关于读书程序、读书原则和读书方法的论述大量出现,以朱熹论读书法影响最大。书本知识的学习传授至此达到相当完善的程度,这也是自汉代以来经籍教学经验积累的结果。

以书本知识为主要教学内容与道德培养居于首位并不矛盾。儒家历来将读圣贤之书视为道德修养不可缺少的项目。荀子将诵经、读《礼》视为学之"数",将从"士"修行至"圣人"视为学之"义","数"是"义"的组成部分。董仲舒说:"夫义出于经。经传,大本也。"(《春秋繁露·重政》)仲长统说:"教化以礼义为宗,礼义以典籍为本。"(《群书治要》卷四十五引《昌言》)韩愈亦将《诗》、《书》、《易》、《春秋》列入仁义道德之"文"。朱熹在《白鹿洞书院揭示》中更为明确地指出:

> "圣贤所以教人之法,具存于经。有志之士,固当熟读而问辨之。苟知其理之当然,而责其身以必然,则夫规矩禁防之具,岂待他人设之,而后有所持循哉?"(《朱文公文集》卷七十四)

从道德教育的角度说,一个人的道德行为出自道德观念和道德情感的支配,即需要别是非、明好恶,而经籍中所记载的关于道德规范的论述及前人道德行为的事例,对于树立道德观念和道德情感来说无疑具有相当大的作用,有助于形成"人诵先王言也,下畏逆顺执也"(《后汉书》卷七十九《儒林传》下)的强大的道德舆论。所以在儒家教育中,道德培养与经籍传授历来被视为统一体。此外,儒家经籍还包含着从事社会政治活动和日常生活中所需要的大量知识和经验,经籍教学兼有德育和智育两个方面的作用。

但是,儒家经籍作为书本知识来说,毕竟与"德"尚有一段距离,只是"才"的一部分。书读得多,读得好,不见得品德自然高尚,也不见得就能胜任实际事务。汉代独尊儒术的局面确立后,儒生大批进入政界,书本知识与实际才干脱节的矛盾也尖锐起来。盐铁会议上大夫指责"儒者口能言治乱,无能以行之"(《盐铁论·能言》)。大夫说:"今文学言治则称尧舜,道行则言孔墨,授之政则不达,怀古道而不能行,言直而行之枉,道是而情非。"(《盐铁论·相刺》)王充也猛烈批评了那些"以为载于竹帛上者,皆圣贤所传,无不然之事,故信而是之,讽而读之"(《论衡·书虚》)的俗儒,指出这些人"即徒诵读,读诗讽术,虽千篇以上,鹦鹉能言之类也"(《论衡·超奇》)。这些批评是切中儒学教育脱离实际的要害的。

书本知识既然是人类社会生活经验的积累和总结,本来不应该与现实生活有大的矛盾。其所以有这样的矛盾,是由于儒家崇古、法古思想的影响。按照这种思想,书籍越古越有权威性。中国封建时代的教材,其主要部分就是成书于汉代以前的儒家经籍。甚至算学、医学等专科所使用的教材,也都是诸如《周髀算经》、《黄帝内经》之类的古籍。当代人的著述能够在当代成为通行教材的事极为罕见,仅有孔颖达的《五经正义》、王安石的《三经新义》等少数几种,连朱熹的经说也是在元代以后才被官方正式推广为通用教材的,况且经说只能算是经籍的辅助教材。至于各代都有一些诗文论著在当世即广为流传,然而不属于教材之类。这样,一方面,古代教育以书本知识为主要内容,书本知识又几乎全是远离当世的古籍;另一方面,古代教育的宗旨又是世俗的、实用性的,它必须为现实社会生活、首先是为现实政治服务,这种现实的教育宗旨与陈旧的教育内容之间不可避免地要发生矛盾。况且封建统治者依据对经籍的书本知识的掌握程度来选拔人才,而选拔上来的人才却是充任政府官员,要求他们具有道德水准和处理实际政务的能力。如魏源所说:"有位与有德,泮然二途;治经之儒与明道之儒、政事之儒,又泮然三途。"(《魏源集》,中华书局1976年出版,第23页)学术型人才、道德型人才和管理型人才之间本有很大的差别,硬要以前者充任后者的职责,其结果必然是"所学非所用,所用非所学"。苏辙说:

> "西汉自孝武之后,崇尚儒术。至于哀、平,百余年间,士之以儒生进用,功业志气可纪于世者,不过三、四。"(《栾城集》卷二十《私试进士策问二十八首》)

后代的情况也不会有多大的好转。从西汉时大夫指责儒生"明枯竹、守空言,不知趋舍之宜、时世之变"(《盐铁论·利议》),到唐代李白《嘲鲁儒》:"鲁叟谈五经,白发死章句。问以经济策,茫如坠烟雾。"(《李太白全集》,中华书局1977年出版,第1157页)直到清代颜元指责官方正统教育是"率天下入故纸中,耗尽身心气力,作弱人、病人、无用人"(《朱子语类评》),对教育内容不切实用的批评不绝于耳。只是由于中国封建社会的经济基础和上层建筑长期没有根本的变化,使这种教育内容总体上始终能够适应

20世纪儒学研究大系

社会的需要。特别是中央集权制的政府需要用选士制度来补充官员队伍,而能够进行统一考试的最有效方式就是考书本知识和笔墨文字,考试又需要保持高度的稳定性和规范性,在这种情况下,旧的教学内容很难发生重大变化。

具有高度稳定性的传统经籍教学对古代学风也有很大影响。学者将毕生的精力灌注于经籍的字里行间,追求的是个人学术上的造诣和个人道德的完善。在正统儒家看来,"学"的首要目的是修己,治人只是个人学业和道德发展的一种必然延伸罢了,至于那些为学只是追求个人功名富贵的人,实际上也是从另一个角度遵循学为己用的原则的。所以,封建时代的教育完全是以个人为中心的。如朱熹所说:

"为学勿责无人,为自家剖析出来,须是自家去里面讲究做工夫,要自见得。"(《朱子语类》卷八)

儒家十分重视对个人心性的研究,在学习态度上强调虚心、刻苦、专精和有恒,在教学原则上强调身教、启发、因材施教和教学相长,无不以充分调动学者的主观能动性和充分发挥个人的最大潜力为宗旨。总的看,儒家的伦理道德是注重整体关系而抑制个性的自由发展的,儒家的教育方法则是首先着眼于个体而不是群体的,其目的正是要将每一个体塑造成为群体中的和谐因子,无论从德育还是智育的角度说,都有利于教育实践和理论发展的一面。不过,由于学者局限于儒家经籍的学习内容,治学又主要是个人的、内向的功夫,所谓"学"、"思"、"习"、"行"均是以个人为中心的,即使是向外界学习,也主要是指"求师"、"择友"而言,不大重视对客观事物的观察研究。董仲舒就公开反对"传于众辞,观于众物"(《春秋繁露・重政》),宋明理学家更是提倡"居静"、"潜思"。朱熹说:"关了门,闭了户,把断了四路头,此正读书时也。"

(《朱子语类》卷十)在这种情况下,最受称道的是"三年不窥园"(《汉书》卷五十六《董仲舒传》)、"侍讲积年,未尝转眄"(《后汉书》卷六十四《卢植传》)以及头悬梁、锥刺股之类专精苦读的精神,终于发展为"两耳不闻窗外事,一心只读圣贤书"。这种态度适应于学习研究书本知识,特别是学习研究不大受现实生活变化影响的多年不变的古籍。因此,古代学者在训诂考据、探隐索微的文字功夫上创造了极高的成就,但在对自然和社会现象的观察和研究方面却很难有科学的深化。除封建专制制度及儒家思想本身的束缚外,过于注重向书本学习,缺乏对外界客观的观察和实验,也是中国封建社会后期科学文化日趋落后的一个重要原因。

(四)学校教育是社会教育的组成部分

儒家论"教",通常是就整个的社会教育而言,又称为"教化"。孔子将"庶"、"富"、"教"作为立国的三大要素,孟子将"善教"作为得民心的手段,"教"的对象都是广大民众。《白虎通·三教》指出:

> "教者,效也。上为之,下效之。民有质朴,不教不成。故《孝经》曰:'先王见教之可以化民。'《论语》曰:'不教民战,是谓弃之。'《尚书》曰:'以教祗德。'《诗》云:'尔之教矣,欲民斯效。'"

这里概括了儒家经籍关于教化的基本观点。教化的实施无论从内容上还是形式上都远远超出一般学校教育的范围,它实际上就是儒家社会政治学说的宗旨。也就是说,国家全部政治措施都应该体现于实现教化上,如立君臣、别上下、定制度、兴礼乐、明人伦、恤民生、劝善惩恶、尚贤使能等等,无一不带有教化的色彩,甚至"征伐外夷"的军事行动,也是为了扩大"王教"的影响。《礼记·中庸》:"修道之谓教。道也者,不可须臾离也。"教化是实现儒家之道的基本途径,道不可离,教亦不可失。

教化的观念适应于中国古代建立在家庭和宗族基础上的社会结构。封建制度是家长制的扩大,从皇帝到各级长官,都被视为民之父母,它固然表现出特权和压迫的本质特征,但也产生出教民如教子的思想。孔子说:"不教而杀谓之虐,不戒视成谓之暴。"(《论语·尧曰》)孟子也说:"不教民而用之,谓之殃民。"(《孟子·告子下》)教化的特点是防患于未然,通过正面教育的熏陶、榜样的示范、环境的感化和社会舆论的力量,使人们形成良好的道德习惯,自觉地而不是被迫地、甚至无意识地而不是有意识地将自己的思想行为纳入封建伦理纲常的轨道,达到孟子所说的"民日迁善而不知为之"(《孟子·尽心上》),贾谊所说的"使民日迁善远罪而不自知"(见《汉书》卷四十八《贾谊传》)那样一种理想的社会状态。总而言之,教化的目的在于建立良好的社会习俗,即董仲舒所说的"教化成而习俗美"(《董仲舒传》卷五十六),使社会各阶层的成员都能各安其位,自觉地遵守统治阶级所规定的制度和行为准则,从而确保封建王朝的长治久安。王符说:"人君之治,莫大于道,莫盛于德,莫美于教,莫善于化。"(《潜夫论·德化》)教化是儒家教育为封建政治服务和以道德培养为首位的集中表现。

儒家认为"教"的本质就是"效"。《春秋纬·元命苞》:"教之为言,效也,上为下效,道之始也。"(《太平御览》卷三百六十引)《说文解字》亦将"教"定义为"上所施、下所效"。要使民众归化,政治上的清正和上之人以身作则是基本前提。孔子说:"政者,正也。子帅以正,孰敢不正?"(《论语·颜渊》)陆贾说:"未有上仁而下残,上义而下争者也。"(《新语·无为》)董仲舒认为除圣贤之外，"父不父则子不子，君不君则臣不臣"（《春秋繁露·玉杯》），因此以身作则首先应从君主做起。贾谊指出，君主如能做到"德智长而治道得"，"则百姓黎民化辑于下矣"（见《汉书》卷四十八《贾谊传》）。除君主外，各级官员的德行，特别是各级地方长官的表率作用对教化的影响极大，这是儒家强调尚贤使能的一个主要原因。孟子说："尊贤使能，俊杰在位，则天下之士皆悦。"（《孟子·公孙丑上》）尚贤使能的作用决非仅限于为国家网罗一批贤才而已，更深远的影响是表现在劝勉天下之士上。而尚贤使能又是兴学和选士的思想出发点，这样，包括学校教育在内的各种制度措施和思想观点，都融合于教化的总方针之中。

从狭义说，教化主要指旌德扬善的活动。汉惠帝时"举民孝弟力田者复其身"（《汉书》卷二《惠帝纪》），文帝时"赐三老、孝者帛人五匹，悌者、力田二匹"（卷四《文帝纪》），均属此类表彰措施。汉代从乡、县到郡国都有"三老"的设置，负责地方教化事务。《后汉书·百官志》："三老掌教化，凡有孝子顺孙，贞女义妇，让财救患，及学士为民法式者，皆扁表其门，以兴善行。"三老以"有修行，能帅众为善"（《汉书》卷一《高帝纪》上）的乡里德高望重者担任，既是一种享受政府优待的荣誉称号，又负有教化乡民的职责。如果民风不正，则三老有失职之咎。司马相如草谕中有"让三老孝弟以不教诲之过"（见《汉书》卷五十七下《司马相如传》）的话。韩延寿入守左冯翊，属下高陵县民有昆弟相与讼田自言，延寿耻其骨肉争讼，"令丞、啬夫、三老皆自系待罪"（《汉书》卷七十六《韩延寿传》）。可见自汉代始，教化之务已初步形成制度。

自汉代确定独尊儒术的地位和建立国家教育制度之始，兴学校即被视为行教化的重要措施。董仲舒指出："太学者，贤士之所关也，教化之本原也。"（见《汉书》卷五十六《董仲舒》）汉武帝在令议置博士弟子的诏书中明确其目的为"崇乡党之化,以厉贤材焉"(见《汉书》卷六《武帝纪》)。厉贤与崇化本是紧密相关的,贤士使道德和学识体现在具体的人身上,成为活生生的典范,而国家兴办学校、造就贤材并加以选拔录用,也就为所有的人提供了效法的榜样和努力的方向,从而导致整个社会崇学重道、归于教化,其作用和影响远远超出学校教育本身的范围。所以汉代对太学作用的认识多是强调在教化方面的意义。如汉成帝诏书言:"古之立太学,将以传先王之业,流化于天下也。"(见《汉书》卷十《成帝纪》)朱浮说:"夫太学者,礼义之宫,教化所由兴也。"(见《后汉书》卷三十三《朱浮传》)鲁恭说:"学宫,传五帝之道,修先王礼乐教化之处。"(见《后汉书》卷二十五《鲁恭传》)可见儒家的兴学目的中,推崇教化要高于培养贤才,这也是封建官学尽管培育贤才的成效并不十分理想,但却能够得到充分的重视和发展的一个原因。历代的京师由于有最高学府的存在,成为学术文化和教育的中心,是天下学者士人向往和云集之处,确实在推进教化、顺导人心方面发挥了巨大作用。

除中央官学外,地方学校同样是实施教化的得力工具。《汉书·食货志》叙古制:"里有庠而乡有序,序以明教,庠则行礼而视化焉。"自汉代始,地方官学不仅教授生徒,而且面向社会,更侧重于推广礼教、移风易俗。韩延寿"令文学校官皮弁执俎豆,为吏民行丧嫁娶礼,百姓遵用其教"(《汉书》卷七十六《韩延寿传》)。李忠"以丹阳越俗,不好学,嫁娶礼仪,衰于中国。乃为起学校,习礼容,春秋乡射,选用明经,郡中向慕之"(《后汉书》卷二十一《李忠传》)。实际上地方学校承担社会教化职责的比重要超过培育人才的职责。

学校教育为整个社会教育即教化的有机组成部分,是使中国古代教育非贵族化的重要原因。中央集权的君主专制制度抑制着贵族势力的发展,使之难以在政治上获得支配地位,亦难以形成巩固的贵族教育体系。而儒家以教为"政之本"(《春秋繁露·精华》),主张"德教之被四海"(《汉书》卷五十六《董仲舒传》)的观点,则是导致教育非贵族化的思想渊源。既然客观上需要将教化施及于尽可能多的民众和尽可能广的地域,努力做到"无不教民也"(《白虎通·辟雍》),那么在思想上和制度上也必须为此创造条件。

人性论是儒家论述教育作用的理论出发点。能够致力于对普遍的或共同的人性进行探讨,这本身就是贵族政治瓦解之后的新气象。尽管儒家各派学者对于人性的看法众说纷纭、莫衷一是,但在强调教育对绝大多数人的决定性作用这一结论上却基本一致。孟子讲性善,却强调必须通过教育来"求放心"(《孟子·告子上》)。荀子讲性恶,却肯定"注错习俗,所以化性也"(《荀子·儒效》)。扬雄讲性善恶混,认为"修其善则为善人,修其恶则为恶人"(《法言·修身》),完全取决于教育的作用。持性三品说者,则以阐述占人口绝大多数的"中人"的可塑性为重点。董仲舒不把"圣人之性"和"斗筲之性"谓之"性",认为谈"性"应该专指"中民之性"。荀悦将教化作用归结于"中人"身上。他说:"若教化之废,推小人而坠于小人之域;教化之行,引中人而纳于君子之涂,是谓章化。"(见《后汉书》卷六十二《荀淑传》)这句话后来为朱熹所引用教诫弟子。(见《朱子语类》卷一百八)这些关于人性及教育作用的观点反映了教化的需要,又为推广教化提供了理论根据。

总体上说,"有教无类"和建学校"以养天下之士"的原则支配着中国封建时代的教育。汉代的太学和地方官学都是以"民"为招生对象的,公卿子弟则缺乏入学受教的积极性,这种现象后来一

直存在。魏齐王正始中,刘靖上疏说:

> "自黄初以来,崇立太学,二十余年,而寡有成者。盖由
> 博士选轻,诸生避役,高门子弟,耻非其伦,故无学者。……宜
> 高选博士,取行为人表,经任人师者,掌教国子。依遵古法,使
> 二千石以上子孙,年从十五,皆入太学。"(见《三国志》卷十五
> 《刘馥传》)

刘靖的建议被朝廷拒纳,①说明太学的平民化特点不是轻易
可以改变的,但也反映了"高门子弟"要求有符合自己身份的学校
的愿望。从西晋到宋代一度出现过为官僚贵族子弟开设的学校,
其中确有"殊其士庶,异其贵贱"(《南齐书》卷九《礼志》上)的等
级观念的影响,但是这种等级划分主要着眼于政治上,而不是教育
上:

第一,这一时期仍为庶人子弟提供学习深造的场所。两晋南
北朝时期国子学与太学一度并立,分别招收官僚子弟和平民子弟。
如曹思文所说:"贵贱士庶皆需教,国学太学两存之可也。"(同上)
唐代的四门学亦以大部分名额招收"庶人之俊异者"。尽管平民
子弟与官僚贵族子弟之间存在着实际上的入学机会不均等,但从
原则上说,任何具有一定德行和学业基础的人都有资格入学受教。

第二,各种等级的普通学校在学习内容和程度上并没有什么
区别,都是学习儒家经籍,进行封建伦理道德的修养。不存在招收
上等门第学生的学校学习层次较高的知识,招收下等门第学生的
学校学习层次较低的知识的现象。有时,高等级学校的教育程度
甚至低于普通学校。如东晋孝武帝立国子学,"增造庙屋一百五

---

① 《宋书·礼志》录此疏,言为刘靖之父刘馥所上。朝廷"不从"。按
刘馥死于正始前,上疏者当为刘靖。《礼志》误。

十五间,而品课无章,士君子耻与其列"(《宋书》卷十四《礼志》)。唐代学生门第最高的弘文馆和崇文馆,最初以习书法为主,虽兼讲经史,但要求很低。直至天宝十四年(公元755年),才规定馆生依国子监学生例帖试。儒学既然是为封建地主阶级服务的政治和理论工具,那么任何人掌握它都只会对统治阶级有利,没有必要把它变成少数人的专利品。

第三,即使是面向官僚贵族子弟的学校,也并非绝对排斥庶人子弟。唐代规定:"诸学生通二经,俊士通三经,已及第而愿留者,四门学生补太学,太学生补国子学。"(《新唐书》卷四十四《选举志上》)学生既然可以递补到高等级学校,各学校实际上也就没有严格的门第界限了。这种递补仍是象征政治地位的提高,与现代意义上的升学并无相同之处。至元代以后,学校招生的门第限制就被完全取消。列宁指出:

"阶级学校决不以阶级限制为前提,因为阶级与等级相反,阶级总是使个人保持从一个阶级转入另一个阶级的完全自由。"①

这一论断是适用于中国封建时代教育的情况的。既然历代均不乏庶族寒士出身而跃居公卿大夫之高位者,那么平民子弟始终可以有入学受教的机会也就不足为怪了。教育的阶级性主要反映在培养什么样的人和进行什么样的教育上,而不取决于招生对象的阶级出身。

在教化方针的指引下,古代办学途径也具有多样化的特点。汉代独尊儒术之后,政府大力兴办官学,与此同时也鼓励地方和私人自行办学。如地方官学就是由文翁首创,而得到汉武帝的肯定

---

① 《列宁全集》第2卷,第405页。

和推广的。汉代太学、郡国学和私学之间虽无制度上的衔接关系，但联系也很密切，太学生出路之一便是充任郡国文学官，亦多有自立私学教授者，郡国学官和私学经师也常有入朝为太学博士者。据《后汉书·儒林传》所载：杨伦少为诸生，后为郡文学掾，复特征博士；魏应诣博士受业，除济阴王文学，以疾免官，教授山泽中，永平初为博士。后世亦保持这一传统，如北宋著名教育家胡瑗先以经术教授于吴中，被范仲淹聘为苏州郡学教授，后又应召到京，任国子监直讲。师资的交流也说明官学与私学是相辅相成的。

古代的官学由于与功名利禄直接相关，往往不能起到增进学生道德和学识的作用。朱熹批评当时的太学"但为声利之场，而掌其教事者，不过取其善为科举之文而尝得隽于场屋者耳"。在太学中，"师生相视，漠然如行路之人；间相与言，亦未尝闻之以德行道艺之实"（《朱文公文集》卷六十九《学校贡举私议》）。官学既然沦为声利之场，那么学术气息比较浓厚一些的私学和书院则起到教育上的补充作用。黄宗羲指出：

> "其所谓学校者，科举嚣争，富贵熏心，亦遂以朝廷之势利一变其本领。而士之有才能学术者，且往往自拔于草野之间，于学校初无与也，究竟养士一事，亦失之矣。于是学校变而为书院。"（《明夷待访录·学校》）

各类学校教育的主要内容既然都是儒家经学，其宗旨都是钻研道德学术，有利于推广教化，民间办学不仅与统治阶级利益相符合，还可以省去政府大笔办学开支，所以，除北魏太武帝、唐玄宗等个别统治者禁止私学，实属偏执之举；明代四毁书院，实因政治斗争所致外，历代统治者对民间自办的各类学校一般采取容许和鼓励的态度。特别是在官学由于政治原因和物质条件之限而一时无法大规模兴办之时，民间自办的学校更是维系教化所不可缺少的设施。如宋初书院兴起时,政府赐书赐匾以示嘉奖,就是出自这种考虑,在一定程度上促进了书院的发展。

在崇儒学、重教化的社会风气下,兴学设教历来被视为大的德行善举;对于个人来说,它既可以作为获得声望以图进取的资本,又能够网罗人才以为己援、扩大个人的政治势力,至少也能作为谋取生计的职业,所以官方和民间人士均有办学的积极性。历代出现了多种途径的办学形式,如政府办的太学、各类专门学校及郡县学,经师大儒办的私学、精庐,私办官助的书院,乡里、家族办的社学、族学,地方个人或团体集资办的义学以及依靠学费为收入来源的各类私塾、书馆,等等。办学形式的多样性是中国传统教育事业高度发达的一个重要表现。各类学校都是整个社会教育的组成部分,它们产生的途径不同,教学内容和方式各有差异,但除去少数传习专门技能的学校外,均以儒家经籍和伦理道德教育为主,为封建国家的教化活动作出了相应的贡献。

(五)培养人才与选拔人才的紧密结合

封建时代学校的培养目标主要是作为政府官员的治术人才。如果培养出来的人才不能通过有效途径为政府所选拔录用的话,那么学校教育活动在很大程度上就失去了意义,也难以吸引学生入学;而国家要选拔贤才补充官员队伍,如果没有学校的培养,所需要的贤才亦难以得到保证。所以董仲舒说:"少则习之学,长则材诸位。夫不素养士而欲求贤,譬犹不琢玉而求文采也。"(《汉书》卷五十六《董仲舒传》)范仲淹也指出:"当太平之朝不能教育,俟何时而教育哉? 乃于选用之际患才之难,亦由不务耕而求获矣。"(《范文正公文集》卷八《上执政书》)育才和选才在古代教育中是不可分割的统一体。

汉代建立学校教育制度之始,官学即为国家选士之一途。"汉制,郡国举士,其目大概有三:曰贤良方正也,孝廉也,博士弟子也。然是三者在后世则各自为科目,其与乡举里选又自殊涂矣"(《文献通考》卷二十八)。汉代太学生完成学业后,即可根据考试的等级名次获得相应的官职,而地方官学和私学出身的人则通过郡国察举或朝廷直接征召的途径入官。随着中央集权制的不断加强,国家需要通过考试录用的形式将选士大权牢牢控制在中央政府之手,于是有了"诸生试家法,文吏课笺奏"的作法。王昶说:"考试犹准绳也,未有舍准绳而意正曲直,废黜陟涉而空论能否也。"(《三国志》卷二十七《王昶传》)统治阶级重视考试,导致科举制度的产生。科举制以考试成绩为主要取舍根据,使选拔人才实际上专重于个人的才学(主要是儒家经籍的书本知识),而才学的增进离不开教育。以"学而优则仕"这句传统口号为例,"学"代表教育活动,"仕"通过选士制度的途径实现,而"优"则主要看儒家经学的造诣。这样,培养人才与选拔人才就在儒家经术的统一标准下紧密结合起来。取士本自学校的传统儒家观点始终很受统治阶级的重视。唐玄宗时规定举人必由国学和郡县学。王安石更是明确指出:"古之取士皆本于学校,故道德一于上,而习俗成于下,其人材皆足以有为于世。"(《临川先生文集》卷四十二《议改科条制礼子》)他在太学创行"三舍法"取士的制度,宋徽宗时更一度推广到地方官学而取代了科举考试。明清两代,参加科举乡试的人必须是地方官学生员("秀才"),乡试及第的举人及国子监的生员才有权参加礼部会试,这样,取士对象就完全是具有学历的人了。

选才必须以育才为基础,而育才归根结底是为选才服务的。

对统治阶级来说,兴学设教、培育人才虽是治国的根本大计,而选拔人才补充政府官员队伍,则是关系到国家政权建设的关键措施,前者缓而后者急;对个人来说,求学以进德修业固然是崇高的事业,而入仕则不仅是获得富贵的必由之路,也是施展才智的基本前提,前者远而后者近,所以学校教育总是从属于选士制度的。两汉魏晋南北朝,官学是选士的一个方面,可以直接由此入仕;隋唐以后,官学则成为科举的一个中间环节,学生最终必须通过统一的科考才有可能作官,这样,学校就完全成为了科举的附庸。

学校教育为选士服务滋长了读书人强烈的名利观念,学成即意味着要作官,作官即意味着功名富贵的获得。孔子说:"学也,禄在其中矣。"(《论语·卫灵公》)宋代《劝学诗》中更有"书中自有千锺粟,书中自有黄金屋,书中自有颜如玉"之类露骨的利诱词句。统治者亦不掩饰这种以富贵来笼络知识分子为己服务的意图。汉高祖求贤诏中即有"贤士大夫有肯从我游者,吾能尊显之"(《汉书》卷一《高帝纪》下)的许诺。应该看到,功名利禄对于激励人们努力学习深造来说,确实是一种强大的动力。而且在古代,个人事业上的成就很大程度上取决于政治地位的高低,如果没有相应的官职的话,"治国平天下"不过是一种空想而已,而作官又必然带来富贵,所以很难将功业与名利严格区分开来。《荀子·大略》:"学者非必为仕,而仕者必如学。"实际上除去少数潜心治学的人外,追求功名富贵是一般士人学习的最基本动机,也可以说是联系国家选拔人才和士人努力成才之间的纽带,在当时的条件下,它对学术和教育发展的促进作用是不可否认的。"一经说至百余万言,大师众至千余人,盖禄利之路然也"(《汉书》卷八十八《儒林传赞》)。班固这一概括可以说反映了整个封建时代教育状况。王安石更直率地指出:

"人之情所愿得者,善行、美名、尊爵、厚利也,而先王能操之以临天下之士。天下之士有能遵之以治者,则悉以其所愿得者以与之。士不能则已矣,苟能,则孰肯舍其所愿得,而不自勉以为才?"(《临川先生文集》卷三十九《上仁宗皇帝言事书》)

如果国家选士制度能够保证所选之士基本上都是贤才的话,那当然能使人"自勉以为才",然而实际上选士制度达不到这一点。首先,一个人的德行、学识和才干是在长期的实践中形成并不断提高的,也只有在长期实践中才能得到考验和鉴别,仅凭一时的选士措施很难作出全面而准确的判断。特别是科举考试仅凭几场试卷的书面成绩定取舍,更不足以反映一个人的真才实学,况且评定试卷要求统一和规范化,也不可能鼓励人们在考试中充分施展才学。其次,任何制度都要由人去执行,也都是有空子可钻的,而封建时代的官员很难作到坚持原则、秉公办事。在选士过程中,负责官员的个人好恶及对利害得失的考虑往往对取舍起决定作用,徇情舞弊的现象在所难免。这样,即使是符合国家选士标准的人也未见得就能被选中,所以历代关于"选举不实"的抗议声不绝于耳,科场案件亦屡兴不止。由此可见,选士与进贤之间不能划等号。对于大多数人来说,在修德进学以成贤才和科场及第以取富贵之间如果不能统一的话,他们宁可要后者而不要前者,至少也得先取后者再求前者,学校教育必然要受士人的这种学习动机所支配。

从教学内容上说,选士所要求的考试内容即是学校教育的内容,这本是独尊儒术后儒学同时作为培养人才和选拔人才的主要标准的结果,只是在选士制度的支配下,士人学习的内容又被进一步局限在仅与选士有直接关系的范围内。汉代重视师法家法,举孝廉要"诸生试家法"，于是从五经博士到绝大多数经师均"各以家法教授"。唐代修《五经正义》颁于天下，每年明经依此考试，实为官方统一的家法，学者自然依此为本，而不复他顾。当时又将儒经分为大、中、小三类，科举的明经考试由考生按规定的要求自行选定。但经的分类并不尽合理，如《礼记》与《左传》同为大经，而《礼记》相对来说篇幅少且易读通，所以"人皆竞读"，反之，"习《左氏》者十无一二"。同样的道理，《仪礼》、《周礼》为中经，难度大于同为中经的《毛诗》；《公羊传》、《穀梁传》为小经，难度大于同为小经的《周易》、《尚书》，所以"两监及州学以独学无友，四经殆绝"（《唐会要》卷七十五）。即便均是儒家经籍，学者亦要挑肥拣瘦，以求用力少而收益大，教学内容受科举支配由此可见一斑。宋代王安石鉴于学者死守旧注疏的弊病，主持撰写《三经新义》，意欲为学者树立开创钻研经籍义理新途径的典范。但由于《三经新义》取代了旧注疏而成为科举取士的权威书籍，其结果是"学者不复思索经意，亦不复诵正经，惟诵安石、惠卿书，精熟者辄为上第"（《续资治通鉴长编》卷二百六十五）。明清科举专重八股文，士人也是往往连经史都不读，而专门钻研所谓"房稿"、"程墨"之类的科考范文类编。顾炎武说：

　　"天下之人，惟知此物可以取科名，享富贵，此谓之学问，此谓之士人，而他书一切不观。……举天下而为《十八房》之读，读之三年五年而一幸登第，则无知之童子，俨然与公卿相揖让，而文武之道，弃如弁髦。嗟乎！八股盛而六经微，《十八房》兴而《二十一史》废。"（《日知录》卷十六《十八房》）

　　既然只是举业文字与功名富贵有关，人们趋之若鹜而不求他进，恐怕也是无法避免的现象。

　　从教学方式上说，学校教育为选士服务使呆读死记成为最基本的学习方式。独尊儒术使经籍上升到神圣的地位，对经文的任何歪曲附会都是不可容忍的。所以历代统治者均重视经义的规范性和经说的权威性，反对"己说"和"臆断"，这一思想必然体现于选士制度中。从汉代的恪守师法家法，到唐宋以后以官方经义为准均是如此。明清的八股文考试亦强调"代圣贤立言"，不准以作者本人身份说话。这样一来，创见全被扼杀，照本宣科成为应付考试最省力而又最保险的方式，"务记览，为辞章，以钓声名利禄"，可说是贯穿于整个封建时代教育的通病。

当然，没有必要的记诵，也就不可能掌握书本知识，但是记诵只是学习进一步深化的前提，而不能成为学习的主要成分。呆读死记的学习不过是一种机械的强化记忆活动，是任何具有基本阅读能力的人都可以作到的。它不需要动脑筋思考，甚至也不是非求师问教不可，只要手头具备有关教材，然后个人下死功夫去记诵就行了，这样就使从事日常教学活动的必要性大为降低。唐代赵匡上书批评科举制度使"修习之时，但务钞略；比及就试，偶中是期，业无所成，固由于此，故当代寡人师之学"（《文献通考》卷二十九），这也是韩愈写《师说》以恢复师道的主要原因。宋代大力兴学，但学生入学的目的主要是取得参加科举考试的资格（"取解"），所以通常只是临近考期才来学校，"及科场罢日，则生徒散归，讲官倚席"。"居常讲筵无一二十人听讲者"（《文献通考》卷四十二）。

在日常教学活动越来越难开展的情况下，保证学生按规定完成学业唯一有力措施就是考试。学校的考试又与选士密切相关，这样，考试制度实际上就成为古代学校、尤其是官学中最重要的制度。董仲舒倡立太学，强调"数考问以尽其材"，公孙弘等关于置博士弟子的具体建议中，与教学活动有关的也只有"一岁皆辄试，能通一艺以上，补文学掌故缺；其高第可以为郎中者，太常籍奏"
的考试选拔方法。古代官学中考试制度的发展完善要超过其他任
何教学制度。汉代创立了分甲乙科射策的考试形式。唐代官学则
已有了"旬考"、"月考"、"岁试"等定期考试，其形式有读书、帖
经、问大义等，并有了评定成绩的规定。宋代太学行三舍法，也是
通过"私试"，"公试"等一系列考试来决定学生的升降取舍。由于
与选士直接相关，还规定由政府派人监考，并采用科举考试中所使
用的"弥封"、"誊录"制度。明清的官学完全纳入选士系统，学校
的入学考试(院试)和毕业考试(科试)实为科举的两级预备考试。
学校的日常教育活动实际上仅限于月课、岁考以及每月两次的祭
奠礼仪活动而已。清代则索性允许部分学生可以不再学肄业。如
严复在《论治学治事宜分二途》一文中所指出的：

> "自学校之弊既极，所谓教授训导者，每岁科两试，典名
> 册、计赀币而已。师无所谓教，弟无所谓学，而国家乃徒存学
> 校之名，不复望学校之效。"(《严复诗文选》，人民文学出版社
> 1959 年出版，第 128 页)

考试是了解和检查学生的学习情况、督促学生努力学习、巩固
地掌握所学知识技能的重要手段，也是选拔人才的重要方式，其积
极作用是不可抹煞的。但它毕竟只是一种手段和方式，而不应该
是目的本身，然而在历代教育的现实中，手段和目的却被颠倒了。
由于考试带有最终评价性的行为特征，常常伴随有与个人利害得
失有关的结果，如升降、取舍等，因此往往不可避免地使学生将考
试成绩视为学习的目的所在。鉴于学生对考试的高度重视，考试
又有内容和形式上的局限性，其实施效果难以与培养和选拔人才
的需要完全协调一致，所以消极作用也会很大。除去滋长学生的
名利思想和呆读死记、投机取巧的学风冲击正常的教学活动之外，

考试总要依成绩而定高低,并奖优黜劣,尤其是在古代选士名额有限,且又关系到个人前途地位的情况下,更增加了士人之间的激烈竞争,以至奔竞、行贿、互相攻讦和拆台的作法盛行于学校之中,严重败坏了士风,也是与儒家以道德为先,重义轻利的传统相抵触的。汉代张衡批评考试章句的作法是"舍本而取末",不利于提倡德行。北宋杨时指出:"学校以分数多少校士人文章,使之胸中日夕只在利害上,如此作人要何用?"(《龟山语录》卷四)程颐提出"改试为课"的建议。他说:"旧制,公私试补,盖无虚月。学校礼义相先之地,而月使之争,殊非教养之道。请改试为课,有所未至,则学官召而教之,更不考定高下。"(《近思录》卷九)然而,"不定高下"的作法固然可以减少竞争,但也会削弱人们努力学习的动力,不利于教育的广泛开展,尤其不利于选士的需要,所以难以实行。

与官学相比,私学受选士制度的影响要小一些。特别是一些有德行学识的学者名儒开设私学或书院,本是深感官学沦为选士附庸之弊而采取的补偏救失之举,因而教育内容比较广泛而具有学术性或实用性的价值。例如汉代传授古文经的私学,宋明理学家讲授和研究义理心性之学的书院,以陶冶德行、培养气节为特点的明代东林书院,以经世致用的各类实学为内容的清代颜元办的漳南书院,等等。这类学校的教学方式比较活泼生动,师生关系较为融洽,学术研究的气息也较为浓厚,还能开展学术交流和论辩活动,它们代表着中国古代教育中积极的、进步的一面,也是至今为人们所重视的。但是总的来说,私学不可能不受官学的影响,更不可能不与选士制度发生关系。既然私学和书院同样是习儒者之业,循修己治人之道,所以从原则上说不会绝对排斥选士之道而不为天下国家之用。其所反对的至多只是旧的选士制度摧残人才的一面，及由此而导致的官学腐败空疏的学风。从任何私学和书院的学规看，并无禁止和限制学生应举的规定。陆九渊在白鹿洞书院讲学时说：

> "科举取士久矣，名儒钜公，皆由此出，今为士者，固不能免此。然场屋之得失，顾其技与有司好恶如何耳，非所以为君子小人之辨也。而今世以此相尚，使汩没于此而不能自拔。……诚能深思是身，不可使之为小人之归。其于利欲之习，怛焉为之，痛心疾首，专志乎义，而日勉焉，博学、审问、慎思、明辨而笃行之。由是而进于场屋，其文必皆道平日之学，胸中之蕴，而不诡于圣人。由是而仕，必皆共其职，勤其事，心乎国，心乎民，而不为身计，其得不谓之君子乎？"（《象山全集》卷二十三）

王守仁为明代倡立书院最力者，他在《与辰中诸生书》中也说：

> "举业不患妨功，惟患夺志。只如前日所约，循循为之，亦自两无相碍。"（《王文成公全书》卷四）

他们都指出治学与应举并非水火不容，只要端正态度，笃实治学，应举并不是坏事。从另一个角度说，选士是统治者使"天下英雄入吾彀中"的法宝，如果私学反对学生应举的话，就等于拒绝为封建王朝服务，能否存在下去就成问题了。清乾隆帝"上谕"说：

> "书院之制，所以导进人才，广学校所不及。……居讲习者，固宜老成宿望；而从游之士，亦必立品勤学，争自濯磨，俾相观而善，庶人才成就，足备朝廷任使，不负教育之意。"（《清会典事例》卷三百九十五）

自汉代开始，私学出身而通过选士步入仕途的学者不在少数。元代"自京学及州县学以及书院，凡生徒之肄业于是者，守令举荐之,台宪考核之,或用为教官,或取为吏属。"(《元史》卷八十一《选举志》一)明清时政府亦给书院分配一定数量的参加科举考试的名额,如白鹿洞书院在明末时每逢乡试可举送八名学生应考,在这种情况下,绝大多数书院和官学完全一样,专门习诵举业文字,以考课为教学活动的主要内容,同样是科举的预备场所。

(六)儒家经学对各学科教育的支配性影响

封建时代的教育以儒家经学为主体,经学内容以"博"著称,实际上是一个未分化的综合学说体系,本与多种学科有关连之处。扬雄说:"通天地人曰儒,通天地而不通人曰伎。"(《法言·君子》)儒学所涉及的对象囊括自然和社会各方面的事物在内,但其重点是在"人"上,这是儒学与一般技艺的分水岭。儒学以研究人事为主,而又自认为是"万事靡不毕载"的最全面最正确的学说,即所谓"知周乎万物,而以道济天下,故不过"(《易·系辞上》)。在它取得独尊地位并控制了教育之后,对当时各学科的影响各有不同,但都是巨大的。

儒学包含着丰富的关于世界观的学说,注重研究自然,社会和个人发展的规律及三者之间的关系,而以"道"作为世界模式的最高范畴和个人追求的终极目标。孔子说:"士志于道。"(《论语·里仁》)董仲舒说:"道者,所繇适于治之路也,仁义礼乐皆其具也。"(见《汉书》卷五十六《董仲舒传》)在追求"道"的精神原则指引下,儒家对天与人、动与静、理与气、常与变、古与今、治与乱、义与利、善与恶、智与愚、性与习、物与心、知与行等一系列具有哲理性的命题进行了长期的、广泛的和深入的探讨,为中国哲学固有思想体系的形成作出了巨大的贡献,这些哲学思想亦成为儒家教育内容的重要组成部分。不过儒家的哲学是从属于社会政治和伦理道德学说的，其传授也是在经籍教学中进行，始终未形成独立的哲学学科。

我国有着悠久的注重历史的传统。《尚书·多士》："唯殷先人，有典有册。"《礼记·玉藻》谈到古代帝王"动则左史书之，言则右史书之"。黑格尔在《历史哲学》中曾赞叹"中国历史作家的层出不穷，实为任何民族所不及"。儒家经籍本身就是古代的历史文献。章学诚说"六经皆史"，"六经皆先王之政典也"（《文史通义·易教上》），反映出经和史的密切关系。宋神宗《资治通鉴序》说："《诗》、《书》、《春秋》，皆所以明乎得失之迹，存王道之正，垂鉴于后世者也。"这是经籍教育的重要内容，也是封建时代史学的宗旨。重视传统、强调继承是儒家政治的一大特点，即使是提倡变革的人，往往也要从古圣贤以及先王的言行事例中去找依据，所以历代都十分重视记本代政事和修前代之史。古代史学的发达是与儒学分不开的。司马迁修《史记》，自认为是继承孔子作"六经"之举："孔子至今五百岁，有能绍而明之，正《易传》、继《春秋》，本《诗》、《书》、《礼》、《乐》之际，意在斯乎！意在斯乎！小子何敢让焉！"（《史记》卷一百三十《自序》）班固也将其所撰的《汉书》誉为"纬六经，缀道纲，总百氏，赞篇章，函雅致，通古今"（《汉书》卷一百《叙传》下）。唐代殷侑说："三史为书，劝善惩恶，亚于六经。"（《新唐书》卷四十四《选举志》）史学的地位仅次于经学。

汉代以前的历史由于在儒经中有大量记载，因此汉代的史学教育在很大程度上可以附于经学教育之中。春秋之后的历史则为儒经所无，而这后来的历史应该说更有学习研究的必要。但成帝时东平王刘宇来朝，求诸子及太史公书（即《史记》），王凤认为"太史公书有战国从横权谲之谋，汉兴之初谋臣奇策，天官灾异，地形陇塞,皆不宜在诸侯王",劝成帝以"五经圣人所制,万事靡不毕载",而"小道不通,致远恐泥"为理由加以谢绝。(见《汉书》卷八十《王凤传》)反映了当时经学教育居于绝对垄断地位。所以王充批评说:"五经之后,秦汉之事,不能知者,短也。夫知古不知今,谓之陆沉。"(《论衡·谢短》)东汉时学史之风渐盛。班彪"专心于史籍之间"。班固继父遗业,其妹班昭又续兄遗业完成《汉书》的著述,和帝"数召入宫,令皇后诸贵人师事焉"。"同郡马融伏于阁下,从昭受读"(《后汉书》卷八十四《列女传》)。班昭以传授史学成为中国古代最早的女教师。至魏晋以后,专门的史学教育兴起。东晋十六国中赵王石勒以任播、崔濬为史学祭酒,负责史学研究和教学,南朝宋文帝时并立儒、玄、文、史四学,其中何承天主管史学,史学始列为正式的学校教学科目。司马光在评论这件事时指出:

> "史者儒之一端,文者儒之余事,至于老庄虚无,固非所以为教也。夫学者所以求道,天下无二道,安有四学哉!"
> (《资治通鉴》卷一百二十三)

这一评论反映了儒学决意垄断教育,不允许其他学科与之分庭抗礼的态度。张载的观点更为极端,他说:"观书且勿观史学。……始似可爱,终无用,不如游心经籍义理之间。"(《理窟·义理》)隋唐以后,单独的史学学科即不复见于官学的设置中。但史既为"儒之一端",也是学者所应该具备的知识,所以北宋时薛昂尝请罢史学,被哲宗斥为俗佞。(见《日知录》卷十六《史学》)唐玄宗时规定州郡学生除通经者外,有文辞史学者,亦可选入四门学为俊士。唐宋科举均有"三史"科以录用史学人才。作为科举正途的进士科,其考试内容有经史时务策一项,不懂史就无从对策,所以史学的教学活动从未停止过。历代的蒙学教材中多数含有历史常识的内容,如各种《蒙求》、《叙古千字文》、《史学提要》等。程端礼的读书分年日程规定学完"四书""五经"后要学《通鉴》,并参看《纲目》、《史记》、《汉书》、《唐书》、《唐鉴》等。颜元为漳南书院分斋设科,其中有经史斋,亦包括对历史知识和经验的研究。古代史学研究的地位和规模虽不及经学,但在研究内容和形式的范围和深度上并不逊色于经学,有纪传体、编年体、纪事本末体、典志体等各种体裁的史书,以及注释、校勘、补阙、考证、纲目、会要、答问、史评、札记等各种类型的著述,既是史学研究的成果,又是史学教材或教学辅导资料。

文学与史学的发展有类似之处,也是和儒学的发展有密切联系的。颜之推说:

"夫文章者,原出五经:诏命策檄,生于《书》者也;序述论议,生于《易》者也;歌咏赋颂,生于《诗》者也;祭祀哀诔,生于《礼》者也;奏议箴铭,生于《春秋》者也。"(《颜氏家训·文章》)

《文心雕龙·原道》亦指出孔子作六经"必金声而玉振。雕琢情性,组织辞令。木铎起而千里应,席珍流而万世响。写天地之辉光,晓生民之耳目矣"。在儒家看来,经籍的伟大不仅在于道德义理的渊奥,而且其文采亦堪称典范,值得后人学习。所以提高文学素养,也是儒家教育的一个组成部分。"文"为孔门四科之一,它包括演习礼仪和学习经典文章在内。孔子说:"行有余力,则以学文。"(《论语·述而》)后儒对此话有两个方面的理解,即文学附属于儒家道德教育或文学促进儒家道德教育,从而产生对文学教学的消极和积极的两种态度。司马光说"文者儒之余事"属于前者,所以他反对将文学作为学校的专门学科。程颐也认为作文害道。他说:"儿为文,不专意则不工,若专意则志局于此,又安能与天地同其大者也？书曰：玩物丧志，为文亦玩物也。"(《近思录》卷二)韩愈主张"文以载道"。他说："读书以为学，缵言以为文，非以夸多而斗靡也，盖学所以为道，文所以为理耳。"(《昌黎先生集》卷二十)虽仍是以道为本，但也肯定了文与道相辅相成。而王充的观点则完全属于后者。他说："化民须礼义，礼义需文章。行有余力，则以学文，能学文，有力之验也。"(《论衡·效力》)所以他将"能精思著文连结篇章者"誉为"鸿儒"，是人才中最高的一级。他认为"笔能著文，则心能谋论"。"繁文之人，人之杰也"(《论衡·超奇》)。曹丕《典论》更是把文章誉为"经国之大业，不朽之盛事"。综观这些见解，反映了儒学离不开文学，又恐怕文学与儒学竞争教育地位，而力图加强控制的态度。章学诚说："义理不可以空言也，博学以实之，文章以达之。"(《文史通义·原道下》)然而对文学作品的鉴赏，除政治性和道德性的标准外，对艺术性的需求也是不可缺少的，所以文学的发展不可能完全与儒学的要求一致。例如《史记》被儒家视为"其是非颇缪于圣人：论大道则先黄老而后六经，序游侠则退处士而进奸雄，述货殖则崇势利而羞贱贫"(《汉书》卷六十二《司马迁传》)，然而其中许多文章的艺术价值却广为后人所称颂，成为千古名篇。由于各学科特点不同，自然各有其发展方向，而儒学作为封建统治阶级的意识形态，却总是想将各学科均纳入自己的思想体系，因此必然会产生种种矛盾。不过总的说来，阅读和著文的能力是儒学研究的基本功，也是古代知识分子（文人）的基本素养，是不可能不培养的。

东汉灵帝时建鸿都门学，"召能为尺牍、辞赋及工书鸟篆者相课试，至千人焉"(《后汉书》卷八《灵帝纪》注)，是当时与太学相对抗的一所文学艺术的专门学校。文学在南朝宋时作为"四学"之一科成为正式的学校教学科目，后来即不复存在。但科举考试有诗、赋、论、策、经义(八股文)等项目,均需考生具备一定水平的文笔才能,所以实际上的文学教育在古代从未间断过。除去融会于蒙学和经籍教学中的阅读与习作训练外,科举"课试之文章"往往是各类学校的主要教学内容。此外,一些著名文学家的文章也常被当作教材,如程端礼的读书分年日程规定,在经史学习完毕后,要读韩文和《楚辞》,并以两三年的功夫专力学文。为适应阅读的需要,从梁萧统的《文选》开始,各种文章选编纷纷出现,如《唐诗三百首》、《骈体文钞》、《绝妙好词笺》、《古文观止》、《古文笔法百篇》等等。这些文选多有明确的选编宗旨和体例,并有注释评点,便于初学者理解和欣赏。古代在作文教学和训练方面也有许多好的经验和方法总结,如多看、多写、多改,放胆下笔的勇气,推陈出新的精神与勤于推敲、慎重严谨的态度相结合,等等,①说明古代文学教育的水平是相当高的。

儒学虽然以社会政治和伦理德学说为主要内容,但并非根本不涉及生产知识和自然科学知识。《诗》中某些篇,如《七月》、《生民》、《绵》、《公刘》等,有关于古代生产劳动的记叙。利用自然现象和事物进行比兴抒情更是《诗》中常见的表现手法,所以孔子也说学《诗》可以"多识鸟兽草木之名"(《论语·阳货》)。《尚书·尧典》中有制定历法以正农时的记载。《礼记·月令》则具体叙述了十二个月的天象、气候及相应的生产活动,东汉以来成为儒者专题研究的对象,景鸾、蔡邕都有专著问世。《尚书·洪范》的"五行"说和《周易》的"阴阳"说反映了古代朴素的自然观。《尚书·禹贡》详细记载了九州山川、物产、土壤情况和古人治理水土的经

① 参见张志公:《传统语文教育初探》,上海教育出版社1962年出版,第134—139页。

20世纪儒学研究大系

验措施。《周礼·考工记》更是一部详细记载古代生产工艺和制作的专著。在历代史书中涉及生产和自然方面的专门志传,其立说均本于儒经,如食货、五行为《洪范》中的名辞,天文、律历亦为《洪范》"五纪"的内容,而《汉书·地理志》的撰写完全是在《禹贡》的基础上扩充而成的。儒家前身为执掌各类技艺的术士之儒,后来才侧重于主要为封建统治阶级在政治上的需要服务,但依然保持着术士之儒的某些传统。况且政治不仅需要调节人与人之间的关系,也需要调节人与自然的关系,而后者是前者产生的基础,因此,对自然现象和规律的认识和探索对于儒家来说仍是必不可少的。"仰以观于天文,俯以察于地理,是故知幽明之故"(《易·系辞上》)。因此,儒家教育在一定程度上也促进了古代某些自然学科的发展。

天文历法是古代最重要的自然学科,"游牧民族和农业民族为了定季节,就已经绝对需要它"[1]。天文历法不仅是从事生产活动的重要依据,而且还是举行各种礼仪祭祀活动的重要依据。统治阶级将改正朔、定历纪作为朝代兴替,帝王受命于天的象征,儒家言天命说人事也离不开必要的天文历法知识。《汉书·天文志》指出:

> "凡天文在图籍昭昭可知者,经星常宿中外官凡百一十八名,积数七百八十三星,皆有州国官宫物类之象。其优见蚤晚,邪正存亡,虚实阔陜,及五星所行,合散犯守,陵历斗食,慧孛飞流,日月薄食,晕适背穴,抱珥蜺蜆,迅雷风祅,怪云变气,此皆阴阳之精,其本在地,而上发于天者也。统失于此,则变见于彼,犹景之象形,乡之应声。是以明君睹之而寤,饬身正

---

① 《马克思恩格斯选集》第3卷,第523页。

事,思其咎谢,则祸除而福至,自然之符也。"

古代天文学被纳入儒家"天人感应"的理论体系,因而背离了科学的轨道,但毕竟也促进了古代天象观测和天文、历法研究的发展。例如《春秋》中关于日蚀、慧星出现的记载,是世界天文观测史上最早的成就。汉代经学家多兼攻天文历算。刘歆"作《三统历》及《谱》以说《春秋》,推法密要"(《汉书》卷二十一《律历志》)。他计算出来的交食周期、五星会合周期都十分接近于科学常数。他还是中国第一个研究圆周率的人。东汉古文经学家张衡更是历史上有名的科学家。"衡善机巧,尤致思于天文、阴阳、历算"(《后汉书》卷五十九《张衡传》)。他造出的地动仪、浑天仪精巧绝伦。汉代经学集大成者郑玄亦善于天文历法,有《乾象历》、《天文七政论》等著作问世。政治和社会生活的需要使儒者必须掌握一定的天文知识。章炳麟说:"儒之名盖出于需,需者云上于天,而儒亦知天文。"(《国故论衡·原儒》)除经学教育中包含天文历法的内容外,统治阶级亦需培养执掌天文历法的专职官员。律历在汉代即有师法,灵帝曾令刘洪考校王汉所上《月食注》的师法,为当时存在着天文历法教学传授活动之明证。唐代司天台设天文博士二人,天文观生九十人,天文生五十人,历博士一人,历生五十五人。此后历代均有培养专业天文人才的措施,只是没有被纳入正式学校系统罢了。

数学是最基本的自然学科之一,为社会生活所必不可缺,而且它也是从事其他学科研究的基本工具。数学在古代与天文历法的关系尤为密切,常以历算并称,最早的数学书《周髀算经》,就是以计算天象历法为主的。《周礼》"六艺"中即有"数"一项,又称"九数"。郑众注:"九数:方田、粟米、差分、少广、商功、均输、方程、赢不足、旁要。今有重差、夕桀、勾股也。"(《周礼注疏》卷十四)这说明起码在汉代已经有了比较系统的数学教育内容。汉代的《易》学以"象"、"数"研究为途径,也与数学有密切联系,所以郑玄能够"注《易纬》用乾象斗分之数"(《畴人传》卷四)。三国时刘徽撰《九章算术》,就是根据"九数"而定。他在序中指出:

> "昔在包牺氏始画八卦,以通神明之德,以类万物之情;作九九之术,以合六爻之变。……周公制礼而有九数,九数之流,则九章是矣。"

可见从学科发展的角度看,数学亦不能不受到儒学的强烈影响。《汉书·律历志》:"数者,一、十、百、千、万也,所以算数事物,顺性命之理也。"将数学与儒家的"性命之理"连在一起,反映了儒学既要利用数学,又要控制数学的意图。颜之推说:"算术亦是六艺要事,自古儒士论天道、定律历者,皆学通之。然可以兼明,不可以专业也。"(《颜氏家训·杂艺》)总之还是肯定数学在教育内容方面的实用价值。北魏时置算生博士。唐代设立算学,作为国子监所属的正式学校之一,有博士二人,学生三十人,此外科举中还有"明算"一科以招揽数学人才。北宋徽宗时又置算学,有学生二百一十人,并按三舍法取士。明初州郡学中一度也有数学教学,生员须通《九章》法,但由于与科考关系不大,后来也就徒存其名了。清代又专设算学馆,学生毕业后可录用到钦天监任职。可见古代的数学教育始终维系不绝。

医学也是与人类生活关系最为密切的学科之一,特别是统治阶级成员更是希望有发达的医术来保障自己健身长命,所以也鼓励医学的发展。传统的中医理论与儒学本有相同的思想渊源。自汉代以后,儒家认为天生万物,天的阴阳、四时、五行的变化是世界上一切事物发展变化的根源,人自然也不例外。以董仲舒的"人副天数"理论为代表。他认为:"天地之符,阴阳之副,常设于身,身犹天也。"(《春秋繁露·人副天数》)例如性别相当于阴阳,四肢相当于四时,五脏相当于五行,等等。中医理论实际上也是遵循天人感应和阴阳五行的学说建立起来的。中医学将阴阳五行说贯穿于对人体的生理结构及健康和疾病的分析之中,认为人的正常的生理功能就是阴阳平衡与和谐的结果。"阴阳乖戾,疾病乃起。"(《素问·生气通天论》)"五行"也是对人的生命活动起重大影响的因素。《内经》本自《尚书·洪范》的说法,将"五行"与"五方"、"五气"、"五味"联系起来,分别与人的五脏相对应,再由"五行"相生相克之说演绎出人体各器官及机能的相互关系,从而用于诊断和治疗之中。由此可见中医学与儒学在理论上紧密的血缘关系。"由于从董仲舒开始,阴阳五行说已经成了儒家学说的一个组成部分,所以儒和医的联系也建立起来了。后世有不少医家都认为,作为医,如果不懂得儒家那一番道理,就只能是个庸医。这种情况也表明,中国的医学,乃是儒家哲学为父,医家经验为母的产儿。"①正是这种共同的理论渊源使古代医士与儒者常相通。例如汉代名医华佗早年"游学徐土,兼通数经"(《后汉书》卷八十二下《方术传》)。王安石属儒家学者,但也自称通《难经》、《素问》、《本草》等医家经典。朱熹也说:"无事时不妨将药方看,欲得知养生之理也。"(《朱子语类》卷一百七)。元人吴澄说:

> "儒之道,无所不通;医之道,一伎尔,而于儒之道为近,何也?儒之道仁而已,爱者仁之用,而爱之所先,爱亲、爱身最大。亲者身之本也,不知爱亲则忘其本;身者亲之枝也,不知爱身则伤其枝。爱亲爱身而使之寿且康,非医其孰能?故儒

① 任继愈主编:《中国哲学发展史》(秦汉),人民出版社1985年出版,第611页。

者不可以不知医也。"（《吴文正公文集》卷十五）

这种说法虽是硬将医学的宗旨纳入儒学的轨道，但也确实反映了医学与儒学的密切联系。官方的医学教育始于南朝宋时。唐代由太医署掌管医教，有医学生四十人，针学生二十人，按摩生十五人，咒禁生十人，各置博士一人。医博士的官品低于国子学、太学和四门学博士，但高于律学、书学和算学博士，可见医学的地位高于其他"技艺"之科，特别是唐代府、州学均分为经学和医学两科，各有确定的博士、助教和学生名额，将医学教育置于与儒学教育并列的地位。宋代医学教育增为九科，学生三百人，元代更分为十三科。明清时，医学也仿照儒学，有自己的"四书"（《内经》、《伤寒论》、《神农本草》和《金匮要略》）作为经典，并尊张仲景为"医圣"，在学校中定期祭奠，均是受儒学教育影响的结果。

总的来说，儒学虽然在一定范围内和一定程度上促进了其他一些学科的发展，但儒家的教育目的是培养具有封建伦理道德和掌握治国之道的贤才，在重"义"轻"利"的思想支配下，"敦厚"、"逊让"、"平和"、"质朴"等品德被大力推崇，而"巧慧"之士则往往遭到冷落和打击；追求利国利民的改革措施常被斥为"悖德"，新的思想观点常被斥为"离经叛道"，科学技术方面的新发明也常被斥为"奇技淫巧"而加以否定，亦难以用于生产和经济生活方面。此外，儒家的学习方式多为封闭式的读书和内省式的修养，忽视对外界事物进行客观的观察和分析，因此难以建立起适应于科学研究的思想体系和方法，这样就必然与各学科的发展产生矛盾。儒学本身唯我独尊、唯我尽善、轻视和排斥其他学说和技能的自大立场，使儒学对各学科的影响主要表现为压抑和控制，而封建统治阶级的独尊儒术在客观上又助长了这一倾向。在这种情况下，那些与"人事"关系密切的学科，如上述文、史、哲、天文、数学、医学等,可以得到一定程度的发展,但均受到儒学的控制;而与"人事"关系不甚直接的学科,例如物理、化学、生物、地质等,则很少能在研究方面有所建树。恩格斯在谈到西欧中世纪的自然科学时指出:

"科学只是教会的恭顺的婢女,它不得超越宗教信仰所规定的界限,因而根本不是科学。"①

在独尊儒术条件下的中国古代也有类似的局面。当然,儒家及封建统治者不像中世纪基督教会那样敌视科学,但是,各自然学科并没有得到与儒学"并进"的机会。技艺之士备受轻视。《礼记·王制》:"凡执技以事上者,不贰事,不移官,出乡不与士齿。"郑玄注:"贱也。"这样就大大影响了人们从事自然科学研究的积极性。另一方面,儒学在古代具有较大的实用价值和学术研究价值,而且容量极大,可以牢牢把握住人们的兴趣和注意力,使之终身攻读钻研而不能穷尽其学。司马谈说:"六艺经传以千万数,累世不能通其学。"(见《汉书》卷六十二《司马迁传》)董仲舒说:"苦志尽情,头白齿落,尚不合自录哉!"(《春秋繁露·重政》)形象地反映了经学教育的浩瀚无涯。再加上功名利禄的引诱,使儒学能够牢固地控制住绝大多数的知识分子。古代也不乏从事自然科学技术研究的人,但这些人难以构成社会力量,他们的成就难以获得社会的重视,也缺乏传播的基地。独立的科学研究和科学教育体系始终未能建立,某些专门学科的研究和教学虽然能够存在下去,但其地位远不能与儒家教育相比,这是中国封建时代科学发展缓慢的一个重要原因。

以上我们从六个方面阐述了中国封建时代教育的发展特点,

① 《马克思恩格斯选集》第3卷,第390页。

每一个方面实际上又包括若干具体特点,而六个方面之间又是彼此联系,相互作用的,在阐述过程中难免有交叉重合之处,这情况恰可说明中国封建教育在当时的历史条件下,具备了何等严密的系统,达到了多么完善的程度。而独尊儒术造成儒学与封建政治的密切结合,儒学通过政治力量及其学术优势对教育活动起到控制和支配作用,这是产生中国封建传统教育一系列相互联系的特点及其发展趋势的最重要的内在因素。

(选自俞启定著《先秦两汉儒家教育》齐鲁书社 1987 年 9 月版)

俞启定(1948—),教育学博士,北京师范大学教授、博士生导师。主要从事中国教育史、中国教育制度史等研究。出版著作《先秦两汉儒家教育》,《中国教育制度史》等。

(一)教育从属于封建政治。统治阶级将教育作为国家政治生活的中心任务之一,自孔子开始,儒家历来将德、礼置于政、刑之上,这奠定了统治者以教化为治国之本的思想基础;国家对教育事业牢固控制;学校的培养目标和教育内容主要为封建政治服务。(二)道德培养居于首位。儒家教育既然是为封建政治服务的,那必然将道德培养置于首位。自孟子开始,儒家教育的根本宗旨确定为"明人伦"的道德培养,汉代以后,更具体化为三纲、五常的封建礼教。三纲五常与阴阳五行说相结合,成为象征天意和王道的永恒不变的法则,这支配了整个教育。道德教育居于首位的重要体现,是人才标准以德行为重的主导思想和为论证这一思想的义、利之辨以及由此导出的德、才之辨。从教育角度看,道德培养居于首位造成了中国古代道德理论与实践的高度发达。(三)书本知识为教育的主要内容。孔子的六经教育为儒家书本教学之兴,荀子开视读书为学习的主要方式之端。自汉代独尊儒术之后,儒家经籍上升为官方推崇的圣人之书,成为士人学习研究的主要对象。以书本为主要教育内容还促进了相应的教学理论的发展,同时,这与道德教育居于首位并不矛盾,儒家历来将读圣贤之书视为道德修养不可缺少的项目。(四)学校教育是社会教育的组成部分。儒家论教,通常是就整个社会的教育而言,又称为教化。孔子将庶、富、教作为立国的三大要素,孟子将"善教"作为得民心的手段,教的对象就是广大民众。自汉代确定独尊儒术的地位和建立国家教育制度之始,兴学校即被视为行教化的重要措施。学校教育为整个社会教育即教化的有机组成部分,是使中国古代教育非贵族化的重要原因。人性论是儒家论述教育作用的理论出发点。有教无类和建学校"以养天下之士"的原则支配着中国封建时代的教育。在教化方针的指引下,古代办学途径也具有多样化的特点,这是中国传统教育事业高度发达的一个重要表现。(五)培养人才与选拔人才紧密结合。封建时代学校的培养目标主要是作为政府官员的治术人才。汉代建立学校教育制度之始,官学即为国家选士之一途。从教学内容上说,选士所要求的考试内容即是学校教育的内容。从教学方式上说,学校教育为选士服务使采读死记成为最基本的学习方式。在日常教学活动越来越难开展的情况下,保证学生按规定完成学业的唯一有利措施就是考试。学校考试又与选士密切相关,这样,考试制度实际上就成为古代学校、尤其是官学中最重要的制度。(六)儒家经学对各学科教育的支配性影响。

朱熹审美教育思想抉微

韩 钟 文

　　朱熹继承与发展了孔子的人的全面发展的教育思想,群育、德育、智育以及美育,是培养个体和谐、全面发展的重要方法。像孔子一样,朱熹重视审美教育在培养人格、个性全面发展的人的意义和作用,并在教育实践中充分发挥审美教育的特殊功能,与群育、德育、智育、体育有机配合,通过培养受教育者的感受、欣赏与创造美的能力,使他们的合群心理、理智、意志,感情与体魄日臻完善。所以,审美教育思想是朱熹全面发展教育思想的有机组成部分,研究朱熹教育思想体系,必须重视他的审美教育思想。

一

　　审美教育是造就全面、和谐发展的人的重要教育手段,它的主要使命是通过自然美、艺术美、社会美以及人格美来感染受教育者的感情,净化他们的灵感,铸造他们的人格,潜移默化地影响他们的整个精神面貌,促进人的个性人格的全面发展。培养与提高受教育者感受、欣赏和创造美的能力,是审美教育的中心任务。中国古代的教育家如孔子、孟子、荀子,在自己的政治实践与教育实践中,十分重视审美教育的特殊功能,并从理论上作了比较系统的阐述,所谓"游于艺"、"兴于诗"、"成于乐"以及"人文以化成天下"的思想,就是指审美教育在培养个性人格全面地、和谐地发展的人与改造社会风俗习惯的功能而言。

朱熹继承与发展了先秦儒家学派的审美教育思想,把审美教育纳入自己的教育思想体系之中。朱熹重视审美教育,与他要培养个体人格全面地、和谐地发展的文化人的思想密切相关,与他希望改变社会文化环境的思想亦有关。在理论上,他以儒家的美学思想为基调,吸取了道家学派与楚骚美学思想的精华,汇纳了从先秦到南宋许多思想家、教育家的美学观念,形成了以"儒道互补"与"儒屈互补"为基调的美学思想体系,作为自己实施审美教育的指导思想。

朱熹认为:真正称得上文化人的人,应该是在群、德、智、美、体诸方面和谐发展的人,他把"圣贤"、"仁人"视为这样的人。要培养与造就这样的人,离开了审美教育是无法实现的。他解释孔子"志于道,据于德、依于仁,游于艺"(《论语·述而》)说:"志者,心之所之之谓;道则人伦日用所当行是也,知此而心必之焉:则所适者正,而无他歧之惑矣。""据者,执守之意;德者,得其道于心而失之谓也;得之于心而守之不失,则终始惟一,而有日新之功矣。""依者,不违之谓;仁,则私欲尽去而心德之全也。功夫至此则无终食之违,则存养之熟,无适而非天理之流行矣,""游者,玩物适情之谓。艺,则礼乐之文,射、御、书、数之法,皆至理所寓,而日之不可阙者也,朝夕游焉,以博其义理之趣,则应务有馀,而心亦无所放矣。"(朱熹《论语集注》)从朱熹的解释中,我们可以体会到全面教育的观念在培养与造就文化人的实践中的指导意义。审美教育是一种与美的感动相结合的教育,它不仅影响人的感情与理智,而且能陶铸人的整个心灵,对人的社会责任感、合群能力与道德情操的培养都有特殊的作用。"游于艺"的"游"是指娱乐、观赏、游息而言,"艺",主要是指"艺术",但不限于"艺术",亦包括"技艺"在内,射箭、驾车、书法、数学等等能使人的心智获得自由的欣赏与创造活动,都可以引起情感的愉悦与获得精神上的满足。"玩物适情"是指寓教于乐、倾心赏艺而言,"至理所寓",则是指"艺"中含有审美教育的特殊功能而言,受教育者"朝夕游"于"艺",就会在掌握客观世界的规律性中领悟"理"的奥秘与使身心获得自由。朱熹说:"才美,谓智能技艺之美。"(《论语集注》)审美教育与技艺训练的目的,就是要培养"智能技艺之美"的人。他又说:"至于夫子则如天地之化工,付与万物而已不劳焉,此圣人之所为也。今天羁靮以御马而不以御牛,人皆知羁靮之作在乎人,而不知羁靮之生由于马,圣人之化,亦犹是也。"(同上)具有智能技艺之美的能力的人,他的创造既符合客观事物的内在规律,又充分显示了人驾驶自然的自由,所谓"如天地之化工",就是指人的自由、自觉的创造。朱熹以《庄子·养生主》中"庖丁解牛"的例子阐述这个道理说:"所见无全牛,熟。""理之得名于此。"(《朱子语类》卷一二五)庖丁解牛,"依乎天理","因其固然","以神遇而不以目视,官知止而神欲行",是合乎自然规律又体现人的创造自由的活动,技艺如此,艺术创造何尝不是这样。"理之得名于此",与"皆至理所寓"一语应相联系看,从朱熹论"理"的言论分析,他是注意到创造规律与创造自由两个方面的,审美教育既然以培养人感受、欣赏和创造美的能力为中心,那么,能否依乎"理"而实施审美教育,则关系到能否实现教育目标。先秦儒家学派偏重于美与善的结合,而道家学派则偏重于美与真的结合,儒家追求人格的自由,道家也追求精神的自由,朱熹实施审美教育继承的是先秦儒家学派的美学观念,但又吸取了道家学派美学思想中有价值的东西,这样,孔子、孟子"仁之熟者"为美的思想与庄子"所见无全牛"为"熟"的自由美的观念就汇纳于一炉。什么是"熟","熟"就是自由的境界，就是"如天地之化工"，审美教育要培养的感受、欣赏与创造美的能力，应以达到"熟"的境界为最佳水平。人的本质存在于无限的创造性活动之中，真正的人性就是人的无限的创造性的活动，而审美文化的发现、欣赏与创造则是人的本质的一种表现。

审美教育的领域是极广阔的，自然，社会、艺术以及人身都可以作为审美教育的对象；审美教育的形式也是多种多样的，审美文化环境的习染，自然美的熏陶，艺术美的观赏与人格美的感化，都可以在潜移默化的过程中奏教育的功效。朱熹在自己的教育实践中深深体会到审美教育在培养个性全面地、和谐发展的"仁者"、"圣贤"的特殊功能，所以，他能够把家庭、邻里、学校、社会等环境作为实施审美教育的场所，发掘蕴含在其中的审美因素，让受教育者在美的观照中引起主体的愉悦和精神境界的升华。狄德罗说："真善美是紧密结合在一起的，在真或善之上再加上一种稀有的光辉灿烂的情境，真或善就变成美的了。"①朱熹所说的"仁"与"圣"的境界，从审美教育的角度分析，即是个体人格和人生自由的最高境界，这种境界亦即狄德罗所说的"在真或善之上再加上一种稀有的光辉灿烂的情境"。朱熹在《论语集注》中强调的"与天地上下同其流"、"孔颜乐处"以及在《中庸章句》中强调的"圣人能赞天地之化育"，本质上就是指个性人格的完美和人生自由而言，研究朱熹的审美教育思想，尤其要重视他这种以自由为核心的审美观。

艺术是美的集中表现，优秀的艺术作品，是人类创造的审美文化的结晶，它充分体现了艺术家自由创造的才华。罗丹在《遗嘱》

① 狄德罗：《画论》，转引自《世界文学》1962 年第 1、2 期。

中说:"在艺术家看来,一切都是美的,因为在任何人与任何事物上,他锐利的眼光能够发现性格,换句话说,能够发现在外形下透露出的内在真理;而这个真理就是美的本身。"①朱熹重视艺术的审美教育功能,与他酷爱艺术是有关系的。他是一位在艺术领域方面造诣极深、爱好很广的教育家,诗歌、散文、音乐、书法、绘画等等,他都精通,他是宋代第一流的文学艺术鉴赏家与批评家,有丰富的创作经验,一生中写了不少诗文;他具有汇纳中国古典文学两大源流的魄力,他倾注毕生心血,撰注《诗经》与《楚辞》,寓创造于注疏之中,使诗经文化系统与楚辞文化系统得以融合,形成了"儒屈互补"的美学体系,开拓了一条文艺批评与审美教育的新路。《诗集传》与《楚辞集注》是他实施审美教育的代表教材。郑振铎先生说:"朱熹在当时……最重要的见解,则在把《诗经》和《楚辞》两部伟大的古代名著,从汉、唐诸儒的谬解中解放出来,恢复其本来面目,承认其为伟大的文学作品,这个功绩是极大的。""他虽是一位'道学家',恰最能欣赏文学,最知道伟大名著的好处所在,故他的批评便能够发前人所未发之见解,纠正前人所久误的迷信。"②任何人身上都有一种根据美的理想来创造性地对待生活美和艺术美的能力,但是,只有通过艺术教育才能激起这种能力,才能教会人们去评价高尚艺术的真正价值以及这种艺术所体现的内容的丰富多彩。《诗经》与《楚辞》中蕴含着真、善、美,朱熹的贡献就在于突破汉唐儒者以"经"来看待这两部名著的观念的束缚,恢复其"文学作品"的本来面目,并以它们为审美教育的教材,用它们所蕴含的真、善、美来激发受教育者的能力,这是中国审美教育

史上有划时代意义的贡献。

朱熹推崇先秦诗经文化系统与楚辞文化系统,并力求将两者汇纳为新的审美文化系统,这种汇纳是"儒屈互补"的美学思想为基调的,是吸取了先秦以后的审美文化的积极成果的,这种汇纳与"儒道互补"的美学思想结合在一起,构成了以儒家美学为核心,以道家与楚骚美学思想为补充的体系博大精深的新的美学系统。从《朱子文集》、《朱子语类》以及其他文献看,朱熹的审美视野并不限于先秦时代的审美文化,他对从两汉到南宋的文学艺术作品都极为关注。单就《朱子语类》中所记载的朱熹师生讨论的文学家艺术作品分析,除《诗经》《楚辞》外,历代著名的文学艺术家与文艺作品,他都能从艺术欣赏与艺术创造的角度加以评释,先秦诸子、贾谊、司马迁、司马相如、班固、扬雄、陶渊明、郭景纯、谢灵运、陈子昂、李白、杜甫、王维、白居易、柳宗元、韦应物、韩愈、欧阳修、苏轼、王安石、司马光、黄庭坚、李清照,以及同时代的爱国诗人辛弃疾、陆游等等,他都非常重视,经常与学生一道讨论他们的人格、风格、艺术创造的方法以及他们作品的审美价值。《朱子语类》是朱熹的学生所记录的教学言论与教学活动的汇集,这部书最真实地、最生动地向我们展现了朱熹审美教育实践的总貌,朱熹从事教育事业长达四十多年,时间的跨度相当长,从《朱子语类》的记载看,朱熹一生都重视审美教育,尤其是到了晚年,他虽然身陷逆境,报国无门,但仍然没有忽视审美教育,他倾注心血撰注《楚辞集注》,力求将孔子的美学思想与屈原的美学思想结合起来,并以这种结合的美学思想教育学生与启发后人,的确是在教育实践中贯彻了"人文以化成天下"的文化哲学观念。

孔子实施审美教育,推行"诗教"与"乐教",其目的是通过"成人"、"为邦"的审美教育来实现"仁""圣"的人生理想与社会理想。

审美教育的"中介"作用,就是使受教育者在审美文化的感染、熏陶之下,率性而行,在潜移默化的过程中移情换性,使自己的人格升华到真善美和谐统一的境界,这是孔子为代表的儒家学派的"人文以化成天下"的思想的精神实质。朱熹继承和发展了这种教育思想,认识到优秀的艺术作品具有"化成天下"的特殊功能。他说:"诗者,人心之感物而形于言之余也,心之所感有邪正,故言之所形有是非,惟圣人在上,则其所感者无不正,而其言皆是以为教;其或感之之杂,致所发不能无可择者,则上之人必思所以自反,而因有以对惩之,是亦所以为教也。昔周盛时,上自郊庙朝廷而下达于乡党闾巷,其言粹然无不出于正者,圣人因己协之声律,而用之乡人,用之邦国,以化天下。"(朱熹《诗集传序》)审美教育不仅是人的思想形象的教育,而且是人的感情形象的教育,审美教育对人的影响是广泛的、多方面的,它培养着人对现实的审美态度、使人能够充满感情地对待人生与社会,受过审美教育的人,能免受许多恶劣习惯的沾染,能使自己的心灵中燃烧起爱的感情。孔子以"仁"为美,倡导诗教、乐教,其目的就是要通过改变人的心灵进而促成社会和谐有秩序的发展;朱熹认为诗歌与音乐的艺术使命亦如此,"用之乡人,用之邦国,以化天下"的思想与孔子"成人"、"为邦"的艺术观一脉相承。柏拉图说:"受过这种良好的音乐教育的人可以很敏捷地看出一切艺术作品和自然界的丑陋、很正确地加以厌恶;但是一看到美的东西,他就会赞赏它们,很快乐地把它吸收到心灵里作为滋养,因此自己性格也变成高尚优美。"[1]追求个性与社会和谐发展,是孔子、朱熹与柏拉图共同的审美教育理想,但是,柏拉图却主张压抑情感去保

①　柏拉图:《柏拉图文艺对话集》,朱光潜译,人民文学出版社,1959 年版。

证理智的绝对控制,他认为理想国的统治者与教育者应该是哲学家而不是诗人。孔子、朱熹则主张理智与情感和谐、平衡、协调地发展,他们理想的统治者与教育家是有哲学家的头脑与诗人的感情的"文化人",所谓"人文以化成天下",单靠宣传哲学、伦理、政治观点是不行的,在很大程度上还决定于艺术影响人们的情感与发展人们的审美趣味、审美情操与审美理想。可见,朱熹是把艺术作为人们的精神食粮的。

朱熹除亲自撰注《诗经》、《楚辞》外,还曾计划编写一部诗歌选集作为审美教育的教材,他在《答巩仲至》书中谈过他编写这部诗选集的方法与目的,虽然在生前他没有实现这一计划,但他在平时教学中却多次强调艺术教育在陶铸人格方面的特殊作用,例如他在《答刘子澄》中说:"文章尤不可泛,如《离骚》忠洁之忠,固亦可高,然只正经一篇,已够了,此须更子细决择,叙古蒙求亦太多,兼奥涩难读,恐非启蒙之具,殊是古乐府及杜子美诗,意思好,可取者多,令其喜讽泳,易入心,最为有益也。"①朱熹不是不推崇楚辞,他晚年倾注心血注楚辞,表彰屈原人格与屈原精神,是寓有深刻的哲学意蕴的。然而,作为一位有丰富的实践经验的教育家,他又懂得启蒙教育的教材必须以通俗、优美的艺术作品为主,他主张把屈原的《离骚》、汉代乐府民歌以及杜甫的诗歌作为审美教育的教材,这种选择是比较切合启蒙教育的原则的。他所说的"令其喜讽泳,易入心,最为有益",与荀子《乐论》中所说的"夫声乐之入人也深,其化人也速"是一致的,均指艺术教育的特殊功能而言。

孔子重视艺术与社会的关系,提出了"兴"、"观"、"群"、"怨"的诗学理论,把审美教育与社会发展联系起来。朱熹发展了孔子

① 朱熹:《答刘子澄书》,见《朱文公文集》卷三十五。

的艺术社会学思想。他在《论语集注》中释"兴"为"感发志意"，释"怨"为"怨而不怒"，就是从艺术与社会的关系，艺术对社会责任感的形成以及社会心理的构成诸方面立论的。通过艺术形象的直观、联想来激发人们的社会情感，唤起个体求善向美的自觉心，是"感发意志"，以艺术形象为观察对象，了解与研究社会风俗习惯的变迁和国家政治上的得失，是"考见得失"，朱熹在《论语·子路》一章的注中又说："《诗》本人情，该物理，可以验风俗之盛衰，见政治之得失"，进一步阐述了"考见得失"的具体范围。"和而不流"是指艺术的群育功能，通过审美教育，可以充分发挥艺术交流协调个体的社会感情，使个体在艺术感染、熏陶之下趋向团结、凝聚；"人文以化成天下"的"化"是"群"的结果，只有在人们的感情协调的基础上社会群体的关系下才能团结，社会秩序才能和谐地发展，所以审美教育与群育密切配合，可以共奏协调个体与群体之间的关系的效果。朱熹用"怨而不怒"来解释"诗可以怨"，着眼点在于"中和"。当人们追求"仁"的愿望与情感受到压抑的时候，通过诗歌、音乐表现心中的"怨"是合理的，例如屈原在《离骚》中倾诉向往美政及爱国忧民的感情就是如此。朱熹在《楚辞集注》中说："原之为人，其志行虽或过于中庸而不可以为法。然皆出于忠君爱国之诚心。原之为书，其辞旨虽或流于跌宕怪神，怨怼激发而不可以为训，然皆生于缱绻恻怛，不能自己之至意。"情感的真诚是艺术产生魅力的重要因素，诗的"怨"能够震魂摄魄，必须以感情的真诚无伪为基础。《离骚》中的"怨"，表现的是诗人与社会的悲剧情调，是诗人真挚的感情的倾诉，这是引起读者情感共鸣的条件，朱熹经常吟诵《离骚》以陶冶心灵，就是与这种艺术情感的共鸣有关。朱熹强调"怨"与情感表现的关系，但又认为情感的表现应该符合"中和之美"的原则，在他看来，狂热的情绪冲动是不利于个体感情和谐、健全发展的,所以,像孔子一样,他主张情理结合、以理节情,强调社会性、伦理性的审美感受和心理满足,而不是禁欲性的官能压抑或狂热的情绪冲动。因此,通过艺术的交流来谐调人们的社会情感,使个体与社会群体和谐、协调地发展,是朱熹审美教育思想的主要特征。席勒在《美育书简》中说:"动力的国家,只有以自然压制自然,才能够使社会成为可能;伦理的国家,只有使单个意志服从一般意志,才能够使社会(在道德方面)成为必要;只要审美的国家才能够使社会成为实在,因为它通过个体的天性执行整体的意志。虽然人的需求迫使他进入社会,而理性在他的心中树立起社交的原理,可是只有美才能够赋予他以社交的性格,只有趣味才能够给社会带来和谐,因为它在个人心中建立起和谐。"①以个性人格全面地、和谐地发展与促使社会秩序趋向和谐,这是东西方杰出的教育家、思想家的一致看法,席勒在《美育书简》中阐述的基本观念,孔子、朱熹早已作了较详尽的阐发。

二

　　朱熹重视艺术的特殊教育功能,同时也不忽视环境对受教育者的影响。环境,是指自然环境与社会文化环境而言,从教育哲学的角度分析,教育的过程,是受教育者、教育者与环境交互作用、交互影响的过程。"性相近,习相远",儒家学派认为:人的遗传素质大致相近,然而,人所处的自然环境、社会文化环境以及参与社会

---

　　① 席勒:《美育书简》,见《古典文艺理论译丛》第5册第94—95页。人民文学出版社,1963年版。

实践的方式不同,人的个性人格的发展趋向亦会出现差别。朱熹在自己的教育实践中对这个问题有深切的体会,所以他十分重视自然环境与社会文化环境在审美教育过程中的特殊意义。

孔子提出"智者乐水,仁者乐山"(《论语·雍也》)的命题,第一次从人与自然的关系来论述自然环境的审美价值问题。"乐"是人对自然美的感受与喜悦,它表现的精神上的感应与共鸣,而不是功利的满足,自然之所以具有审美价值,是因为它具有审美的特征,它具有与人的精神品质相对应的形式结构,是"智者"与"仁者"的人格、精神的象征或暗示。朱熹说:"乐,喜好也。智者达于事理而周流无滞,有似于水,故乐水;仁者安于义理而厚重不迁,有似于山,故乐山。"(《论语集注》)就是指此道理。人的精神能够获得自由,才能敞开胸怀接受自然的全景,体验宇宙内在的韵律和深沉的境地,向外发现山水的美,向内领悟了自己的深情,自然的真,道德的善以美的形式显现出来,美成为真与善交互作用历史成果。

朱熹的胸襟意趣同那些只知抱着经典著作死读硬背的儒生不同。他既具有忧患意识与入世进取的精神,又有"麋鹿之姿,林野之性"。他出仕则志在邦国,著述则意存千古,但又常倘佯山水、俯仰溪云,领悟万象森罗的宇宙韵律与自然创化不息的生命情调,俨然如一隐者,其视一般道学家又自成一种风格。"平生罪成只春秋,更作嚣嚣万里游",朱熹在《送郭拱辰序》中谈到自己壮游的计划说:"予方将东游雁荡,窥龙湫登玉霄,望蓬莱而历麻源,经玉笥,据祝融之绝顶,以临洞庭风涛之壮,北出九江,上庐阜,入虎溪,访陶翁之遗迹,然后归思自休焉。"《论语》中记载的孔子所说的"吾与点也"的著名言论,充分表现了孔子与曾点所追求的人生境界,是人格自由的境界。在社会改革受到挫折之后,又能从欣赏自然美与领悟自然的生命情调中使精神获得自由,这是孔子所说的

"吾与点也"的精神实质。朱熹在《送郭拱辰序》中所流露出的心情与兴会，即是孔子所说的"吾与点也"的人生境界。此时，朱熹年四十五岁，方当壮年，其胸襟之潇洒，神情之超迈，决非那些视举业官位比生命还重的庸俗之辈所能相比。冯友兰先生谈到朱熹解释"吾与点也"的话的精神说："风流的基本品质，是有超越万物区别的心，在生活中遵从这个心，而不遵从别的。照朱熹的解释，曾点恰是这种人。他快乐，因为他风流。在朱熹的解释里，也可以看出新儒家的浪漫主义成分。"（《中国哲学简史》）所谓"风流"、"浪漫"，实际上是指精神自由而言，在自然美的观赏中，使精神超越世俗的束缚而升华到自由的境界，是朱熹解释"吾与点也"与《送郭拱辰序》的基本观点。朱熹创办和复修的学校如寒泉精舍、白鹿洞书院等，都是傍山依水清静优美的境地，使受教育者置身美的环境之中，得到自然美的熏染与陶冶，是他在学校建设中的内容之一，壮游以观山水之胜，建校必择优美的环境，自然美的确在朱熹审美教育的实践中占有重要地位。

朱熹在《送画者张黄二生》一文中指出："远游以广其见闻，精思以开其胸臆。"（《朱文公文集》卷七十六）引导学画者从书斋画室中走出来，到大自然中去体验与领悟艺术创造的方法。实际上，这种"远游"与"精思"相结合的原则，是艺术创造与研究学问的通则，司马迁写《史记》、杜甫写诗歌以及朱熹本人研究哲学、教育都遵循这一原则。根据《福建通志》列传《朱传》记载："（熹）自号紫阳，箪瓢屡空，然天机活泼、常寄情于山水文字，南康之庐山，潭州之衡岳，建州之武夷、云岩，福州之石鼓，乌石，莫不流连题咏，相传每经行处，闻有佳深壑，虽迂途数里，必经游。携尊酒时饮，竟日不倦，非徒效泥塑人以为居敬者。"（《福建通志》列传卷十二《朱熹传》）美是道德的象征，是自由与价值的感性显现，不掌握社会美与人格的特征,就无法领略自然的奥秘,朱熹之所以重视艺术美与自然美,就是希望通过审美教育培养个性人格全面发展的人,而要达到这一教育目的,首先必须使受教育者成为审美的人,所谓"孔颜乐处",不仅仅是道德的,应该从审美的角度去理解。《福建通志朱熹传》中所描绘的朱熹形象,是哲学家与诗人融成一体的形象,这是朱熹不同于一般儒生的特殊风格,这种风格是"儒道互补"的精神文化长期熏陶下形成的,如果说司马迁的《史记》第一次成功地融汇了孔子精神与老庄精神,形成了自己独特风格与人格,那么,陶潜在诗歌创作领域中又一次实践了"儒道互补"的精神文化的结合,朱熹的人格与风格,与司马迁、陶潜是一脉相承的。所以,朱熹关于自然美对受教育者人格与风格的影响的思想,是有深远与坚实的文化基础的。

受教育者的个性人格发展,不仅受到自然环境的影响,而且受到文化环境的熏染。人一生下来就处于特定的社会文化环境之中,人是在特定的自然环境与社会文化环境中进行实践活动的,"情性所铄,陶染所凝"(刘勰语),逐渐改变人的性格与行为。人的需要,环境与教育的统一是人的社会化的实质,实施审美教育,教育者就应该充分考虑到社会文化环境、特别是由审美文化所构成的审美环境对受教育者个性形成与发展的影响。朱熹解释孔子"性相近,习相远"的命题说:"此所谓性、兼气质而言者也;气质之性,固有美恶之不同矣,然以其初言,则皆不甚相远也。但习于善则善,习于恶则恶,于是始相远耳。"(朱熹《论语集注》)人的遗传素质基本上是相近的,但在后天成长的过程中,常因所习染的社会文化不同,就有"习于善则善,习于恶则恶"的差异,"习"是"习染","陶染",指社会文化环境的长期熏染陶冶而言。朱熹认为孔子"性相近、习相远"的本意不是指人性一定是善的或一定是恶的,而是强调教育与改造社会文化环境的必要性与重要性。因为让受教育者消极地适应环境,不如引导他们积极地选择与改造社会文化环境,使环境更适宜个性人格的成长。基于这种认识,朱熹对孔子"里仁为美,择不处仁焉得知"的思想尤为重视。他说:"里有仁厚之俗为美,择里而不居于是焉,则失其是非之本心,而不得为知矣。"(朱熹《论语集注》)家庭和邻里,是受教育者成长过程中开始接触到的初级社会群体,受教育者进入复杂的社会群体必须以此为桥梁。"里仁为美"的精神实质是指教育者引导受教育者选择社会文化环境而言,"仁者"所居之处,风俗仁厚淳美,受教育者置身于这种社会文化环境之中,从小就会受到仁厚淳美的风俗所熏染,不知不觉地使自己的个性朝着"仁"的方向发展,以朱熹教育思想的整体为背景来分析他的"择里"的内容并不限于选择邻里,其中还包含着改造社会环境的思想,所谓"风俗美"与"人文以化成天下",是儒家改造社会的理想中有机组成部分,"里有仁厚之俗为美",触及社会文化环境的审美价值问题,要使受教育者成为审美的人,除了以艺术美与自然美为审美对象来感染受教育者外,还必须使受教育者置身于"仁厚淳美"的风俗之中,社会文化环境的种种美的因素一旦积淀于受教育者的心灵里,就会使他的个性人格趋向美。

通过自然、艺术与社会文化环境的熏染,固然可以促使受教育者的个性人格趋向真善美。但是,朱熹实施审美教育,更重视伟人的人格的感染化育的力量,他要求教育者以历史上和同时代的伟大人物的人格为学习的典范。对个性人格美的揭示和高扬,把人格美作为审美教育的对象,是孔子、孟子审美教育思想中的核心观念的发挥。他解释孟子"充实之为美"说:"力行其善,至于充满而积实,则美在其中而无待于外矣。""和顺积中,而英华发外,美在其中,而畅于四支,发于事业,则德业至盛而不可加矣。"（朱熹《孟子集注》）屈原主张"内美",《乐记》的作者亦重视"和顺积中而英华发外",朱熹则吸取了屈原与《乐记》作者的人格美的观念补充了孟子"充实之为美"的思想。人的风格与品格是他内在的高尚的道德情操的表现,美是道德的象征,在这一点上,朱熹与康德的人格美论是有相通之处的。朱熹认为,教育的使命是使受教育者成为人格完美、健全的人,所谓"开发其聪明,成就其德业",亦即是"美在其中、而畅于四支,发于事业",因此,人格美同个人救世济民的"德业"休戚相关,以天下为己任,百折不挠地为实现"仁"的人生理想与社会理想而"自强不息",真正做到"富贵不能淫、贫贱不能移,威武不能屈"与"博施于民而能济众",就能够成为人格高尚的"仁者"。"仁"所体现的不仅仅是主体的精神自由,更重要的是高度的人文关切与社会历史责任感。没有人文关切与社会历史责任感,人就会像动物那样满足自己生存的欲望,其结果会导致主体精神的丧失。"在艺术和诗里,人格确就是一切",（歌德语）实施审美教育,应该把人格美的铸造列为中心任务。

朱熹处于民族危机与文化危机的时代,他把人格美的铸造作为审美教育中心任务,是有深刻的现实意义的。他认为真正的伟人并不是地位显赫的以权谋私的执政者,而是道德高尚,能救民于水深火热之中的仁人志士。他卑视公孙衍、张仪之流,说:"二子阿谀苟容,窃取权势,乃妾妇顺从之道也,非丈夫之事也。"（朱熹《孟子集注》）他猛烈地抨击蔡京与秦桧,亦是因为蔡、秦乃是"阿谀苟容、窃取权势"之辈。他推崇诸葛亮、杜甫、颜真卿、韩愈、范仲淹的人格,说:"予尝窃推《易》说以观天下之人,凡其光明正大,疏畅洞达,如青天白日,高山大川,如雷霆之为威而雨露之为泽,如龙虎之为猛而麟凤之为祥,磊磊落落,无纤介可疑者,必君子也。

……于是又尝求之古人以验其说,则汉得丞相诸葛忠武侯,于唐得工部杜先生,尚书颜文忠,侍郎韩文忠,于本朝得故参知政事范文正公,此五君子其所遭不同,所立亦异,然求其心则皆所谓光明正大、疏畅洞达磊磊落落而不可掩者也,其见于功业文章,下至字画之微,盖可以望而得其为人。"①像司马迁一样,朱熹并不以成败论历史人物,而注重历史人物的人格与功业所体现的文化价值,诸葛亮、杜甫、颜真卿、韩愈与范仲淹,是汉、唐、宋三代杰出的政治家与文学家,他们珍视自己的生命意义与价值,有"博施于民而济众"的仁者胸怀,或为国为民"鞠躬尽瘁、死而后已",或穷年忧黎元,以诗抒民情;或不向暴政屈服而以身殉国,或为挽救文化危机而冒死进谏,贬谪边远之地而不改初衷;或顶住逆流而改革社会弊病,不因失败而气馁;他们的命运都带有悲剧的情调,但是,他们的人格则与天地长存、与日月争辉,他们创作的诗文与人格混然一体,所表现的是崇高、刚健、笃实的美。"和顺积中,英华发外,美在具中,而畅于四支,发于事业",这是多么充满生命活力的民族精神与文化观念,在南宋时代,多么需要这种精神与观念。里普斯说:"没有什么像人这样崇高的了,连悲剧的命运也不是作为命运而崇高。就是说,它是作为那种教导我们从人的崇高性中理解人、更深刻地感到自己是人,从而鼓舞了我们的事物而崇高。"②朱熹推崇诸葛亮、杜甫、颜真卿、韩愈、范仲淹的人格,就其审美教育的意义分析,就是"教导我们从人的崇高性中理解人","教导我们更强烈,更深刻地感到自己是人",这种审美教育观念,具有鲜明的、强烈的时代色彩。

---

①　朱熹:《王梅溪文集序》,见《朱文公文集》卷七十五。
②　里普斯:《悲剧性》,《古典文艺理论译丛》第6册第126页。

靖康之乱爆发后,偏安于江南的宋朝政权被秦桧、汤思退之流所窃取,他们提倡议和,卖国求荣、丧失民族气节。朱熹在《毁秦桧生祠文告》中指出:"窃见故相秦桧,归自金庭,久专国柄,内忍事仇之耻,外张震主之威,以恣睢戮善良、销铄人心忠义刚直之气,以喜怒为进退,崇奖天下谄谀偷惰之风,究其设心,何止误国。"(王本《朱子年谱》)朱熹推崇诸葛亮、杜甫、颜真卿、韩愈、范仲淹的人格,强调要做"光明正大、疏畅洞达、磊磊落落"的人,其目的就是为了遏止"谄谀偷惰之风",振兴士气,激励人心,重建文化。孟子主张养"浩然之气",希望受教育者确立"至大至刚"的主体精神,朱熹则倡导"狂狷精神",突出人格美为生命的价值与意义所在,其思想与孟子是一致的。所谓"狂狷精神",亦即孟子所说的"大丈夫"精神,程颐所说的"自强不息"的精神。儒家学派领袖倡导的忧患意识和经世致用的观念,成为朱熹的"狂狷精神"的内核。朱熹说:"须是气魄大,刚健有为底人,方做得事成。而今见面前人都凭地衰、做善都做不力,便做恶也做不得大恶,所以事事不成,必须有些狂狷方可望。"(《朱子语类》卷四三)"怀有狂狷精神的人,身处逆境,不会胆怯",不会懦弱,"壁立万仞,毫不退怯","刀锯在前,鼎镬在后","视之如无物"。(《朱子语类》卷五九)正是这种潜在的超道德的审美本体境界,储备了能跨越生死不计利害的自由抉择或道德实现的可能性。诸葛亮怀有这种精神,才能于汉政权将移之时,鞠躬尽瘁地谋求复兴汉室,统一中国;杜甫怀有这种精神才能经受时代的风霜磨砺,唱出饱含血泪的悲歌;颜真卿怀有这种精神,才能坦然面对分裂者的屠刀,至死犹骂敌不休;韩愈怀有这种精神,才能冒死上《谏迎佛骨表》,贬官千里犹不致初衷;范仲淹怀有这种精神,才能具有"先天下之忧而忧,后天下之乐而乐"的胸襟,大胆地改革社会弊病;这种精神实际上是人生的最高境界,远非一般宗教精神所能比拟。在民族危机与文化危机的南宗时代,人们所缺乏的就是这种"狂狷精神"。朱熹实施审美教育,要培养的就是这种敢于干预社会、揭露和批判奸臣贪官的罪行,以天下为己任的仁人志士。社会伦理同个体感情意志的高度统一是"充实之为美"的真正内涵,以人格美的培育代替宗教的狂热膜拜,使朱熹审美教育思想具有民族特色,这是孔子、孟子、庄子、屈原的审美思想在教育领域中的贯彻和发展,在这一方面,朱熹的审美教育思想包含着"儒道互补"与"儒屈互补"的文化哲学观念的意蕴。

三

　　培养人感受美、欣赏美和创造美的能力,影响人的审美价值定向,是审美教育的重要使命。审美教育的方式或途径是多种多样的,自然美、艺术美、社会美以及人格美都可以潜移默化地影响人的审美价值定向和审美能力的形成。审美教育有助于人的审美价值定向的因素是个人与社会之间的联系的纽带,是个人社会化的桥梁。康德认为:"在经验里,美只是在社会里产生着兴趣,并且假使人们承认人们的社会倾向是天然的,而对此的适应能力和执着,这就是社交性,是人作为社会的生物规定为必需的,也就是说这是属于人性里的特性的话,那么,就要容许人们把鉴赏力也看做是一种评定机能,通过它,人们甚至能够把它的情感传达给别人,因而对每个人的天然倾向性所要求的成为促进手段。"[①]美育既然是审美的教育,它的性质就在于体现美的性质,它的作用也就在于

---

　　①　康德:《判断力批判》上卷,第 14 页,商务印书馆,1964 年版。

发挥美的作用,它是在"促进"人的感受美、欣赏美和创造美的前提下,使个体与社会群体的联系更为密切起来,受过审美教育的人,能掌握欣赏、理解和创造美的标准,能判断什么是美、什么是丑;能在别人不能够发现美的地方发现美,能创造出大自然中所没有的美,从而使自己成为一位有文化教养的、精神生活丰富的热爱生活与富有理想的人。因此,审美教育是造就个性全面的和谐发展人的重要手段。朱熹实施审美教育,格外重视受者感受美、欣赏美和创造能力的培养,其原由亦在于此。

审美教育更主要的、更多的是诉诸于受教育的感情,通过美的教育形象来感染受教育者,使受教育者在享受美的过程中潜移默化地陶冶性情,纯洁精神。所以,寓教于乐是审美教育不同于群育、德育、智育的重要特征。群育导之以人伦关系,德育晓之以修养道理,智育启开智能,而美育则动之以感情,审美感受的突出特点是带有浓厚情感因素,它以快感为基础,但又不同于快感;它是精神的愉悦,而不是物欲的发泄,它是一种主动的心理活动。除情感因素之外,还调动了感知、想象、联想、思维诸心理能力来掌握审美对象。审美的过程中想象,情感是最活跃的心理因素。实施审美教育,培养受教育者的感受美的能力,首先要重视想象力和情感的培养。朱熹以《诗经》、《楚辞》等古代艺术珍品作为教材来培养学生的审美能力,特别重视想象力和情感的培养。他说:

"读诗只是将意思想象去看,不如他书,字字要捉缚教定。诗意只是叠叠推上去,因一事上有一事,如《关雎》形容后妃之德如此,又当知君之德如此,又当知诗人形容得意味深长如此。"(《朱子语类》卷八十一)

"古人独以为兴于诗者,诗便有感人的意思,今读之无感发者,正是被诸儒解杀了,死著诗意兴起人善意不得。"(同

上)

"诗曲尽人情,方其盛时,则作之于上,东山是也。"(同上)

想象或联想是审美感受的"枢纽",审美感受之所以能透过审美对象形式的知觉,直接去体味它的意境,主要是凭借想象或联想来实现的。没有想象和联想,便不能唤起特定的情感态度,也不能产生特定的审美感受。朱熹所说的"将意思想象去看"、"诗意只是叠叠推上去"以及"兴于诗者",都是指艺术欣赏过程中的想象与联想而言。他所说"感发人底意思"、"诗曲尽人情",则是指想象、联想同情感的关系,朱熹认为汉唐诸儒,只从校勘、考据、训诂的角度去理解诗歌,忽视诗歌艺术形象的整体性与美感特征,忽视欣赏者与创作者想象、联想与情感在诗歌欣赏与创作过程中的特殊功能,所以把诗"解杀了"。朱熹则要求学生把诗看作是生气灌注的整体,充分发挥自己的想象、联想能力去体味诗的"真味"。他用"感发意志"去解释孔子的"诗可以兴",着眼点亦在于此。

"兴",从《论语》的原意看,含有"启发"的意思,朱熹说:"兴者,先言他物以引起所咏之谓也。"(朱熹《诗集传》)从朱熹所举的《诗经》中有关"兴"类的诗歌例句分析,他所说的"兴句",涉及诗人触物联想与触物起情的特征,兴是诗人发见一种景物,触动了他心中潜在的本事或情感而抒发出来的歌唱,"诗意只是叠叠推上去,因一事上有一事",个别的有限的艺术形象,因类比联想激发的情感,体验着普遍的、无限的艺术意境,从整体上去感受诗歌艺术的美。由感物起兴而写成的诗,既有真情实感,而内容充实,又能情物相通、情景交融,重兴,是要求通过生动形象来表现丰富的思想感情,这样的"诗"才能"曲尽人情"。朱熹所说的"诗便有感发人底意思",实质上是指联想、想象而言,受教育者只有具备这种审美感受能力,才能鉴别、欣赏和创造美的艺术作品。

朱熹认为情感是审美过程中最活跃的因素,他十分重视屈原"发愤以抒情"、韩愈"不平则鸣"的艺术观,他实施审美教育,往往引导受教育者将联想、想象与情感协调起来去体味诗歌艺术的"滋味",朱熹是一个充满激情的思想家与教育家,他读屈原的《离骚》《九歌》《九章》等抒情诗,就被诗人真挚激切、悲愤沉郁的感情所激动,他说屈原的诗歌"皆生于缱绻恻怛,不能自己之至意"。情感的评价直接通过体验表现出来,没有体验不可能有感情活动,美感只有通过情感共鸣才能达到审美教育的作用。朱熹将自己的审美体验用语言表现出来,实际上是为了启发教育者,要结合自己的生活经验、文化修养去欣赏艺术作品,要以情感为中介去感知、联想与想象艺术的美。他在《诗集传序》中指出:"吾闻之,凡诗之所谓风者,多出于里巷歌谣之作,所谓男女相与诗歌各言其情者也。"强调十五国风的抒情性,并且指出它们绝大部分是民间歌谣,是朱熹承认《诗经》的"文学性"的主要理由,郑振铎先生之所以高度肯定朱熹研究《诗经》的划时代意义,根据亦在于此。列斐伏尔说:"对于作品的创作史最有意义的、最重要的东西,如果它失去了新鲜性,即如果不能直接影响感情,那么它就不会有美学意义。"①朱熹以《楚辞》与《诗经》作为审美教育的教材,就是为了使受教育者在欣赏这两部诗歌名著中产生情感共鸣。所以,他培养受教育者的感受美的能力,重点是培养他们审美的情感。

列夫·托尔斯泰说:"艺术的性能就在于这样把个人从离群和孤单之中解放出来,就在于这样使个人和其他的人融合在一

---

① 列斐伏尔:《美学概论》,第97页,朝花美术出版社,1957年版。

起。"①以艺术作为审美教育对象,一方面可以使受教育的感情、意志与理智统一起来,促使个体人格日臻完美,另一方面又可以使人们交流社会情感,加强合群倾向,促使社会秩序和谐地发展。审美价值定向之所以成为个人与社会协调的纽带,与艺术凝聚群体,团结民众的功能是分不开的,这是美育与群育相互渗透,相互促进之处。朱熹重视《国风》的审美教育作用,亦是为了更好地发挥"诗可以群"的艺术功能。他解释"人而不为《周南》《召南》,其犹正墙面而立也与"一句说:"《周南》《召南》,《诗》首篇名,所言修身齐家之事。正墙面而立,言即其至近之地,而一物无所见,一步不可行。"(《论语集注》)"二南"是流行在河南临汝、南阳、湖北襄阳、宜昌、江陵等地的民间歌谣,作者多是妇女,诗歌表现了他们恋爱、思夫、归宁、劳动等方面的生活与感情。朱熹认为这类诗歌"得其性情之正,声气之和"。(《诗集传》)本着儒家"人文化以成天下"的教育精神,他强调诗歌艺术在交流人们的社会性感情的特殊功能,他认为不读"二南"就会使人们"一物无所见、一步不可行",所指的是艺术教育与受教育者的社会化之间的关系,因为每个社会成员不能与其他社会成员交流、协调情感,就无法完成自己社会化的过程。艺术诉诸人们的社会性情感,唤起个体向善的自觉,通过联想的作用,使人领会一般的、普通的社会性情感,潜移默化地感染、陶冶人性,促使个体与群体协调统一,使社会秩序和谐发展。蔡元培先生说:"凡与人同乐,舍己为群之德,属于此类,赖美育之助者也。"②可见,美育对于人生的意义和价值是不能忽视的。

---

① 列夫・托尔斯泰:《论艺术》。

② 蔡元培:《蔡元培教育文选》,第 195 页。

克莱夫·贝耳说:"所有美学体系的出发点必须是特殊感情的切身经验。能激起这种感情的对象,我们称之为艺术作品。"①通过"艺术作品"来培养受教育者感受美的能力,固然要以"激起"他的"特殊感情的切身经验"为主,然而,受教育者这种特殊感情的切身经验"并不是与世隔绝的,个别化了的情感又与社会情感相互联系,相互渗透着。艺术作品之所以能表现与交流人们的社会情感,主要是因为艺术情感中已有理性参与、渗透、蕴含着大量的社会性成分。实施审美教育以情感为"中介",把艺术作品作为沟通人们情感的媒介,就是要为个体与群体以至于整个社会的情感维系和交流提供符合真、善、美的方式。先秦儒家所说的"与民同乐"、"乐与政通",侧重的是社会情感的培养。朱熹在审美教育的过程中,是注意到个别化了的情感与社会化情感之间的内在联系的,他说:"国者,诸侯所封之域,而风者,民俗歌谣之诗也。谓之风者,以其被上之化以有言,而有言又足以感人,如物因风之动以有声,而其声又足以动物也。是以诸侯采之以贡于天子,天子受之而列于乐官,于以考其俗尚之美恶,而知政治之得失焉。"(《诗集传》卷一)从艺术社会学的角度分析《国风》在表现"个别化了的情感"与沟通、交流社会情感的关系,进一步发展了孔子"诗可以观"的思想。康德说:"美的艺术是一种意境,它只对自身具有合目的性,而且,虽然没有目的,仍然促进着心灵诸力的陶冶,以达到社会性的传达作用。"②朱熹的审美教育思想的"经世"特征是十分鲜明的,从某种意义看,朱熹培养受教育者感受美的能力,重点

---

① 克莱夫·贝尔:《为艺术而艺术》,见《现代外国哲学社会科学文摘》1980 年第 8 期。

② 康德:《判断力批判》上卷,第 156 页。

还是放在培养社会情感方面,他理解的"兴"、"观"、"群"、"怨"都不以"个别化了的情感"为限。

黑格尔说:"艺术作品之所以为艺术作品,既然不在它一般能引起情感(因为这个目的是艺术作品和雄辩术、历史写作、宗教宣扬等等所共同的,没有什么区别),而在它是美的,所以过去就有些人想到替美找出一种特别的审美的情感,还要找出一种特别审美的感官。后来不久人们就看出:"这样一种感官并不是生来就很确定的盲目的本能,单靠这本能是不能辨别出美的。所以人们又说这种审美的感官需要文化修养,把这种有修养的美感叫做趣味或鉴赏力,这种鉴赏力虽然要借修养才能了解美,发现美,却仍应是直接的情感。"①审美教育则应该重视培养受教育者的鉴赏力或欣赏能力。从审美的实践过程看,并不是每一个人都能领略和体味美,自然美、社会美、艺术美或人格美的,只有具备一定的文化修养与鉴赏能力的人,才能真正鉴别和欣赏什么是美、什么是丑,才能在别人视为普通平常的事物之中发现美,所以鉴赏能力的培养涉及内在的文明即心理结构的建构问题。

朱熹实施审美教育,十分重视培养受教育者的鉴赏能力,他同轻视文学艺术的理学家不同,一生酷爱文学艺术,他是一位有艺术鉴赏能力和创作经验的学者,他注释《诗经》《楚辞》,与学生一共讨论历代文学艺术家及其作品,其宗旨就是要使古代的文学艺术作品从汉唐诸儒的"谬解中解放出来,恢复其文学的本来面目"(郑振铎语),并使学生艺术欣赏中提高自己的鉴赏能力。研究朱熹的审美教育思想,要总结他如何培养学生的艺术鉴赏能力的经

---

① 黑格尔:《美学》,朱光潜译,第一卷,第42页,商务印书馆1979年版。

验。

《诗经》是古代最优秀的诗歌汇集,汉唐以来,研究者对《诗经》作了不少研究,但真正能从文学艺术的角度去欣赏这部文学名著者却寥寥无几。朱熹说:"今人不以诗说诗,却以序解诗,是以委曲牵合,又欲如序之意,宁失诗人之本意,不恤也,此是序者大害处。"(《朱子语类》卷8)《毛诗序》是汉、唐以来研究《诗经》的必读书,读者对于《序》只有作为经典来信奉,不敢轻易怀疑或否定,因为受《序》的美刺说的束缚,读者往往只从政治寓意来理解《诗经》,不能从艺术的角度去欣赏《诗经》,这种情况,在汉、唐两代是比较普遍的。到宋代,欧阳修作《诗本义》,郑樵作《诗辩妄》,程大昌作《诗论》,开始冲决汉代学者的藩篱,对《毛诗序》表示怀疑或否定。朱熹研究《诗经》,继承和发展了欧阳修、郑樵等人的诗学思想,作《诗集传》与《诗序辨说》,从根本上动摇了《毛诗序》的垄断地位。朱熹研究《诗经》,虽然在某些方面还保留了汉唐学者研究《诗经》的特色,但他却能从诗歌欣赏和创作的角度去阐述《诗经》,发前人之所未发,纠正了《毛诗序》的不少错误解释。魏晋南北朝时代,是文学创作自觉的时代,亦是文学批评勃兴的时代。钟嵘研究《诗经》,提出了"滋味"说,从艺术欣赏的角度去阐述《诗经》的美学价值。唐代司空图继承了这种审美观点,进而提出"知味外之旨"的说法。朱熹综合了钟嵘,司空图以来的审美观点,亦主张欣赏诗歌要体味其"滋味"与领略其"言外之意"。他说:"大凡事物须要说得有滋味方见有功,而今随文解义,谁人不解,须要见古人好处。""须要自得言外之意始得,须是得那物事有精神方好。若看得有精神,自是活动有意思,跳掷叫唤,自然不知手之舞足之蹈,这个有两重,晓得文义是一重,识得意思好处是一重,若只识得外面一重,不识得他好底意思,此是一件大病。"(《朱子语类》卷114）艺术欣赏是对艺术形象或艺术意境的具体把握，是感知、理解、情感、想象交互渗透、和谐自由的心理活动过程，只有那些为鉴赏者的感觉和情感所接受了的东西，才能成为他在理性上所肯定的东西。朱熹之所以强调"滋味"与"言外之意"，是注意到审美情感的特殊性质。文化修养固然有助于审美能力的发挥，但文化修养高的人并不一定能真正体味艺术形象与艺术意境，语言的阐释、文字的训诂固然是领略诗意的条件，但诗意的把握决不仅仅限于语言的阐释与文字的训诂，朱熹所说的"两重"，涉及现代审美心理学中所说的欣赏艺术过程中"再创造"与"再评价"的问题。在艺术欣赏的活动中，再创造、再评价是感受和领悟艺术形象过程中互相交错、互相渗透的两个方面，要体味的"滋味"与领略艺术的"言外之意"，欣赏者必须采取"以诗说诗"的方法，从形象的整体去把握艺术的生命与价值，并由此而产生"共鸣"，在再创造与再评价相统一的前提下，欣赏者一旦与作者及其创造的艺术形象发生共鸣，就可以有效地完成审美教育的使命。审美教育之所以强调鉴赏能力的培养，与艺术鉴赏的特殊教育功能有关。朱熹所说的"两重"问题，是针对汉唐两代只重视从语言、文字的角度阐释诗歌意义的儒者而言，在他看来，理解诗歌不能仅仅局限于语言阐释与文字训诂上，要从艺术形象的整体去把握诗歌的精神或生命，"若看得有精神，自是活动有意思"就是指此而言。艺术形象通过个别表现一般，有限展示无限，所以在艺术欣赏的过程中，艺术作品往往以一种难以言传的情感、意境感染和陶冶欣赏者的心灵，欣赏者只有透过语言文字的表层含义，以情感为中介，充分调动自己的想象能力，通过"再创造"与"再评价"，才能体验与领略艺术深广和丰富的意蕴。朱熹批评"今人"研究《诗经》方法上的错误，就在于忽视了诗歌的艺术特征，"以序解诗"、"委曲牵合"、"只识得外面一重",没有深入去把握艺术生命的内蕴。

朱熹的批评,还包括他的私淑导师程颐在内。他说:"伊川解诗,亦说得义理多了,诗本只有凭地说话,一章言了,次章又从咏叹之,虽别无义,而意味深长,不同于名物上寻义理,后人往往见其言只如此平淡,只管添上义理,却窒塞了他。如一源清水,只管将物事堆积在上,便壅隘了。"(《朱子语类》卷一一七)一首好诗,如一泓清泉,晶莹碧透,清澈见底。朱熹以"一源清水"来比喻《诗经》中的好诗,既把握住《诗经》中的诗歌的美学特征,又表现了自己的审美理想。艺术欣赏与研究哲学、伦理学不同,它要求欣赏者具体把握艺术形象或艺术意境,而不是"只管添上义理",艺术欣赏是通过"寓教于乐"的方式使欣赏者在"潜移默化"的过程中受到教育,不同于纯粹抽象的理论思考或教条式的道德训导。艺术家以心灵映衬万象,他所表现的生命情调与表现对象交融互渗,成就一个鸢飞鱼跃,活泼生动,深远广阔的境界,如果不从整体去欣赏艺术,而只是从文字训诂或义理上去阐释艺术,必然会破坏艺术的生命整体,影响欣赏者的美感,或者把艺术作品当作哲学、道德学说或语言学来理解。从汉代到北宋,这种不良的研究倾向束缚了《诗经》研究者的手脚,使他们无法从艺术的特征去把握《诗经》的生命情调与美学价值。郑振铎先生说:"《诗经》也和别的重要书籍一样,久已为重重迭迭的注疏的瓦砾把它的真相掩盖住了,……这种传袭的《诗经》注疏如不爬扫干净,《诗经》的真相便永远不能显露。""在这种重重迭迭压盖在《诗经》上面的注疏的瓦砾里,《毛诗序》算是一堆最难扫除的瓦砾。"(郑振铎《读〈毛诗序〉》)朱熹采用《诗经》作为审美教育的教材,培养学生的艺术鉴赏能力,主要是为了学生体味与领略《诗经》的真相,尽管他的《诗集传》还不能从《毛诗序》的"桎梏"中彻底解放出来,但毕竟在《诗经》研究史上系统地进行了扫除"瓦砾"的工作，尤其难能可贵的是，朱熹不仅要扫除《毛诗序》这堆"最难扫除又必须最先扫除瓦砾"，而且认为自己所崇敬的导师程颐以"义理"的方法解诗，亦是用"瓦砾""堆积在上"使"一源清水"般的诗歌形象"壅隘"了，这种"吾爱吾师、但更爱真理"的治学精神，对学生与后学是有深远的影响的。

在朱熹看来，艺术鉴赏活动应该是主动的、自觉的、自由的，语言符号作为文学艺术的媒介因素，只是激起欣赏者的感情、想象的"外面一重"形式，要把握艺术的内在生命或领略艺术意境的深度、广度与韵味，就必须透过"外面一重"去进行审美观照。他说："须是踏翻了船，通身都在那水中，方看得出。"（《朱子语类》卷一一四）这种鉴赏方法颇类似斯坦尼斯拉夫斯基的"进入角色"论，是对陆机、刘勰、钟嵘、司空图等人的"品味"说的发展。凡在思想感情上能够引起欣赏者共鸣的艺术作品，其艺术感染力在于作者所表现的感情对欣赏者说来是可以体验的，欣赏者依靠自己的生活体验、对作品所表现的感情或艺术境界仿佛身临其境，这样体味艺术的生命情调与艺术意境的内蕴。"通身都在那水中"，即是身临其境与进入角色，欣赏者在审美愉悦的心境之中，肯定了自己，丰富了自己，接受了教育。所以，只有艺术唤起相应的情感体验或共鸣的时刻，它的教育功能才能充分发挥。朱熹"通身都在水中"的欣赏方法，是符合艺术欣赏的客观规律的。

我们以朱熹论《诗经》的鉴赏为实例，分析了他的艺术鉴赏论。其实，朱熹一生论述了大量的文学艺术作品，从《诗经》《楚辞》到宋代欧阳修、苏轼、辛弃疾、陆游的诗文，他都是力求从审美的艺术的角度去欣赏、去批评，他认为只有按照"通幽明之故，类

万物之情"①的原则去掌握艺术的生命情调或领略艺术境界的意蕴,"必知其所以美"。② 例如他说:

"楚词平易,后人学做反艰深了。"(《朱子语类》卷一百三十九)

"选中刘琨诗高,东晋诗已不逮前人,齐梁益浮薄,鲍明远才健,其诗乃选之变体,李太白专学之,如'腰镰刈葵藿,倚仗牧鸡豚',分明说出个倔强不肯甘心之意;如'疾风冲塞起,砂砾自飘扬。马尾缩如猬,角弓不可张',分明说出边塞之状,语又俊健。"(《朱子语类》卷一百四十)

"渊明诗人皆说是平淡,据某看他豪放,但豪放得来不自觉耳,其露出本相者是《咏荆轲》一篇,平淡底人如何说得这样言语出来。"(《朱子语类》卷一百四十)

"李太白不专是豪放,亦有雍容和缓底,如首篇'大雅久不作',多少和缓。"(同上)

"'争观云填道,助叫波翻海'此乃退之之豪,'一喷一醒然,再接再厉'此是东野之工。"(同上)

"东坡文字明快、老苏文雄深,尽有好处。"(《朱子语类》卷一百三十九)

"本朝妇人能文只有李易安与魏夫人。李有诗大略云:'两汉本继绍,新室如赘庞。'……如此等语,岂女子所能。"(《朱子语类》卷一百四十)

再如朱熹在书信序跋中称司马迁、贾谊的风格"文雄意健",陈子昂《感遇诗》"词皆幽邃,音节豪宕",杜甫的《同谷七歌》"豪宕奇

① 《朱文公文集·王梅溪文集序》。
② 《朱文公文集·跋十七帖》。

崛"，欧阳修诗文"虽平淡"，"其中恰自有美丽好处"，苏东坡诗文
"文辞伟丽，近世无匹"，陆游诗"语意超然，自是不凡，令人三叹不
能自已"等等，能从艺术风格、创作个性，艺术意境，艺术创作的继
承关系以及作家的影响等方面去论述古今诗文，并且用简明、准
确、形象的语言进行审美评价，是有见地的艺术鉴赏。尤其值得重
视的，朱熹能从艺术辩证法的角度去比较不同的诗人、文学家的风
格，比较同一诗人、文学家不同时期的作品的风格特征，既把握住
艺术家的风格的主调，又不忽视他的风格的变调，风格是由艺术的
本质、艺术家的个性所决定的，艺术风格作为一种表现形态，是从
艺术作品的整体上所呈现出来的美学特征，具有鲜明的独创风格
的艺术作品，能够产生巨大的艺术感染力。实施审美教育，以艺术
作品来培养受教育者感受美、鉴赏美的能力，首先必须从艺术风
格、艺术个性方面引导受教育者进行艺术鉴赏，因为风格是艺术家
所创造的美，欣赏不同艺术风格的作品，具有满足人们审美需要的
多样性的现实意义，可以使受教育者的精神生活丰富起来。胡应
麟说："正而能变，变而能化，化而不失本调，不失本调而兼众调
调。"（胡应麟《诗薮》）伟大的艺术家的风格是丰富多彩的，他们创
作的诗文体现了艺术风格的一致性与多样性的对立统一，朱熹论
陶渊明、李白、杜甫的诗歌，能揭示他们诗歌的正调与变调的辩证
关系，发前人之所未发，这样的艺术欣赏，对教育者是有启发的。
朱熹是中国古代具有辩证法思想的哲学大师，因为他在哲学方面
有深厚的、坚实的基础，所以能从艺术辩证法的角度去探讨艺术风
格问题，建立自己的独特的艺术风格论，并从艺术辩证法的角度去
引导学生、朋友进行艺术鉴赏，这样的培养方法是值得我们重视
的。还有，朱熹对近、当代诗人的关注，对女诗人李清照、魏夫人的
高度评价，都体现了他在艺术鉴赏方面的卓识远见。研究朱熹的

审美教育思想与美学思想,我们应该重视他这种鉴赏精神。宗白华说:"我们寻到了美么? 我说我们或许接触到美的力量,肯定了她的存在,而她的无限的丰富的内容却是不断地等待我们去发现。千百年来的艺术家已发见了不少,保藏在他们的作品里,千百年后的世界仍有新的表现。每一个造出新节奏的人,就是拓展了我们的感情,并使它更为高明的人。"(宗白华《美学散步》第18页)朱熹撰注《诗经》、《楚辞》,向学生介绍欣赏司马迁、贾谊、陶渊明、李白、杜甫、韩愈、欧阳修、苏轼、李清照、辛弃疾、陆游等人的诗文的方法,培养学生的艺术鉴赏能力,对传播与普及中华民族的精神文明与造就思想崇高和人格完美的人是有特殊的意义。在佛教文化广泛传播、民族文化处于危机的时代里,朱熹传播与普及那些属于整个时代与整个民族的精神文化、使以《诗经》为代表的北方文化系统与以《楚辞》为代表的南方文化系统以及先秦以后的精神文化汇纳综合成的民族文化体系,并以这种"儒道互补"与"儒屈互补"为核心的民族文化作为抗击民族文化危机的精神动力,作为实施审美教育的基本对象,其意义已超出培养个体的艺术鉴赏力的范围,已经是重建民族精神文明体系的工作了。

四

朱熹实施审美教育,不仅重视培养受教育者感受美、鉴赏美的能力,而且也重视发掘与培养受教育者创造美的能力。他继承与发展了先秦儒家学派"人贵于物"、"贵仁"、"人为万物之灵"的思想,把自由创造视为人类最珍贵的特征,强调创造是一个"生生不已"、"日新"的发展过程,要求创造必须以"真"、"善"为前提,把培养创造美的能力视为发掘人的智慧、才能和力量的重要手段,突出了儒家积极的、有为的、进取的精神。这是朱熹审美教育思想又一重要特征。

美是真、善交互作用的历史成果，是自然与人，感性与理性、规律与目的、必然与自由的对立统一，美的本质与人的本质紧密联系着，美的发现与创造体现了人的智慧与才能。所以，研究美的创造问题必然涉及人的本质与自由创造问题。朱熹谈到自然与人的关系以及人的创造时说：

　　"天只是一气流行，万物自生自长，自形自色，岂是逐一妆点得如此。"(《朱子语类》卷四五)

　　"天地只是自然，圣人法天，做这许多节措出来。"(《朱子语类》卷七三)

　　"天只生得许多人物，与你许多道理，然却自做不得。所以必得圣人为之修道立教，以教化百姓。所谓裁成天地之道，辅相天地之宜是也，盖天地做不得底，却须圣人为他做。"(《朱子语类》卷一四)

　　"人是天地中最灵之物，天能覆而不能载，地能载而不能覆。惩地大事，圣人独能裁成辅相之，况于其他。"(《朱子语类》卷一一〇)

　　"裁成天地之道，辅相天地之宜，此便是经天纬地之文。"(《朱子语类》卷二八)

朱熹肯定人的创造胜过自然的造化，他认为自然不会恩赐给人类文化，只有充分发挥人的创造精神，"裁成天地之道，辅相天地之宜"，才能创造出自然界所没有的"经天纬地之文"。不是人为美而存在，而是美为人而存在，美是人类创造的，是属于"经天纬地之文"的范围内的东西，艺术亦如此。"才美，谓智能技艺之美"(《论语集注》)。精神文化的创造所体现的是人的"智能技艺"的"美",人只有在自由创造过程中才能充分显示自己不同于"自生自长"、"自形自色"的自然造化的主体力量。人性并不是一种实体性的东西,而是人自我塑造的一种过程,真正的人性就是人的无限的创造性活动。

当然。朱熹所说的"裁成辅相",是从人与自然的关系来理解人类的创造,人不能凭空创造"经天纬地之文",只有认识自然(法天)和掌握自然规律(裁天地之道,辅助天地之宜)的基础上,才能自由进行创造。他说:"如梓匠轮舆,但能斫削者只是这斧斤规矩,及至削镰之神,斫轮之妙者,亦只是此斧斤规矩。"(《朱子语类》卷三三)"道"、"宜"、"规矩",都包含着规律、法则的意义,而"神"与"妙"则是指人的创造所达到的自由的境界。自由是对必然性的认识与驾驭,只有认识和驾驭"规矩"、"宜"或"道"之后,才能使技艺达到"神""妙"的境界。从朱熹的论述中我们可以看出,他首先承认创造需要实际的技艺,以"梓匠轮舆"为例,他阐明的实际上是创造过程中必然性与自由的关系。实践是有目的性的,它需要有实际的技艺,缺乏技艺要改变事物的具体形态使其符合预定的设计、目的是不可能的。高度熟练的劳动技能,是人支配、掌握自然力的一种创造性活动。朱熹说:"萃百物,然后观化工之神,聚众材,然后知作室之用。"(《朱子语类》卷一一七)反复实践是达到技艺"神"、"妙"的境界的主要方法。我们知道,在古代社会,由于精神劳动和物质劳动的朴素的统一,"技"与"艺"是不分的。朱熹所说的"智能技艺"之美,包括社会管理、艺术创作与工艺技巧诸方面的创造而言。"萃"与"聚"含有积累的意思,从技艺创造能力的获得到艺术创造能力的形成,有一个漫长的历史的实践积累过程,通过这个实践积累过程,人类积累了对"物"的规律的认识,积累了按照人类需要"裁成辅相"自然的能力,积累了表达审美感受与创造审美文化的技巧和手段,这是创造"经天纬地之文"的必由途径。尤其可贵的是:朱熹发展了孔子"君子善其事,必先利其器"与荀子"君子善假于物"的思想,强调工具在人类创造文化中的重要作用。例如,当他的学生蔡元定问他如何认识天文现象时。他说:"历法恐亦只可略论大概规模。盖欲其详,即须仰观俯察乃可验。今无其器,亦难尽究也。"(《朱文公文续集》卷三《答蔡季通》)此处"器",应是指科学仪器。以"器"为中介或手段,是可以更主动地、有成效地去认识与改造自然。他又说:

> "天地之化,滔滔无穷。如一炉金汁,熔化不息。圣人则为之铸泻成器,使入模范匡郭,不使过中道。曲成万物而不遗,此又是就事物之分量形质,随其大小阔狭长短方圆,无不各成就此物之理,无有遗阙。范围天地,是极其大而言;曲成万物,是极其小而言。"(《朱子语类》卷七四)

人以自然存在为前提,人的创造,不论是"范围天地",或者是"曲成万物",都是以自然的"物"为材料改造成"器",按照自然的"理"去进行创造。技艺是如此,艺术亦是如此,社会管理的艺术亦是如此,一切文化的创造都是如此。朱熹所说的"圣人",并不是人们顶礼膜拜的神或上帝,而是集中了人类创造智慧与才能,能利用"器"与遵循自然规律进行文化创造的人。他说:"事物之理,莫非自然,顺而循之,则为大智。""禹之行水,则因其自然之势而导之。""天虽高,星辰虽远,然求其已然之迹,则其运有常。虽千岁之久,其日至之度,可坐而得,况于事物之近。若因其故而求之,岂有不得其理者。"(朱熹《孟子集注》)美的创造与创造美的能力的培养亦是如此。所以,朱熹实施审美教育,是把培养受教育者的创造能力作为中心环节的。

审美文化尤其是艺术是人类创造精神的表现或象征,而创造必须遵循"事物之理"进行,必须经过长期的基本功的训练与创造实践,才能由生到熟,由必然到自由,由"知其所以美"到创造出审美文化。朱熹以书法艺术与李白的诗歌的创造经验为例子论述说:

> "此本(指十七帖)马庄甫所摹刻也,玩其笔意,从客衔裕,而气象超然,不为法缚,不求法脱。其所谓——从自己胸襟流出者。窃意书家者流,虽知其美,而未必知其所以美也。"(《跋十七帖》)

> "李太白诗非无法度,乃从容于法度之中。"(《朱子语类》卷一百四十)

艺术创造是遵循艺术的"法度"进行的,同时又充分体现艺术家的创造才能与智慧,在对艺术创造的各种技能和手法的掌握上,即使最伟大的艺术天才,也不能违背艺术创造的规律,也需要勤奋锻炼、艰苦探索。大诗人李白创作的诗歌,并没有违背诗歌创作的规律,"乃从容于法度之中",它体现了诗人认识和驾驭诗歌创作规律而达到自由境界的创造水平。"不为法缚,不求法脱","——从自己胸襟流出",亦是从创造辩证法的角度论述书法艺术。"知其美",还是就感受欣赏而言,"知其所以美",则就涉及创造美的问题了,朱熹所举的例证说明,创造美的法则体现了客观规律与主体精神、必然性与自由相统一的原理。

朱熹重视儒家的"有为"思想,强调"法度"、"规矩",但又吸取了道家"无为"、"自然"的思想。他的美学思想具有综合儒道美学思想的特征。就艺术创造来说,他尤其推崇"自然""天然"的审美规律,把"自然"、"天然"视为艺术创造的最高境界,反对模仿与抄袭,主张艺术家要有独特风格。他培养学生的创造能力,亦多以

"自然"、"天然"为审美标准去衡量历代艺术作品,引导学生以具有"自然"、"天然"审美特征的艺术作品为学习对象,从中领悟艺术创造的法则。他说:

> "古人文章,大率只是平说而意自长,后人文章,务意多而酸涩。如《离骚》初无奇字。只凭说将去自是好。后人如鲁直,凭地著力做,却自是不好。"(《朱子语类辑略》卷八)

> "以诗言之,则渊明所以为高。正在其超然自得,不费安排处。"(《朱文公文集·答谢成之》)

艺术是美的集中表现,艺术的创造要遵循艺术的规律。一方面,朱熹强调法度、规矩,认为艺术创作只在通过法度、规矩的掌握与运用才能达到"神"、"妙"的境界;另一方面,他又把美视为自然生命本身合乎规律运动所表现出来的自由,强调艺术创作"一一从自己胸襟流出"、"超然自得、不费安排",他既推崇儒家倡导的以充实、辉煌、笃实、刚健为特色的人工美,又高度肯定道家主张的不露人工痕迹的、归朴返真的天然美,从表面上看这是矛盾的,但从中国古代美学思想史的发展总倾向看,他是在更高的历史阶段对儒道美学思想的综合。在实施审美教育的过程中,他是用这种综合了儒道两家美学思想之精华的思想为指导原则,来启发受教育者如何领悟艺术创造的法则的,他希望受教育者懂得:人为与天然、规律与自由、善与真、理性与直觉、入世与出世,合乎法度与不费安排、勤奋与天才之间倒没有不可逾越的鸿沟,它们之间是互相联系、互相渗透的,创造审美文化的能力的获得与认识,掌握这些创造的法则有着内在的联系。

歌德说:"艺术要通过一种完整整体向世界说话,但这种完整不是他在自然中所能找到的,而是他自己的心智的果实,或者说,是一种丰产的神圣的精神灌注生气的结果。"①朱熹认为审美文化特列是艺术的灵魂是创造性,强调审美文化或艺术的创造性与人的创造精神有关。自然中蕴含着创造审美文化或艺术的法则,但自然并不会恩赐人们审美文化或艺术美,审美文化或艺术是"一种丰产的神圣的精神灌注生气的结果",即人的创造能力的表现或象征。朱熹之所以侧重于从创作个性、艺术风格与思想深度诸方面评价历代艺术家,就是为了强调具有美学价值的创新,强调审美感受、认识与表现方法的独创性,力求以真、善、美相统一的原则来衡量审美文化或艺术。下面,我们以朱熹评论陈子昂、杜甫诗歌的二段话来分析朱熹的创造论。

朱熹说:"余读陈子昂《感遇诗》,爱其词旨幽邃,音节豪宕,非当世词人所及,如丹砂空青,金膏水碧,虽近乏世用,而实物外难得自然之寄宝。欲效其体作十数篇,顾以思致平凡,笔力萎弱,竟不能就。然亦恨其不精于理,而自托于仙佛之间以为高也。"②朱熹此评颇启发人,他似乎是从真、善、美的区别与联系来分析陈子昂的《感遇诗》,在他看来,艺术的创造必须符合一定的社会目的和促进社会理想的实现。就艺术风格而言,陈子昂的诗是风格独具之作,"词旨幽诗、音节豪宕",表现了盛唐初期的时代精神,是当时的一般诗人无法企及的。"如丹砂空青、金膏水碧"是指陈子昂《感遇诗》的艺术意境。朱熹认为陈子昂《感遇诗》"实物外难得自然之奇宝",其评价之高意出言表,可见,他对陈子昂诗歌所体现出来的创造精神是十分推崇的。"彩丽竟繁,而兴寄都绝"的齐梁诗风,朱熹具为"读之使人四肢皆懒慢,不收拾。"(见《朱子语

---

① 《歌德谈话录》,137 页,人民文学出版社,1978 年版。

② 朱熹:《斋居感兴二十首小序》,见《朱文公文集》卷四。

类》）而"骨气端翔、音情顿挫、光英朗练、有金石声"的《感遇诗》，他却称之"自然之奇宝"，其审美情趣与审美理想同盛唐诗人是息息相通的。陈子昂是开一代诗风的大诗人，《感遇诗》是充满鲜明的艺术性与豪迈刚健的艺术激情的作品。一个艺术家的作品形成了独创的风格，意味着他对丰富多采的生活有不同于别人的新的发现，并能以艺术的形式表现出来。《感遇诗》的诞生，给唐代诗坛带来了一种新的美，它一扫齐梁以来浮艳颓废的诗风，推进了诗歌艺术的发展。朱熹之所以慨叹自己"思致平凡、笔力萎弱"无法达到陈子昂《感遇诗》的艺术境界，是有一定的原由的。究其所以不外有二：一是以此作比较、推崇陈子昂《感遇诗》所达到的艺术水平，告诫学诗者要发扬陈子昂的独创精神，不要以摹仿《感遇诗》为满足；二是以批评自己的诗歌为例证，希望当时的诗人或学者在审美趣味与审美理想上要有更高的追求，要以唐代大诗人为学习榜样，纠正一味摹仿或以词藻华丽为高明的诗风。当然，承认陈子昂是一位具有不可重复的鲜明的创作个性的诗人，承认《感遇诗》是有美学价值的创新之作，并不因此使朱熹对陈子昂思想进行适当的批评。唐代是佛道思想广泛传播与占主要地位的时代，陈子昂亦受到佛道思潮的影响。从总的倾向看，《感遇诗》表现的是诗人怀才不遇、报国无门的苦闷心情，寄托了诗人对现实不满和希望为国为民建功立业的情怀。《感遇诗》之所以使朱熹产生强烈的共鸣，并要"效其体"而创作表现自己孤愤情绪的诗歌，与朱熹对《感遇诗》的主调的理解是分不开的。"魏、晋风骨"就是《感遇诗》的主调，然而，使朱熹感到遗恨的是，陈子昂在文化思想上的追求没有达到应有的水平，"恨其不精于理，而自托于仙佛之间以为高也"，则是指陈诗包含着佛道出世观而言。美以善为前提，但又不等于善，善直接与人的社会功利目的联系着。艺术的社会功利价值与审美价值既相联系又有区别，各自有独立的意义。朱熹从审美价值的角度对陈子昂的《感遇诗》作了如此高的评价，肯定了他的独创的艺术风格，但又从社会功利价值的角度对陈诗的思想作了某些批评。朱熹吸取道家、释家某些思想精华，为的是丰富和发展儒家学说，使即将断裂的文化传统得以发扬光大。他批评陈诗"自托于仙佛之间以为高"，则是从重建文化传统、复兴儒家人文精神、入世精神着眼的。朱熹的批评是有根据的。"眘然遗天地，乘化入无穷"，"空色皆寂灭，缘业定何成"，"探元观群化，遗世从云螭"。因为年华流逝，理想破灭，陈子昂在《感遇诗》中流露的释道观念，加上寓意凄婉，使《感遇诗》染上了一层感伤的色彩，在朱熹看来，这种"自托于仙佛之间以为高"的思想，不符合儒家文化的精神，会使读者产生出世的观念，不利于重建儒家文化传统的事业。可见，朱熹是把审美文化或艺术的创造与复兴、发展以先秦儒家思想为核心的民族文化事业联系在一起的，他的审美教育思想具有明确的社会目的。

再如朱熹论杜甫《同谷七歌》说："杜陵此歌豪宕奇崛，诗流少及者。顾其卒章，叹老嗟卑，创志亦陋耳。人可以不闻道哉！"(《朱文公文集》，《跋杜工部·同谷七歌》)朱熹酷爱杜诗，推崇杜甫忧国忧民、历尽万般磨难而不改变自己的信念的精神，他在《王梅溪文集序》中把杜甫与诸葛亮、颜真卿、韩愈、范仲淹同列为"古之五君子"，其钦慕之心是十分明显的。当他在政治上受到残酷的迫害的时刻，经常借吟诵杜诗来抒发自己不平的情怀，其爱之深可见一斑。但是，在研究杜甫创作的具体作品时，他不会因推崇与钦慕而忽视杜诗中美与善的复杂关系。以"豪宕奇崛"来形容《同谷七歌》的独特艺术风格，朱熹的确把握住该组诗的美学特征。称《同谷七歌》的创作方法是"诗流少及者"，亦是有根据之言。沈德潜说:"七歌,原本平子《四愁》、明远《行路难》等篇;然能神明变化,不屑于摹仿,斯为大家。"(转引自萧涤非《杜甫诗选注》146页)艺术创造当然要吸取前辈的宝贵经验,但更重要的是要发挥自己的独创精神。就艺术家自身而言,艺术风格的独创性,是艺术家创造精神的集中表现,是他的创作成熟的重要标志。代表唐代美学精神的杜诗、颜字、韩文,所体现的不仅是杜甫、颜真卿与韩愈的人格,而且充分体现了诗人、书法家的独创精神。杜甫学习张衡、鲍照,又不受张、鲍的束缚,"能神明变化,不屑于摹仿"是使杜甫成为"大诗人"的关键所在。朱熹说《同谷七歌》是"诗流少及者",确是有见地的评价。然而,朱熹又为什么批评杜甫《同谷七歌》"卒章""叹老嗟卑,创志亦陋耳"? 这个问题应从《同谷七歌》的创作背景以及朱熹所处的时代状况求得解释。唐代安史之乱与宋代靖康之乱,都是中华民族历史发展进程的转折点,民族危机与文化危机十分严重。时代要求思想家、教育家、文学家们发扬先秦儒家积极进取、自强不息的精神,在忧患中自励自勉,以振奋民族精神、恢复优良的文化传统为己任,而不应该忽视自己所要树立的历史责任性。《同谷七歌》是杜甫四十八岁写的诗歌(乾元二年十一月),这一年是诗人一生中最艰苦的一年,身陷"惨绝人寰"的境地,"长歌可以当哭"。诗人在《同谷七歌》中唱出悲愤的曲调,"我生何为在穷谷? 中夜起坐万感集"。"此时与子空归来,男呻女吟四壁静","生别展转不相见,胡尘暗天道路长"。"男儿生不成名身已老,三年饥走荒山道"。多么凄凉悲绝! 朱熹说《同谷七歌》"卒章""创志亦陋",是就诗人的历史责任感与社会责任感而言的。朱熹推崇杜甫的人格亦同情诗人的不幸遭遇。然而,他认为,像杜甫这样有积极入世精神的诗人,应该发扬孔子"发愤忘食、乐以忘忧,不知老之将至"的精神,要高扬个体人格的主动性和独立性,通过诗歌唤醒每个人内在的自觉心与激发每个人的创造潜能,增强对历史、社会与文化的责任感,以回应民族危机的挑战。四十八岁是人生"不惑"之年,生命处于最旺盛的时期。"叹老嗟卑"会使自己的创造精神萎缩下去,朱熹批评《同谷七歌》"卒章""叹老嗟卑",是为了提醒读此诗者不要受"叹老嗟卑"的情绪影响。所以,实施审美教育培养创造美的能力,应该以激发人的创造潜能为主。朱熹说的"人可以不闻道哉"的"道"与孔子所说的"朝闻道,夕死可矣"的"道"是同义的。朱熹释"道"说:"道者,事物当然之理。苟得闻之,则生顺死安,无复遗恨矣。"(《论语集注》)所以,此处的"道"与人生的意义与价值有关。冯友兰先生说:"《论语》中孔子说:'志于道。'(《述而》)又说:'朝闻道,夕死可矣。'(《里仁》)孔子的志于学,就是志于这个道。我们现在所说的学,是指增加知识;但是'道'却是我们用来提高精神境界的真理。"①朱熹从"创志"与"闻道"的角度批评《同谷七歌》的"卒章",其目的是为了更充分地发挥艺术铸造人格的独立性与独创性。使人格达到仁的境界,这是儒家审美教育思想的核心观念。朱熹一方面推崇杜甫的人格与杜诗的独创的艺术风格,一方面又对其具体作品提出这样的批评。两者似乎矛盾,实质上是统一的,从推崇与批评之中,我们可以看到朱熹所追求的审美理想,领悟他把培养创造美的能力与铸造主体人格联系起来的意义所在。

康德说:"在世间一切事物之中,只有人才可以有一个美的理想。正如只有在他身上的人性,作为有理智的东西,才可以有'完善的理想'。"②因此,只有人才能显现出理想美所要求的"道德精

---

① 冯友兰《中国哲学简史》。北京大学出版社,1985年版第57页。

② 康德:见《判断力批判》中《审美判断力的分析》第一部分《美的分析》。

神的表现"。朱熹实施审美教育,培养受教育者感受美、鉴赏美与创造美的能力,其目的是为了促使个体人格完满、和谐、全面的发展,使人的精神生活更加丰富与精神境界得到提高。处于动乱的时代,朱熹感触到因民族危机与文化危机所造成的社会与个体以及个体自身的人格内部的分裂,"王道"与"霸道"及"天理"与"人欲"之争,所触及的就是这方面的问题。所以,朱熹审美教育的思想、美的理想与他的人的理想、社会理想的观念是相统一的,把认识价值、道德价值与审美价值作为培养人的主体精神和激发民族的创造精神的重要手段,"和顺积中,而英华发外,美在其中,而畅于四支,发于事业",从先秦儒家学派提出"人文以化成天下"的观念到近代蔡元培提出"以美育代宗教"的口号,中华民族审美教育思想的发展历史之所以充满活力,与朱熹审美教育思想所起的承先启后的作用是分不开的。

五

朱熹审美教育思想的指导原则是儒家的"仁学"。

"仁学"是儒家学派领袖孔子、孟子思想体系的核心。以"仁学"思想为指导,强调审美文化在陶冶人的精神,铸造人格与促使人生、社会艺术化的功能,培养个体人格全面、和谐发展的文化人,达到个体与社会的和谐统一,是孔子、孟子审美教育思想的共同特点。以"仁学"为核心的审美教育思想具有鲜明的人本主义精神,是儒家学派关于人的学说的重要组成部分。

朱熹是以复兴先秦儒家学派的"仁学"为己任的思想家,他处于民族危机、文化危机的时代,倾注平生心血撰注《论语》、《孟子》、《中庸》、《大学》等儒家经典著作,以先秦儒家思想为基本框架,吸收汉、唐、宋诸代思想家的积极成果,集儒学的大成,创建新的儒学体系。在美学思想与审美教育思想方面,他以儒家美学思想与教育思想为基石,吸取了道家与楚骚的美学思想,形成以"儒道互补"与"儒屈互补"为交错轴线的美学思想体系,在民族危机与文化危机的历史条件下发展了孔子、孟子的美学思想与审美教育思想。

"仁学"是儒家的人生理想与社会理想,儒家学派提倡"乐教""诗教",其宗旨要通过审美文化"化育"现实的人生与社会,从儒家学派教育思想的最高目标看,他们要培养的不是经济人、政治人,而是具有广大和谐的人文精神的文化人。仁学实际上是关于人生、社会的价值哲学,"人文以化成天下"的"人文",当然不限于审美文化,但是,审美文化是人类创造的精神文化与物质文化的重要组成部分,它横跨精神文化与物质文化两大领域。就审美文化的化育功能而言,其影响亦是多方面的。可以培养、发展受教育者的感受美、欣赏美与创造美的能力,铸造人格美,亦可以促使社会环境审美化,使人与社会的关系、人与自然的关系协调和谐。冯友兰先生说:"中国哲学以为,一个人不仅在理论上而且在行动上完成了这个统一,就是圣人。他是既入世而又出世的,中国圣人的精神成就,相当于佛教的佛,西方宗教的圣者的精神成就。但是中国的圣人不是不问世务的人,他的人格是所谓'内圣外王'的人格。内圣,是就其修养的成就说;外王,是就其在社会上的功用说。""圣人的人格既是内圣外王的人格,那么哲学的任务,就是使人有这种人格。"①实质上,"哲学的任务"是铸造"内圣外王的人格",审美教育的任务亦是如此。"美在其中"是"内圣","发于事业"

---

①　冯友兰《中国哲学简史》北京大学出版社,1986 年版第 12 页。

是"外王"，"仁者"就是具有这种人格的人，朱熹继承和发扬的就是这个基本的观念。

朱熹是从"内圣外王"相统一的观念来阐述"仁学"思想的。他说："民之于水火，所赖以生，不可一日无，其于仁也亦然。但水火外物，而仁在己。无水火，不过害人之身，而不仁则失其心。是仁有甚于水火。而尤不可以一日无也。"（《论语集注》）"仁者，爱之理，心之德也。爱人，仁之施。"（同上）"仁，则心德之全而人道之备也。"（同上）"仁者，人心之全德，而必欲以身体而力行之，可谓重矣。一息尚存，此志不容少懈，可谓远矣。"（同上）从"仁"与人生的关系看，朱熹认为"仁"是人的生命价值所在，"仁"不是物质价值，它不像水、火的价值一样与人的生活利益直接相关，可以满足人的生活需要，"仁"是精神价值，是"爱之理，心之德"。虽然"仁"与人的物质需要关系比较间接，但从人的生命价值与意义来看，"仁"的价值却是至关重要的，仁的境界是精神自由和审美的境界，是个体与社会和谐发展的境界；人生质量上的提高，比数量上的延长与物质需要的充分占有更重要，不仁的人，即使寿命极长和尽情地享受物质利益，生活亦毫无意义与价值。所以，人只要"一息尚存"，追求仁的志愿就不能停息。朱熹以"仁学"为指导思想来实施审美教育，因为只有审美的人才能超越庸俗观念，从质量上看待人生的意义与价值，使自己的精神升华到"仁"的境界。自由审美是自由意志与直观的桥梁。"仁者，人之所以为人之理也。"（《孟子集注》）"力行其善。至于充满而积实，则美在其中而无待于外矣。"（同上）审美是超生物的需要和享受，认识领域和伦理领域的超生物性质是表现为外在的，而在审美领域，则已积淀为内在的心理结构。屈原重视"内美"的思想、孟子"充实之谓美"的思想，都是强调铸造美的意义。朱熹把人格美的铸造视为审美教育的中心任务,其目的为了建构受教育者内在的文明,所以,他继承与发展的是孔子美善统一的观念。

朱熹把"仁学"与审美教育联系起来,主要目的是要通过审美教育来铸造人格美,确立人的主体精神。"仁学"所高扬的是个体人格的独立性、主动性与创造性,他推崇屈原、陶渊明、诸葛亮、杜甫、颜真卿、韩愈与范仲淹的人格与"文章",就在于他们的人格与"文章"融成一体,充分表现了"仁"之"美"。艺术是生命价值的结晶,是真善美的高度统一,是艺术家人格的化身。"既定于内,则其形于外。虽言谈举止之微,无不发见,而况于事业文章之际,尤其所谓烁然者。"(《朱文公文集》,《王梅溪文集注》)"道者文之根本,文者道之枝叶,惟其根本于道,所以发于文皆道也。三代圣贤文章,皆从此心写出,文便是道。"(《朱子语类》卷一二九)这种类似康德"美是道德的象征"的思想,实际上是把艺术视为人格的表现与象征。朱熹吸取了道家学派主"自然"、"天然"的美学思想,但他所说的"自然"、"天然",是与"仁学"紧密地联系着的。精神或人格达到"仁"的境界,发而为"文章"就是"自然"的或"天然"的。所以美是仁的表现与象征。审美价值定向以"仁"为轴心展开,只有在审美教育的过程中使受教育者趋向"仁",成为"仁者",才能实现铸造人格美或确立主体精神的教育目标。

朱熹的仁学思想,不是先秦儒家学派仁学观的简单重复,如果说孔子、孟子言"仁",偏重于人生界,那么,朱熹言"仁"除重视人生界外,还涉及宇宙界,是人生界与宇宙界的统一,人与自然的统一。朱熹吸取了《易经》、《老子》、《庄子》、张载、周敦颐、明道、程颐、邵雍等人论"天人关系"的哲学思想,从天人关系出发论"仁",阐述天人相通、天人合一的"仁学"观念。他说:"仁者,天地生物之心。"(《朱子语类》卷五三)"譬如谷种,生之性便是仁。"(《朱子语类》卷二七）"天地生物之心，无停无息。"（《朱子语类》卷五三）"天地以生物为心。天包着地，别无所作为，只是生物而已，亘古亘今，生生不穷，人物则得此生物之心以为心。"（《朱子语类》卷六）"仁是天地之生气。"（《论语集注》）以"生生不息"的观念来阐述"仁"的哲学意义，是朱熹对先秦儒家仁学观念的发展。它代表一种以生命力为中心的文化观念，激发人的创造精神是"生生不息"的原则。"仁"从生命力来说，是创造潜能的充分宣畅，从价值感来说，是价值理想的充分实现。人应该从宇宙充实、活跃、创造的活力中去体验人生的意义与价值，"仁"不限于社会的人际关系之中，它旁通统贯，从人生界到宇宙界，乃至天地之内，六合之外，莫不以此一体之"仁"沛然充塞。所谓"上下与天地同其流"、"天人合一"就是指此而言。既然美是为人而存在，那么，美的本质与人的生命活力、价值必然相联系，没有人的创造就没有美。审美教育之所以要培养人感受、欣赏、创造美的能力，就在于这种能力的获得是使人们创造潜能得以充分宣畅的条件之一。以"爱人"为生活准则，以生命力的充分发挥为目标，求得人与宇宙的和谐统一，承认审美的合理性与正确性，肯定美的价值超越狭隘的功利价值，把审美教育与人的主体精神的建构联系起来，使朱熹的审美教育思想具有实践理性的精神或特色。

审美教育目标的实现有一个过程，这个过程与仁的实现的过程相联系着，朱熹以"仁熟"这个概念来概括它。他说："乐有五声十二律，更唱迭和，以为歌舞八音之节，可以养人之性情，而荡涤其邪秽、消化其渣滓。故学者之终，所以至于义精仁熟而自和顺于道德者，必于此而得之，是学之成也。"（同上）又说："荑稗、草之似谷者，其实亦可食，然不能如五谷之美也。但五谷不熟，则反不荑稗之熟；犹为仁而不熟，则反不如为他道之有成。是以仁必贵乎熟，而不可徒其种之美，又不可以仁之难熟、而甘为他道之有成也。"（《孟子集注》）人生是一个过程，"仁"的实现也是一个过程。"仁"作为人生理想的最高境界，是真善交互作用的结果。哲学求真、道德求善，而真善统一而发为光辉，则是美。"仁为美"不仅仅是指其"萌芽"而言，更主要的是指其由"萌芽"到成熟的过程而言。朱熹在《孟子集注》中引用尹氏"日新而不已则熟"的话来论"仁熟"，就是把仁的实现过程视为"日新不已"的过程，而这恰恰是生命创化不已或生生不息的过程；所以，"仁熟"与"充实之谓美"均是指人生过程的质量而言。只有"以仁为己任"，"以天下为己任"，历经磨炼，于忧患中自强不息的人，生命才是充实的，才能达到"仁熟"的境界。价值是有生命的对象世界，对象在社会历史实践过程中获得了仁的东西，获得了对人和社会的意义。审美价值处于所有价值相互渗透的中心，审美价值通过人的创造活动，通过对真与善的认识，体现了世界上的自我确证。"仁"既是人生理想和社会理想，是人生的意义与价值所在，所以它不仅是真的、善的，而且也是美的。"仁熟"的"熟"，即是"充实"。人的创造潜能充分发挥，达到"上下与天地同其流"的自由境界，人生才有意义与价值。所以，表现人生的深境与实现人格的和谐美，美指示着生命的真谛、宇宙的奥境。

朱熹说："齐梁间之诗，读之使人四肢皆懒慢，不收拾。"（《朱子语类》）又说："前辈文字有气骨，故其文壮浪，欧公东坡，亦皆于经术本领上用功。今人只是于枝叶上粉泽尔，如舞讶鼓然。其间男子妇女，僧道杂色，无所不有，但都是假底。"（同上）审美文化的创造，一需要价值感，然后才能蔚成开创新文化的建设力量，不会沦为腐蚀文化的坠落境地。在民族危机与文化危机十分严重的南宋时代，倡导审美教育是有直接的现实意义的。秦桧、汤思退之流倡议和,"崇奖天下谄谀偷情之风,销沮人心忠义刚直之气。"朱熹说:"夫沮国家恢复之大计者,讲和之说也;坏边陲备御之常规者,讲和之说也;内咈吾民忠义之心,而外绝故国来苏之望者,讲和之说也;刱逭目前宵旰之忧,而养成异日宴安之毒者,亦讲和之说也。"(《朱文公文集》卷二四)议和之风波及文化界、学术界、教育界,导致文风、学风、教风日趋萎靡颓废,民族的创造精神无法宣畅与高扬。处于民族危机和文化危机的时代,教育家、艺术家若不能以具有真善美价值的审美文化作为人们的精神食粮,则人心将被庸俗的文化所占领,黄钟不鸣,釜瓦乱响,必然使人的生命力萎靡颓废,民族失去生命活力。歌德说:"如果一个有才能的人想迅速地幸运地发展起来,就需要有一种很昌盛的精神文明和健康的教养在他那个民族里得到普及。"①朱熹提倡审美教育把审美教育纳入复兴与更新民族文化的运动之中,具有普及"精神文明和健康的教养"的意义。隋唐以来,佛教盛行,佛的精神已渐渐渗透到中华民族的灵魂之中,从而引起民族文化的危机。唐代韩愈曾振臂高呼,倡儒辟佛,但因佛教势力太盛,又加上没有坚实的、系统的理论体系与佛学抗衡,故未能完成辟佛的历史使命。汤用彤先生说:"韩文公虽代表一时反佛之潮流,而以其纯为文人,率乏理论上之建设,不能推陈出新,取佛教势力而代之也。此则其不逮宋儒远矣。"(《唐代佛教史稿》第 40 页)朱熹集先秦至唐宋儒学之大成,又吸取了道、释两家的精华,融汇以《诗经》为代表的北方文化系统与以《楚辞》为代表的南方文化系统,构成"博大精深"的思想文化体系,完成了复兴与更新先秦儒家文化的历史使命。虽然,他没有像蔡元培那样提出"以美育代替宗教"的口号,但实际上他提倡

① 歌德:《歌德谈话录》141 页,朱光潜译,人民文学出版社 1978 年版。

20世纪儒学研究大系

审美教育起到了使人们从宗教迷信中解放出来的客观效果。从孔子到蔡元培，在中国审美教育思想发展史上，朱熹是起了承前启后的桥梁作用的。我们应该从中国审美教育思想史的宏观研究中，确定朱熹审美教育思想的价值和地位，从中吸取有价值的东西作为今天审美教育的借鉴。

（选自韩钟文著《朱熹教育思想研究》，
江西教育出版社 1989 年 12 月版）

　　韩钟文（1947—　　），江西广丰人，教育学研究专家，教授。特别是对中国儒家教育思想有着精深的研究。出版《朱熹教育思想研究》、《美善境界的寻求》、《中国传统教育哲学思想概论》以及《中国儒学史（宋元卷）》等。

　　本文认为：审美教育思想是朱熹全面发展教育思想的有机组成部分。朱熹重视审美教育，与他要培养个体人格全面、和谐发展的文化人的思想密切相关，与他希望改变社会文化环境的思想有关；在理论上，他以儒家的美学思想为基调，吸取了道家学派与楚骚美学思想的精华，汇纳了从先秦到南宋许多思想家、教育家的美学观念，形成了"儒道互补"与"儒屈互补"为基调的美学思想体系，作为自己实施审美教育的指导思想；朱熹认为，要培养全面发展的仁人、圣贤，离开了审美教育是无法实现的；他推崇以自由为核心的审美观，认为"孔颜乐处"等就是个体人格与人生自由的最高境界；他恢复了《诗经》、《楚辞》的文学作品的本来面目，并以它们来作为审美教育的教材，这是中国审美教育史上划时代意义的贡献；通过艺术交流来谐调人们的社会情感，使个体与社会群体和谐、

20世纪儒学研究大系

协调地发展,这是朱熹审美教育思想的主要特征。朱熹十分重视环境对受教育者的影响,自然美在朱熹审美教育实践中占有重要地位,他创办和修复的学校都是傍山依水清净优美的境地,这是他要受教育者得到自然美的熏染与陶冶;他还重视伟人的人格的感染化育的力量,他要求教育者以历史上和同时代的伟大人物的人格为学习的典范。朱熹还十分重视受教育者的想像力和情感培养。朱熹实施审美教育也重视发掘与培养受教育者创造美的能力,把培养创造美的能力视为发掘人的智慧、才能和力量的重要手段,以此突出儒家积极的、有为的、进取的精神,这是朱熹审美教育思想的又一重要特征。朱熹审美教育思想的指导原则是儒家的"仁学";把"仁学"与审美教育联系起来,主要目的是要通过审美教育来铸造人格美,确立人的主体精神。在中国审美教育思想发展史上,朱熹起了承前启后的作用。

20世纪儒学研究大系

孟子的教育思想

张 瑞 璠

一 生平及"仁政"学说

孟子(约前372—前289年)名轲,战国中期邹国(今山东邹县东南)人。邹国是一个小国,靠近孔子的家乡曲阜,所以孟子自称"去圣人之居如此其近也"(《孟子·尽心下》,以下仅注篇名)。孟子是鲁国贵族孟孙氏的后裔,出生时,他的家庭已经没落为平民。母亲对他的教育很认真。传说孟子的家本来靠近墓地,孟子小时就学着做埋坟筑墓的游戏。孟母觉得这对孩子的教育影响不好,于是迁徙到市集。孟子又模仿商贩叫卖。孟母感到这里也不是好环境,又移居到学宫附近。孟子乃"设俎豆,揖让进退",学习礼仪。孟母认为这个地方才选对了。孟子小时候贪玩,孟母把机上正在织的布一刀割断,训诫说:"你学习不努力,就像机上的布被割断了一样,将来得不到成就"(见《烈女传·母仪传》)。孟母的教育明显地保留着贵族家世的遗风,但其认真严肃的态度,对孟子的成长影响是很大的。

孟子受业于子思之门人,"通《五经》,尤长于《诗》、《书》"(赵岐:《孟子题词》),是孔子学说的重要继承人。孟子青年时代即开始在家乡讲学。四十岁以后,他带着弟子周游列国。在招贤养士之风大盛的时代,孟子一行"后车数十乘,从者数百人",历经宋、齐、滕、魏等国,度过了二十年的时光。当时的政治形势是:"秦用商鞅,富国强兵;楚、魏用吴起,战胜弱敌;齐威王、宣王用孙子、田忌之徒,而诸侯东面朝齐。天下方务于合纵连横"(《史记·孟子荀卿列传》)。地主阶级普遍地在各国取得政权以后,正通过兼并战争以巩固和发展封建的政治经济力量。孟子代表地主阶级中的温和派,他同墨子站在不同的立场,但同样感到残酷的兼并战争给人民带来深重的苦难,"争地以战,杀人盈野,争城以战,杀人盈城"(《离娄上》)。土地本来是用来养活人的,却倒转来让土地去吃人肉!他拿统治者和老百姓的生活状况相对比,指出一方面"庖有肥肉,厩有肥马",一方面"民有饥色,野有饿莩"(《滕文公下》)。认为"民之憔悴于虐政,未有甚于此时者也"(《公孙丑上》)。他服膺孔子的教言,"暴其民甚,则身弑国亡"(《离娄上》)。所以强烈地谴责兼并战争,反对横征暴敛。在新的历史条件下,他继承和发展了孔子改良主义的政治思想,极力劝说统治者把国家政治纳入"以德服人"的"王道"轨道。他引述历史教训说:"桀纣之失天下也,失其民也;失其民者,失其心也。得天下有道,得其民,斯得天下矣。得其民有道,得其心,斯得其民矣。得其心有道,所欲与之聚之,所恶勿施尔也。"(《离娄上》)这番话旨在说明民心向背是国家存亡和政治成败的决定因素,关心人民的需要是"得民心"的基本条件。据此,他向齐宣王、梁惠王、滕文公等地主阶级的当权者系统地阐述了他的"保民而王"的"仁政"主张。"仁政"的基本思想包括三个主要方面:

(1)"分田制禄",发展小农经济。

　　孟子说:"民之为道也,有恒产(主要指土地)者有恒心,无恒产者无恒心。"(《梁惠王上》)如果没有恒心,便什么事情都干得出来。所以主张"分田制禄",规定人们的财产。"分田"的设想是:农民一户占田百亩、宅地五亩,以经营自足自给的小农经济。"制禄"是自卿以下按封建爵次制定官吏的俸禄。二者是有机的统一,总起来说,就是在小块土地所有制的基础上建立封建等级"世禄"制。为了发展小农经济,要求减轻赋税,限制劳动力的征发,保证"不违农时"。目的是使得"黎民不饥不寒","养生丧死无憾"。这是"仁政"的经济基础。

(2)重视人民的作用。

孟子说:"诸侯有三宝:土地、人民、政事。"指出土地必须与劳动力结合,才能谈得上政治统治。以此提出要重视人民的作用,倡言"民为贵,社稷次之,君为轻"(《尽心下》)。主张在政治上要有一定的民主,要尊重"国人"的意见,凡国家大事,如"进贤"、"退不肖"判处死刑等等,不能由君主和近臣专断,必须征得"国人"的同意。

(3)发展教育。

主张效法"三代"(夏、商、周),设立庠、序、学、校,以讲明人伦,使人们懂得"父子有亲、君臣有义、夫妇有别、长幼有序、朋友有信"等道德规范,[①]邻里之间,"出入相友,守望相助,疾病相扶持"(《滕文公上》),形成亲睦互助的社会风俗习惯。孟子说:"善政不如善教之得民也。善政,民畏之;善教,民爱之。善政得民财,善教得民心。"(《尽心上》)他把教育视为推行"仁政"的主要工具。

----

① 见《孟子·滕文公上》。《中庸》讲到五种伦理关系:"君臣也,父子也,夫妇也,昆弟也,朋友之交也。"与《孟子》所说一致,在中国伦理学发展史上是一个重要环节。

　　孟子称"行仁政"者为"得道者",相信"得道者多助,失道者寡助",并由此引出结论:"仁者无敌。"(《公孙丑下》)他对梁惠王说:如果你行仁政,就是用木棍也可以击败秦楚的坚甲利兵。

　　孟子对自己的学说是很自信的,尝说:"如欲平治天下,当今之世,舍我其谁也?"(《公孙丑下》)可是,人们对他的评论,却是"守旧术,不知世务"(《盐铁论·论儒篇》)。他的思想有很浓厚的调和色彩,对旧贵族存在妥协和幻想。① 他极力反对战争,也只是看到战争的破坏性的一面,而没有认识到战争是新社会的催生剂,就战国的形势来说,战争乃是由分裂走向统一的必经之路。他的"仁政"学说,虽然代表着地主阶级的长远利益,但在当时,与法家的富国强兵政策相比较,则显得软弱,不切实际。如齐宣王对他尽管优礼有加,尊他为上卿,并表示要在临淄为他建府第,"养弟子以万钟",②可是对他的建议,则漠然置之。孟子在齐留居先后达六年之久,还是失望地离开了。他六十多岁回到家乡,最后二十年就在家乡讲学,写成了有巨大历史影响的著作《孟子》七篇。作为一个真理探求者和大教育家,他在书中写道:

　　　　"君子有三乐,而王天下不与存焉:父母俱在,兄弟无故,
　　　一乐也;仰不愧于天,俯不怍于人,二乐也;得天下英才而教育
　　　之,三乐也。"(《尽心上》)
著名的弟子有万章、公孙丑、乐正子、公都子、屋庐子、孟仲子等。

---

　　① 如《离娄上》说:"为政不难,不得罪于巨室。巨室之所慕,一国慕之;一国之所慕,天下慕之。"巨室指世族大家。
　　② 钟为古代计量单位。《左传·昭公三年》:"釜十则钟。"杜预注:"六斛四斗。"先秦齐国作为"公量",战国时,秦、魏等国也用作量器。

后世学者尊孟子为"亚圣"。①

二　以性善论为基础的"扩充"本性论

孔子最早提出人性问题,只说到"性相近也,习相远也",还没有论及人性的善恶问题,不过是从对现实的观察中得出了关于人性的一般论断,带有经验的性质。战国初期,人性善恶问题才被提了出来,引起了广泛的讨论。争论的实质是:人生来是否具有统治阶级所要求的道德品质。孟子倡"性善论"。把孔子的人性观向唯心主义方面推进,从人的心理情意来论证以"仁义礼智"为内容的统治阶级道德的先验性,他说:

> "恻隐之心,人皆有之;羞恶之心,人皆有之;恭敬之心,人皆有之;是非之心,人皆有之。恻隐之心,仁也;羞恶之心,义也;恭敬之心,礼也;是非之心,智也。仁义礼智,非由外铄我也,我固有之也。"(《告子上》)

> "人之所不学而能者,其良能也;所不虑而知者,其良知也。孩提之童,无不知爱其亲也;及其长也,无不知敬其兄也。亲亲,仁也;敬长,义也。"(《尽心上》)

他认为人人都有恻隐(怜悯)、羞恶、恭敬和判断是非善恶的心理倾向,这四种心理倾向即构成"仁义礼智"等道德意识,它是人心固有的"良知""良能",不是通过学习从外界获得的。但是孟子又说:

---

① 汉代赵岐称孟子为"命世亚圣之才"(《孟子题词》)。徐干并称孟子、荀子"怀亚圣之才"(《中论序》)。元文宗至顺元年(1330 年)封孟子为"亚圣邹国公"(《元史·文宗本纪三》)。

> 人之所以异于禽兽者几希,庶民去之,君子存之。"(《离
> 娄下》)

意思是:人与禽兽的差别就在于人有天赋的道德,而禽兽没有;可
是庶民都把天赋的道德丧失了,只有君子才保存着。这就证明孟
子所说的道德其实只是统治阶级的道德。把统治阶级的道德说成
天赋的人性,无非是要借以论证统治阶级道德的合理性,从而加强
它的统治地位罢了。

这里需要辨明的是:尽管孟子一再说"仁义礼智根于心"、"人
无有不善",却并非认为人生出来即具有现实的道德观念或现实
的道德品质,试看他说:

> "恻隐之心,仁之端也;羞恶之心,义之端也;辞让之心,
> 礼之端也;是非之心,智之端也。"(《公孙丑上》)

树木的萌芽曰"端"。恻隐、羞恶、辞让、是非四种心理倾向不过是
处在萌芽状态的"善端",它有发展为"仁义礼智"的可能性。但还
不是现实的道德观念或道德品质。天赋"善端"变成现实的道德
观念或道德品质,必须通过教育以促成其转化,否则"善端"就会
失散。

孟子把"善端"转化为现实道德看作是自内"扩充"的过程:

> 凡有四端于我者,知皆扩而充之矣。若火之始然,泉之始
> 达,苟能充之,足以保四海;不能充之,不足以事父母。(《公
> 孙丑上》)

这段话表达了孟子最基本的教育观点:教育的全部作用就在于引
导人"扩充"其固有的善端,如同使星星之火,发展为燎原烈火,使
汩汩的泉水,汇集成江河。他以为一个人的"善端"得到"扩充",
就为行仁政奠定了思想感情基础,就能导致天下安定;反之,则将
"失其本心",连养父母都不能做到。

孟子的"扩充"论包含两个要点：

(1)"先立乎其大者"。

公都子问：同样是人，但或成为"大人"（君子），或成为"小人"，是什么原因？孟子回答说："从其大体为大人，从其小体为小人。"（《告子上》）孟子称包含"善端"的"心之官"为"大体"，称"耳目之官"为"小体"。他认为"心之官"具有理性思维的作用，能够把握"义理"，辨明是非，所以"从其大体"，即成为"大人"；"耳目之官"只有感知作用，不能思维，容易被外物引诱而入于迷途，所以"从其小体"，就会背离"义理"而成为"小人"。因此在教育上要求"先立乎其大者"，把培养和发扬"心之官"的理性思维作用放在首位，使耳目之欲受制于理性。在孟子的思想体系中，认识论与伦理学是统一的。他重视培养理性思维能力，就是重视道德判断的作用。这是对古代德育理论的一个贡献。但他把"大体"与"小体"对立起来，也就是把理性认识与感性认识对立起来，认为"耳目之官"是恶的根源，则是错误的。

按照"先立乎其大者"的原则，孟子认为培养本性最重要的是把散失了的"良心"找回来。"良心"就是称为"良知"、"良能"的善端，是扩充善性的根据，如果不找回，"扩充"就失去了根据。正是在这个意义上，孟子说："学问之道无它，求其放心而已矣。"（《告子上》）他慨叹：鸡犬走失了，人们忙着去追寻，"良心"丧失了，却不知追寻，是可悲的！

"良心"怎么会丧失？孟子以"牛山之木"为比喻说：牛山的树木曾经是很茂盛的，但由于靠近大都市临淄，经常遭到砍伐，怎么能保持茂盛呢？及至被砍伐的树木长出了嫩芽，又遇上放牧的牛羊，于是牛山就变成光秃秃的了。然而光秃秃岂是牛山的本性。一个人的"良心"之所以会散失，犹如树木天天遭到砍伐一样，本来的"仁义之心"怎能保持呢？当静夜自省，良心也会有所萌发，可是在与人实际接触的过程中，又把刚刚唤醒的那一点善性淹没了。经过反复的淹没，"良心"归于泯灭，于是与禽兽相去不远了。但禽兽又岂是人的本性？孟子引孔子的话："操则存，舍则亡。"意思是：抓住它，就存在；抛弃它，就散失。以此说明"求放心"在教育上的极端重要性。

（2）"以利为本"。

孟子说："天下之言性也，则故而已矣。故者以利（顺）为本。"（《离娄下》）就是说，讨论人性，是为了探求人性之所以然；探求人性之所以然，则是为了因势利导。他以大禹治水为例说："禹之行水也，行其所无事也。"（同上）大禹治水之所以能获得巨大成功，就在于只是顺着水性就下的自然规律，加以疏导，而不是自想一套办法，去干预流水的客观运动过程。他用一则寓言辛辣地讽刺了那般自作聪明、不按规律办事的教育者。他说：

> "宋人有闵其苗之不长而揠之者，芒芒然归，谓其人曰：今日病矣，予助苗长矣。其子趋而往视之，苗则槁矣。天下之不助苗者寡矣。……非徒无益，而又害之。"（《万章下》）

这个拔苗助长的宋人，其用心未尝不善，但他仅凭主观愿望，不管自然规律，反而破坏了禾苗的生长。

孟子还说，扩充本性，如同"源泉混混"，昼夜不停，总是把低注之地注满了，才继续前进，一直奔流到海。他用以说明人的认识和觉悟，需要在不断巩固的基础上，逐渐加深和提高，不能操之过急，期收速效。否则如七八月间暴雨集中，沟浍皆满，可是不多时就干涸了。"其进锐者其退速"，这是带有规律性的。但孟子强调"扩充"须从本源出发，认为"良知""良能"乃"天之所与我者"，已内在地具备仁义礼智等善端，不须外求，只要顺着它作存养的功夫就是了。这无疑是错误的。

孟子虽然认为"扩充"是天赋善端的自我扩充，不假外求，但并没有由此否定或忽视外界环境对人性形成的作用。根据性善论，他认为"人皆可以为尧舜"，这只是就可能性而言。孟子称具有可能性的素质为"才"。按照素质，人是可以发展为善，如果变成不善，不能归罪于"才"，乃是客观条件造成的。他说：丰收的年成子弟多半懒惰，灾荒的年成子弟多半强暴，并不是他们的天赋素质有差异，而是由于不同的环境影响造成了他们的心性的不同变化。他又以学习语言为例说：楚国某大夫要儿子学习齐国语，一个齐国人教他，而众多的楚国人干扰他，纵然天天鞭责，逼他说齐国语，也是徒劳。如果让他去临淄住上几年，纵然天天鞭责，逼他说楚国话，也是做不到的。孟子用这些例子来说明善端只是培养善性的前提，环境才是人性发展的决定因素。他认定："苟得其养，无物不长；苟失其养，无物不消。"（《告子上》）"养"指环境提供的所需要的条件，对人性的发展来说，主要是指环境所提供的教育条件。孟子坚信教育对人性发展的决定性作用，所以他把教育同国家的命运联系起来，说："城郭不完，甲兵不多，非国之灾也；田野不辟，货财不聚，非国之害也；上无礼，下无学，贼民兴，丧无日矣。"（《离娄上》）

三　反功利、重动机的道德修养论

由孔子发端的"义利之辨"，孟子继续加以发展，而推向了极端。孟子说："鸡鸣而起，孜孜为善者，舜之徒也；鸡鸣而起，孜孜为利者，跖之徒也。欲知舜与跖之分，无他，利与善之间也。"（《尽心上》）这等于重申孔子"君子喻于义，小人喻于利"的论旨，而话

说得更尖锐。他与梁惠王的对话,联系道德与政治,把"利"简直看作是"仁义"之大敌:

> 孟子见梁惠王,王曰:"叟! 不远千里而来,亦将有以利吾国乎?"孟子对曰:"王! 何必曰利? 亦有仁义而已矣。王曰何以利吾国,大夫曰何以利吾家,士庶人曰何以利吾身,上下交征利,而国危矣,万乘之国,弑其君者,必千乘之家;千乘之国,弑其君者,必百乘之家;万取千焉,千取百焉,不为不多矣,苟为后义而先利,不夺不厌。未有仁而遗其亲者也,未有义而后其君者也。(《梁惠王上》)

这个具有严整逻辑推理形式的大段议论,也就是对孔子"放于利而行,多怨"的论断的疏释和演绎。他认为国家的危乱就是由"上下交征利"而引起的,从而把"利"置于与"仁义"不能相容的地位,把两者之间的对立绝对化了。但是,尽管孟子对"利"表现如此的深恶痛绝,他其实也和孔子一样,并非真的不讲利。古往今来,不管代表哪个阶级的思想家,也不管其政治倾向如何,绝对不讲利是不可能的。"未有仁而遗其亲者也,未有义而后其君者也",不正是把"仁义"看作是符合封建国家和封建家族的根本利益的吗?

孟子对义利之辨还表现在他关于"天爵"与"人爵"的关系的论述。他称"仁义忠信"等道德品质的修养为"天爵",称与富贵利禄相连的"公卿大夫"为"人爵"。他认为"人爵"是外加的,能否得到不由自己决定,因此追求"人爵"是徒劳无益的;"天爵"是存在于自身的,追求它就能得到,抛弃它就要失掉,因此追求"天爵"是有益的。他说:古时的人"修其天爵而人爵从之";现在的人则"修其天爵以要人爵",而既得"人爵",就又把"天爵"抛弃了,这叫做官迷心窍。① 孟子这番话的意思是说：自由意志起作用的范围仅限于自我的道德修养，富贵利禄则由命运统治着，所以"人爵"的获得只能是"修其天爵"的自然结果，而不能作为追求的目标。这就是用宿命论来反对道德修养上的功利主义。

孟子进而从价值论的角度拿道德修养和富贵利禄作比较。孟子承认乞求富贵乃是一般的心理。但是，他说：外加的富贵，不是真正值得宝贵的，因为决定权操在别人手中，"赵孟子（晋国正卿赵盾）之所贵，赵孟能贱之"，是靠不住的。真正值得宝贵的是自己内在的道德品质。每个人都有自己内在的最宝贵的东西，只是不去想罢了。有了它，"令闻广誉施于身"，精神得到最大满足，就不会羡慕那般"膏粱"、"文绣"的富贵生活了。② 他又引证曾参的话："晋楚之富，不可及也。彼以其富，我以吾仁，彼以其爵，我以吾义，吾何畏彼哉。"就是说，道德品质作为精神财富，其价值远远高于物质利益。孟子依据这种思想，勾画出了一个具有封建道德的高度原则性的"大丈夫"的精神面貌："富贵不能淫，贫贱不能移，威武不能屈。"（《滕文公下》）这种人在权贵者面前，毫无奴颜婢膝的表现，目睹王公大人富贵豪华的生活场面，"堂高数仞"，"后车千乘"，而无动于衷。这种人行必由道，"非其义也，非其道也，禄之以天下，弗视也；非其义也，非其道也，一介不以与人，一介

---

① 《告子上》："孟子曰：有天爵者，有人爵者。仁义忠信，乐善不倦，此天爵也；公卿大夫，此人爵也。古之人修其天爵而人爵从之。今之人修其天爵以要人爵；既得人爵，而弃其天爵，则惑之甚者也，终亦必亡而已矣。"

② 《告子上》："孟子曰：欲贵者，人之同心也。人人有贵于己者，弗思耳矣。人之所贵者，非良贵也。赵孟子之贵，赵孟能贱之。《诗》云：'既醉以酒，既饱以德。'言饱乎仁义也，所以不愿人之膏粱之味也；令闻广誉施于身，所以不愿人之文绣也。"

不以取诸人"(《万章上》)。孔子说"士志于道而耻恶衣恶食者,未足与议也",认为追求生活享受的人,是很渺小的;能克制自己的物质欲望,才能成为有志之士。孟子也以"寡欲"作为道德修养的基本要求。他说:"养心莫善于寡欲。其为人也寡欲,虽有不存焉者寡矣;其为人也多欲,虽有存焉者寡矣。"(《尽心下》)从孟子的思想体系来考察,他所谓"养心"是指养其"固有"的善性,是唯心主义的。但是,他讲出了一个规律:热衷于生活享受,就会丧失道德原则,却是颠扑不破的真理。

孟子对传统的道德义务观作了两相背反的发挥。《左传·隐公三年》记石碏之言曰:"君义、臣行、父慈、子孝、兄爱、弟敬,所谓六顺也。"说明在孔子以前,即已重视道德上的双向义务。孔子大体上承袭了这个传统的思想。齐景公问政于孔子,孔子回答说:"君君、臣臣、父父、子子。"这八个字是孔子道德义务观的总纲,它表明两层意思:第一,把君臣、父子的关系看作是最基本的伦理关系。第二,在伦理关系上要求双向的义务。

孟子将君臣关系上的双向道德义务发挥到了极致。他认为君臣关系能否建立和保持,取决于君臣双方是否履行其道德义务。因此,君臣关系不是绝对的,而是在一定条件下可以转化的。他说:

　　"君之视臣如手足,则臣视君如腹心;君之视臣如犬马,则臣视君如国人;君之视臣如土芥,则臣视君如寇仇。"(《离娄下》)

君臣之间由"手足"与"腹心"的关系,变为"犬马"与"国人"的关系,再变为"土芥"与"寇仇"的关系,这是君臣关系逐渐解体而发生质变的过程。促使这个变化过程产生的原因,孟子归之于为君者背弃了道德义务。他以此论证武王伐纣的正义性:

　　"齐宣王问曰:'汤放桀、武王伐纣,有诸?'孟子对曰:'于
传有之。'曰:'臣弑其君,可乎?'曰:'贼仁者谓之贼,贼义者
谓之残,贼残之人,谓之独夫。闻诛一夫纣,未闻弑君也。'"
(《梁惠王下》)

汤放桀、武王伐纣,是在道德问题的辩论中,儒家碰到的难题。据
说,当武王载着文王的木主向朝歌进军的时候,伯夷、叔齐即叩马
而谏,质问武王:"父死不葬,爰及干戈,可谓孝乎? 以臣弑君,可
谓仁乎?"(《史记·伯夷列传》)齐宣王问孟子的实际上就是伯夷、
叔齐已经提出的问题。孟子的回答就是根据君臣关系可以转化的
观点。据《尚书·牧誓》,武王声讨纣的罪状有三条:一是听信妇
言,二是不祭祖宗,三是遗弃同宗兄弟而信用逃亡的罪人。这三条
都是背弃了对贵族的义务。另有记载说:纣荒淫残暴,多为离宫别
馆,以酒为池,悬肉为林,又制为炮烙之刑,以至"小民方兴,相为
仇敌"。这是背弃了对人民的义务。这样,纣就由君主而转化为
独夫民贼。因此,武王伐纣,不仅在政治上是革命的,在道德上也
是合理的。

　　孟子就用这种道德义务观谴责当时的虐政:

　　"邹与鲁阋。穆公问曰:'吾有司死者三十三人,而民莫
之死也。诛之,则不可胜诛;不诛,则疾视其长上而不救,如之
何则可也?'孟子对曰:'凶年饥岁,君之民老弱转乎沟壑,壮
者散而之四方者,几千人矣;而君之仓廪实,府库充,有司莫以
告,是上慢而残下也。曾子曰:戒之戒之! 出乎尔者,反乎尔
者也。夫民今而后得反之也。君无尤焉! 君行仁政,斯民亲
其上,死其长矣。'"(《梁惠王下》)

孟子义正词严地把人民"疾视其长上而不救"归因在在上者的横
征暴敛,不顾人民的死活。"出乎尔者,反乎尔者也。"——你怎样

对待人家,人家就将怎样对待你。这话充分表达了在道德义务上的双向要求,对"上慢而残下"的暴君污吏从道义上进行了有力的鞭挞。

孔子在春秋时期提倡君臣的双向义务,是有见于"幽厉之缺",深感贵族内部的腐化,希望掌握政权的人,自天子以至陪臣,都能提高道德责任感,自觉地"克己复礼",以调整君臣之间,推而至于上下之间的关系,达到改良奴隶主贵族政治的效果。孟子在地主阶级已取得政权,封建所有制已基本确立的战国时期,提倡君臣的双向义务,则是出于在地主阶级内部反对法治("霸道"),推行德治("王道""仁政")的政治斗争的需要。与法家"位势足以出(屈)贤"的观点相对立,他认为君主首要的义务是礼贤下士,所谓"尧舜之仁不偏爱人,急亲贤也"。要礼贤下士,就要抛开自己的权势,抱着"乐取于人以为善"的谦虚诚恳态度。他说:一个大有作为的君主必定有不可召唤的臣子,如果有事需要商量,就要亲自登门求教,否则就不能有所作为。就为臣者一方说,则要求敢于"格(正)君之非",这首先就要对权势者无所乞求,也无所畏惧,而能坚持自己认定的正确的道路。他规定:身为贵戚之卿,"君有大过则谏,反复之而不听,则易位(废弃之)";身为异姓之卿,"君有大过则谏,反复之而不听,则去(自己辞职)"(《万章下》)。他认为:严格要求于君主,才真正叫做"恭";为君主陈述善道,才真正叫做"敬";如果认为自己的君主根本不能有所作为,因而放弃对他的要求和劝谏,这就叫做"贼"(对君主的损害)。

孟子在论道德义务中所贬责的对象,乃是当时推行法家政策的当权人物。这反映了他政治上的保守性。但是他在论述君臣关系的双向义务中所包含的民主思想,则是孟子伦理学说中最宝贵的成分,成为民族精神文明的优良传统,对于砥砺士节,扶植正气,抨击专制独裁,一直产生着积极的影响。

在亲子关系上,孟子则完全摒弃了双向的道德义务观,宣扬子女对父母片面屈从的孝道。他规定子女的义务就是顺从父母的旨意,博得父母的欢心:"不得乎亲,不可以为人;不顺乎亲,不可以为子。"(《离娄上》)对为亲者一方,则无任何义务的约束。《孟子》书中用了大量的篇幅描绘舜作为"大孝"的典型形象。书中说:舜把获得天下的拥戴看得犹如"草芥"一般,不足介意,而一心想着的只是如何能使得父母高兴。得不到父母的欢心,就觉着像鳏寡孤独的人失去依靠一般。舜的父亲瞽瞍和异母弟象合谋害舜,想置他于死地(事详《万章上》),舜不仅毫无怨恨,为了博得父母的欢心,装作若无其事,还拿土地百姓封给象。

弟子万章和桃应不接受这种不合理的孝道。万章质问孟子:"象至不仁,封之有庳(封地),有庳之人奚罪焉?仁人固如是乎?——在他人则诛之,在弟则封之?"孟子回答,仁人之于弟是不记宿怨的,讲的只是"亲爱","亲之,欲其贵也;爱之,欲其富也。封之有庳,富贵之也。身为天子,弟为匹夫,可谓亲爱之乎?"(《万章上》)桃应则设问道:"舜为天子,皋陶为士(法官),瞽瞍杀人,则如之何?"孟子回答说,抓起来就是了。桃应又问:这样舜不阻止吗?孟子说:怎能阻止呢?这是法律规定的。桃应追问:那么舜究竟怎么办呢?孟子最后回答得很妙,他说:舜把丢掉天下看得如同丢弃破鞋一样,那就偷偷地背起父亲逃走吧!逃到老远的海滨,高高兴兴地过一辈子,而忘掉天下。(《尽心上》)这就是说,法律必须服从于孝道。

孟子在君臣关系和亲子关系的道德义务观上的矛盾,是源于这种思想:君臣关系是可变的,并在一定条件下是当变的;而亲子关系则是不可变的,也不应当变的。孟子希望把封建大一统建立在血缘宗法关系的基础之上,提倡单向的绝对的孝道,为的就是固结血缘宗法关系。他设想以绝对的不变的血缘宗法关系制约可变的和当变的君臣关系以及君民关系,使政治不断得到改良,社会秩序就能保持长期稳定。这实际上就是孟子所鼓吹的"王道"的基本思想。

四　"深造自得"的学习方法论

孟子论学习方法有一个总纲:

> "君子深造之以道,欲其自得之也。自得之则居之安,居之安则资之深,资之深则取之左右逢其源,故君子欲其自得之民。"(《离娄下》)

这段话有三层涵义:一是"深造以道"。即遵循"扩而充之"的方法,从本源出发,顺自然的规律,作踏实的功夫,在不断巩固的基础上,逐步前进,以达到高深的造诣。二是求其"自得"。即通过学习以获得对本性的自我认识,使之成为自觉的德性。三是由此形成坚定不移的信念,心安理得,从而产生取之不尽的智慧和力量。第一层意思在本章第二节中已经讲到了,这里主要介绍后两层意思的要点:

学习首先要立志,这是孔子以来儒家的一贯思想,孟子更突出地加以强调:

> 王子垫问曰:"士何事?"孟子曰:"尚志。"曰:"何谓尚志?"曰:"仁义而已矣。……居仁由义,大人之事备矣。"(《尽心上》)

在孟子看来,作为知识分子,就要立志作"大人"。所谓大人,就是沿着仁义的道路走的人。把仁义看作应有的伦理关系,自觉地以仁义为准则去行动,毫不勉强,这便是"大人"的品质。立定这样一个志向,不是一下子就能办到的,而需要一个过程,其间将会不断遇到是非善恶的冲突。"人有不为也,而后可以有为。"(《离娄下》)一个人只有排除掉不当为者,才能选定当为者。如此不断的行为选择,提高了理性的自觉,意志才能坚定地确立起来。所以孟子又说:

> "天之将降大任于是人也,必先苦其心志,劳其筋骨,饿其体肤,空(困)乏其身,行拂乱其所为,所以动心忍性,曾(增)益其所不能。"(《告子下》)

艰难困苦的环境充满着义利得失、生死荣辱的矛盾,迫使人去做行为选择,乃是锻炼坚韧不拔的意志的极好机会。中华民族的不少英雄志士在他们成长的道路上就曾受到孟子这一思想的鼓舞。

孟子又认为学习有两个敌人:一个是"自暴自弃"。"自暴者,不可与有言也;自弃者,不可与有为也。"(《滕文公上》)开口诋毁仁义,叫做"自暴";自谓不能"居仁由义",叫做"自弃"。在他看来,自暴自弃的人,是无法劝导,不能有所作为的。另一个敌人是"一暴十寒。"孟子说,即令天下最易生长的植物,"一日暴(晒)之,十日寒(冻)之",也是生长不起来的。又说,山间小径,经常走就变成一条路;隔了若干时间不去走,就被茅草塞住了。以此比喻仁义之心的培养必须持续不断,否则心就会像那不去走的山径一样被茅草堵塞,思路不通了。"一暴十寒"和"自暴自弃"都是意志薄弱的表现。

孟子既认定"仁义礼智根于心","万物皆备于我"(《尽心上》),所以在学习方法上的根本主张是"反求诸己"。他说:

> "爱人不亲,反其仁;治人不治,反其智;礼人不答,反其敬。行有不得者,皆反求诸己。"(《离娄上》)

我爱别人，而别人不亲近我；我管理别人，而别人不服从我；我以礼待人，而别人不以礼对我。怎么办？孟子以为任何行为如果不能得到预期的效果，都应该反躬自问，看自己的行为有什么不对之处。如果自觉行为没有什么不对，而别人还是以无礼的态度对我，我得进一步反省自己的动机是否真诚。如果自省动机也是真诚的，别人的态度还是不改变，那就可以断定此人乃丧失理智的人，对于丧失理智的人，是用不着同他计较的，于是也就心安理得了。

孟子希望通过"反求诸己"以培养正义的勇气。他与公孙丑谈到了三种养勇的模式。第一种是北宫黝式的养勇：绝不容忍别人对他丝毫的侮辱。无论鄙夫或君王，凡以恶言相加者，一定反击。第二种是孟施舍式的养勇：对待不可战胜的敌人犹如对待可以制胜的敌人一样，无所畏惧。第三种是曾参式的养勇：自问如正义不在我，对方纵然是卑贱者，也不能以势凌人；反之，若正义在我，对方纵然有千军万马，也一往直前。孟子赞赏的是曾参式的养勇。前两种在孟子眼里，都属于匹夫之勇，纵任情感，无辨于是非曲直。曾参式的养勇，则以理的曲直为断：一种情况，当自省其曲在我，其表现是敢于正视自己的错误，向正义低头；另一种情况，当自省其曲在人，则表现为理直气壮，无可阻挡。这两种情况下的两种表现形式都体现出勇于履行道德义务的自觉性。

"反求诸己"源于孔子的内省法，并同他自己的先验主义的人性论结合起来。

孟子认为"恻隐之心"、"羞恶之心"、"辞让之心"等都是天赋的，分辨是非曲直的标准不存在于客观，而存在于主观。既然如此，"反求诸己"按逻辑推理，就只能是以主观好恶为准去衡量一切。孟子还鼓吹培养所谓"浩然之气"（《离娄上》），说"浩然之气，至大至刚，以直养而无害，则塞乎天地"。这种颇富于神秘性的"浩然之气",实际就是一种主观意志(在孟子那里,便是地主阶级的意志),而"充塞天地"云云,则是对主观意志作用无限的夸大。"尽其心者,知其性也;知其性,则知天矣"(《尽心上》)。由"尽心"到"知性",到"知天",是对主观精神作用无限扩充的纯思辨性的推演。其中完全排除了经验的成分,而进入了天人合一的神秘的迷雾。

但无论孔子的"内省",或孟子的"反求诸己",都有合理的因素,即都具有现代伦理学上所说"自我评价"的意义和作用。道德评价可以分为社会评价和自我评价。社会评价体现了社会舆论对维护社会道德风尚的强大作用。自我评价体现了个人的道德自觉性。只有当社会舆论所维护的道德原则和道德规范转化为个人内在的需要,被个人认为是自己应该履行的道德义务的时候,个人的道德的自觉性才能巩固和提高。而这,就必须通过自我评价。社会评价是外因,自我评价是内因,外因要通过内因起作用。孔孟提倡"内省"和"反求诸己",可以说是找到了培养道德自觉性的一把钥匙。

孟子主张"反求诸己",但也并不排斥向客观对象学习。在道德修养上,更认为不能离开别人的劝导和影响。他举子路和大禹作为典型例子,说"子路,人告之以过,则喜,禹闻善言则拜";大禹更伟大,"舍己从人,乐取于人以为善"(《公孙丑上》)。即乐于抛弃自己的不是,吸取别人的优点。孟子还说:从种地、制陶、打鱼的人直到帝王,没有一个不是从别人身上吸取优点的。他认为,"取人为善"也就是"与人为善",即彼此互勉,共同进步。他把"与人为善"看作是最高的道德。

"取人为善",就要与"善士"交朋友。作为知识分子,除了与同时代的人交朋友,还有一个重要的途径,是通过读前人的著述,与古人交朋友。这就有一个如何正确理解前人著述的问题。孟子对此提出了两点原则的要求："以意逆志"和"知人论世"。他说：

>"故说诗者，不以文害辞，不以辞害志，以意逆志，是为得之。"（《万章上》）

读诗不能拘泥于个别的字义，曲解词句；也不能断章取义，从表面上去理解词句，损害诗的本旨。必须把握诗的整体，用自己的观点去推知作者的志趣。孟子以为，这才是正确的读书方法。他又说：

>"诵其诗，读其书，不知其人可乎？是以论其世也。是尚友也。"（《万章下》）

读书要真正理解作者的志趣，还必须了解作者本身和他所处的时代。诗书反映作者的思想情感，作者的思想情感又是在一定社会历史条件下形成的。孟子把研究作者的志趣同研究作者的身世和所处时代结合起来，这是符合社会存在决定社会意识这一历史唯物主义原则的卓越见解。

就教师的教学来说，为了培养学生的自觉性，积极主动地思考问题，孟子主张既要严格要求，又要"引而不发"。他说羿（传说中的神箭手）教人射箭，一定要拉满弓，学习者也要拉满弓；大匠教人，一定要依照"规矩"（圆规、曲尺），学习者也要依照"规矩"。公孙丑说："老师的道很高很好，但像登天一般，不可企及，何不把要求降低一点，使人觉得有盼头，因而每天努力去争取呢？"孟子回答："大匠不会因学工者笨拙而放弃规矩，羿不会因为习射者笨拙而改变开弓的标准，降低要求是不对的。"但是，他认为大匠只能授人以规矩，却不能授人以思考，思考是要靠学习者自己去创造的。因此他说：正确的教学方法应该像教人射箭，"引而不发"，即张满弓，作出跃跃欲试的样子，却并不把箭射出去。老师的基本动作都依照标准，作为示范，学习的人就自动跟上去。在教学中，把坚持标准同调动学生的主动性结合起来，这是启发教学的新发展。

（选自张瑞璠主编《中国教育史研究（先秦分卷）》华东师范大学出版社 1991 年 7 月版）

　　张瑞璠，华东师范大学教授，主要从事中国教育史、中国教育哲学史、中外教育比较研究等方面的研究工作。出版《中国教育哲学史》、《中外教育比较史纲》以及《中国教育史研究》等著作。

　　孟子授业于子思门人，青年时代就在家乡讲学，四十岁以后带着弟子周游列国，六十多岁回家乡后继续讲学，他是一个真理的探求者和大教育家。他认为"人性无有不善"，人并不是生而即具现实的道德观念，要将天赋"善端"变成现实的道德观念，必须通过教育促成其转化，否则，"善端"就会消失，教育的全部作用就在于此。孟子称包含"善端"的"心之官"为"大体"，称"耳目之官"为"小体"，在教育上要"先立乎其大者"，把培养和发扬"心之官"的理性思维作用放在首位，使耳目之欲受制于理性。他重视培养理性思维能力，就是重视道德判断的作用，这是对古代德育理论的一个贡献。按照"先立乎其大者"的原则，孟子认为培养本性最重要的是把散失的"良心"找回来。孟子认为环境是人性发展的决定性因素，并坚信教育对人性发展的决定性作用，所以他把教育同国家的命运联系起来。在道德修养上，孟子建立了反功利、重动机的道德修养理论。在学习方法上，孟子提出"深造自得"。它有三层涵义："深造以道"，即从本源出发，顺自然规律，做踏实的功夫，在不断巩固的基础上，逐步前进，以达到高深的造诣；求其"自得"，即通过学习以获得对本性的自我认识，使之成为自觉的德性；由此形成坚定不移的信念，心安理得，从而产生取之不尽的智慧和力量。在教学中，孟子还把坚持标准同调动学生的主动性结合起来，这是启发教学的新发展。

董仲舒的教育思想①

周 桂 钿

中国历史上许多大哲学家,同时又是大教育家。孔子、墨子、孟子、荀子、董仲舒、朱熹等都是哲学家兼教育家。教师要给学生讲学,传授知识,讲清道理,解答疑问。这就是韩愈说的授业、传道、解惑三方面。传道,讲清道理,这里有层次问题、水平问题。最深的层次、最高的水平,就是哲学。如果不能从哲学的意义上解说,道理就讲不透,理论就不能彻底。只有从哲学上解说,才能把道理说透。能够把道理说透的教师,就是伟大的教育家,同时又是伟大的哲学家。

董仲舒认为人有善的素质但还不是善,要经过教化才能成为善。如何教化呢? 他提出一套教育思想。

(一) 以教化为大务

管理一个国家,没有生产就没有经济收入,不行;没有军队和武器就不能防卫,也不行;没有正确的政治路线就会众叛亲离,更不行。这是一般人都知道的,也是容易理解的。至于教育,对国家

① 题目是编者加的。

的兴衰存亡,对民族的前途、人民的未来,究竟有多大意义,到底有多少人能有比较充分的认识,实在不敢乐观,为什么?百年树人,教育见效慢,效益又很不明显,不是远见卓识的思想家、政治家,就很难看到教育的作用,就很难重视教育。因此,可以说,重视不重视教育,是政治家是否有远见卓识的重要标志。董仲舒就是极端重视教育的有远见卓识的思想家之一。

人民趋利,就像水向低处流。如果没有堤防,水就要泛滥成灾。如果没有社会思想的堤防,人欲横流,也会给社会带来人祸的。社会思想的堤防,就是教化。"教化立而奸邪皆止者,其堤防完也;教化废而奸邪并出,刑罚不能胜者,其堤防坏也"(《贤良对策》一)。立教化,就是筑起了完备的堤防,奸邪都被禁止了。废教化,等于毁掉堤防,奸邪泛滥成灾,刑罚都禁止不了。董仲舒说:古代的王者明白这个道理,"是故南面而治天下,莫不以教化为大务"(同上)。古代统治者都把教化当作大事,认真地实行。

古代圣王在乱世之后,首先是清除旧社会留下的污泥浊水、末世风俗,重新恢复教化,筑起堤防。教化实施以后,社会风气也正了,这样,子孙继承王位,经过几百年,也不会失败。周末失天下,秦继承后,不但没有恢复教化,反而拆毁堤防,禁止文化教育,禁止携带和保存书籍,结果只维持了十四年就亡国了。在这里,教化对于国家的存亡起着决定性的作用。既有经验,也有教训。正反两方面的例子都很典型。

说到汉朝,董仲舒认为秦朝的"遗毒余烈至今未灭"(同上),习俗未改,人心未正,如果想用法令来禁止,那是徒劳无益的。"法出而奸生,令下而诈起,如以汤止沸,抱薪救火,愈甚亡益也"(同上)。董仲舒对汉武帝说:"今陛下贵为天子,富有四海,居得致之位,操可致之势,又有能致之资,行高而恩厚,知明而意美,爱民而好士,可谓谊主矣,然而天地未应而美祥莫至者,何也? 凡以教化不立而万民不正也。"(同上)汉武帝掌握最高实权,又有想治理好的愿望和能力,为什么还不能治理好呢? 原因就在于不重视教化,人民的风气还不纯正。董仲舒为此提出"更化"的主张。更化什么呢? 从"废德教而任刑罚"更化为"任德教而不任刑"。

董仲舒还用"天道"来论证德教的重要性。他说:"天道之大者在阴阳,阳为德,阴为刑,刑主杀而德主生,是故阳常居大夏而以生育养长为事,阴常居大冬而积于空虚不用之处,以此见天之任德不任刑也。"(同上)天道包括的内容很广,这里指的是气候,气候有寒暑变化。寒为阴、为刑、主杀、居大冬;暑为阳、为德、主生、居大夏。阳居大夏负责生长的事,阴居大冬,是放在空虚无用之处。为什么叫"空虚"? 叶落草枯,动物躲藏,阴气无用武之地。董仲舒说天把阳放在夏天主生,把阴放在冬天无用之处,说明天是"任德不任刑"的。王者要效法上天,自然也要"任德教而不任刑"。为政任刑,不顺于天,先王都不肯那么干。但是,汉武帝时代没有负责德教的官,只任执法的官吏来统治人民,董仲舒认为这是违背天意的。他说:"今废先王德教之官,而独任执法之吏治民,毋乃任刑之意与? 孔子曰:'不教而诛谓之虐。'虐政用于下,而欲德教之被四海,故难成也。"(同上)废德教之官,就是取消教化。独任执法官吏,对犯法者自然有的要诛杀。这里引用孔子的话非常恰当,没有教化,只有法治,就是虐政。实行虐政,怎么能希望社会风气变好呢? 这不是南其辕而北其辙吗?

董仲舒用"天道"证明"任德"的必要性,在我们今天看来是多余的,也是荒诞的。但在相信天人感应的两千年前的汉代,如果拿不出天和先王、圣贤的证据来,只是董仲舒这样一个从地方上推荐来的贤良,向皇帝建议施德政、重教化,恐怕很难令人信服。一旦

端出上天圣王来,皇帝就要洗耳恭听,不敢怠慢。正如王充所说:
"圣人之语,动言天者,欲化无道,惧愚者。"(《论衡·谴告》)圣人
讲"天",是想感化不好的统治者,同时也为了吓唬愚蠢的老百姓。
董仲舒正是这么讲"天"的。他把自己主张重视教育的意见说成
是天意,也是为了感化汉武帝,希望汉武帝真正重视教育,把教育
当作国家大事来抓。

(二)　以儒道为教

　　什么叫道?董仲舒在对策中说:"道者,所由适于治之路也。
仁、义、礼、乐,皆其具也。"道就是路,是适合于治理所要走的路。
仁、义、礼、乐都是实行道的工具和手段。仁、义、礼、乐都是儒家所
主张的,因此,董仲舒所讲的道是儒家的道,简称儒道。主要内容
是仁和义,所以也称仁义之道,以孔子和孟子为代表,后代又称孔
孟之道。孟子则将这种道称为尧舜之道。他说:"尧舜之道,孝弟
而已矣。"(《孟子·告子下》)并说尧舜之道要通过仁政来治理天
下。董仲舒继承了这种说法,认为这个道"禹继舜,舜继尧,三圣
相受而守一道",这个道是不变的。"乐而不乱、复而不厌者,谓之
道。道者,万世亡弊,弊者,道之失也"(《贤良对策》三)。道是可
以不断重复的。道永远不会出现弊端,所谓弊端,就是失去道,或
者叫偏离。一旦偏离道,不遵循道,社会政治就会出现严重问题。
道在所遭遇的不同情况的社会中,会有不同的体现,所以时代变
了,要进行改制,而根本的道却没有改变,所以他又说:"王者有改
制之名,亡变道之实。"(同上)也就是说正确的道只有一个,在不
同时代,根据时代的不同而有不同的表现。表现虽然不同,实质却
是一样的。

道又是多种多样的,"师异道,人异论",各家各派都有自己的道。教师不知道该教什么,学生也不知道该听谁的。董仲舒提议:"诸不在六艺之科、孔子之术者,皆绝其道,勿使并进。"(《贤良对策》三)凡不是孔子之术即儒术,都取缔他们的道,不许他们的道跟孔子的儒术一起流传。这就是独尊儒术,主张用儒术作为教育的指导思想。儒家的教科书、典籍成为经书、通用教材。师异道,变成师一道。司马迁说:"自天子王侯,中国言六艺者折中于夫子,可谓至圣矣!"(《史记·孔子世家》)不论皇帝百官,还是平民百姓,讨论六艺都以孔子的话作为标准。孔子可以算最高的圣人。后来,从六艺扩大到其他方面,例如百官讨论政治、经济、文化、边防、外交,都以孔子的话作为最高标准,甚至讨论选哪一个王子继位的问题时,也以读过孔子书,按孔子说的做,作为选择标准的重要内容。例如,西汉元平元年(前74),昭帝崩,让谁继位呢?大将军霍光提出让十八岁的病已继位,理由是他读过《论语》、《孝经》,又有儒家"慈仁爱人"的品德。这位病已就是后来的汉宣帝。直至清朝末年还有人提倡尊孔读经,还是有董仲舒影响的成分。

(三) 兴太学,养贤士

董仲舒在对策中作了这样的分析:汉武帝亲自耕种藉田(皇帝的自留地,收的粮食用于祭祀),为农民做出榜样。早晚辛勤,忧劳万民,借鉴古代,就是为了求贤。这可以算是尧、舜的用心,还求不到贤,为什么呢? 求不到贤,从对策中可以看出,一郡一国那么多人,往往推荐不出一个贤良文学来参加对策。另外,现在任职官员郡守县令,本应是人民的师长和表率,要带领人民按皇帝的意向来进行教化,而实际上他们既不对人民进行教化,有的还不执行法律,迫害百姓,与坏人做交易,使穷人生活极端困苦,太不符合朝廷的愿望。长吏不明,是这些不正风气的总根源。

这些长吏(郡守、县令)是怎么来的呢?大部分是从郎中、中郎、吏二千石子弟中选出来的。这些都是什么名堂呢?郎中是皇帝的侍从,因为在宫中,故称郎中。中郎也是在宫中负责护卫的人。这些人中又多是高级官员(俸禄为二千石的九卿、太傅、都尉、校尉、诸侯相、郡太守等)的子弟选进去的。这些人既是高官子弟、皇帝侍从,又很富裕,但未必是贤人。都让这些人担任郡太守和县令,怎么能都是贤人呢?鉴于人才缺乏的现实,董仲舒建议办太学来养士,培养贤人。他认为平时不养士,用时想求贤,必然不能满意。"养士之大者,莫大虖太学。太学者,贤士之所关也,教化之本原也"。培养贤人最大的机关是太学。太学是培养贤人最重要的阵地,也是进行教化的源头。所以,董仲舒建议:"臣愿陛下兴太学,置明师,以养天下之士,数考问以尽其材,则英俊宜可得矣。"(董仲舒《贤良对策》)办太学,请明师,大力发展教育,就可以培养出一大批英俊贤材。

董仲舒对策在元光元年(前134)五月。十年后,元朔五年(前124),身任丞相的公孙弘提出:"请为博士官安排弟子五十人,免除役赋。再从民间选拔相貌端正的十八岁以上的人补充博士弟子。这些博士弟子学习好的,可以任郎中。"(《汉书·儒林传》)从此以后,"公卿、大夫、士、吏彬彬多文学之士"(同上)。班固说,"立学校之官","自仲舒发之"(同上)。设立太学及各郡县的学校官员,是从董仲舒最先倡议的。公孙弘的建议起了推进、发展的作用。

古代很早就有教育机构,夏代叫校,殷代叫庠,周代叫序。孔子在民间进行教育活动,学在官府转到民间,并且迅速扩大,以至战国时代私学林立。秦统一中国以后，不允许民间教育，又把教育权收归政府，实行"以法为教"、"以吏为师"的官学。到了汉代，官学与私学并存。为了独尊儒术，汉武帝接受了董仲舒、公孙弘等人的意见，建立太学，立五经博士，给博士官配置弟子员，形成了当时最高的学府。这大概是世界上最早的大学①。

首都办了太学，地方各郡国也开始办学校培养人才。"至武帝时，乃令天下各郡国皆立学校官"（《汉书·循吏传》）。太学和郡国学校的学生越来越多，培养了一大批人才。在教育史上是很有意义的一件大事。

（四）　教师与教材

董仲舒提出"置明师"，就是要聘请高明的学者担任教师。当时就是让五经博士任教师。

秦时就有博士官，那是一批有学问的知识分子，作为皇帝随从。皇帝遇到什么事情，就向博士询问。例如秦始皇过长江遇大风，几乎渡不过去。到湘山祠，就问博士："湘君何神？"（《史记·秦始皇本纪》）博士回答说："听说湘君是尧的女儿，舜的妻子，死以后葬在这里。"秦始皇在咸阳宫设宴祝寿，其中博士就有七十人。说明当时不少博士都作为皇帝的侍从、近臣。汉初一些博士仅有称号，没有什么实权，像董仲舒、胡毋生那样，也只在民间办私学，教授弟子。汉武帝时立"五经"博士，并为他们配备弟子员。博士以儒家的"五经"教授学生，培养出的学生又能任官授职。这

---

① 欧洲最早的大学是 12 世纪初在意大利建立的萨勒诺（Salerno）。汉代太学比它要早一千多年。

样一来,"天下之学士靡然乡风"(《史记·儒林列传》)。下层官吏及百姓"争欲为学官弟子,富人至出钱以求之"(《汉书·循吏传》)。社会上富人的资金投向,是社会时髦所在的一个标志。儒学兴盛,儒经博士地位也提高了,也就提高了教师的地位。学者都特别注意全盘接受老师的观点,形成当时"信师"的风气,这就有了所谓"师法"、"家学"的问题。所谓"师法",就是老师所传授的学说方法。所谓"家学"又叫"家法",是同一老师传授的几个弟子,各自成家,形成家法。师法是从源上说的,家法是从流上说的。汉代学者特别重视守师法,只有少数特别杰出的思想家才能突出师法,发挥自己的思想,如桓谭、王充等。

汉代太学,教师用经学博士,教材自然要用经书。经书难懂,需要用"传"来阐明其中的微言大义。所以,"传"也就成了教材。例如《春秋》有三传:公羊传、穀梁传、左传。先有公羊传、穀梁传立于学官,就是说专攻公羊学、穀梁学的《春秋》博士可以在太学任教,同时,两传也就成了太学的教材。后来,左传也立于学官,自然也是太学承认的教材。

经没有传,难以读懂。传也需要博士进行注释、解说。后来,这些解说也都成为注文,列入书中。一共只有五本经书,全天下的知识分子都在研究,注文越注越详细越繁琐。一部经,注文可达百万字。"曰若稽古"四字就注了三万字,《尚书》中的《尧典》篇名,解释达十几万言。这是当时学者秦恭的繁琐典型。秦恭,字延君,信都人,曾任城阳内史。师事夏侯建,授鲁国冯宾。冯宾后任博士。经书注文这么多,在当时文字传播还是靠笨重的竹简和昂贵的帛书的情况下,读起来相当困难,费钱费时。故有"皓首穷经"之说。从少年开始研究经书,等到头发都白了,才弄通一本经书,能够给别人讲解。

博士不多水平高,经书虽少注解繁。这是太学中教师和教材的主要特点。教师和教材都是儒学的。这是独尊儒术政策付诸实施的重要环节。培养出大批儒者,致使元帝以后,"公卿之位,未有不从经术进者"①。三公九卿那些高官都是通过研究儒经这个梯子爬上去的。韦贤位至丞相,由于精通《礼》、《尚书》和《诗》,号称邹鲁大儒。其少子韦玄成又因为明经而当上丞相。所以,邹鲁有谚语说:"遗子黄金满籝,不如一经。"(《汉书·韦贤传》)给子女遗留很多黄金,不如教子女通一经。通一经就可以很容易当上大官,取得丞相、太尉穿的金印紫绶和御史大夫穿的银印青绶,就像从地下拾取芥菜那么容易②。当大官就会发大财,当然要比满籝黄金多得多。儒学在朝廷"劝以官禄"的吸引下,兴盛起来,达到历史上的最高峰。后来虽然不那么兴盛,但是,尊孔读经的风气,绵延久传,百世不息。儒学也就成了中华文化的主干,东方文化的特征。

(五) 选士制度

选士制度,古来有许多变化。各种制度在特定的历史条件下产生,有它的必然性,也有一定的合理性。秦始皇奖励耕战,实际上主要是奖战,以军功战绩封官者多。汉朝初期,打天下的元勋功臣和刘氏家族都封了官。直至孝惠、高后时,"公卿皆武力功臣"(《汉书·儒林传》)。汉文帝开始少量任用文学之士,而"诸博士

---

① 皮锡瑞《经学历史·经学极盛时代》,中华书局 1959 年 12 月版第101 页。

② 《汉书·夏侯胜传》:"经术苟明,其取青紫如俯拾地芥耳。"

具官待问,未有进者"(同上)。汉文帝用的文学之士最著名的是贾谊。贾谊,洛阳人,十八岁就以文学之名闻于郡中。吴公任河南守,就召置门下。吴公当了廷尉,推荐贾谊给朝廷,汉文帝任为博士。当时博士就是随时供皇帝问话的。因为回答问题使汉文帝十分满意,所以一再得到破格提拔,才二十多岁的小青年一年中升到太中大夫。汉文帝对他的话,言听计从。他又提出一套改革政治的方案。贾谊这么一冒尖,周勃、灌婴、张相如、冯敬等位居三公、掌握朝廷大权的老官僚们嫉恨交加,嫉他才华,恨他改革,忍无可忍,群起而攻之,欲置死地而后快。他们说贾谊:"洛阳之人,年少初学,专欲擅权,纷乱诸事。"(《史记·屈原贾生列传》)说他"年少",是一种论资排辈的论调。不是讨论哪一种意见正确与否,而是以"年少"来否定对方的意见,自己倚老卖老,无能装稳重。刘邦拜帅,韩信难道不是"年少"? 有道是:"有志不在年高。"贾谊"颇通诸子百家之书",知道如何"改正朔,易服色,法制度,定官名,兴礼乐"(同上),还草拟各种仪法,改革秦朝遗留下的各种制度。说他"初学"是对的,而周勃却未学,位居公卿的其他人也都在未学之列。未学反初学,权大于理。所谓"专欲擅权,纷乱诸事"。他们是打天下的功臣,都是现实利益的既得者,希望维持现状,长享富贵。随便进行一点改革,都会触犯他们的利益,损害他们的特权。在这种时候,他们过去参加农民起义时那种大无畏的造反精神、迫切改革不合理现实的愿望、改变自己被压迫处境的决心,全都抛到九霄云外去了,剩下的只有老子打天下老子坐江山的谋私心理和保守的观念。有了这种狭隘的观念,他们总是从一己之私来考虑国家大事,对国家有利对自己无利的事,没有热情;对国家有大利对自己不利的事,坚决反对;对国家无利有害对自己有利的事,积极促成。总之,他们的私利神圣不可侵犯,一旦受到侵犯,他们就疯狂反对。汉文帝想让贾谊任公卿之位,这就有可能威胁那些不学无术的官僚们的地位,于是他们"尽害之"。政治与军事不同,杀敌与治民有别。打仗可以杀敌立功的人未必能治理好人民,也像木匠技术虽巧,却未必能当医生给人治病。"道不同不相为谋","隔行如隔山"。周勃、灌婴这些人都是靠打仗当上官的,对于政治不甚了了。但有一片忠心可以安刘氏。并不能想法使制度完善、社会发展、政权巩固。当汉文帝下诏令提出许多问题让大家讨论的时候,那些养尊处优、无所用心的诸老先生一言不发,提不出任何有价值的意见,不吭声装稳重,摆老臣高官的臭架子。但是,那个二十来岁的洛阳年少却都能解答。他所解答的内容似乎是人人都想说的话,说明他的意见反映了大家的共同愿望。在这种时候,大家都夸奖他,说他有本事,别人不如他。汉文帝也很满意,一再破格提拔他,一年中提到太中大夫。太中大夫是什么官呢?汉代朝廷官分三公九卿二十七大夫。丞相、太尉、御史大夫为三公;太常、光禄、卫尉、太仆、廷尉、鸿胪、宗正、司农、少府为九卿。光禄勋是九卿之一,他的属下有大夫,大夫中最高的是太中大夫,秩比千石。大夫是掌管论议的。太中大夫是参与朝廷议论的高级官员。贾谊由于水平高,受到提拔重用,又由于议论正确,多为采纳,除此以外,岂有他哉?那些老先生们却说他"专欲擅权"。他们提不出高明的意见,又嫉妒别人意见正确。贾谊考虑如何为朝廷多出主意,改革积弊,而他们却考虑如何整治洛阳年少,以维护自己的既得利益。在封建社会,朝廷和功臣的利益冲突大概是普遍存在的,所以,历代建国初杀功臣是一种很自然的现象。所谓"狡兔死,走狗烹",走狗是为了猎狡兔而存在的,狡兔死,走狗就失去存在的价值,而且有时还咬人致伤,为害乡里,成为务必除去的恶物。其危害更甚于狡兔,岂能不除!李自成进入北京以后,功臣作恶,是其迅速垮台的重要原因。

汉武帝独尊儒术以后,虽然并没有形成文官制度,而文官已占相当大的比例。这对于当时文化繁荣、社会稳定都起了好的作用。

为了文官制度化,董仲舒提出选士的建议。一方面从太学中选拔,经过"数考问",多次考试,学而优则仕,就可以选拔出英俊人才。另一方面从地方推荐出来。列侯、郡守、二千石这些高级官员每年推荐两个人给朝廷,根据所推荐的人的水平,也可以考察这些大臣的能力与水平。推荐贤者有赏,推荐不肖者要罚。这是高官的一项政治任务。这样,高官就不会任人唯亲,营私舞弊,就会尽心求贤。朝廷就可以得到天下贤才而加以任用。

从设想上、或者从逻辑上看,董仲舒这种贡贤制度的建议是很好的。推荐贤才是高官政绩的重要内容。从实际上看,高官推荐了某一个人,以后就会多方关照他,给他特殊优惠政策,帮助他创造政绩,或者把他微不足道的成绩吹成天那么大,因为这两人的命运联系在一起,使他们之间勾结更加紧密。同时,这位高官如果推荐的人比较多,每年两个,十年二十个,就可以形成小集体,结党营私。另一方面他们对别的高官所推荐的人就采取吹毛求疵、打击诬陷的办法加以迫害,以便把对方整垮。另外,有时推荐的人原是不错的,后来由于种种原因变坏了,或者偶犯什么过错受到追究,不一定是推荐者的过失。唐代名相魏征曾经推荐杜正伦、侯君集"才任宰相",后来,"正伦以罪黜,君集坐逆诛"(《新唐书·魏征传》),这就有问题了,那些平时妒忌魏征的人就抓了把柄,大作文章,说魏征是正伦、君集的同党,又说他将进谏的言论给史官褚遂良看,千方百计地"毁短"。三人成虎,一贯信任魏征的唐太宗也被谗言说动,起了疑心,故有停婚、仆碑之举。原来,唐太宗准备将衡山公主嫁给魏征的儿子叔玉。魏征死后,唐太宗亲自给写墓碑。

后受谗言影响，"停叔玉昏（婚）"，"仆所为碑"（同上）。从此可见，被推荐者的问题不能完全由推荐者负责。再说，张良推荐了韩信，韩信破楚立功，后又谋反被诛，这是功还是过呢？从中国历史来看，推荐的办法虽有成功的例子，但作为制度还是不先进的，常成为任人唯亲的工具。魏时九品中正制度，就是荐举发展到极端，弊病最多的表现。不过，在科举制度之前，汉代察举贡荐的制度还是比较进步的，在当时起了任人唯贤的作用。

关于升官问题，董仲舒认为所谓功应该是以担任官是否称职来分等级的，而不是以当官多长时间来区别。水平低，能力差，虽然当了很长时间，还应该留在小官的位置上，确有真才实学，虽然时间不长，不影响破格提到辅佐即公卿的高位上。这样，各级官员才会全力以赴，尽力务治，把自己负责的事业尽量做好。而现实的情况如何？董仲舒说："今则不然。累日以取贵，积久以致官，是以廉耻贸乱，贤不肖浑殽，未得其真。"（《贤良对策》）升官是靠时间，不管你干好干坏、称职不称职，到了年限就可以升级。称职的不到年限不升级，不称职的到了年限也升。年限是升不升的基本标准。所以，廉耻贤不肖都混在一起，分不清也不必分清。名将李广难封，而从弟李蔡属下等庸俗之人，却能"积功劳"至二千石，为代相，封乐安侯，为丞相。大概就是这种吏制的原因。

董仲舒郑重建议："毋以日月为功，实试贤能为上，量材而授官，录德而定位，则廉耻殊路，贤不肖异处矣。"（同上）不要按时间年限来定功劳，要通过实际试用的结果，确实贤能的选出来，按能力大小来授官衔，按道德高低来定级别。这样做，廉不廉、贤不贤都可以区分开来，分别给予不同的待遇。

总之，在任官上，董仲舒反对论资排辈。极力主张破格重用德才兼备的贤才。但是，这种思想只是一种愿望，没有制度加以保证,多半成为空话。按时间来划线是最简单的方法,上头容易掌握,标准明确,下头也不争吵,可以相安无事。贤,德,才,都是很模糊的概念,很不容易区分清楚,要做区分的工作也比较难,比较麻烦。庸人当官图省事,选择了按时间年限升官的办法。隋唐以后,以科举取士,文官成为一种制度,比汉代有了很大进步,其中也包含汉代明经取士的思想和董仲舒实试贤能为上的意见。

董仲舒把独尊儒术贯穿于整个教育思想中,提出了一些有价值有影响的教育思想,为中国古代教育发展做出了应有的贡献。

董仲舒向学生传授一些知识,传授更多的是《春秋》大义。董仲舒所说的"《春秋》大义",实际上是董仲舒的学说,不过借《春秋》这部经来"注我"而已。

(选自周桂钿著《董仲舒评传》,
广西教育出版社 1995 年 1 月版)

　　周桂钿(1943—　　)福建省长乐市人。北京师范大学教授,博士导师;中国哲学史学会副会长,国际儒学联合会理事,全国董仲舒研究会副会长。主要从事中国传统哲学、秦汉哲学、中国传统科学、中国传统政治哲学等的研究。出版《董学探微》、《董仲舒评传》、《大儒列传·董仲舒》等。

　　董仲舒认为人民趋利就像水向低处流,如果没有堤防,水就会泛滥,人有善的素质但还不是善,要经过教化才能成为善;社会思想没有堤防,人欲横流,也会给社会带来人祸,社会思想的堤防也是教化,"是故南面而治天下,莫不以教化为大务";他还用"天道"来论证德教的重要性。董仲舒提出,要用儒术作为教育的指导思想,"诸不在六艺之科、孔子之术者,皆绝其道,勿使并进"。鉴于人才缺乏,董仲舒建议"兴太学,请明师,以养天下之士";太学当时成了最高学府,大概也是世界上最早的大学。他提出"置明师",就是聘请高明的学者担任教师,当时是五经博士;教化的教材是经书,解释经的"传"后来也成为教材。为了文官制度化,董仲舒提出了选士建议,一方面从太学中选拔,经过"数考问",学而优则仕,另一方面从地方推荐;在官员升职问题上,他力主破格重用德才兼备的贤才。董仲舒把独尊儒术贯穿于整个教育思想中,提出了一些有价值的思想,为中国古代教育的发展做出了应有的贡献。

韩愈的教育思想

孙　培　青

　　韩愈(768—824),字退之,唐河内南阳(今属河南孟县)人,祖籍昌黎,故人称韩昌黎,唐代著名的文学家、思想家和教育家。

　　韩愈生于世代官僚家庭,个人生活道路曲折,一生处于社会动荡不安阶段,辗转于河内、长安、韶州、宣州等地。七岁开始读儒家经籍,学习特别勤奋,记忆力甚好,重视博览百家,尤好西汉司马迁、司马相如、扬雄的文章。青年时曾从独孤及、梁肃、萧存等游学,受其影响,钻研古文,潜心儒道,奠定一生学问的基础。贞元八年(792)进士及第。贞元十二年被汴州刺史、宣武节度使董晋招为幕僚,任观察推官,并首次接受弟子,开始教育活动。以后多次起伏,迁徙不定,先后在地方和京都任官,曾为四门博士、权知国子博士、国子博士、国子祭酒。他在当时是三个运动的主要倡导者。在思想文化方面,他主张复兴儒学,认为要维护国家统一,反对藩镇割据,就必须以孔孟之道为思想支柱,大力提倡忠君孝亲,发出尊孔孟、排异端的号召,坚决倡导排斥佛教道教,尤其反对佛教。在文学上他反对四六排比的骈体文,主张接近口语的散体文,倡导以儒学为文章思想内容的新古文运动,和同时代的柳宗元协同把新古文运动推向高潮,取得胜利。在教育上,为配合复兴儒学运动和新古文运动而倡导师道运动,打破习俗偏见,带头收受弟子,发表《师说》为其宣言，以期逐步转变社会风气。他的教育活动和他的政治的、思想的、文学的活动相互交错，并影响他的教育思想。韩愈最后官至吏部侍郎，长庆四年病逝。朝廷赠礼部尚书，谥曰文。其著作由李汉编集为《昌黎先生集》四十卷，又有其他遗文编为外集，《顺宗实录》五卷，均附于后，总称《韩昌黎集》。

一 复兴儒学，反对佛老

韩愈站在世俗地主的立场，在政治上反对藩镇分裂割据，维护中央集权；对深受沉重赋税压榨的人民群众表示同情，主张实行一些改革；反对僧侣地主的剥削，要求限制寺院经济的发展。在思想意识上不满意宗教的猖獗，要求改变儒学低落地位，主张复兴儒学。

韩愈认为儒学的纲领就是仁义道德，这就是先王之道，也就是先王之教。他在《原道》中作了说明："夫所谓先王之教者，何也？博爱之谓仁；行而宜之之谓义；由是而之焉之谓道；足乎己无待于外之谓德。其文《诗》、《书》、《易》、《春秋》，其法礼乐刑政，其民士农工贾，其位君臣、父子、师友、宾主、昆弟、夫妇，其服麻丝，其居宫室，其食粟米果蔬鱼肉。其为道易明，而其为教易行也。是故以之为己，则顺而祥；以之为人，则爱而公；以之为心，则和而平；以之为天下国家，无所处而不当。"先王之道包括了封建社会精神生活和物质生活的一切方面，其中道德问题既是出发点，也是归宿。道德贯穿于思想文化、政治制度、阶级关系、等级制度，以至衣、住、食。这表明儒学是与民生实际结合在一起的。

在道德规范方面，他把仁义与道德并提，基本内容是仁义。仁义道德是总纲，体现在政治制度上就是礼乐刑政，这是圣人为一般民众创立的政治制度，"为之礼，以次其先后；为之乐，以宣其壹郁；为之政，以率其怠倦；为之刑，以锄其强梗"。这是礼乐刑政的政治功能，具体的制度规定君臣上下劳心劳力的分工："君者，出令者也；臣者，行君之令而致之民者也；民者，出粟米麻丝，作器皿、通货财，以事其上者也。君不出令，则失其所以为君；臣不行君之令而致之民，民不出粟米麻丝，作器皿、通货财，以事其上，则诛。"他把统治与被统治、剥削与被剥削的关系，说成仁义的体现，实际上是视封建社会为理想化的制度。

韩愈把仁义道德的学说说成是先王之道，是历代圣人相互传授的传统。"尧以是传之舜，舜以是传之禹，禹以是传之汤，汤以是传之文、武、周公，文、武、周公传之孔子，孔子传之孟轲"。排出儒家圣人的序列，以表示儒道的源远流长，有传承的系统，居于中国历史上正统地位。有了这个道统，与佛教宗派传法世系的祖统相抗衡也就更有力了。

韩愈在其创造的道统说中，特别推崇孔丘和孟轲。他对孔丘的推崇达到新的高度，在《处州孔子庙碑》中说，"生人以来，未有如孔子者，其贤过于尧舜远者"，把孔丘尊为历史上超过尧舜的最高圣贤。韩愈高度地评价孟轲，把孟轲说成是孔学最忠实最完美的继承者，在《读荀》中把孟轲与荀况、扬雄作比较，认为"孟氏醇乎醇者也。荀与扬，大醇而小疵"。他在《与孟尚书书》中还提出当战国之时，杨墨交乱，圣贤之道不明，三纲沦，礼乐崩，幸而有孟轲辟杨墨，传圣人之道，"然赖其言，而今学者尚知宗孔氏、崇仁义、贵王而贱霸"。"故愈尝推尊孟氏，以为功不在禹下者为此也"。

韩愈认为孟轲之后，圣人之道渐以微灭，无人继传。韩愈鼓起任道的勇气，不量其力，不顾身危，欲挽救先王之道，再兴而传。他表示"使其道由愈而粗传,虽灭死万万无恨"(《韩昌黎集》卷一八,《与孟尚书书》)。他要成为道统的继承人而不惜牺牲生命。其道统说的建立,加强了儒学在民族文化中居主导地位的意识。

韩愈还从政治、经济、思想理论多方面揭露了佛教、道教与封建制度不可调和的矛盾。

1. 佛老是社会祸乱的根源

韩愈认为,中国古代只有士农工商。自秦以后,先后增生老、佛两家,使社会成分发生变化。士农工商各有所业,这是社会分工的需要,而佛、老则是四民之外游手好闲待人供养的两类人。由于佛、老盛行,"丁皆出家,兵皆入道",寺观占有大量的人力、土地和财力,使社会结构的均衡失调,生之者寡,食之者众,这是造成百姓贫穷而产生盗贼的原因。

2. 佛老是破坏仁义道德的罪人

韩愈认为,仁义道德是自古以来的先王之教,使社会有和谐的秩序。但佛老与仁义道德学说对立,使得人们是非混淆。他指出,儒与老关于仁义道德的含义是各不相同的。"凡吾所谓道德云者,合仁与义言之也,天下之公言也,老子之所谓道德云者,去仁与义言之也,一人之私言也"。儒家的道德以仁义为内容,而老氏的道德则是舍去仁义而言道德,这是违犯先王之教的。

3. 佛老求出世而破坏纲常

韩愈指出,佛老之法与先王之教背道而驰。儒家遵先王之教,正心诚意的目的是现实的齐家治国平天下;佛家"治其心"的目的是"求其所谓清静寂灭"。佛家为了出世,把天下国家都视为累赘,其手段和途径就是抛弃君臣、父子及一切相扶养的社会义务。如依了佛法,三纲沦丧,礼乐崩坏,国家就不成国家了。

韩愈主张排佛,令人注目的行动是元和十四年谏迎佛骨。他指出从历史上看,事佛求福全属虚妄,佛教根本不合民族传统和先王礼法,要求制止伤风败俗的丑事,把佛骨投诸水火加以消毁。韩愈鼓动用行政手段制止佛教活动,惹怒了皇帝,欲处死罪,经群臣求情,才改把韩愈由刑部侍郎贬为潮州刺史。即使被贬了官,韩愈也未改变排斥佛教的决心。

二 论人性与教育的作用

韩愈的《原性》从唯心论的天命论出发,论述人性三品,再以三品为根据来说明教育的作用和规定教育权利。他认为人由天命而生,人性也由天命而成,人性三个等级和人性五项道德内容,都本于天命。

韩愈在论述人性问题时把性与情并提,而以性为情的基础。他说:"性也者,与生俱生也;情也者,接于物而生也。"人接触外界事物,受到刺激引起反应而产生情。性和情的关系是"性之于情视其品","情之于性视其品",性与情完全相应。性之品有上中下三个等级,情之品也有上中下三个等级与之对应。性的具体内容是仁、礼、信、义、智等五德,情的具体表现是喜、怒、哀、惧、爱、恶、欲等七情。上品的性是善的,以仁德为主,但也通于其他四德,相应地产生上品的情,动而得中,符合五德的规范。中品的性既可能善也可能恶,其表现为仁德有所不足或有所违背,其余四德或有而不完全纯粹,中品之性相应产生中品之情,虽然有时过分有时不及,但也有合乎道德规范要求的。下品的性是恶的,既违反仁德,也不能符合其他四德,下品之性相应产生下品的情,下品的情完全任凭感情支配行动,有过有不及,都不符合道德规范。

这种人性三品的理论,把封建地主阶级的仁礼信义智等道德原则,说成是人天生的本性,以这些道德原则作为区分善恶的标准,使各阶级各阶层的人,都遵从地主阶级道德原则的制约,从而达到维护封建社会秩序的目的。

韩愈企图对历史上的人性论进行总结,论定是非,他批评孟轲的性善论、荀况的性恶论、扬雄的性善恶混的片面性,而接受了董仲舒的性三品说并作了一些修正,认为有的人性善,有的人性恶,有的人兼有善恶而可善可恶,他把性与情结合起来,比董仲舒说得更细致,但仍然是一种唯心主义的人性论。他分析人有各种感情欲望,反对任情纵欲,也反对绝情禁欲,而主张以封建道德规范来节制情欲。

韩愈制定性三品的理论,其现实的政治意义就是以人性的等级来作为社会阶级划分的依据,断定人类社会也存在着天命的等级差别,统治者是上品,劳动人民是下品,处于两者之间是中品。既然人性三品不能变,社会的三个等级也就不能变。天命如此,名分不变,统治者命定为统治者,被统治者命定为被统治者,这种理论必然受统治者欢迎。

韩愈的性三品的人性论成为其教育学说的理论基础,具体表现在三个方面。首先,人性决定教育所起的作用。由于人性存在等级差别,教育对不同的人性发挥不同作用。上品的人,"上之性就学而愈明",教育能使其先天具有的仁义之善性得到发扬,行动都符合封建道德原则。中品的人,"中焉者可导而上下",可引导往上也可引导向下,这部分人存在着被改造的可能性,对他们的改造,教育起重要的作用,统治者要按封建道德标准来改造这部分人,使他们往上品靠拢。下品的人,"下之性畏威而寡罪",他们的行为总是违反封建道德标准,对他们只有用刑罚才能使他们的行为有所收敛。因此统治者不是用教育而是用刑罚去对付那些劳力的低贱者,使他们害怕刑罚而避免犯罪,以此来保证社会秩序。但下品的人既能害怕刑罚而避免犯罪,就不是不可改造的。其次,由人性而规定教育的权利。人性等级不同,教育作用不同,教育的实施只限在一定范围内,没有必要遍及每一个人。"上者可教,而下者可制也"。只有统治阶级才可以享受学校教育的权利,而对被统治阶级则实行专制,剥夺教育权利。这种理论,没有改变现实,而是对已有的现实作论证而已。第三,由人性决定教育的主要内容。人性天生就是以仁礼信义智为内容,教育要发挥人固有的内在的善性,应当以五常的封建道德为主要教育内容。而有助于灌输封建道德观念的最好教本,则是儒家的《诗》、《书》、《礼》、《易》、《春秋》,所以不论自学或是教导别人,他都强调"六艺之文"。这种主张,和他捍卫儒学反对佛老的思想路线是一致的。

《原性》是唐代人性论的重要著作,其目的在于把唐以前的人性论作一总结,并将新的人性论公式化,以成为政治、教育的理论依据。《原性》的总结,不仅不能结束争论,反而进一步引起争论。唯物主义者批评性三品说是一种唯心的先验主义,忽视后天社会环境的影响和人的主观能动性。唯心主义者则批评没有区分性善情恶,没有达到存天理灭人欲的结论。他的弟子李翱对人性论作了重大的修正,放弃性情相应的性三品说而发展为性善情恶的复性说。

三　论学校教育与措施

韩愈认为治理国家要有人才,而人才依靠教育培养。他主张发展学校教育,并采取一些措施。

1.用德礼而重学校

韩愈继承儒家重视德治的思想,把教育作为首要的政治工具。他说:"孔子曰:'道之以政,齐之以刑,则民免而无耻。'不如以德礼为先,而辅以政刑。夫欲用德礼,未有不由学校师弟子者。"德礼指的是德政和礼教,德礼和刑罚在政治上是不可缺少的两种手段,而从实际政治效果比较来看,先进行封建伦理道德的思想灌输,让君臣父子的名分观念和仁义道德思想支配人民的行为,人民对封建统治会更加顺从。因此要实行德治,必先德礼而后刑法。强调德礼,也必然重视以学校教育为重要政治工具。

2. 学校的任务在训练官吏

学校是宣扬封建道德的中心,又是训练能从事德礼教化封建官吏的机构。国家"崇儒劝学",既然用儒家的思想来指导政治,就应设置学校培训学生,使他们成为能执行儒家政治路线的官吏。特别是中央官学,是补充官员的重要来源,应选拔最优异的人才来加以训练,"自非天姿茂异,旷日经久,以所进业发闻于乡间,称道于朋友,荐于州府,而升之司业,则不得齿乎国学矣"(《韩昌黎集》卷十四,《省试学生代斋郎议》)。从各个地方选拔最优秀青年,集中于国学,加以训练,把他们养成为治人的君子,"皆有以赞于教化,可以使令于上者也"。如果有君无臣,没有一批人帮助治理国家,就会产生严重的政治问题。国家要重视培养一批官吏,使他们成为推行封建礼教的骨干力量。合标准的官吏,应该是"纯信之士,骨鲠之臣,忧国如家,忘身奉上者"。这些是忠心为封建统治效劳的臣僚,"臣者,行君之令而致之民者也"。他们的职责是把君主的政令推行到农工商等民众中去。

3. 整顿国学

韩愈在穆宗即位后被任命为国子祭酒。在这之前,国子监积弊甚深,教学活动几乎停顿,不能发挥其培植人才维护封建统治的职能。韩愈上任后,作为优先的任务是对国子监实行整顿。

在维护等级制的前提下,他对招生制度作了改革。他调查了在学学生的情况,发现学生出身成分起了很大变化:"国家典章,崇重庠序,近日趋竟,未复本源,至使公卿子孙,耻游太学,工商凡冗,或处上庠。今圣道大明,儒风复振,恐须革正,以赞鸿猷。"(《韩昌黎集》卷三十七,《请复国子监生徒状》)由于社会经过动荡之后,原定的教育制度逐渐破坏,贵族官僚子弟,养尊处优,凭家族权势,依靠门荫而当官,轻视学习,而工商子弟,则以钱财为贿赂手段,取得入学资格,以提高其社会地位,打通参政道路。学生成分的改变,影响官僚地主对教育特权的享有,也将影响官僚队伍的结构。韩愈从统治阶级的长远利益着眼,建议考虑现实,调整招生制度,稍微放宽入学的等级限制,太学由文武五品之子可入学放宽为八品之子,四门学由七品之子改为有才能艺业者也可入学,严格按新规定实行。入学的等级虽放宽了,等级制还存在,排除了工商子弟以资财入学,依旧保留官僚贵族的教育特权。

在学官选任方面,以艺能为主要标准。原来委派学官只凭年资,"多循资叙,不考艺能",所以让不称职的人,也混在学官中,无德无才,难以为人师表。韩愈主张以实际才学为标准,严格按照条件来选任学官,"非专通经传,博涉坟史,及进士五经诸色登科人,不以比拟"(《韩昌黎集》卷四十,《国子监论新注学官牒》)。他推荐张籍为国子博士,列举张籍的条件是:"学有师法,文多古风,沉默静退,介然自守,声华行实,光映儒林。"(《韩昌黎集》卷三十九,《举荐张籍状》)新学官一概拔用儒生,报到后必经过考试合格,才能正式委派为学官,防止不学无术的皇亲国戚滥竽充数。

在转变学风方面,以恢复教学秩序为首要。原来国子监规章破坏,纪律松弛,学官不讲,学生不学,教学活动停顿,如一潭死水。

韩愈上任后,恢复定时进行教学活动,新选的学官对教学有较高的积极性,日集讲说,还有经常性的会讲,吸引学生竞相听讲,并议论着国子监出现的新气象:"韩公来为祭酒,国子监不寂寞矣。"师生研讨学问,形成新的风尚。

4.恢复发展地方学校,使礼教遍及乡里

韩愈写《子产不毁乡校颂》,既歌颂郑子产保存乡校,也是主张学习郑子产重视地方学校。他任潮州刺史时,注意到州学荒废,礼教未行,造成"闾里后生,无所从学"的局面,要求重视恢复地方官学,并从潮州实际做起,运用州刺史的权力,下令恢复州学,为州学聘请了学官,帮助筹集经费。州学的恢复,促进了该地区文化的发展。

四 论道德修养

韩愈认为统治人才需要具备"德与艺"两方面条件。从两者的内在关系看,德是艺的思想基础,艺是德的体现手段。德比艺是更为根本的条件。如文学写作与道德修养的关系,道德修养是文学写作的根本前提,"夫所谓文章者,必有诸其中。是故君子慎其实。实之美恶,其发也不掩,本深而末茂,形大而声宏,行峻而言厉,心醇而气和,昭晰者无疑,优游者有余。体不备不可以为成人,辞不足不可以为成文"(《韩昌黎集》卷十五,《答尉迟生书》)。因此要像古代伟大作家写出流传千古的文学作品,一定要特别重视道德修养,以道德修养为根底,才可能有光辉的文学作品。韩愈在教育实践上把道德教育放在首要的地位。

韩愈认为道德根源于人性,基本内容是仁、礼、信、义、智五项道德准则。五项之中最主要的是仁义两项。仁义是全社会公认的道德规范,人有没有道德,其区别就是看他存仁义或弃仁义。仁义并非高不可攀的目标,只是实行对人类的博爱而已。道德教育以仁义为其核心,有道德修养的人,必定是"内仁而外义,行高而德巨"。

韩愈认为道德虽源于人性,但不是自然就能具有的。他在《通解》中说:"且五常之教,与天地皆生,然而天下之人,不得其师,终不能自知而行之矣。"培养道德需要有教师的教育引导,教师的作用就在于帮助提高道德认识,提供示范性榜样。他依据历史经验指出:"古之学者必有师,所以通其业,成就其道德者也。"(《韩昌黎集》卷十四,《进士策问》)今之学者,要成就其道德,也必定要有教师,教师的重要任务之一是对学生进行道德教育。

韩愈从社会实际需要出发,吸收前人的道德修养理论,总结自己的修养经验,提出了一些有价值的修养要则。

1. 责己重以周,责人轻以约

他主张要正确地对待自己和对待别人,协调我与人的关系。在《原毁》中他指出:"古之君子,其责己也重以周,其待人也轻以约。重以周,故不怠;轻以约,故人乐为善。""今之君子则不然,其责人也详,其待己也廉。详,故人难于为善;廉,故自取也少。"要协调关系,对自己的要求应全面而严格,以鞭策自己不懈地提高道德修养,对别人的要求应当宽松而简单,别人也就乐意为善或改过从善。而当时的情形恰相反,一般人对别人要求求全责备,对自己要求则很低很少,这样一来,别人就难于按要求做到,自己在修养上也很少提高。他对这种现象产生的原因和危害作了分析,认为根源是怠与忌,怠者对自己没有要求,不能提高品德修养;忌者害怕别人品德修养获得高度评价,而对别人进行诋毁,这是需要矫正的。韩愈关于责己和待人的思想,是孔丘"躬自厚而薄责于人"思想的继承和发挥。

2. 思省自勉

道德修养的关键在于从主观上提高认识,需要个人认真深入地反省思考。他在《进学解》中说:"行成于思,毁于随。"德行的成就在于认真深思,毁坏就在于放任自弃。因此应当经常与道德规范进行对照而反省自己的行为,对不合仁义规范的行为,虽然没有造成严重后果,也应当感到后悔,防止再犯。他认为在道德面前有君子与小人之别,不成为君子,便落为小人,一切都取决于自己。"盖君子病乎在己……所谓病乎在己者,仁义存乎内,彼圣贤者能推而广之,而我蠢焉为众人"(《韩昌黎集》卷十六,《答陈生书》)。人有共同的天赋道德,有人能推而广之成为圣贤,我却不能培养扩充,只是众人而已。大家都是人,我为什么不能积极努力呢?"贤不肖存乎己……存乎己者,吾将勉之"(《韩昌黎集》卷十七,《与卫中行书》),我要在主观上保持一种上进心,勉力争取成为圣贤。

3. 自信力行

一个人一定要有道德信念,并自信有实行道德信念的条件。他说:"所谓待己以信者,己果能之,人曰不能,勿信也;己果不能,人曰能之,勿信也。孰信哉? 信乎己而已矣。"(《韩昌黎集》卷十六,《答陈生书》)在道德上能有自信,就应当坚持实行。他说:"士之特立独行,适于义而已,不顾人之是非,皆豪杰之士,信道笃而自知明者也。"(《韩昌黎集》卷十二,《伯夷颂》)对道德实践所提的要求应当切合个人的实际,是自己努力能做得到的,这样才会调动积极性,增强道德实践的信心。对一个人道德的评价也应该注重其行为。他说:"然则观貌之是非,不若论其心与其行事之可否为不失也。"(《韩昌黎集》卷十一,《杂说》之三)不是观察一下表面现象就判定是非,而是强调重视道德行为的思想动机和道德行为的实际表现。

4. 知过能改

韩愈认为对待过错也是一个道德修养问题。过错不仅是已经表现出来的言或行,没有表现出来的心思不正也是一种过错。他说:"所谓过者,非谓发于行、彰于言,人皆谓之过,而后为过也。生于其心,则为过矣。故颜子之过,此类也。不贰者,盖能止之于始萌,绝之于未形,不贰之于言行也。"(《韩昌黎集》卷十四,《省试颜子不贰过论》)犯有过错,应即认识,从思想上重视,防止重犯,要"止之于始萌,绝之于未形",加以杜绝。有些人犯了过错已有认识,对改正错误持什么态度便成为重要问题。他说:"人患不知其过,既知之,不能改,是无勇也。"(《韩昌黎集》卷十二,《五箴五首》)较积极的态度应是勇于改过,改过是为了不再有过,应该受到赞许。

五　论教学

学生有德的修养,还要有艺的训练,需要教师的教学。教学的目的在于"修先王之道",而其途径则是"读六艺之文"。

韩愈倡导复兴儒学,以儒学为教学的指导思想。他说:"夫沿河而下,苟不止,虽有迟疾,必至于海,如不得其道,虽疾不止,终莫幸而至焉。故学者必慎其所道,道于杨墨老庄佛之学,而欲之圣人之道,犹航断港绝潢,以望至于海也。"(《韩昌黎集》卷二十,《送王秀才序》)向往"圣人之道",要选择正确路线才能如愿到达。严格选择学习内容,也是为了保证路线的正确,防止走入邪道。他自己就做到"其所读皆圣人之书,杨墨释老之学无所入其心"(《韩昌黎集》卷十六,《上宰相书》)。为免除杂学的影响,"非三代两汉之书不敢观"（《韩昌黎集》卷十六，《答李翊书》）。他根据这种经验，规定学生"读六艺之文，修先王之道"（《韩昌黎集》卷三十九，《请上尊号表》）。

对于文与道的关系，他提出"文以载道"的理论。认为文是手段，道是目的；文是形式，道是内容，文道合一，而道为主。先王之道载于六艺之文，欲学先王之道，当读六艺之文。要宣传先王之道，其形式也应当是古文。韩愈提倡新古文，教人学古文，着眼于学古道。他说："愈之为古文，岂独取其句读不类于今者邪！思古人而不得见，学古道则欲兼通其辞，通其辞者，本志乎古道者也。"（《韩昌黎集》卷二十二，《题欧阳生哀辞后》）另一方面又鼓励青年根据仁义之道用古文的形式去写作。

他认为要学习古文的"文以载道"，应该选择古代名作家作为学习的典范。刘正夫曾写信请教他："为文宜何师？"他回答说："宜师古圣贤人。"又问："古圣贤人所为书具存，辞皆不同，宜何师？"他回答说："师其意，不师其辞。"在古代名作家中被推为典范的是司马迁、司马相如、扬雄，他们用功较深，扬名也远。学习古文首先要精熟他们的著作，吸收其中精华，在他们的基础上推陈出新。

他对于如何掌握"为文之道"，提出了自己的独创见解传授给弟子。认为写文章要有自己独创的语言，反对袭用陈言，模拟古语，把"能自树立不因循"（《韩昌黎集》卷十八，《答刘正夫书》）作为写作的一般原则，力求"不袭蹈前人"、"惟陈言之务去"，坚持"辞必己出"，强调在继承优秀传统的基础上创新。他还主张文章要写得流畅，做到"文从字顺各识职"（《韩昌黎集》卷三十四，《樊绍述墓铭》），用辞适当，每个字都各得其所，安排得妥帖。把独创的语言和文从字顺两方面统一起来，这是写好文章的条件。

对学习问题,韩愈既吸收前人的经验,更着重总结自己的经验,提出了一些重要见解。

1. 要努力勤学

他说:"诗书勤乃有,不勤腹空虚。"(《韩昌黎集》卷六,《符读书城南》)认为一切知识可由勤学习得。他自己就是利用一切能利用的时间,看书学习,"平居虽寝食未尝去书,怠以为枕,食以饴口"(皇甫湜:《韩文公墓铭》),平日没有离开书本。《进学解》自述学习情况:"先生口不绝吟于六艺之文,手不停披于百家之编,记事者必提其要,纂言者必钩其玄,贪多务得,细大不捐,焚膏油以继晷,恒兀兀以穷年,先生之业,可谓勤矣。"他不分日夜,积年累月地进行学习。韩愈勤学,至老仍然,认为人要有学问并不断精进,都离不开勤学。他把自己的经验概括为"业精于勤,荒于嬉",要取得学业的精进需要依靠勤学不辍,而造成学业的荒废则是由于嬉游终日。

2. 要多读博学

学先王之道的基本途径是读六艺之文,此外,还要尽量多读书,扩大知识眼界。韩愈说:"读书患不多。"(《韩昌黎集》卷六,《赠别元十八》)"穷究于经传史记,百家之说。"(《韩昌黎集》卷十五,《上兵部李侍郎书》)他的知识不局限于经传,而扩及百家。他在《答侯继书》中说:"仆少好学问,自五经之外,百氏之书,未有闻而不求,得而不观者。"这种"贪多务得,细大不捐"的学习精神,使他在少年时期就奠定了广博的学问基础,"奇辞奥旨,靡不通达",他所具有的学识条件,是他在散文写作取得很高成就的原因之一。

3. 要积极思考

对于经史百家之书的学习,绝不可以囫囵吞枣,食而不化,要特别注意学习目的之所在。韩愈劝导弟子说:"子诵其文,则思其义。"(《韩昌黎集》卷十九,《送陈密序》)要边读书边思考其意义,又说:"手披目视,口诵其言,心惟其义。"(《韩昌黎集》卷十五,《上襄阳于相公书》)学习时,感觉器官与思维器官都要一齐动员,有助于求得书中义。他积累了一些读书思考的经验,对于历史著作,"记事者必提其要";对于理论著作,"纂言者必拘其玄";对于名家作品,"沉浸浓郁,含英咀华","师其意不师其词",都是经过一番深入的思考,才达到要求。"思义患不明",要明义,就由感性认识提高到理性认识,明了书中的精义。

韩愈对教学方法也有自己的主张和特点。

1. 重视因材施教

韩愈认为每个时代都有人才,关键的问题在于教育者善于识别和培养。伯乐善识千里马,只要有伯乐,千里马不会被埋没。如果没有伯乐那样的识别力,又不善于调教,千里马就会被埋没。人才就如千里马,既要善鉴别,又要善培养,人才就不会被糟踏,而会涌现出来。韩愈一贯主张教人者要尽其材,教育者应如精明的木匠分别使用木料,使各类木料各得其宜一样,充分发挥受教育者的才能,这应成为教育的原则。韩愈热心培养青年,指导他们进行文学创作,发挥他们的才能,成为知名的作家。他要求当权者在用人方面做到人尽其材,统一的国家应当能容纳和使用各种人才。他把因材施教和因材使用统一了起来。

2. 注意生动活泼

韩愈几次担任学官,他在讲课中力求向学生传授先王之道,并运用多种形式活跃课堂教学。他的教学态度是认真的,"讲评孜孜,以磨诸生,恐不完美,游以诙笑啸歌,使皆醉义忘归。"(皇甫湜:《韩文公墓铭》)他在讲解中,有时穿插一些诙谐的话,令人兴奋,有时甚至吟诗唱歌,实是生动活泼。他说理深刻,使人陶醉在他的讲学中,这些都表明他很善于宣讲,能扣动学生的心弦。有人把教学的生动性和教学的严肃性对立起来,张籍曾写两封信给韩愈,极认真地提出批评:"比见执事多尚驳杂无实之说,使人陈之于前以为欢。此有以累于令德。"他干脆要求韩愈"弃无实之谈"。韩愈对这种批评甚不以为然,他辩解说:"驳杂之讥,前书尽之,吾子其复之,昔夫子犹有所戏。《诗》不云乎:'善戏谑兮,不为虐兮。'《记》曰:'张而不弛,文武不能也。'恶害于道哉?吾子其未之思乎!"(《韩昌黎集》卷十四,《重答张籍书》)他认为教学不必太拘于单一形式,要生动有趣,有严肃的时候,也有活泼的时候,要有张有弛,灵活运用,教学的生动性并不影响教学内容的思想性,这种教学主张,既有历史根据,也有实际经验。

六　论师道

　　《师说》是韩愈论师道的重要教育论著,贞元十八年(802)写成并公开发表。

　　韩愈从贞元十二年(796)在汴州任观察推官开始接受学生,到贞元十八年(802)任四门博士接受更多学生,前后六年的教育活动,引起社会较大的反响。有部分人积极赞成从师学道,而更多的人则激烈反对有师与弟子的名义,焦点集中在师道问题上。为了复兴儒学和促进古文运动继续前进,就需要解决教育思想上的这个关键问题。于是他抓住对学生赠文的机会,写了《师说》,公开发表了议论。

　　《师说》提出的新观点,对当时士大夫的旧思想是一次极大的冲击。自唐王朝建立以来,儒学的师道观已淡化。加之科举制度盛行之后,士人依靠文学来争名位,文学的重要性超过经学,学风和思想观念都已发生变化，"文士撰文，唯恐不自己出"，竞相显示才能，不以师传为荣，而以求师为耻，形成轻视师道的风气。当时学校虽有传经博士，科举虽有明经之科，但无人以"传道"之师自任。知识分子中普遍的风气是"耻学于师"，"士大夫之族，曰师曰弟子云者，则群聚而笑之。问之，则曰：'彼与彼年相若也，道相似也，位卑则足羞，官盛则近谀。'"不承认师弟子关系，主要是由于考虑社会地位关系问题。不打破这种顽固的旧思想势力，复兴儒学运动、古文运动的开展都要受到阻碍。韩愈挺身而出，敢于为师，凡是来向他请教的，都不拒绝，"来者则接之"。他说："君子之于人，无不欲其入于善，宁有不可告而告之，孰有可进而不进也。……苟来者吾斯进之而已矣，乌待其礼逾而情过乎！"(《韩昌黎集》卷十六，《重答李翊书》)韩愈有接受弟子的实际行动，又发表新的观点，在士大夫中引起轰动。柳宗元在《答韦中立论师道书》中谈到这个轰动一时的事件："今世不闻有师，有辄哗笑之以为狂人，独韩愈不顾流俗，犯笑侮，收召后学，作《师说》，因抗颜为师，世果群怪聚骂，指目牵引而增与为言辞，愈以是得狂名。"韩愈与众不同，有了接待后辈的声名，名之所存，谤也随之。当时柳宗元支持韩愈关于师道的主张，指出那些咒骂韩愈的人，实如蜀犬吠日。柳宗元因处于受贬的困境，极力回避师名，实际上也接受弟子。韩愈不畏攻击毁谤，以《师说》为宣言，坚持主张，敢为人师。旗号一张，造成较大的社会影响，引起社会风气逐渐转变。《师说》起了解放思想的作用，具有进步意义。

从教育思想发展的历史来看，《师说》在理论上是具有新意的。

1. 由"人非生而知之者"出发，肯定"学者必有师"

在唐后期"不闻有师"的社会条件下，韩愈的"人非生而知之者"的论点是有重要意义的,直接否定了"生而知之",与儒家传统思想有出入。儒家的祖师孔丘认为"生而知之者上也",孟轲更是发挥这种生而知之的思想,认为圣人是先知先觉者,可以不学而能,不虑而知。历史上唯物主义的思想家曾对这种唯心主义先验论思想进行过斗争。东汉的王符就认为"虽有至圣,不生而智,虽有至材,不生而能",所以,"人不可不就师"(《潜夫论·赞学》)。韩愈受王符等人的思想影响,结合自己对社会的观察,得出了"人非生而知之者"的论点,否定了"生而知之",强调后天学习的重要性,从而使"学者必有师"这个观点有了充分牢靠的理论依据。《师说》在认识论上倾向唯物主义,人非生而知之,因而人人都有学习的必要。学习一定要有教师指导,教师是人类社会一种必不可少的工作。

2."传道、授业、解惑"是教师的基本任务

自古以来,关于教师工作任务的言论和事例不少。如孔丘,他以教师为职业,教训学生们要"笃信好学,守死善道"(《论语·泰伯》),他对学生传授《诗》、《书》、《礼》、《乐》,回答学生们提出的许多问题,实际上是在做传道、授业、解惑的工作。荀况曾说:"师者,所以正礼也。"(《荀子·修身》)师长是弟子们学礼的准则。汉代扬雄曾说:"师者,人之模范也。"(《法言·学行》)他们虽然做了教师工作或从某一方面提出教师的任务,但还没有一个比较全面概括的定义。韩愈总结了以往教师工作的经验,在《师说》中提出:"师者,所以传道、授业、解惑也。"他规定教师工作的三项任务,都有它特定的时代的阶级内容。所谓"传道"是《原道》一文中所论述的儒家的仁义之道,以达到治国平天下为目的。所谓"授业",是儒学的"六艺经传"与古文。所谓"解惑"是解决学"道"与"业"过程中的疑问。三项任务中,最主要的是"传道","授业"和

"解惑"都要贯串"传道",为"传道"服务,这就规定了教师实际的作用是为封建统治服务。韩愈在历史上首先提出教师的基本任务是"传道、授业、解惑",其文字表达比较概括,比较明确,有主有次,一经提出,流传为共知的名言,也为以后的教师所接受。韩愈这个观点强调了教师的主导作用,其影响延续到现代。

3. 以"道"为求师的标准,主张"学无常师"

韩愈认为,求师的目的是为学"道",办法是"学无常师"。这种教育思想有其历史渊源。孔丘提出"就有道而正焉"(《论语·学而》),主张学无常师,其弟子子贡曾说:"文武之道,未坠于地,在人。贤者识其大者,不贤者识其小者,莫不有文武之道焉。夫子焉不学,而亦何常师之有。"(《论语·子张》)这就较具体地说明了学无常师的主张。但这种思想到了科举盛行、文学风靡的唐代,已被人抛弃了,不再以"道"为求师的标准。武则天当皇帝时,任命学官更无标准可言,不根据真才实学,诸王驸马皆可为国子监祭酒,到代宗时甚至有大宦官鱼朝恩兼任祭酒的怪事。德宗时虽有点不同,但任用学官"多循资序","不考艺能",根本不称职,一般人对教师也不看重。韩愈极力想矫正当时由贵戚或凭年资来当学官的风气,反对以社会地位和资历作为择师的标准,认为教师教学的主要任务在"传道",学生求学的任务主要在学道,能否当教师也就以"道"为标准来衡量。谁先闻道,谁就有条件给人传道,在实际上起教师的作用,因此不论年龄大小,也不论社会地位的贵贱,凡有道就可为师,"道之所存,师之所存"。社会上有道的人不少,皆可为师,求学的范围就不应受到限制,而应当学无常师。他举出孔丘向郯子、苌弘、师襄、老聃学习的历史事例,说明应该向一切有专长的人学习,善于学习他人的长处,才能成为"圣贤"。韩愈提出以道为师、学无常师的主张,在当时对打破士大夫们妄自尊大的心理,促进思想和文学上的交流,具有一定的积极意义。

4.提倡"相师",确立民主性的师生关系

韩愈观察了社会中各种职业的人学习的不同情况,经过分析比较,指出:"巫医乐师百工之人,不耻相师。"认为这种做法合理,比士大夫们表现得更为明智。士大夫应当矫正"耻学于师"的坏风气,形成相互学习的新风气,相互学习不限于同辈朋友之间,也要实行于教师学生之间。教师与学生年龄有差别,而闻道则不以年龄大小定先后,学术业务也可能各有专长。"弟子不必不如师,师不必贤于弟子",弟子如果有专长,也可以为教师,教师也可以向有专长的弟子学习,教师与弟子相互学习,教学相长,是理所当然的事。他把师生的关系看作是相对的可以转化的,这对维护教师的绝对权威的教育思想是一种否定,这种具有辩证法因素的民主性的教育思想,确有重要的历史意义。

韩愈是唐后期儒学教育思想的主要代表。他是在反对佛教道教、反对轻视教育、反对旧的社会习俗的斗争中,形成具有一定进步性的教育思想的,经韩门弟子的继承发展以及他的著作的传播,对后世产生了广泛的影响,对其进行评价时不能忽视历史条件和实际影响。

(选自孙培青、李国钧主编《中国古代教育思想史(第一卷)》,华东师范大学出版社1995年11月版)

孙培青(1933—　),福建惠安人。华东师范大学教授、博士生导师。中国教育学会教育史专业委员会理事长,主要从事中国教育思想史与中国教育制度史的研究,是著名的中国教育史研究专家。出版《中国教育史》、《中国教育思想史》、《中国教育管理史》、《中外教育比较史纲》(第一卷)等。

本文认为,796年,韩愈首次接收弟子,开始教育活动。为配合复兴儒学运动和新古文运动,他倡导师道运动,打破世俗偏见,带头授受弟子,发表《师说》为其宣言,以其逐步转变社会风气。他的《原性》从唯心论的天命论出发,论述人性三品,再以三品为根据来说明教育的作用和规定教育权利;他认为,人由天命而生,人性也由天命而成,人性三个等级和人性的仁、礼、信、义、智等五项道德内容都本于天命。韩愈认为治理国家要有人才,而人才依靠教育培养,因而他主张发展学校教育;他把学校当作首要的政治工具,认为学校是宣扬封建道德的中心,又是能训练从事德礼教化封建官吏的机构;中央官学是补充官员的重要来源,要选拔最优异的人才来加以训练,整顿国学,放宽入学等级限制,在学官选任方面,以艺能为主要标准,在转变学风方面,以恢复教学秩序为首要,以此将地方最优秀的青年集中到国学,把他们培养成治人的君子。另外要发展地方学校,使礼教遍及乡里。在教育实践上,韩愈把道德教育放在首位,他提出了责己重以周、责人轻以约,思省自勉,自信力行,知过能改等道德修养原则。韩愈提出,要以儒学为教学的指导思想;教学的目的在于"修先王之道",而其途径则是"读六艺之文";对于学习,他提出了要努力勤学、要多读博学、要积极思考等见解;对教学方法,他提出了重视因材施教、注意生动活泼等主张。在"耻学于师"的风气下,韩愈著《师说》,由"人非生而知之者"出发,肯定"学者必有师";"传道、授业、解惑"是教师的基本任务;以"道"为求师的标准,主张"学无常师";提倡"相师",确立民主性的师生关系。韩愈是唐后期儒学教育思想的主要代表,他是在反对佛

教道教、反对轻视教育、反对旧的社会习俗的斗争中形成具有
一定进步性的教育思想的。

孔子和苏格拉底教育思想比较

任 钟 印

孔子(公元前551—前479)是中国教育史上最早的大教育家,苏格拉底(公元前469—前399)是西方教育史上最早的大教育家,两人分别在东、西两大教育体系的历史发展中留下了长远、广泛而深刻的影响。在绝对年代上,孔子死后十年苏格拉底才出生。孔子早于苏格拉底整整一个时代,所以,孔子也是全世界最早的大教育家。

孔子和苏格拉底遭际的社会环境、文化传统互不相同,个人的生活经历也不尽一致,这就决定了他们的思想各具特色,互有短长,这些不同的特点不能不在以后的教育发展史中打上烙印,甚至在2000多年以后,还可以隐约看到它们的影子。另一方面,人类的社会生活又是异中有同,有其共同的规律;人类的思维发展也有其共同的规律,不同文化背景下的人仍然可以,也必然在许多问题上达到相同或相近的结论,甚至有许多惊人的相似。在东、西两大教育体系的早期阶段溯源流、辨同异、论臧否、较短长,颇非易事。但是,要真正做好东西文化、东西教育的比较研究,这项穷本溯源的工作又是必不可少的。走出第一步,即使走错了,也比默坐冥思、虚构臆断为好。

一　不同的起点

孔子生活于乱世，苏格拉底则生活于社会极盛将衰的转变期。两人遭际不同，而憧憬于社会的长治久安则一。

周自平王东迁以后，王权倾颓，诸侯势盛。礼乐征伐不自天子出，政逮于大夫，陪臣执国命。诸侯与天子竞雄、诸侯与诸侯争霸。诸侯与大夫间、大夫与大夫间、大夫与家臣间，攻城略地，争杀不已，春秋无义战。甚至为了抢夺政权或美女，臣弑君、子弑父，父子相残，兄弟互戮。洎乎孔子时代的春秋末期，正如仪封人所说："天下之无道也久矣。"（《论语·八佾》）纲纪反常，社会失序，于斯为甚。表现在社会风气上，则是礼坏乐崩，道德沦丧，僭越成风。鲁昭公违礼娶同姓女为妻（《论语·述而》），天下的乐舞八佾舞于季氏之庭，三家者以雍彻，季氏旅于泰山，禘自既灌而往，管仲以大夫的身份僭越邦君之礼而树塞门、有反坫，子贡欲去告朔之饩羊（《论语·八佾》），礼乐流于徒具"玉帛、钟鼓"的形式，都表明传统的礼仪制度开始遭到破坏。在教育上，表现为官学废弛，"天子失官，学在四夷"，"礼失而求诸野"。如《左传》昭公十八年载原伯鲁之不悦学，《左传》襄公三十一年载然明之欲毁乡校，都是学校教育衰败的象征。孔子抱老安少怀之志，匡世济民之心，他指望通过正名、尊王、从周、复礼、德化的路径，恢复社会的正常秩序，实现庶、富、教的理想。他一面四处奔走，向列国诸侯宣传自己的主张，一面删《诗》《书》，订《礼》《乐》，赞《周易》，作《春秋》，育人才，希望培养一批实现他的理想的骨干。因此，整理古代文化典籍，兴办教育，就成了他一生的主要事业。

苏格拉底出生的时候，正是他的母邦雅典城邦如日东升的时候。在苏格拉底的青少年时代,雅典的繁荣达到顶点。从公元前478年提洛同盟的建立到公元前431年伯罗奔尼撒战争开始,将近50年是雅典城邦的鼎盛时期。其中,公元前461年至前429年伯里克利成为政治上的中心人物的所谓"伯里克利时代",则是希腊内部的极盛时期。到苏格拉底的青、中年时代,雅典经济发达、政治生活活跃、国势强盛,成为希腊各城邦的盟主。在文化、艺术、教育上,群星灿烂,异彩纷呈,达到繁荣的峰巅,雅典成了希腊世界的名副其实的"学府"。当雅典人如痴如醉地沉浸在自信、自豪、自满的气氛中的时候,众人皆醉,一人独醒。只有一个人见微知著,深谋远虑,在表面的繁荣景象背后,觉察到一股危险的潜流正在暗暗地浸蚀着雅典城邦。这位先天下之忧而忧的先知先觉者就是苏格拉底。

雅典的民主制度激发了公民的热情,在经济、政治、军事、文化上增强了雅典的实力。但是,由于文化教育不普及,公民的素质不高,法制不健全,又缺乏正确理论的指导,雅典的民主制度演变到极端民主,竟至用抽签的办法选举官吏和陪审团成员,把城邦交给偶然中签的无论什么人管理,中签者良莠不齐,贤能者不能掌握城邦的命运。苏格拉底对于用抽签选举官吏深感忧虑。他还看到,守法精神在消失,个人为所欲为的风气在弥漫;军事体育锻炼被忽视,文弱之风在滋长;道德在沉沦,人们竞相追求物质生活的享受;传统的宗教信仰在动摇,而当时活跃于雅典的一批"智者"则向青年宣传足以导致无原则、无是非、无道德的相对主义、个人主义的观点:"人是万物的尺度。"为了消除雅典的隐患,苏格拉底以"马虻"自命。他要以自己的芒刺,刺醒雅典这匹沉睡的马,使沉睡中的雅典公民觉醒。从中年以后,他无偿地担负起社会教育的使命,自己一贫如洗,过着俭朴的生活,数十年如一日,诲人不倦。

　　孔子是在沧海横流的乱世,欲砥柱中流,挽狂澜于既倒;苏格拉底是在歌舞升平的治世,欲防微杜渐,扶大厦于将倾。两般境遇,一种情怀。东西两大圣人又不约而同地选择了相同的方法:教育。

　　孔子和苏格拉底是在不同文化传统的背景下开始教育活动的。

　　中国是文明古国。在孔子以前,中国文明的发展走过了漫长道路。中国最早的文字起源应追溯到公元前 4000 多年的西安半坡文化时代,有的人则认为更早或较晚。根据地下文物,中国文字(汉字)的产生至少早于孔子 2000 多年。在孔子以前,中国已积累了丰富的文化遗产和典籍,形成了相对稳定的文化传统。这些遗产和传统,是前人智慧和经验的结晶,是宝贵的财富,为以后中国文化的发展准备了大量思想资料,充实了世界文化宝库,为华夏民族争得了世界文化史上的光荣地位。对于孔子的教育活动来说,也无疑提供了较好的条件。他在施教时,有了既成的教材,可以突破口耳相传的局限,学生有书可读,有典可依,有史可考,更可以进行自学,独立研究,为提高教育水平提供了可靠保证。

　　另一方面,相对稳定的文化传统一经形成,又是一种历史负担。

　　中国在春秋以前无私家著述,既有的学术文化典籍,除《诗经》有一部分(《风》)采自民间外,都是官府之学,它们是官府即统治集团的利益、意志、情绪、观念、言行的记录。春秋时代虽然学术下移,但散落在民间的仍然是官府之学。《论语·子张》载:

　　　　"卫公孙朝问于子贡曰:'仲尼焉学?'子贡曰:'文武之
　　道,未坠于地,在人。贤者识其大者,不贤者识其小者,莫不有
　　文武之道焉,夫子焉不学,而亦何常师之有?'"

这一方面说明孔子在自学过程中学无常师,向一切有学问的人求教。另一方面又说明,孔子所摄取的也无非是文武之道的碎片。这个上承尧舜禹汤,下及文、武、周公的既成道统,是只能遵循、不能超越的。超越了就是"邪说"、"淫词",应当口诛笔伐,鸣鼓而攻之。这个既成道统,形成为一个固定的、神圣的、僵硬的框架,规范着人们的思想和言行。孔子自幼就受到这个传统的熏陶。"孔子为儿嬉戏,常陈俎豆,设礼容"(《史记·孔子世家》)。成年以后,孔子以"述而不作,信而好古"作为自己的信条。虽然他并未完全兑现自己的信条,但终究以"思不出其位"自勉勉人,并贯彻于他的教育活动中。在孔子以后的2000多年中,自汉武帝实施董仲舒建议的"独尊儒术"的政策以后,这个道统几乎成了中国文化的中轴,也是中国知识分子思维活动的界标,以致韩愈忧心忡忡,唯恐这个道统中断,毅然矢志赓续孔子、孟轲的事业。

孔子办学的有利条件,正是苏格拉底施教的不利条件。反之,孔子办学的不利条件,正是苏格拉底施教的有利条件。历史造就人,历史又是由人造成的。

西方文明起步较晚,文明史远较中国为短。希腊在公元前700年左右才以古腓尼基字母为蓝本创立希腊字母,开始进入有文字时代。事在苏格拉底以前200多年。希腊最早的史诗荷马的《伊利亚特》和《奥德赛》在公元前6世纪才用文字记录下来,希腊开始有书,不过早于苏格拉底百年左右。公元前6世纪末,希腊才出现第一批哲学家,下距苏格拉底不过数十年。当苏格拉底开始从事教育活动的时候,希腊成文的典籍很少,他只能靠演讲、交谈、对话来传授知识而没有既成的教材,这就不能不限制他的教育效果和教育水平,因为口耳相传毕竟不能完全准确无误地把所教的内容长期保留在记忆里。另一方面,苏格拉底也没有历史负担。

他既没有既成的、公认的文化道统可资遵循，也没有权威的古圣先贤规范他的思路。无论是荷马的史诗或赫西俄德的作品，或是先辈哲学家的著述，都不是官府之学，而是私人著述、一家之言，对后人只有启示、教益，而没有约束力。苏格拉底无所"祖述"，无所"宪章"，亦无所"宗师"。他对各种一家之言可以参照，也可以置之不理，甚至予以否定。他拥有思想自由和另立新说的自由。于是就开启了一个不同于孔子时代的传统：思想活跃，独立思考，畅所欲言，不迷信权威，不用某一个人的脑袋窒息千万人的脑袋。后来柏拉图对苏格拉底，亚里士多德对柏拉图和苏格拉底，都不是"述而不作"，而是敢于超越自己的恩师，唯真理是从，不以师道害真理，敢于独辟蹊径、另立新论，以至亚里士多德有"吾爱吾师，吾尤爱真理"的千古名言。这个优良传统，无疑有利于促进人类思维和学术、文化、科学的发展。可惜，这个好传统后来被基督教会斩断。人们不得不以人身自由和生命为代价，重新争取思想自由，争取理智的权利。

二　自学成才的文化巨人

　　孔子和苏格拉底都出身微贱，自学成才。
　　孔子的远祖是宋湣公。如果以宋湣公为一世祖，弗父何为二世祖，孔子是第 12 代后裔，上距宋湣公已数百年。因家道中衰，孔子的七世祖始迁鲁。孔子三岁丧父，靠母亲劳动维持生计。司马迁说"孔子贫且贱"（《史记·孔子世家》），孔子也自称"吾少也贱"。鲁国是礼仪之乡，早在闵公时代，齐仲孙就说鲁国"犹秉周礼"，"鲁不弃周礼，未可动也"（《左传》闵公元年）。100 多年后，晋韩宣子使鲁，仍盛赞"周礼尽在鲁矣"（《左传》昭公二年）。孔子耳濡目染,潜移默化,连儿时做游戏也是练习礼仪,故鲁大夫孟厘子有"孔子少好礼"之誉。孔子15岁而"志于学"。长大以后,他勤奋好学。当时学校教育已经凋落,孔子就拜能者为师,向各种人学习。上文曾提到孔子学无常师,相传他曾就教于郯子、师襄、苌弘、老聃。又《战国策·秦策》载"项橐生七岁而为孔子师",《楚策》记"老莱子教孔子事君"。这些记载的可靠性如何,姑置勿论,孔子确实自称"三人行,必有我师焉,择其善者而从之,其不善者而改之"(《论语·述而》),虚心多问,是孔子学习的特点。"子入太庙,每事问"(《论语·八佾》)。他随时把书带在身上,有空就学。即使成年以后,孔子仍好学不息。到齐国时,"与齐太师语乐,闻韶音,学之,三月不知肉味"(《史记·孔子世家》)。正是这种刻苦自学、虚心好问而又持之以恒,成就了孔子的博学多能。孔子为人十分谦逊,他从不承认自己达到了"圣与仁"的境界,也不承认自己"有知",甚至也不承认自己具备了三种"君子之道"(《论语·宪问》)。但是对于自己的好学不厌,则经常津津乐道,用以教育他的学生。《论语》等书,累有此类记载:

"吾十有五而志于学。"(《为政》)

"我非生而知之者,好古,敏以求之者也。"(《述而》)

"十室之邑,必有忠信如丘者焉,不如丘之好学也。"(《公冶长》)

"发愤忘食。"(《述而》)

"默而志之,学而不厌,诲人不倦。"(《述而》)

"若圣与仁,则吾岂敢,抑为之不厌,诲人不倦,则可谓云尔已矣。"(《述而》)

"圣则吾不能,我学不厌而教不倦也。"(《孟子·公孙丑上》)

　　由于孔子善于"就有道而正"(《学而》),"见贤思齐"(《里仁》),他不但精通古代典籍和历史掌故,而且对政治、军事、体育、文学、音乐等都有精深造诣,诚如有若所言:"圣人之于民,亦类也。出于其类,拔乎其萃,自生民以来,未有盛于孔子也。"(《孟子·公孙丑上》)

　　苏格拉底出身寒微,父亲是石匠和雕刻匠,与提洛同盟的组织者、著名的民主派政治家阿里斯特伊德斯过从甚密。苏格拉底的母亲是接生婆。苏格拉底年轻时曾学过雕刻手艺,少年好学,熟读荷马的史诗和赫西俄德的作品。当时雅典的初等学校十分简陋,没有以学习文化科学知识为主的中、高等学校,苏格拉底就向社会学习,向各种人学习。文德尔班说:"他热情追求知识,吸收了家乡街头传闻的各种新理论。"①苏格拉底曾倾听智者普罗狄克斯的街头演讲,与智得安提丰辩论,曾见过著名哲学家巴门尼德斯,向这位老人学到不少东西②。苏格拉底还曾受到"第一个把哲学带给雅典人并且作为塑造了苏格拉底的影响者之一"的阿那克萨戈拉斯(Anaxagoras,约生活于公元前500年前后,居留雅典30年,即从公元前462—前432年,为伯里克利密友,后被伯里克利的政敌以渎神罪投入监狱,被伯里克利救出,逃离雅典)的影响。苏格拉底还接近劳动人民,从他们那里学得了丰富的实际知识。蒙田说:苏格拉底"整日价挂在嘴边的就是赶车夫、细木工、补鞋匠和泥瓦匠人。他的诱导和比喻是从人们最普通而又家喻户晓的举动中得

　　① 　文德尔班:《哲学史教程》上卷,罗达仁译,商务印书馆1987年版,第101页。
　　② 　罗素:《西方哲学史》上册,何兆武、李约瑟译,商务印书馆1982年版,第78页。

20世纪儒学研究大系

出的,人人都理解他"①。苏格拉底对于他所听到的各种观点,不是"默而志之"、"述而不作",而是持审查、批判态度。他反驳阿那克萨戈拉斯关于太阳是火的观点,特别对智者们的说教不满。"他敏锐的思想识透了他们的矛盾,他的道德上的真挚为这些经常追求文化的肤浅和轻浮所触怒,认为自己的职责是启发自己和同胞去认识这种虚假知识的空虚,追求真理"②。

由于勤奋好学,苏格拉底博学多闻,掌握了当时已有的各种学问,具有丰富的理论和实际知识。又由于他慎思、明辨,他终于扬人之长,避人之短,述而且作,自成一家之言,开辟了西方哲学史上的新局面,是一位自学成才的大哲学家、大教育家。

孔子和苏格拉底都是自学成才,但孔子的态度是承袭的、宣教的,苏格拉底的态度是批判的、探索的。这两种不同的风格都在教育活动中表现出来,并影响于后世。

蒙田说得好:"真正有学问的人就像麦穗一样,当它们还是空的,它们就苗长挺立,昂首睥视;但当它们臻于成熟,饱含鼓胀的麦粒时,便开始低垂下来,不露锋芒。"③孔子和苏格拉底这两位饱学的大师,都谦逊地承认自己"无知",而称颂求知不已的进取精神。

孔子说:

　　"我非生而知之者。"(《述而》)

　　"吾有知乎哉,无知也。有鄙夫问于我,空空如也,我叩　　其两端而竭焉。"(《子罕》)

---

①　蒙田:《人生随笔》,陈晓燕选译,浙江人民出版社 1987 年版,第 93
　　页。

②　文德尔班:《哲学史教程》上卷,第 99 页。

③　蒙田:《人生随笔》,第 124 页。

对于自己所不知道的东西,要如实地承认自己不知道,不可强不知以为知。

"盖有不知而作之者,我无是也。"(《述而》)

"君子于其所不知,盖阙如也。"(《子路》)

"知之为知之,不知为不知,是知也。"(《为政》)

苏格拉底以承认自己无知作为修己、为学、教人的绝对准则。他的名言是:"我既不知道,也不自以为知道。"①苏格拉底对当时雅典许多无知而自以为有知、愚蠢而自以为聪明的浅薄之徒深恶痛绝,即使是声名显赫的人物,也当面指出他们无自知之明。他以承认自己无知作为求知的起点,而将强不知以为知的人视为"疯狂"。色诺芬回忆说,苏格拉底认为一个人如果不认识自己,把自己所不知道的事倒以为而且相信自己知道,就是很接近于疯狂了②。

刻苦的精神、谦虚的态度,成就了东西两大哲人的学识和道德。他们在自学成才的道路上,每天从零开始,孜孜以求,日进不已,终成大器,为后人树立了永远值得效法的榜样。

三　天人之际,人事为本

教育的对象是人,教育的主体也是人。教育理论首先必须界定人的意义、价值、地位、作用和使命。在古代,涉及这方面的重要问题之一是神人关系。在这个问题上,孔子和苏格拉底的观点判若泾渭,大异其趣。

---

①　柏拉图:《申辩篇》。

②　色诺芬:《回忆苏格拉底》,吴永泉译,商务印书馆1986年版。

在古代中国，夏人尊命，殷人事鬼敬神。殷人迷信之风甚炽，凡国之大事祀与戎，皆占卜以测凶吉，并以占卜预测农业收成的丰歉，或祈求上天降雨。统治者更以鬼神降灾降福的谎言恐吓老百姓，作为推行其政策的权威棒。但是，驯服的老百姓却并未因顺从统治者而得到鬼神的庇护。善人不得福，恶人不遭灾，贫富贵贱的划分依然如故。从长期的切身体验中，人们逐渐意识到鬼神不可靠，怀疑产生了，信仰动摇了。从周初到春秋时代，统治集团中的一些先知先觉的有识之士，已认识到人是自己的主人，人间的吉凶祸福，大半是人自己造成的，神鬼不能操纵人类的命运，人应当掌握自己的命运，自求多福。人如果自己不做坏事，神鬼也无所施其技。"妖由人兴也。人无衅焉，妖不自作。人弃常则妖兴，故有妖"（《左传》庄公十四年）。统治者如果不倾听老百姓的意见而听信鬼神，便是国家衰亡的征兆。"国将兴，听于民；将亡，听于神"（《左传》庄公三十二年）。这些灼见都说明了神鬼权威的衰颓。孔子继承并发展了这一重人事、轻鬼神、张人权、抑神权的现实主义态度，强调人类应掌握自己的命运，打掉对神鬼的恐惧感、依赖感。孔子的门人和时人向孔子问政、问为邦、问事君使臣使民、问修德、问讲学、问历史掌故等等，孔子都是从政治、社会、伦理、历史的角度作答，从不以神鬼权威吓人。"子不语：怪、力、乱、神"（《论语·述而》）。孔子否定灵魂不灭，否定来世说，不谈人死后的事情。"季路问事鬼神。子曰：未能事人，焉能事鬼。敢问死。子曰：未知生，焉知死"（《论语·先进》）。他主张只祭自己的祖先，而不祭别人的祖先，"非其鬼而祭之，谄也"（《论语·为政》）。祭自己的祖先，不是为了祈福免灾，而是为了尽"生事之以礼、死葬之以礼、祭之以礼"（同上）的孝道，是为了教育活着的人。如曾子所说，"慎终追远，民德归厚矣"（《论语·学而》）。总之，敬鬼神而不迷信鬼神，才是明智的态度。"敬鬼神而远之，可谓知矣"
（《论语·雍也》）。

　　孔子剥夺了神鬼的权威，从神权下解放了人，提高了人的使
命，使人从神鬼的奴隶变成了自裁的主人。无论从哲学、政治、伦
理的观点，还是从教育的观点看，这都是思想史上的一次飞跃。这
次飞跃的出现，比西欧早 2000 年。西欧直到文艺复兴时期才发出
人对神的抗争。孔子对人的尊崇，为以后中国 2000 多年中文化、
教育的人间性、现世性、入世性奠定了理论根基。神学始终没有在
中国文化、教育史上取得垄断地位。一部中国教育史，从总体上
说，是一部俗世教育史。教育是为现实的人、现实的社会服务的。
教育学并不劝导人们为了来世的幸福而放弃今生的追求、使命和
努力，忍受今世的苦难。中国教育史上的这一特点，在很大程度上
应归功于孔子。

　　苏格拉底的睿智和他对鬼神的笃信入迷，形成不可思议的反
差。

　　公元前 5 世纪中叶以后，随着雅典社会生活的巨变和智者的
到来，雅典传统的法制观念和宗教信仰发生了动摇。智者普罗塔
哥拉的命题"人是万物的尺度"本身就具有反神学迷信的性质。
既然万物以"人"为尺度，神就被冷落了，神的权威受到漠视。普
罗塔哥拉甚至直接提到对神的怀疑。"关于神，究竟存在与否，我
不能知道，因为许多东西——对象的朦胧和生命的短促——阻碍
我们知道这事实。"——普罗塔哥拉说。智者普罗狄克斯（Prodi-
cus）更发出了人创造神的惊人之鸣，他认为是人们从给他们带来
福祉的东西中创造了神。这几乎已经天才地预告了 2400 年后费
尔巴哈将神学还原为人本学的历史转折。克里提阿斯（Critias）说
得更露骨，他认为对神的信仰只是精神上的政治手腕的捏造。

20 世纪儒学研究大系

在疑神思想与传统信神观念的强烈撞击中,苏格拉底旗帜鲜明地站在信神论一边,维护神的权威。

苏格拉底自称:"我服从神奇的感受。这种神奇的感受在我童年时代就产生了,我时常感到有一种声音在召唤我。"①罗素说:"历史上的苏格拉底的确宣称自己被神谕或者命运之神所引导。"②文德尔班说,苏格拉底"在知识不足时,他信仰'神灵'的声音"③。与对神灵的笃信相关联的是,他坚信灵魂不朽,相信灵魂可以脱离肉体并永恒存在,他认为在灵魂和肉体结合的时候,灵魂受到肉体的污损和障碍而误入歧途,不能把握对象,认识本质的存在。净化灵魂的必要前提是灵魂与肉体脱离,"使灵魂习惯于和肉体脱离一切联系而只注意自己……摆脱肉体的束缚"。他甚至宣称:"真正的哲学家把追求死亡作为自己的职业。"④

对神的笃信,灵魂不灭,肉体是灵魂的障碍,灵魂与肉体分离而独立存在,这些观念为柏拉图所继承并进一步加以发挥,为800年以后基督教的教父学准备了理论基础。教父哲学正是援引柏拉图和新柏拉图主义使基督教的原始神话传说披上理论外衣,构建了一整套神学——哲学的理论体系,使哲学沦为神学的奴仆。

然而,将苏格拉底关于灵魂与肉体关系的观点简单地看作一堆废话而予以抛弃,是没有充足理由的。灵魂与肉体分离说使人类对伦理和哲学的思考提升到一个新的水准,为以后伦理学和唯心主义哲学的发展奠定了基础。

① 柏拉图:《申辩篇》。
② 罗素:《西方哲学史》上册,第 126 页。
③ 文德尔班:《哲学史教程》上卷,第 136 页。
④ 柏拉图:《苏格拉底的最后日子——柏拉图对话集》,余灵灵、罗林平译,上海三联书店 1988 年版,第 130 页。

任何一个时代的社会意识都是由该时代的社会存在所决定的。但是任何一个时代的社会意识又必然以先前的思想资料作素材，是先辈留下的思想资料的继承、借鉴、改造和发展。公元 1 世纪以后，基督教逐渐在西方社会生活中取得至尊的权威，教育堕落成宗教和教会的附庸和工具，全部教育都渗透着宗教性，这种情况当然是复杂的历史原因造成的。无可否认的是，西方中世纪的基督教从苏格拉底和柏拉图的遗产中可以得到有力的理论支持。基督教关于肉体是灵魂的监狱、关于禁欲主义、关于轻视现世的人生、为来世而牺牲今世等抑人权、张神权的说教，都不能说与苏格拉底和柏拉图没有历史渊源关系。

如果说这在一定程度上，孔子对鬼神的否定和对人的重视影响了中国 2000 多年教育的人间性、入世性，苏格拉底的神灵观影响了西方后世教育的宗教性、出世性，这是可以成立的。换句话说，中西两大教育体系中入世与出世这两种截然不同的特点，都可以从古代找到涓涓细流的源泉。这两种不同的涓涓细流，在适宜的历史环境中曲折流淌，终于形成滔滔江河。

在天人关系上，孔子和苏格拉底殊途同归。孔子的天道观是春秋以前从畏天到重人的历史发展的结果。苏格拉底则代表了古希腊从问天到问人的历史转折。两人都把注意力的重心从天上移到人间，都将社会、伦理问题提升到哲学的中心地位。人必须努力探讨社会、伦理等人世间的现实问题，为改进社会、改善人生作自我努力，而教育是这种自我努力的主要组成部分。这是孔子和苏格拉底毕生以教育为职志的思想基础。

中国殷代以天为具有至上权威、能主宰人间吉凶祸福的人格神。随着历史的发展，畏天观念与神鬼观念同时受到怀疑。孔子干脆把人格神的天推倒在地，把天还原为如同四时运行、万物生长的自然规律。"天何言哉？四时行焉，百物生焉，天何言哉？"(《论语·阳货》)这种自然规律是不以人的意志为转移的，是人不能无视、不能抗拒、不能逆转的必然性。除了自然运行的规律以外，人世间的事务也有人所不能驾驭的必然性和人所不能逆睹的偶然性。现代人称这种必然性和偶然性为异己力量，中国古代人则称之为"命"或"天命"。孔子不否认"命"的意义。"子罕言利，与命，与仁"(《论语·子罕》)，这句话历代解经家有不同注释。这里的两个"与"字都不是连接词而是动词，和"吾与点也"(《论语·公冶长》)、"吾与汝弗如也"(同上)、"与其进也"(《论语·述而》)中的"与"字一样，都是"称道"、"赞许"的意思。它说明孔子不赞成非义之利，而肯定了"命"与"仁"。"命"是非人力所能主宰的，所以"不知命无以为君子"(《论语·尧曰》)。"仁"则是可以通过自我努力达到的，"仁远乎哉？我欲仁，斯仁至矣"(《论语·述而》)。伯夷、叔齐可以"求仁而得仁"，但不能确保自己长生不老、荣华富贵，因为"死生有命，富贵在天"。所以人一方面要努力行仁，另一方面又要接受异己力量的制约，这是一种实事求是的态度。

孔子既推倒作为人格神的天，也就蔑视祈祷。

"子疾病。子路请祷。子曰：有诸？子路对曰：有之。诔曰：祷尔于上下神祇。子曰：丘之祷久矣。"(《论语·述而》)

这是委婉地批评子路。意思是说，我孔丘早就祈祷过了，那是没有用的，你不必祈祷了。人的生死有客观规律，"死生有命"，祷亦何益？

孔子主张要"知命"、"畏天命"，但人又不应在命的面前束手无策，消极无为，而是应积极努力，尽其在我，"知其不可为而为之"，人不能自暴自弃，放弃主观努力。孔子这种积极进取的世界观、人生观,后来成了先秦除道家以外的各家各派、特别是儒、墨、法诸家的共同特征,成为中华民族的"民族魂"的主要内容之一。正是基于这种世界观、人生观,孔子从历史经验和现实情况出发,研究制定了一整套治国安邦的方略,而为政、为邦、事君、使臣、安民、安百姓始终是他关注的重点,伦理和教育是实现其政治抱负的主要手段。孔子的哲学思想、政治思想、伦理思想、教育思想中,极少不着边际的玄学思辨,而充满了人世间的现实精神。解决现实人生中的社会、政治、伦理、教育问题,是孔子整个思想的核心。

这个核心,也正是苏格拉底思想体系的核心。

公元前 6 世纪出现的早期希腊哲学家深受巴比伦、埃及等东方古国最初产生的原始形态的自然科学的影响,致力于宇宙本源的探索。他们对构成宇宙的本源、万物的始基作出各种多样的猜测。水、火、土、空气、数、爱和恨、原子……等等,都被揣度为宇宙本源。这些猜测是人类试图揭开宇宙奥秘的最初尝试。其中有些猜测,如原子论,放射出天才的闪光。但是,不言而喻,这种朦胧的猜测距离科学认识还有很大一段路程,离这些科学认识在人类实际生活中的有效利用以便造福于人类,还有更远的距离。而在苏格拉底时代的雅典城邦,如前所述,在表面繁荣景象的背后,问题成堆,危机隐伏,只是人们被盲目乐观冲昏头脑,对问题视而不见。苏格拉底关心国运民瘼,他认为探讨那些玄而又玄的天上的事情,无补于现实社会中的实际问题的解决。哲学研究的对象应实现重心的转移,将主要注意力从问天转移到问人,将哲学从天上拉回到人间,探究人世间的现实问题。对于探究宇宙本源的希腊早期哲学家,苏格拉底问道:

　　"……是不是像那些学会了人们所运用的技艺的人们那样,他们(掌握了技艺的人——引者)希望为了他们自己,或是为了他们所愿意的人们而把他们所学会的技艺付诸实践，同样，那些研究天上事物的人，当他们发现万物是凭着什么规律实现的以后，也希望能够制造出风、雨、不同的节令以及他们自己可能指望的任何东西来，还是他们并没有这类的希望，而只是仅以知道这一类事物是怎样发生的为满足呢？"①

苏格拉底的这种责难，反映了人类认识史早期的幼稚，他把研究自然与研究社会对立起来，而仅仅致力于社会问题的研究。正如色诺芬所说，"至于说到他（苏格拉底——引者）本人，他时常就一些关于人类的问题作一些辩论"。古代希腊哲学从自然哲学转变为伦理哲学，是以苏格拉底为契机，即是说，苏格拉底开创了西方哲学史上的一个新阶段。苏格拉底所研究的人类问题，就是政治、伦理问题，苏格拉底的哲学，从根本上说就是伦理学。以伦理的标准改造人，提高人，从而改造社会的方法便是教育。

孔子和苏格拉底经过不同的历史路径，达到了同一个结论，在认识上实现了从天到人的转变。其一致之处就是将人的问题、社会问题、伦理问题提到中心地位。通过教育、培养道德、改善人性、确立正常的自我修养和人际关系，以达到社会的稳定、协调和改进。这是两人的共同理想。

孔子实现从天到人的转变是历史发展的结果，是历史经验的总结，是许多代人智慧的结晶，因而他的认识是理智的，有理论力量的，它在以后中国思想史上产生长期影响，就是它的理论力量的证明。然而，孔子对自然科学的忽视，也在中国文化教育史上留下消极后遗症。

苏格拉底实现从天到人的转变是半理性、半幼稚的。正视现

---

①　色诺芬：《回忆苏格拉底》，第45页。

实的社会问题、人生问题，是理性的；否定研究自然的必要性，是幼稚的，虽然苏格拉底本人是精通当时已有的几何、数学、天文学知识的行家。苏格拉底的及门弟子柏拉图进一步将几何、数学、天文学提到重要地位，列入正式课程计划。柏拉图的学生亚里士多德则不停留于认识上对自然科学的重视，而是身体力行，不畏艰辛地深入到自然科学的众多领域，并取得辉煌成就，为以后西方自然科学的发展积累了大量资料，为它的发展奠定了基础，并影响到教育的发展。

四 "有教无类"的私学

中国从三代到春秋，有各种学校，学校往往兼具其他社会职能。春秋时代官学废弛，学校的发展处于低谷，郑国赖子产之力而硕果仅存的"乡校"，也是人们"朝夕退而游焉，以议执政之善否"（《左传》襄公三十一年）的公共活动场所。适应当时新兴阶级学习文化的需要，私学逐步兴起。孔子开办的私学，有供讲学的"堂"，有弟子寄宿的"内"，具有一定规模。孔子学无常师，多次出外游历，弟子们都追随他。后来孔子周游列国14年，行迹不定，此时他的私学不能有固定的校址、校舍及教学设施。聚集在孔子周围的一群学子只能跟着老师辗转游动，形成了仅有学校教育之实的游动式教育社团。孔子施教，因时因地因人制宜，故教无定所，教无定时，教无定规。或习礼于大树之下，或弦歌于杏坛之上，或习射于园圃之中，或述志于侍坐之际，或正谬于病榻之侧，或督促于庭院之内，或启发于愤悱之时，或释疑于问难之顷。这种灵活多变的教育、教学方式便于从实际出发，针对不同人的不同特点和不同问题，有的放矢。教育、教学活动的重心不在教师的系统讲授，而在于学生的学习。教师的功夫集中于启发、释疑、析难、点睛、规劝、督促、评估。整个教育教学活动生动活泼，充满生气。

古代希腊学校的产生，晚于中国至少1000多年，大约出现于公元前7世纪前后。古代希腊学校可能是模仿东方古国巴比伦的学校形成的。苏格拉底时代，初等学校是体操学校和音乐学校，内容简陋，质量低劣，文化知识的学习仅居于次要地位。初等学校以上是纯军事体育操练性质的体育馆，以学习文化知识为主的中、高等学校还没有出现。公元前5世纪中叶，一批智者从希腊各地来到政治活跃、经济繁荣、国势强盛、文化高涨的雅典城邦，给了雅典高等程度的教育以有力的推动，使雅典教育的发展进入一个新时期。智者们是第一批专业教师，他们为教育青年而收取学费并赖以为生。智者在教育活动中基本上已形成三种教学科目的雏形——文法、雄辩术、辩证法（逻辑学），但是没有教材、教科书，知识的载体只是智者们的头脑，传授知识的媒体只是智者的口舌。学习者无书可读，无典可依，只能通过聆听演讲、辩论以获取知识。智者们教无定所，教无定时，教无定规。街头、市场或室内，都可听到他们讲演或辩论的声音。就中、高等教育而言，也是有学校之实、无学校之形。有教育、教学、教师和学生，而没有校舍、课堂。就凭一个头脑一张嘴，智者们给雅典社会注入了新知识、新思想、新价值观。他们提高了雅典人的文化、智力水平和探究的兴趣，也促使雅典的传统信仰发生动摇。正是这种动摇使苏格拉底忧心如焚。为了巩固雅典城邦，他毅然挺身而出，俨然以"正人心、辟邪说、放淫词"的意志，投入社会教育事业。

苏格拉底是第一个从雅典人中出身的教师，苏格拉底也是智者，和外地来雅典的智者不同的是，苏格拉底的教育活动是不收报酬的，他从不收取学费。"对于那些渴望听他讲学的人，他自己也没有索取过金钱的报酬"①。他粗茶淡饭,衣衫褴褛,无论冬夏都跣足而行,过着如同乞丐的清贫生活。智者安提丰认为苏格拉底的物质生活比奴隶还差。但是他却在雅典人中享有极高的声誉,他的直言不讳也招致了另一些雅典人的仇怨。

苏格拉底的教育活动也是教无定所、教无定时、教无定规。公共场所、市场、店铺、私宅、餐桌上都是他进行教育活动的地点,或作公开演讲,或个别交谈,或进行辩论。色诺芬记述道:

> "苏格拉底经常出现在公共场所,他在早晨总往那里去散步并进行体育锻炼;当市场上人多起来的时候,总可以看到他在那里;他常作演讲,凡喜欢的人都可自由地听他。"②

孔子和苏格拉底的教育实践说明,人类进入文明史以后,东、西方的教育都经历了一个不定型、非正式的阶段,从有教育无学校到以学校作为教育活动的主要场所,这是一个发展过程。雅典在公元前 390 年即苏格拉底死后 9 年,产生了伊索克拉底(公元前 436—前 338)创办的有固定校址和学习年限(4 年)的以教授演讲词的写作为专业的学校,这是雅典城邦也是整个希腊世界和西方教育史上第一所高等教育性质的学校(公元前 404 年,伊索克拉底曾创办过一所雄辩术学校,但存在的时间很短)。

在教育对象上,孔子和苏格拉底都实行"有教无类"。

孔子以前,学在官府,官师合一,政教合一,"不官则无所授书",学习文化知识是官府及其子弟的特权,这是名副其实的贵族教育。当时还没有以从事教育工作为专业的教师。一小撮贵族对文化教育的垄断,禁锢着文化知识的传播,阻挠了整个民族文化素质的提高,这是统治阶级实行愚民政策所必需。春秋时代,一是由于周平

---

①②　色诺芬:《回忆苏格拉底》,第 7、4 页。

王东迁时许多文化典籍散失,流落民间,二是由于贵胄子弟的堕落,对文化知识失去兴趣(如前述原伯鲁不悦学),三是由于战争兼并的结果,一批旧的贵族丧失贵族的地位和特权,下降为平民,这些流落四方的没落贵族将文化知识带到民间,以致出现子贡所说"文武之道,未坠于地,在人,贤者识其大者,不贤者识其小者"的情况,这就是"知识下移",文化知识从少数贵族的垄断中脱缰而逸,这是历史发展的结果,它导致了一个以传授知识为生或以所学知识"干禄"、求仕的知识分子群体的出现。孔子本人出身寒微,他的学生来自各诸侯国,其中有富家子弟,但大多数为微贱之士,凡有求学之志者,只要"洁己以进",孔子就不拘一格,兼收并纳,社会地位和身份不再是入学的条件。这种"有教无类"的方针的实施,不仅扩大了文化知识的传播面,推动了文化的发展,为以后战国时代的诸子并起、百家争鸣准备了条件,而且使教育的社会功能发生了重大变化。这时,教育已具备两种新的社会功能:一是选择功能,通过教育,对人才进行筛选,区分出愚、智、贤、不肖,将真正的"贤才"举荐去参与国事管理,实行"学而优则仕",以改进国事管理人员的素质,这当然有利于社会进步。在贵族垄断文化教育的时代,贵族子弟即使愚而不肖,也天然地拥有管理国事的权力,这是社会腐败停滞的根源之一。教育的第二种新功能是促进社会变动的功能。一批出身寒微的有志之士,由于接受教育培养,得以跻身仕途,改变自己的社会地位。孔子的贫寒弟子出任各种官职的不乏其人。到战国时代,更有"布衣为卿相"、"茅屋出公卿"的现象,这有助于鼓励贤者、能者的培养成长。而在贵族垄断文化教育的时代,个人的社会地位是预定的、凝固的、僵化的,真正的人才得不到发展,亦无用武之地,这是社会守旧、停滞的又一根源。

所以,"有教无类"的历史意义,远远超出了教育本身。

苏格拉底在另一种历史背景下,也实行"有教无类"。

雅典城邦久有奴隶制民主的传统。公元前 6 世纪初,改革家梭伦修改宪法,将自由民按财产多少分成 4 个等级,第 1、2 等级可出任高级官吏,第 3 等级可出任低级官吏。伯里克利时代进一步扩大民主范围,官职向第 4 等级开放,第 3、4 等级的公民也可通过抽签当选为高级官吏。陪审团员也用抽签办法在成年男性公民中产生。有的手工业者得以当选为城邦领导人,甚至可以担任 500 人大会主席团的轮值主席。在这种民主制度下,谈不到少数贵族对文化知识的垄断,当时希腊也没有多少文化典籍可以垄断。苏格拉底的门徒中有雅典人,也有远道慕名而来的外邦人,有的人甚至不顾本国政府的禁令,冒着生命危险,化装成女人,偷偷来到雅典,倾听苏格拉底的教导。苏格拉底的门徒中,有奴隶制的拥护者如柏拉图,也有反对奴隶制度的人如阿里斯梯普;有富家豪门子弟,也有贫寒之士、手工业者;有民主派成员如开瑞丰,也有反民主派成员如克里提阿斯。苏格拉底施教的对象不分贫富,不拘一格,有教无类。他自称:"我愿同样回答富人和穷人提出的问题,任何人只要愿意和我谈话和回答我的问题,我都乐于奉陪。"①在苏格拉底的门徒中,犹泰鲁斯"不得不亲手劳动来维持自己的生活"②。画师帕拉西阿斯、雕塑匠克雷同、胸甲制造者皮斯提阿斯都曾就教于苏格拉底门下。据柏拉图记载,苏格拉底曾和一个目不识丁的奴隶讨论过几何学问题,通过问答法,苏格拉底引导这个奴隶自然而然地得出了一个几何学上的结论。这件事虽属个别特例,却富有深刻意义。

① 柏拉图:《苏格拉底的最后日子》,第 66—67 页。
② 色诺芬:《回忆苏格拉底》,第 189 页。

在教育活动中,苏格拉底不是像中国儒家那样"不扣不鸣",消极被动地等待"来学",而是像墨家那样"不扣必鸣",主动积极地"往教"。尤苏戴莫斯害怕苏格拉底指出自己的弱点,回避与苏格拉底谈话。苏格拉底主动前往,巧施妙计,终于使他就范,老老实实地承认自己无知,并心甘情愿地接受苏格拉底的教诲。

虽然苏格拉底"从不自命为任何人的老师"①,但由于他高尚的人格、渊博的学识、丰富的经验和诲人不倦的精神,他成为一代宗师,桃李芬芳,弟子弥众。苏格拉底的及门弟子中,产生了影响深远的哲学家、思想家柏拉图,著名的修辞学家、教育家伊索克拉底,杰出的历史学家色诺芬,墨加拉学派创始人欧几里德(约公元前450—前380,与几何学家欧几里德不是一人),犬儒学派创始人安提西尼(约公元前440—前360),昔勒尼学派创始人、奴隶制度的反对者阿里斯提普(约公元前435—前350),另一个哲学小派别的创始人斐多。伊索克拉底创办了西方教育史上第一所高等学校,柏拉图创办的哲学学校存在了数百年。苏格拉底教育活动的成就,和孔子弟子三千、贤人七十二以及孔子死后"儒分为八"的景象一样,在东西教育史上相互辉映。

苏格拉底的追随者中,也出过两个败类,即克里提阿斯和阿尔基比阿德斯。前者为虎作伥,因篡国而身名俱灭,后者朝秦暮楚,因叛国而客死他乡,都是应当"小子鸣鼓而攻之"的人物。

孔子和苏格拉底实行"有教无类"的结果,都造就了一大批贤才、哲人、达士,为东西方文化、学术、教育的发展做出了积极贡献。

人们往往挑剔孔子和苏格拉底实行的"有教无类"的局限性,责难他们不重视奴隶的教育。孔子的门徒中没有奴隶,苏格拉底

---

①　柏拉图:《苏格拉底的最后日子》,第66—67页。

与奴隶的谈话仅有一个特例，这都是事实。然而，责难他们，是脱离历史条件的苛求，不是历史唯物主义的科学分析态度。

奴隶制度代替原始氏族公社，是历史发展的必然，是生产力水平提高的结果。在奴隶制度下，生产和交换都进一步发展，文化、科学、艺术、教育都发展到新的高度。社会无疑是前进了，而不是倒退了。但是由于生产力水平仍很低下，体力劳动和脑力劳动之间的分工不仅是不可避免的、必然的，而且是社会存在和进一步发展所必需的。恩格斯指出："当人的劳动的生产率还非常低，除了必需的生活资料只能提供微少的剩余的时候，生产力的提高、交换的扩大、国家和法律的发展、艺术和科学的创立，都只有通过更大的分工才有可能，这种分工的基础是，从事单纯体力劳动的群众同管理劳动、经营商业和掌管国事以及后来从事艺术和科学的少数特权分子之间的大分工。这种分工的最简单的完全自发的形式，正是奴隶制。"①恩格斯又指出："只有奴隶制才使农业和工业之间的更大规模的分工成为可能，从而为古代文化的繁荣，即为希腊文化创造了条件。没有奴隶制，就没有希腊国家，就没有希腊的艺术和科学；没有奴隶制，就没有罗马帝国。没有希腊文化和罗马帝国所奠定的基础，也就没有现代的欧洲。……我们的全部经济、政治和智慧的发展，是以奴隶制既为人所公认、同样又为人所必需这种状况为前提的。在这个意义上，我们有理由说：没有古代的奴隶制，就没有现代的社会主义。"②

---

① 《马克思恩格斯选集》第 3 卷，人民出版社 1972 年版，第 221、220 页。

② 《马克思恩格斯选集》第 3 卷，人民出版社 1972 年版，第 221、220 页。

恩格斯的论断为我们正确理解古代社会体力劳动和脑力劳动的分工提供了一把钥匙。我们没有任何理由要求生活在古代奴隶制度或农奴制度下的人实现全民入学或实现体力劳动和脑力劳动的结合。无论是孔子对樊迟学稼学圃的批评，或是孟轲所引述的劳心劳力分工的"天下之通义"，都是当时条件下"既为人所公认、同时又为人所必需"。孔子和苏格拉底的学生中没有奴隶或没有广收奴隶，这是很自然的，可以理解的，不应当受到指责。他们扩展受教育者的范围，扩大文化知识的传播面，培养人才，推动文化、学术和教育的发展，则是功在史册，千古称颂。

五　教育与人才

孔子和苏格拉底都深信人接受教育的可能性和必要性，深信教育在人的发展中的巨大作用。

孔子提出了"性相近也，习相远也"的命题。相近不是相同。孔子承认人与人之间天性的差异，但这种差异不是不可逾越的鸿沟。"习"是指后天教育和环境的影响以及人的自我努力，"习"造成了人们的千差万别。在理论上，孔子肯定了"生而知之"的"上智"，但在实际上，"生而知之"的人是不存在的。孔子称颂的古圣先贤、时人弟子，没有一个人被许以"生而知之"。孔子最得意的弟子颜渊虽能"闻一以知十"，但孔子只是一再肯定他好学，而从未承认他是"生而知之"，至于孔子自己，则如实地承认，"我非生而知之者，好古，敏以求之者也"（《论语·述而》）。侯外庐认为，孔子所说的"生而知之"，只是理论上的"虚悬一格"，这是的当之论。有的人"学而知之"，有的人"困而知之"，这说明人是有差别的。但是尽管有这种差别，只要不自暴自弃，努力学习，尽其在我，都可以取得成就。如果"困而不学",放弃主观努力,缺乏自觉的学习愿望和坚强意志,理所当然地会成为不可救药、不可改移的"下愚"。按照孔子的思想,"性相近"是人的发展的前提,教育和环境的影响是人的发展的外部条件,要使前提和外部条件在人的发展中产生实际效果,关键在于人的主观努力,在于学习者的愿望和意志。孔子自称15岁开始"志于学",一直"发愤忘食"、"学而不厌",一再称颂颜渊好学,批评冉求裹足不前,斥责因循苟且的宰我"昼寝",都是弘扬奋发图强、积极进取的精神。孔子的这个论点在中国古代教育思想中进一步发展为"人皆可以为尧舜"、"涂之人可以为禹"的乐观主义教育观,为打破贵族特权提供了理论依据。《中庸》作者将这个论点发挥得淋漓尽致:"或生而知之,或学而知之,或困而知之,及其知之,一也。或安而行之,或利而行之,或勉强而行之,及其成功,一也。"《中庸》作者将人的主观能动性提到极高的地位:"人一能之己百之,人十能之己千之,果能此道矣,虽愚必明,虽柔必强。"在中国古代教育理论中,一方面高度评价教育和环境的作用,另一方面又高度赞扬作为教育主体的人的自觉能动性,从不把人看作被动接受的教育对象,不视人为消极的环境的奴隶。在这一积极教育思想的影响下,中国历代教育家都强调学习者的"立志",把立志看作为学、做人、成才成器的先决条件,将教育、教学活动的重点放在学习者自主的"学"上面。中国古代的教学理论,从总体上说,是"学"的理论,是"学习论",而不是"教"的理论,不是"教学论",这是中国古代教育观的一大特点,也是一大优点。这个特点还有待深入发掘和阐明。

　　苏格拉底赋予教育以重要意义,他承认人天生有区别,但是不管这种差别有多大,教育可以使所有的人都得到改进,人人都必须受教育。"我看在所有其他方面,人和人之间也都同样天生就有不同,而且也都可以通过勤奋努力而得到很多改进。因此很显然,无论是天资比较聪明的人,还是天资比较鲁钝的人,如果他们决心要得到值得称道的成就,就必须勤学苦练才行"①。

苏格拉底认为,"越是禀赋好的人,越需要受教育"。禀赋优良、精力旺盛的人受过良好教育,就能成为最优良、最有用的人。天性狂傲激烈、禀性倔强的人受过良好的教育,也能成为优秀的人才,正如性烈而桀骜不驯的良种马,如果在小的时候加以驯服,就会成为最有用的千里马,如果不加驯服,只会是难以驾驭的驽材。

在古代罗马,昆体良继承并进一步发挥了古代希腊人高度重视教育作用的观点。自从基督教兴起以后,基督教会鼓吹原罪论。他们以悲观的宿命论扼杀了古代希腊、罗马人对教育力量的乐观估计,将人贬低为消极无为的上帝的奴仆,人性被神性吞噬。直到17世纪,当新兴资产阶级要冲破传统世界观的樊篱为自身发展开辟道路时,当人权、理性向神权、愚昧抗争的时候,先进的思想家从古代希腊、罗马人的遗产中获得了思想力量,在新的历史条件下重新阐发了对教育作用的深刻信念。夸美纽斯是这一新教育思潮的带头人。

孔子和中国古代教育家关于教育、环境和人的主观能动性的见解闪烁着辩证法的光辉,也铸造了华夏民族"自强不息"(《易》乾卦象词)的民族性格,这是中国思想家的卓越贡献。

孔子和苏格拉底都以培养治国人才作为教育目的。

考《论语》一书,内容十分丰富,但归结起来,论述最多的问题无非两大类。第一类是关于为学、修身的,涉及学习的内容、方法、态度和道德修养,其中包括对仁、礼乐、中庸、孝、交友等问题的阐

---

① 色诺芬:《回忆苏格拉底》,第116页。

述和对士、君子、成人、圣人的要求；第二类是关于治国安民的，涉及政治理想、为官之道、使民之方以及对政务活动家的要求等等。除这两大类之外，还有评论古圣、先贤、时人以及对历史掌故、天命鬼神的论述，大都与上述两大类的问题相关。两大类问题关系密切，不可分割。为学、修身的目的是造就贤能的治国人才，实现孔子的政治理想。

如前所述，在奴隶制社会，体力劳动和脑力劳动之间的分工是必然的，不可避免的，也是社会的存在和进一步发展所必需的。在当时条件下，受过教育的人，出路只有两条：或者做官，或者办教育。由于当时专职教师还没有成为普遍职业，做官便是主要的出路。孔子要实现自己的庶富教和老安少怀的政治理想，也需要一批受过良好教育的贤才去取代当时普遍存在于政界的"斗筲之人"（《论语·子路》）。孔子说，三年学，不至于谷，不易得也，明确宣布了学习的前程是做官。子夏所说"学而优则仕"，如实反映了孔子的思想。至于孔子本人，时而把自己比作不能系而不食的"匏瓜"，时而承认自己是待贾的"美玉"（《论语·子罕》），时而自我安慰"吾将仕矣"（《论语·阳货》），时而像发表竞选演说似的作出承诺："苟有用我者，期月而已可也，三年有成"（《论语·子路》），时而怨天尤人，"凤鸟不至，河不出图，吾已矣乎"，时而心灰意冷地要"乘桴浮于海"或"居九夷"，时而自我解嘲："不在其位，不谋其政。"求仕谋政之急切，溢于言表。孔子屈尊往见南子，引起子路不悦。甚至当公山弗扰以费叛、佛肸以中牟叛而欲召孔子时，孔子也顾不得"危邦不入、乱邦不居"的信条，按捺不住，跃跃欲试。事实上，孔子并不是谨守不在其位，不谋其政，而是虽不在位，亦谋其政。陈成子弑简公，孔子即时报告鲁哀公，请讨陈成子，又去报告季孙、仲孙、孟孙氏请讨，这就是不在其位而谋其政的例子。仅据《论语》所载,时人向孔子问政的有鲁定公、鲁哀公、齐景公、卫灵公、叶公、季康子等 6 人 11 次,孔子的弟子向老师问政、问从政、问为邦的有子张、子贡、子路、仲弓、子夏、颜渊等 6 人 11 次。孔子对弟子适合于做什么官,都有评估。如"政事:冉有、季路"(《论语·先进》),"雍也可使南面"(《论语·雍也》),"由也果"、"赐也达"、"求也艺"(同上),都是从政的材料。子路不仅"片言可以折狱",而且"千乘之国可使治其赋"。冉求"千室之邑,百乘之家,可使为之宰",公西华"束带立于朝,可使与宾客言"(《论语·公冶长》)。这简直就是官员养成所。孔子的学生都有自己的政治抱负。如子路自命"千乘之国,摄乎大国之间,加之以师旅,因之以饥馑,由也为之,比及三年,可使有勇,且知方也"。冉求自许"方六七十,如五六十,求也为之,比及三年,可使足民。如其礼乐,以俟君子"。公西华以"宗庙之事,如会同,端章甫,愿为小相焉"自期(《论语·先进》)。由于"斗筲之人"把持政柄,孔子的弟子也和老师一样,没有充分施展政治才能的机会,"举贤才"的善良愿望被淹没在冷酷的现实中。孔子的弟子只能担任一些地方小官,如子路、冉求、仲弓先后为季氏家臣,子羔为费宰,子游为武城宰,子夏为莒父宰,漆雕开也做了小官。至于孔子本人,虽然有过短暂的机会一展自己的抱负,但好景不长,终其身也没有盼到凤鸟至、河出图的太平盛世。历史往往给理想高远的圣哲安排可悲的结局,让后世人扼腕兴叹。这不是历史不公正,而是因为历史发展的客观规律当时还隐藏在一团迷雾中,圣哲也避免不了盲人瞎马的下场。

学而优则仕,不仅是中国先秦时代的特产,也是苏格拉底育人的目的。

当智者安提丰问苏格拉底何以不从政时,苏格拉底答道:"是我一个人独自参与政事,还是我专心致志培养出尽可能多的人来参与政事,使我能够对政治起更大的作用呢?"①这使人想起孔子对"子奚不为政?"的回答。在苏格拉底看来,教育也是政治,教人也是从政,教育的目的是培养更多的从政人才。罗素说,色诺芬"叙述过苏格拉底是怎样不断地在研究使有才能的人能够当权的问题"②。

苏格拉底是西方历史上最早的专家治国论者,他不满意雅典城邦的极端民主,特别是用抽签的办法选举官吏。他指出:"君王和统治者并不是那些拥大权、持王笏的人,也不是那些由群众选举出来的人,也不是那些中了签的人,也不是那些用暴力或者凭欺骗手法取得政权的人,而是那些懂得怎样统治的人。"③他认为人们应为"有专门知识的人的意见所支配和左右"④,"应敬畏有专门知识的人更甚于敬畏其他所有人",在是非问题上,只能"站在专家一边,即站在能提出真理的权威一边"⑤。苏格拉底花费了大量时间和心血用于教育、培养懂得怎样统治的专门人才,虽然他的教育活动是非正规的。苏格拉底的专家治国论是柏拉图的哲学王治国论的思想渊源。

苏格拉底和孔子一样,他们所致力的教育为政治服务,是为实现一个更完美、更高层次的政治理想服务,为改造社会的弊端服务。但是理想终于被现实粉碎,苏格拉底的结局比孔子更为不幸,他被他所倾心关注、呕心沥血冀图加以改善的城邦制度判处死刑。

①　色诺芬:《回忆苏格拉底》,第38页。
②　罗素:《西方哲学史》上册,第118页。
③　色诺芬:《回忆苏格拉底》,第118页。
④　同上书,第92页。
⑤　同上书,第92页。

苏格拉底之死成了雅典衰亡的丧钟,宣布了教育救国论的破产。

六　"文"学与武学

韩非在《五蠹》中说:"上古竞于道德,中世逐于智谋,当今争于气力。"这是颠倒了历史演进的顺序。从人类社会形成的总过程看,人从动物分化出来以后,在很长的历史时期中,人也和动物一样争于气力,体力是决定是非、曲直、成败的关键。后来随着文明的进步,随着文化积累的增加及其在社会生活中的作用的扩大,在争于气力之外,同时也逐于智谋、竞于道德。这个从重武到重文的演进过程,同中西教育史上从武学到"文"学的转变过程是契合的,或者说,从争于气力到逐于智谋的历史过程,必然导致从武学到"文"学的演变。

中国古代的教育也经历了从重武到重文的演变过程。顾颉刚曾论证中国最早的"士"都是武士,庠、序、射、学等学校名称都是指习武的地方。六艺之中,除书与数外,其余四艺都有习武的内容。杨宽甚至认为,西周的大学是以军事训练为主。余英时则认为西周的贵胄子弟教育是文武兼备。在"国之大事,在祀与戎"的时代,将武备教育作为培养青年的重点,这是由于客观需要。但是,单纯依靠武力,任何胜利都不可能巩固。春秋时代,五强争霸,上下侵夺,人们从历史经验中更认识到逐于智谋、竞于道德的重要性,将增强综合国力看作是克敌制胜的保证。《左传·僖公》十九年载:

"宋人围曹,讨不服也。子鱼言于宋公曰:文王闻崇德乱而伐之,军三旬而不降,退修教而复伐之,因垒而降。……今君德无乃犹有所阙,而以伐人,若之何? 盍姑内省德乎? 无阙而后动。"

这是逐于智谋、竞于道德之一例。又《左传·僖公》二十七年：

> "晋侯始入而教其民，二年，欲用之。子犯曰：民未知义，未安其居。于是乎出定襄王，入务利民，民怀生矣，将用之。子犯曰：民未知信，未宣其用。于是乎伐原以示之信。民易资者不求丰焉，明征其辞。公曰：可矣乎？子犯曰：民未知礼，未生其共。于是乎大蒐以示之礼，作执秩以正其官，民听不惑而后用之。出穀戍，释宋围，一战而霸，文之教也。"

这是"善人教民七年"的事例。不过这种"教民"不是对奴隶进行强制性军事训练，而是广义的提高综合国力，而通过教化提高全体国民的素质又是重要的一环。

逐于智谋、竞于道德与争于气力相结合的趋势，使得"文"教在教育中的地位越来越重要，知识下移为"文"教的发展提供了条件。到孔子办学时，"文"教已处于主导地位。子以四教：文、行、忠、信。孔子的弟子中，造就最深的是在德行、言语、政事、文学四个方面。《诗》、《书》、《礼》、《乐》是孔子的主要教材，从政是主要的培养目标。孔子所培养的主要是文士而不是武士。

这个从重武到重文的转变过程是渐进的，孔子的教育活动中并没有排斥军事、体育，恰恰相反，孔子是注重军事、体育训练的。

后代人往往从破落寒酸的儒生的形象去想象孔子，把孔子想象为弱不禁风的白面书生。这是极大的误解。其实，孔子身体健壮，多才多艺，能歌善舞，文武兼备。平时与学生相处，也是活泼、诙谐，是一位精力旺盛、虎虎有生气的教育家。

《荀子·非相》："仲尼长，子弓短。"《孔子世家》："孔子长九尺又六寸，人皆谓之'长人'而异之。"可见孔子身材高大魁梧。

《非相》又云:"仲尼之状,面如蒙倛。"一说,蒙倛似蟹而较小,当是指脸色红里带黑,是健康色的象征。孔子是习射的能手。《礼记》:孔子"射于矍相之圃,观者如堵墙焉"。孔子善执御,他带领弟子周游列国,往往亲自驾车。《论语·微子》:"夫执舆者谁? 子路曰:为孔丘。"孔子善于钓鱼、打猎。《论语·述而》:"子钓而不纲,弋不射宿。"孔子对音乐造诣尤深,曾与齐太师讨论音乐,学韶音,三月不知肉味。又曾与鲁太师讨论音乐,自云自卫返鲁而后乐正。孔子善于演奏多种乐器,尝学鼓琴于师襄,击磬于卫,又批评子路:"由之瑟,奚取于丘之门",指出他登堂犹未入室。《论语·述而》:"子与人歌而善,必使反之而后和之。"其兴致盎然,跃然可见。孔子盛赞曾点的志趣:在春光明媚的季节,邀约一批风华正茂的同学少年,"浴乎沂,风乎舞雩,咏而归",这是何等潇洒自然!孔子对饮食卫生、生活习惯都非常讲究(《乡党》)。由于孔子在体育运动、文娱活动、饮食习惯上的多方面兴趣和自律,他身体健壮,能经受住饥饿、疲劳、困顿的考验。当孔子和众弟子在陈绝粮时,弟子们都已经病倒站不起来,而"孔子讲诵弦歌不衰"。这是他的健康的明证。

　　孔子并不是文弱书生,而是文武兼备的全才。《论语·卫灵公》:

　　　　"卫灵公问陈(阵)于孔子。孔子对曰,俎豆之事,则尝闻之矣。军旅之事,未之学也。"

　　这则记载不是孔子不懂军事的证据。孔子历来主张"不可与言而与之言,失言"。大凡对于不屑与之言的人的请教,孔子都以"不知也"作答,这是委婉地拒绝回答对方的问题。《左传·哀公》十一年:"孔文子之将攻大叔也,访于仲尼。仲尼曰:胡簋之事,则尝学之矣。甲兵之事,未之闻也。"同年,"季孙欲以田赋,使冉有访诸仲尼。仲尼曰：丘不识也"。再问，还是"仲尼不对"。对于这一类言不及义的提问，孔子都不屑为之回答，否则就是失言。孔子认为卫灵公"无道"，所以拒绝军旅之问，不予回答。

《论语》书中多处反映了孔子在军事上的素养。"子之所慎，斋、战、疾"。"以不教民战，是谓弃之"。"善人教民七年，亦可以即戎矣"。子路认为孔子是能做三军统帅的将才。《论语·述而》："子路曰：子行三军，则谁与。"这不是脱离现实可能性的假设。孔子并没有否定子路的提问而是作了正面回答。

孔子的军事才能在夹谷之会和堕三都的事件中得到了充分的发挥。在夹谷之会的准备阶段，孔子就提出"有文事者必有武备、有武事者必有文备"的措施，做好了应付一切可能的突发事件的准备，这决不可能是书生之见。在设坛会盟时，面对着齐景公咄咄逼人的气势，孔子不畏霸权，理直气壮，大义凛然，终于迫使齐景公节节退让，归还其所侵占的鲁国的地盘，并承认自己的过失。由于孔子的文武全才，鲁国从强齐手里收复了失地，维护了鲁君的尊严。孙子曰："不战而屈人之兵，善之善者也。"(《孙子兵法·谋攻》)孔子当之，不亦宜乎！

在堕三都时，叔孙辄率费人袭鲁，孔子冷静沉着，指挥若定，终于击溃费人，堕费都。如果没有军事才能，是不足以当此重任的。

孔子的学生中，有一些人被培养成为将才。《孔子世家》记楚令尹子西问昭王曰："王之将率(帅)有如子路者乎？曰：无有。"可见子路被认为是不可多得的将帅。《世家》记载："冉有为季氏将师(冉有帅左师，管周父御，樊迟为右)，与齐战于郊，克之。季康子曰：子之于军旅，学乎？性之乎？冉有曰：学之于孔子。季康子曰：孔子何如人哉？对曰：用之有名，播之百姓，质诸鬼神而无憾。求之至于此道，虽累千社，夫子不利也。"这说明孔子的教育内容中确有军事一项,而且孔子还有一套不支持不义之战的军事理论。不仅西周的贵胄子弟教育是文武兼备,春秋末期孔子办的私学仍然是文武兼备。战国以后,文学与武学逐渐分离,儒、侠分道扬镳。从此中国教育进入重文轻武的阶段,法家以耕战为本的国策和教育政策并未普遍实施。在中国长期封建社会中,文人与文弱结了不解之缘。像苏东坡、陆游那样能驰骋射猎,像范仲淹、王阳明那样能治军旅者,只是极少数例外。到清末民初,由于国势陵夷,外敌压境,才又重新出现"军国民教育"的呼声。

古代希腊的教育也经历了由武学到"文"学的演变过程。

公元前 5 世纪中叶以前,雅典除初等学校的幼年儿童有一点简单的识字教育和音乐教育外,青少年阶段的教育是武士教育,体操训练和军事训练占主导地位,当时还没有以"学文为主"或文武兼备的中、高等教育的学校。公元前 5 世纪中叶以后,一批智者来到雅典,给雅典带来了新的知识、新的哲学、新的价值观,智慧生活空前活跃起来,随着雅典经济发达、物质生活水平提高、文化繁荣及政治斗争的激烈,"逐于智谋"逐渐上升到重要地位,在教育上也自然而然地出现了从武学到"文"学的转变,这就是智者们以教人政治为目标、以文法、雄辩术、逻辑为主要课程、以口耳相传为教育方法的教育活动。这种从武学到"文"学的转变,是教育进步的表现,是文明程度提高的结果,它标志着雅典的教育已发展到一个更高的阶段,使雅典成了希腊世界名副其实的"学府"。后代人叹为观止的希腊艺术、文学、哲学,主要是雅典城邦的贡献。

苏格拉底的教育活动也是以"文"学为主,文武结合。除政事、道德外,苏格拉底主张学一点有关天文、数学、几何的日用知识,但不宜过度深研。他认为一个未来的政治领导人应具备多方面的知识。

痛感雅典的年轻一代竞相追逐物质上的享乐，以能言善辩、摇唇鼓舌为时尚，因而对体育锻炼和军事训练懈怠，形成了文弱之风，苏格拉底反复教导雅典人不要忽视体育锻炼。他教导说，每个人都应参加体育锻炼，养成健全的体魄，能经受住酷热严寒、饥渴疲劳的考验。他认为没有健全体魄的人，学习文化也不可能学好，更谈不到执干戈以卫社稷了。苏格拉底本人每天早上坚持体育锻炼，他体魄强健。即使在冰天雪地，他照样薄衣跣足，冬夏对苏格拉底是没有区别的。苏格拉底曾三次奉命参军作战，富有实战经验。在战场上，苏格拉底服从命令，作战英勇，几次冒着生命危险救出自己的同伴。因此，军事教育也是苏格拉底施教的一个重要内容。受过苏格拉底教诲的人中，有年轻的"将军"，有骑兵团长一类军官，举凡一个军事指挥员应具备的性格、品质和修养，部队的训练，后勤供应的保障等等，苏格拉底都详为解说，以便把他们造就成合格的军事指挥员。在苏格拉底看来，军事不仅是争于气力，也是逐于智谋，竞于道德。

在柏拉图的《理想国》中，体操锻炼和军事训练还在教育体系中居于极为重要的地位。以后，体育和军训就逐渐被排斥于正式教育之外。罗马时代，昆体良的《雄辩术原理》中已不再提到体育锻炼和军事训练。到西欧中世纪，基督教会视肉体为灵魂的监狱，以摧残身体拯救灵魂，使人沦为神的奴仆，体育锻炼被视为邪恶。教会主办的以读经、祈祷、禁欲为本的"文"学和世俗封建主的武士教育分属于两个不同的社会阶层，教育中的文武分途隔着鸿沟。直到文艺复兴时期，才重新发出了重视体育的召唤。至于军事教育，又重新进入"文"学校，以后就逐渐专门化，与普通教育分离了。

由此可见，中西教育都经历了重武轻文——文武结合——重文轻武——文武分途的发展过程。孔子和苏格拉底的教育活动是这个演进过程中的中间环节。孔子和苏格拉底本人,都是文武兼备的全才。

七 伦理本位

在孔子和苏格拉底的"文"学中,伦理问题都居于中心地位。

在孔子和苏格拉底的时代,伦理和道德还没有严格的划分。裴斯泰洛齐将人分为三种状态:动物状态、社会状态和道德状态。教育应帮助人脱离动物状态,进入社会状态,然后再进一步提升到道德状态。裴斯泰洛齐所理解的社会状态,就是伦理。黑格尔在《法哲学原理》中将伦理与道德作了明确划分。简单说来,人们的行为遵守社会所制定的法律、制度、行为规范、风俗习惯、舆论、传统、纪律……这些来自外部的约束,就是伦理,如果人们的行为不是由于避免法律的惩罚、纪律的制裁、舆论的谴责……也不是由于沽名钓誉、追求报偿或其他功利的目的,而是由于发自内心的正义的呼唤,自觉地趋善避恶,这就是道德。韩愈所谓"足乎己无待于外之谓德"者即是。如果用这个标准衡量,孔子的"礼"可以归入伦理,而"仁"则属于道德。就实际情况而言,大多数人都是按伦理规范行动,能上升到道德境界者只是少数特立独行者,这就是所谓"毫无自私自利之心"的人,"一个高尚的人,一个纯粹的人,一个有道德的人,一个脱离了低级趣味的人,一个有益于人民的人"。至于为了追求个人的自私自利的目的而不顾一切伦理规范的反社会的人,也只是人类中的少数,这是以人的智慧追求动物性的满足的衣冠禽兽。

本章在讨论孔子和苏格拉底的伦理教育思想时,为了方便起见,没有划分伦理与道德,而是将两者合称为伦理或道德。

伦理，是孔子和苏格拉底的教育内容的中心，也是他们的整个思想体系的核心。但是，他们重视伦理的出发点则不尽相同。

孔子提出了一个社会理想，这个理想就是"庶、富、教"和"老安少怀"，这不是复辟已经消逝的西周制度，而是要改良"无道"的现实社会，按照自己的理想重建一个"东周"。实现这个理想的途径不是靠刑政，而是靠德化。通过教育，教人道德，使人人都能按伦理、道德的要求规范自己的行为，自然达到天下大治。因此，孔子的伦理学可以称之为政治伦理学，伦理是达到社会政治目的的手段。苏格拉底的伦理学则可称之为哲学伦理学或伦理哲学。苏格拉底痛感当时智者们将"人是万物的尺度"的命题推到极端，鼓吹无原则、无是非的相对主义，否认客观真理，否认有普遍意义的道德准则，他借鉴前代自然哲学家探讨宇宙究竟的思路，转而探求普遍有效的道德原则，寻求道德的"一般"，寻求概念。于是，苏格拉底将前人零星的道德观念提升到理论的高度，推进了人类的思维，深化了对道德的认识，开辟了哲学、伦理学发展的新阶段。

苏格拉底的伦理道德思想的基本命题有三："知识即道德"、"守法即正义"和"自制是道德的基础"。

"知识即道德"或"智慧即德行"是说，人们之所以做错事，是因为无知，没有人会明知故犯。如果承认自己无知，求知不已，提高自己分辨是非、善恶、正误的能力，就会趋善避恶，臻于道德的境地。

"知识即道德"的认识十分深刻而又具有片面性。从道德的起源来看，道德观念的发生源于人类的认识能力的发展。从动物界分离出来的人在劳动和交往的过程中发展了思维器官和思维能力。一方面人开始认识到个体和群体的关系，认识到群体的互助合作、团结是与自然作斗争的必要条件，群体的共存和发展是个体生存和发展的保障，个体的行为、利益必须与群体的行为和利益保持协调,危害群体的行为无异于个体的自戕。另一方面,由于思维能力的发展,人们从经验能认识到自己的行为的后果,能预见到哪一类行为能对个体和群体产生好的结果,哪一类行为会产生不利的结果,因而坚持能对个体和群体产生有利结果的行为,避免或禁止可能对个体和群体产生不利结果的行为,于是自觉地规范、调整、约束自己的行为,最初出现的这类行为规范就是伦理,一旦这类行为规范变成习惯、传统、禁忌,它们便对人们产生强大的约束力,这种约束力因原始宗教的渲染而变得神圣不可侵犯。社会的经济条件能影响到道德的性质、内容和行为规范的特点,而人的智慧的发展是道德产生的最初原因。所以,智慧即德行的命题具有深刻的理论意义。从人的具体行为来看,无知的确产生了无穷的道德上的悲剧,这种情况在青少年中和低文化层次的人群中尤为显著,许多犯罪的行为都是愚昧的结果。许多教育家都把培养道德意识、提高道德判断能力作为道德教育的重要课题,就是基于道德行为与知识的密切关系。

但是,"知识即道德"的命题又是片面的。亚里士多德早就批评苏格拉底的这个说法不完善。知善和行善不能等同,知恶和去恶不能等同。明知故犯的人是不容否认的客观存在,利用智慧多行不义的人古今都有。卢梭在200多年前就发出了"文明愈进步,道德愈堕落"的愤世之言。从19世纪中叶到现在的150年中,文明的进步、知识的积累、智慧的发展、新技术的发明和应用、社会财富的扩大、物质生活质量的改善,已经使世界变得面目全非。但是人类道德面貌的进步却远远滞后于知识的增加和物质生活的改善。不妨引述荷拉斯·曼在1848年的言论作对照:

"从一开始,邪恶就伴随着公正,如影之随形。当人际关系变得更加复杂、世间的事物变得更加扩展时,也就为恶行产生了新的机会和新的诱因。……紧跟着说真话的义务，产生了虚假和作伪证，紧跟着遵守神圣法律的义务，立即产生了违法行为。人与人之间亲密关系存在的同时，产生了欺诈，在国与国之间的公共关系存在的同时，产生了侵略、战争和奴役。因此，随着生活中的关系的数量增加，随着社会上的利益变得更多样化、多方面，可能的和实际的犯法行为的范围正在不断扩大。如同每有一种新事物出现，就有新的影子，每一种新法律产生时，也就可能出现新的犯法行为。所有曾被人们使用过的贵重金属，没有哪一种不被不诚实的人仿造过，没有哪一种法定的人造货币没有被流氓无赖伪造过。政府……禁止出售酒类，而无耻之徒却迎合腐化堕落者的嗜欲，大捞不义之财。本州……禁止彩票的不道德的交易，但是，……一些无赖之徒的捐客却利用禁令，攫取对出售彩票的垄断权，以肮脏钱塞饱私囊。政府给进口货物抽税，而走私者躲过法律，偷偷地把货物运进国内，或由作伪证者出具假发票，以逃避纳税，……科学配制了新药品……而犯罪行为在其中掺假，或配制外表相似的廉价有毒物品以代替它，……哪里有正义，哪里就有恶行；哪里制订了法律以抑制恶行，哪里就会有人用诡计去逃避它或用暴力去制服它。……每一把锁制造出来，就会产生开锁的假钥匙，每一座伊甸园一建立起来，就会有一个撒旦去攀登它的围墙。……"①

　　150 年前的情况，在 150 年后依然如故！可以预想，再过 150年、300 年……上述情况不一定会有根本改变。人类的知识与道德的发展远不是同步的。当代教育的最大误区就是迷醉于早期智力开发而遗忘早期道德训练，以致智力愈发展，为非作歹的手法愈

————————————
　　①　任钟印主编：《世界教育名著通览》，湖北教育出版社 1994 年版，第783 页。

巧妙。这一定不是苏格拉底始料所及。

孔子也看到知识、智慧与道德的关系,他一再强调"未知,焉得仁?"孔子同时看到"知及之,仁不能守之,虽得之,必失之"。他认为知善未必就能行善,所以强调"行",主张"听其言而观其行"、"讷于言而敏于行"。道德认识是道德行为的前提,但不是道德行为本身。

"守法即正义"是针对当时雅典人法制观念淡化而发的。苏格拉底教人将守法变成道德信念,变成自觉的行动,使伦理规范道德化,将来自外部的强制变成发自内部的动力,使法律和道德一体化,寓法律于道德之中,这是西方古代思想的一个特色。后来,柏拉图和亚里士多德都重视立法和法制教育,重视培养公民的守法精神,这对于形成西方人重法制的传统有重大影响。19世纪上半期,德国教育家赫尔巴特提出的5个道德观念中,守法是其中之一。当人们受到法律制裁时,应相信制裁的公正,心甘情愿地接受法律的制裁。在赫尔巴特看来,这就是道德。

中国古代思想家的道德观念中包含有伦理规范,但不包含法。孔子的基本立场是德高于法。"导之以政,齐之以刑,民免而无耻;导之以德,齐之以礼,有耻且格"(《论语·为政》)。"为政以德,譬如北辰,居其所而众星共(拱)之"(《论语·为政》)。孔子认为,用刑罚是等而下之的不得已的下策,它至多只能达到民免而无耻。孔子的理想是通过德化、德治、改善人性,达到"无讼"、"胜残去杀"的境界,使法律刑政成为多余,这就是他所盛赞的尧舜的"无为而治"、"恭己正南面而已"。从理论上讲,孔子所憧憬的这种境界比苏格拉底的追求更富于理想主义色彩,属于更高的境界。

中国古代的法家则将法置于与道德绝对对立的地位,他们主张唯法至上,鄙弃道德。法家公然宣称,他们不要求人们有道德信念,自觉自愿地做好事,他们只要求人们因慑于刑罚的惩处而不敢做坏事。法家的这种主张是十分可怕的,实行这种主张,必将使"民免而无耻"成为普遍的现实,最终必然导致社会崩溃。

无论是苏格拉底的寓法于德、孔子的德高于法或法家的崇法弃德,在实践上都是行不通的,在理论上都是浅薄的,他们都脱离了人性的特点仅凭主观愿望处理德与法的关系。人是从动物发展而来,在人身上还保留着动物性的痕迹。人性,半是天使,半是禽兽,随着文明的进步,天使的成分可能缓慢增加,禽兽的成分可能受到更多约束,但人身上的动物性永远也不会完全消失。是天使,就有接受教育、发展道德的可能和必要;是禽兽,就必须以强制力规范其行为。教育和强制都是必要的。荀子似乎综合了儒、法两家的观点,提出诛教并举的主张,"故不教而诛,则刑繁而邪不胜;教而不诛,则奸民不惩;诛而不赏,则勤励之民不劝……"(《荀子·富国》)。中国自汉代以后,历代统治者实行的都是荀子的主张。他们阳儒阴法,一方面在意识形态上独尊儒术,神化孔子,另一方面又同时实行严刑峻法,外部强制和内部开导双管齐下,软硬兼施,刚柔并济,宽猛互用。道德也和教育一样,具有重大的不可替代的作用,但又不是万能的。

苏格拉底的"自制"和孔子的"克己"、"修己"若合符节,这是伦理学上一个意义深远的命题。所谓"自制"或"克己",就是人自身以理性指导欲望和本能的功夫,也就是以人的社会性驾驭人自身的动物性的功夫。在中西2000多年的文化、教育史上,这个问题一直是哲学、伦理学、教育学和各种宗教的中心论题。在西方,苏格拉底的"自制"说为柏拉图、亚里士多德所继承,更为犬儒学派所发展。到西欧中世纪,基督教神学家将"自制"说与"原罪论"拼凑在一起,演变成"禁欲主义",号召教徒禁绝一切肉欲,以便灵魂飞升,达到与上帝同在。文艺复兴以后,人文主义者挑战"禁欲主义",追求人性解放,矫枉过正,同时也解开了人身上的动物性这匹野马的缰绳。到 17 世纪,洛克又从俗世的立场提出,道德的问题,根本之点是以理性指导欲望。他认为从幼年开始,就应养成以理性管束欲望的习惯,决不能使过分的欲望得到满足。一切不理智的迁就、纵容、任性、溺爱、娇惯都应杜绝,这就是培养"自制"、"克己"的能力,使理性成为自己的主宰,成为行为的向导,这就是道德。在中国,荀子的"化性起伪"实际上就是"自制"、"克己"的功夫。到宋代,孔子的"克己"论与佛学特别是其中的禅宗思想相结合,发展成为理学家的"存天理,灭人欲"。这是中国古代伦理学发展的高峰。

从人的幼年起,就培养"自制"、"克己"的能力和习惯,不仅在今天仍然是教育工作的刻不容缓的任务,而且永远是伦理学、教育学的根本命题。"自制"、"克己"的程度愈高,人的社会性、道德性就愈高,人就是真正的人,有益于社会的人。听任本能、欲望肆虐,人就沦为禽兽,成为对社会的破坏性力量。在人和禽兽之间,只隔着一层薄纸,而没有不可逾越的鸿沟。中国古代思想家都注重人兽之辨,这不是对人的尊严的侮辱,而是醒世的箴言。以文明武装起来的禽兽比无知无识的禽兽为害更烈。

如果说,苏格拉底的伦理思想的基本内容大体限于以上三个方面,那么,孔子的伦理思想就丰富得多,复杂得多。孔子构建了一套系统的伦理学说的体系,其全面性、完整性、深刻性为古代中西各种伦理学说所不可企及。孔子伦理学中的基本概念是礼、仁、中庸、道、德、恕。下面分别简述其大要。

礼。相传周公制礼作乐,这是对鬼神的信仰发生动摇的产物。夏人尊命,殷人事鬼敬神,都是利用天命鬼神的权威以规范人们的行为。认识到鬼神不可靠,人间的事务必须靠人自己好自为之,这种从重鬼神到重人事的观念转变,是人的认识的一次飞跃,是人权对神权的胜利。到春秋时代,礼坏乐崩。孔子一方面痛感礼乐对人们失去约束力,感到"是可忍,孰不可忍",力主"不学礼,无以立",希望恢复礼乐的尊严,使人们的行为有所规范,以维护社会的正常秩序。另一方面,作为"圣之时者",孔子又力图应因时代的变化,对旧有的礼乐制度有所损益,使它不致流为形式。

但是,礼对人们的行为的规定,无论它如何周全、细密、具体而微,它毕竟不能包罗无遗地统摄人们在一切场合的一切行为(法的效力也是如此),仅仅依靠礼,在礼所规定的范围之外,人就失去约束力,给人的动物性留下了一个广阔的活动空间。其次,礼只是从外部规范人的行为,违犯礼的行为只有当它被人知道的时候才会受到谴责或惩处,在没有他人知道的场合,人的行为就在礼的约束之外,所以,仅仅外部的约束是不够的,人必须自觉地规范自己的行为,自己管理自己,这就需要在人身上培养内在的道德力量和习惯,以补充礼的效力所达不到的地方。孔子的杰出贡献之一就是在礼之外,弘扬了更重要的概念:仁。

如果说,制礼作乐标志从重鬼神到以人为本的转变,那么,仁的概念的弘扬则标志着从他律到自律的转变,这是道德观念发展的又一次飞跃。他律不可少,自律更重要。他律的效力是有限的,自律的效力是无限的,他律靠别人监督,自律则是自己监督自己。

仁,并不是孔子第一次提出的。在孔子以前,已经有了"仁"字,孔子只是赋予了"仁"以新的内容和新的意义。由于孔子没有对"仁"的本质作出定义,又由于孔子对弟子问仁的回答因人而异,因此对"仁"的内涵的阐释历来言人人殊、聚讼纷纭、莫衷一是。概括地说,不外四种意见:一说,仁就是克己复礼,而对克己复礼的阐释又有分歧;一说,仁就是爱人,而对爱人的阶级含义又各持异见;一说,仁就是忠恕;一说,仁是道德的总汇,是最高的道德,它统摄了一系列道德规范。以上各说都有一定理由和史料依据,可谓言之成理,持之有故。但笔者以为,四说都有未尽之处。克己复礼为仁,但不能反过来说仁就是克己复礼,二者是包容关系,不是同一个概念。否则,既不能克己(不俭)、又不知礼的管仲,孔子何以许以"如其仁,如其仁"(注:如,乃也)。更何况,"克己复礼,仁也"是"古也有志(诽)",而不是孔子的主张。樊迟三次问仁,孔子的回答因时因事而异,何以证明独有"爱人"的回答是挑明了仁的本质?忠恕是仁的内容之一,但不是仁的全体。孔子直接或间接肯定够称为"仁者"的古圣先贤共 13 人①(不包括仅仅三月不违仁的颜渊),他们的嘉言懿行未必都是以忠恕突显。仁,诚然也包含许多道德概念。但是,如果"仁"没有一个中心思想去统摄各种道德概念,那么仁所包摄的各种道德概念就像偶然装在一个口袋里的杂物,彼此毫不相干,这实际上是否定了仁的价值。

仁的中心思想究竟是什么?笔者认为,仁就是人,就是人的自觉,就是认识到自己是人,认识到人的价值、力量、使命、尊严,作为一个人去对人、对事、对己。

《孟子》:"仁也者,人也。"

《礼记·表记》:"仁者,人也。"

《中庸》:"仁者,人也。"

《释名》:"人,仁也。"

这是最符合仁的本来意义的解释。

---

① 13 人指尧、舜、禹、微子、箕子、比干、管仲、子产、泰伯、皋陶、伊尹、伯夷、叔齐。似乎还应包括周文王、周武王、周公。

人的自觉,析言之,包括三层意思。

一、划清人与神(包括鬼)的界线,要相信人自己,不要相信神。人要努力把人自己的事情办好,不要依赖超人的力量。所以,"子不语,怪、力、乱、神"。子路问事鬼神,孔子说"不知其仁"。人的责任是把今生、现世的事办好,自求多福,不必考虑死后。

二、划清人与禽兽的界线。人应有人的尊严,不可自溺于与禽兽为伍。《论语·微子》:"夫子怃然,曰:鸟兽不可与同群。"人要超乎禽兽之上,除智力外,就要克己复礼。复礼,不是所谓恢复西周奴隶制度,而是恢复已被破坏的对人的行为的社会规范、伦理规范,使人的行为有所约束,使人按照人的准则行动。当然一切伦理规范都带有时代和阶级色彩,孔子所要恢复的礼不是没有缺陷的。但是,任何社会,一旦伦理规范被废止,就会天下大乱,人就会变为禽兽。克己,就是自我约束,以理智管束自己的欲望。孔子是很重视制欲的:

《论语·颜渊》:"季康子患盗,问于孔子。孔子对曰:苟子之不欲,虽赏之不窃。"

《论语·公冶长》:"子曰:吾未见刚者。或对曰:申枨。子曰:枨也慾,焉得刚。"

欲和慾,是一个意思。《论语正义》注引孔曰:"欲多情慾",又曰:"慾多情慾",是欲慾同义。

《论语·雍也》:"子曰:智者乐水,仁者乐山。智者动,仁者静。智者乐,仁者寿。"

"仁者静"句《正义》注引孔安国曰:"无欲故静。"《正义》注"无欲故静"云:"欲即声、色、味、臭、安佚之欲。仁者所不能无,而云无欲者,仁者善制其欲,克己复礼,凡视听言动,自能以礼制心,而不稍过乎欲,故曰无欲。无欲者,无非礼之欲也。……思不出位,故能无欲。"

《论语·宪问》:"克、伐、怨、欲不行焉,可以为仁矣(乎)。子曰:可以为难矣,仁,则吾不知也。"

这说明,仁者必能制欲,但仅能做到制欲,不必就是仁者,制欲只是仁的一个内容。

冯友兰说:"克己,就是要战胜自己。"①这是一个精辟的论断。战胜自己,人就成为人,否则就是"与鸟兽同群"。古往今来数不尽、读不完的哲学、伦理学、宗教著作,讨论的核心问题就是"战胜自己"。苏格拉底的"自制"就是"战胜自己"。柏拉图批评斯巴达以勇敢、英雄主义、战胜敌人作为最高道德,他认为更重要的是"战胜自己"。佛教、基督教的千言万语,无非就是"战胜自己"。战胜自己,就是战胜人身上的动物性。这就是人的自觉,就是人,就是仁。

三、正确处理人己关系。一个战胜自己的人,一方面要以人的态度对待他人,另一方面要将他人当作人看待。对待他人,从事亲开始,所以孝弟是为仁之本,宰我要改三年之丧,孔子便批评他"不仁"。从父慈子孝、兄友弟恭扩而充之,是"与朋友交,言而有信"。再推广到政治关系上,是"君使臣以礼,臣事君以忠"。再推而广之及于众人,就是"泛爱众"、"爱人"、"己所不欲,勿施于人"、"己欲立而立人,己欲达而达人",……再进一步推广到与自己有仇怨的人,做到"不念旧恶"、"以直报怨",最后达到"四海之内皆兄弟"的境界。孔子有这种能容纳宇宙的博大胸怀,故"梁父之大盗"颜涿聚亦能学于孔子门下(《吕氏春秋·尊师》)。

因此,孔子的仁学,其实质就是人学。

---

① 《孔子哲学讨论集》,中华书局1962年版,第287页。

在孔门弟子中,连孔子一再称赞其好学的颜渊,也只能做到"三月不违仁"。此外,"不耻衣蔽"、"片言可以折狱"的子路、以多艺见长的冉求、"可使与宾客言"的公西华,孔子都说"不知其仁"。"可使南面"的仲弓,也是"不知其仁","昼寝"的宰我因为不孝而被批评为"不仁"。至于子张,子游说他"未仁",曾参说他"难与并为仁"。孔子说樊迟要求学稼、学圃是"小人",又说,"未有小人而仁者",可见樊迟也是不仁者。在孔门之外,孔子说陈文子、令尹子文都是"未知,焉得仁"。又孔子曾批评臧文仲"其不仁者三,不知者三"(《左传》文公二年)。在孔子的同代人中,没有一人被孔子称为"仁人",可见,仁是很高的道德标准。另一方面,仁又不是高不可攀的,仁不难达到:

《论语·述而》:"仁远乎哉?我欲仁,斯仁至矣。"

《论语·里仁》:"有能一日用其力于仁矣乎?我未见力不足者。"

关键在于"志于仁"、"好仁"、"仁以为己任"、"依于仁"、"无终食之间违仁"、"亲仁"、"里仁"、"博学而笃志,切问而近思"、"能近取譬"、"当仁不让于师"。一言以蔽之,在于自觉的持续不懈的努力。

中庸,被孔子称为至德。与其说中庸是一个具体的道德概念,不如说是道德上的方法论。后人解释说,"不偏之谓中,不易之谓庸"。中就是"中行",庸就是"守死善道"。孔子认为,凡事都要中道而行,无适无莫,遇事都要"叩其两端而竭",避免"过"与"不及"。文胜质和质胜文都不是中道,"求也退"、"由也兼人"也不是中道。中道是正道,是恰如其分,而不是调和折衷。言与行相符,是中道,言过其行,就离了中道。

孔子思想中一以贯之的"恕"是仁的内容之一。恕就是在人己关系中以己度人，凡事设身处地为他人着想，做到"躬自厚而薄责于人"、"己所不欲，勿施于人"，进而"修己以安人"，推己及人，立己立人，达己达人，"我不欲人之加诸我也，吾亦欲无加诸人"，对人以和为贵。这是一种尊重人、关心人的态度，人与人之间是一种平等、和谐的关系。建立了这种关系，自然能互谅互让，"无所争"，达到人类的共存共荣。

《论语》中多处提到"道"、"天下有道"、"天下无道"、"邦有道"、"邦无道"、"夫子之道"、"道不行"、"守死善道"、"谋道"、"忧道"等。在60个道字中，作名词用的"道"，大多数场合是指"正道"、"正轨"，"上失其道"就是当权者偏离正轨，因而社会失序，出现混乱。孔子要求"志于道"，就是要求以不离正轨为志，达到社会的正常运转。

《论语·述而》："子曰，志于道，据于德，依于仁，游于艺。"德和道、仁相对而言，三者的意义不同。《集解》注云："德有成形，故可据。"又引包咸曰"德谓道德"。又韩愈："足乎己无待于外之谓德。""无待于外"应有两层含义：一是无待于外在的命令、指示、规定、强制。人们按照礼、仁、道的要求待人处事，是由于自动、自觉，是发自人的本心，故《乐记》云："德者，性之端也。"《淮南子·齐俗训》："得其天性谓之德。"按人的自觉去行动，已变成天性的一部分。按性善论的解释，就是按人的善性、按"良知良能"行事。唯物论者则认为是将社会的需要通过教育变成内在的意愿、动力。有无这种内在的意愿、动力，是人与禽兽的区别之一。二是不祈求外在的赞誉、奖励。人们做好事，不是为了换取或猎取精神和物质上的回报。"杀身以成仁"，唯义所在。非义之事，虽天下亦不取。泰伯三以天下让，故称"至德"。周文王"三分天下有其二，以服事殷"，是为"至德"。

以上所论，远不是孔子伦理思想的全体。

仅从上面的简要分析，已可看到孔子在伦理学上的贡献远非苏格拉底所能及。这是由于孔子所凭藉的历史文化积累和个人的丰富阅历都不是苏格拉底所能比拟的缘故。孔子为中华民族的民族精神奠定了规模。

八　启发式教学法

教育内容是由教师通过一定的教育教学方法传授给学习者。孔子和苏格拉底都以启发式教学法著称于世。

苏格拉底在与人谈话时，不是把结论直接告知对方，而是向对方提出问题，再根据对方的回答不断提出问题，一直追问到对方无词以对，自陷矛盾，从而自然而然、心悦诚服地达到正确的结论，并从具体事物中通过归纳，达到认识事物的本质、"一般"，形成概念。这种方法被称为苏格拉底问答法。这种方法的优点，一是避免了填鸭式的硬性灌输，通过平等的讨论，启发对方的独立思考，使对方的思维处于积极的活跃状态。二是遵循了从具体到抽象、从个别到一般、从已知到未知的规律。苏格拉底的提问往往是从日常所见、尽人皆知的简单事物或浅显道理开始，然后引导认识逐步深入，最后达到结论。但是，这种方法只有在一定条件下才能应用：一、谈话的对方必须有探求真理、追求知识的愿望和热情；二、谈话对方必须已经积累了一定的知识和经验并有初步的推理能力。苏格拉底问答法的缺陷还在于：虽然在实际上他没有把共相和个体分离开来，但在理论上，他把思维看作是离感觉而独立的，真理是靠灵魂获得的，他主张切断思想与感官的联系。苏格拉底运用问答法，并不是引导人们去发现新的事实、新的真理，而只是要人接受已在他头脑中形成的既有结论。因此,苏格拉底方法不是万能的方法,不可滥用。苏格拉底问答法的历史意义多于现实意义,缺陷多于可借鉴之处。

孔子积累了丰富的教育、教学经验。

孔子认为知识来源于感觉,主张"多闻"、"多见"、"多识于鸟兽草木之名"、"多问"、"好学"。孔子自称:"吾尝终日不食,终夜不寝,以思,无益,不如学也。"只有在"博学"的基础上,才能慎思。另一方面,学的过程也是思的过程,学习不是强记,主动的学习要能举一反三、闻一知十、"告诸往而知来者",这就是要从已知到未知,在学习中有所发现,有所发展,运用"叩其两端而竭"的方法,穷尽事物的究竟,以独立地求得新的知识、真理。这种主动探讨真理的态度,其动力来自好学、乐学,"知之者不如好之者,好之者不如乐之者"。因此,激发学生的学习兴趣是重要的。

孔子激发学生学习兴趣的方法多种多样。一是说明学习的重要性,如对学礼、学诗的意义的解释;二是提问、讨论;三是善于"近取譬",即善于用生动的比喻,以加强直观性;四是表扬好学的学生;五是学生有所领悟、有所发挥时,即时予以表扬;六是鼓励信心不足的学生;七是批评懈怠、自满或妄作臆断的学生;八是耐心回答学生的提问;九是自己作出好学的榜样,潜移默化;十是因材施教①。

凡是在学习中只接受现成知识而不能提出问题的学生,决不是善于学习的学生。提不出问题,就表明没有开动脑筋,思维处于懒散状态,学习没有深入。孔子鼓励学生提出问题。"不曰如之何、如之何者,吾末如之何也已矣"。这是引导学生开动思维机

---

① 因限于篇幅,前九条不举例,第十条详后。

器,是积极学习的重要条件。一旦学生的头脑中出现了问题、有所感悟又还不很明朗的时候,便是进入了"心求通而未得,口欲言而未能"的"愤"、"悱"状态,这就是进行启发的最好火候。孔子善于掌握这个火候进行启发,所以他的启发是建立在学生的学习主动性的基础之上。它的前提是好学、乐学,只有好学、乐学者才能善学。

苏格拉底问答法的一个最大缺陷是千篇一律,机械呆板。他不问对象、时间、地点、场合,老是运用那一套刻板的问答,有时显得十分繁琐,对话者需要有极大的耐心。与此形成鲜明对照的是孔子的灵活机动的因材施教。

孔子的学生来自各诸侯国,其社会背景、原有基础、求学目的、志趣和能力各不相同,甚至年龄上也相差悬殊,父子同堂共学者亦非一例。孔子对他们的教育是"因材施教",从不拘泥于刻板的公式。孔子的弟子问政、问为邦、问仁、问孝、问士、问君子、问崇德辨惑,孔子的回答都是因人、因时、因事而异,针对对方的特点作答。最典型的例子是孔子就"闻斯行诸"对子路、冉有的回答。《论语·先进》:

"子路问:'闻斯行诸?'子曰:'有父兄在,如之何其闻斯行之?'冉有问:'闻斯行诸?'子曰:'闻斯行之。'公西华曰:'由也问闻斯行诸,子曰,有父兄在;求也问闻斯行诸,子曰,闻斯行之。赤也惑,敢问。'子曰:'求也退,故进之;由也兼人,故退之。'"对于逞强好胜的子路,孔子予以抑制。冉求自感"力不足",缺乏自信心,孔子一方面教育他不要停止不前,又鼓励他大胆去做,以充分发挥他多"艺"的特长。

樊迟和子张都问崇德辨惑,孔子的回答各不相同。樊迟在不同时间三次问仁,孔子的回答也各不相同。

因材施教的前提是对教育的对象的个性、特点有深刻的了解。聚集在孔子门下的学生是一个相对稳定的社团,他们朝夕相处、甘苦与共,经常质疑问难。所以孔子对自己的学生了如指掌,他往往能用一两个字勾勒出某个学生的个性特点,或在某一方面的特长、弱点,如说"柴也愚"、"参也鲁"、"师也辟"、"由也果"、"由也喭"、"赐也达"、"求也艺"、"求也退"、"由也兼人"、"师也过,商也不及"等等。对于每个学生的能力,能担任什么官职,孔子都有深切的了解。在德行、政事、言语,文学四个方面,哪些学生较为优秀,孔子都了如指掌。对于学习态度,孔子独推颜渊好学。

赫尔巴特曾说:"个性只能被发现,而不能由心理学推断出来。"(《普通教育学》绪论)孔子对学生个性的深刻了解,正是通过细致的观察"发现"的,观察学生,这是一个优秀教师的基本功。孔子在观察学生方面积累了许多有益的经验。

1."听其言而观其行"。《论语·公冶长》:"……子曰,始吾于人也,听其言而信其行,今吾于人也,听其言而观其行。于予与改是。"

《论语·先进》:"言语:宰我、子贡。"在言语方面,宰我的地位居于子贡之前,可见是个能说会道、夸夸其谈、言过其实的人,行动却跟不上。欲改三年之丧的是宰我,当哀公问社于宰我时,又是他强不知以为知,胡诌乱说。当孔子发现他大白天睡懒觉时,孔子就改变了以前对人的轻信,并得出了"君子不以言举人"的一般结论。由此可知孔子善于总结实践经验,提高自己的知人之明,改进教育的艺术。

2."省其私"。这就是观察学生在一人独处时的表现。颜渊在孔子面前"不违如愚",孔子"退"而"省其私",才发现颜渊"亦足以发,回也不愚"。孔子通过对行为表现的考察知道了宰我的弱点,又通过观察私下的表现,发现了颜渊的优点。西方历史上许多教育家认为,只有当学生自以为是在教师和同学的视线之外的时候,学生才会现出其本来面目。教师这时对学生的观察结果才是最真切的。这条经验,孔子已阐发于 2600 年前,是人类历史上最早的教育智慧。

3. "视其所以,观其所由,察其所安"(《论语·为政》)。不仅观察一个人的所为,而且观察他为什么这样做,观察以什么为安心。这样将行为与动机结合观察,人的内心世界就无法隐藏了。

4. 谈心。孔子常和弟子平等地谈心、述志,自己也对学生交心抒怀。在这些活动中既了解学生的抱负、追求,也进行教育。

在公元前 6 世纪,世界上的大教育家只有乔达摩·悉达多和孔子二人。就教学法而言,乔达摩·悉达多远不能和孔子相比拟。在孔子以后的古希腊教育家中,在教学法方面,除苏格拉底问答法以外,再没有什么东西值得一提。西方世界只是在罗马时代,由公元 1 世纪的教育家昆体良对教学法做出了重要贡献。综观中外教育史,孔子是世界上最早的、在古代也是独一无二的伟大教学法学者。孔子的教学法在古代是最先进、水平最高的教学法。这是华夏民族对世界教育的珍贵贡献,也是中华民族的骄傲。

九 教育家的风范

蒙田曾说:"苏格拉底是众师之师。"孔子在中国历史上则被尊为"万世师表"。"众师之师"也就是"万世师表"。东西两位圣人、思想家、文化巨人,也是两位模范教师、教育家。

蒙田又说:"谁若问亚历山大他能做什么,他谅必回答:'征服世界。'若问苏格拉底,则他将会答道:'活得像一个人。'"

是的，苏格拉底像一个人那样活着。一个高尚的人，一个脱离了低级趣味的人，一个挚爱真理、孜孜追求真理、为真理而不计个人的毁誉、安危、不惧权势的人，一个关心国家命运的人，一个嫉恶如仇的人，一个视个人的地位、物质享受和小家庭的安乐如草芥的人。苏格拉底一贫如洗，物质生活不如奴隶，不计报酬地从事社会教育，数十年如一日，他活得像一个人，一个大写的人。苏格拉底谦逊而又博学多识，谆谆教人而自律更严，热爱祖国而又直言不讳地批评弊端，关心他人胜于关心自己。他像一个人那样活着。苏格拉底被屑小之徒诬告陷害，在法庭上，他坚持真理，决不为苟全性命而低下高贵的头，他决不用阿谀、讨好或哀求取得陪审团的怜悯。他像一个人那样活着，也像一个人那样赴死，他心胸坦荡，视死如归。苏格拉底一生的行事做人，就是一本生动的道德教育的教科书，就是伦理学的百科全书。

作为"万世师表"的孔子，他虚心好问、学无常师、学而不厌、发愤忘食、诲人不倦、循循善诱、以身作则、言行一致、见得思义、不耻恶衣恶食、视不义的富贵如浮云。除短暂的仕宦生涯外，一生整理文化典籍，弘道育人。他心怀富国安民之志，针砭时弊，为天下木铎。孔子不仅以知识教人，而且以道德化人，以言行风范感人，与学生相处亲密无间。弟子对老师的感恩之情，足见其师道师恩之深厚，令弟子刻骨铭心。

《论语·子罕》："颜渊喟然叹曰：仰之弥高，钻之弥坚。瞻之在前，忽焉在后。夫子循循然善诱人，博我以文，约我以礼，欲罢不能。既竭吾才，如有所立卓尔。虽欲从之，末由也已。"

《论语·子张》："子贡曰：譬之宫墙，赐之墙也及肩，窥见室家之好。夫子之墙数仞，不得其门而入，不见宗庙之美，百官之富。得其门者或寡矣。夫子之云，不亦宜乎！"

同篇："子贡曰：……他人之贤者，丘陵也，犹可逾也。仲尼，日月也，无得而逾焉。"

同篇："子贡曰：……夫子之不可及也，犹天之不可阶而升也。……其生也荣，其死也哀，如之何其可及也？"

《孟子·公孙丑上》："宰我曰：以予观于夫子，贤于尧舜远矣。"

"有若曰：……出于其类，拔乎其萃，自生民以来，未有盛于孔子也。"

孟子曰："自有生民以来，未有孔子也。"

孔子死后，弟子服三年之丧，而子贡结庐冢旁，守墓六年。师生间这种深情厚谊，为中外教育史绝无仅有，这是教育家的伟大人格力量的证明。

苏格拉底和孔子是东西辉映的两支巨烛，他们照亮了别人，照亮了人类，但没有毁灭自己。他们永远是人类的教师，他们的名字将与人类一样永存。

（选自张瑞璠、王承绪主编《中外教育比较史纲（古代卷）》，山东教育出版社 1997 年版）

任钟印（**1926—**　），湖南岳阳人，华中师范大学教育科学学院资深教授。曾任全国教育史研究会常务理事、杨贤江教育思想研究会理事、湖北省教育史研究会第一、二、三届理事会理事长。主编有《外国教育家评传》（第一卷）、《外国教育通史》（第三卷）、《中外教育比较史纲》（古代卷）、《外国教育思想通史》等。

本文认为，孔子是中国教育史上最早的大教育家，苏格拉底是西方教育史上最早的大教育家,孔子早苏格拉底一个时代,孔子也是全世界最早的大教育家。由于二人遭际的社会环境、文化传统互不相同,个人经历也不尽一致,这就决定了他们的思想各具特色;同时,人类生活和思维的发展又有共同的规律,这也必然在许多问题上达到相同或相近的结论。孔子生活在乱世,苏格拉底则生活在社会极盛将衰的转变期,两人遭际不同,而憧憬于社会的长治久安则一,他们都选择了教育作为手段。孔子和苏格拉底都出身微贱,自学成才,但前者的态度是承袭的、宣教的,后者是批判的、探索的,这两者风格都在教育中表现出来。孔子剥夺了鬼神的权威,从神权下解放了人,无论从哪方面说这都是思想史上的一次飞跃;而苏格拉底则鲜明地站在神的一边,维护其权威;前者影响了中国教育的人间性、入世性,后者影响了西方教育的宗教性、出世性;但是,他们都想通过教育,达到社会的稳定、协调和改进;他们对自然科学的态度,也影响了中国和西方教育的不同发展。二者的教育都是教无定所、定时、定规,都实行"有教无类",责难他们不重视奴隶的教育不是历史唯物主义的科学分析态度。二人都深信人接受教育的可能性和必要性,深信教育在人的发展中的巨大作用;二人都以培养治国人才作为教育目的,学而优则仕是他们共同信奉的。二人培养学生已经从武士转向文士,以文为主,但他们没有排斥军事、体育,他们是中西教育实现由重武转向文武结合再转向重文并最终实现了文武分途这一教育活动演进的中间环节。二人都坚持伦理本位。二人都以启发式教学著称于世,只是苏格拉底问答法千篇一律而孔子是灵活机动的因材施教。孔子是万世师表,苏格拉底则也是众师之师。

论著目录索引

一 20世纪的孔子教育思想研究论著索引

苍山石房原稿 孔子之教育学 船山学报2、4、5期1915年9月
—12月

谭鸣谦 孔子教育学 新教育3卷2期1921年2月

卢汉章 孔子为教育家非宗教家说 国学月刊18期1923年

刘 熔 孔子为教育家非宗教家说 国学月刊19期1923年

徐家瑾 孔子的个性教育 学灯1924年1月

张大东 孔门所学何事 晨报副刊1927年3月

李晋华 从说文中观察的孔门教育 语历所周刊89、90期1929
年7月

吴保障 孔门学风 学风1卷7期1931年

林 僧 孔子教育思想 哲学与教育1卷1期1932年6月

钱兰君 孔门教育宗派论略 世界旬刊10期1932年

刘石臣 教育观点下的孔子 文化批评1卷3期1934年7月

郭韵笙 孔子教育思想 女师学院季刊3卷1、2期1935年1月

吉长瑞 孔孟教学说与近代教育思潮比较观 遗族校刊2卷6
期1935年9月

童行自 孔子的教育思想 新人周刊2卷3期1935年9月

求 真 孔子教育之精神 国光杂志8期1935年

杨荣春 孔子教育思想研究 学艺14卷7期1935年9月

胡乐丰　孔孟教育学说之异同　学风5卷8期1935年10月

张　杰　孔门分科设教次第说　光华大学半月4卷1期1935年10月刊

柳　和　孔子之好学精神　青年半月刊2卷12期1935年11月

张尔谦　孔子的教育学说　教育学报1期1936年3月

张国淦　论语孔子论学　新民月刊2卷3期1936年5月

王国栋　孔子的教育哲学　北平晨报思辨1936年8月7日

陈松英　孔孟荀教育思想探讨　学术世界2卷1期1936年10月

龙德渊　孔子的教育学说　江苏学生8卷1期1936年12月

李长河　孔子治学的精神　遗族校刊4卷1期1936年

陈梦韶　孔子教育之教材与设备　厦门大学学报7卷1936年

傅庆隆　孔子道德教育研究　正风半月刊3卷11期1937年1月

朱锡裕　孔子的教育思想　青年月刊3卷4、5期1937年1、2月

林龚谋　孔子教育哲学概观　协大艺文9期1938年12月

源　新　大教育家孔子　鲁迅风10—12期1939年3—4月

傅庆隆　孔子的德教学说　朔风16—25期1939年12月—1940年4月

苏业掬　从论语分析孔子的教育哲学　湖南教育3期1940年3月

李贞扬　孔子教育哲学　中日文化1卷2期1941年3月

张其昀　理想的教育家　政治教育丛刊2期1942年7月

陶愚川　孔子何以独称颜子为好学　中央周刊5卷27期1943年2月

刘永济　论孔子之治学精神　思想与时代22期1943年5月

许椿生　中国教育史上关于孔子二三事　学术季刊2期1946年1月

年 10 月第 219、220 期

顾树森　孔子的教育思想和学说　《中国古代教育家》江苏人民
　　　　出版社 1960 年版

田倩君　孔子的音乐素养与音乐教育　人生 1960 年 11 月第 21
　　　　卷第 1 期

陈景磐　中国由奴隶制到封建社会过渡时期（春秋）的教育　北
　　　　京师范大学学报 1961 年第 1 期

王子英　孔子在中国教育史上的地位　《孔子讨论文集》第 1 集
　　　　山东人民出版社 1961 年版

中国古代教育史编写组　中国从奴隶制社会过渡到封建制社会
　　　　——春秋时期的教育　北京师范大学学报 1961 年第 3
　　　　期

顾伟今　孔子谈学习　光明日报 1961.10.27

繁　星　"孔之卓"在哪里？　前线 1961 年第 22 期

顾树森　孔子教育语录　《中国古代教育家语录类编》上海教育
　　　　出版社 1961 年版

徐思益　谈孔子的教育方法——读书笔记　新疆红旗 1962 年第
　　　　1 期

许梦瀛　孔子论学习方法　新乡师范学院学报 1962 年第 2 期

张瑞璠　关于孔子"有教无类"的教育主张　学术月刊 1962 年第
　　　　2 期

张道扬　从"射""御"论证孔子体育思想——记成都体育学院的
　　　　一次论文答辩会　光明日报 1962.3.27

冶　秋　孔夫子的"小老师"　人民日报 1962.4.8

杨世芳　谈谈孔子的治学精神和方法　新湖南报 1962.5.25

童书业　孔子"举贤才"思想在先秦尚贤思想史上的地位　大众

20世纪儒学研究大系

　　　　　　　日报 1962.6.23

高振锋　论孔子"有教无类"——兼和关锋、赵纪彬等同志商榷
　　　　　　　吉林日报 1962.7.31

廖宗明　孔子论教师　四川日报 1962.8.4

辛　兰　孔子在体育方面的实践和主张　新体育 1962 年 8 月号

朱　活　孔子是我国古代的伟大教育家　文史哲 1962 年第 5 期

卢南乔　论孔子与教育　文史哲 1962 年第 6 期

江　浦　从《论语》看孔子的教学活动和孔门的师生关系　江汉
　　　　　　　学报 1962 年第 7 期

车　载　论孔子的"学而不厌"　学术月刊 1962 年第 9 期

罗佐才　谈谈孔子的启发教育思想　福建教育 1963 年第 9 期

张瑞璠　孔子教育史事杂考　文汇报 1962.9.13

卢南乔　孔子的教育思想及其在中国教育史上的地位　大众日报
　　　　　　　1962.11.3

毛礼锐　《论语》教育语录试解　文汇报 1962.12.22

章　陆　试论我国古代儒家的教学原思想　浙江师范学院学报
　　　　　　　1963 年第 1 期

邵鹤亭　先秦儒家论学习方法　北京师范大学学报 1963 年第 2
　　　　　　　期

张其昀　孔子论道德(1—5)　中国一周 1963 年 6、7 月第 685—
　　　　　　　690 期

张瑞璠　评作为教育家的孔子　华东师范大学学报 1964 年第 2
　　　　　　　期

张君劢　孔子与柏拉图伦理思想的比较　思想与时代 1965 年 7
　　　　　　　月第 132 期

徐复观　孔孟德治思想发微　孔孟月刊 1966 年 8 月第 4 卷第 12

期

中共山东省委员会写作小组　批判孔丘的教育思想　人民日报
1971 年 7 月 9 日

赵家骥　孔子——维护奴隶制的教育家　吉林师范大学学报
1973 年第 1 期

刘梦溪　孔子——奴隶主贵族阶级的反动教育家　山西日报
1973 年 9 月 27 日

周德昌　孔子是维护奴隶制的反动教育家　广东师范学院学报
1973 年第 9 期

北京大学　清华大学大批判组　孔子是怎样利用教育进行反革命
复辟活动的?　人民日报 1974 年 1 月 26 日

黄金南　简评孔丘的教育路线　华中工学院学报 1974 年第 2 期

蒋励材　孔子的诗教与诗经　孔孟学报 1974 年 4、9 第 27、28
期

唐晓文　孔丘教育思想与"克己复礼"　光明日报 1974 年 5 月 28
日

批判孔丘反动的艺术教育思想　光明日报 1974 年 7 月
29 日

钱穆著　孔子传　综合 1975 年版

冯天瑜著　孔子教育思想批判　人民出版社 1976 年版

冯天瑜　孔丘的亡灵与教育界的奇谈怪论　红旗 1976 年第 3 期

陈立夫　孔子何以被尊为万世师表?　东方杂志 1976 年 2 月第
9 卷第 8 期

龚乐群　孔子的教学方法与态度　孔孟月刊 1976 年 6 月第 14 卷
第 10 期

孙沛德　孔子的道德教育　孔孟月刊 1977 年 2 月第 15 卷第 6 期

宋锡正　孔子的教育原理　孔孟月刊 1977 年 12 月第 16 卷第 4 期

张瑞璠　再评孔丘的"有教无类"　上海师范大学学报 1978 年第 1 期

杨荣春　孔丘教学教育方法的再评价　学术研究 1978 年第 3 期

陈增辉　孔子教育思想试评　光明日报 1978.7.18

宋锡正　孔子的人格教育　孔孟月刊 1978 年 7、8 月第 15 卷第 11、12 期

张鉴佐　孔丘的治学、教学精神和教学方法　南京师范学院学报 1978 年第 4 期

杨柳桥　"有教无类"古解　历史研究 1978 年第 4 期

孙乃沅　怎样评价"有教无类"?　破与立 1978 年第 6 期

周德昌　试论孔子的教学方法　新教育 1978 年第 11 期

单周尧　《"有教无类"古解》质疑　历史研究 1978 年第 12 期

江　浦　孔子的教学经验不应全盘否定　武汉师范学院庆祝建院 20 周年科学报告会论文选集第 1 册 1978 年

黎顺清　试论孔子的因材施教　陕西师范大学社会科学论文集 1979 年第 1 辑

李凤全　赵武军　孔子教育方法的几点探讨　牡丹江师范学院学报 1979 年第 1 期

辰　雨　漫谈孔夫子的某些治学精神　贵州日报 1979.2.1

曾扬华　论孔子的教学方法与治学经验　中山大学学报 1979 年第 2 期

朱德根　孔子教育方法浅析　南宁师范学院学报 1979 年第 4 期

黄静华　孔孟荀的人性论与教育观　孔孟月刊 1979 年 1 月第 17 卷第 5 期

钱远镕　孔子的教育思想和教学实践　武汉师范学院学报 1979
年第 1 期

骆啸声　孔子的教育思想是为新兴地主阶级服务的　武汉师范学
院学报 1979 年第 1 期

骆啸声　孔子是我国古代一位教育家　江汉历史学丛刊 1979 年
第 1 期

范　钟　论孔子的教育思想——兼评《孔丘教育思想批判》　江
汉历史学丛刊 1979 年第 1 期

胡克敏　怎样看待孔子的教育思想　贵阳师范学院学报 1979 年
第 1 期

东　岭　孔子教育言论选评　内蒙古教育 1979 年第 2 期

吴玉琦　对孔丘的教育思想要一分为二　辽宁教育 1979 年第 2
期

杨劲生　孔子教育思想的积极意义　海南师专学报 1979 年第 2
期

纪　川　试谈孔子的教育思想　江西师范学院学报 1979 年第 2
期

张瑞璠　孔子教育思想的二重性　教育研究 1979 年第 3 期

吴秀英　孔子的伦理、政治、教育思想评价　孔孟月刊 1979 年 3
月第 17 卷第 7 期

胡曲园　"仕而优则学,学而优则仕"注辨正　文汇报 1979.4.13

于盛庭　关于孔子首创私学的问题　徐州师范学院学报 1979 年
第 4 期

毛礼锐　儒家的"教学论"初探　北京师范大学学报 1979 年第 6
期

古锡泉　教育家孔丘简介　广东教育 1979 年第 8 期

钱家珏　浅谈孔子的教学思想　中国教育学会通讯 1980 年第 1 期

刘袭常　孔子的教育思想应当研究　锦州师范学院学报 1980 年第 1 期

儒家的"教学论"初探（文摘）　光明日报 1980.1.20

傅任敢　"有教无类"是什么意思　教育研究丛刊 1980 年第 2 辑

许梦瀛　《学记》与孔子教育思想的关系　教育研究丛刊 1980 年第 2 辑

张焕庭　中国教育史的承先启后人　教育研究丛刊 1980 年第 2 辑

陈科美　以仁为核心的教育思想　教育研究丛刊 1980 年第 2 辑

郑其龙　孔、孟教育思想之比较　教育研究丛刊 1980 年第 2 辑

毛礼锐　孔子教学思想的科学性　教育研究丛刊 1980 年第 2 辑

燕国材　孔子的教育心理思想　教育研究丛刊 1980 年第 2 辑

李国榕　孔子的教育心理学思想可以研究　教育研究丛刊 1980 年第 2 辑

吴　杰　孔子的课程理论　教育研究丛刊 1980 年第 2 辑

林传鼎　孔子的差异心理学　教育研究丛刊 1980 年第 2 辑

王　越　孔子私学探源　教育研究丛刊 1980 年第 2 辑

冯天瑜　重政务、轻自然、斥技艺的教育思想　教育研究丛刊 1980 年第 2 辑

许椿生　教师的表率　教育研究丛刊 1980 年第 2 辑

王泗原　孔门的师生关系　教育研究丛刊 1980 年第 2 辑

李　奇　孔子的道德教育思想中的合理因素　教育研究丛刊 1980 年第 2 辑

鲁　洁　试析孔子的道德教育观　教育研究丛刊 1980 年第 2 辑

梁昌林　论孔子的启发教育　教育科学研究通讯 1980 年第 2 期

朱方东　孔子与体育　上海体育学院教学与科研 1980 年第 2 期

熊明安　"有教无类"是孔子的政治主张　社会科学研究（四川）
　　　　1980 年第 2 期

郑其龙　孔子教育思想引论（上、下）　湖南师范学院学报 1980
　　　　年第 2 期

颜震华　孔子教育思想浅议　教育科学研究通讯 1980 年第 2 期

王炳照　论"学而优则仕"　北京师范大学学报 1980 年第 2 期

童明英　论孔子的教育方法　齐齐哈尔师范学院学报 1980 年第
　　　　2 期

宋海清　孙爱国　关于《论先秦诸子的伦理观》中两点提法的异
　　　　议　广西师院学报 1980 年第 2 期

钟肇鹏　孔子的教育实践和文献整理工作　《孔子及孔子思想再
　　　　评价》（论文集）吉林人民出版社 1980 年版

喻宝善　孔子的认识论和教育教学方法　湘潭地区教育学会
　　　　1980 年年会论文选辑

殷孟伦　从《论语》看孔子的语言教育论　文史哲 1980 年第 3 期

周谷城　仁的教育思想　教育研究 1980 年第 3 期

蔡尚思　孔子教育思想要具体分析　教育研究 1980 年第 3 期

何寿昌　应把孔子教育思想的研究再提高一步　教育研究 1980
　　　　年第 3 期

周德昌　批判地继承思想遗产（孔子教育思想）　教育研究 1980
　　　　年第 3 期

张瑞璠　可以肯定的东西要多一些（孔子教育思想）　教育研究
　　　　1980 年第 3 期

周辅成　孔子的道德教育　教育研究 1980 年第 3 期

20世纪儒学研究大系

毛礼锐　论儒家的道德教育思想　北京师范大学学报1980年第3期

洪石荆　"有教无类"辨　《哲学史论丛》吉林人民出版社1980年7月

　　　　孔子的道德教育思想可以"去粗取精"（文摘）　解放日报1980.7.29

　　　　孔子的道德教育思想可以批判地继承　大众日报1980.8.7

陈景磐　论孔子的道德教育思想　北京师范大学学报1980年第4期

孙叔平　由学在官府到学下私人是历史的进步　教育研究1980年第4期

李世邦　试论孔子的教育实践及其文与智、学与思结合的教学方法　四平师范学院学报1980年第4期

严北溟　孔子教育思想是唯物主义　教育研究1980年第4期

庞　朴　把思路放开些（教育思想笔谈）　教育研究1980年第4期

王绍海　徐毅鹏　颜震华　孔子教育思想评价的几个问题　教育科学研究通讯1980年第4期

李艺荣　历史地评价孔子的教育遗产——关于孔子教育思想的几个问题　南宁师范学院学报1980年第4期

杨柳桥　《"有教无类"古解》解疑　文稿与资料1980年第4期

周国光　孔子在教育史上的主要贡献　贵阳师范学院学报1980年第4期

周汝忠　孔子的教育思想　广西民族学院学报1980年第4期

徐景重　刘福国　试评孔丘的教育实践　重庆师范学院学报

1980 年第 4 期

柳之榘　"学而优则仕"是春秋时期教育思想的新命题　教育研究 1980 年第 4 期

谭佛佑　"仕而优则学,学而优则仕"辨异　安徽师范大学学报 1980 年第 4 期

赖胜烈　孔子伦理思想对日本的影响　中国与日本 1980 年 10 月第 236 期

骆承烈　关于孔子的教育思想　山东教育 1980 年第 6 期

颜震华　古代伟大教育家孔子　吉林教育 1980 年第 8 期

林乃燊　孔丘教育思想两面观　《中国古代史论文集》1981 年第 1 辑

许梦瀛　孔子教学思想论略　新乡师范学院学报 1981 年第 1 期

周祺家　从《论语》看孔子的"教学论"　河南师范大学学报 1981 年第 1 期

张小明　读《论语》札记　上海师范学院学报 1981 年第 1 期

何寿昌　关于研究孔子教育思想的几个问题　东北师范大学学报 1981 年第 1 期

赵年苏　谈孔子的智能说——试述孔子在心理学方面的贡献　江苏师范学院学报 1981 年第 1 期

陈高岑　浅谈孔子的启发式教学方法　南充师范学院学报 1981 年第 1 期

吴　杰　孔子的课程理论和《学记》所设想的教学进程　东北师范大学学报 1981 年第 1 期

章柳泉　论孔子私学的治道与文献之传　上海师范学院学报 1981 年第 1 期

钟肇鹏　孔子的伦理教育思想　东岳论丛 1981 年第 1 期

周德昌　孔子德育思想简论　华南师范学院学报1981年第1期

燕国材　孔子的德育心理思想　上海师范学院学报1981年第1
期

苏大明　孔子与"人才终生设计"(文摘)　光明日报1981.2.22
孔子是我国第一个大教育家(文摘)　文汇报1981.2.2

武立人　孔子"学而优则仕"新解(文摘)　光明日报1981.2.4

赵家骥　孔子德育思想初探　东北师范大学学报1981年第2期

谢质彬　论"有教无类"　文史论集1981年第2期

张荫琪　孔子"教学论"臆说　天津师专学报1981年第2期

颜震华　孔子办的是什么样的私学?　教育科学研究通讯1981
年第3期

傅任敢　《论语》教育章节析解　教育研究1981年第3期

鲍兆宁　孔子的学养和教育经验　山东师范学院学报1981年第
3期

郑其龙　孔子德育思想略论　湖南师范学院学报1981年第3期

严北溟　谈孔子的人道主义　文汇报1981.8.3

丁裕超　试论孔子的道德教育思想　山西大学学报1981年第4
期

朱德根(遗作)　浅谈孔子的教学方法　学术论坛1981年第4期

常校珍　孔子人才观初探　甘肃师范大学学报1981年第4期

赵年苏　略论"因材施教"的由来　江苏师范学院学报1981年第
4期

任钟印　试论"有教无类"——评《论语与新探》　黄石师范学院
学报1981年第4期

周庆义　孔子教育思想十辨、评、析、解　山西教育科研通讯1981
年第4期

傅越秋　从《论语》看孔子的教育主张　天津教育 1981 年第 5 期

胡贤鑫　小议"学而优则仕"　齐鲁学刊 1981 年第 5 期

张乃璇　孔子教育思想评介　社会科学(上海)1981 年第 6 期

王炳照　试谈孔子教育思想的阶级属性　北京师范大学学报 1981 年第 6 期

张瑞璠　孔子的道德教育思想　华东师范大学学报 1981 年第 6 期

吴玉琦　略论孔子私学的历史作用　东北师范大学学报 1981 年第 21 期

毛礼锐　邵鹤亭　孔丘的教育思想　《孔子教育思想论文选》(1949—1980)教育科学出版社 1981 年版

陈景磐　孔子的教育思想　《孔子教育思想论文选》(1949—1980)教育科学出版社 1981 年版

钱远镕　中国历史上的大教育家——孔夫子　《孔子教育思想论文选》(1949—1980)教育科学出版社 1981 年版

朱　活　孔夫子与秦始皇(提要)——谈孔夫子兴学和秦始皇焚坑　《孔子研究论文集》曲阜师范学院孔子研究室自编自刊 1981 年版

卢兼三　论孔子的师范教育　《孔子研究论文集》曲阜师范学院孔子研究室自编自刊 1981 年版

骆承烈　孔子关于教师的理论和实践　《孔子教育思想论文选》(1949—1980)教育科学出版社 1981 年版

商松石　谈《论语》中孔门的师生关系　《孔子研究论文集》曲阜师范学院孔子研究室自编自刊 1981 年版

迟克俭　试论孔子道德教育思想的批判继承问题　《孔子研究论文集》曲阜师范学院孔子研究室自编自刊 1981 年版

周惠英　孔子教育思想浅议　教育丛刊 1982 年第 1 期

辛安亭　孔子的社会生活教育　甘肃教育 1982 年第 1 期

王　彬　不可分割的一个整体——谈"仕而优则学,学而优则仕"
　　　　辽宁教育 1982 年第 1 期

黎亦云　"学而优则仕"辨　广西大学学报 1982 年第 1 期

任延库　略论孔子智育思想　青海师范学院学报 1982 年第 1 期

伍　文　孔子的人才学和人才教育及其他　黄石师范学院学报
　　　　1982 年第 1 期

洪石荆　孔子伦理道德思想探析　安徽师大学报 1982 年第 1 期

李世海　孔子人才学思想浅议　陕西师范大学学报 1982 年第 2
　　　　期

曹家梯　谈孔子"学而优则仕"的教育思想　教育科研通讯 1982
　　　　年第 2 期

冯天瑜　孔子"轻自然,斥技艺"思想的历史评价　中国哲学史研
　　　　究 1982 年第 2 期

刘辉汉　论孔子的启发教学法　昆明师范学院学报 1982 年第 2
　　　　期

陈德安　孔子论学习过程及其方法　山西师范学院学报 1982 年
　　　　第 2 期

罗佐才　孔子论发展学生的思维能力　上海师范学院学报 1982
　　　　年第 2 期

罗佐才　孔子论道德教育原则和方法　广东教育学院学报 1982
　　　　年第 2 期

　　　　孔子伦理观和政治观的一致性(文摘)　光明日报 1982.
　　　　4.6

张鸣岐　试辨《"有教无类"》解　北京师范大学学报 1982 年第 3

期

刘怀仁 也论孔子的教育思想 晋中社联通讯 1982 年第 3 期

常校珍 试论孔子的教育心理学思想 社会科学（甘肃）1982 年
第 3 期

柴文袖 略论孔子的教育心理思想 体育教学与科研 1982 年第
3 期

许梦瀛 孔子的德育实践 教育研究 1982 年第 4 期

杨天堂 孔子"举贤才"的用人路线 求索 1982 年第 4 期

陈雁谷 试谈孔子的教育心理思想 心理学报 1982 年第 4 期

杨鑫辉 试论孔子的教育心理思想 江西师范学院学报 1982 年
第 4 期

方延明 试谈孔子的理想人格 南京大学学报 1982 年第 4 期

章　也 论孔子的人才分类思想 内蒙古社会科学 1982 年第 6
期

张中杰 孔子教育思想三题 中州学刊 1982 年第 6 期

陈德安 孔子论学习的积极态度 山西教育科研通讯 1982 年第
6 期

周庆义 孔子论启发式教学 山西教育科研通讯 1982 年第 6 期

勒乃铮 孔子与启发式教学 人民教育 1982 年第 11 期

丁明宽 简评孔子的教育思想 《1982 年全国教育史学会第二次
年会论文集》

程涛平 蔡世骥 "有教无类"广议 江汉论坛 1982 年第 12 期

蔡尚思著 孔子思想体系 上海人民出版社 1982 年版

杜任之 高树帜 孔子伦理道德思想精华探索 运城师专学报
1983 年创刊号

钱耕森 论孔子伦理思想——兼论孔子政治思想 贵阳师范学院

20世纪儒学研究大系

学报 1983 年第 1 期

钱宗范 批判继承孔子的教育思想建设社会主义的精神文明 广西师范学院学报 1983 年第 1 期

罗佐才 孔子是奴隶主阶级的教育家吗？ 江西教育学院学刊 1983 年第 1 期

刘世锋 略论"仕而优则学,学而优则仕" 东岳论丛 1983 年第 1 期

周庆义 孔子的爱生与其弟子的尊师 运城师专学报 1983 年第 1 期

王棣棠 先秦儒家人性论由孔子到孟子的发展 东岳论丛 1983 年第 1 期

王其俊 略论先秦人性论的发展 兰州大学学报 1983 年第 1 期

马 平 孔子的德育观 安阳师专学报 1983 年第 1 期

钱 甦 再论孔子的伦理和政治思想 芜湖师专学报 1983 年第 2 期

熊川武 论孔子的唯物主义教育思想 益阳师专学报 1983 年第 2 期

方 阜 我国古代的大教育家——孔丘 河南教育 1983 年第 2 期

华士林 求仕·出仕·举贤——孔子人才思想散论 人才研究通讯 1983 年第 2 期

赵云峰 浅谈孔子的教学思想和方法 大连师专学报 1983 年第 2 期

苏宝荣 宋永培 "学而优则仕"应作何解？ 河北师范大学学报 1983 年第 3 期

喻宝善 试论孔子的教育心理思想 湖南师范学院学报 1983 年

第 3 期

李　俊　《论语·学而》辨疑　陕西师范大学学报 1983 年第 3 期

苏竞存　郑振坤　孔子与体育　体育科学 1983 年第 3 期

徐长安　孔子伦理思想的历史地位——兼论剥削阶级道德也可以批判继承　南京大学学报 1983 年第 3 期

张卫东　《论语》伦理思想简介　伦理学与精神文明 1983 年第 3 期

甘京林　论孔子的道德教育思想　上海师范学院学报 1983 年第 3 期

黄渭铭　孔子的体育思想　厦门大学学报 1983 年第 3 期

傅任敢　评孔小品三则(关于孔子教育思想)　光明日报 1983.5.6

余树声　简论孔子思想中的人性和人道主义　齐鲁学刊 1983 年第 4 期

曹思彬　孔子的进修精神和自学方法　教育与进修 1983 年第 4 期

商聚德　孔子人生观略论　河北大学学报 1983 年第 4 期

罗华庆　孔子的"尊贤"并非"有等"　江汉论坛 1983 年第 6 期

李启谦　略论孔子"孝"的道德思想　东岳论丛 1983 年第 6 期

常校珍　孔子的思想意志和道德情感的心理思想探讨　心理科学通讯 1983 年第 6 期

杨立俊　张乐群　试谈孔子教育思想中的民主因素　安徽省教育学会通讯 1983 年第 9 期

张知寒　孔子的学习方法简介　大众日报 1983.11.5

常校珍　简论孔子的德育心理思想　教育科学研究(一)1983 年 12 月

20世纪儒学研究大系

钟肇鹏著　孔子研究　中国社会科学出版社 1983 年版

金隆德　对孔子的教育思想的再认识　安徽教育学院学报 1984
　　年创刊号

匡亚明　孔子教育思想学术讨论会闭幕词　齐鲁学刊 1984 年第
　　1 期

喻宝善　孔子教育思想中的辩证法思想　湘潭师专学报 1984 年
　　第 1 期

李国榕　孔子的教育心理学思想　齐鲁学刊 1984 年第 2 期

罗佐才　"有教无类"辨析　天津师范大学学报 1984 年第 2 期

苗润田　孔子人性思想浅论　齐鲁学刊 1984 年第 2 期

尹建章　孔子"道不行"后的处世态度是消极的吗　郑州大学学
　　报 1984 年第 2 期

夏力耘　《论语》中的教育思想研究　绵阳师专教学与研究 1984
　　年 2 期

李永顺　大教育家——孔子　云南日报 1984 年.4.13

翟宛华　试论孔子的人才标准　兰州学刊 1984 年第 3 期

刘锡辰　孔子的教学思想　河南师范大学学报 1984 年第 3 期

赵吉惠　论孔子天命观的伦理性质　齐鲁学刊 1984 年第 3 期

杜任之　高树帜　孔子教育学说精华探讨　运城师专学报 1984
　　年第 4 期

王棣棠　孔子的人生观及其历史命运　中国哲学史研究 1984 年
　　第 4 期

梁家骏　《论语》《理想国》教育思想比较　江西师范大学学报
　　1984 年第 4 期

王述民　"学而优则仕"新解　宁夏大学学报 1984 年第 4 期

羽　佳　试论孔子培养人才的思想和方法　兰州学刊 1984 年第

4 期

陈之任　张玉声　周东辉　孔子的自学成才思想初探　齐鲁学刊
1984 年第 5 期

张　健　孔子教育思想学术讨论会开幕词　齐鲁学刊 1984 年第
6 期

高维真　在孔子教育思想学术讨论会上的讲话　齐鲁学刊 1984
年第 6 期

匡亚明　论孔子的"三十而立"和开创私学　文史哲 1984 年第 6
期

苗春德　试论孔子私学的师生关系　河南大学学报 1984 年第 6
期

林　纪　孔子教育思想学术讨论会侧记　齐鲁学刊 1984 年第 6
期

段贵林　孔子晓之以理　人民教育 1984 年第 7 期

赵一民　浅议孔子的治学　人民教育 1984 年第 10 期

杨荣春　孔子的教学论　教学论丛（理论研究版）1984 年总第 11
期

阳正太　孔子道德观抽象意义评议　《中国哲学史论丛》第一辑
福建人民出版社 1984 年版

王扬安　孔子论学习方法　枣庄师专学报 1985 年第 1 期

匡亚明　论孔子的"三十而立"和开创私学　全国高等学校文科
学报文摘 1985 年第 1 期

刘　民　试论孔子德育过程和特点　牡丹江师范学院学报 1985
年第 1 期

喻宝善　孔子的"德教"思想和教育思想　湘潭师专学报 1985 年
第 1 期

燕国材　孔子的教育心理学思想　教育研究 1985 年第 1 期

常校珍　孔子的教育心理学思想浅论　西北师范学院学报 1985 年第 1 期

杨劲生　孔子的教学论的几个心理学问题　海南大学学报 1985 年第 1 期

赵忠文　孔子所谈论的道德修养准则述评　辽宁师范大学学报 1985 年第 1 期

常校珍　孔子的教育心理学思想浅论　西北师院学报（社科版）1985 年 1 期

茅　序　试论孔子的教育思想　南通师专学报（社科版）1985 年 1 期

王扬安　孔子论学习方法　枣庄师专学报（社科版）1985 年 1 期

翟天山　孔子的自我教育思想述评　华中师范学院研究生学报 1985 年 1 期

黄肇兴　对孔子教学思想的几点探索和意见　北京商学院学报 1985 年 1 期

赵先贤　论孔子学说中"仁"与"礼"的关系　北京师范大学学报（社科版）1985 年第 1 期

阎国华　试论孔子关于教学方法的改革　教学通讯（沧州教育学院学报）1985 年第 1—2 期

钱耕森　孔子运用概念中的辩证法思想初探　安徽大学学报（哲社版）1985 年第 2 期

黄竞华　孔子论学七议　南京政治学校学刊 1985 年 2 期

王毓椿　孔子教育思想漫谈　唐山师专学报 1985 年 2 期

陈汉才　略论孔子的诗教　华南师范大学学报（社科版）1985 年第 2 期

立功、立言的优秀传统　暨南学报1985年第3期

马秋帆　再论孔子的审美教育思想　沈阳师院(社会科学学报)
1985年第3期

窦连荣　试论孔子对其弟子的智能培养　宁夏大学学报(社科
版)1985年第3期

郭齐家　论孔子教学论中的"情"　华东师范大学学报(教育科学
版)1985年第3期

唐任伍　孔子的体育活动及其体育思想　体育文史1985年第3
期

光第摘　关于孔子的损益观　文摘报1985.6.20

孙培青　论孔丘的道德教育原则　教育评论1985年第4期

孙国珍　论孔子教育理论中的朴素法思想　内蒙古师大学报(哲
社版)1985年第4期

王荣强　宋举成　孔子私学课程设置初探　内蒙古师大学报(哲
社版)1985年第4期

伍　文　"道问学"与"教学半"　华中师范学院学报1985年第4
期

陈正夫　孔子教育思想研究　江西大学学报1985年第4期

宋　敏　孔子"三十而立"非"立于办教育"(文摘)　社会科学战
线1985年第4期

尹湘豪　氏姓制度与孔子的伦理思想　江西社会科学1985年第
4期

邵汉明　孔子人生哲学四论　学术研究丛刊1985年第4期

覃遵祥　论"礼"孔子思想之核心　吉首大学学报(社科版)1985
年第4期

姚宝元　孔子的教育思想　天津师专学报(社科版)1985年第4

期

卢龙祥　关于孔子的东教　阜阳师范学院学报(社科版)1985 年第 4 期

徐　鸿　试论孔子教学过程的认识心理学思想　教育丛刊 1985 年第 4 期

杜　贵　试论孔子道德教育的几个问题　朝阳师专学报 1985 年第 4 期

赫喜明　孜孜以求乐为学　谆谆相告诲门徒——孔子"学而不厌，诲人不倦"探析　教学与管理 1985 年第 4 期

汪　洋　孔子与成人教育　电大教育 1985 年 5 期

田久川　论"学而优则仕"　辽宁师范大学学报 1985 年第 5 期

罗义俊　关于孔子的损益观及时中观　学术月刊 1985 年第 5 期

韩钟文　孔子教育思想研究　上饶师专学报 1985 年第 6 期

骆承烈　孔子的志向观　齐鲁学刊 1985 年第 6 期

岳　军　孔子论友谊　道德与文明 1985 年第 6 期

刘祚昌　"仁"是孔子教育事业的核心　山东师大学报(哲社版)1985 年第 6 期

郭碧波　孔子思想核心的再认识　哲学研究 1985 年第 9 期

刘　璞　孔子对古代教育文化事业的巨大贡献　载《先秦诸子初探》江苏人民出版社 1985 年版

张　健　要批判地继承中国古代伟大教育家孔子的珍贵遗产　《孔子教育思想论文集》湖南教育出版社 1985 年版

张瑞璠　全面评价孔丘的教育思想　《孔子教育思想论文集》湖南教育出版社 1985 年版

康明轩　孔子的教育思想　《孔子教育思想论文集》湖南教育出版社 1985 年版

20 世纪儒学研究大系

顾　洪　"有教无类"小议　《孔子教育思想论文集》湖南教育出版社 1985 年版

杨佐仁　"仕而优则学"新释　《孔子教育思想论文集》湖南教育出版社 1985 年版

杨天堂　孔子对中国教育事业的伟大贡献　《孔子研究论文集》《孔子教育思想论文集》湖南教育出版社 1985 年版

周德昌　研究孔子教育思想的方法论问题　《孔子教育思想论文集》湖南教育出版社 1985 年版

张如珍　试谈孔子的爱的教育　《孔子教育思想论文集》湖南教育出版社 1985 年版

　　　　试论孔子的教育思想（摘要）　《孔子教育思想论文集》湖南教育出版社 1985 年版

燕国材　孔子的教育心理思想　《孔子教育思想论文集》湖南教育出版社 1985 年版

陈汉才　"有教无类"辨　《孔子教育思想论文集》湖南教育出版社 1985 年版

李国榕　孔子的教育心理学思想再探　《孔子教育思想论文集》湖南教育出版社 1985 年版

徐喜辰　孔子"有教无类"刍议　《孔子教育思想论文集》湖南教育出版社 1985 年版

王永贞　为"学而优则仕"辨白　《孔子教育思想论文集》湖南教育出版社 1985 年版

陶愚川　孔子的人才学和人才教育思想　《孔子教育思想论文集》湖南教育出版社 1985 年版

郑　华　简论孔子人才思想的进步性　《孔子教育思想论文集》湖南教育出版社 1985 年版

郭令吾　孔子"举一反三"说辨析　《孔子教育思想论文集》湖南
　　　　教育出版社 1985 年版

陈信泰　试论孔子在学习理论上的贡献　《孔子教育思想论文
　　　　集》湖南教育出版社 1985 年版

罗佐才　试论孔子的德育思想　《孔子教育思想论文集》湖南教
　　　　育出版社 1985 年版

柯远扬　孔子和德育　《孔子教育思想论文集》湖南教育出版社
　　　　1985 年版

常校珍　简论孔子的德育心理思想　《孔子教育思想论文集》湖
　　　　南教育出版社 1985 年版

耿天勤　孔子德育教育思想试探　《孔子教育思想论文集》湖南
　　　　教育出版社 1985 年版

李启谦　论孔子的道德教育学说　《孔子教育思想论文集》湖南
　　　　教育出版社 1985 年版

耿　申　孔子"师论"刍议　《大学生论文选评》湖南教育出版社
　　　　1985 年版

匡亚明著　孔子评传　齐鲁书社 1985 年版

柯远扬　试论孔子德育的一个重要原则——浅析"因材施教"
　　　　福建师范大学学报 1986 年第 1 期

姚瀛艇　论孔颜乐处　中州学刊 1986 年第 1 期

周炳荣　论孔子的教育目的　沈阳师范学院学报(社科版)1986
　　　　年第 1 期

柯远扬　试论孔子德育的一个重要原则:浅析"因材施教"　福建
　　　　师范大学学报(哲社版)1986 年第 1 期

王启贵　孔子,伟大的教育家　固原师专学报(社科版)1986 年第
　　　　1 期

20世纪儒学研究大系

郭庆斋　浅谈孔子的教育思想　济宁师专学报1986年第1期

郑大衡　闪耀着智慧光辉的教学遗产(从《论语》看孔子的启发教
　　　　学)　广州师院学报(社科版)1986年第1期

呈　众　孔子在中国教育史上的贡献和地位　昌维师专学报(社
　　　　科版)1986年第1期

尤志心　试论孔子的情感教育思想　淮阴师专学报(哲社版)
　　　　1986年第1期

王守桐　论孔子"有教无类"的教育思想　朝阳师专学报1986年
　　　　第1期

李　俊　试论孔子"发挥"、"致用"的教育主张　宁夏教育学院学
　　　　报(社科版)1986年第1期

韩连琪　论孔子的仁与礼学　宁夏大学学报(社科版)1986年第
　　　　1期

孙未艾　从《论语》看孔子的语文教学观　牡丹江师院学报(哲社
　　　　版)1986年第1期

骆承烈　孔子的家庭教育　教育丛刊1986年1期

林瑞山　从"仁、知、勇"谈孔子的价格心理学思想　山东师大学
　　　　报(社科版)1986年第2期

黄腾火　遵循教学规律,开发学生智力——浅谈孔子的教学思想
　　　　原则和方法　集美师专学报1986年第2期

喻宝善　孔子的情感教育和个性教育思想——再谈孔子的教育心
　　　　理思想　湘潭师范学院社会科学学报1986年第2期

陈元晖　卓越的教育思想家——孔子　孔子研究1986年第2期
　　　　"仁"是孔子教育事业的核心(文摘)　教育研究1986年
　　　　第2期

张瑞璠　孔子为古代人才教育开辟道路　孔子研究1986年第2

期

陈世陜 孔子的伦理思想与资产阶级人道主义之比较研究 湖北大学学报 1986 年第 2 期

孔繁银 孔子并不轻视妇女 华东师范大学学报 1986 年第 2 期

郭 沂 孔子的情感理论与情感教育思想 东岳论丛 1986 年第 3 期

康明轩 孔子教育思想的新探索 群言 1986 年第 3 期

杨信义 孔子论"治学"三题 盐城师专学报(社科版)1986 年第 3 期

孙怀仁 孔子教育思想的两点启迪 教学与管理 1986 年第 3 期

杜 贵 试论孔子德育过程和方法 铁岭师专学报(文科版)1986 年第 3 期

李如密 孔子的教学语言 教育丛刊 1986 年第 3—4 期

车树实 孔子对教育心理的贡献 沈阳师范学院学报(社科版)1986 年第 4 期

邹大炎 试论孔子的教育心理思想 河北师范大学学报(社科版)1986 年第 4 期

马肖云 对孔子教育思想的一点看法 教育研究 1986 年第 7 期
孔子教育思想的特点 实践 1986 年第 8 期

李遵立编录 孔子——自学成才的巨人 大众日报 1986 年 9 月 30 日

史东岳 孔子教育成败论 聊城师范学院学报(哲社版)1987 年第 1 期

许梦瀛 孔子教学思想的现实意义 河南师范大学学报(哲社版)1987 年第 1 期

陈元晖 孔子的美育思想 孔子研究 1987 年第 1 期

燕国材 孔子的教师心理思想 江西教育科研 1987 年第 1 期

范广仁 孔子的教育价值论、对象论和目的论 朝阳师专学报
1987 年第 1 期

丁宝兰 孔子"有教无类"说再评价 孔子研究 1987 年第 1 期

罗必意 试论孔子的平等教育思想 南宁师专学报（综合版）
1987 年第 1 期

刘祚昌 孔子思想中的积极因素 山东师大学报（社科版）1987
年第 1 期

卢龙祥 孔子诗教观及用诗辨析 阜阳师范学院（社科版）1987
年第 1 期

杨焕英 孔子在教育史上的影响和地位 孔子研究 1987 年第 2
期

丛彩娥 杨世谷 从孔子的理想社会谈孔子的教育目的 青年工
作论坛 1987 第 2 期

赵潜亭 孔子教学思想浅析 普教研究 1987 年第 2 期

张青昕 试谈孔子对学生智能的培养 徐州教育学院学报（哲社
版）1987 年第 2 期

徐 鸿 再论孔子教学过程的个性心理学思想 教育丛刊 1987
年第 2 期

范广仁 孔子的教育价值论、对象论和目的论（续） 朝阳师专学
报 1987 年第 2 期

郝富有 孔子的差异心理与教育思想试探 张家口师专学报
1987 年第 3 期

汪有灼 关于孔子启发式教学实践的一些思考 信阳师范学院学
报（哲社版）1987 年第 3 期

程谪凡 论孔子的"有教无类" 安徽师大学报（哲社版）1987 年

第 3 期

廖焕超　孔子的教育活动　营口师专学报(哲社版)1987 年第 3 期

李国榕等　孔子的社会心理思想探析　东岳论丛 1987 年第 3 期

陈　出　孔子的仁学结构及精神　东北师大学报(哲社版)1987 年第 3 期

阎国华　孔子教师论述评　河北大学学报(哲社版)1987 年第 3 期

王　兴　浅谈孔子关于用道德教育预防犯罪的思想　中南政法学院学报 1987 年第 3 期

阎国华　孔子教师论述评　河北师大学报(哲社版)1987 年第 3 期

然　之　试论孔子教育思想中的积极因素　武汉教育学院学报(哲社版)1987 年第 3 期

徐　鸿　孔子教学教程中的情感心理思想　教育丛刊 1986 年第 3—4 期

刘奉光　孔子教育原则的新思考　广州教育学院、广州师专学报 1987 年第 4 期

潘　强　孔子因材施教探析　历史教学 1987 年第 4 期

王国维秩文　孔子之美育主义　江海学刊(文史哲)1987 年第 4 期

辛　立　孔子的"德"、"礼"观　北京师范大学学报(社科版)1987 年第 4 期

康明轩　略论孔子的教学类型　湖南师范大学社会科学学报 1987 年第 4 期

韩玉德　孔子"有教无类"思想的基本内涵　齐鲁学刊 1987 年第

4 期

张如珍　教育改革的先驱——孔子　西北师院学报(社科版)
1987 年第 4 期

辛安亭　孔子论教学与论学习　西北师院学报(社科版)1987 年
第 4 期

赵立钢　孔子"四教"刍议　齐鲁学刊 1987 年第 5 期

商　港　简析孔子道德的核心——仁　北方论丛 1987 年第 5 期

郝连昌　孔子对中国传统文化的贡献　北方论丛 1987 年第 6 期

徐中舒　唐嘉弘　简论孔子的教育思想　教育研究 1987 年第 7
期

舒　铭　孔子是我国传统的优良品德的倡导者和发扬者　教育论
丛 1987 年第 7 期

康明轩　孔子的教育思想体系　教学与管理(山西教育学院)
1987 年第 7 期

朱天晓等　略论孔子学说中的"礼"与"仁"　理论研究 1987 年第
10 期

赵北耀　论孔子的师德　运城师专学报 1988 年第 2 期

杨立武　论孔子教育体系的逻辑起点　四川教育学院学报 1988
年第 1 期

徐　鸿　孔子教学过程的心理学思想初探　心理学报 1988 年第
20 卷第 1 期

钱　逊　从樊迟请学稼章谈孔子教育思想　孔子研究 1988 年第
2 期

王婉华　从《论语》看孔子的为师之道　中共浙江省委党校学报
1988 年第 2 期

李建国　孔子语言教育思想初探　课程教材教法 1988 年第 2 期

黄学溥　孔子苏格拉底启发式教学比较　西北师院学报(社科版)1988 年第 2 期

陈桂生　孔子"启发教学"别解　教育科学 1988 年第 2 期

张富祥　鲁文化与孔子　孔子研究 1988 年第 2 期

杜　贵　孔子论德育原则　铁岭教育学院院刊 1988 年第 2 期

杜成宪　孔子的"学"范畴研究　华东师大学报(教科版)1988 年第 3 期

华星白　从《论语》看孔子的诗教　教学研究 1988 年第 4 期

韩延明　李如密　孔子教育管理思想探微　孔子研究 1988 年第 4 期

孙开泰　李超英　从孔子对弟子的评价看其教育思想　贵州文史丛刊 1988 年第 4 期

周善恒　孔子"因材施教"原则综述　广州教育 1988 年第 5 期

周炳荣　论孔子的智育思想　沈阳师范学院学报(社科版)1989 年第 1 期

杜小悌　孔子思想中的合理因素　青岛教育学院学报 1989 年第 1 期

陈继东　孔子诗教辩　浙江师范大学学报(社科版)1989 年第 1 期

王玲玲　孔子的品德教育思想及其现实意义浅析　新时期论坛 1989 年第 2 期

任怀国　试论孔子的人才培养　齐鲁学刊 1989 年第 2 期

傅淑芳　简论孔子思想中的积极因素　孔子研究 1989 年第 2 期

许梦瀛　孔子的认识论及其教学思想　河南师范大学学报(哲社版)1989 年第 3 期

高尚刚　孔子教师观述论　河南大学学报(哲社版)1989 年第 3

　　期

刘奉光　孔子教育原则新论　成人高等教育研究 1989 年第 3 期

司晓宏　孔子因材施教思想补证　陕西师大学报(哲社版)1989
　　年第 3 期

葛伟星等　孔子学习观浅论　辽宁教育学院学报(社科版)1989
　　年第 3 期

葛伟星　杨春萍　孔子学习观浅论　辽宁教育学院学报(社科
　　版)1989 年第 3 期

王开元　孔子论教与学　新疆师范大学学报(哲社版)1989 年第
　　4 期

陈信泰等　试论孔子教学中的思维训练　教育论丛 1989 年第 4
　　期

康明轩　也谈孔子教学思想　教学与管理 1989 年第 5 期

陈高岑　孔子"启发式"教学辨析——兼谈孔子"启发式"教学的
　　三个层次　四川师范学院学报(哲社版)1989 年第 6 期

田光辉　试析孔子的智力观　贵州社会科学(文史哲)1989 年第
　　10 期

陈元晖　孔子的德育思想　教育研究 1989 年第 10 期

张维山等　学习孔子"启发式"教学方法的体会　蒲峪学刊 1990
　　年第 1 期

何齐宗　孔子美育思想探讨　教育科学 1990 年第 1 期

丁原明　论孔子教育思想中诸教育内容之间的互补关系　孔子研
　　究 1990 年第 1 期

俞启定　试论孔子教学活动中的英才教育特色　孔子研究 1990
　　年第 1 期

张瑞昌　从《论语》看孔子的教学　松辽学刊(社科版)1990 年第

1 期

吴思中　向着人的目标升华——孔子教育思想核心试探　山西大学师范学院学报(哲社版)1990 年 1 期

陈继东　论孔子思想的开拓精神　浙江师大学报(社科版)1990 年第 1 期

寇永俊等　也谈孔子的体育思想　甘肃理论学刊 1990 年第 1 期

马永敬　孔子的教育思想与教学实践　辽宁商专学报 1990 年第 1 期

孙喜连　试论孔子的因材施教　抚顺教育学院学报 1990 年第 1 期

王　樵　孔子教育思想浅探　云南教育学院学报(社科版)1990 年第 2 期

宋绍光　试论孔子的德育思想　徐州师范学院学报(哲社版)1990 年第 2 期

钱建国　孔子思想与中华民族文化心理素质　浙江财经学院学报 1990 年第 2 期

王晓林　浅论孔子的启发诱导理论　中学语文 1990 年第 3 期

刘志鸿　孔子的教育思想和他的思想教育　上海教育科研 1990 年第 3 期

林有祥　孔子教学思想探微　长沙水电师院学报(社科版)1990 年第 3 期

张嘉敬　论孔子的德育观及其深远意义　兰州大学学报(社科版)1990 年第 3 期

杨淑明　试论孔子的求实精神　理论学刊 1990 年第 4 期

徐天申　论孔子重"问"　江西教育科研 1990 年第 4 期

李建中　孔子的德礼为治和学校的现代管理　教育管理 1990 年

第 4 期

刘奉光　孔孟教育思想比较　贵州师范大学学报 1990 年第 4 期

黄保德　孔子的人道主义及其在教育思想中的体现　教育研究与实验 1990 年第 4 期

朱永龄　孔子的教育哲学思想三题　上饶师专学报(社科版) 1990 年第 4—5 期

张嘉敬　孔子德育思想初探　西北师大学报(社科版)1990 年第 5 期

康明轩　孔子的教育思想与民族传统文化　中国人民大学学报 1990 年第 6 期

刘　敏　浅论孔子的德育思想　西北高等农林教育 1991 年第 1 期

周祺家　从《左传》看孔子的政治伦理教育思想　殷都学刊 1991 年第 1 期

于建福　孔子的中庸教育哲学思想初探　山东师大学报(社科版)1991 年第 1 期

艾国清　孔子之学习三境界　教育研究 1991 年第 2 期

杨学良　孔子教育思想中的民主精神　教学与管理 1991 年第 1 期

潘　玲　对孔子学习过程思想的探讨　黑龙江高教研究 1991 年第 1 期

丁远坤　浅析孔子、荀子教学思想中的学、思、行　孝感师专学报(哲社版)1991 年第 1 期

王卓民　略析孔子的民主教育思想　天津教育学院学报(社科版)1991 年第 2 期

田晓晶　论孔子思想与实践中的"民主教育"因素　锦州师范学

院学报(哲社版)1991年第2期

侯变风等　孔子教育艺术浅探　山西大学师范学院学报综合版1991年第3卷第2期

史晓红　孔子德育思想浅析　思茅师专学报(综合版)1991年第7卷第2期

杜　录　试论孔子的道德教育　山西大学师范学院学报(综合版)1991年第3卷第2期

张葆全　教育家孔子浅论　桂林教育学院学报(综合版)1991年第3期

康明轩　孔子成人高等教育引论　山西大学师范学院学报(综合版)1991年第3卷第2期

晓　烈　孔子教育思想简评　教工月刊1991年第3期

姚继舜　孔门"乐教"探析　江西社会科学1991年第3期

康明轩　孔子成人高等教育思想引论　成人高等教育研究1991年第3期

姚　政　论孔子德行教育思想　四川师范学院学报(哲社版)1991年第3期

郭经范　试谈孔子创学与高等自学助学教育　传统文化1991年第3期

赵北耀　论孔子的师德　传统文化1991年第3期

郁永昌　弘扬孔子思想的精华　汉中师院学报(哲社版)1991年第9卷第4期

孙　宏　孔子治学散论　齐齐哈尔师院学院学报(哲社版)1991年第4期

胡菊英　谈孔子的启发教学　河南大学学报(社科版)1991年第31卷第4期

刘译君　孔子德育思想初探　北方工业大学学报 1991 年 32 卷第 4 期

杨玉霜　试论孔子仁学的实践性　学术论坛 1991 年第 6 期

余福洲　孔子教育实践的人格力量　社会科学家 1991 年第 6 期

康明轩　儒家鼻祖孔子的师范教育论　山西大学师范学院学报（综合版）1991 年第 6 期

刘奉光　孔子人道思想研究　上海大学学报（社科版）1991 年第 6 期

戴国明等　《论语》中孔子启发学论教思想浅议　教育研究 1991 年第 8 期

王　尊　儒家"乐教"与孔子"诗教"　河南师范大学社会科学学报 1992 年第 1 期

曹　青　论孔子的人才教育　杭州师范学院学报 1992 年第 1 期

刘振东　孔子论君子　孔子研究 1992 年第 1 期

李和平　孔子教化为本的决策断想　江西教育学院学报（综合版）1992 年 13 卷第 1 期

徐润华　孔子与苏格拉底启发式教学的比较　河南师范大学学报（哲社版）1992 年第 19 卷第 1 期

周满江　教育改革家孔子　桂林教育学院学报（综合版）1992 年第 2 期

吴浩生　孔子伦理道德思想初探　探索 1992 年第 2 期

雷光华　浅析孔子的人才思想　湘潭大学学报（社科版）1992 年第 6 卷第 2 期

苏庆恭等　试论孔子师生关系　齐鲁学刊 1992 年第 2 期

张　劲　也论孔子核心思想　浙江大学学报（社科版）1992 年第 6 卷第 2 期

王文源　孔子的道德理想与教育初探　赣南师范学院学报(社科版)1992 年第 2 期

王今山　孔子的教学过程理论及其影响　庆阳师专学报(社科版)1992 年第 2 期

杜道明　孔子审美思想新探　齐鲁学刊 1992 年第 3 期

陈中杰　孔子仁礼思想刍议　湖北教育学院学报(哲社版)1992 年第 9 卷第 3 期

李江河　试论孔子思想精华的借鉴　渤海学刊 1992 年第 3 期

肖鸣政　孔子因材施教思想探析　河北大学学报(哲社版)1992 年第 3 期

冯憬远　孔子论理想人格模式　中州学刊 1992 年第 3 期

李如密　孔子的道德教育和乐学精神:关于孔子"快乐教学论"的初探　江西教育科研 1992 年第 4 期

徐小洲　孔子与柏拉图教育思想比较　比较教育研究 1992 年第 4 期

尹建章　试论孔子的乐教思想　郑州大学学报(哲社版)1992 年第 4 期

吕文元　孔子的自学思想与实践　教育论丛 1992 年第 4 期

萧鸣政　试论孔子的形成性教育评价思想　古籍整理研究学刊 1992 年第 7 卷第 4 期

谢洪恩等　简论孔子"为政以德"的政治伦理思想　探索(哲社版)1992 年第 5 期

傅建增　孔子思想教育理论初探　南开学报(哲社版)1993 年第 1 期

黄定辉　从《论语》看孔子的教学方法:与巴班斯基的教学方法作对照　肇庆教育学院学报(综合版)1993 年第 1 期

邵振华　孔子教学原则发微　思茅师专学报1993年第1期

韦　石　孔子是世界上第一个提出理想教育的教育家　中小学管理1993年第1期

戴哲人　孔子的教育思想　居巢学刊1993年第1期

何瑞兰　孔子论学　九江师专学报(哲社版)1993年第2期

罗世烈　孔子的教育及其仁学　贵州大学学报(社科版)1993年第2期

柯远扬　孔子德育思想研究　华侨大学学报(哲社版)1993年第2期

徐天申等　孔子:中国古代伟大的进步思想家　江西大学学报(社科版)1993年17卷第2期

邓球柏　论"学而时习之"与学行结合原则　湘潭大学学报(社科版)1993年17卷第2期

翁银陶　论孔子的心理平衡法　福建师范大学学报(哲社版)1993年第3期

吕绍纲　孔子学习观浅议　高等教育与实践1993年第3期

张伟平　关于"有教无类"与"束脩"问题的思考:孔子教育对象观新探　杭州师范学院学报1993年第4期

梅汝莉　孔子教育思想系统观初探　西南师范大学学报(哲社版)1993年第4期

张　恺　从孔门师生间的批评与歧见看孔子教育的特点　天津商学院学报1993年第4期

王志功　孔子《诗》"无邪"说及其文化意义　兰州大学学报(社科版)1993年21卷第4期

孙迎光　孔子启发式教育对德育的借鉴意义　江苏高教1994年第1期

聂振欧　说"举一隅不以三隅反,则不复也"　新疆大学学报(哲学社会科学版)1994 年第 2 期

凌小云　试论孔子"为政"的教育思想　湛江师范学院学报(社会科学版)1994 年第 3 期

耿天勤　论孔子的历史教育　山东师大学报(社会科学版)1994 年第 3 期

鲍　明　孔子的教育政治学思想及其现实意义　沈阳师范学院学报(社会科学版)1994 年第 4 期

欧阳柳青　孔子、颜元与"六艺"教育　上海体育学院学报 1994 年第 4 期

潘修人　孔子教育目的评说　内蒙古民族师院学报(汉文版,哲学社会科学版)1994 年第 4 期

谭元昌　中庸与孔子的教育思想和文艺思想　内蒙古师范大学学报(教育科学版)1995 年第 1 期

吴定初　中国教育科研起源论　四川师范大学学报(哲学社会科学版)1995 年第 1 期

刘雅俊　孔子言志教育的主导思想和目的刍议——析《论语·子路曾皙冉有公西华侍坐》　新疆大学学报(哲学社会科学版)1995 年第 1 期

白祖诗　试论孔子教育学说的精华　云南社会科学 1995 年第 3 期

张腾霄　从方法论谈孔子的教育思想　中国人民大学学报 1995 年第 5 期

吴定初　孔子教育研究方法析述　教育理论与实践 1995 年第 5 期

刘俊敏　孔子的雅言教育与今天的普通话教学　许昌师专学报

1996 年第 1 期

吴定初　孔子教育理论探源　四川师范大学学报(哲学社会科学版)1996 年第 1 期

张元城　论孔子教育思想的政治伦理特征及其对中国传统文化的影响　河北师范大学学报(哲学社会科学版)1996 年第 1 期

杜振吉　试论孔子的道德教育思想　河北学刊 1996 年第 2 期

汤恩佳　孔子的教育思想与当代教育　中华文化论坛 1996 年第 3 期

陈克守　试论孔子的教育政策思想　中国文化研究 1996 年第 4 期

董　操　张传曾　论孔子学政贯通的教育思想　东岳论丛 1996 年第 5 期

张建仁　孔子教育思想二重性管窥　新疆师范大学学报(哲学社会科学版)1997 年第 1 期

吴　霓　中国古代私学的产生及先秦时期私学的特点　西南师范大学学报(哲学社会科学版)1997 年第 1 期

冯爱红　浅析孔子的德育思想　山西高等学校社会科学学报 1997 年第 1 期

王连生　从《孔子家语》看孔子思想价值的嬗变　辽宁师范大学学报(社会科学版)1997 年第 1 期

张良才　孔子的教育平等思想及现代价值　孔子研究 1997 年第 1 期

万俊人　儒家传统教育理念的现代合理性及其限度　孔子研究 1997 年第 1 期

郭翠华　儒家教育哲学的现代启示　浙江学报 1997 年第 2 期

田耀农　刘清涌　从孔子乐教到现当代音乐教育　乐府新声—沈阳音乐学院学报1997年第2期

柯远扬　试论孔子和儒家的教育理念　哲学研究1997年第2期

赵英岐　理想教育的价值论视角——有感于孔子的理想教育　浙江大学学报(人文社会科学版)1997年第3期

涂象钧　孔子教育伦理思想概述　教育科学1997年第3期

刘维俊　孔子的教育观和文化观　河北师院学报(社会科学版)1997年第4期

周　正　从人本心理学看孔子的教育思想　中州学刊1997年第5期

张慧明　试析孔子"学为人"的教育思想　高等教育研究1997年第5期

陈亚萍　梁　励　论儒家教育思想主旨——"成人之道"　江苏社会科学1997年第6期

毕国明　论孔子的认识论思想及其对教育工作的启示　云南师范大学学报(哲学社会科学版)1997年第6期

刘太恒　《易·蒙》与孔子的教育思想　周易研究1998年第1期

梁启谈　《论语》中的行政管理思想　广西师范大学学报(哲学社会科学版)1998年第1期

朱　琳　孔子礼乐教育思想研究　乐府新声—沈阳音乐学院学报1998年第1期

刘奉光　孔子教育思想的消极影响　青海师范大学学报(哲学社会科学版)1998年第2期

高谦民　试论中国古代教育的重德精神　南京师大学报(社会科学版)1998年第2期

郑春慧　颜李学派劳动教育思想初探　河北师范大学学报(教育

科学版)1998 年第 2 期

孙德玉　中国古代儒家教育的优良传统撷谈　安徽教育学院学报
1998 年第 2 期

张腾霄　试论孔子的哲学思想与教育思想　中国人民大学学报
1998 年第 3 期

潘冠海　从孔子言语教育谈语文素质教育　广西师范大学学报
(哲学社会科学版)1998 年第 3 期

李均惠　论孔子对古代成人教育的历史贡献　重庆师院学报(哲
学社会科学版)1998 年第 4 期

李祥富　何永生　孔子个性教育思想述略　湖北大学学报(哲学
社会科学版)1998 年第 6 期

张学强　理学中人与自然关系论的教育学考察　西北师大学报
(社会科学版)1998 年第 6 期

陶美重　苏格拉底的"助产术"与孔子的启发式教育思想　扬州
大学学报(高教研究版)1999 年第 1 期

罗　林　试论孔子对儒家教育传统的奠基作用　湖北民族学院学
报(哲学社会科学版)1999 年第 1 期

刘俊男　秦禁"私学"辨——兼论孔子私学的性质　学术论坛
1999 年第 2 期

蔡兰荣　孔子道德修养论与道德教育　山东教育科研 1999 年第
2 期

张学强　禅儒之争:陆九渊教育思想与佛学关系考辨　河北师范
大学学报(教育科学版)1999 年第 3 期

郭齐家　儒家的教育思想传统与未来教育　山西师大学报(社会
科学版)1999 年第 4 期

陈秋琴　隋唐时期儒家教育思想的阶段性及其特点　南通师范学

院学报(哲学社会科学版)1999 年第 4 期

王新婷　孔子教育思想、教学方法的现代合理性　中国农业大学学报(社会科学版)1999 年第 4 期

郭齐家　张理智　孔子仁学教育思想及其当代价值　河北师范大学学报(教育科学版)1999 年第 4 期

乔法容　朱金瑞　孔子"德教为先"思想的当代意义　郑州大学学报(哲学社会科学版)1999 年第 6 期

杨振琪　论孔子教育思想及其贡献　山东教育科研 1999 年第 11 期

田汉族　孔子的完人思想及其现代教育意义　湖南师范大学社会科学学报 2000 年第 1 期

许梦瀛　孟子对孔子教育思想的继承与发展　河南师范大学学报(哲学社会科学版)2000 年第 1 期

王　岚　孔子与苏格拉底教育思想之比较　鄂州大学学报 2000 年第 1 期

林小英　儒家的"入世"教育与我国的学术弊端　河北大学学报(哲学社会科学版)2000 年第 2 期

闫向昆　先秦儒家教育思想与当代教育——先秦儒家文化与精神文明建设研究之八　社科纵横 2000 年第 2 期

刘敬东　从《论语》看孔子的教育目的　教育探索 2000 年第 2 期

郭祖仪　试论孔子理想人格理论对国民素质教育的作用　云南师范大学学报(哲学社会科学版)2000 年第 2 期

张春英　论孔子"正心"的育人观　齐鲁学刊 2000 年第 3 期

宁式颖　孔子的素质教育思想之我见　北方论丛 2000 年第 3 期

李建文　孔子教育管理思想试探　教学与管理 2000 年第 3 期

宗文举　张松茂　《论语》中"成人"文化意识及其素质教育的精

蕴　天津大学学报(社会科学版)2000 年第 4 期

王先民　孔子诗教探微　安庆师范学院学报(社会科学版)2000
年第 4 期

胡弼成　廖　梅　儒家教育思想的基本特征与当代教育改革　教
育与现代化 2000 年第 4 期

余怀彦　孔子素质教育思想初探　贵州社会科学 2000 年第 5 期

陈抗生　孔子与研究生教育　江苏高教 2000 年第 5 期

王　琪　孙学强　孔子修身观的现代启示　山东社会科学 2000
年第 6 期

方传安　孔子与毛泽东道德教育思想研究　毛泽东思想研究
2000 年第 6 期

刘炳范　终身教育理念的拥有与人文关怀的亟需——孔子及儒家
教育思想的现代价值论　孔子研究 2000 年第 6 期

二　20 世纪的孟子教育思想研究论著索引

梁启超　读《孟子》记(修养论之部)　学灯(上海《时事新报》副
刊)1919 年 2 月 4—13 日

无　咎　读《孟子·梁惠王上》　教育潮第 1 卷 7 期 1920 年 10 月

无　咎　读《孟子·梁惠王下》　教育潮第 1 卷 8 期 1920 年 11 月

金　抟　孟荀贾谊董仲舒诸子性说　新教育(上海)第 4 卷 1 期
1922 年 1 月

张明道　孟子的教育学说　新教育第 3 卷 3 期 1921 年 2 月

袁晴晖　孟子的平民思想与教育　平民教育第 49 期 1922 年 4 月

盛朗西　孟子的教育学说　民铎杂志第 5 卷 2 期 1924 年 4 月

蒋镜寰　孟荀善恶说的批判　学灯(上海《时事新报》副刊)1921

年 5 月 2 日

晁松亭　孟子之道德学说　弧兴第 1、2 期 1925 年 10 月

周秉生　孟子与诗教　中大季刊（北平）第 1 卷 3 期 1926 年 12 月

刘德丰　孟子教育学说　哲学与教育第 2 卷 1 期 1933 年 11 月

曾繁鑫　孟荀二子教育思想的比较研究　哲学与教育第 4 卷 1 期 1935 年 8 月

马宗荣　孟子及其教育思想　中国新论第 1 卷 8 期 1935 年 11 月

潘永炎　孟荀教育观念异同论　南大教育第 2 期 1935 年

刁道宗　孟荀教育学说之比较　国专月刊第 2 卷 5 期 1936 年 1 月

黄福全　孟荀二子教育学说的异同　教育生活第 4 卷 3 期 1936 年 8 月

植　之　孟子的价格修养及教育方法论　教育生活第 4 卷 4、5 期 1936 年 11、12 月

琴　崖　孟子的教育思想　仁爱月刊第 1 卷 7、8 期　1936 年 12 月

杨荣春　孟子教育理论研究　广州学报第 1 卷 2 期　1937 年 4 月

许梦瀛　孟子伦理学　陕西教育月刊第 3 卷 3、4 期　1937 年 7 月

陈载耘　孟子的教育学说　教育建设第 1 卷 3 期 1940 年 12 月

闻　眉　孟子伦理思想之探讨　中日文化第 1 卷 2 期　1941 年 3 月

燕义权　孟子的修养观念　中央日报 1942 年 12 月 3 日

陈梦家　《孟子》养气章的几点解释　理想与文化第 5 期 1943 年

唐文治　孟子气节学　大众（上海）第 8 期　1943 年 8 月

钱　　穆　孟庄论人生修养之比较观　时代精神第 10 卷 2 期 1944 年 5 月

徐文珊　孟子的人格主义教育　时代精神第 10 卷 3 期 1944 年 6 月

唐君毅　孟子性善论新释　文化先锋第 5 卷 4 期 1945 年

马元放　孟子人性论　中央日报 1946 年 8 月 27 日

冯友兰　《孟子》浩然之气章解　清华学报（新）第 13 卷 1 期 1941 年 4 月

李耀仙　孟子性善学说的阐述　哲学评论第 10 卷 3 期 1947 年 4 月

上官和生　孟荀教育思想之比较研究　教育通讯（复刊）第 3 卷 7 期 1947 年 6 月

孙次舟　孟子修养论　中央日报 1947 年 7 月 27 日

黄尊爵　孟子的教育思想　教育新潮复刊第 1 期 1947 年

毛礼锐　孟子（教育家）　教师报 1956 年 8 月 24 日

任继愈　孟子（中国思想家人物志）　中国青年 1956 年第 18 期

罗根泽　孟荀论性新释　诸子考索人民出版社 1958 年版

童书业　孟子思想研究　山东大学学报（历史版）1961 年第 3 期

贲立韧　孟子谈学习　光明日报 1962 年 1 月 5 日

尹　　明　孟子　教育与研究 1962 年第 2 期

骆承烈　孟子及其教育思想　山东教育 1980 年第 8 期

陈增辉　孟子教育思想试评　天津师院学报 1980 年第 3 期

杨　　帆　关于孟子的教育学说　四川教育 1981 年第 4 期

刘丕琛　答疑解难中看孟子的启发式教育方法　山东师大学报（哲社版）1982 年第 4 期

毛礼锐　孟子教育思想简论　人民教育 1982 年第 12 期

韩钟文　孟子审美教育思想研究　上饶师专学报(社科版)1983
　　　　年第 2 期

钱远镕　孟子的教育思想　武汉师范学院学报 1983 年第 3 期

周德昌　孟子教育思想探微　华南师范大学学报 1983 年第 4 期

刘坚承　论孟子的民本主义的教育思想　东北师大学报 1983 年
　　　　第 5 期

高　渊　孟子德育思想初探　常德师专学报 1983 年第 4 期

马秋帆　论孔孟的道德教育与审美教育思想　教育丛刊 1983 年
　　　　第 3 期

骆承烈　孟子对孔子教育思想的继承　宁夏大学学报(哲社版)
　　　　1985 年第 1 期

王文宝　试论孟子的教学思想　华南师范大学研究生学坛 1984
　　　　年 2 期

周祺家　孟子德育思想刍议　信阳师范学院学报(哲社版)1985
　　　　年 3 期

王蒸民　浅谈孟子的学习观　岳阳师专学报 1984 年 4 期

赵　刚　孟子的德育理论及其方法　东北师大学报(教育版)
　　　　1985 年 4 期第 80—89 页

程方平　孟子教育思想述评　青海师范大学学报(哲社版)1986
　　　　年第 4 期

董　英　孟子性善说及其教育思想　研究生学报(华中师大)
　　　　1987 年第 2 期

余怀亭　孟子教育思想述略　安庆师院学报(社科版)1987 年第
　　　　4 期

常校珍　孟子论智育德育心理和教师心理　西北师院学报(社科
　　　　版)1987 年第 4 期

20世纪儒学研究大系

王德元　孟子教育思想浅析　汉中师院学报(哲社版)1989 年第
3 期

赵乃贤　孟子所论人性与教育作用　辽宁教育学院学报(社科
版)1990 年第 3 期

刘奉光　孟子成人教育思想述评　成人高等教育研究 1991 年第
1 期

杨　钊　孟子和荀子的教育思想:兼论孟、荀思想的异同　史学集
刊 1991 年第 2 期

陈延斌　孟子政治伦理观初探　江苏社会科学 1991 年第 5 期

徐柏青　孟子的人格理论及其实践　河北师范学院学报(哲社
版)1992 年 12 卷第 2 期

燕国材　孟子的教育心理思想　浙江教育学院 1993 年第 3 期

傅建增　孟子思想教育理论初探　南开学报(哲学社会科学版)
1994 年第 1 期

王　静　怎样判断《孟子·尽心上》的教育二字　江西教育科研
1996 年第 4 期

张景芝　孟子、荀子人性论教育思想之浅析　黑龙江教育学院学
报 1996 年第 4 期

　　　　孟子的教育方法　课程·教材·教法 1997 年第 2 期

渠长根　贺艳秋　孟子自我教育思想发微　商丘师范学院学报
1998 年第 3 期

刘忠阳　论孟子的"人权"思想　湘潭师范学院学报(社会科学
版)1999 年第 4 期

李岑虎　孟子的教育思想与当代教学改革　教育艺术 1999 年第
10 期

许梦瀛　孟子对孔子教育思想的继承与发展　河南师范大学学报

（哲学社会科学版）2000 年第 1 期

朱小平　孟荀教育思想之比较　华南师范大学学报（社会科学版）2000 年第 2 期

孙德玉　孟子的人才观摭论　安徽师范大学学报（人文社会科学版）2000 年第 1 期

三　20 世纪的荀子教育思想研究论著索引

冯　振　《荀子·性恶篇》平议　学艺（上海）第 2 卷 8 期 1920 年 11 月

吴　康　荀子教育学　新教育第 3 卷 2 期 1921 年 2 月

徐剑缘　荀子的心理学说　学灯（上海《时事新报》副刊）1923 年 11 月 23 日

徐剑缘　荀子的教育学说　学灯（上海《时事新报》副刊）1924 年 2 月 22 日

瞿世英　荀子之社会的教育论　社会学界第 4 期　1930 年 6 月

冯　振　《荀子·性恶篇》讲记　学艺（上海）第 10 卷 9 期　1930 年 11 月

清　流　荀子对于教育思想之我见　春笋第 3 卷 1 期 1931 年 6 月

杨大膺　荀子教育哲学　哲学评论第 5 卷 2 期　1933 年 11 月

张为铭　荀子教育思想　哲学与教育第 2 卷 2 期 1933 年 12 月

杨荣春　荀子教育哲学研究　中华教育界第 22 卷 11、12 期 1935 年 5、6 期

杨　骏　荀子教育哲学　周行（长沙）第 1 卷 17、18 期 1936 年

王荣曾　荀子心理学说研究　学术世界第 1 卷 8 期 1936 年 1 月

张西堂　《荀子·劝学篇》冤词　晨报思辨(北平)第 40、41 期《古史辨》第 6 册朴社 1938 年 9 月

沈咫天　荀子的心理学　政治月刊(上海)第 3 卷 1 期 1942 年 1 月

罗宜辉　荀子《劝学》浅析　教育革命参考资料谢佐等《郑州大学学报》1974 年第 2 期

教　史　荀子的教育思想　教育革命(广西教育学院)1974 年第 2 期

朱华山　锲而不舍,金石可镂——读荀子《劝学》的一点体会　新华日报 1974 年 7 月 9 日

周德昌　荀况——新兴地主阶级的教育家　广东师院学报 1974 年第 3 期

院大批判组　荀子——尚法反儒的杰出教育家　四川师范学院学报 1974 年第 3 期

焦　戈　论荀子及其教育思想　哈尔滨师范学院学报 1974 年第 3 期

广西民族学院批判组　从《劝学》看荀子的进步教育思想　光明日报 1974 年 8 月 19 日

刘继武等　荀况在批判孔孟过程中对法家教育观的发展　山东师院 1974 年第 5 期

凡　响　我国先秦教育家——荀况　吉林教育 1981 年第 2 期

雷克啸　荀子和"假物为用"　河北教育 1981 年第 3 期

杨树溪　荀况教育思想初探　江西师院学报 1982 年第 2 期

郭志坤　荀子宣传教育思想简论　武汉师范学校学报(哲社版)1982 年第 6 期

周德昌　荀子教育思想探微　华南师范大学学报 1983 年第 1 期

王学民　浅谈荀子的教学思想　济宁师专学报1983年第3期

雷克啸　浅谈荀子的学习论述　人民教育1983年第3期

胡义成　荀况与《诗经》　教学与科研(哲社版)1984年第2期

张连捷　荀子情感教育思想评述　教育理论与实践1985年第1期

张瑞博　全面评价荀况的教育思想　华东师范大学学报(教育科学版)1985年第1期

邹　然　荀子教育与治学思想述评　江西社会科学1985年第3期

杨钟声　荀子教育思想初探　曲靖师专学报(社科版)1985年第1期

易　古　浅论荀子教育思想　湘西自治州教师进修学院院刊(社科版)1985年第1期

张瑞博　尊师、积渐、致用:介绍荀子的教育思想　光明日报1985年9月16日

何　朴　荀子教育思想初探　河北师范大学学报(社科版)1986年第1期

文　明　荀子教育思想述评　江西大学学报(哲社版)1986年第1期

雷克啸　论荀子的教育思想　山西师大学报(社科版)1986年第1期

周祺家　荀子教育心理思想摭谈　心理学探新1986年第1期

朱梦祺　略论韩愈柳宗元的教育思想　洛阳师专学报(社科版)1986年第4期

李修松等　荀子教育思想述评　教育评论1987年第1期

常校珍　荀子的教育心理思想研究　心理学探新1987年第3期

刘绪禹　荀子的教学教程理论初识　湖北大学学报（哲社版）
1987 年第 4 期

郭志坤　荀子教育思想简论　历史教学问题 1987 年第 5 期

周德昌　综合百家学术精华的一代名师——论荀子教育思想的特
色　教育论丛 1987 年第 76 期

杨昌红　荀子的学习论思想　教育评论 1986 年 3 期

李修松　池子华　荀子论教师　教育评论 1986 年第 3 期

邹大炎　试论荀子的教育心理思想　河北师范大学学报（社科
版）1988 年第 2 期

王能昌　论荀子教育思想的积极因素　长沙水电师院社会科学学
报 1988 年第 3 期

胡晏平　荀子教育思想对今天成人教育的两点启示　云南高教研
究 1989 年第 2 期

王先民　荀子教学认识论　安庆师院学报（社科版）1989 年第 3
期

陈德安等　荀子的学习思想探析　山西师大学报（社科版）1989
年增刊

刘映国　浅论荀子的教育思想　齐齐哈尔师范学院学报（社科
版）1990 年第 5 期

陈德安等　荀子学习理论初探　教育理论与实践 1989 年第 9 卷
第 6 期

徐交林　荀子论环境和教育对人的影响　江西教育科研 1991 年
第 6 期

王晓枫　荀子教育思想述要　山西经济管理学院学报 1991 年第
4 期

刘玉明　荀子道德修养论　东岳论丛 1992 年第 1 期

宋玉顺　荀子师论初探　管子学刊 1992 年第 2 期

金开诚　重读荀子《劝学》有感　群言 1992 年第 9 期

张常银　荀子的人格思想探析　管子学刊 1992 年第 2 期

陈朝晖　荀子教育思想探析　管子学刊 1992 年第 3 期

谭佛佑　论荀子对儒法教育思想融合的贡献　贵州教育学院学报（社科版）1992 年第 4 期

高　正　《荀子》窥管　孔子研究 1993 年第 2 期

方尔加　荀子修身论简析　北京社会科学 1993 年第 2 期

葛志毅　荀子学辨　社会科学辑刊 1993 年第 6 期

宋广文　荀子《劝学》篇的教育心理学思想浅析　齐鲁学刊 1995 年第 3 期

于会祥　从荀子的教育思想谈素质教育的实施　管子学刊 1995 年第 3 期

陈德安　荀子论道德教育和道德修养的意义　桂林教育学院学报 1995 年第 1 期

吴肇贵　张　英　荀子学说与企业家修养（十四）教育篇　中国信息导报 1996 年第 2 期

张景芝　孟子、荀子人性论教育思想之浅析　黑龙江教育学院学报 1996 年第 4 期

梁中凯　浅谈"助理教学法"　贵州教育 1996 年第 10 期

牛小娟　浅谈荀子教育思想　教育理论与实践 1997 年第 3 期

季金华　论荀子的教育哲学　教育科学 1997 年第 2 期

何　芳　徐　玲　浅谈荀子教育思想的形成及特点　枣庄师专学报 1998 年第 2 期

赵爱玲　荀子"隆礼重法"思想对新时期思想政治教育工作的启示　晋东南师范专科学校学报 2000 年第 2 期

四　20 世纪的董仲舒教育思想研究论著索引

毛礼锐　董仲舒　教师报 1956 年 9 月 4 日

尹　明　董仲舒　教学与研究 1962 年第 4 期

毛礼锐　论董仲舒的教育思想　北京师范大学学报（社会科学版）1963 年第 1 期

陈德安　董仲舒的哲学和教育思想　山西师范学院学报（社科版）1980 年第 1 期

宋　详　论董仲舒　武汉师院汉口分院学报 1982 年第 3—4 期

范广仁　董仲舒教育思想探新　朝阳师专学报 1985 年第 1 期

齐振翠　董仲舒思想析　辽宁大学学报（哲社版）1987 年第 4 期

李光辉　董仲舒的道德教育思想述评　重庆师院学报（哲社版）1988 年第 1 期

张如珍　汉代儒学奠基人——董仲舒的教育思想　西北大学学报（社科版）1993 年第 6 期

张显传　从历史教育说董仲舒　北京师范大学学报（社会科学版）1995 年第 3 期

罗　林　董仲舒对儒家教育传统的承前启后作用　湖北民族学院学报（哲学社会科学版）2000 年第 2 期

五　20 世纪的颜之推教育思想研究论著索引

伍　文　《颜氏家训》的教育思想　华中师院学报 1981 年第 2 期

周国光　颜之推的教育思想　贵州社会科学 1984 年第 2 期

庾国谅　颜之推的教育思想　四川师院学报（社科版）1984 年第

3 期

汤志岳 《颜氏家训》思想内容的进步性 雷州师专学报（文科）
1983 年第 3 期

赵忠心 颜之推的家庭教育思想 宁夏教育学院学报（社科版）
1986 年第 3 期

吴玉琦 颜之推的治学家教观——读《颜氏家训》 光明日报
1985 年 1 月 25 日

何 朴 张静娴 之推论教育 河北师范大学学报（社科版）
1988 年第 1 期

道 萱 论颜之推的教育思想 江苏教育学院学报（社科版）
1988 年第 1 期

方舜英 颜之推和他的《颜氏家训》——谈颜之推的教育思想
长沙水电师院学报（社科版）1989 年第 2 期

李交发 颜之推的家庭教育思想浅析 湘潭大学学报（社科版）
1990 年第 1 期

诸伟奇 《颜氏家训》浅论 安徽大学学报（哲社版）1992 年第 3
期

郭齐家 颜之推的道德教育观 中小学管理 1994 年 11 期

张永祥 颜之推家庭教育思想述评 许昌师专学报 1996 年第 1
期

吴永忠 颜之推家庭教育思想初探 黔东南民族师范高等专科学
校学报 1996 年第 4 期

杨 明 颜之推的家庭教育思想 华夏文化 1996 年第 3 期

许桂清 赵 伟 浅析颜之推的家庭教育方法 沈阳师范学院学
报（社会科学版）1999 年第 5 期

韩国海 周玉荣 颜之推家庭教育思想述评 辽宁教育学院学报

2000 年第 6 期

六　20 世纪的韩愈教育思想研究论著索引

毛礼锐　韩愈　教师报 1956 年 9 月 25 日

钟　夏　《师说》偶感　理论与实践 1959 年第 4 期

季镇淮　韩愈《师说》的思想和写作背景　语文学习 1959 年第 9 期

李清悚　论韩愈的《师说》　文汇报 1961 年 3 月 24 日

商继宗　关于评价韩愈教育思想的一个问题　文汇报 1961 年 3 月 24 日

臧克家　韩愈的《师说》　人民日报 1962 年 2 月 19 日

榆林地区文教局教研室　从《师说》看韩愈的反动教育思想　陕西日报 1974 年 12 月 10 日

广东师院中文系二年级第三教学班大批判组　评韩愈的《师说》教育革命参考资料 1974 年第 6 期

孙培青　韩愈《师说》的再评价　上海师范大学学报 1979 年第 2 期

泉　蓉　韩愈的教育思想　河南教育 1983 年第 8 期

素继周　《师说》教育思想初评　郑州工学院(哲社版)1983 年

陈洲先　略论韩愈的教育思想　广州研究 1985 年第 4 期

张人圭　《师说》的师道观　洛阳师专学报(社科版)1987 年第 3 期

新　之　从《师说》看韩愈的教育思想　广西师院学报(哲社版)1989 年第 3 期

官慧如　韩愈柳宗元"教师观"综论　江苏教育学院学报(社科

版)1989 年第 4 期

陈韩星　试论韩愈莅潮与潮人素质形成的关系　周口师范高等专
　　科学校学报 1998 年第 6 期

七　20 世纪的柳宗元教育思想研究论著索引

教育学教研组　柳宗元对韩愈教育思想的斗争　四川师范学院学
　　报 1974 年第 3 期

戴　旦　柳宗元论教师修养　云南教育 1982 年第 8 期

王元湖　柳宗元的教育思想　广西师范学院学报 1983 年第 3 期

张如珍　柳宗元教育思想新探　西北师院学报(社科版)1986 年
　　第 3 期

陈增辉　柳宗元教育思想述评　广西社会科学 1987 年第 4 期

孙代文　柳宗元教育思想辨析　桂林市教育学院学报(综合版)
　　1992 年第 2 期

朱正义　柳宗元师道论述评:青年学子的良师益友　渭南师专学
　　报(社科版)1993 年第 1 期

八　20 世纪的宋代儒家的教育思想研究论著索引

杨悦霖　王安石之教育思想及其事业　江苏学生第 6 卷 1、2 期
　　1935 年 5 月

李树芳　王安石的教育主张及其设施　河南政治第 5 卷 11 期
　　1935 年 11 月

施　燕　论王安石的教育改革　广东师院学报 1974 年第 3 期

院大批判组　谈王安石的教育思想的教育改革　开封师院学报

1974 年第 3 期

天津师范学院学报教育学教研室　评王安石教育改革　教育革命通讯 1974 年第 9 期

秦　华　谈王安石对教育的改革　光明日报 1974 年 10 月 17 日

傅春泗　王安石的教育思想　河南日报 1974 年 11 月 30 日

曹自立　程颢程颐教学论的心理学原理分析　洛阳师范学院学报 1998 年第 1 期

金其桢　略论程朱教育思想对现代教育之借鉴　南京师大学报（社科版）　1999 年第 5 期

燕国材　张载的教育心理思想研究　江西教育科研 1994 年第 5 期

龚抗云　论张载的道德教育思想　河北学刊 1996 年第 4 期

苏安平　杨书智　创设课堂教学情境提高教学效果　商洛师范专科学校学报 1997 年第 2 期

绍　贽　中国教育家陆象山之学风　华北日报·中国文化（北平）第 48 期 1935 年 8 月 4 日

郭齐家　陆九渊的教育思想　教育研究 1986 年第 8 期

陈炎成　陆九渊教育思想特色初探　上饶师专学报（哲社版）1987 年第 2 期

张建仁　论陆九渊的思想　江西社会科学 1988 年第 3 期

杨布生　陆九渊与书院教育　抚州师专学报 1990 年第 3 期

朱永龄　陆九渊人才思想探析　抚州师专学报 1990 年第 3 期

袁　征　陆九渊顿悟教学法初探　广东社会科学 1991 年第 1 期

周忠生　张　逸　论陆九渊"做人"教育观的理论价值　九江师专学报 1992 年第 2—3 期

顾　春　陆九渊"心学"教育思想的特质及其历史命运　江西教

育科研 1995 年第 5 期

顾　春　陆九渊"心学"教育思想的特质及其历史命运(续)　江西教育科研 1995 年第 6 期

朱永龄　一代巨擘　教育有成——南宋著名思想家和教育家陆九渊　江西教育 1995 年第 9 期

杨小光　陆九渊的教育思想　抚州师专学报 1998 年第 1 期

张学强　禅儒之争:陆九渊教育思想与佛学关系考辨　河北师范大学学报(教育科学版)1999 年第 3 期

九　20 世纪的朱熹教育思想研究论著索引

华　超　赫尔伯脱福录培尔与朱子五阳明教育学说之比较　新教育第 3 卷 2 期 1921 年 2 月

吴其昌　朱子治学方法考　大公报文学副刊(上海)第 149、150 期 1930 年 11 月 10 日

林　玮　朱子的教育思想　师大月刊第 1 卷 4 期 1933 年 5 月

邱　椿　朱熹的读书方法　大道半月刊第 7—9 期 1934 年 3 月

叶大年　朱子的读书方法　厦大图书馆报第 1 卷 8 期 1936 年 5 月

　　　　朱子的教育学说　际唐微光第 2 期 1936 年 5 月

谢武鹏　朱熹读书方法中之经济学习法　图书展望第 1 卷 11 期 1936 年 8 月

查猛济　朱子读书法的中心观念　读书通讯第 140 期 1947 年 9 月

于彦胜　儒家教育方法之研究(从朱晦庵为学之序说到戴东原治学的精神)　中华教育界复刊第 3 卷 2 期 1949 年 2 月

虚　舟　朱熹　教师报 1957 年 4 月 12 日

周　辛　宋代教育大家朱熹　合肥师范学院学报 1959 年第 2 期

王克明　循序渐进——朱熹论读书方法（之一）　文汇报 1962 年
9 月 2 日

王克明　熟读静思——朱熹论读书方法（之二）　文汇报 1962 年
9 月 11 日

潘富恩　论"格物致知"　新建设 1963 年第 3 期

杨　铭　朱熹读书法的研究　河北大学学报（社会科学版）1963
年第 4 期

教　兵　批判朱熹的反动教育思想　江西日报 1975 年 3 月 27 日

浩　闻　朱熹教育思想的反动本质　北京师院学报 1975 年第 3
期

金　鑫　朱熹在岳麓书院的罪恶活动　湖南师院学报 1976 年第
1 期

黎　耕　朱熹　上海教育 1980 年第 6 期

方　华　庐山白鹿洞书院与朱熹的教育思想　文汇报 1980 年 7
月 16 日

张秉仁等　论朱熹——宋代杰出的学问家和教育家　史学月刊
1980 年第 3 期

方品光等　试论朱熹对福建文化教育的影响　福建师大学报（社
科版）1980 年第 5 期

王绍海　南宋著名教育家朱熹　吉林教育 1981 年第 1 期

潘富恩等　论朱熹　浙江学刊 1981 年第 2 期

杨鑫辉　朱熹在教育史上的地位　江西师院学报 1981 年第 3 期

陈献明　朱熹的教育思想　江西教育学院学刊 1982 年第 1 期

周德昌　论朱熹的教学法思想　天津师院学报 1982 年第 4 期

曹鸿远　朱熹的读书方法　人民教育 1984 年第 2 期

周德昌　朱熹的德育理论和方法　华南师范大学学报(社科版)
　　　　1984 年第 4 期

李邦国　朱熹的教育思想　黄石师院学报(哲社版)1984 年第 3
　　　　期

张立文　关于朱熹思想研究的几点认识　中国社会科学 1984 年
　　　　第 2 期

陈增辉　朱熹教学法述评　华东师范大学学报(教育科学版)
　　　　1984 年第 4 期

周炳荣　论朱熹的教育思想　沈阳师范学院社会科学报 1985 年
　　　　第 1 期

胡之田　朱熹的教育主张和读书方法　固原师专学报 1985 年第
　　　　1 期

刘一聪　习与智长、化与心成:朱熹儿童道德教育方法评析　教育
　　　　评论 1985 年第 3 期

王建军　熟读精思,穷理致知:朱熹教学思想浅析　华南师范大学
　　　　研究生论坛 1984 年第 2 期

常校珍　朱熹的学习观　社会科学 1985 年第 4 期

罗佐才　朱熹的教学原则和方法　江西教育学院学刊(哲社版)
　　　　1985 年第 1 期

毕定一　朱熹教育思想浅析　安庆师院学报(社科版)1987 年第
　　　　2 期

靳　华　朱熹的教育思想与教学方法　研究生学报(华中师大)
　　　　1987 年第 2 期

周国光　朱熹论读书　贵阳师专学报(社科版)1987 年第 2 期

潘立勇　朱熹美育思想初探　孔子研究 1989 年第 1 期

20世纪儒学研究大系

张维坤　阅读教学史上的里程碑:朱熹的阅读教学理论　殷都学刊(安阳师专学报)1989 年第 1 期

徐红先　朱熹教育思想方法论刍议　江西师范大学学报(哲社版)1989 年第 2 期

赵国权　朱熹学习心理思想初探　心理学探新 1989 年第 2 期

潘新和　朱熹的作文教学观评析　教育评论 1989 年第 5 期

高乐林　朱熹"读书穷理"的辩证系统　江西教育学院学报(综合版)1990 年第 1 期

谭佛佑　朱子读书法评试议　江西教育学院学报(综合版)1990 年第 2 期

赵国权　朱熹的儿童教育思想　河南大学学报 1989 年 16 卷第 5 期

卢美松　朱熹的教育目的论和教育内容论浅释　教育评论 1990 年第 6 期

高时良　朱熹教学论的辩证思维　课程教材教法 1991 年第 6 期

李　越　朱熹《大学》中的道德教育思想拾粹　唐都学刊(社科版)1991 年第 7 卷 2 期

岳志明　朱熹的教学论思想　广州教育 1991 年第 10 期

赵国权　朱熹学习心理思想再探　心理学探新 1991 年第 3 期

谯守信　简析朱熹的学习过程理论　四川师范大学学报(社科版)1992 年第 1 期

柯远扬　邓华祥　朱子治学之道初探　福建师范大学学报(哲社版)1992 年第 2 期

雷晓林　朱熹的常规教育思想及其启示　河南师范大学社会科学学报(教育心理专辑)1992 年第 8 期

周凌风　朱熹的"循序渐进"教学观及其发展　南通教育学院学

报 1993 年第 1 期

张伏龙　周忠生　朱熹对周敦颐教育思想的继承和发展　九江师专学报 1994 年第 1 期

李邦国　朱熹《白鹿洞书院揭示》的教育实践和哲学基础　湖北师范学院学报(哲学社会科学版)1994 年第 1 期

憨　斋　朱熹语文教育思想及教学实践初探　广西教育学院学报 1994 年第 4 期

王炯尧　陈文蔚对朱熹教育思想的继承和发展　江西教育学院学报 1995 年第 5 期

虞文霞　朱熹教育改革思想初探　江西教育学院学报 1995 年第 5 期

俞　斌　瓯　石　略论朱熹的教育思想　复旦学报(社会科学版)1995 年第 6 期

朱熹教育子女依法纳税　涉外税务 1996 年 12 期

王尚文　朱熹读书法的语文教育价值　浙江师大学报(社会科学版)1997 年第 6 期

刘庆聚　乔德福　侯殿收　朱熹教育思想与当代成人教育　开封大学学报 1997 年第 1 期

何晓萍　谈朱熹的道德教育思想　北方论丛 1997 年第 1 期

刘万伦　论朱熹儿童教育思想　安徽教育学院学报 1997 年第 3 期

王广新　朱熹之后第一人——论元朝著名教育家许衡　西安教育学院学报 1998 年第 3 期

陈增辉　朱熹教育哲学简论　上海大学学报(社会科学版)1998 年第 1 期

商德江　朱熹的阅读教育理论　首都师范大学学报(社会科学

版)1998 年第 2 期

冯达文　简论朱熹之"小学"教育理念　中国哲学史 1999 年第 4
期

罗　林　朱熹对儒家教育传统的集大成作用　湛江师范学院学报
(社会科学版)2000 年第 2 期

钱晓勤　略论朱熹教育思想的当代价值　南通师范学院学报(哲
学社会科学版)2000 年第 2 期

陈　凤　简论朱熹的道德教育思想及其现代意义　喀什师范学院
学报 2000 年第 4 期

十　20 世纪的王阳明教育思想研究论著索引

汪　震　王阳明心理学　心理第 3 卷 3 期　1924 年 9 月

梁启超　王阳明行行合一之教　晨报副刊(北平)1926 年 12 月
20、22 日,1927 年 1 月 15、17 日,2 月 9、10、12 日　国学
论丛第 1 卷　1927 年

冯日昌　王阳明论"良知"　朝华季刊第 1 卷 5 期　1930 年 5 月

王去病　谈王阳明的知行合一　建国月刊(南京)第 4 卷 3 期
1931 年 1 月

周分水　王阳明之知行合一　中央日报 1935 年 1 月 12 日

陈世英　由阳明学说谈到中国民族的精神教育　遗族校刊第 2 卷
4、5 期　1935 年 6 月

王昌祉司译　王阳明的伦理哲学　工商学志第 9 卷 1 期　1937
年 5 月

贺　麟　知行合一新论　国立北京大学四十周年纪念论文集　乙
编上卷　1940 年 1 月

常镜海　王阳明"知行合一"浅论　新东方（上海）第 1 卷 2 期 1940 年 2 月

项维城　"知行合一"说批判　新认识（新）第 2 卷 6 期　1941 年 2 月

操震球　王阳明的学习方法　自学第 1 卷 1 期　1943 年 4 月

钱　穆　说良知四句教与三教合一　思想与时代第 37 期　1944 年 11 月

牟宗三　王阳明致良知教　历史与文化第 3 期 1947 年 8 月

盛朗西　王阳明先生的基本教育观　和平日报 1947 年 10 月 19 日

钱　穆　阳明良知学述评　学原（南京）第 1 卷 8 期　1947 年 12 月

陈代锷　王阳明的修身教育　西北教育通讯 1954 年第 5 卷 6 期

邱　椿　王阳明的教育思想　北京师范大学学报（社会科学版）1957 年第 1 期

王　明　王阳明　教学与研究 1962 年第 4 期

罗炳之　王守仁的教育思想评价　江海学刊 1962 年第 6 期

阎长贵　关于王阳明的"知行合一"　光明日报 1965 年 10 月 22 日

余怀彦　王阳明的教育哲学思想初探　贵州社会科学 1981 年第 6 期

周德昌　明代的教育家王守仁　广东教育 1981 年第 12 期

陈增辉　王守仁教学法简述　上海教育 1982 年第 2 期

陈增辉　王阳明教育思想试评　天津师院学报 1981 年第 6 期

骆啸声　论王守仁的增长率思想　教育科学研究 1983 年第 1 期

陈和华　王守仁的儿童教育观　人民教育 1983 年第 11 期

20世纪儒学研究大系

泉　蓉　王守仁的儿童教育说　河南教育1984年第2期

刘兴邦　王守仁"知行合一"说小析　湘潭大学社会科学学报
　　　1984年第4期

王承璐　王守仁学习心理思想初探　心理学探新1985年第3期

郑国平等　王阳明的"知行合一"说新探　浙江学刊1986年第6
　　　期

陈增辉　王阳明教学法述评　东北师大学报(教育版)1986年第
　　　4期

吴乃恭　王阳明教育思想初探　东北师大学报(教育版)1987年
　　　第1期

苏　华　王守仁的儿童教育思想　史学月刊1988年第4期

王朝林等　王阳明的语文教育思想　安徽教育学院学报(社科
　　　版)1988年第4期

毕　诚　王阳明对理学思想的变革　湖北大学学报(哲社版)
　　　1988年第3期

毕　诚　王守仁的经学教育思想　北京师范大学学报(社科版)
　　　1988年第4期

毕　诚　王阳明的社会教育实验与内容初探　教育与实验1989
　　　年第2期

钱念文　王阳明教育思想探讨　宁波师院学报(社科版)1991年
　　　第1期

轩辕轲　王守仁的社化教化思想:农村成人教育思想述要之十一
　　　农村成人教育　1991年第12期

许建良　王守仁"明伦亲民"的德教思想述论　徐州教育学院学
　　　报(哲社版)1993年第2期

夏　敏　王守仁教育思想新探　沈阳师范学院学报(社会科学

版)1994 年第 2 期

王路平　王阳明的教育方法刍议　　浙江学刊 1995 年第 4 期

任满丽　试论王阳明的道德教育原则和方法　　宁波高等专科学校
学报 1996 年第 2 期

任满丽　略论王阳明的道德教育原则和方法　　贵州社会科学
1996 年第 3 期

方国根　王阳明教育思想的特质与创见　　东方论坛 1996 年第 4
期

魏佐国　李　萍　王守仁与江西书院教育　　南方文物 1997 年第
1 期

黄晓众　刘明华　王阳明道德教育思想的积极意义　　贵州文史丛
刊 1997 年第 3 期

修海林　明清时期的音乐教育思想　　音乐艺术—上海音乐学院学
报 1998 年第 1 期

孔义龙　论王守仁的音乐教育观　　交响—西安音乐学院学报
1998 年第 3 期

陈增辉　王守仁教育方法论　　上海大学学报(社会科学版)1999
年第 2 期

京淳圭　论王阳明"致良知"的教育哲学　　复旦学报(社会科学
版)1999 年第 4 期

邹其昌　王阳明良知体验艺术论述略　　武汉教育学院学报 2000
年第 2 期

陈增辉　王阳明教育哲学中的独到主张及其现代意义　　东方论坛
2000 年第 1 期

吴建国　《三言》、《二拍》与雅俗文化选择　　中国文学研究 2000
年第 2 期

20 世纪儒学研究大系

渠长根　杨喜洲　王守仁自我教育思想述评　商丘师范学院学报
　　2000 年第 1 期

十一　20 世纪的王夫之教育思想研究论著索引

徐炳旭、宋锡钧　王船山的道德进化论　哲学杂志第 5 期　1922
　　年 4 月

何贻琨　王船山先生之教育思想　湖南教育复刊第 2 卷 5、6 期
　　1948 年 5、6 月

邱　椿　王夫之论学习法和教学法　北京师范大学学报(社会科
　　学版)1961 年第 4 期

孙长江　王船山　教学与研究 1962 年第 3 期

高觉敷　王夫之论人性　学术月刊 1962 年第 9 期

谭双泉　王船山论知与行　江汉学报 1962 年第 12 期

瞿菊农　王夫之的教学思想　文汇报 1963 年 1 月 13 日

教　魏　王夫之的进步教育思想　教育革命(昆明师院)1975 年
　　第 1 期

教　史　王夫之教育言论选注　教育革命(昆明师院)1975 年第
　　1 期

李国钧　王夫之的教学思想　上海师范大学学报 1979 年第 3 期

尹旦侯　王夫之的教育思想初探　河南师院学报 1982 年第 1 期

徐善广等　试论王夫之的教育思想　武汉师范学院学报(哲社
　　版)1982 年第 4 期

伍　文　王夫之论"教育之事"和"学者之事"　华中师院学报(哲
　　社版)1982 年第 3 期

陈雁谷　王夫之的教育心理思想初探　零陵师专学报(社科版)

　　　　1983 年第 1 期

张舜徽　学习王船山治学的求实精神和博大气象　华中师院学报
　　　　(哲社版)1984 年第 2 期

熊志庭　王夫之的乐教思想浅探　船山学报 1985 年第 1 期

韩雪风　王船山学思并用观述评　研究生学报(华中师大)1985
　　　　年第 4 期

朱永新　王夫之的学习心理思想研究　教育研究 1986 年第 10 期

中　舟　中国近代教育家王夫之　武汉教育学院学报(哲社版)
　　　　1987 年第 1 期

高时良　王夫之教学思想的辩证法　课程教材教法 1987 年第 8
　　　　期

周德昌　王夫之教育思想论略　教育论丛 1988 年第 3 期

陈伙平　王夫之的人性论和教育观浅析　福建师范大学学报(哲
　　　　社版)1990 年第 1 期

范净琪　王夫之的教师观浅探　教育评论 1991 年第 1 期

肖起来　王船山道德教育思想探微　河南社会科学 1991 年增刊

周慧杰　王夫之教育思想述论　河南大学学报(社科版)1992 年
　　　　第 3 期

彭纳揆　王夫之的师德观　衡阳师专学报(社科版)1992 年第 5
　　　　期

廖建平　王夫之的仪容与君子人格关系论　衡阳师范学院学报
　　　　1997 年第 2 期

燕国材　刘振中　论王夫之因材施教的教育思想　船山学刊
　　　　1997 年第 2 期

汤　浩　王夫之教育思想探微　益阳师专学报 1999 年第 1 期

唐兆梅　李　莉　王夫之教育思想和实践十评　益阳师专学报

1999 年第 1 期

邓天红　王夫之教育思想对当代教育的启示　教书育人 1999 年
第 7 期

张秀红　沈　进　试述王夫之的教育方法论　教育科学 1999 年
第 1 期

十二　20 世纪的儒家教育思想综合研究论著索引

阎秋水　宋代知行学说之探讨　正风半月刊第 3 卷 6 期 1936 年
11 月

夏君虞　宋儒的知行学说　经世第 1 卷 8、10 期 1937 年 5 月

任继愈　宋明理学家的教育哲学(从朱子到王阳明)　读书通讯
第 133 期 1947 年 5 月

杨同芳　理学家教育思想之时代评价　读书通讯第 159 期　1948
年 6 月

陈景磐　中国由奴隶社会到封建社会过渡时期(春秋)的教育
北京师范大学学报(社会科学版)　1961 年第 1 期

中国古代教育史编写组　中国由奴隶社会过渡到封建社会——春
秋时期的教育　北京师范大学学报(社会科学版)1961
年第 3 期

中国古代教育史编写组　战国时期的教育　北京师范大学学报
(社会科学版)1961 年第 3 期

瞿菊农　中国古代教育思想散论　北京师范大学学报(社会科学
版)1962 年第 4 期

郭沫若　儒家八派的批判　《十批判书》人民出版社 1954 年版

章　陆　试论我国古代儒家的教学原则思想　浙江师范学院学报

（人文科学版)1963 年第 1 期

邵鹤亭　先秦儒家人性论学习方法　北京师范大学学报(社会科学版)1963 年第 2 期

任　娟　《大学》伦理思想浅探　江海学刊 1961 年第 10 期

吴培元　从《大学》探究儒家思孟学派的教育思想　湖南师院学报(社会科学版)1962 年第 4 期

车　载　论《大学》的"大学之道"《中国哲学史论文集》(二集)中华书局 1965 年版

顾岳中　试论《学记》是教育学的鼻祖　文汇报 1962 年 7 月 1 日

孙天泰　也谈《学记》——兼与顾岳中先生商榷　文艺报 1962 年 8 月 21 日

瞿静涵　王安石的教育思想　江西日报 1962 年 8 月 18 日

罗程平　批判孔孟反动教育思想的代表作《学记》　教育革命参考资料 1974 年第 11 期

陈信泰　《学记》是复辟奴隶主的反动教育纲领　破与立 1975 年第 3 期

林学专业 76 级二班工农兵学员第二马列学习小组　鼓吹孔孟之道的反动教育篇——《师说》　建筑学报 1975 年第 2 期

陈大络　儒家政治、伦理、教育思想的管窥　中华文化论坛 1994 年第 1 期

邹德彭　李卫宏　批判地继承我国古代以儒家伦理道德思想为核心的重教传统　雁北师范学院学报 1994 年第 4 期

汪世堂　我国古代若干德育原则和方法的历史借鉴　天水师范学院学报 1994 年第 3 期

孙迎光　儒家德育方法与现代思想教育　南京社会科学 1994 年第 12 期

陈大超　韩立君　儒、道教育价值观比较研究　辽宁师范大学学报(社会科学版)1994 年第 5 期

朱淳良　儒家伦理思想与《三字经》的道德教育　高等师范教育研究 1994 年第 5 期

王道树　关于儒家管理文化与教育管理方式的理论分析和实证研究　高等师范教育研究 1994 年第 1 期

邵龙宝　儒家伦理在社会主义道德教育中的应用　社会科学 1995 年第 7 期

姜文华　洪　杰　儒家思想与韩国婚丧习俗　民俗研究 1996 年第 2 期

沈壮海　先秦儒家艺德思维与当代爱国主义教育　荆州师范学院学报 1996 年第 1 期

庞学光　娄立志　试论儒家大教育观特征　江苏教育学院学报 1996 年第 4 期

郁振华　刘静芳　儒家哲学和传统科技教育　江淮论坛 1996 年第 5 期

陈玉京　儒家关于道德教育的思想体系　华夏文化 1996 年第 2 期

沈壮海　先秦儒家艺德观论析　船山学刊 1996 年第 1 期

沈壮海　关于儒家"艺—德"统一学说的探讨　长沙电力学院学报(社会科学版)1996 年第 2 期

唐　敏　李跃龙　论先秦儒家德育思想在高校德育中的现实价值　中南民族学院学报(哲学社会科学版)1997 年第 3 期

郭翠华　儒家教育哲学的现代启示　浙江学刊 1997 年第 2 期

杨本初　吴廷芳　儒家学说中优秀教育思想综述　宜宾学院学报 1997 年第 1 期

吴　霓　中国古代私学的产生及先秦时期私学的特点　西南师范大学学报(哲学社会科学版)1997 年第 1 期

刘兴邦　儒家人文教育的价值审视　求索 1997 年第 1 期

朱汉民　儒家人文教育论纲　求索 1997 年第 1 期

马东玉　当代新儒家人文教育评述　辽宁师范大学学报(社会科学版)1997 年第 4 期

万俊人　儒家传统教育理念的现代合理性及其限度　孔子研究 1997 年第 1 期

涂乃登　王火生　儒家教育传统与当代精神文明建设　教育理论与实践 1997 年第 1 期

涂象钧　孔子教育伦理思想概述　教育科学 1997 年第 3 期

刘少航　儒家义利观与道德教育　继续教育研究 1997 年第 4 期

陈亚萍　梁　励　论儒家教育思想主旨——"成人之道"　江苏社会科学 1997 年第 6 期

张学强　理学中人与自然关系论的教育学考察　西北师大学报(社会科学版)1998 年第 6 期

沈怀灵　王卫东　儒家道德教育及其现代启示　思想战线 1998 年第 6 期

张兆敏　儒学与近代日本国民道德教育方针的确立　齐鲁学刊 1998 年第 5 期

高谦民　试论中国古代教育的重德精神　南京师大学报(社会科学版)1998 年第 2 期

夏雨禾　《论语》教育价值观刍议　温州师范学院学报 1999 年第 1 期

张丁乙　试论儒家文化对教育的负面影响　教育探索 1999 年第 2 期

陈秋琴　隋唐时期儒家教育思想的阶段性及其特点　南通师范学院学报(哲学社会科学版)1999 年第 4 期

刘超良　儒家人文教育理念的现代意涵　教育理论与实践 1999年第 11 期

梁振坤　儒家文化与理性主义对中国教育的影响　集美大学学报(哲学社会科学版)1999 年第 1 期

阎广芬　张　杨　儒家妇女观与现代女子教育　河北大学成人教育学院学报 1999 年第 4 期

卓义周　蒋志强　中国教育的世俗性与中国知识分子的入世性中山大学学报论丛 2000 年第 1 期

朱汉民　论儒家科学教育的人文关怀　中华文化论坛 2000 年第1 期

易连云　儒家文化与世纪之交的学校道德教育改革定位　西南师范大学学报(哲学社会科学版)2000 年第 1 期

董　莉　儒家"安人"思想在现代教育管理中的价值　教育发展研究 2000 年第 1 期

潘庆玉　中国传统语文教育人文精神初探　山东师大学报(社会科学版)2000 年第 3 期

胡弼成　廖　梅　儒家教育思想的基本特征与当代教育改革　教育与现代化 2000 年第 4 期

林小英　儒家的"入世"教育与我国的学术弊端　河北大学学报(哲学社会科学版)2000 年第 2 期

20世纪儒学研究大系